中国人民大学科学研究基金重大规划项目：
实现小农户与现代农业发展有机衔接研究

孔祥智 等◎著

合作与发展

——成员异质性与农民合作社成长路径研究

COOPERATION AND DEVELOPMENT
——MEMBERSHIP HETEROGENEITY AND GROWTH PATH OF
FARMERS' COOPERATIVES IN CHINA

经济管理出版社
ECONOMY & MANAGEMENT PUBLISHING HOUSE

图书在版编目（CIP）数据

合作与发展：成员异质性与农民合作社成长路径研究/孔祥智等著.—北京：经济管理出版社，2020.11
　ISBN 978-7-5096-7375-1

Ⅰ.①合…　Ⅱ.①孔…　Ⅲ.①农业合作社—专业合作社—研究—中国　Ⅳ.①F321.42

中国版本图书馆 CIP 数据核字（2020）第 235903 号

组稿编辑：曹　靖
责任编辑：曹　靖　郭　飞
责任印制：黄章平
责任校对：陈　颖　董杉珊

出版发行：经济管理出版社
　　　　　（北京市海淀区北蜂窝 8 号中雅大厦 A 座 11 层　100038）
网　　　址：www.E-mp.com.cn
电　　　话：（010）51915602
印　　　刷：唐山昊达印刷有限公司
经　　　销：新华书店
开　　　本：787mm×1092mm/16
印　　　张：37.75
字　　　数：850 千字
版　　　次：2020 年 11 月第 1 版　　2020 年 11 月第 1 次印刷
书　　　号：ISBN 978-7-5096-7375-1
定　　　价：188.00 元

关于修改《中华人民共和国农民专业合作社法》的几点建议（代序一）①

　　《中华人民共和国农民专业合作社法》（以下简称《农民专业合作社法》）自 2007 年 7 月实施以来，极大地促进了农民专业合作社的发展。2008 年以来，农民专业合作社每个月注册用户 1 万家以上。截止到 2015 年 2 月底，农民专业合作社有成员 133.74 万户（含农机合作社 4.74 万户、农民林业专业合作社 5 万户），同比增长 28.74%，出资总额 2.89 万亿元，增长 41.60%；实有入社成员数 9482 万户，占总户数的 36.5%，为连接小农户和大市场作出了重要贡献。合作社致力于解决那些一家一户农民办不好、办不了、办了不合算的事情，对农民增收、农业增效起到了积极作用。尤其是其中的 1 万家国家级示范社、11 万家其他各级示范社，为农民合作社的规范发展起到了很好的示范带动作用。2013 年 3 月 8 日，习近平总书记在参加十二届全国人大一次会议江苏代表团审议时指出，合作社是新时期推动现代农业发展、适应市场经济和规模经济的一种组织形式。2013 年 3 月底，李克强总理在江苏考察时指出，股份合作、专业合作等是发展现代农业的有效载体。党的十八大报告和十八届三中全会都提出大力发展农村合作经济这个命题。

　　但八年的发展也暴露了《农民专业合作社法》存在的一些缺陷，说明了《农民专业合作社法》已经不能满足广大农民合作的需求，应该进行修订。2013 年、2015 年两个中央一号文件都明确提出修法要求，一些合作社理事长基于自己的实践也提出了修法的要求。根据我自己的调研，以下几个问题需要在修改法律时予以解决。

　　（1）盈余分配问题。《农民专业合作社法》第三十七条规定："可分配盈余按照下列规定返还或者分配给成员，具体分配办法按照章程规定或者经成员大会决议确定：（一）按成员与本社的交易量（额）比例返还，返还总额不得低于可分配盈余的百分之六十；（二）按前项规定返还后的剩余部分，以成员账户中记载的出资额和公积金份额，以及本社接受国家财政直接补助和他人捐赠形成的财产平均量化到成员的份额，按比例分配给本社成员。"明确表示合作社的盈余是由交易量产生的，没有交易量，就没有合作社盈余。这在逻辑上当然是没有问题的，但问题在于：交易量是怎样产生的？

　　从可以查到的资料看，按交易量或交易额分配盈余，是自罗虚代尔公平先锋社开始的。这是由 28 个成员组成的消费者合作社，每人出资 1 英镑，每个人都参加合作商店的劳动，于是，每个成员的出资和投入的劳动量都是相同的，这是典型的同质性合作社。在

---

　　①　执笔人：孔祥智。这是 2015 年应邀给全国人大农委撰写的修法建议。

这种情况下，合作社盈余应该按照什么原则进行分配呢？当然按贡献。在分配理论上，无论是按资源分配，还是按劳动分配，其实质就是按贡献分配。除了股金和劳动，还有什么贡献？这就是交易量了，也就是说，每个成员，谁和合作社的交易量大，谁的贡献就大，因此，按交易量分配最能体现按贡献分配的基本原则，谁都没有意见。其实他们的交易量差距也不是很大。

由于罗虚代尔公平先锋社是世界上第一个比较标准的合作社，因此，包含着分配原则的罗虚代尔原则被 1895 年成立的国际合作社联盟所采纳，此后，经过多次修改，但分配原则始终是国际合作社联盟所倡导的分配原则的重要内容。但随着形势的变化，按交易量（额）分配在总的分配额中所占比例逐渐下降。如 1995 年国际合作社联盟所拟定的国际合作社原则中有关盈余分配的内容为："合作盈利按以下某项或各项项目进行分配：一是用于不可分割的公积金，以发展合作社；二是按社员与合作社的交易额分红；三是用于社员代表大会通过的其他活动。"

从发达国家看，不论消费者合作社，还是生产者合作社，同质性的比例较大，而当前我国的农民专业合作社，大都呈现出较强的异质性特征，主要表现在：①初始资金投入的差异较大。一般情况下，合作社的初始资金为理事长或者少数核心成员所投入，一般成员不投入或者投入较少。②投入的固定资产差异较大。合作社的固定资产，包括办公用房、办公设备等一般为理事长或者少数核心成员提供。③投入的劳动量差异较大。合作社的经营管理工作一般由理事长或者最多由几个核心成员打理，一般成员很少投入或者投入很少。④交易量差异较大。种植大户带动的农民专业合作社一般为大户的种植面积、产品产量、交易量都远大于一般成员；而销售大户带动的农民专业合作社，大户可能没有用于交易的产品，他们的作用仅仅是销售。从上面的分析可以看出，交易量存在的基础是资金、固定资产、劳动等要素的投入，如果合作社盈余主要按照交易量（额）进行分配，显然是极不公平的。北京市郊区一些地方依据《农民专业合作社法》规范专业合作社的发展，把多元化的分配方式调整为主要按照交易量分配，极大地打击了理事长等核心成员的积极性。

解决这个问题有三个途径：一是要求成员都要入股，每个合作社成员都要规定基本股金，强调基本股金是按交易量分配的依据；二是对个别股金较多的成员，超过基本股金以上的部分按照银行利率给予分红，或者规定合作社盈余的一定比例用于股金分红；三是对于包括理事长在内的少数核心成员的劳动投入要通过付给报酬给予承认。建议这次法律的修改，可以借鉴国际合作社联盟倡导的做法，规定保证合作社运转的基本股金，并以此作为按交易量分配的依据。

（2）联合社问题。由于多方面的制约，《农民专业合作社法》没有涉及合作社之间的联合，即联合社问题，这是本法的最大缺陷之一。实际上，近几年来，很多省、市出台的地方法规都鼓励合作社之间的联合与合作，湖北省工商局和省农业厅还联合出台了《关于农民专业合作社联合社登记管理工作的试行意见》（以下简称《意见》），加快培育新型农业经营主体，支持农民专业合作社联社发展。《意见》在合作社联社的设立依据、设立条件、名称核准等方面都作出了规范。《意见》对推动湖北省的农民专业合作社联合社的发展起到了积极作用。目前，联合社由点到面蓬勃发展，探索出了生产型、销售型、产业链型、综合型等多种模式，全国各类联合社达6000多个，涵盖成员合作社8.4万个，带动农户560多万户。因此，有必要在合作社的法律修改中，对联合社的法律地位、组织结构、内部管理、决策方式、责任能力及承担方式等方面进行界定。

从目前情况看，各地的联合社主要有两种类型：①同业合作社之间的联合，又可分为紧密型和松散型。紧密型是指联合社自身是经济实体，具有实体性经济业务，联合社和成员社之间有分有合，分工合理，联合社的治理结构类似于一个合作社。松散型又可分为两种类型：一是联合社在某一方面进行联合与合作，如联合销售产品（有的是部分产品，有的是全部产品）、联合进行技术标准推广等；二是只就重大事项进行协商或协调，类似于同业联合会。现实中一些联合社是按照产业链进行组合的，当然还是以一业为主，我们也称之为同业联合社。②不同业合作社之间的联合，这种联合的主要作用是形成群体力量，共同促进某项政策的出台等，也有的具有共同销售农产品的职能。在修改法律过程中，要对这两种联合社的多种情况进行深入研究，衡量哪些情况应该纳入法律进行规范，哪些情况不应该纳入。

当然，如果联合社问题被纳入法律，那么必然要涉及联合社的决策方式。早在1937年，国际合作社联盟就注意到了联合社的决策问题，并提出了民主控制的概念，提出"合作社是有社员控制的民主组织，社员主动参与合作社的政策制定和决策。由社员选举出的管理人员对社员负责。在自然人自愿联合的基层合作社，社员有一人一票的平等投票权，其他层次的合作社也要以民主的方式组织"。在1995年修订的国际合作社原则中，对于"民主控制"的解释为：①合作社是由社员管理的民主的组织，合作社的方针和重大事项由社员积极参与决定。社员民主管理的权利是通过社员大会体现出来的，合作社的方针政策、重大决定和重要活动都要经过社员大会讨论决定。②选举产生的代表，无论男女，都要对社员负责。合作社属于社员，而不属于管理人员，也不属于雇员。管理人员在其任期内必须对社员负责。③在基层合作社，社员享有平等的投票权（一人一票），其他层次的合作社也要实行民主控制。在许多第二级或第三级合作社（即合作社联合社）里，采取的是按比例投票的制度，以反映不同的利益、合作社的社员规模和各参与合作社的承诺。我认为，这条原则应该体现在修订后的《农民专业合作社法》中。

（3）土地股份合作社问题。土地股份合作社是引导农民将土地流转给专业合作社经营，是完善农村土地流转方式的一种创新，有利于土地资源的优化整合和农业产业化发展，有利于保障农民长期而稳定的收益，也有利于加快农民的非农化转移和农村城镇化进程。这类合作社和以农产品生产为主的合作社不一样，不存在成员与合作社之间的交易问题。现实中这类合作社很多，事实上已经到工商管理部门注册为农民专业合作社，当然其运作方式和专业合作社并不一致。一些省份还专门对土地经营权作价作了专门的规定，2014年中央一号文件推动了农村土地的所有权、承包权和经营权三权分置，进一步推动了土地股份合作社的发展。应该看到，土地经营权尽管可以作价，也可能作价（比如以土地流转价格为基础进行定价），但毕竟是一种特殊的资本形态，万一出现由于合作社倒闭而造成大量农民失去土地的现象，则会带来社会的不稳定。现实中还存在着大量的农民以土地入股专业合作社的现象。因此，这次修法应该对农民以土地经营权入股合作社的方式、价格、期限、土地入股和货币入股的关系、分配方式以及入股后合作社对于土地权利等作出明确的规定，以规范土地股份合作社的发展，规范农民以土地经营权入股合作社的行为。

（4）范围问题。2013 年中央一号文件指出："农民合作社是带动农户进入市场的基本主体，是发展农村集体经济的新型实体，是创新农村社会管理的有效载体。……鼓励农民兴办专业合作和股份合作等多元化、多类型合作社。"这是进入 21 世纪以来 10 个中央一号文件第一次明确提出"多元化、多类型合作社"，即"农民合作社"问题。其根本原因是近年来合作社的发展进入了快车道，已经突破了《农民专业合作社法》所规定的范围，农民专业合作社已经容纳不了广大农民红红火火的实践，在实践中，农民合作社的业务范围在不断拓展，已经突破了"同类"产品和"同类"服务的界限，一个合作社为农民提供着从产前到产中、产后多种产品生产经营的多元化服务。那么，修改后的《农民专业合作社法》是否不再使用"专业合作社"的概念，如果是这样，扩大到什么范围呢？是叫"农民合作社"？还是按照一些学者的观点，干脆叫"合作社"？这是一个需要认真研究的重大问题。我的观点，既然叫修法，就不能在原来的基础上走得太远，还是界定在"农民合作社"的范围内比较合适。

当前农民合作社大体上有五种类型：一是专业合作社；二是农机合作社；三是社区股份合作社；四是资金合作社或信用合作社，又叫资金互助合作社或资金互助社；五是土地股份合作社。目前，农机合作社已经被纳入专业合作社的范围。资金合作社虽然暂不合法，但各地农口都在适应农民的需求，积极推进合作社下设资金互助社或独立的资金合作社。2014 年中央一号文件也对农民的资金互助给予了具体规定，即社区性、社员制、封闭性，不对外吸储放贷、不支付固定回报。据我了解，金融部门对此不支持甚至持反对态度。从农民的需求看，应该把资金合作社纳入这次修法的范围，但如何和金融部门协商一致，则是这次修法面临的最大问题之一。土地股份合作社前面已经讨论，社区股份合作社是否应该纳入？或者怎样纳入，也是需要认真研究的大问题之一。

（5）主管部门问题。《农民专业合作社法》第九条规定："县级以上各级人民政府应当组织农业行政主管部门和其他有关部门及有关组织，依照本法规定，依据各自职责，对农民专业合作社的建设和发展给予指导、扶持和服务。"实际上没有明确主管部门。在制定这部法律时就有两个意见：一是合作社是一种特殊类型的企业，企业只要依法注册、依法运营就可以了，不需要主管部门；二是农民专业合作社是作为弱势群体的农民的联合组织，国家需要对农民和农业予以扶持，所以需要主管部门。两种观点的结合，就是现在这个样子。

由于涉及农民合作社发展的部门之间职责不清，在制定合作社发展政策、为合作社提供资金项目支持、确立合作社规范发展的标准、查处合作社违法行为、保护合作社及其成员利益等方面，存在着扯皮推诿、监管不力等问题。建议参照《国务院关于同意建立全国农民合作社发展部际联席会议制度的批复》（国函〔2013〕84号）的规定，在修法时明确农业部门牵头、有关部门分工协作的执法体系，承担农民合作社监督管理、指导扶持、服务协调等职责。

参观纽约最大的奶农合作社
引发的思考（代序二）^①

今年 3 月，笔者借到美国普渡大学出席"中国经济发展论坛"的机会，与纽约最大的奶农合作社 Dairylea Cooperative Inc. 的副总经理兼首席经济学家、风险管理专家 Edward W. Gallagher 进行了交流。美国奶农合作社的管理模式带给笔者颇多启示。

美国的合作社多为合作社企业（Cooperative Inc.），但他们也说是合作社（Cooperative）。Dairylea 的总部在著名的雪城 Syracuss，成立于 1907 年，至今已有 100 多年的历史。目前，Dairylea 拥有 2300 个奶农成员，遍布美国东北部纽约、宾夕法尼亚、佛蒙特、马萨诸塞、新泽西五个州，是美国东北部最大的牛奶销售合作社（Marketing Cooperative），每年向市场提供 55 亿磅原料奶，年销售额超过 10 亿美元，在美国 100 个最大合作社排行榜中位居前 50。与美国奶农（Dairy Farmers of America，DFA）东部地区委员会合作后，Dairylea 可以帮助 9000 多个奶农进入市场，年销售原料奶超过 160 亿磅。

Dairylea——奶农自己成立的组织

从历史上看，Dairylea 就是为了保护奶农的利益而由奶农自己成立的组织，并由奶农自己控制。"我们的任务，就是通过稳定市场、提高奶农在市场体系中的地位，以及提供各种各样的服务和众多创造净经济价值的项目，使奶农的利益达到最大化"，Edward 如此介绍。

20 世纪初期，由于缺乏统一的力量确保牛奶价格水平的提高，美国的奶农处于极其悲惨的境地。当时，奶农所销售的每夸脱牛奶的价格只有 2 美分，而平均生产成本就达到了 4 美分。奶农完全没有谈判地位，价格被强大的收购商所垄断，而数量巨大的奶农"要么接受，要么离开"。为了生存下来，1907 年 8 月 25 日，纽约州奥兰治县的 700 个奶农组成了奶农联盟（Dairymen's League Inc.），拥有 14700 头奶牛。这是美国最早的由农场主主导的奶农合作社。到了 19 世纪 20 年代，合作社成员发展到了超过 10 万个农场。1923 年，合作社为自己的产品统一使用 Dairylea 品牌，并逐渐成为美国最著名的牛奶品牌。1969 年，合作社改名为 Dairylea 合作社股份公司（Dairylea Cooperative Inc.），奶农在整个产业链上的联系更加紧密了。

1988 年 11 月，合作社终止了对 Dairylea 品牌牛奶的销售，转而投资于美国东北部的

---

① 执笔人：孔祥智，原文发表于《中国合作经济》2010 年第 12 期。

牛奶加工企业。截止到目前，合作社已经在牛奶关联产业投资了1000多万美元。从20世纪90年代初期起，Dairylea又重新开始了牛奶市场服务和组织业务，并取得了异乎寻常的增长。10年间，其销售的牛奶数量翻了3倍，达到了年均55亿磅；销售额同样翻了3倍，达到了年均10亿美元。

目前，合作社已经成为美国东北部最大的原料奶提供商，并和这一地区所有牛奶加工大企业都签订了牛奶销售合同。

Dairylea 的多重功能

1999年，Dairylea和美国奶农协会东北区分会合作，构建了牛奶市场服务系统（Dairy Marketing Services，DMS），这个系统为9500个奶农提供生鲜牛奶市场销售服务，年销售量达到160亿磅。

Dairylea既是DFA的团体会员，又通过DMS为其成员服务。这种多重身份使得Dairylea也具备了多重服务功能：一是作为合作社，Dairylea把成员奶农有效地联合在一起，共同抵御市场风险，保护奶农利益；二是DMS系统为其成员奶农的生鲜奶销售提供了重要平台，通过这个平台，美国东北部奶农的原料奶的销路和价格都能够得到保障；三是Dairylea和美国东北部的重要奶制品加工商都建立了广泛的联系，并在长期的合作中形成了价格平衡的平台，共同构建了原料奶价格形成机制，这样的价格水平，既能够保障奶农的利益，又可以使加工企业有利可图，形成了双赢的局面，从而使奶制品产业链条的各个环节都能够可持续发展。

关于合作社管理模式的启示

通过这次会谈笔者对美国的农民合作社有了进一步了解，并对国内合作社一些问题的思考有了新的方向。比如，农民合作社究竟是什么性质的组织？一直是争论比较大的问题。通常的说法就是"民办、民管、民受益"，按照《农民专业合作社法》，就是"在农村家庭承包经营基础上，同类农产品的生产经营者或者同类农业生产经营服务的提供者、利用者，自愿联合、民主管理的互助性经济组织"。

从形式看，Dairylea的"自愿联合"是没有问题的，没有人强迫奶农加入或者不加入，但"民主管理"似乎很难谈得上，因为Dairylea本身是一家企业性质的机构，当然按照企业的规则进行管理，并没有给加入的奶农任何参与企业管理的权利。但Dairylea无疑又是一家合作社，这一点，Dairylea的网站上是这么说的，Edward向我介绍Dairylea的第一句话也是这么说的，这不是标榜，而是的确如此。否则，就无法解释其成员奶农经常讲到的"我是Dairylea的一分子"时的那份自豪感和满足感，实际上是其自身利益能够得到充分保障的反映。既然利益保护的目的达到了，那是否参与管理难道还重要吗？

所以，关于合作社发展中的"民主管理"的含义很值得重新思考。我们查阅了国际合作社联盟各个时期的章程，都没有发现和"民主管理"相对应的英文表达，比较接近的是"民主控制"用的是"control"这个词。即使是早期的罗虚代尔八项原则，也是：

①入社自愿；②一人一票；③现金交易；④按市价销售；⑤如实介绍商品，不短斤少两；⑥按业务交易量分配盈利；⑦重视对社员的教育；⑧政治和宗教独立，并没有"民主管理"的概念。1895年，国际合作社联盟成立，把罗虚代尔合作社的原则列为联盟章程，作为国际合作社联盟办社原则，所有加入该组织的成员，首要条件就是要承认罗虚代尔原则。后来在修订时，才加上了"民主控制"原则。

通过这次访谈，结合笔者对国内合作社的调研，所谓的"民主管理"，在合作社规模较小的时候是适用的，或者说是"中国特色"，但当合作社发展到一定阶段，效率就成为其发展的生命线，过分强调"民主管理"通常会以失去自身的经营效率作为代价，农民的利益保障也就无从谈起了。可以预见，我国将会有一部分实力较强的农民专业合作社向着美国、加拿大等国的"新一代合作社"，也就是Dairylea这样合作社企业运作模式发展。

目　　录

第一章　文献回顾、核心问题与研究框架

第一节　文献回顾与研究展望[①]

自 2007 年《中华人民共和国农民专业合作社法》（以下简称《农民专业合作社法》）实施以来，农民专业合作社迅速发展。截至 2019 年底，在工商部门登记的农民专业合作社超过 120 万家，广泛分布在种植、畜牧、农机、渔业、林业等行业。合作社在提高农业组织化程度、维护农民基本权利、增强农业竞争力、推进现代农业发展等方面发挥了重要作用，一定程度上缓解了小农户与大市场对接的矛盾，同时也丰富和完善了统分结合的双层经营体制，成为当前最重要的新型农业经营主体之一。

但是，当前我国农民专业合作社发展中的成员异质性问题突出，并由此导致了大量合作社由牵头人控制，一股独大现象普遍存在，一般成员的参与度低，严重影响了合作社的发展壮大。这种现象被一些学者称为"合作社的异化现象"。近年来，许多学者围绕合作社成员异质性问题展开了卓有成效的研究，本章在梳理已有研究的基础上，概述合作社成员异质性的内涵与外延，分析合作社成员异质的现实性与必然性，探讨成员异质性对合作社发展的影响，最后就成员异质性、合作社理论创新与农民专业合作社政策体系构建进行研究展望。

一、合作社成员异质性的内涵与外延

成员异质性问题是合作社理论的重要研究领域之一（LeVay，1983；Karantinis and Zago，2001；Cook et al.，2004；Bijman，2005）。Iliopoulos 和 Cook（1999）把导致合作社成员异质性的原因归结为五个方面，即成员特征及其资源禀赋、成员的生产策略、成员所处产业链的位置、多元化经营和联合的方式以及合作社进行产品创新所采取的市场策略。他们认为合作社的成员异质性可以通过以下七个变量进行衡量：合作社成员的区域分布情况；成员产品、投入品的差异；成员年龄；成员教育水平；土地规模；成员非农收入占比；成员经营目标的差异。Karantinis 和 Zago（2001）则建立了一个研究内生性成员异质

[①]　执笔人：楼栋、孔祥智。

性对于成员和合作社影响的博弈理论模型，表明在双寡头垄断背景下，人们决定是否加入合作社主要取决于合作社能为成员带来多大的利润。

近年来，越来越多的国内学者也开始关注合作社的成员异质性问题。林坚等（2002）认为农民专业合作社成员异质性主要是社员在资源禀赋方面的异质性，主要体现在自然资源、资本资源、人力资源和社会资源四个方面。黄胜忠等（2008）从参与主体的资源禀赋、参与合作社的动机和目的、参与主体在合作社创建和发展过程中的角色差异论述了成员异质性问题。郭春丽等（2010）认为合作社成员异质性表现在资源禀赋、要素投入、对合作社的贡献、利益诉求、承担风险以及参与水平方面，据此可以将社员分为能人、核心成员、正式成员、外围成员、交易性的参与者、访问者六类，并进一步指出异质性本质上指的是成员参与合作社活动的水平不同。邵科等（2013）具体分析了合作社的社员参与水平，认为中国的社员在参与角色上偏离惠顾者、所有者与管理者合一的经典范式；在参与行为上呈现出多数社员与合作社有着较多的业务参与，但是紧密程度不够，更像市场契约关系；很多社员并不进行资本参与；少数社员对合作社管理拥有强大控制力。

赵凯（2012）则认为，造成农民专业合作社社员异质性的根本原因在于农户家庭条件的不同，具体来讲，农户家庭条件不同主要在家庭人均纯收入水平、储蓄存款额度、家庭固定资产的规模、家庭资源禀赋（主要是指经营土地的规模和质量）、家庭成员数量、家庭成员结构、户主类型、文化程度、技术水平、决策能力、生产偏好、声誉以及社交能力 13 个方面存在差异。此外，韩喜平等（2012）在异质性视角下分析了内生和外生两种类型合作社的动力系统构造，指出内生型合作社主要分布在农村经济发展水平比较落后的地区，可利用的资源有限，参与主体相对同质，呈现出了较强的益贫功能，资源要素匮乏影响了合作社的发展；外生型合作社主要分布在经济发展水平比较高的地区，资本、技术、组织等丰富的资源推动了合作社的快速发展，呈现出了多主体、多目标的特性，成员间异质性明显。

二、合作社成员异质性的现实与必然

合作社成员异质性的现实主要体现为合作社组建时合作社核心社员与普通社员的初始异质性。中国人民大学农业与农村发展学院通过对全国 154 家农民专业合作社的调查发现，一半以上的合作社存在核心社员与普通社员的区别；同时，60% 左右的合作社存在出资社员与未出资社员的区别。另外，浙江大学中国农村发展研究院通过对全国 442 家合作社的调查发现，第一大股东出资额占合作社出资总额的比例平均为 29.4%，有 25% 的合作社第一大股东的出资额所占比例超过了 30%，有的甚至达到 100%。大户领办和控制的合作社在一些地区已成为合作社的主要形式（张晓山，2009），合作社在发展过程中需要处理好专业大户与专业小户、公司与农民社员以及社员与雇工的关系（张晓山，2004）。事实上，现在的合作社大多已从过去的劳动合作（实际上是一种单一生产要素合作）走向了全要素合作（所谓有钱出钱，有力出力），从封闭运营（排斥外来资本，注重社员积累）走向开放运营（引进外来资本，甚至走向资本市场），成员异质性显著增大（徐旭初，2009）。当前农民专业合作社在经营战略和组织结构上体现出的一系列特征，是合作社各参与主体在特定的市场环境下基于资源禀赋、利益偏好和角色扮演等因素博弈的一种均衡结果（黄胜忠，2009）。

合作社成员异质的必然性主要体现为随着合作社业务的开展，合作社成员异质性并不会减弱，反而会更为明显，并演变成为一种必然的趋势。例如，在浙江临海丰翼合作社中，2000年合作社成立时，7名核心社员共占合作社初始股本的67.6%；而到2003年，核心社员的股份达到了78%，核心社员逐渐转变成合作社日常运行的人格化代表，并具有主导的决策权和剩余索取权，普通社员则被边缘化，在决策上只起到从属或参与作用（崔宝玉等，2008）。同时，何安华等（2012）的研究也表明，成员异质性会随着如下过程在合作社运营的过程中愈演愈烈：初始的资源禀赋差异诱致合作社成员异质性并导致了合作社成员分层；成员分层形成不对等的权力格局，使资源要素自下层成员向上层成员聚集，但资源要素收益伴随各层成员逐层剥离对应层级的要素收益却自上层向下层流动；缺少外部刺激时，合作利益自上而下剥离分配仍会造成各层成员新一轮的资源禀赋差异，逐渐使下层成员依靠固有要素参与合作，而上层成员走向多要素合作。

三、成员异质性对合作社发展的影响

随着改革开放的深入和经济的活跃，传统合作社社员结构相对同质的假定已经发生了变化，异质化成为不可阻挡的并将长期存在的趋势；其中，利益的同质性是合作社形成的前提，投入品和产出品的同质性是社员联合的基础，社员同质性促进社员认同的形成；异质性对合作社的影响则有负有正：对稀缺资源的激励与公平的权衡、委托代理问题、决策成本与缔约成本的增加、抵减规模经济的作用等是异质性对合作社的负面影响；但同时，异质性又有利于促进合作社的形成，有利于社员之间的学习与互补，起到了提高合作社效率的作用（张靖会，2012）。为了更好地把握成员异质性对合作社发展的影响，我们尝试着对相关研究进行更为全面、系统的梳理。

（一）成员异质性对合作社发展的积极影响

第一，成员异质性有利于合作社的形成。崔宝玉等（2008）的研究发现，合作社不同类型成员之间拥有的资源是否具有互补性对合作关系的达成和建立意义重大，核心社员的大额资本和企业家才能将特有资源同合作社社员的小额资本、土地和劳动力等进行很好的匹配，并且在合作关系建立初期，两者都具有比较强烈的资本、技术等方面的合作需求来克服其相应面临的壁垒，提高单类社员在面临市场时自身所无法规避的市场弱势地位。奥尔森在1965年写到，在存在着相当程度的不平等的销集团中，或者成员的"规模"不等，或者成员因参与集体行动获得的收益不等，集体物品最有可能被提供；较大的可得收益将使他不得不承担全部的成本，从而提供这种集体物品。宋彦等（2011）在分析农村合作组织与公共水资源供给问题时也发现，农户拥有较高的财富禀赋有助于他们在公共水资源自发供给的集体行动中投入较大的努力，农户最优决策的均衡结果与财富禀赋异质性之间是正相关的关系。黄珺等（2007）认为，从同质性成员合作的囚徒困境到异质性成

员的合作均衡，收益大的成员将成为合作的发起人。但在农业合作社中"民主管理"以及"严格限制分红"等传统合作社原则将会影响到大户的合作收益。然而，在市场供过于求时，为了提高市场份额和谈判地位，大户在对合作社投资表决权限制和市场谈判力量进行权衡后，会有动机选择和小户合作，从而弱化了大户在带动小户合作时对政策性推动作用的依赖。

第二，社长与普通社员相比异质性明显，但社长对合作社发展的影响巨大。建立合作社的可能性不会自发地转变为现实性，没有合作社企业家就不会有合作社（国鲁来，2001），具有合作精神的企业家人才是合作组织产生的必要条件（苑鹏，2001）。作为介于市场与科层之间的制度安排，尽管农民专业合作组织强调"民管"原则，但实际上还是存在着关键成员（通常是发起者、领导者和大股东）与普通成员之分，而这些关键成员无论在最初的制度订立还是日常的管理决策中都拥有着突出的影响力，因此，这些关键成员的素质、水平甚至个性就直接影响到农民专业合作组织的创建和发展（黄祖辉等，2002）。孔祥智等（2006）的调查也发现，当前农民合作经济组织的领导人主要是农村中懂技术、善经营、会销售的能人，没有农村中能人的带动，我国的农民合作经济组织不可能发展到目前这样的水平。同时，郭红东等（2008，2009，2011）的一系列实证研究表明，无论是在合作社形成时期至关重要的社员对社长的信任，还是合作社成长水平和合作社的信贷可得性，都受到社长经济实力和合作社物质资本的影响；黄季焜等（2010）、徐旭初等（2010）、黄祖辉等（2011）的研究也证实社长人力资本条件对合作社服务功能的提供、合作绩效以及合作社效率有重要影响。也就是说，如果没有在资源禀赋上占优的社长等合作社核心成员的力量，合作社很难在激烈的市场竞争中成长发展起来。

第三，合作社成员异质性在一定程度上并不妨碍不同类型的成员通过合作社形成利益共同体，也不妨碍小农户在其中受益。苑鹏（2008）探讨了公司与农户通过合作社形成利益共同体的可能性，因为无论是公司社员，还是农户成员，都可以通过合作社的集体行动，提升自身对外购买投入品和服务以及对外销售产品中与其他商家的谈判权，降低各自在收集信息、谈判、合同实施等环节的交易成本，实现规模经济，提高市场竞争力。同时，资本控制对合作社发展具有积极和消极双重效应，不必然导致合作社的功能弱化，因为对合作社民主治理制度的规范化建设、对外围社员退出权的保护以及合作社内存的较为丰富的社会资本能在较大程度上保持和存续合作社的合作功能（崔宝玉等，2011）。而且，伊藤顺一等（2011）基于南京市西瓜合作社的调查，用日均劳动收入测算的结果表明，合作社对小规模农户效果明显，对大规模农户效果不显著。

第四，成员异质性虽然使合作社的本质规定性出现漂移，但也蕴含着积极效应的创新。在成员异质性条件下，少数核心成员实际上充当了农民专业合作社的资本家和企业家的双重角色，他们通过把剩余索取权和剩余控制权相对应，使风险承担者和风险制造者相统一。实践表明，这种组织结构有利于吸引核心成员贡献资本资源、人力资源和社会资源等稀缺要素，有利于提高合作社的市场适应能力，在现阶段不失为一种有效的制度安排（黄胜忠等，2008）。孔祥智等（2010）对四川省井研县联合水果合作社进行深入分析，探讨成员异质性给农民专业合作社治理机制的制度安排带来的影响。分析表明，由于人力资本要素拥有量的不同而导致的成员异质性的合作社中，合作社的治理机制将偏向于确保人力资本要素拥有量作用发挥的制度安排。这种制度安排的结果从"帕累托改进"和"激励相容"角度来看，是一种合理并且有效率的制度安排。

（二）成员异质性对合作社发展的消极影响

一方面，成员异质性导致的社长控制在一定程度上影响了合作社社会功能的发挥并导致了小农利益的损失。唐宗焜（2007）特别强调了合作社的社会功能，认为合作社是对市场交易中谈判权力垄断者的抗衡力量；尤其在当代中国，它们将是使农民、消费者和其他弱势群体能够获得市场谈判权力的有效组织形式，同时它们在就业创造和社区发展方面具有独特的至关重要的作用。然而，在成员异质性背景下，一味地对合作社加以财政支持和相关优惠，带来的相关好处大多都随着小农对剩余控制权和剩余收益权的丧失而丧失，涉农部门的营利性部门性质和资本下乡的实际格局使得当前财政投入并不足以引导出一个健康发展的农民专业合作社发展格局；示范合作社建设过程中的扶大扶强和合作社发展过程中"大农吃小农"逻辑的延续，带来合作社分化和农民分化的进一步加大（楼栋等，2010）。我国在20世纪80年代以后发展起来的农民专业协会和合作社，在许多方面背离了合作社的基本原则，他们中的绝大多数并不是真正意义上的合作社，而是异化了的合作组织（应瑞瑶，2002）。而这些伪合作社使用合作社名义获得的国家对合作社的扶持，会挤压真正的合作社的利益空间（张颖等，2010）。马彦丽等（2008）认为，我国以少数人控制为特征的农民专业合作社表现出双重"委托—代理"关系的特征，其中，中小社员与核心社员之间的"委托—代理"关系成为矛盾的主要方面，在实践中表现出对中小社员利益的侵害与合作社整体价值的损失，而其问题的症结在于表面健全的治理结构实际上流于形式。农民专业合作社是农民社员联合所有、民主控制、成员参与并受益的经济组织，农民专业合作社要真正做到保证社员的主人翁地位和社员的经济利益，就必须解决好合作社的治理问题（王军，2010）。但是，也有学者认为，专业合作社往往容易发展成"大农吃小农"的合作社，单纯靠规范合作社治理结构还无法解决这一问题，提出以加强国家介入、发展多层次综合合作体系为目标的农民合作化的新道路（仝志辉等，2009）。

另一方面，成员异质性导致合作社对成员服务供需对接出现结构性失衡。何安华等（2011）认为，成员异质性是农民专业合作社对成员服务供需对接结构性失衡的重要原因。他们的研究发现，尽管农民专业合作社的运作要坚持"民办、民管、民受益"原则，但农民专业合作社始终是一个小集团形式的市场主体，在这个小集团里面，随着成员异质性的愈发明显，成员分层将不可避免，在成员层级位置决定经济权力结构，经济权力格局决定利益分配格局，权力体系与分配体系同构的逻辑基础上，上层核心管理者（上层成员）直接控制了合作社的经营管理活动和投资活动。在动态演进过程中，普通农户成员的呼声逐渐减弱，以至于出现普通成员的需求偏好显示不完全或者需求偏好显示完全但决策层不提供相应服务的现象。而且，合作社的管理者只能以普通社员的身份参与剩余分配，以致经济激励不足，难以使他们产生提供服务的积极性和创新冲动，还可能导致投机取巧行为时有发生;同时,对管理者层层设防的监督制度需要较高的实施费用(国鲁来,2001)。

四、成员异质性、合作社理论创新与农民专业合作社政策体系构建

(一)合作社理论、政策基础与现实的背离

基于上述文献分析并结合我们的实践调查,可以发现,在成员异质性背景下,一方面,如果按照传统的合作社理论去规范农民专业合作社发展,实现民主控制,则理事长普遍缺乏激励,没有动力致力于合作社事务,合作社的发展往往越来越差,甚至形同虚设;另一方面,如果理事长能控制合作社,充分享受剩余,则其积极性较高,合作社也可以做大做强,但在这类合作社中,社员对合作社事务的参与度普遍不高,合作社的发展方向往往是私营企业或股份企业,社员与合作社的关系也逐渐演变为纯粹的交易关系,这类合作社也因此被许多学者认定为"假合作社",并开始质疑农民专业合作社的发展前景。

那么,为什么会出现上述矛盾呢?我们认为,传统合作社理论是以成员同质性为前提所构建起来的,现有的《农民专业合作社法》及相关政策也是以传统合作社理论为基础的,这些政策法规对当前我国合作社实践中的成员异质性问题考虑不足,未能很好地同时照顾不同资源禀赋成员的利益诉求。在成员异质性背景下,理事长的资源禀赋主要有企业家才能、社会资本和资金,社员的资源禀赋主要有土地、劳动力和少量的资金,理事长与社员之间存在较大的资源禀赋差异,因此在现有的《农民专业合作社法》框架下,理事长与社员双方的积极性难以同时调动。这归根结底可概括为理论、政策的基础与现实相背离,即传统理论和现行政策以成员同质性为基础,而当前合作社的成员却普遍存在异质性。因此,在成员异质性的前提下,拓展和创新合作社理论、完善合作社发展的政策体系就显得非常必要。

(二)现有研究的探讨

第一,对合作社控制权归属的探讨。徐旭初等(2010)指出,在中国农产品供大于求的市场格局没有本质性变化的情况下,在农业产业化经营深入拓展的格局下,在农产品终端消费者需求多样化和农业技术深入发展的趋势下,目前中国(特别是东部沿海地区)农民专业合作社的剩余索取权和剩余控制权格局必然是倾斜的,换言之,产权安排必然是偏于股份化的,治理结构必定是偏于大户、企业或外部组织主导型的。而且在较长一段时间里,这种制度状态也难以根本改变。黄祖辉等(2009)认为以满足社员利益为宗旨和组织发展导向的自我服务本质规定性及以一人一票为基础的民主控制本质规定性,曾极大地促进了合作社的早期发展。但随着时代的变革,合作社的本质规定性正在发生漂移,这种情况也同样发生在我国,并正在对我国当前的农民专业合作社发展产生重大影响。为此,一方面,要充分认识合作社有别于其他组织的本质规定性及其漂移的不可避免性;另一方面,不必强制性干预这种漂移的发生,而应该鼓励合作社社员通过合作社章程自主选择是否允许以及在多大程度上允许这种漂移的发生。政府部门则可以通过制定相关法律、法规,合理引导本质规定性的漂移。实践中有些合作社在运营过程中的确不是民主管理

的，农民成员在合作社中数量虽然很多，但是占有的股份很少。这样的合作社先不要急着去规范，或者否定它，首先看农民，只要农民是独立的，农民是愿意的，让它先存在（黄祖辉，2012）。而我们需要思考的是，既然农民成员利益保护的目的达到了，那么他们是否参与管理难道还重要吗？（孔祥智，2010）为此，林坚等（2002）也指出，政府制定管理合作社的具体条文不要限制过死，要留有余地，具体细则可由合作社各自的章程自行解决，政府不宜有过多干预。

第二，合作社社长激励。谭智心等（2011）指出，合作社代理人努力行为的激励与其自身经营农产品占合作社经营农产品总量的比重、对互惠关注的敏感性程度和占有合作社盈余分配的比例等因素存在正相关关系。合作社内部产生"委托—代理"问题的根源在于合作社内部的不完全契约和非对称信息，为避免合作社经营者可能采取的"隐藏信息"和"隐藏行动"的机会主义行为，建议从信号传递和信号甄别的角度对合作社内部的相关契约加以改进。任大鹏等（2008）认为，集体行动的困境是农民专业合作社发展缓慢的原因；骨干成员存在的合作社由于能促成集体行动而发展较快；面临市场环境变化和竞争压力，合作社在实践中运用一定的强制、承认差别以及向成员提供选择性激励等措施来促成集体行动的实现。推进合作社的规范化建设时，首先，应该对基于现实博弈的社长控制这一"次优结果"予以认可，而不应僵化地坚持"经典的合作社原则"；其次，在坚持"市场导向"和"效率优先"的前提下，通过合理政策引导核心成员逐步调整组织结构，让普通农户能更多参与合作社事务和分享合作收益（黄胜忠等，2008）。

第三，合作社内部监督。政府希望通过合作社将农户带动起来，实现农民增收；而现实中，许多合作社由资本所有者和农村的精英群体主导，合作剩余和政策性收益并未被广大成员分享。所以，激励与监管并重的合作社发展政策，才能取得政策的正效应（潘劲，2011）。邵科等（2008）基于浙江省88家合作社的调查，分析了成员异质性对农民专业合作社治理结构的影响，研究表明，现阶段成员异质性是无法彻底消除的，不需要社员人人入股，不强求股东社员均衡持股，但要发挥好一人一票的民主管理机制，要确保理、监事会间的相对同质性，并促使理、监事会实现有效制衡。对于少数核心成员掌控合作社决策权和控制权的合作社，普通社员监督能力差，决策风险和行为风险较大，应坚持社员大会的最高决策权，协调"能人"治社与民主管理，建立薪酬与贡献相关的激励机制，避免侵害普通社员利益（张滢，2011）。黄胜忠等（2008）的研究表明，合作社内部监督力度越大，合作社的绩效越高。具体地，社员（代表）大会和监事会的召开次数对合作社的成长能力、盈利能力和社员满意度均有一定的积极影响；而且，他们的研究发现，作为合作社的内部监督机制之一，财务公开对提高合作社的绩效作用尤为明显。

（三）研究展望

第一，要对我国农民专业合作社成员异质性的表现形式和程度有一个清晰的认识和准确的把握。当前许多学者虽然认识到了合作社的成员异质性问题，并提出一些成员异质性背景下的合作社发展策略，但缺乏对成员异质性本身的深入分析，尤其是缺少合作社成员异质性程度的量化研究。我国各个地区农民专业合作社成长的制度背景及其发展所依赖的农村市场环境、地理条件都有其独特性，各个合作社的成员异质性类型与程度也各不相同。随着合作社成员异质性问题凸显，当前加强这一研究显得尤为迫切。

第二，要进行成员异质性背景下的合作社理论构建。传统合作社理论以成员同质性为基础，在其指导下的政策规范难以实现对理事长与社员的同时激励，这就导致合作社向企业化和虚无化两个相反的方向发展。如果不对当前合作社成员异质性情况予以足够重视，则已经发展起来的近70万家农民专业合作社将很难走上健康、规范、持续发展的道路，合而不作、有名无实的现象也就无法根本改观。

第三，要将农民专业合作社发展问题置于成员异质性情境下开展本土化研究，构建出适合我国农民专业合作社发展的有效政策体系。如上所述，我国农民专业合作社发展本身处在探索过程中，它有其自身的独特性。既有政策侧重于外在激励，如金融支持、项目扶持、税收减免等，而对合作社内部激励机制构建缺乏有效的政策指导。今后的研究要在理论创新的基础上，从合作社内部视角构建政策体系来实现对合作社理事长社员的有效激励，以期在充分发挥理事长企业家才能的同时，稳定社员与合作社的合作关系。

参考文献

［1］ Bijman J. Cooperatives and Heterogeneous Membership：Eight Propositions for Improving Organizational Efficiency ［R］. Paper presented at the EM Net – Conference，Budapest，Hungary，2005.

［2］ Cook M L，Chaddad F R，Iliopoulos C. Advances in Cooperative Theory since 1990：A Review of Agricultural Economics Literature ［M］. Rotterdam：Erasmus University Press，2004.

［3］ Iliopoulos C，Cool M L. The Efficiency of Internal Resource Allocation Decisions in Customer – owned Firms：The Influence Costs Problem ［R］. Paper Presented at the 3d Annual Conference of the International Society for New Institutional Economics Washington D C，1999.

［4］ Karantinin K，Zago A. Cooperatives and Membership Commitment：Endogenous Membership in Mixed Duopsonies ［J］. American Journal of Agricultural Economics，2001，83（5）.

［5］ LeVay C. Agricultural Cooperative Theory：A Review ［J］. Journal of Agricultural Economics，1983，34（1）.

［6］ Olson M. The Logic of Collective Action ［M］. Cambridge，MA：Harvard University Press，1965.

［7］ 崔宝玉，陈强. 资本控制必然导致农民专业合作社功能弱化吗？［J］. 农业经济问题，2011（2）.

［8］ 崔宝玉，李晓明. 异质性合作社内源型资本供给约束的实证分析——基于浙江

临海丰翼合作社的典型案例 [J]. 财贸经济, 2008 (4).

[9] 郭春丽, 赵国杰. 基于成员异质性的农民专业合作社知识管理模式的研究 [J]. 电子科技大学学报 (社会科学版), 2010 (2).

[10] 郭红东, 陈敏, 韩树春. 农民专业合作社正规信贷可得性及其影响因素分析——基于浙江省农民专业合作社的调查 [J]. 中国农村经济, 2011 (7).

[11] 郭红东, 楼栋, 胡卓红, 林迪. 影响农民专业合作社成长的因素分析——基于浙江省部分农民专业合作社的调查 [J]. 中国农村经济, 2009 (8).

[12] 郭红东, 杨海舟, 张若健. 影响农民专业合作社社员对社长信任的因素分析——基于浙江省部分社员的调查 [J]. 中国农村经济, 2008 (8).

[13] 国鲁来. 合作社制度及专业协会实践的制度经济学分析 [J]. 中国农村观察, 2001 (4).

[14] 韩喜平, 李恩. 异质性视角下两种类型合作社动力系统构造 [J]. 社会科学辑刊, 2012 (5).

[15] 何安华, 孔祥智. 农民专业合作社对成员服务供需对接的结构性失衡问题研究 [J]. 农村经济, 2011 (8).

[16] 何安华, 邵锋, 孔祥智. 资源禀赋差异与合作利益分配——辽宁省 HS 农民专业合作社案例分析 [J]. 江淮论坛, 2012 (1).

[17] 黄季焜, 邓衡山, 徐志刚. 中国农民专业合作经济组织的服务功能及其影响因素 [J]. 管理世界, 2010 (5).

[18] 黄珺, 朱国玮. 异质性成员关系下的合作均衡——基于我国农民合作经济组织成员关系的研究 [J]. 农业技术经济, 2007 (5).

[19] 黄胜忠, 林坚, 徐旭初. 农民专业合作社治理机制及其绩效实证分析 [J]. 中国农村经济, 2008 (3).

[20] 黄胜忠, 徐旭初. 成员异质性与农民专业合作社的组织结构分析 [J]. 南京农业大学学报 (社会科学版), 2008 (9).

[21] 黄胜忠. 农业合作社的环境适应性分析 [J]. 开放时代, 2009 (4).

[22] 黄祖辉, 扶玉枝, 徐旭初. 农民专业合作社的效率及其影响因素分析 [J]. 中国农村经济, 2011 (7).

[23] 黄祖辉, 邵科. 合作社的本质规定性及其漂移 [J]. 浙江大学学报 (人文社会科学版), 2009 (4).

[24] 黄祖辉, 徐旭初, 冯冠胜. 农民专业合作组织发展的影响因素分析——对浙江省农民专业合作组织发展现状的探讨 [J]. 中国农村经济, 2002 (3).

[25] 黄祖辉. 在农业转型中完善创新农业经营制度 [J]. 农村经营管理, 2012 (3).

[26] 孔祥智, 郭艳芹. 现阶段农民合作经济组织的基本状况、组织管理及政府作用——23 省农民合作经济组织调查 [J]. 农业经济问题, 2006 (1).

［27］孔祥智，蒋忱忱．成员异质性对合作社治理机制的影响分析——以四川省井研县联合水果合作社为例［J］．农村经济，2010（9）．

［28］孔祥智．参观纽约最大的奶农合作社引发的思考［J］．中国合作经济，2010（12）．

［29］林坚，王宁．公平与效率：合作社组织的思想宗旨及其制度安排［J］．农业经济问题，2002（9）．

［30］楼栋，仝志辉．中国农民专业合作社多元发展格局的理论解释——基于间接定价理论模型和相关案例的分析［J］．开放时代，2010（12）．

［31］马彦丽，孟彩英．我国农民专业合作社的双重委托—代理关系——兼论存在的问题及改进思路［J］．农业经济问题，2008（5）．

［32］潘劲．中国农民专业合作社：数据背后的解读［J］．中国农村观察，2011（6）．

［33］任大鹏，郭海霞．合作社制度的理想主义与现实主义——基于集体行动理论视角的思考［J］．农业经济问题，2008（3）．

［34］邵科，徐旭初．成员异质性对农民专业合作社治理结构的影响——基于浙江省88家合作社的分析［J］．西北农林科技大学学报（社会科学版），2008（2）．

［35］邵科，徐旭初．合作社社员参与：概念、角色与行为特征［J］．经济学家，2013（1）．

［36］宋彦，宴鹰．农村合作组织与公共水资源供给——异质性视角下的社群集体行动问题［J］．经济与管理研究，2011（6）．

［37］谭智心，孔祥智．不完全契约、非对称信息与合作社经营者激励——合作社"委托—代理"理论模型的构建及其应用［J］．中国人民大学学报，2011（5）．

［38］唐宗焜．合作社功能和社会主义市场经济［J］．经济研究，2007（12）．

［39］仝志辉，温铁军．资本和部门下乡与小农户经济的组织化道路——兼对专业合作社道路提出质疑［J］．开放时代，2009（4）．

［40］王军．合作社治理：文献综述［J］．中国农村观察，2010（2）．

［41］徐旭初，吴彬．治理机制对农民专业合作社绩效的影响——基于浙江省526家农民专业合作社的实证分析［J］．中国农村经济，2010（5）．

［42］徐旭初．合作社文化：概念、图景与思考［J］．农业经济问题，2009（11）．

［43］伊藤顺一，包宗顺，苏群．农民专业合作社的经济效果分析——以南京市西瓜合作社为例［J］．中国农村观察，2011（5）．

［44］应瑞瑶．合作社的异化与异化的合作社——兼论中国农业合作社的定位［J］．江海学刊，2002（6）．

［45］苑鹏．对公司领办的农民专业合作社的探讨——以北京圣泽林梨专业合作社为例［J］．管理世界，2008（7）．

［46］苑鹏．中国农村市场化进程中的农民合作组织研究［J］．中国社会科学，2001

（6）．

［47］张靖会．同质性与异质性对农民专业合作社的影响——基于俱乐部理论的研究［J］．齐鲁学刊，2012（1）．

［48］张晓山．促进以农产品生产专业户为主体的合作社的发展——以浙江省农民专业合作社的发展为例［J］．中国农村经济，2004（11）．

［49］张晓山．农民专业合作社的发展趋势探析［J］．管理世界，2009（5）．

［50］张滢．农民专业合作社风险识别与治理机制——两种基本合作社组织模式的比较［J］．中国农村经济，2011（12）．

［51］张颖，任大鹏．论农民专业合作社的规范化——从合作社的真伪之辩谈起［J］．农业经济问题，2010（4）．

［52］赵凯．论农民专业合作社社员的异质性及其定量测定方法［J］．华南农业大学学报（社会科学版），2012（4）．

第二节 成员异质性合作社下的小农困境①

一、学界争论与问题提出

上一节谈到，学界对合作社发展的看法存在一定的分歧。在目前有关农民合作社发展的争论中，往往出现情绪发泄多于理性思考、直觉判断压过逻辑分析的现象。由于农民合作社研究出发点和侧重点不同，得出的研究结论也完全不同，比如在成员异质性背景下的合作社小农处境方面，一些研究认为合作社发展存在"大农吃小农"的逻辑，小农权益受损（温铁军，2009；仝志辉、温铁军，2009；杨团，2010），同时也会影响到其对合作社扶持政策的满意度（李道和等，2013）；而又有一些研究者指出小农加入合作社是其理性选择，还存在小农"搭便车"和"小农吃大农"的现象（伊藤顺一等，2011；谭智心等，2011），成员异质性的农民合作社蕴含着积极效应的创新（孔祥智等，2010；黄祖辉等，2009；黄胜忠，2009；徐旭初，2009）。

要实现理性思考合作社发展的小农困境，则必须坚持公共理性，学会换位思考，从多个角度去看待这个问题，通过"正反合"的逻辑思考，得出较为客观的结论。比如说，不能因为自己是小农的代言人，而只考虑小农的权益；也不能因为自己研究农业经济，而只考虑农业产业竞争力，强调规模化与产业化；更不能因为自己是部门官员，而只从部门利益出发来考量农民合作社发展，片面强调加大合作社财政扶持力度以扩大部门利益。这其实也是罗尔斯正义论的实质所在。那么，我们应该如何来理性思考农民合作社发展中的

---

① 执笔人：楼栋、孔祥智。

小农困境呢？本节将分四个层面来尝试着回答这个问题：第一，通过案例分析将学界争论具体化，以便更好地理解成员异质性影响下的合作社小农困境；第二，提出理性思考的几个基本原则；第三，对合作社发展中的小农困境做理性思考；第四，根据理性思考的结论提出合作社发展中小农权益的保护策略。

二、案例分析

（一）"大农吃小农"的逻辑形成

四川 HN 果蔬合作社于 2008 年 4 月正式挂牌成立。目前，该合作社集果蔬生产、集中购销和成员培训等服务于一体，拥有成员 139 人，果蔬生产基地达 1300 多公顷。HN 果蔬合作社的前身是 A 县 X 镇柠檬生产技术推广协会。1999 年，曾经红极一时的 A 县柠檬产业一落千丈，收购价格由 1998 年的 8 元/公斤跌至 2 元/公斤。而销售市场上，收购商"一斤果付八两钱"的现象也普遍存在，严重侵蚀着柠檬农户的利益。承包 5.3 多公顷柠檬园的果农 H 思考着如何维护自己的利益，媒体上一篇柠檬协会的报道让他萌生了筹建协会的想法。H 将此想法与时任镇农机站站长的 Y 交流后，两人一拍即合。随后，他们又找到 L 等四位柠檬大户，每人出资 5 万元，集资 30 万元。2001 年 4 月，A 县 X 镇柠檬生产技术推广协会挂牌成立，Y 任会长。这个由大户自发组建的协会班底，为日后的 HN 合作社打下了坚实的基础，而镇农机站的背景也令该合作社在享受政府政策优惠方面占据有利地位。2008 年 4 月，在县农委、县农办掀起合作社兴办高潮的宣传下，在原有柠檬协会基础上，HN 果蔬合作社顺利组建，时已 72 岁的原协会会长 Y 退居二线，40 岁的 L 被推选为理事长，该过程是由 6 位大户协商决定的，其他成员没有参与，HN 合作社由此完成了从专业协会到农民合作社的成功"转身"。

经过调查发现，合作社内的小农对合作社颇有怨言。小农 A 指出："别忘了，其实合作社也就是个农资买卖商，以前有商贩上门来推销农资、收购柠檬，其实也并不见得比合作社的差；现在有了合作社，我们不好意思和小商贩们打交道了；合作社赚钱的应该就是那几个大户。"小农 B："目前合作社聘请了农机顾问、农技顾问、销售顾问、财务顾问，但这笔账怎么算的，没有人能说清楚。"小农 C："大农们把自己家作为办公场所，好像吃亏了；但比起他们用合作社名义和政策优惠得到的圈地收益，那就微不足道了。"小农 D："合作社算的账和我们不一样，他们把市场的农资和果蔬的购销价都处理过了，我们信息不灵通，也不去关注这些；而且县里给合作社的补贴我们都不知道。"小农 E："对大农有好处，他们开会商量事情，拿政府补贴；其他不说，农机补贴都是他们拿的；我们不可能参与，其实参与了也没用。"小农 F："剩余返还是意思一下的，再说不是人人有返还，其实是由于有几户的果子好，给的奖励罢了；其实合作社和企业差不多，由几个大户开的；我们买卖农资，哪里好就去哪里；而合作社对外起到一个销售中介的作用，每斤水果向收购商收 0.2 元左右的服务费。"小农 G："每年水果销售旺季，重庆、北京、郑州、深圳等地的收购商便会主动跟 HN 合作社联系，以前他们都是自己过来和我们谈判的，现在有合作社，谈判的事就交给了合作社，我们没有谈判的权利。"小农 H："合作社虽不强制规定成员要通过合作社销售水果，但由于合作社在当地统一购销的影响力早已名声在外，当地果农只能选择加入合作社，没有其他选择。"据 HN 合作社的财务报表，2008 年度合作社总盈余为 30.3 万元，在盈余的分配中，3.6 万元做公积金，用于合作社的扩建和基础建设，其余 26.7 万元按照交易量和股金返还给成员。"老实说主要还是股金收益，按人头和交易量来算收益是算不清楚的"，一位合作社办公室成员说。

由上述小农的陈述可知，因为合作社的规章制度、信任约束以及购销规模大，小农只能通过合作社进行购销；而在收益分配中，资本入股和有控制权的大农获取了总收益的大部分，小农对于经营事务的知情权和决策权没有保证，所得的收益份额很少。而且，合作社的大农并不满足于此。2007 年始，筹办干果加工厂的计划就开始在 L 等人中酝酿。2008 年，合作社以吸纳入股的方式租用 1.2 公顷土地，以备建厂。"现在还差 200 多万元的资金"，L 透露。合作社不指望能从银行得到贷款，他们更希望成员们以入股的方式加盟。"合作社现有 139 个成员，每人 1 万元，就可以筹集到 139 万元；但是小农一般都不出钱，到合作社买卖东西就好了，出钱不放心。"大农 I 如此说道。他们觉得真要办厂，还得靠合伙，没办法通过合作社。

所以表面上由这类大农发起成立的农民合作社可以做出业绩，但是视角一转变，我们还是可以发现按目前农民合作社"大农吃小农"的发展逻辑，县农委农办、镇农机站、资本（股金）、柠檬大户利益共谋，形成合作社里的合作社，支付合作成本，分享合作收益。而兼业小农还是受到"盘剥"，其获得的合作收益比应得的少之又少。在这样的合作社中，各个主体的力量对比和利益获得途径相对稳定，"大农吃小农"的逻辑有很强的路径依赖：部门从中获利的同时体现了其扶持农民合作社发展的公益性目标，资本在盈利的同时获得了扶农的美誉；而带有企业性质的大农一边领办发展合作社来盘剥小农，一边向政府部门要钱；小农在这个过程中也许分到了一杯羹，但是比起应得的却少得可怜。图 1-1 较为清晰地显示了农民合作社内各利益主体的关系和合作社发展中的"大农吃小农"逻辑。

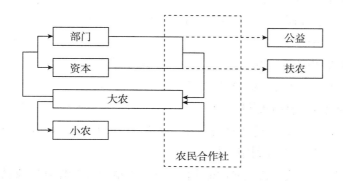

图 1-1　合作社发展中的"大农吃小农"逻辑示意

（二）合作社发展与小农理性选择

然而，换一个视角，通过对浙江 SL 林业合作社、内蒙古 YBK 奶业合作社和河北三家土地合作社的调查发现，发展合作社是小农的理性选择，主要体现在如下四个方面。

第一，在农民合作社的发展背景中，农户单家独户经营时的平均收益下降，农民发展合作社有内在驱动。在浙江 SL 林业合作社中，成员普遍反映在单家独户经营时，竹林效益及林农的相关收入并不十分乐观，农林业投资增加（产前、产中、产后环节成本上升），人工工资提高，劳动力紧缺。在内蒙古 YBK 奶业合作社中，成员反映散养饲料成本高，按照奶企对农户们的饲料要求，精饲料要搭配玉米和麸皮（小麦加工后的外皮），按照配比要求，玉米占45%～50%，麸皮占15%，精饲料占35%～40%，产奶量大的奶牛，还要提高 5%～10% 精饲料的配比，这样的饲料配比，如果单家独户购买，成本很高。同时，当地奶农介绍："现在工人的工资都涨了，干一个月活下来，每个月能赚3000块，很多人觉得这比养牛赚钱，于是就把牛卖了去打工。"在河北三家土地合作社中，种植户们普遍感到，随着各种农资、人工的涨价，农户经营土地的成本逐年上升，绝对收益不断下降；更为重要的是，随着农村劳动力就业渠道的拓宽，农户种地的相对收益下降很快，如果把家里的壮劳力留在土地上是很不划算的。

第二，合作社的发展给农民带来实际好处，农民发展合作社有利益支撑。在浙江 SL 林业合作社中，小农得到的好处有：成立林业合作社后最大的变化是从原来的"送毛竹"（之前农户需要自己单家独户地送毛竹到竹制品加工厂）变成了目前的"卖毛竹"（由厂家直接上门收购）；林业合作社的成立使农户既方便又赚钱，免去了在家林业生产经营和在外打工、做生意之间转换的时间浪费和辛苦，生产效率显著提高；由于合作社的股权还是归农户所有，农户在"失"地的同时并没有失权，随着林业产业的发展和政府相关惠农政策的实施，可以实现"林地效益持续增加、林农收入持续增长、村集体经济持续壮大"。在内蒙古 YBK 奶业合作社，小农得到的好处有：增强了与奶企的谈判能力，提高奶价；实现了奶牛养殖规模效益；实现奶农持续增收（合作社与三聚氰胺事件后所涌现出的"托牛所"是有本质区别的，在合作社中，奶农永远是股东，在失牛的同时并没有失权，随着奶业产业的发展和政府相关惠农政策的实施，他们将继续在奶牛合作社中受益）。在河北三家土地合作社中，小农得到的好处主要是小农通过将土地流转给合作社，在产前农资供应、产中农机服务以及产后销售方面，相关成本都大大降低。

第三，当地政府相关部门扶持、农村社会资本利用降低了合作社的发展成本，农民发展合作社有外部支持。在浙江 SL 林业合作社的成立发展过程中，享受了当地政府出台的完善农村土地（林地）流转的意见、县十佳合作社评选、林权抵押贷款贴息、林道修建项目扶持和竹林精品园项目实施等优惠政策，同时还通过农村熟人社会效应监督理事长，并将财务委托给村委会，充分利用农村社会资本。

第四，林改契机、三聚氰胺事件和当地政府对土地流转合作社的支持使得农民发展合作社有政策引导。林改契机催生了 SL 林业合作社的诞生。尚书圩村以林改为契机，开始积极探索现代林业经营方式，引导林农规模经营，加快现代林业发展；上级主管部门（县林业局）也积极帮助，到村里宣传发动。而三聚氰胺事件发生后，国家加强了对生鲜乳收购环节的监管。《乳品质量安全监督管理条例》第二十条第一款规定：生鲜乳收购站应当由取得工商登记的乳制品生产企业、奶畜养殖场、奶农专业生产合作社开办，也就是说，只有这三类主体可以申请生鲜乳收购许可证。对于分散奶农来说，组建合作社是获得生鲜乳收购许可证的最便捷途径。就土地流转合作社而言，土地流转得到了省、市、镇各级政府和有关部门的大力支持，例如万亩示范方工程实施、赴寿光学习新品种种植技术，河北省土肥站和植保站也经常把各类培训送到合作社。

由此可见，农户发展合作社是其根据实际情况做出的理性选择，而且小农在合作社发展过程中也得到了实际好处。合作社的基本原则是入社与退社自由，如果小农在合作社得不到实际利益，则可以"用脚投票"，选择不参加或者退出合作社。

三、理性思考的几个基本原则

第一，在理性思考合作社发展中的小农困境时，必须考虑制度的可行性，把现有制度与可行的替代制度相比较，而不能把现实中根本不可行的理想目标作为反对一项制度的理由。在讨论合作社收益分配时，若基于合作社成员"小农—大农"两主体视角，可以存在A、B、C三种状态：在A状态下，小农、大农各得100；在B状态下，小农得120，大农得180；在C状态下，每人各得150。显然，现在大多数合作社利益分配处于B状态。那么，如果这三种状态都是可行的，社会最优安排应该是状态C；但是，如果状态C是不可行的，我们就不能用状态C去批评状态B。如果不考虑制度可行性，非要大农小农进行合作收益的均等分配，合作社发展不下去，会走向状态A，大农小农的利益都受到损害。所以，如果在合作社发展中坚持乌托邦理想，对农业产业发展和小农权益保护均有害无益。

第二，在理性思考合作社扶持政策时，必须摆事实、讲道理，实证数据和逻辑分析相结合，而不能以感觉代替事实。直觉有时对理解事物帮助很大，但缺少了逻辑分析的直觉往往是错误的。例如，直觉可能告诉我们扶持农民合作社就是扶持农民，但实际情况是，如果合作社被大农和部门控制，则扶持合作社的各项资金和政策优惠都不会让广大小农受益；又比如，税务部门出台的合作社税收优惠政策可能会促进农民合作社的发展，但也必须清醒地认识到如果没有严格的合作社准入制度，社会上将会有一大批农业企业改制为农民合作社来偷税漏税。

第三，在看待合作社发展中的小农困境时，要"向前看，重发展"，调动合作社各利益主体的积极性，把合作收益做大，实现大农、小农共赢，促进农业产业发展；而不是"向后看，重分配"，纠结于当前可能存在的"大农吃小农"的现状。如果让合作社内的小农联合起来反抗大农，最后则只能是合作破裂与合作社瓦解，导致大农、小农双输，而且这也不利于农业产业发展，这不应该是合作社发展的理性选择。虽然，强调保护小农权益，广大小农可以在感情上求得一些平衡，但是整个合作社发展会被困在一个坏的均衡中，不利于合作社的长远发展和作用发挥。

四、对合作社发展中小农困境的理性思考

当前的许多合作社研究都分析了农民合作社发展中的小农处境。由于研究视角不同，

得出了截然不同的研究结论。那么，发展农民合作社到底是遵循"大农吃小农"逻辑，还是"小农的理性选择"，对合作社发展中的小农困境进行理性思考是十分必要的。基于案例分析，并参照之前理性思考的若干原则，我们将结合当前的一些合作社研究结论，理性思考合作社发展中的小农困境。对于合作社发展中的"大农吃小农"逻辑，可能存在如下局限性：

第一，视角选择的局限性。"大农吃小农"逻辑的提出是基于零和博弈的视角，虽然较为有效地分析了合作社发展中各利益主体的行为逻辑，但也有一定的局限性。正像理性思考的第一个原则所论述的那样，合作社发展只要让小农获利，即使小农获得的比大农少，也是一种帕累托改进，没有必要去谴责大农获利过多，而是应该鼓励合作社发展，让大农带动小农共同增收。即使合作社发展是一种希克斯改进，即小农有一定损失，但大农获得的收益大于小农的损失，且大农可以给小农足够的补偿，还是应该鼓励合作社继续发展。其实，在许多合作社中，大农提供了合作社发展的各种资源，承担着合作社发展的风险，相比小农只是单纯享受合作社服务且拥有"用脚投票"的权利而言，理应获得更多合作收益。

第二，论证过程的局限性。"大农吃小农"逻辑的提出是基于当前合作社不规范发展现象的抽象描述，但无法进行大规模的计量实证检验。当前我国合作社发展不规范是合作社理论研究者达成的共识，但如何对不规范进行解读是仁者见仁、智者见智。例如，一部分学者坚持合作社内存在"大农吃小农"的逻辑，政府应该直接介入合作社发展，采取实际措施保护合作社中的小农权益；但也有学者从合作社本质规定性的漂移对合作社的不规范现象进行解读，认为应该尊重农户意愿，发挥章程在合作社治理中的作用；还有学者明确指出，只要农户能从合作社受益，农户是否参与合作社管理意义不大。一些合作社实证研究也表明，农民合作社中普遍存在小农"搭便车"行为，即有一定程度的"小农吃大农"现象，大农增收效果并没有小农显著。所以，"大农吃小农"只是一种逻辑可能，无法证实，可以严格抵制，但更应得到包容，尊重小农选择。

第三，没有用发展的观点看问题。很显然，"大农吃小农"逻辑是在用"向后看，重分配"的观点看问题。其实，合作社的发展可以实现大农与小农的共赢，大农可以从共赢中获益，而并不是只能通过"吃小农"获益。在一定程度上讲，"大农吃小农"带有阶级剥削性质，有很强的政治色彩，用于指导农业产业发展时会有一定的局限性。

对于合作社发展中的"小农理性选择"结论，也存在一定局限，主要表现在如下两个方面：

一方面，没有从更为宏观的视角分析小农处境。发展合作社是小农的理性选择，这样的观点是从小农自身视角进行分析，虽然尊重了小农意愿，但是在全局观上就有一定局限。例如，合作社的发展给了小农更多的选择，他们可以选择加入，也可以选择不加入；但是，需要考虑的是，在合作社发展后，已经在客观上造成小农不得不加入合作社的局面，因为如果小农选择不参加合作社，则其必须接受直接同部门和资本打交道的更高的市场交易成本和价格。由此可见，小农理性选择的范围已经发生变化，这样的选择虽然理性，但也属无奈。

另一方面，对合作社发展过程中的小农困境缺乏细致分析，尤其是缺少合作社发展中的内部权利格局、决策机制以及收益分配的分析。从一定程度上讲，单单用"小农理性选择"的观点来看待当前我国农民合作社的发展，是一种简单的回避问题的态度，有放任合作社自由发展的嫌疑。在大力扶持合作社发展的环境中，没有细致分析小农在合作社内的困境，很有可能出现合作社快速发展，而小农增收缓慢、大农小农分化加剧的局面。

五、农民合作社发展中小农权益保护策略

通过理性思考合作社发展中的小农困境，笔者认为在合作社发展中提高保护小农权益的意识是有必要的，但是也不能"过度"保护；在强调顶层设计的同时，要充分发挥小农的主观能动性和基层的首创精神。具体地，合作社发展中的小农权益保护策略可以由如下三个方面构成：

第一，尊重小农选择，保障小农的入社、退社自由，同时加强农民培训，扩大小农视野，发挥合作社的教育功能，提高小农处理各种事务的能力。首先，小农是否加入或退出合作社是其经过理性思考后的选择，必须要保障小农的入社、退社自由，让小农有"用脚投票"的权利。在当前合作社发展不规范的情形下，这是发展合作社要坚守的底线。其次，要加强合作社成员培训，特别是要扩大小农视野和信息量，尽量让他们的选择是基于宏观分析和长远考虑做出的，而不是贪图眼前的短期利益。再次，要发挥合作社的教育功能，让成员在合作社中理解合作、参与合作，这也是发展合作社的应有之义。最后，提高小农在合作社中处理事务的能力，特别是能在合作社章程制定和通过中发挥作用，实现章程治社，这是保障小农权益的关键之一。

第二，重建扶持农民合作社发展的政策体系，特别要关注合作社发展中的小农困境。财政扶持方面，要注意不要盲目扶大扶强，也不应盲目地进行撒胡椒面式的扶持，而是要花大力气甄别合作社的本质属性，看合作社是否规范，是否可以让合作社内的小农受益，切忌扶持农民合作社就是扶持农民的简单思维；产业扶持方面，要在一定程度上顾及兼业小农的权益，不可一刀切扶持发展一个农业产业，要给予小农多种选择；金融扶持方面，可以因地制宜地在合作社内开展资金互助，鼓励小农适当参与，使合作社形成内部造血机制；科技扶持方面，将项目尽量交给带动农户数量多的合作社，以提高优惠政策的受益面；人才扶持方面，应该加大投入力度，除了培训理事长外，还应该设计符合小农特点的培训课程，提高小农参与合作的能力。

第三，重构部门、资本、大农在合作社发展中的利益获取机制，让保护小农权益成为合作社各利益主体发展合作社的重要目标。目前，部门、资本、大农可以形成利益同盟，在发展合作社中获益，不太需要顾及小农权益，最多是在申报项目或者写工作总结时提及带动农户数量和农户增收情况，而且这样的数据也是缺乏事实依据的，小农权益在合作社发展中很难得到保护。所以，在合作社绩效评价指标中，要加大保护小农权益的权重，并进行指标细化，使之成为部门、资本、大农发展合作社需要追求的重要目标。例如，可以

将农民合作社发展纳入各级政府的扶贫规划中，将扶贫资金获取与合作社发展结合起来，突出合作社益贫性，以此来激励部门、资本、大农在合作社发展中保护小农权益。

参考文献

［1］温铁军．部门和资本下乡与农民专业合作经济组织的发展［J］．经济理论与经济管理，2009（7）．

［2］仝志辉，温铁军．资本和部门下乡与小农户经济的组织化道路——兼对专业合作社道路提出质疑［J］．开放时代，2009（4）．

［3］杨团．中国农村合作组织发展的若干思考［J］．天津社会科学，2010（2）．

［4］李道和，章芸，高雪萍．个体特征、家庭特征与农民专业合作社扶持政策满意度——基于江西省605个农户样本调查数据［J］．江西农业大学学报（社会科学版），2013，12（1）．

［5］伊藤顺一，包宗顺，苏群．农民专业合作社的经济效果分析——以南京市西瓜合作社为例［J］．中国农村观察，2011（5）．

［6］谭智心，孔祥智．不完全契约、非对称信息与合作社经营者激励——合作社"委托—代理"理论模型的构建及其应用［J］．中国人民大学学报，2011（5）．

［7］孔祥智，蒋忱忱．成员异质性对合作社治理机制的影响分析［J］．农村经济，2010（9）．

［8］黄祖辉，邵科．合作社的本质规定性及其漂移［J］．浙江大学学报（人文社会科学版），2009（4）．

［9］黄胜忠．农业合作社的环境适应性分析［J］．开放时代，2009（4）．

［10］徐旭初．合作社文化：概念、图景与思考［J］．农业经济问题，2009（11）．

第三节　分析框架①

一、问题提出

在农民合作社数量快速增长的同时，其成员异质性突出，在实践中主要表现为合作社成员中有大农与小农、核心成员与非核心成员、正式成员与非正式成员的区别，他们的资

---

① 执笔人：方婵娟、楼栋、孔祥智。

源禀赋不同，参与合作社的程度不同，在合作社中的权利与义务也不同（邵科等，2013）。尤其需要注意的是，随着合作社的发展，成员异质性程度不减反增（崔宝玉等，2008；何安华等，2012），并已在不同程度上影响到农民合作社的成员处境、收益分配与服务功能实现。

第一，成员异质性影响下，合作社发展中存在小农困境，需要保护小农权益。在农民合作社中，不同类型成员之间拥有资源的互补性对合作达成的意义重大（崔宝玉等，2008）。然而，在成员异质性合作社中，小农权益往往容易受到侵害。虽然有《农民专业合作社法》的规范，但大户领办的合作社仍然存在"大农吃小农"、合作性质少的问题（仝志辉等，2010）。目前，兴办合作社往往成为一种任务（特别是地方政府考核的任务）、一种时髦（特别是彰显所谓益贫偏好的时髦）、一种手段（特别是可以比较轻松地套取政府直接财政扶持的手段，以及相关主体参与寻租的手段），人们面对的是一片莽莽的"合作社丛林"（徐旭初，2012）。在"合作社丛林"中，小农的合作收益往往得不到保障，比起其应得的少之又少。

第二，成员异质性影响下，合作社内大农（特别是合作社理事长）对合作社发展作用很大，但缺乏认可与激励，影响其发展合作社的信心。相关研究表明，大农（特别是合作社理事长）对合作社发展影响很大（苑鹏，2001；黄季焜等，2010），而合作社内大农和小农的差异主要体现为物质资源、人力资源与社会资源的差异，那么合作社的这些内部资源是否显著影响合作社发展呢？如果有显著影响，则必须认可大农的作用，并激励大农（特别是合作社理事长）贡献这些资源，有针对性地加强合作社内部资源建设。其中，还特别需要关注合作社理事长的企业家精神发挥，以及合作社理事长对其合作社发展信心的培养。

第三，成员异质性影响下，在合作社内构建一个兼顾小农与大农利益的合作收益分配机制成为难点。应该着重保护小农权益，还是应该注重激励大农，也许构建一个兼顾大农与小农利益的合作收益分配机制才是关键。那么，成员异质性影响下的农民合作社收益分配机制到底应该根据什么来构建，有没有固定标准？不同类型的成员异质性是否会对合作社收益分配控制权归属有不同的影响？我们应该如何指导成员异质性影响下的农民合作社，帮助其形成较为合理的收益分配决策机制？这一系列问题也有待研究。

第四，成员异质性影响下，合作社的服务功能出现结构性失衡，需要有针对性地进行合作社的服务功能建设，兼顾小农和大农的需求。农民合作社是"民办、民管、民受益"的组织，其出发点和落脚点都是为成员服务，解决单家独户在农业生产经营中不能解决的问题。农户加入合作社后可以专心于农业生产，而将其他经营活动，例如投入品的采购，新技术的选择，信息的获取，产品的分级、包装、加工、运输、营销以及品牌化分离出去，由合作社统一经营与服务（黄祖辉，2008）。然而，在成员异质性的合作社中，不同成员对服务的需求不同，而合作社的凝聚力、吸引力和服务能力还很弱（孔祥智等，2012），同时还存在着合作社对成员服务供需对接结构性失衡问题（何安华等，2011）。服务功能薄弱对合作社所有成员都不利，小农会因得不到急需的服务而对合作社产生不满，大农则会因合作社盈利能力不强而蒙受损失。

可见，对成员异质性影响下的我国农民合作社发展问题进行深入而又系统的探讨，是摆在所有合作社理论研究者面前的重要任务，本研究将基于"小农—大农"两主体视角，尝试着构建成员异质性影响下农民合作社发展与服务功能建设分析框架，以期得出成员异质性影响下我国农民合作社的研究方向。

二、研究假定

（一）成员异质性与合作社"小农—大农"两主体假定

实践中，农民合作社的成员异质性有多种表现，产销大户带动型、龙头企业带动型、村委会带动型、科技能人带动型、涉农部门带动型、农业协会带动型等合作社的成员异质性也一定有不同的特点，成员异质性程度也各不相同。因此，对合作社成员异质性问题的研究很难在一个统一的视角下进行分析。但是，成员异质性也有一定的规律可循，比如，农民合作社一般由一个大农（或者企业）与一群小农，或者多个大农和一群小农组成（郭红东，2011）。这时，讨论成员异质性问题就需要讨论多人合作模型，必须涉及小联盟（Coalition）的合作，情况会变得十分复杂（黄少安等，2003）。为了便于分析，本研究将合作社中的大农群体和小农群体进行人格化，并假定上述各种类型合作社成员都可以分为小农与大农两大类，他们各自的资源禀赋、参与合作的程度不尽相同。

这样一来，成员异质性影响下的合作社发展问题研究就可以基于"小农—大农"两主体视角展开，大大简化了研究工作；同时，这也满足了本研究的目的，即主要分析合作社发展中的小农困境、大农作用、合作收益如何在小农与大农之间分配，以及如何有针对性地建设合作社服务功能以满足小农、大农的不同需求。这样的假定虽然省略了许多信息，但同时也突出了成员异质性的本质特征，增强了研究的针对性，况且当前许多合作社成员异质性研究采纳了这样的假定（温铁军等，2009；仝志辉等，2010；杨团，2010），取得了不错的研究效果。

（二）合作社成员有限理性假定

每一位合作社成员既是一个独立的决策单位，同时也是一个有限理性的经济主体。农民合作社的基础是成员家庭经营，不管是小农还是大农，在市场经济条件下都是追求经济利润的，是经济理性的。农户在选择发展合作社的过程中，会从自身出发进行或多或少的成本收益核算。但是，由于农村地缘、血缘的乡土特征，具有独特的文化背景与制度安排，在一定程度上会影响合作社成员的行为决策，使其在考虑经济利益的同时，也考虑社会利益，表现出有限理性。

（三）农业生产与农业服务可分离假定

农民成立合作社的初衷就是为了形成"生产在家，服务在社"的农业生产经营模式。在该模式中，成员可以专心于农业生产，而让合作社来提供产前农资服务、产中农技服务、产后销售服务、资金服务、信息服务和农产品质量控制服务等。由此，农业生产的家庭经营与农业服务的合作经营完美结合，可以走出一条生产小规模、服务规模化的现代农业发展道路（黄祖辉，2008）。所以，本研究假定农业生产与农业服务是可分离的，农民合作社的主要功能是向合作社成员提供各类服务，合作社竞争力也来源于合作社服务功能。

三、分析框架

作为"民办、民管、民受益"的互助性经济组织，农民合作社的出发点和落脚点都在为成员服务上，发展合作社旨在实现农民增收、农业增效和农村繁荣，切实保护农民利益。基于"小农—大农"两主体视角，农民合作社的成员可以分为小农与大农两主体，他们对发展合作社有着不同的认识，在合作社中也有着不同的处境与利益诉求，这将是本研究分析框架构建的逻辑起点。

对合作内的小农而言，他们关心的是参加合作社能给自己带来哪些好处，合作社内的大农是否会威胁自己的合作收益获取，自己在合作社内的利益是否有制度性保障，合作社提供的服务能否让自己满意，等等。于是，小农在合作社内的利益总和可以用如下公式表示：

$$\max W_S = (E_S - T_S)^{D_{LS}} + S_S \qquad (1-1)$$

其中，W_S 表示小农在合作社中的总利益；E_S 表示小农参与合作社可以得到的预期收益；T_S 表示小农在加入合作社后被大农盘剥后的收益损失；D_{LS} 是合作社内收益分配制度的合理程度，且 $0 \leqslant D_{LS} \leqslant 1$，当 $D_{LS} = 0$ 时，小农、大农在合作社内的收益分配极不合理，合作社无法进行有序分配，当 $D_{LS} = 1$ 时，小农、大农在合作社内的收益能得到合理分配；S_S 表示小农对合作社所提供的服务的满意程度。成员异质性影响下，要让小农在合作社发展中获益，就必须最大化 W_S。

对合作社内的大农而言，他们关心的是成立合作社后主要由他们贡献或建设的合作社内部资源在合作社发展中起到多大作用，特别对理事长而言，亟须被内部成员和社会各界认可其作用，提升其发展合作社信心，满足其精神需求。对合作社大农而言，在合作社的收益主要通过股金分红和交易量返还来实现，所以从一定程度上来说，相比合作社服务功能满意度而言，他们更关心的是合作社服务所带来的盈利能力。于是，大农在合作社内的利益总和可以用如下公式表示：

$$\max W_L = (I_L \times C_L)^R + P_L^{D_{LS}} \qquad (1-2)$$

其中，W_L 表示大农在合作社中的总利益；I_L 表示主要由大农贡献或建设的合作社内部资源（包括理事长企业家精神）在合作社发展中的作用；C_L 表示理事长发展合作社的信心，理事长发展合作社的信心在很大程度上会影响大农对合作社的资源贡献与发展合作社的积极性；R 表示内部成员和社会各界对大农作用的认可（物质认可和精神认可皆可），且 R 与 I_L 呈正相关，大农作用越大，则越容易被认可；P_L 表示合作社的盈利能力，大农在合作社中的收益很大程度上取决于合作社盈利能力，同时，收益分配制度 D_{LS} 是否合理也会影响到大农在合作社中的利益。成员异质性影响下，要让大农在合作社发展中获益，就必须最大化 W_L。

通过上述分析可知，在成员异质性影响下，为了让合作社内的小农和大农在合作社的利益达到最大化，即 W_S 和 W_L 达到最大化，必须要考察 E_S、T_S、D_{LS}、S_S、I_L、C_L、R、P_L 等变量在农民合作社发展实践中的表现（由于 R 与 E_L 呈正相关，故只需考量 E_L 即可）。基于上述变量之间的关系，结合本研究的目标，本研究将在"小农—大农"两主体视角下，建立图 1-2 所示的分析框架。

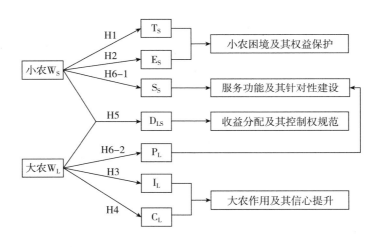

图 1-2 分析框架

四、研究方向

根据上述分析框架，成员异质性影响下，合作社内的小农主要关心 T_L、E_S 和 S_S，大农主要关心 I_L、P_L 和 C_L，而 D_{LS} 变量是小农和大农都关心的。由此，本研究发展出了四个研究方向，即小农困境及其权益保护、大农作用及其信心提升、收益分配及其控制权规范、服务功能及其针对性建设。下面将就上述四个研究方向作简要介绍。

就小农困境及其权益保护这个研究方向而言，主要考察的是小农在合作社内的处境。在部门资本下乡与成员异质性影响下，发展合作社过程中存在着资本、部门、大农、小农之间的博弈，在利益主体分析视角下，作为弱势群体的小农的权益往往被大农盘剥。但是，从制度变迁的视角来看，发展农民合作社是农户通过成本收益分析后的理性选择，发展合作社实质上是一个制度变迁的过程。所以，在小农困境及其权益保护这个方向中，可以含有两个相反的假说有待验证，即：利益主体分析视角下，发展农民合作社遵循"大农吃小农"的逻辑；制度变迁分析视角下，发展农民合作社是小农的理性选择。

就大农作用及其信心提升这个研究方向而言，主要考察的是大农在合作社内的处境。在成员异质性影响下，合作社内的大农（特别是理事长）对合作社发展起到了很大作用，利用资源基础理论、企业家精神理论，对大农的物质资本资源、人力资本资源和组织资本资源以及理事长企业家精神对合作社发展的影响机制进行验证，大农作用就能被合作社内部小农和社会各界所认可，大农也就可以获取在合作社发展中的精神满足。同时，理事长发展合作社的信心会直接影响到大农的资源贡献与发展合作社的积极性，而根据企业家信心理论、消费者信心理论、投资者信心理论等，理事长个人特征、对合作社发展的评价以及对合作社发展环境的感知会影响理事长对其合作社发展的信心。

就收益分配及其控制权规范这个研究方向而言，主要考察的是成员异质性影响下的合作社收益分配机制。在成员异质性的合作社内，合作收益分配可以简化为大农与小农之间的收益分配，这样就可以适用于两主体合作模型。根据两主体合作收益分配模型，合作社的收益分配也应该存在均等解、纯效用解、Nash 解、Kalai – Smorodinsky 解，并受到社会习俗影响。同时，收益分配的控制权归属会直接影响到收益分配的规范性与合理性，根据资源依赖理论、社会资本理论、委托—代理理论，可以构建成员异质性对农民合作社的收益分配控制权归属的影响机制分析框架。

就服务功能及其针对性建设这个研究方向而言，主要考察的是成员异质性背景下合作社的服务功能对其竞争力的影响机制。农民合作社是兼顾效率与公平的经济组织，在"小农—大农"两主体视角下，大农追求效率，追求合作社盈利能力；小农追求公平，相比大农而言会追求合作社服务功能的满意程度。于是，合作社盈利能力和成员满意度共同构成了农民合作社竞争力。根据价值链分析框架，本研究将合作社服务功能分为基本活动和辅助活动两大类，探索这些服务功能对合作社竞争力（成员满意度和合作社盈利能力）的影响。

参考文献

［1］邵科，徐旭初. 合作社社员参与：概念、角色与行为特征［J］. 经济学家，2013（1）.

［2］崔宝玉，李晓明. 异质性合作社内源型资本供给约束的实证分析——基于浙江临海丰翼合作社的典型案例［J］. 财贸经济，2008（4）.

［3］何安华，邵锋，孔祥智. 资源禀赋差异与合作利益分配——辽宁省 HS 农民专业合作社案例分析［J］. 江淮论坛，2012（1）.

［4］仝志辉，楼栋. 农民专业合作社"大农吃小农"的逻辑形成与延续［J］. 中国合作经济，2010（4）.

［5］徐旭初. 农民专业合作社发展辨析：一个基于国内文献的讨论［J］. 中国农村经济，2012（5）.

［6］苑鹏. 中国农村市场化进程中的农民合作组织研究［J］. 中国社会科学，2001（6）.

［7］黄季焜，邓衡山，徐志刚. 中国农民专业合作经济组织的服务功能及其影响因

素 [J]. 管理世界, 2010 (5).

[8] 黄祖辉. 中国农民合作组织发展的若干理论与实践问题 [J]. 中国农村经济, 2008 (11).

[9] 孔祥智, 楼栋, 何安华. 建立新型农业社会化服务体系: 必要性、模式选择和对策建议 [J]. 教学与研究, 2012 (1).

[10] 何安华, 孔祥智. 农民专业合作社对成员服务供需对接的结构性失衡问题研究 [J]. 农村经济, 2011 (8).

[11] 郭红东. 中国农民专业合作社发展——理论与实证研究 [M]. 杭州: 浙江大学出版社, 2011.

[12] 黄少安, 宫明波. 论两主体情形下合作剩余的分配 [J]. 经济研究, 2003 (12).

[13] 温铁军等. 部门和资本下乡与农民专业合作经济组织的发展 [J]. 经济理论与经济管理, 2009 (7).

第二章　成员异质性农民合作社的
治理结构及其绩效

第一节　成员异质性合作社的制度安排与合作稳定性：
以三家奶农合作社为例[①]

一、引言

当前，农民合作社（以下简称"合作社"）在农业发展中的作用日益增强。但合作社是以农户社员为基础建立起来的合作经济组织，其合作稳定性问题受到了学者们的广泛关注（Wadsworth，2001；王鹏、霍学喜，2011；Hernández – Espallardo et al.，2013）。Fulton（1999）的研究发现，社员同质性强、产权明晰和治理结构透明的合作社，社员与合作社交易频率越高，合作稳定性越强。可见产权、治理等方面的制度安排已成为影响合作社社员参与合作和合作社绩效的重要原因。不少实证研究表明，合作社的制度安排对合作社的治理结构具有显著的影响，合理的合作社制度安排能够提高组织的效率，并对合作社成员与其绩效具有正向影响（秦中春，2007；孙亚范、余海鹏，2012；Huang et al.，2016）。但也有学者探讨了合作社制度安排的不利影响，如马彦丽、孟彩英（2008）的研究认为中国农民合作社存在的双重委托—代理关系，导致社员的利益得不到保障。在众多合作社制度安排中，合作社与社员之间的利益分配机制和风险分担机制已成为合作关系中最为突出的两大问题。已有许多学者从合作社利益分配的角度对合作社稳定发展（Sexton，1986；孙亚范，2008）和合作社经营绩效提高（Bijman et al.，2012；周振、孔祥智，2015）等方面进行了广泛的探讨，认为一个合理的合作社利益分配机制能够促进合作社的健康稳定发展。同时，由于作为社员的农户的经营规模较小，个体获取各类信息的渠道有限，社会资本积累水平不高，往往承担了大量的风险，而已有研究表明农户的行为通常是风险规避（Pingali，1993；米建伟等，2012；Liu，2013；仇焕广等，2014），因此

---

① 执笔人：钟真、王舒婷、张琛、孔祥智。

合作社的风险分担机制势必会对合作社的稳定性产生重要影响。

经验观察已经发现，合作社与其社员之间存在着多种制度安排，除产权结构差异外，契约方式也存在着多样性。有学者研究发现，制度安排的多样性与合作社社员的异质性问题紧密相关，社员在自然资源、资本资源、人力资源和社会资源四个方面存在异质性（林坚、黄胜忠，2007），也有学者认为社员参与合作社的动机和目的、在合作社创建和发展过程中扮演的角色也存在差异（黄胜忠、徐旭初，2008）。成员异质性导致社员承受风险的程度也产生差异，因而合作社需要根据其成员异质性程度选择不同的制度安排或契约方式，不同的制度安排和契约关系对合作社的风险分担和利益分配产生影响。中国合作社的发展是以"风险分担、利益共享"为基础，以"民办、民管、民受益"为原则，在这种合作关系中，以全体社员聚集虚化而成的集体组织与社员之间的合作稳定性俨然受到风险分担和利益分配的影响①。因此，合作社的风险分担和利益分配机制均影响合作社的稳定性。

近年来中国奶业的发展受到了政府的高度重视，也得到了学术界的广泛探讨（钟真、孔祥智，2010；Huang et al.，2013；Zhong et al.，2014；Wang et al.，2015）。奶农合作社呈现迅猛发展的态势，在有效促进奶业生产和满足社会需要的同时，也逐步摸索形成了一套值得注意的组织模式和制度机制。不同的内部合作关系体现着不同的制度安排和利益分配方式，那么，中国奶农合作社内部的制度安排与合作稳定性三者之间的逻辑关系究竟是怎样的呢？对这一重要问题目前尚缺少深入具体的经验分析和理论总结概括。本节通过对陕西省宝鸡市千阳县兴盛乳业专业合作社、山东省东营市广饶县阳光奶牛养殖服务农民专业合作社、新疆维吾尔自治区伊宁市新生源奶牛养殖农民专业合作社这三个具有代表性的微观案例进行深入剖析，试图回答如下三个问题：①当前中国奶农合作社组织与社员之间的风险分担方式有哪些？②中国奶农合作社内部的利益联结机制是如何形成的，利益分配方式有哪些？③中国奶农合作社的制度安排对其内部合作稳定性有什么影响，这种影响是怎样产生的？以期研究结论为中国合作社的稳定发展提供经验支撑。

二、理论框架和研究假说

（一）理论分析框架

产业分析框架模型（Structure Conduct Performance）于20世纪30年代建立，该分析框架在产业经济组织理论中有着非常重要的地位，得到了学者们广泛的运用（Powell，1996；Goddarad et al.，2001；Klint and Sjöberg，2003；Behname，2012）。本节借鉴罗必良（2008）的研究成果，在此基础上构建了一个理论分析框架②，如式（2-1）和式

---

① 本节将合作社按层级区分为两大科层组织，上层是合作社组织（集体），下层是社员（个体），其中合作社组织至少是名义上代表大多数社员利益的团体，但在实际中，它有可能是少数核心社员的权利组织。当个体社员存在自由退社权利时，合作社组织与个体社员之间的合作便是容易理解的。

② Jensen 和 Meckling（1976）建立过类似的模型，罗必良（2008）构建的"产权结构—交易对象—计量能力—经济绩效"（RTCP）模型可看作是对詹森和麦克林（1979）模型的拓展，而本节所构建的理论框架可以看作是对罗必良（2008）模型的延伸。

（2 - 2）所示：

$$CS = F_0 [C (A_1, A_2, T) | P_1, P_2] \qquad (2-1)$$

$$O = \lambda [D, R, Q (q_1, q_2), \varepsilon] \qquad (2-2)$$

式（2 - 1）中，CS 表示奶农合作社的内部合作稳定性，它是奶农合作社所面临的生产风险（P_1）和市场风险（P_2）的一个函数，T 表示其他影响合作社制度安排的因素（如技术、资产特性、产业特性、组织规模等）。合作社稳定性主要是指社员或合作社违约和社员退出合作社。C 表示奶农合作社能够采用组织形式的可选集合[①]，本节在罗必良（2008）RTCP 模型的基础上加入组织风险态度（A_1）及社员风险态度（A_2）。F 是所有合作函数的一个总称，并能按制度安排分割。F_0 表示奶农合作社对应于制度安排 O 的一个合作函数。制度安排 O 由合作社风险分担（R）、利润分配（D）、合作契约选择集 Q（其中 q_1 为正式契约，如合同；q_2 为非正式契约，如口头协议）和其他因素（ε）共同构成。

本节所构建的理论框架的逻辑关系见图 2 - 1：

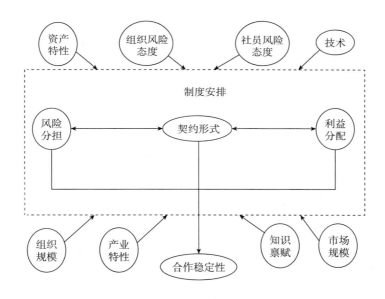

图 2 - 1 理论分析框架

很显然，制度安排 O 对组织形式可选集合 C 起着决定作用。制度安排决定着组织采用何种组织形式，并且倘若制度安排 O 的约束越多，组织形式可选组织形式集合 C 的空间就会越小。当 C 与 O 不相容时，表示合作社组织形式的运行成本是非常高的，因此，本节要求 C 与 O 是相容的。假设生产风险和市场风险既定，那么，选择何种组织形式 C

---

① 在 Jensen 和 Meckling（1976）模型中，C 是组织形式可选集合的一个综合标志，包括"合伙制还是股份制公司形式、管理分散化程度、自己购买还是租赁设备、报酬计划的特征"等参数。罗必良（2008）构建的模型中，C 也是组织形式的可选集合，包括技术、知识禀赋、组织规模、市场规模、资产特性和产业特性等参数。

将会影响到合作社组织与社员之间的合作稳定性。罗必良（2008）采用埃塞俄比亚农民的案例，研究发现合作社制度结构决定组织形式，进而决定着行为并影响组织的经济绩效。

（二）研究假说

新古典经济学和交易成本经济学等国内外相关理论认为，合作社是缓解社员流通领域风险的一项重要制度安排。尽管有学者从供应链关系的角度拓展了合作风险的认识，认为合作风险来源于供应链上节点企业之间合作关系的不确定性（刘家国，2010），但仍然忽略了组织内供应链节点之间的合作风险，如合作社内部交易关系的合作风险。从风险角度看，合笔者之间存在违约风险。从合作达成之后的利益分配来看，分配体系与权力体系是同构的，权力格局决定分配格局，利益分配机制的形成是合笔者之间权力博弈的结果（张屹山、于维生，2009）。在奶农合作社中，社员是合作社的所有者、惠顾者和受益者，但当前中国合作社内部成员的异质性程度较高，社员尽管能在与合作社内部交易过程中享受价格优惠，但并不一定能够参与最终合作剩余的分配；而且，社员入社门槛低或根本无须缴纳会员费，退出权又非常充分，以至于可随时提出退社申请。因此，社员与合作社之间的合作关系受到风险分担、利益分配的影响。

相对而言，奶农合作社作为集体经济组织，一方面因其经营规模比社员要大，另一方面也因管理层大多数是社会精英，拥有的社会资本较多，因而在风险承受能力方面要高于社员。假设风险可以在合作社与社员的内部交易过程中完全转嫁，如果合作社承担的风险越大，则社员承担的风险就越小，社员往往更加倾向于跟合作社保持稳定的合作关系。从利益分配的角度看，合作社组织与个体社员之间合作剩余的分配机制越明晰，社员的收益预期也就越清楚，在规避不确定性心理的驱动下，社员对与合作社保持稳定合作关系的倾向也会越大。

基于上述分析，本研究提出以下两个研究假说：第一，在控制了其他条件的情况下，合作社承担的风险（包括生产风险和市场风险）越多，则合作社组织与社员的合作关系越倾向于稳定；第二，合作社组织与社员之间合作剩余的分配机制越明晰，社员对与合作社保持稳定合作关系的倾向程度也较高。

三、资料来源与案例介绍

（一）资料来源

本节所选取的资料来自于中国人民大学课题组于2011年4~6月在陕西省宝鸡市千阳县、山东省东营市广饶县、新疆维吾尔自治区伊宁市三地对三家奶农合作社的实地调查。调查主要采用与合作社领导人和社员深度访谈和问卷调查方式，调查内容涉及奶农合作社基本情况、服务与合作活动、治理机制、内部管理、经营状况、利益分配情况、风险分担情况、发展环境与对外关系发展状况等方面。

（二）案例情况介绍

1. 市场交易型及奶农承担全部风险合作社

陕西省宝鸡市千阳县兴盛乳业专业合作社（简称"兴盛合作社"）位于陕西省宝鸡市千阳县北台村。2002 年 4 月，该村村委会和奶牛养殖大户宋继林共同发起成立了北台村奶畜协会，2007 年 7 月在工商部门变更登记为兴盛合作社，注册资金 50.58 万元。合作社成立后，采取自愿加入、统一服务、二次返利、入股分红的形式，实行统一管理、民主决策、实体经营、分户饲养、分户核算，并围绕生产、销售等主要环节为成员提供优质服务，现已成为全县奶畜产业示范基地。合作社占地面积 30 亩，拥有入社成员 138 个（含 1 个团体成员，即北台村村委会），农民成员比例达 99%，成员覆盖周边 1 个县 2 个乡 3 个村。合作社建有标准化牛舍 115 间，奶牛存栏量达 940 头，其中挤奶牛 628 头，安装有仿生式现代化挤奶设备 14 组，饲料加工厂 1 个，是集奶牛养殖、机械挤奶和技术推广为一体的现代化奶站小区。实体化经营是兴盛乳业专业合作社发展最显著的特点，也是其能够不断成长壮大的关键所在。合作社先后建造了饲料加工厂，收购了奶站挤奶设备，还在奶站小区建起了三座高标准沼气池，使合作社的基础设施进一步完善，壮大了经营能力。合作社积极组织开展针对成员的无偿技术培训和服务，不断提高成员科学饲养的意识和水平，为成员稳定增收奠定坚实基础。一是聘请宝鸡市农业学校的王仁怀教授为合作社技术顾问，进行饲料配方指导和奶牛常见病预防治疗等，并帮助合作社建立动态奶牛档案近 800 份。二是设立兽医室，为成员免费进行奶牛疫病防治的现场指导。三是与省农广校进行技术扶贫，成员养殖水平和奶畜种群质量都得到了大幅提升。此外兴盛合作社与宝鸡市县两级的农业局、科技局、兽医院等部门多次与合作社进行过技术合作。

2. 分成制及奶农承担部分风险合作社

山东省东营市广饶县阳光奶牛养殖服务农民专业合作社（简称"阳光合作社"）位于山东省东营市广饶县丁庄镇牛圈村。2003 年 12 月注册成立阳光合作社，采用标准牧场化管理，让周边散户进入园区集中饲养，并以奶牛养殖专业合作社形式统一经营。合作社现共有 21 个养殖户、1300 头奶牛，每天产奶近 10 吨。因实行统一饲喂，其优质的牛奶得到伊利公司认可，成为了伊利的奶源基地。养殖户加入合作社需符合一定条件，合作社实行统一防疫、统一配料、统一挤奶、统一销售。奶农只需负责饲喂奶牛、适时清理牛粪。合作社挤奶过程非常标准，有效减少了生鲜乳污染。正因饲料的良好比例，使生鲜乳的各种含量指标较高，也比较稳定。好的饲料配方不仅能提高生鲜乳的质量，还可以增加繁殖小母牛的概率，提高奶农的收益。合作社与伊利公司有紧密的利益联结机制：阳光合作社的牛奶全部卖给伊利公司，签订合同。目前伊利公司每月准时按 3.7 元/公斤支付奶款，另外单独支付两种款项：管理费以及按生鲜乳成分指标换算的价格，伊利公司在合作社派遣驻站员，对合作社的挤奶工进行专门的岗位培训，为生鲜乳支付运输费用，保障生鲜乳的安全。阳光合作社规模较大，在当地的影响也较广，因此得到了政府的大力帮助和支持，如帮助流转土地、提供财政支持和政策性保险、免费防疫和配种等。阳光合作社所需资金主要来自于农村信用社贷款，最初为正常贷款利率，后经当地妇联与信用社沟通利率降为 6.9%；该合作社并没有采取完全平等的一人一票或者二次返利和分红，合作社的突出优点表现在以下三个方面：第一，饲料方面，成立合作社有利于统一管理以及社员之间相互约束。第二，合作社的形式有利于共同决策。第三，合作社增强了集体谈判能力，在面对伊利集团、饲料企业或其他外部组织如农信社时，合作社都可以更好地为奶农争取利益，增强谈判地位。

3. 固定租金制及奶农完全不承担风险合作社

新疆维吾尔自治区伊宁市新生源奶牛养殖农民专业合作社（简称"新生源合作社"）是在新疆维吾尔自治区伊宁市巴彦岱镇良种奶牛养殖场的基础上于 2010 年 7 月由政府牵头，养殖大户与龙头企业共同参与成立的合作社。新生源合作社成立时注册资金 100 万元，由当地最大的龙头企业新疆伊源乳业股份有限公司牵头成立。合作社设立了自己的章程，召开了成员代表大会，设置了理事长、理事会和监事会，并由理事会成员商讨决定主要工作。合作社奶牛养殖场既有政府的投资，也有龙头企业的相关配套设施投资。养殖场内主要建有 3 栋成牛舍、1 栋隔离舍、1 栋产房、1 栋犊牛舍、1 座挤奶厅、9000 立方米青贮窖等、4 座堆草场和 1 处堆粪场等设施。按照奶牛的自然生长需要，新生源合作社采取现代饲养技术，实行散栏式饲养（自由采食、自由饮水、自由运动）和机械化集中挤奶。随着城镇化、工业化进程的发展，伊宁市近郊的家庭承包经营土地面积日趋减少，导致农民失去了养牛的饲料来源，对近郊奶牛养殖产生一定影响。同时，奶农的非农就业机会增加，非农收益提高，年轻人更愿意外出打工，不愿意从事劳动辛苦多、挣钱比较少的奶牛养殖业。这样就降低了奶牛养殖的预期收益，因此部分奶农希望把奶牛转托、转租出去，从而产生了转变奶牛养殖方式的需求。新生源合作社养殖方式的建立，既解决部分奶农无地养牛的困境，又解放了农村劳动力，从而实现奶农托管奶牛的固定收益和打工收益在内的双份收入。政府对新生源合作社的成立发展发挥了巨大的作用，政府作为合作社的局外人，利用自身特有资源和力量，为合作社提供资金支持、市场信息、技术服务和政策优惠等扶持措施，帮助合作社建立起基本的设施条件，推动合作社的建立与发展。但政府的作用是监督管理市场，不应参与市场竞争，更不能越俎代庖去包办合作社的日常发展，因此需要合作社依靠自身力量进行市场操作或依托有能力的市场主体帮助其运作和管理。新生源奶牛养殖农民专业合作社由龙头企业来代管，恰如其分地使政府成为真正的市场监管者。

四、案例分析

（一）契约选择

契约形式是制度安排的表现形式，在本节中，契约包括正式契约（如合同）和非正式契约（如一些默认契约和口头协议）两类。通过契约方式可以反映合作社制度安排。三个案例中合作社契约选择的产生和发展有各自的合理性和必然性。

兴盛合作社的契约方式是采用市场联结的形式。兴盛合作社将原奶主要销售给小乳品企业，并根据市场行情和需求量在市场随机收购养殖户生产的原奶，双方可以不预先签订合同，自由买卖，价格随行就市。这种契约关系的好处是社员与组织都可凭自己的意愿自由决定交易对象，获取最大的市场利益，但缺陷是合作组织和奶农双方都承担着不确定的风险，双方关系不稳定，利益连接很松散。同时，兴盛合作社还实行合作型契约方式，主要包括社员以资金、奶牛等要素入股，在合作组织中拥有股份，形成了资金共筹、利益均沾、积累共有的经济利益共同体。社员不再是单纯的生产资料提供者，而是产、供、销环节平均利润的分享者。合作社与社员签订的返利型的合同规定社员分享一部分组织利润，实行市场收购价基础上的利润返还。

阳光合作社采用分成制的契约方式。阳光合作社的管理较规范，原奶销售给固定乳品企业。经合作社组织与社员协商，双方签订具有法律效力的合作协议，规定各自的责、权、利，以合同关系为纽带，建立了相对稳定的合作关系。这种契约方式使合作组织有了充足而稳定的原奶来源，奶农生产的产品也有了较稳定的销售渠道和市场，降低了组织和社员生产经营的不确定性。签订契约主要规定组织为社员提供的产前、产中、产后系列化服务，同时收购奶价通过市场调节，有效地保障了奶农的利益。

新生源合作社由龙头企业——当地最大的乳品公司伊源乳业委托管理建立而成，采用固定租金制的契约方式，实行了奶农的奶牛托管。同时该合作社有少部分奶农可以按公司要求在养殖场内自行饲养。新生源合作社实行租赁的契约联结方式，龙头企业在养殖户的奶牛产权关系保持不变的前提下，与奶农签订奶牛租赁合同，奶户获得固定租金。在租赁期内，养殖户不再参与原奶生产经营，生产的原奶全部由龙头企业收购。

（二）风险分担

原奶的生产、销售过程中，存在很多风险，大体可分为生产风险和市场风险。作为农户生产风险和市场风险管理的重要组织者，合作社与社员之间承担的风险具有不一致性。

兴盛合作社采取社员风险自留的分担方式。主要分为以下两种情况：一是合作社提供统一购买饲料、防疫、销售等服务，但按市场价收购，社员承担全部生产风险和市场风险；二是合作社仅收购社员的原奶，并不提供其他服务，价格随行就市，个体社员承担全部生产风险和市场风险。因此，兴盛合作社组织承担风险的程度最弱，社员承担了较多的风险。

阳光合作社采取的风险分担方式是合作社与奶牛入社的社员按约定比例分担生产风险和市场风险。当生产风险例如自然灾害、疫病等发生时，社员的原奶生产受到影响，无法获得预期收益，同时合作社组织由于原奶数量减少获得的总管理费降低，还要承担由于原奶质量下降导致伊利公司拒收或奶价降低的损失。同样，由外部需求、市场价格变化等导致的市场风险损失也需要社员和组织共同承担。社员承担一定的生产风险和市场风险，但加入合作社在一定程度上降低了交易风险。因此，阳光合作社风险分担的程度处于中等水平，社员承担的风险较兴盛合作社有所降低。

新生源合作社采用托管和租赁方式经营时，合作社完全承担原奶生产和销售过程中的生产风险和市场风险，无论经营和市场状况如何，社员获得的收入均为固定的保底收入，不承担风险。因此，新生源合作社组织承担风险的程度最强，社员不承担任何风险。

（三）利益分配

兴盛合作社的利益分配方式是合作组织收取服务费和赚取原奶销售差价，社员完全自负盈亏。同时，兴盛合作社也实行按股分红和二次返利相结合的盈余分配方式。社员销售原奶的价格随行就市，奶农原奶生产完全自负盈亏，合作组织经营利润的20%留作积累，20%按股分红，60%按社员与组织的业务交易量比例进行返还。合作社社员对剩余收益的控制权较大。

阳光合作社的利益分配方式是经营收益按约定比例分成占有。奶农加入合作社后，所生产原奶完全自负盈亏，阳光合作社支付给奶农的奶款执行伊利公司的基础价格，而伊利公司支付给阳光合作社的奶款价格是按照基础价格加上蛋白质指标大于标准值的奖励，因此合作社从中赚取了一定的差价，对奶款的控制更强一些。伊利公司额外支付给阳光合作社管理费用，奶农加入合作社得到了稳定的销路，减少了生产成本，合作社组织也取得了规模收益。这样，阳光合作社与社员共同分享原奶生产过程中的收益。

新生源合作社实行的利益分配方式有三种，分别是每年固定的托管费、每月租赁的租金和少量的奶农自负盈亏，主要是利益联结租金化的分配方式。在奶牛托管方式下，社员对自己入社的奶牛按年获取固定收益，而不管奶牛的产奶量和奶价高低；经营收益扣除社员奶牛的租金后，剩余利润归合作社所有。

（四）合作稳定性

兴盛合作社的契约关系较弱，社员可以随时自由退出合作组织，并且对于原奶销售并无太强制的约束，违约情况时有发生。社员违反生产规则、将原奶卖给其他乳品收购商、小乳品企业违反合同、合作社拒绝收购社员牛奶的情况都曾发生过。从上述分析来看，兴盛合作社的合作稳定性最低。

阳光合作社虽然规定社员可自由退出，但目前也尚未发生过社员退社的情况。曾经发生过企业违反合同约定的情况，主要是乳品公司没有收购生产的全部原奶，但社员违约的情况从未发生。从上述分析来看，阳光合作社的合作稳定性处于中等程度。

新生源合作社自成立以来从未发生过社员退出合作组织的情况。因为该合作社采取的是自上而下由政府推动、龙头企业委托管理、奶户托管奶牛的经营方式，这种合作契约非常稳定，社员或合作组织违约的情况没有发生过。总的来说，新生源合作社的合作稳定性最强。

本节对三家奶农合作社的制度安排、利益分配与合作稳定性的关系进行了概括（见表2-1）。通过分析可以发现，由于合作社制度安排的不同，不同的契约选择决定了合作社与社员之间承担的风险大小不同，根据IQDC解释性分析框架，合作社利益分配应该遵循风险补偿原则，进而实现合作社的稳定性。新生源合作社承担的风险最强，社员与合作社的稳定性程度最高，而兴盛合作社承担风险最弱，社员与合作社的稳定程度最低。此外，新生源合作社的利益分配机制明晰，有固定的年托管费和月租金，社员与合作社的稳定程度最高，兴盛合作社利益分配机制衔接不紧密，合作社的稳定程度最低。因此，本节所提出的两个假说均得到了验证。

表2－1 三家奶农合作社的制度安排、风险分担、利益分配与合作稳定性

	兴盛合作社	阳光合作社	新生源合作社
契约选择	市场交易关系	分成制	固定租金制（完全的奶牛托管）
风险分担	分两种情况：一是合作社提供统一购买饲料、防疫、销售服务，但个体社员承担全部生产风险和市场风险；二是合作社仅收购社员的原奶，并不提供其他服务，个体社员承担全部生产风险和市场风险	合作社和奶牛入社社员按约定比例分担生产风险和市场风险	合作社完全承担生产风险和市场风险
合作社承担风险	最弱	中等	最强
利益分配	合作社收取服务费；合作社赚取原奶销售差价；社员完全自负盈亏	经营收益按约定比例分成占有	社员对自己入社的奶牛按年获取固定收益，而不管奶牛的产奶量和奶价高低；经营收益扣除社员奶牛的租金后，归合作社所有
合作稳定性	最弱	中等	最强

资料来源：根据笔者调查情况整理得到。

五、结论与讨论

（一）主要结论

上述案例分析结果表明，合作社利益分配机制是由其制度安排和契约选择共同作用的结果，合作社的风险分担机制是合作社的组织形式的重要组成部分，社员与合作社组织之间的合作稳定性受到合作社利益分配和风险分担的影响。具体而言，本节的结论可归纳为以下三点：

第一，合作社是有效减缓社员农业生产风险和市场风险的一项重要制度安排。合作社利益分配机制是由其制度安排和契约选择共同作用的结果，合作社的风险分担机制是合作社的组织形式的重要组成部分，社员与合作社组织之间的合作稳定性受到合作社利益分配和风险分担的影响。

第二，合作社承担的风险越大，社员承担的风险越小，社员往往更加倾向于跟合作社保持稳定的合作关系。从利益分配角度看，合作社承担的风险越多，对收益的控制就越强，具有剩余收益索取权，甚至仅支付社员固定租金。

第三，合作社集体与社员之间合作剩余的分配机制越明晰，个体社员的收益预期也就越清楚，在规避不确定性心理的驱动下，社员对与合作社保持稳定合作关系的倾向也会越大。合作社稳定性的关键在于确保参与双方能够获得与其承担的风险相匹配的收益。利益分配方式协调了合作集体与成员之间风险分担的关系，从而有利于保持合作稳定性。

（二）政策建议

本研究以中国奶农合作社中组织与社员的合作为例，对制度安排、利益分配与合作稳

定性的关系进行分析，根据研究结论，提出以下对策建议。

首先，合作稳定性与风险密切相关，农业生产面临多种风险，参与合作社是农户风险管理的重要策略之一，但农户和合作社对农业巨灾风险的承担能力是有限的，需要更多转移风险的外部机制，如各级政府财政转移支付、推行政策性农业保险。另外，还可以创新合作社的制度安排，如鼓励和支持合作社设立风险基金或成立以互助共济、共同抵御风险为目的的农村互助保险合作社，当然这需要合作社与农户在意识、资金、技术等方面达到一定程度才能实现。

其次，增强合作社组织与社员合作的紧密程度。不同的制度安排决定了不同的风险分担，也导致了不同的利益分配方式，从而影响合作稳定性。对于风险规避程度越高的农户，需要合作社对农业生产中的风险承担得越多，这时合作组织对社员的利益分配可以更倾向于固定租金制，这样双方的合作关系才会更稳定。

最后，国家要继续出台更加科学有效地扶持合作社发展的系列化政策，可以根据不同地区的经济发展水平、生产经营特点以及农业风险状况，对合作社采取不同的制度安排和灵活组织形式，使合作组织与社员之前的风险分担状况与利益分配方式相匹配，实现合作的稳定性和持续性，促进合作社发展壮大，提高农民收入和生活水平。

参考文献

［1］Wadsworth J. Keep the Co - op Candle Burning ［J］. Rural Cooperatives，2001，68（2）.

［2］王鹏，霍学喜. 一个探索农民退社行为的理论及实证分析框架——来自渤海湾苹果优势区 367 户退社果农调查数据的分析 ［J］. 中国农村观察，2011（5）.

［3］Hernández - Espallardo M，Arcas - Lario N，Marcos - Matás G. Farmers' satisfaction and Intention to Continue Membership in Agricultural Marketing Co - operatives：Neoclassical Versus Transaction Cost Considerations ［J］. European Review of Agricultural Economics，2013，40（2）.

［4］Fulton M. Cooperatives and Member Commitment ［J］. The Finnish Journal of Business Economics，1999（14）.

［5］秦中春. 农民专业合作社制度创新的一种选择——基于苏州市古尚锦碧螺春茶叶合作社改制的调查 ［J］. 中国农村经济，2007（7）.

［6］孙亚范，余海鹏. 农民专业合作社制度安排对成员行为及组织绩效影响研究 ［J］. 南京农业大学学报（社会科学版），2012（4）.

［7］马彦丽，孟彩英. 我国农民专业合作社的双重委托—代理关系——兼论存在的问题及改进思路 ［J］. 农业经济问题，2008（5）.

［8］Huang Z, Wu B, Xu X, et al. Situation Features and Governance Structure of Farmer Cooperatives in China：Does Initial Situation Matter？［J］. The Social Science Journal, 2016, 53 （1）.

［9］Sexton R J. The Formation of Cooperatives：A Game－theoretic Approach with Implications for Cooperative Finance, Decision Making, and Stability ［J］. American Journal of Agricultural Economics, 1986, 68 （2）.

［10］孙亚范. 农民专业合作经济组织利益机制及影响因素分析——基于江苏省的实证研究［J］. 农业经济问题, 2008 （9）.

［11］Bijman J, Iliopoulos C, Poppe K J, et al. Support for Farmers' Cooperatives ［J］. Final Report of European Commission, Brussels, 2012 （2）.

［12］周振, 孔祥智. 盈余分配方式对农民合作社经营绩效的影响——以黑龙江省克山县仁发农机合作社为例 ［J］. 中国农村观察, 2015 （5）.

［13］Pingali P L. Pesticides, Rice Productivity, and Farmers' health：An Economic Assessment ［J］. IRRI CABI, 1993 （2）.

［14］米建伟, 黄季煜, 陈瑞剑等. 风险规避与中国棉农的农药施用行为 ［J］. 中国农村经济, 2012 （7）.

［15］Liu E M. Time to Change What to Sow：Risk Preferences and Technology Adoption Decisions of Cotton Farmers in China ［J］. Review of Economics and Statistics, 2013, 95 （4）.

［16］仇焕广, 栾昊, 李瑾等. 风险规避对农户化肥过量施用行为的影响 ［J］. 中国农村经济, 2014 （3）.

［17］林坚, 黄胜忠. 成员异质性与农民专业合作社的所有权分析 ［J］. 农业经济问题, 2007 （10）.

［18］黄胜忠, 徐旭初. 成员异质性与农民专业合作社的组织结构分析 ［J］. 南京农业大学学报（社会科学版）, 2008, 8 （3）.

［19］钟真, 孔祥智. 中间商对生鲜乳供应链的影响研究 ［J］. 中国软科学, 2010 （6）.

［20］Huang J, Wu Y, Yang Z, et al. Marketing China's Milk：A Case Study of the Sales Activity of Dairy Farmers in Greater Beijing ［J］. China Economic Review, 2012, 23 （3）.

［21］Zhong Z, Chen S, Kong X, et al. Why Improving Agrifood Quality is Difficult in China：Evidence from Dairy Industry ［J］. China Economic Review, 2014 （31）.

［22］Wang J, Chen M, Klein P G. China's Dairy United：A New Model for Milk Production ［J］. American Journal of Agricultural Economics, 2015, 97 （2）.

［23］Powell T C. Research Notes and Communications. How Much Does Industry Matter？ An Alternative Empirical Test ［J］. Strategic Management Journal, 1996, 17 （4）.

［24］Goddard J A, Molyneux P, Wilson J O S. European Banking：Efficiency, Technology and Growth ［M］. New Jersey：Wiley, 2001.

［25］Klint M B, Sjöberg U. Towards a Comprehensive SCP – model for Analysing Strategic Networks/Alliances ［J］. International Journal of Physical Distribution & Logistics Management, 2003, 33 （5）.

［26］Behname M. The Compare of Concentration and Efficiency in Banking Industry: An Evidence from the OPEC Countries ［J］. Eurasian Journal of Business and Economics, 2012, 5 （10）.

［27］罗必良. 合作机理, 交易对象与制度绩效——温氏集团与长青水果场的比较研究 ［J］. 中国制度变迁的案例研究 （广东卷） （第六集）, 2008 （2）.

［28］Jensen M C, Meckling W H. Theory of the Firm: Managerial Behavior, Agency Costs and Ownership Structure ［J］. Journal of Financial Economics, 1976, 3 （4）.

［29］刘家国. 基于突发事件风险的供应链利益分配与行为决策研究 ［D］. 哈尔滨: 哈尔滨工程大学, 2010.

［30］张屹山, 于维生. 经济权力结构与生产要素最优配置 ［J］. 经济研究, 2009 （6）.

第二节　治理结构如何影响农民合作社绩效?

——对 195 个样本的 SEM 分析[①]

一、引言

作为一种兼具企业属性和共同体属性的社会经济组织, 农民合作社同时追求经济效率和社会公平, 其治理结构具有独特性。因此, 如何借助内部治理结构实现公平和效率的最佳平衡, 既是合作社实践中的难题, 也是学术界长期关注的话题 （Cook et al. , 2004）。自 2007 年以来, 在国家法律政策的支持推动下, 我国的农民合作事业蓬勃发展, 至 2014 年底, 全国已有农民合作社 128.88 万家。伴随着合作社数量的增加, 国内学者开始关注治理结构 （机制） 对农民合作社绩效的影响。例如, 黄胜忠等 （2008） 对浙江台州等地 168 家合作社的调查数据进行了有序概率模型分析, 发现治理良好的合作社, 其成长能力和盈利能力更强, 社员满意度也更高; 徐旭初和吴彬 （2010） 采用结构方程模型分析了浙江省 526 家农民合作社的治理机制对其绩效的影响, 发现股权结构、牵头人情况和理事会结构等是影响合作社绩效的主要因素, 完善治理结构有助于提升合作社绩效; 彭莹莹和苑鹏 （2014） 通过因子分析和相关分析发现, 以创业管理能力、社会关系能力等衡量的企业家能力是决定合作社绩效的关键。然而, 已有文献主要基于某个地区 （的样本）、分析某个 （些） 因素对合作社绩效的影响, 尚未发现有文献立足于全国农民合作社的实践, 实证分析存在相

---

① 执笔人: 刘同山、孔祥智。

互联系的、表征治理结构的各变量对合作社绩效产生影响的具体路径及力度大小。

2014 年 8 月农业部、国家发展和改革委员会、财政部等 9 部门联合下发了《关于引导和促进农民合作社规范发展的意见》，标志着我国的农民合作社发展正式从"以量为主"进入"以质为先"的新阶段。农民合作社的规范化建设，改善分配方式、完善决策机制、强化内部监督和制衡是重点。鉴于此，本节希望从我国合作社发展的实际情况出发，打开合作社治理结构的"黑箱"，具体从盈余分配方式、经营决策机制、组织内部监督制衡等方面考察其对合作社绩效的影响大小以及作用路径，以期为合作社规范化建设和可持续发展提供依据。

二、理论背景与研究假说

从企业管理的角度看，绩效是组织期望的结果，是组织为实现其目标而展现在不同层面上的有效输出。近年来，随着我国农民合作事业的蓬勃发展，越来越多的文献开始考察合作社的绩效。对于农民合作社这种同时追求社会公平和经济效率的特殊组织形式，其绩效需要从多个维度考察。黄胜忠等（2008）认为，合作社绩效可以从成长能力、盈利能力和成员满意度三个方面进行测量。徐旭初（2009）、徐旭初和吴彬（2010）则把合作社绩效二分为行为性绩效和产出性绩效，前者包括组织建设和运营活动，后者则包括社员收益、组织发展和社会影响。本节认为，在我国，合作社作为一种新兴的、参与市场竞争的特殊经济组织，一要生存，二要发展，因此合作社绩效亦可以从生存和发展两个角度进行考察。关于具体指标的选择，将在下文详细论述。

按照哈佛学派的 SCP 理论，合作社绩效受到组织结构以及治理行为的影响。国际合作社专家 Bijman 和 Hendrikse（2012）把治理结构定义为"一种包含了决策制定、经营控制和激励措施等系统的组织设计"，认为"一个组织的治理结构明确了谁控制组织、谁的利益被代表、谁从组织获益"，实际上包括了 SCP 理论中的组织结构和治理行为两方面的因素。上述定义表明，合作社的治理结构可以从组织运营中的决策制定、内部监督制衡（经营控制）和盈余分配（激励措施）三个方面来考察。理论上看，这些因素都会影响组织绩效，但它们具体如何对我国农民合作社绩效产生作用则有待进一步研究。

合作社的生存和发展不仅需要一定数量的与其有交易关系的普通成员（惠顾者），也需要吸引投资者，获得发展资金。就近几年我国的现实情况而言，出于种种原因，大部分农民合作社都由村干部、农产品经纪人等乡村精英领办（张晓山，2009），合作社只有少数核心成员出资入股，而不要求全体成员入股，或者仅要求普通成员象征性地缴纳几百甚至几十元不参与分红的身份股金（孔祥智，2014）。合作社呈现出"少数投资者 + 多数惠顾者"的核心—外围发展模式，《农民专业合作社法》规定的"资本报酬有限原则"（按交易量二次返还的比例不得少于可分配盈余的 60%，亦即资本等要素报酬不得超过 40%）也开始突破。一些学者认为，上述模式实质上是"狼羊同穴"，最终导致合作社中的"大农吃小农"现象普遍（仝志辉、温铁军，2009；崔宝玉，2012）。无论投资者还是惠顾者，加入合作社的根本动机都是期待从组织获得经济收益。在总收益一定的情况下，资本报酬占的盈余越多，按交易量二次返还的比例就越少。这使得成员与合作社交易或者参与合作社事务的激励不足，甚至会选择"用脚投票"。如此一来，合作社将难以长期存活，更遑论良好绩效。根据上述逻辑，本节提出第一个研究假说：

H1：盈余分配方式越是倾向投资者或者说"亲资本"而背离按交易量返还原则，合作社绩效越差。

社会心理学家古斯塔夫·勒庞在《乌合之众》中指出，"一群人就像温顺的羊群，没了头羊就会不知所措"。与西方国家较早进入公民社会不同，我国传统农村地区长期由长老统治或精英治理，这让农民相信能人、依赖精英的群体特质更为明显。作为植根于农村社区的农民组织，我国合作社的精英依赖突出。合作社的管理权往往掌握在领办人手中，他们一般都担任合作社理事长且出资比重较大。这些理事长认为，与民主决策相比，由其管理合作社可以提高组织决策效率（任大鹏、王敬培，2015）。彭莹莹和苑鹏（2014）通过相关性检验发现，合作社理事长的创业管理能力、社会网络关系等都显著影响合作社绩效。"经理封顶定理"也表明，合作社理事长所拥有的企业家才能直接影响合作社绩效，从而决定了合作社成长的高度。如果合作社严格实施一人一票的民主控制，经营决策需要得到多数成员的同意，理事长的企业家才能可能会受到束缚。在企业家才能严重缺乏的农村地区，限制合作社理事长的决策权，可能会削弱合作社发展的核心动力从而影响其绩效。本节据此提出第二个研究假说：

H2：合作社的经营决策权越向理事长集中，或者说越有利于发挥理事长的领头羊作用，合作社绩效越好。

权力导致腐败，绝对权力导致绝对腐败。为了让组织健康成长，需要在发挥合作社精英领头羊作用的同时，对理事长以及其他管理者的权力进行监督和制衡。结合合作社的组织特性，这种组织内部的监督制衡主要包括成员退出、财务公开等。林毅夫（1992）指出，成员的自由退出权被剥夺，是导致我国农村改革前合作化运动失败的关键原因。选择"用脚投票"的方式退出合作社，是成员对组织发展表达失望的"终极武器"，其实质就是委托人通过退出组织来行使控制权（徐旭初，2005）。农民合作社在经营中一般都会形成一定的专用性资产，一旦成员退出，对各成员尤其是投入资金和精力较多的理事长等管理者的利益都会造成损害。同时，财务公开也是成员监督合作社管理者的有效方式。成员关注合作社的财务状况，可以有效减少"委托—代理"问题或所谓的"精英侵占"，督促管理者更好地争取组织利益最大化。许驰和张春霞（2015）研究发现，对理事长权力的监督制衡机制，比如财务信息公开，可以显著改善合作社绩效。基于上述分析，本节的第三个研究假说如下：

H3：财务公开、成员退出等组织内部的监督制衡越强，合作社绩效越好。

此外，由于表征治理结构的各变量之间存在联系，还需要考虑盈余分配方式和经营决策机制的相关关系，以及二者对内部监督制衡产生的影响。因此，经营决策制定、盈余分配方式和内部监督制衡都（可能）直接作用于合作社绩效，内部监督制衡可能还充当了其他两个变量影响合作社绩效的中介变量。综上所述，各变量间的逻辑关系见图2-2所示。

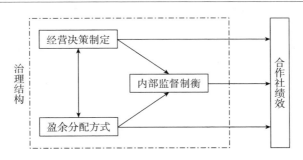

图 2 - 2　治理结构影响合作社绩效的分析框架

三、模型、变量与数据

（一）模型选择与说明

国内为数不多的合作社绩效的实证研究主要采用了方差分析和回归分析等方法（吴彬，2014）。但这些方法只能考察显变量之间的相关关系或依赖关系，不能处理潜变量之间的关系，且无法考虑测量误差。而且，如果各变量间的关系比较复杂，比如存在多个因变量、各变量互为因果或变量间存在较强的中介效应，回归分析方法将不再适用。本节研究的合作社绩效，考虑生存和发展两个维度，是一个由其他观察变量测度的潜在变量。而且，经营决策机制和盈余分配方式可能互为因果，以及内部监督机制可能存在中介效应等，因此整合了因素分析和路径分析的、用于检验观察变量与潜在变量之间关系的结构方程模型（SEM）是比较理想的计量方法。

SEM 中的测量模型反映了潜在变量与观察变量（也称为潜在变量的外显变量）间的关系，可以用矩阵方程式表示为：$X = \Lambda_X \xi + \delta$，$Y = \Lambda_Y \eta + \varepsilon$，其中 Λ_X 和 Λ_Y 为指标变量（X、Y）的因素负荷量，δ 和 ε 为观察变量的测量误差，ξ 和 η 分别为潜在自变量与潜在因变量。结构模型即是潜在变量间因果关系模型的说明，可以用矩阵方程式表示为：$\eta = B\eta + \Gamma\xi + \zeta$，其中 B 和 Γ 为路径系数，B 为潜在因变量之间的关系，Γ 为潜在自变量对潜在因变量的影响，ζ 为误差项（吴明隆，2010）。

（二）变量及其指标

为了检验前述三个假说，本节将农民合作社的绩效作为（潜在）因变量，将合作社中的盈余分配方式、经营决策机制和内部监督制衡等作为（潜在）自变量，并选择适当的观察变量（可测指标）对各变量进行测量。各变量及其具体指标选择如下。

（1）农民合作社绩效。理论分析表明，虽然不同学者分析农民合作社的绩效时有不同的侧重，但在日益激烈的市场竞争条件下，从生存和发展两个维度考察合作社绩效有现实意义。一个农民合作社想要在竞争中生存下去，必须取得与其他合作社大致相同的收益，保持组织的凝聚力以及让成员热心参与合作社事务。否则，追求经济收益的成员或者会退出合作社，或者仅仅挂名而不关心合作社事务致使其空壳化，合作社的生存将面临严重挑战。长期来看，合作社只有带动成员持续增收且盈利能力不断增加，才能获得自身成长发展。因此，本节用上述五个指标（观察变量）综合评价农民合作社绩效。

（2）盈余分配方式。当前我国农民合作社的盈余分配主要采取了按交易量返还、按股分红或者二者相结合的方式。显然，从完全按交易量返还盈余到完全按股分红，合作社的盈余分配越来越"亲资本"。此外，也有一些为获得国家财政补贴仅由家庭成员组成的农民合作社并不进行任何形式的分红，其盈余都归为家庭收入，这类合作社实质上是个体经营者或家族企业的"翻牌"。无论如何，盈余分配都是一个可直接观察的变量。

（3）经营决策制定。在法定的组织架构下，农民合作社中的经营决策主体包括成员（代表）大会、理事会和理事长。从成员（代表）大会到理事会再到理事长，组织的经营决策权逐渐从民主分权式转变为精英集权式，如果经营决策完全由理事长一人做出，组织就陷入了独裁。农民合作社的经营决策包括人事、投资、农资采购和农产品销售等诸多方面，本节选择其中比较重要的新成员吸收、组织投资、盈余分配和农资采购四个方面的决策制定来表征合作社经营决策权的归属。

（4）内部监督制衡。管理学理论表明，企业管理者受到多种监督和制衡，比如财务审计制度、监事会制度、声誉机制和职业经理人市场等，这些都能促其实现组织利益。农民是最注重现实利益的群体。对当前我国"精英依赖"严重的农民合作社现实而言，一方面，普通成员主要关心能否从合作社获得经济收益，因此他们主要从财务方面对合作社管理者进行监督，关注财务记录是否完整、是否全部向成员公开等。另一方面，合作社组织内部的制衡，主要来自理事会"精英小集团"。合作社是理事们为之奋斗的事业，他们投入了大量的资金、精力，每个理事都有监督其他理事（长）的内在激励，组织内部的权力制衡也由此形成。基于此，本节选用合作社是否有明确的理事会成员更换程序、财务资料完整程度以及是否向全体成员完全公开三个指标测量组织的内部监督制衡情况。

上述各变量、指标及其测量标准见表2-2。

表2-2　变量、指标与测量标准

变量	指标	测量标准
合作社绩效	带动成员增收效果	1 = 很不明显；2 = 较不明显；3 = 一般；4 = 较明显；5 = 很明显
	盈利与前两年比	1 = 差很多；2 = 差一些；3 = 没差别；4 = 好一些；5 = 好很多
	盈利与其他社比	1 = 差很多；2 = 差一些；3 = 没差别；4 = 好一些；5 = 好很多
	合作社凝聚力	1 = 非常低；2 = 比较低；3 = 一般；4 = 比较高；5 = 非常高
	成员参与度	1 = 非常低；2 = 比较低；3 = 一般；4 = 比较高；5 = 非常高
经营决策机制	吸收新成员由谁决定	1 = 自由加入；2 = 成员（代表）大会；3 = 理事会；4 = 理事长
	投资决策由谁做出	1 = 成员（代表）大会；2 = 理事会；3 = 理事长
	盈余分配由谁决定	1 = 成员（代表）大会；2 = 理事会；3 = 理事长
	农资采购由谁决定①	1 = 成员（代表）大会；2 = 理事会；3 = 理事长

---

① "农资采购由谁决定"和"产品销售由谁决定"的相关性很强，相关系数接近0.8，故仅选择前者作为反映日常经营决策的一个代理变量。

续表

变量	指标	测量标准
盈余分配方式		1＝按交易量返还；2＝按交易量返还为主，按股分红为辅；3＝按股分红为主，按交易量返还为辅；4＝按股分红；5＝其他①
内部监督制衡	财务资料完整性	1＝很差；2＝比较差；3＝一般；4＝比较完整；5＝很完整
	财务是否完全公开	0＝否；1＝是
	理事退出机制明确	0＝否；1＝是

（三）数据来源及说明

本节使用的数据来自笔者主持的国家自然科学基金面上项目"成员异质性、合作社理论创新与农民专业合作社发展政策体系构建"（71273267）于 2013 年 1 月至 2015 年 4 月在山东、河南、北京、黑龙江等 14 个省份实施的农民专业合作社问卷调查。除基本情况外，调查重点包括合作社的成员异质性、内部治理、发展绩效等内容。调查人员由中国人民大学农业与农村发展学院的硕士生、博士生组成，经培训后与合作社理事长或有关成员一对一访谈并记录其回答。课题组共调查农民合作社 226 个，采用列表删除法（只要某样本中的选定指标存在数据缺失，则删除该样本）处理后得到 195 个有效样本。由于模型中共有 13 个观察变量，195 个样本能够很好地满足 SEM 计量分析的要求。

四、模型检验与估计结果分析

（一）信度和效度检验

为了保证测量结果的可靠性和稳定性，在进行 SEM 分析之前，需要先检验量表的信度系数（常用克朗巴哈 α 系数值来反映）。一般认为，当 $\alpha \geqslant 0.5$ 时，问卷的信度较好，而当 $0.5 > \alpha \geqslant 0.3$ 时，勉强可以接受。检验发现，本节 13 个观察指标全部数据的 α 值为 0.497，而合作社绩效、经营决策机制和内部监督制衡等的信度系数 α 值分别为 0.712、0.578 和 0.338，表明问卷整体和各潜在变量的信度都在可接受的范围。

另外，为了确定测量工具设计的有效性，在建立 SEM 前必须检验数据是否达到效度要求。只有 Bartlett 检验显著（$P \leqslant 0.05$）且 KMO 值 $\geqslant 0.5$ 时，数据才满足了效度要求，适宜因子分析。本节检验发现，测量合作社绩效、经营决策机制、内部监督制衡②等潜在变量各指标的 KMO 值分别为 0.665、0.548 和 0.762，且 Bartlett 检验也都在 $P = 0.01$ 的水平下显著，表明变量数据通过了效度检验。

总之，虽然有个别指标未能达到理想水平，但考虑到数据中既有二分变量又有三分变量、五分变量，且观察变量既包含了受访者的主观认知，又有其对合作社情况的客观陈

---

① 组织收益不进行二次分配，即和其他农户只有买卖关系，该组织很可能是前文提到的理事长个人或其家庭的企业"翻牌"而来的合作社。

② 盈余分配方式是可以直接观察的变量，不单独进行信度和效度检验。

述，上述检验结果表明样本数据很适合进行 SEM 分析。

（二）模型的适当性检验

为了验证采用 SEM 的适当性，还必须考察模型的拟合度指标和标准化后的路径系数（见下文）。常用的拟合指标有卡方自由度比 CMIN/DF、概率水平 P、RMR、RMSEA、GFI、AGFI、NFI、IFI、CFI 等。其中 CMIN/DF、RMR、RMSEA 值越小越好，且要求 CMIN/DF 小于 2、P≥0.1（若 P≤0.1，则意味数据在 10% 的显著性水平下背离模型，即数据与模型设定不匹配），RMR 和 RMSEA 值小于 0.08；GFI、IFI、NFI、CFI 值在 0.8 以上效果尚可，0.9 以上效果理想。

见表 2-3 所示，模型的拟合指数表明，除 P、AGFI 和 NFI 三个指标外，初始模型中的其他 6 个指标都非常理想。在对部分观察变量的残差项进行修正后，模型的 P 值提高为 0.297，AGFI 增加为 0.912，NFI 也超过了 0.8，所有指标都达到理想范围。可见，本节对所选择的变量及其指标建立结构方程模型是非常合适的。

表 2-3　模型常用拟合指标的计算结果

拟合指数	CMIN/DF	P	RMR	RMSEA	GFI	AGFI	NFI	IFI	CFI
模型最初结果	1.315	0.051	0.049	0.044	0.933	0.899	0.772	0.934	0.929
修正后的结果[a]	1.090	0.297	0.044	0.024	0.944	0.912	0.817	0.982	0.980

注：a 表示模型估计时，可以根据修正指数 MI 值（Modification Indices）对部分指标的残差进行关联修正。本节发现"盈利与前两年比"与"盈利与其他社比"、"农资采购决策由谁做出"与"组织凝聚力"两组指标的 MI 值较大，故对其进行了修正。

（三）模型估计结果分析

采用 Maximum Likelihood 估计法，运用 Amos22.0 软件计算得到如表 2-4 所示的模型各路径系数。

表 2-4　SEM 各路径系数估计

	路径	系数	S.E.	C.R.	标准化系数	P 值
结构模型	盈余分配方式→合作社绩效	0.055	0.054	1.022	0.133	0.307
	经营决策机制→合作社绩效	0.725	0.790	0.918	0.272	0.359
	内部监督制衡→合作社绩效	0.790**	0.389	2.034	0.761	0.042
	盈余分配方式→内部监督制衡	-0.095**	0.045	-2.114	-0.237	0.034
	经营决策机制→内部监督制衡	-1.647**	0.733	-2.248	-0.642	0.025
测量模型	吸收新成员由谁决定←经营决策机制	1.000			0.265	
	投资决策由谁做出←经营决策机制	1.874	0.702	2.668	0.661	0.008
	盈余分配由谁决定←经营决策机制	1.848	0.693	2.666	0.654	0.008
	农资采购由谁决定←经营决策机制	1.622	0.635	2.552	0.496	0.011
	财务资料完整性←内部监督制衡	1.000			0.451	

续表

	路径	系数	S. E.	C. R.	标准化系数	P 值
测量模型	财务是否完全公开←内部监督制衡	0.430	0.108	3.997	0.644	***
	理事退出机制明确←内部监督制衡	0.232	0.094	2.478	0.268	0.013
	带动成员增收效果←合作社绩效	1.000			0.551	
	盈利与前两年相比←合作社绩效	0.965	0.203	4.762	0.531	***
	盈利与其他社相比←合作社绩效	0.702	0.171	4.111	0.431	***
	组织凝聚力←合作社绩效	0.876	0.169	5.191	0.613	***
	成员参与度←合作社绩效	1.553	0.280	5.550	0.739	***
相关关系	盈余分配方式□经营决策机制	0.032[a]	0.031	1.043	0.110[b]	0.297
	e（盈利与前两年前比）□e（盈利与其他社比）	0.219	0.076	2.890	0.260	0.004
	e（农资采购由谁决定）□e（组织凝聚力）	0.096	0.038	2.545	0.233	0.011

注：*、**、***分别表示在10%、5%和1%的水平下显著。e（·）表示变量的残差项，□表示两变量有相关性。a表示由于盈余分配方式与经营决策机制存在相关性，该数据为两变量的协方差，下同。b表示该数据不再是标准化路径系数，而是两变量的相关系数，下同。

　　结构模型估计结果表明，以盈余分配方式、经营决策机制和内部监督制衡反映的组织治理结构，确实对合作社绩效产生影响。从对合作社绩效的影响路径来看，"内部监督制衡→合作社发展绩效"这一路径通过了5%的显著性水平检验，且标准化之后的路径系数高达0.761，这说明成员对管理者的财务监督以及理事之间的相互制衡，会对农民合作社绩效产生较强的促进作用，H3获得证实。"盈余分配方式→合作社绩效"和"经营决策机制→合作社绩效"两条路径在给定的水平下未通过显著性检验，这说明盈余分配方式和经营决策机制，不会直接影响合作社绩效，H1和H2没有获得支持。不过，"盈余分配方式→内部监督制衡"和"经营决策机制→内部监督制衡"两条路径都通过了5%的显著性水平检验，表明盈余分配方式和经营决策机制都能影响组织内部的监督制衡。从具体数值来看，经营决策机制对组织内部监督制衡的作用更强，标准化参数达到−0.642，即经营决策机制每向"独裁"移动一个等级——比如经营决策权从理事会转向理事长，组织内部的监督制衡就会降低0.642个单位；盈余分配方式对内部监督制衡影响的标准化参数为−0.237，即盈余分配方式每偏向资本移动一个等级——比如从"按交易量返还"转变为"按交易量返还为主，按股分红为辅"，组织内部的监督制衡就会降低0.237个单位。

　　测量模型的所有路径都在1%或5%的显著性水平下通过了检验，意味着用"吸收新成员由谁决定"等4个指标反映经营决策机制、用"财务资料完整性"等3个指标反映内部监督制衡以及用"带动成员增收效果"等5个指标测量合作社绩效是合理的，从而再次确认了采用SEM对数据进行路径分析和因子分析的适当性。此外，盈余分配方式和经营管理决策的相关系数为0.110，但不显著；两组残差项都在给定的显著性水平上通过了检验，且相关系数较高，分别为 0. 260 和 0. 233，表明"盈利与前两年比"与"盈利与其他社比"、"农资采购由谁决定"与"组织凝聚力"两组残差项存在较强程度的相关性。

（四）对模型结果的进一步讨论

前文只是考察了反映治理结构的各变量对合作社绩效的直接影响大小、作用方向及其显著性，这部分将解释实证结果为什么与理论分析不一致，并结合中介效应进一步完成路径分析。

为什么作为治理结构的两个重要方面，盈余分配方法和经营决策机制对合作社绩效的影响不显著？回答上述问题，要从两个方面考虑。一是理论与现实的差距。目前，大部分农民合作社在实践中，通常直接向成员"一次让利"，而不是按交易量把盈余"二次返还"（任大鹏和于欣慧，2013）。由于收益的增加更为直观，且规避了合作社经营风险，一次返利受到生产者成员的欢迎，按交易量返利很少实行。因此，以"按交易量返还"为指标的盈余分配方式不直接影响合作社绩效就不难理解。至于经营决策机制对合作社绩效没有直接作用，可能是理事长等合作社精英在组织中的作用并不如理论设想的那么大，"三个臭皮匠顶个诸葛亮"，平权式管理更有利于发挥合作社的组织优势而取得良好绩效。

二是组织内部监督制衡的中介效应。虽然盈余分配和经营决策机制的直接作用不显著，但是它们都对内部监督制衡有消极作用，而后者又影响合作社绩效，因此二者实际上通过内部监督制衡这个中介变量进而影响合作社绩效。由标准化后的路径系数计算可知，通过内部监督制衡，盈余分配方式对合作社绩效的间接作用为 − 0. 18（ = − 0. 237 × 0. 761），表明合作社盈余分配方式每偏向资本移动一个等级，会让合作社绩效降低 0. 18 个单位；经营决策机制对合作社绩效影响的间接作用为 − 0. 49（ = − 0. 642 × 0. 761），表明合作社经营决策机制每向"独裁"移动一个等级，会让合作社绩效降低 0. 49 个单位。用总作用（0. 761）减去上述两变量的间接作用（皆为负数），可计算出内部监督制衡的净影响为 1. 43，即内部监督制衡每提升一个等级，能够让合作社绩效提升 1. 43 个单位。

总之，虽然不能直接对合作社绩效产生作用，但盈余分配方式和经营决策机制都间接影响合作社绩效。一旦考虑内部监督制衡的中介效应，H1 得到了部分证实，但 H2 仍然被拒绝。也就是说，将权力集中于理事长的"集权式"决策机制不仅不能提高反而会降低合作社绩效。因此，实行按交易量返还、平权式治理、强调内部监督制衡的合作社，其组织绩效将会更好。

五、研究结论与政策启示

本节从 SCP 理论出发，结合我国农民合作社发展的实际情况，指出以盈余分配方式、经营决策机制、内部监督制衡等表征的治理结构会影响合作社的组织绩效（生存和发展），并利用 14 个省份 195 家合作社的调查数据，以合作社绩效、盈余分配方式、经营决策机制和内部监督制衡为有关（潜）变量，在信度、效度和适当性检验的基础上构建了结构方程模型（SEM）来考察变量间的关系。模型估计结果表明，合作社绩效体现在"生存"和"发展"两个维度，可以用带动农民增收效果、盈利能力比较（横向比较与纵向比较)、组织凝聚力、成员参与度等指标来测量。"盈余分配方式"、"经营决策机制"和"内部监督制衡"都会影响合作社绩效。但只有"内部监督制衡"直接影响合作社绩效,另外两个变量需要通过内部监督制衡对合作社绩效产生间接作用。具体而言,"内部监督制衡"每提高一个等级,可直接提升合作社绩效 1.43 个单位;"经营决策机制"每向"独裁"移动一个等级,将间接降低合作社绩效 0.49 个单位;"盈余分配方式"每向"资本"移动一个等级,将间接降低合作社绩效 0.18 个单位。可见,以财务资料完整、财务完全公开、理事退出机制明确 3 个指标反映的"内部监督制衡"是影响合作社生存发展的关键因素,强化内部监督制衡可以改善合作社绩效,而经营决策过于依赖理事长或盈余分配方式过于"亲资本",最终都会降低合作社绩效而不利于其发展。

上述结论有以下几点政策含义:①合作社运营中应坚持"我为人人,人人为我"的组织特性,强化普通成员的决策参与,不应过分强调理事长等合作社精英的领头羊作用,提高合作社经营决策的民主性。②合作社的盈余分配要遵守《农民专业合作社法》的有关规定,坚持"资本报酬有限原则",要按照《关于引导和促进农民合作社规范发展的意见》的要求,督促合作社建立成员账户,真正把"按交易量返还"作为盈余分配的主要方式。③要建立健全合作社的财务制度,定期向所有成员完全公开,并将其和成员账户一起作为各级示范社评定的前提条件,要引导合作社明确成员尤其是理事退出机制,加强组织的内部监督与制衡。④要让理事长等合作社管理者认识到盈余分配方式、经营决策机制、内部监督制衡都会显著影响合作社绩效,从而促使其自觉自愿改善合作社治理。总之,只有不断完善合作社的治理结构,提高其运营的规范性,才能取得更多效益,在市场化的激烈竞争中脱颖而出并实现持续发展。

参考文献

[1] Cook M L, Chaddad F R, Iliopoulos C. Advances in Cooperative Theory since 1990: A Review of Agricultural Economics Literature [A] //G W J. Hendrikse (eds). Restructuring Agricultural Cooperatives [M]. Erasmus University Press, 2004.

[2] 黄胜忠, 林坚, 徐旭初. 农民专业合作社治理机制及其绩效实证分析 [J]. 中国农村经济, 2008 (3).

[3] 徐旭初, 吴彬. 治理机制对农民专业合作社绩效的影响——基于浙江省 526 家农民专业合作社的实证分析 [J]. 中国农村经济, 2010 (5).

[4] 彭莹莹, 苑鹏. 合作社企业家能力与合作社绩效关系的实证研究 [J]. 农村经济, 2014 (12).

[5] 徐旭初. 农民专业合作社绩效评价体系及其验证 [J]. 农业技术经济, 2009 (4).

[6] Bijman J, Hendrikse G, Oijen A V. Accommodating Two Worlds in One Organiza-

tion：Changing Board Models in Agricultural Cooperatives［J］. Forthcoming in Managerial and Decision Economics，2012（2）.

［7］张晓山. 农民专业合作社的发展趋势探析［J］. 管理世界，2009（5）.

［8］孔祥智. 如何真正按照交易量（额）分配盈余［J］. 中国农民合作社，2014（10）.

［9］仝志辉，温铁军. 资本和部门下乡与小农户经济的组织化道路——兼对专业合作社道路提出质疑［J］. 开放时代，2009（4）.

［10］崔宝玉，刘峰，杨模荣. 内部人控制下的农民专业合作社治理——现实图景、政府规制与制度选择［J］. 经济学家，2012（6）.

［11］任大鹏，王敬培. 法律与政策对合作社益贫性的引导价值［J］. 中国行政管理，2015（5）.

［12］林毅夫. 制度、技术与中国农业发展［M］. 上海：上海三联书店，1992.

［13］徐旭初. 中国农民专业合作经济组织的制度分析［M］. 北京：经济科学出版社，2005.

［14］许驰，张春霞. 福建林业专业合作社理事长人力资本评价研究［J］. 福建农林大学学报（哲学社会科学版），2015，18（2）.

［15］吴彬. 农民专业合作社治理结构：理论与实证研究［D］. 杭州：浙江大学，2014.

［16］吴明隆. 结构方程模型：AMOS 的操作与应用［M］. 重庆：重庆大学出版社，2010.

［17］任大鹏，于欣慧. 论合作社惠顾返还原则的价值——对"一次让利"替代二次返利的质疑［J］. 农业经济问题，2013（2）.

第三节　要素禀赋、入社门槛与成员增收

——基于三家农民合作社的案例分析[①]

中共十九大报告明确指出："培育新型农业经营主体，健全农业社会化服务体系，实现小农户和现代农业发展有机衔接。"农民合作社作为重要的新型农业经营主体，在带动小农户与现代农业发展的有机衔接方面具有重要的作用。工商总局的数据显示，截止到 2017 年 7 月底，即《中华人民共和国农民专业合作社法》实施十周年之际，全国合作社数量已达到 193.3 万家，入社农户超过一亿户，参加合作社农户的收入普遍比非成员农户高出 20% 以上。农民合作社已经成为农业供给侧结构性改革的重要生力军（孔祥智，2016）。近年来，国内学者对农民参加合作社与其增收关系进行了广泛的研究。相当一部

---

① 执笔人：钟真、黄斌。

分学者的分析认为合作社可以通过多种途径增加成员的收益（蔡荣，2011；张琛等，2017）。但也有一些研究发现，加入合作社的农户过多，合作社成员规模过大，其规模效率不一定高。过大的成员规模使得合作社容易陷入成员规模与资产规模不匹配的运营瓶颈（刘婧等，2011），而小规模合作社反而具有一定的设立和发展优势（杨光华等，2014），甚至有时盈利能力反而高于大规模合作社（Lerman et al.，1991）。事实上，现实中发展迅速的合作社往往是由大户主导，为了限制成员规模而设立的准入门槛（张晓山，2009）。可见，入社门槛是合作社限制成员加入、控制成员规模的一种有效手段。从文献梳理看，学者们关于入社门槛在成员增收的影响上已有不少讨论。王真认为合作社通过设置较高的入社门槛不再吸纳新成员，进而形成封闭型合作社，常常会更有利于成员增收（王真，2016）。但是，实践中也存在合作社利用入社门槛来维护其原有核心成员的地缘、亲缘优势，提高理事会收益的"隐性行为"，从而不利于普通成员的增收（杨灿君，2010）。

那么，如何有效设置入社门槛来真正促进成员增收呢？这就不得不考察（潜在）入社农户的禀赋特征。合作社作为不同要素所有者追求共同利益而结成的组织，内部普遍存在着成员异质性的情况，而要素禀赋差异正是当前农民合作社成员异质性的本质原因（于会娟等，2013）。因此，在合作社成员异质性普遍存在的情况下，如何在设置入社门槛过程中有效识别并利用好成员禀赋特征，对于维护成员权益和促进成员普遍增收具有重要的现实意义。基于此，本节将以具有差异性的三家合作社的案例分析，来揭示要素禀赋、入社门槛与农民合作社成员增收之间的关系，为合作社实践发展与政策制定提供有益参考。

一、理论分析

成员增收实质上就是利用要素禀赋实现价值增值的过程。不同成员存在的要素禀赋结构差异，是成员异质性形成的主因。由于入社门槛能够聚集成员要素禀赋，理清入社门槛聚集要素禀赋的方式，梳理禀赋聚集后对成员增收的影响机制，对于探索成员异质性下的成员增收路径富有意义。

（一）要素禀赋与入社门槛的关系

不同成员间初始禀赋的差异不仅会形成成员异质性，而且会导致合作社成员内部出现核心成员与普通成员。由于普通成员占了成员人数的绝大部分，讨论其增收情况更具代表性，因此本节着重分析普通成员的要素禀赋情况。在普通成员身上，要素禀赋主要包括土地、劳动等基础性生产要素（黄胜忠等，2014），以及少量的资金要素和以农机为代表的资本要素。然而，现有的人地资源禀赋结构与土地产权结构使得农户主要依靠土地要素致富，农户增收受到限制（李宪宝等，2013）。因此，激发成员土地、劳动、资金、资本要素的活力，优化成员要素禀赋投入结构，会对推动成员增收起到关键作用。根据各地合作社的调研情况，入社门槛能通过聚集各类要素禀赋直接影响农户入社后给自己带来增收的效益，且目前合作社的入社门槛主要包括三类：要素入股、种植规模、交易规模。

第一，要素入股。入股要求是合作社聚集农户要素禀赋最为关键的门槛，能把土地、资金、资本等要素都聚集起来。土地入股是常见的农户入股形式，即成员以入股的形式把经营权让渡给合作社，并以这种让渡形式来换取对土地收益的分配权。而对资金要素设置入股门槛，会使得合作社股权结构优化，成员得以广泛持股，并最终有利于形成规范的利益分配机制（孙亚范，2011）。同时，把农机等设备折价入股在实践中也取得了广泛的成功经验。因此，通过对入股要求设置门槛，成员的各类要素禀赋都有可能成为其增收的部分。

第二，种植规模。种植规模是合作社内部成员异质性的关键维度（Kurian et al.，2004），因此对种植规模设置门槛能够减少成员禀赋异质性，从而便于合作社提供统一服务。同时，大量的小规模土地会导致土地过于细碎化而不便于合作社的管理，且土地细碎化程度越高，规模作业的技术效率就会越低。因此，通过对种植规模设置门槛，有利于合作社对成员提供统一作业与技术服务，并在规模效益显现的情况下达到合作社与成员双双节约成本的效果。

第三，交易规模。对成员作物进行收购规模的大小，也决定了合作社销售收入的多少。在现实中，合作社对于收购规模有四类要求：不要求发生交易业务、需要发生交易业务、交易量应占生产作物的绝大部分、交易量应占生产作物的全部（即全数收购）。合作社与成员间若未形成稳定的交易契约，会影响合作社的采购、生产、产品供给等业务，进而影响合作社的交易效率与获利情况（崔宝玉等，2016）。美国"新一代合作社"由于认识到这一点已经提出了对成员的交易份额做出规定"交易份额制"。因此，设置交易规模门槛，能通过稳定合作社与成员间的交易关系，把要素禀赋凝聚而来的农产品真正汇集起来，通过统一销售获得规模效益。

（二）要素禀赋、入社门槛对成员增收的影响机制

国内外学者对于成员增收的渠道已有充分探讨。孙艳华等（2007）认为农户成员能通过合作社的"利润返还"与"上门服务"来获得增收，而Cook（1995）认为联合农户获取规模效益是合作社成立的初衷，这一点增收路径是不可忽略的。因此，农户在合作社内获得增收的渠道主要是通过合作社的盈余分配方式优化、社会化服务能力提升、销售规模化得以体现的（见图2-3），而与入社门槛紧密相连的要素禀赋能通过作用于以上三条机制来促进成员增收。

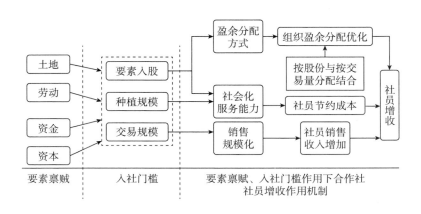

图2-3 分析框架

第一,优化盈余分配方式。如果未进行盈余分配,以"一次让利"代替"二次分红"的话,普通成员会因成员分层而被边缘化,使得合作社内成员异质性会更为严重(任大鹏,2013)。入社门槛的设置恰好能使得合作社需要对成员进行盈余分配,更好维护成员利益。设置入股要求使得成员能获得可分配盈余中按股份分红的资本收益,使得土地、资金、资本等要素禀赋能起到价值增值的作用。另外,按照《中华人民共和国农民专业合作社法》要求,按交易量返还比例不得低于可分配盈余的 60%。因此,在盈余分配方式合法的情况下,设置交易规模的要求则能使得成员从按交易量分红中获得不少额外收益。

第二,提升社会化服务能力。产前、产中、产后社会化服务的提供正是建立在要素禀赋聚集的前提之下。入社门槛使得要素得以聚集的程度越高,合作社提供社会化服务的能力与规模化水平就越高。同时,合作社只有发挥好社会化服务功能,才能真正起到促进成员增收的效果(朋文欢等,2017)。具体地,社会化服务能力表现在农资购买服务、农机作业服务、技术服务等都能以比市场价低的成本来服务成员,从而使得成员节本增收。

第三,扩大销售规模。"销售规模化"是通过稳定的交易契约关系把小规模农户的分散产品整合起来销售而实现的(严太华等,2005)。具体而言,合作社以较高的价格(或者根据契约的价格要求)对内收购成员的产品再以规模化的方式对外销售,销售价格会高于同期市场价格。即使销路不畅,成员也能通过"保底收购价"间接增加收入。因此,设置交易规模门槛会提升销售规模化的程度,使得成员能增加通过销售农产品所获得的收入。

二、 研究设计

入社门槛聚集要素禀赋的过程是复杂的,其作用于成员增收的机制是系统的,只有通过分析能展示整条作用链的案例才更具有深刻性。为此,这里选择了课题组实地调研获取的一手数据资料,且所有合作社的数据资料最终都被整理成了翔实的案例,有助于案例分析的深入。此外,这里明晰了关键指标的含义,为多案例的对比分析奠定了基础。

(一)资料来源

本节选取的案例资料均来源于 2016 年暑期课题组对陕西等地 72 家合作社的实地调查。通过反复比对筛选,本节最终选取三家苹果合作社作为案例分析对象,其基本情况见表 2-5。选择这三家苹果合作社的原因主要有以下四点:第一,本节所选取的三家合作社在关键变量测定中显现出差异性,因此便于构成"实验组"和"对照组"。第二,三家合作社都能同时指向成员增收这一结论,这样使得多案例研究能增加结论的有效性。第三,这三家合作社都从事苹果种植,有利于避免不同产业类型合作社对结论所造成的干扰。第四,案例中的三家合作社都位于陕西省渭南市,并且成立时间相近,能排除地区发展差异与成立时间对测量的干扰。

表2-5 三家案例合作社的基本情况

名称	成立时间	种植作物	种植规模（亩）	成员数量（户）	所在地址
农旺苹果专业合作社	2011年	苹果	500	120	陕西渭南
秦湖苹果专业合作社	2011年	苹果	1500	140	陕西渭南
凤翔科苑苹果专业合作社	2013年	苹果	2500	625	陕西渭南

资料来源：根据调研问卷整理。

（二）变量测量

根据已有的理论分析，本节以指标适用性为原则对要素禀赋聚集程度、入社门槛中的要素入股要求、种植规模、交易规模进行指标设定，以反映入社门槛聚集要素禀赋的情况；同时，通过盈余分配方式、社会化服务能力、销售规模化的指标设定来考察要素禀赋与入社门槛作用下合作社对成员增收的作用机制。成员增收则从成员与非成员的横向差异来进行考察（见表2-6）。

表2-6 要素禀赋、入社门槛与成员增收的指标设定

指标		具体含义或测量
要素禀赋聚集程度		劳动力、土地、资金以及其他资本的聚集程度
入社门槛	要素入股	农户入社时是否须以土地、资金、农机等要素入股
	种植规模	农户入社时是否须具备一定的种植规模
	交易规模	农户入社后是否须按照契约与合作社发生交易
合作社作用机制	盈余分配方式	成员在合作社中投入的要素是否全部享有剩余索取权
	社会化服务能力	对成员提供产前、产中、产后服务的环节数
	销售规模化	销售价格比市场价高的比例
成员增收		成员与非成员年度净收益的平均差值（元）

根据表2-6所阐述的指标设定，本节将结合案例情况对入社门槛、合作社作用机制以及成员增收进行指标含义的说明。

结合成员要素禀赋实际情况，本节把要素禀赋聚集程度定义为"劳动力、土地、资金以及其他资本的聚集程度"，以完整地显现农户要素禀赋聚集于合作社的作用。此外，在要素入股门槛上，大多数合作社要素入股的方式仍较为单一，通过入股比例来进行衡量过于理想化，因此采用"农户入社时是否需要以土地、资金、农机等要素入股"来衡量。至于种植规模门槛，利用诸文娟等（2007）所提出的"门槛面积"概念，结合所分析案例的实际情况，本节采用"农户入社时是否须具备一定的种植规模"来进行测量。现实中，成员与合作社会存在口头或书面的交易量契约，借鉴陈茉、周霞（2014）的定义，本节通过"农户入社是否须按照契约与合作社发生交易"来衡量交易规模。周振、孔祥智（2015）创造性地通过"成员在合作社中投入的要素是否全部享有或享有多少剩余索取权"来衡量盈余分配方式，把全部分红方式都纳入其中。这一衡量方式更符合本节盈

余分配方式优化的含义以及合作社的现实情况，因此本节采用这一定义。借鉴孔祥智等（2009）对社会化服务能力的定义，本节通过产前、产中、产后社会化服务的环节数目来衡量社会化服务能力的水平。销售规模化能通过统一销售所获得的规模效益得以体现，因而本节通过"销售价格比市场价格高的比例"来衡量能充分体现销售规模化所带来的新增经济效益。最后，本节通过"成员与非成员年度净收益的平均差值"来进行衡量，以凸显出农户加入合作社后的收益变化。

（三）案例介绍

（1）农旺合作社。农旺苹果专业合作社（简称"农旺合作社"）成立于 2011 年 4 月，种植面积 500 亩，成员人数 120 户。近年来，农旺合作社成员人数保持缓慢增加的态势，在 2013 年以来便保持每年增加 20 户新成员的速度。然而，农旺合作社并没有对新成员的加入设立任何门槛，既不需要资金等要素入股，也不需要与合作社发生交易业务，更没有种植规模的要求。另外，合作社股权过于集中，仅理事长一人便占了出资总额的 67%，同时分配方式未制定明确比例，盈余分配方式并不规范。尽管合作社能给成员提供少量农资采购、技术指导、销售指导的服务，并能为成员带来高于市场价 5% 的销售价格，但成员实际增收效果不明显，并且合作社也并未随着新成员的加入改变连年亏损的经营状况。

（2）秦湘合作社。秦湘苹果专业合作社（简称"秦湘合作社"）成立于 2011 年 7 月，种植面积 1500 亩，每年都有新成员加入，由成立时的 15 户上升为 140 户。对于新成员的加入，秦湘合作社有着严格的入社门槛，要求成员要以资金等方式入股，农作物要全数销售到合作社，并且种植面积不能太小，农户要有大于 5 亩的种植规模。一方面，秦湘合作社在合作社股权上同样存在过于集中的情况，理事长个人便占了出资比例的 50%，且合作社没有制定明确的盈余分配比例，盈余分配方式不完善。另一方面，秦湘合作社已设置的入社门槛使得要素禀赋得以充分集聚，从而合作社能为成员提供农资采购服务、技术指导服务、销售服务、资金借贷服务以及信息服务。同时，秦湘合作社通过统一销售成员产品具备了销售规模化优势，促使销售价格比市场价格高 10%。

（3）凤翔科苑合作社。凤翔科苑苹果专业合作社（简称"凤翔科苑合作社"）成立于 2013 年 6 月，种植面积 2500 亩，成员人数 625 户。尽管凤翔科苑合作社设立了入社门槛，但在合作社大力入户宣传的情况下，近几年成员人数仍然快速上升，由 2013 年的 105 户到 2014 年的 303 户再到 2015 年的 503 户，最后上升到如今的 625 户。在入社门槛设置上，凤翔科苑合作社要求成员要以资金、农机等方式入股，农作物须全数销售到合作社，种植规模要达到一定要求并且这块地的承包者须是 18~60 岁的中青年劳动力。凤翔科苑合作社有着规范的盈余分配方式，其分配比例为按交易量分红占 65%、按股分红占 30%、发展基金占 5%。同时，合作社股权结构合理，理事长出资仅占总出资额的 11%。另外，凤翔科苑合作社能为成员提供农资、作业、技术、销售、资金、信息等服务。在销售规模化的优势下，凤翔科苑合作社也能把苹果卖出比市场价高 10% 的价格。同时，合作社还利用销售规模优势，建立起了销售网站，使得苹果能直接在合作社网站上以较高的价格卖出（见表 2-7）。

表 2-7　三家合作社情况一览表

指标		具体含义或测量	农旺合作社	秦湘合作社	凤翔科苑合作社
要素禀赋聚集程度		劳动力、土地、资金以及其他资本的聚集程度	低	较高	高
入社门槛	要素入股	农户入社时是否须以土地、资金、农机等要素入股	否	是	是
	种植规模	农户入社时是否须具备一定的种植规模	否	是	是
	交易规模	农户入社后是否须按照契约与合作社发生交易	否	是	是
合作社作用机制	盈余分配方式	成员在合作社中投入的要素是否全部享有剩余索取权	否	否	是
	社会化服务能力	对成员提供产前、产中、产后服务的环节数	3	5	6
	销售规模化	销售价格比市场价高的比例（%）	5	10	10

三、案例分析

从三家合作社的案例情况可以看出，设置不同的入社门槛宽松程度会导致要素禀赋聚集程度有高有低、聚集的要素类别有多有少，而这会使得要素禀赋与入社门槛对成员增收的影响上产生差异。因此，本节对三家合作社中入社门槛是如何聚集要素禀赋并促进成员增收的具体作用机制展开分析，以便于更全面地展示成员增收的过程。

（一）农旺合作社：无入社门槛，成员增收效果不明显

未设置入社门槛使得合作社未能通过成员的加入而集聚要素禀赋，进而导致合作社的社会化服务无法达到规模化的程度，也就难以节约服务成本。农旺合作社实质上仅仅停留在松散的代买代卖关系，成员对于合作社缺乏组织向心力。合作社每年只能吸引 20 户新成员加入，劳动力未得到充分集聚，使得合作社规模过小，难以达到规模效益的条件。而这些新成员的加入仅仅是为了在购买农资时获得一点折扣，且在市场价格低迷时能把产品卖给合作社。事实上，只有一部分成员会通过合作社来购买农资与销售产品，使得劳动要素聚集带来的成员规模优势被进一步削弱，折扣力度小，成员销售收入无显著改变。缺乏入社门槛也就意味着成员可以随意就加入到合作社之中，而不需要有入股的要求。这样一来，资金要素和其他资本如农机、技术难以充分聚集于合作社中，并使得理事长出资比例高达67%的股权集中现象无法得到解决。缺乏交易规模的要求也使得合作社不具备按交易量返还盈余分配的积极性，所以合作社盈余分配方式并不规范，成员无法正常享受"二次分红"。缺乏社会化服务的帮助，未能享受到优势明显的销售价格，无法获得盈余分配所带来的收益，导致合作社成员无法从农户到成员的转变身份过程中获得新增的经济

效益。

（二）秦湘合作社：设置了入社门槛但不够充分，成员增收有效果但不突出

设置入社门槛不够充分，会压抑要素禀赋聚集的程度，从而削弱了入社门槛对成员增收的效果。秦湘合作社相比农旺合作社，由于设置了入社门槛，与成员有着紧密的代买代卖关系，而合作社与成员都能从这一关系中获益。具体地，秦湘合作社成员规模由 15 名上升为 140 名，使得劳动要素得到规模化的集聚，让合作社拥有较高的作业能力。同时，秦湘合作社要求新成员加入需要入股，且主要以资金的方式入股，而这使得资金要素得到集聚，合作社获得较为充足的启动资金来购买固定资产，从而使得合作社具备较高的社会化服务能力。然而，缺乏农机等资本要素的注入，社会化服务能力的提高受到了一定程度的约束。另外，合作社还设置了种植规模 5 亩以上的要求，这使得土地要素能够得到空间上的聚集，便于统一作业、技术服务，也有利于规模经济的发挥。在统一采购农资方面，秦湘合作社为全体成员统一采购化肥、农药、种苗、套袋等，且采购价平均能比市场价低 10%。除了采购服务外，要素禀赋的集聚还使得秦湘合作社能免费为成员提供技术、销售、资金、信息服务，使得成员种植的亩产量在技术与信息的指导下得到提高，大大地节约了成本。由于秦湘合作社对成员设置了农产品要全数交易到合作社的门槛，合作社销售规模优势得以发挥，销售价比市场价高 10%。在亩产量提高与销售价格较高的情况下，成员经营收入得以提高。然而，秦湘合作社并没有建立规范的盈余分配机制。尽管秦湘合作社采取的是减去发展基金与按股分红部分后 100% 按交易量返还的方式，但比例的不稳定与理事长个人便占一半出资比例的股权集中现象，仍会大大限制成员获得盈余分配的新增收入。秦湘合作社成员最终实现平均增收 2000 元，而这一部分增收主要得益于社会化服务与销售规模化所带来的效益。

（三）凤翔科苑合作社：设置入社门槛充分，成员增收效果明显

入社门槛设置充分，会使得要素禀赋得到最大程度的集聚，让土地、劳动、资金、资本等要素作用在成员增收上。凤翔科苑合作社与秦湘合作社同样设置了入社门槛，但凤翔科苑合作社资金要素的聚集程度较高，使得股权集中现象得以解决，形成规范的盈余分配方式，使得合作社与成员之间的关系由简单的代买代卖关系上升为利益联结体。同时，凤翔科苑合作社也对成员设置了入股要求、交易量要求以及种植规模要求。具体地，凤翔科苑合作社允许成员以资金、农机、土地等多种方式入股。相比秦湘合作社，凤翔科苑合作社中农机入股的方式使得合作社能在资金不富余的情况下增加资产，提高农机作业的服务水平，发挥资本要素对于促进社会化服务能力提高的作用。而社会化服务带来的节本效果也使得合作社的服务环节得以延伸与强化，更多发展基金能投入到以网站运营为代表的新型销售服务、信息服务的业务上。因此，凤翔科苑合作社通过为成员提供采购，作业，技术，销售，资金，信息的产前、产中、产后统一服务，使得社会化服务的规模优势能够得到充分显现，为合作社与成员双双节约成本。同时，凤翔科苑合作社也设置了种植规模与交易规模的门槛。合作社对于种植面积以及劳动者年龄的要求便于土地要素与劳动力要素得以高效地集聚起来，有利于提高统一作业服务与统一技术指导服务的效率。而凤翔科苑

合作社对于交易规模的要求便使得合作社具备高议价能力，在谈判过程中占据优势，使得统购农资的价格能比市场价低10%，销售价能比市场价高10%，而这也得益于劳动、土地等要素的充分聚集对规模产出的影响。只有把规模产出和交易规模结合起来，销售规模化效益才能得到充分显现。除此之外，凤翔科苑合作社比例明确的盈余分配方式还能确保成员尤其是普通成员共享合作社的高收益，通过按交易量返还为主与按股分红为辅的分红方式，成员加入合作社后的新增收益能得到充分显现，拓宽了成员增收的渠道。在合作社盈余分配方式优化的情况下，凤翔科苑合作社成员最终获得最高平均5000元的增收（见表2–8）。

表2–8　三家合作社成员增收情况

		农旺合作社	秦湘合作社	凤翔科苑合作社
设置入社门槛		未设置	设置不充分	设置充分
要素禀赋聚集程度		低	较高	高
成员增收渠道体现		少量成员从社会化服务中节约成本；提高少量销售收入	大量成员从社会化服务中节约成本；提高销售收入；获取少量盈余分配	大量成员从社会化服务中节约成本；提高销售收入；获取大量盈余分配
成员增收	成员与非成员年度净收益的平均差值（元）	几乎为零	2000	5000

四、研究结论与政策启示

上述三家合作社案例的分析结果表明，设置要素入股、种植规模以及交易规模的入社门槛，合作社能聚集土地、劳动、资金、资本等要素并促进禀赋价值显现，最终对成员增收产生积极影响。具体而言，本节结论可归纳为以下几点：

第一，入社门槛在聚集要素禀赋后通过优化盈余分配方式、提高社会化服务能力、实现销售规模化三条作用机制对成员增收产生正向影响。第二，要素入股门槛拓宽了土地、劳动、资金、资本的流入渠道，使得要素禀赋得以更充分地聚集，社会化服务能力得以更有效地提高，为成员节约了成本。同时，要素入股还能通过稀释股权集中度，优化盈余分配方式，提高成员获取盈余分配的收益。第三，种植规模门槛使得土地要素在空间上得到合理聚集，从而降低土地地块细碎性，提高土地要素的规模化利用程度。在农机等资本要素的注入下，作业服务与技术服务的效率明显提高，进而为合作社提高整体产出，为成员节约成本。第四，交易规模门槛能够把土地、劳动等要素高度聚集下的规模产出与规模销售结合起来，对合作社销售规模化的效益显现能起到托底作用，使得合作社成员获得比市场价格更高的销售价格，是成员销售收入增加的来源。

上述结论意味着，农民合作社要想真正促进成员增收，需要有效调动农户的要素禀赋，并使得要素禀赋的价值得以充分显现。因而基于农户要素禀赋状况来设置入社门槛是一条值得引起重视的路径。具体而言，本节的研究结论主要有以下三方面的政策含义：

第一，完善法律法规，为入社门槛的设置提供法理支撑。目前，入社门槛的设置与合作社基本原则是有所冲突的。我国最新《农民专业合作社法》第四条中明确规定，农民专业合作社应当遵循"入社自愿、退社自由"的基本原则。然而，合作社设置入社门槛意味着成员的加入需要符合一定的硬性条件，而这一限制是否违背了"入社自愿、退社自由"的基本原则呢？目前法律法规提供的答案是模糊的。本节认为，"自愿"这一概念需要在新时代背景下注入新的内涵，需要分"歧视性"和"非歧视性"入社门槛来看待。"非歧视性"入社门槛意味着低要求的基本条件并未限制农户的"自愿"加入，而"歧视性"入社门槛意味着农户在面临高条件时丧失了"自愿"加入的权利。因此，判断"自愿"基本原则是否被破坏的标准是入社门槛的设置是否带有"歧视性"。事实上，《农民专业合作社法》第二十条规定的"农民至少应当占成员总数的百分之八十"已经限制了合作社歧视甚至排斥农民的可能性。因此，建议政府为入社门槛提供法律法规的依据，让更多"隐形门槛"浮出水面，促使合作社与农户共同商议入社门槛的设置，提高入社门槛设置的民主合理性，从制度安排上提升合作社的运行绩效。

第二，加快农村产权制度改革，为要素禀赋流动创造良好环境。农村产权制度改革的一个重要任务就是明晰产权，既要明晰村集体资源、资产的产权，也要明晰农户所拥有土地资源的产权，真正做到确权到户。只有形成了清晰的产权，合作社与农户之间的利益联结关系才会趋于紧密，合约关系才更具有稳定性，避免不必要的产权纠纷事件发生。从实践中来看，村委会领办合作社的数量在全国占有相当一部分比重，这类合作社尤其需要明晰村委会、合作社与农户之间的产权关系。如果产权关系混乱，农户就会对要素入股的形式存在惧怕心理，担忧资金要素、土地要素等会被村委会吸走。此外，随着农村产权制度改革的不断深化，一些地方已经形成了完善的农村产权交易市场，而这能为当地农村注入更多交易机会，从而提升农户的市场意识。在这种情况下，要素禀赋便具备了更高的流动性，而非长期"封存"在农户家庭里，从而提高了更多要素禀赋与入社门槛结合的可能性。

第三，要引导入社门槛的设置，提供培训和交流的平台。首先，政府及相关农业部门要加强经验宣传，通过培训等多种方式引导更多合作社理事长培育设置入社门槛的意识。合作社理事长与成员普遍因重视眼前利益，过度追求销售收入，忽视了通过其他成员增收渠道所能产生的带动作用。其次，要加强对合作社入社门槛设置的引导与规范。发挥积极作用的入社门槛，应该是能最大程度聚集农户要素禀赋，并促使其禀赋价值显现的。而现实中，不少合作社理事长利用入社门槛来维护亲缘、地缘关系，扭曲了入社门槛所应该发挥的作用。最后，需要打造更多的地方新型经营主体协会。新型经营主体协会的设立既能为农业龙头企业、农民专业合作社、家庭农场等经营主体之间的交流提供经验借鉴的机会，又能为合作社理事长之间提供经验分享的平台，从而促进更多理事长转变传统的经营理念。

参考文献

［1］孔祥智．农业供给侧结构性改革的基本内涵与政策建议［J］．改革，2016（2）．

［2］蔡荣．"合作社＋农户"模式：交易费用节约与农户增收效应——基于山东省苹果种植农户问卷调查的实证分析［J］．中国农村经济，2011（1）．

［3］张琛，高强．论新型农业经营主体对贫困户的脱贫作用［J］．西北农林科技大学学报（社会科学版），2017（2）．

［4］刘婧等．农民专业合作社规模经济与适宜成员规模研究——以山西省为例［J］．财贸研究，2011（6）．

［5］杨光华等．群体规模与农民专业合作社发展——基于集体行动理论［J］．农业经济问题，2014（11）．

［6］Lerman Z, Parliament C. Size and Industry Effects in the Performance of Agricultural Cooperatives［J］. Agricultural Economics, 1991（6）.

［7］张晓山．农民专业合作社的发展趋势探析［J］．管理世界，2009（5）．

［8］王真．合作社治理机制对成员增收效果的影响分析［J］．中国农村经济，2016（6）．

［9］杨灿君．合作社中的信任建构及其对合作社发展的影响——基于浙江省Y市农民专业合作社的实证研究［J］．南京农业大学学报（社会科学版），2010（4）．

［10］于会娟，韩立民．要素禀赋差异、成员异质性与农民专业合作社治理［J］．山东大学学报（哲学社会科学版），2013（2）．

［11］黄胜忠，伏红勇．成员异质性、风险分担与农民专业合作社的盈余分配［J］．农业经济问题，2014（8）．

［12］李宪宝，高强．行为逻辑、分化结果与发展前景——对1978年以来我国农户分化行为的考察［J］．农业经济问题，2013（2）．

［13］孙亚范．农民专业合作社运行机制与产权结构：江苏205个样本［J］．改革，2011（12）．

［14］Kurian M, Dietz T. Irrigation and Collective Action：A Study in Method with Reference to the Shiwalik Hills, Haryana［J］. Natural Resources Forum, 2004（28）.

［15］崔宝玉等．农民专业合作社效率测度与改进"悖论"［J］．中国农村经济，2016（1）．

［16］孙艳华等．农民专业合作社增收绩效研究——基于江苏省养鸡农户调查数据的分析［J］．南京农业大学学报（社会科学版），2007（2）．

［17］Cook M L. The Future of US Agricultural Cooperatives：A Neo - institutional Approach [J]. American Journal of Agricultural Economics，1995（77）.

[18] 任大鹏，于欣慧. 论合作社惠顾返还原则的价值——对"一次让利"替代二次返利的质疑 [J]. 农业经济问题，2013（2）.

[19] 朋文欢，黄祖辉. 农民专业合作社有助于提高农户收入吗？——基于内生转换模型和合作社服务功能的考察 [J]. 西北农林科技大学学报（社会科学版），2017（4）.

[20] 严太华，战勇. 农产品定价权研究——基于中间利润分成模型的分析 [J]. 财经研究，2005（10）.

[21] 诸文娟等. 江苏茶农选择有机种植方式的影响因素分析 [J]. 华中农业大学学报（社会科学版），2007（3）.

[22] 陈茉，周霞. 农户与农民合作社的契约关系及其影响因素实证分析——基于山东省9个县（市、区）的问卷调查 [J]. 山东财政学院学报，2014（3）.

[23] 周振，孔祥智. 盈余分配方式对农民合作社经营绩效的影响——以黑龙江省克山县仁发农机合作社为例 [J]. 中国农村观察，2015（5）.

[24] 孔祥智等. 当前我国农业社会化服务体系的现状、问题和对策研究 [J]. 江汉论坛，2009（5）.

第三章 成员异质性农民合作社的盈余分配

第一节 分配理论与农民专业合作社盈余分配原则[①]

一、引言

学者普遍认为，市场经济的发展和家庭经营制度的缺陷是农民专业合作社产生和发展的基本原因；推进农业产业化经营，提高农民组织化程度，增强农民市场谈判地位是发展农民专业合作社的必要性、重要性和迫切性（黄祖辉，2000；李炳坤，2000；苑鹏，2001，2003；张晓山，2003；唐宗焜，2012）。根据《农民专业合作社法》，农民专业合作社依法登记，取得法人资格。作为一种特殊的法人实体，合作社具有社会公平与经济效率的双重性（黄胜忠等，2008），这种双重性决定了合作社既有别于普通的公司制企业，又不同于主要关注社会公平的非营利性组织。其中，最明显的区别是合作社的盈余分配制度。在公司制企业中，"资合"的性质和资本在公司制企业中的独特地位，决定了公司制企业中按股分红成为主导；而合作社"人合"的性质和成员在合作社中的重要性，决定了合作社中按交易额（量）分配占据着主导地位（郑丹，2011）；非营利性组织则不涉及盈余分配的问题。

合作社盈余分配制度的确立取决于对合作社盈余来源和性质的深刻把握，不同的盈余部分应当根据其来源的性质确定分配方式。从理论与现实来看，农民专业合作社的利益分配制度是合作社制度的核心构建，也是合作社产权、合作社企业家的治理和合作社治理机制等的体现和折射，又是合作社的发展经济绩效的反映（冯开文，2006）。一个好的分配制度是农民专业合作社的灵魂，是合作社吸引农民加入的核心制度安排，是合作社稳定、发展、壮大的关键。因此，为促进其健康成长与可持续发展，有必要重新审视我国合作社的分配制度。据此，本节结构安排如下：第一部分为引言部分，提出研究的问题；第二部分归纳经济学一般意义上的分配理论并梳理其发展脉络；第三部分归纳合作社的盈余分配原则及其演变；第四部分为合作社盈余分配原则的发展规律；第五部分根据经济学分配理

---

① 执笔人：孔祥智、周振。

论以及合作社的分配原则，考察我国合作社的盈余分配制度，指出当前国内合作社分配制度上的缺陷；第六部分提出我国合作社盈余分配制度的修正方向，以及对进一步修改《农民专业合作社法》的建议。

二、收入分配理论的流派与发展趋势

收入分配是经济学理论中非常重要的一部分，无论是古典、新古典学派经济学家，还是马克思、恩格斯，都对收入分配做出了丰富的论述。这些论述成为了现代收入分配理论的基础。

（一）古典收入分配理论

古典经济学的创始人亚当·斯密较早且系统地阐述了劳动价值论，用来说明劳动是人类财富的源泉，指出劳动者在生产中创造财富的作用。不过，在《国富论》中，亚当·斯密对劳动价值论的阐释较为模糊，至少存在三种劳动价值论（朱春燕，2005）：一是生产中耗费的劳动决定价值；二是交换中购买的劳动（为社会所承认的劳动）决定价值；三是工资、利润、地租决定价值。尤其是对第三种分配方式，斯密认为在"原始状态"里劳动者的工资等于他的全部生产产物，但是，随着资本积累以及土地私有化，劳动者必须和资本家、地主一起分享劳动产品，工资仅是劳动产品的一部分，其他部分以利润、地租的形式被资本家和地主占有。由此可见，在斯密那里就已经形成了"三要素分配论"的雏形。李嘉图发展了斯密的分配理论，他提出了"生存工资"理论、利润理论和地租理论。李嘉图认为工资、利润以及地租是由市场供求关系决定的。

（二）马克思收入分配理论

马克思从斯密关于价值的第一个论断，即"生产中耗费的劳动决定价值"出发，创立了科学的劳动价值理论并在此基础上创立了剩余价值理论。马克思创造性地提出了劳动二重性，将劳动分为具体劳动与抽象劳动，认为具体劳动创造使用价值，抽象劳动创造价值，即劳动是一切价值的源泉。因此，马克思指出资本对剩余价值的占有与追求是一种罪恶的剥削。从而他提出了按劳分配的原则，未来社会个人消费品的分配方式应当是"等量劳动领取等量产品"。不过值得注意的是，马克思的按劳分配，不是从劳动化出发，而是根据社会主义生产资料公有制和人们的劳动特点提出的。他指出在社会主义公有制条件下，生产资料不是任何人的私有财产，人们只能通过劳动获取收入或领取消费品（卫兴华，1999）。

（三）新古典收入分配理论

新古典收入分配理论是以萨伊的生产三要素论、效用价值论为基础展开的。萨伊将生产过程归结为一般的物质生产过程，这个过程是通过各种要素协同活动使自然界本身就有的各种物质适用于满足人们的需要，"生产不是创造物质，而是创造效用"。劳动、土地、资本三要素的所有者都提供了服务，因而都创造了价值。萨伊进一步提出既然三要素都创造了效用和价值，那么就都是价值的源泉，因此三要素所有者都应当得到他们的收入，即工人获得工资，资本家得到利息，地主收取地租。

继萨伊之后，美国经济学家克拉克以其边际生产力理论为基础，对萨伊的三要素分配论以及效用价值论作了创新性的说明，提出了边际收入分配论。萨伊从土地边际生产递减、劳动生产力递减和资本生产力递减三个规律推导出土地、劳动和资本的边际生产力。在静态经济条件下，三要素在生产中的贡献正好等于它们各自的边际产量，因此三要素分配的收入正好等于各自的边际产量。

马歇尔提出的均衡价格理论，用供给和需求说明价格的决定关系。马歇尔认为国民收入是由各种要素相互配合共同努力创造出来的。国民收入是一国全部生产要素的纯生产总额，生产要素各自所得的份额就是它们的价格。在马歇尔看来，生产要素的价格形成机制与一般商品的价格决定相同，取决于各个生产要素的供给和需求。值得注意的是马歇尔的要素除了土地、资本、劳动力以外，还有企业家经营才能，即地主得地租，资本家获利息，工人拿工资，企业家占利润。

（四）收入分配理论的发展趋势

综观各流派的收入分配理论，实际上存在两大观点：一是按劳分配。按劳分配以马克思为主要代表，不过马克思的按劳分配理论旨在揭示出资本对劳动的剥削，而真正实现按劳分配原则应建立在社会无私有生产资料的基础之上。二是按要素分配。古典、新古典收入分配理论都属于按要素分配，不同的是它们对各要素的分配份额以及要素的种类存在差别。例如，李嘉图认为要素的收入份额由市场供求关系决定，而萨伊则认为要素所得份额由其创造的效用决定，克拉克则指出要素所得由其边际生产力决定，马歇尔指出要素所得是由其均衡价格决定的。

从古典收入分配理论到新古典收入分配理论，我们发现参与分配的要素构成处于不断丰富的动态过程之中。西方经济学家最初认为生产要素仅包括土地和劳动（如威廉·配第），后来加进了资本（如李嘉图、萨伊），再后来加进了企业经营（如马歇尔）。及至当代，要素内涵发展得更为丰富。如现代经济学提出了按资本要素、劳动要素、土地要素、管理要素、技术要素、信息要素以及人力资本要素等多要素的分配论（张军，2000；裴小革，2003）。要素内涵与种类的丰富，折射出了当前国民收入已经不再是由简单的劳动、土地与资本要素所决定的现实事实，而是由多种要素尤其是新要素如信息、技术的参与共同决定的。这也反映了当代的收入分配方式以体现要素的贡献为基本原则。上述讨论对于我们深入研究合作社的盈余分配具有重要意义。

三、合作社盈余分配原则的演变

盈余分配是合作社运行机制中的核心制度，事关每一个社员的经济利益以及是否体现出了合作社的核心价值。纵观全球合作社分配制度的发展演变，大致呈现出四个发展阶段。

（一）何瓦斯盈余分配原则

何瓦斯（Charles Howarth）提出了早期合作社的分配原则，即按交易量（额）返还的原则。何瓦斯是世界上第一个具有完整意义合作社——罗虚代尔公平先锋社（1844 年成立于英国）成立时的 28 个社员之一。早在何瓦斯之前，法国里昂纺织工人所组织的合作社也使用过按交易量（额）返还的原则，但是他们却没有像何瓦斯的主张那样更具有影响力（马志雄等，2012）。在何瓦斯的主张下，罗虚代尔公平先锋社制定了如下盈余分配原则："社员分配盈余，一点不管社员出资认股的多寡，盈余的分配依社员的购物多寡为比例。"在何瓦斯看来，这是一种激励机制，能够鼓励社员更多地惠顾合作社。这一原则被 20 世纪初对合作社有过深入研究的法国著名经济学家查理·季特（Charles Gide）称为"何瓦斯分配制"（Gide，1931）。

（二）1937 年的罗虚代尔分配原则

国际合作社联盟（ICA）1895 年成立伊始，就把阐明和推行合作社原则作为它的一个目标，其中就将"罗虚代尔原则"确立为各个国家推行合作社制度的基本原则，有关收入分配的内容为第 6 条原则"按惠顾额分配盈余"。但是，在 1930 年以前，在联盟内部成员之间对合作社原则并未达成共识。1937 年 ICA 在巴黎召开大会，重申了罗虚代尔原则。涉及合作社盈余分配原则的有两项：一是盈余按社员的交易额比例分配给社员。盈余分配的原则是在社员中按他们对合作社经营的贡献的比例分配，无论这种贡献是购买额，还是产品交售量或者劳动（唐宗焜，2012）。这一原则将交易额的概念扩大为对合作社的贡献，即有产品销售、产品购买以及劳动付出。二是资本有限利息。合作社坚持有限利率支付股息或不付股息的原则，从制度上体现"人的联合，而不是资本的联合"。自罗虚代尔公平先锋社成立以来基本未变的原则就包括按交易额分配盈余和资本报酬有限。

（三）1966 年修订的合作社分配原则

1966 年合作社原则委员会向国际合作社联盟提交修订的合作社盈余分配原则报告，对合作社的盈余分配原则进行了如下修订：一是提取部分剩余作为合作社营业发展的公积金；二是提取部分剩余作为社员提供服务的公积金；三是在社员中按他们同合作社的交易额比例分配部分剩余；四是股份资本如果有利息的话，只接受严格限制的利率。公积金与交易额提取剩余的比例由社员民主决定。相比 1937 年的分配原则，修订的合作社分配原则增加了在剩余中提取的公积金的规定，强调合作社的盈利和积累归社员所有，降低了按交易额分配的份额，突出了对合作社发展的要求和为社员提供服务的职责。按交易额分配盈余和资本报酬有限原则再次被重申。

（四）1995 年重新阐明的合作社分配原则

1995 年即国际合作社联盟成立一百周年，ICA 在英国曼彻斯特举行的联盟成立百年代表大会上通过了《关于合作社界定的声明》，在合作社的"社员经济参与"原则中重新阐明了合作社的盈余分配原则——社员分配盈余用于如下某项或所有各项目的：可能以建立公积金来发展他们的合作社，公积金至少有一部分是不可分割的；按社员同合作社交易额的比例向社员返利；支持社员认可的其他活动①。相比 1966 年，1995 年的合作社盈余分配原则重大的变化是首次明确给出了对成员"扩大投资"部分报酬的处理问题，提出

---

① 关于合作社界定的声明［EB/OL］. 唐宗焜译. http：//www. gungho. org. cn/cn – info – show. php？infoid = 110.

对于成员"扩大投资"的部分可以按股分红。对于传统的分配原则而言，社员入社的股金只能获取很少的利息，有些情况下甚至不付利息，此次修改既能保障资本在合作社经济参与中价值的回报，也有利于合作社获得额外资金投入。此外，1995年的分配原则还强调必须有一部分公共积累不可分割。一方面，公共积累可以供合作社扩张购置共有专用资产以及平衡不同年景的报酬；另一方面，公共积累是构建和增扩合作社的信用基础。

四、合作社盈余分配原则的发展规律

总结合作社的分配原则的发展脉络，主要呈现出如下规律：一是强调盈余按交易量（额）返还，同时交易量（额）的内涵从最初的销售量、购买量扩展到包括劳动在内的多种贡献。合作社盈余分配的依据不是服从于投资者，而是服从于惠顾者。按股本分配意味着剩余权是事先按股份确定的，而按交易量（额）分配意味着剩余索取权是事后按惠顾额确定的。两者的差异表明按股分配实际上代表资本提供者的利益，而按交易量（额）分配则真正代表内部交易对象的利益，使交易的合作剩余充分内部化，从而真正保护交易对象的利益。二是始终强调限制资本有限利息，逐渐形成"扩大投资"享有分红的共识。合作社自始至终都强调基本股金有限利息，基本股金仅能获得相当于银行利率的利息；直到1995年合作社原则的再次修订，扩大投资享有红利才被正式确立，这为合作社的发展获得额外资本奠定了制度基础。三是合作社剩余分配的内容逐渐丰富，从增加公积金再到支持社员认可的活动，充分体现了合作社剩余分配内容的多样化。

五、当前我国农民专业合作社盈余分配原则及其缺陷

（一）《农民专业合作社法》中盈余分配原则

正在实施的《农民专业合作社法》对合作社的盈余分配做了如下规定。

一是提取公积金。《农民专业合作社法》第三十五条指出：农民专业合作社可以按照章程规定或者成员大会决议从当年盈余中提取公积金。公积金用于弥补亏损、扩大生产经营或者转为成员出资。每年提取的公积金按照章程规定量化为每个成员的份额。公积金的重要意义在于为合作社的进一步发展积累了雄厚的物质基础，也为合作社提高信誉、获得融资奠定了基础。

二是按交易量（额）返还为主。《农民专业合作社法》指出"按成员与本社的交易量（额）比例返还，返还总额不得低于可分配盈余的百分之六十"。这一原则体现了合作社以按劳分配为主的特征，交易额越多，对合作社贡献越大，则其盈余分配就越多，这种制度设计能激发合作社成员的劳动积极性，提高合作社的效率，也体现出了合作社"人的联合"的特点。

三是以出资额按比例返还为辅，即资本有限原则。《农民专业合作社法》规定"按前项规定返还后的剩余部分，以成员账户中记载的出资额和公积金份额，以及本社接受国家财政直接补助和他人捐赠形成的财产平均量化到成员的份额，按比例分配给本社成员"。按出资额返还是对资本在合作社中所做贡献的回报。不过，相对劳动而言，资本在合作社

中的回报较低，这折射出了合作社并非如同公司是"资本联合"的组织。资金报酬有限原则是有效防止合作社异化为股份公司，保证合作社以劳动联合为主的性质的有力制度设计。

（二）我国合作社盈余分配原则的缺陷

首先，合作社公共积累存在两大问题。一是《农民专业合作社法》未对盈余中提取公益金的用途作出说明。从国际合作社的惯例来看，公益金是按照法律或章程规定，从盈余中提取并用于合作社集体福利的款项。合作社公益金可用作社员教育、培训等福利的改善与提高。二是《农民专业合作社法》对公积金是否可分割尚未作出明确的说明。在公积金提取上理论界几乎没有争议，而在是否可分割的问题上理论界一直存在争议，有学者担心可分割会造成合作社积累的财产被投票清算（Yeo，1989）；也有人反对公积金不可分割原则，认为这会使得合作社的公共积累越多，不可分割的集体资产比重越大，脱离社员控制和监督的财产越多，合作社与社员的距离会越大，出现社员不再关心合作社发展的现象（杜吟棠，2002）。在调研中，笔者发现有些合作社不愿意投资厂房、机器等固定资产，尤其是较少动用合作社公积金进行投资。不少合作社负责人反映，主要是担心社员退社而要求返还公共积累，从而给合作社造成损失。由此可见，合作社盈余分配中亟待对公共积累是否可分割进行明确的说明。

其次，按交易量（额）返还的基础是股金的一致性，然而这一点与我国当前合作社普遍存在的异质性特征不一致。按交易量（额）分配起源于罗虚代尔公平先锋社，他们制定这样的分配方式是建立在社员出资完全同质性的前提下。而国内合作社成员之间出资额度的差异性较大：一是初始资金投入的差异较大。初始资金一般为理事长或者少数核心成员所投入，普通成员不投入或者投入较少。二是投入的固定资产差异较大。合作社的固定资产，包括办公用房、办公设备等一般为理事长或者少数核心成员提供，较少有普通成员参与固定资产投入。据调查，国内 87.22% 的合作社社员入社不需要缴纳股金，合作社出资完全由核心成员提供（孔祥智等，2012）。倘若按照《农民专业合作社法》所规定剩余索取权的制度安排，即合作社剩余（提取公积金、风险金后的剩余）的 60% 按照交易量（额）进行返还，那么势必会挫伤那些初始资金投入大、固定资产投资额高且交易量（额）较少的社员的积极性。比如在销售大户带动的农民专业合作社里，作为理事长的大户可能没有用于交易的产品，他的作用仅仅是对外销售广大成员的产品。如此一来，势必人为地将大户的剩余索取份额降低，必然会导致大户的参与积极性降低，使得合作社的可持续发展面临挑战。在现实中，我们就看到了不少合作社出现了制度变异现象，比如孔祥智等（2012）通过对国内百家农民专业合作社的调查分析发现，约 64.71% 的合作社采取了单纯的按股分红的方式，合作社的盈余分配表现出了较强的亲资本倾向。此外，二次返利的合作社比例也不高，且集中于核心成员。由此可见，在这样的分配制度下，合作社具有较强的异化为股份制企业的内在动力。

再次，《农民专业合作社法》中的"交易量（额）"并不适应国内兴起的土地合作社与农机合作社。自农村劳动力转移加快，加上政策的鼓励与推动，农村土地流转加速，不少地方兴起了土地合作社，即农民以土地作价的方式入股合作社。有些地方的农机合作社也采用土地作价入股的方式吸收社员。在流入农民土地后，这两种合作社通常采用规模化的方式进行种养殖生产，年终结算时农民以土地作价的股金享有收益分红。在这样的合作社里，社员不参与产品的生产，仅仅是把土地流转给合作社，因而也就没有常规意义上的社员与合作社之间的交易量（额）。倘若按照《农民专业合作社法》的分配要求，合作社面临的首要难题就是找不到符合要求的交易量。也有的上述类型合作社把土地入股量当作交易量，如黑龙江克山仁发农机合作社，但大部分很难进行这样的制度变通。

最后，合作社管理者的贡献没有纳入到盈余分配中。正如上文所述，体现出各种要素的贡献是当前收入分配理论发展的趋势与特点。同时，综观国际合作社分配原则，合作社的剩余分配也体现出了对各种要素的贡献。在国际合作社分配原则里，盈余分配是按社员对合作社的贡献比例进行分配的，这种贡献包括购买额、交售量以及劳动。合作社管理者的贡献往往是关系到合作社成败的关键因素。例如，冀县卿（2009）、黄祖辉等（2011）研究指出合作社负责人的企业家才能和成员的人力资本状况是提高合作社效率的关键因素。而管理者或企业家才能的发挥最终会使得企业在发现和利用市场机会、开发新产品和市场、形成组织能力等方面形成竞争优势（Estrin，2002）。管理者才能在现代经济学中已然是等同于土地、劳动与资本的生产要素。目前在国内合作社里，成员之间的劳动投入差异很大。合作社的经营管理工作一般由理事长或者最多由几个核心成员打理，一般成员很少投入或者不投入。然而，一方面，国内大多数合作社的管理人员仅仅获得微薄的固定工资，有的合作社管理人员甚至不领取任何工资或补贴。依照当前《农民专业合作社法》的分配原则，合作社管理人员的企业家才能要素还不能享有到剩余索取权，企业家才能在合作社里被严重地忽视了。这样的分配制度在现实中直接导致的后果便是合作社负责人利用职务之便，挥霍共有财产，这一点从合作社内高额的管理成本中可见一斑。孔祥智等（2012）指出国内合作社的经营管理成本与管理费用之和占据了总成本的52.27%，其中管理费用19.47%；此外，所谓的"其他"费用高达20.33%。另一方面，在现实中有时还会出现管理者严重干扰合作社剩余分配的极端情况，如"大农吃小农"、合作社管理者侵占农户利益的精英俘获现象（仝志辉等，2009；"建设社会主义新农村目标、重点与政策研究"课题组，2009）。

六、盈余分配原则的修正与《农民专业合作社法》的进一步修改

针对我国合作社盈余分配存在的现实问题，根据现代收入分配理论的观点，以及结合国际通用的合作社分配原则，我们认为，必须修改当前《农民专业合作社法》中有关盈余分配的原则，通过法律的引领性与规范性作用，进一步完善我国合作社的盈余分配制度，进而促进合作社发展的规范化。

首先，盈余分配应提取公益金，并强调合作社公积金中至少有一部分是不可分割的。笔者建议，在修订的《农民专业合作社法》中增加在盈余中提取公益金的要求，并明确指出合作社公益金的主要作用，即用作社员教育、培训等福利事项。至于提取的具体比例

由合作社内部讨论决定。在公积金是否可分割的问题上，笔者建议应遵循 1995 年的国际合作社原则。该分配原则指出"合作社必须有一部分公共积累不可分割"，这一原则在 1997 年的国际合作社联盟代表大会上正式通过。笔者认为，"不可分割性"较好地调节了理论界对公积金是否可分割的争议，既保证了合作社公共积累的稳定性，又防止了公共积累过大而导致的合作社脱离社员的情况。不过，《农民专业合作社法》还需进一步指出，公积金中部分不可分割的份额也应由合作社自行决策与调整。当然，这里的"不可分割"指的是这部分资产属于合作社所有，不属于任何社员，社员在退社时不能带走，但必须平均量化到每个社员的账户上，作为盈余分配的依据之一。

其次，要求成员入社必须入股，每个合作社都要规定基本股金，作为成员的资格股金，强调资格股金是按交易量分配的依据。合作社是企业性质的机构，对外要承担参与市场竞争并获得盈利，没有一定的资金支撑，这样的机构是不存在的，因此，对成员缴纳资本股金的要求并不过分，并不违反合作社"人合"的基本特征。具体而言，包括两方面的要求：一是入股是成员入社的基本条件。通过社员入股的方式构建出合作社共有产权的组织结构，这样不仅可以实现合作社交易量与股金分配的平衡性，增强核心出资且交易量较少成员的积极性，而且还能解决国内普遍存在的"资本控制"导致合作社功能弱化的问题（郭富青，2007；崔宝玉等，2008）。二是《农民专业合作社法》在修订中需规定资格股金额度。资格股金额度不能太高，防止合作社排斥穷人；同时，资格股金额度也不能太低，否则，核心成员出资依旧占比较大，依然无法搭建按交易量返还股金同质性的基础。此外，社员入股还能扩大合作社资金来源，有利于强化社员的组织归属感，对合作社建立起合理的分配制度、增强发展能力，都具有积极的意义。

再次，扩大合作社"交易量（额）"的范畴。在生产者合作社和消费者合作社中，交易量（额）显而易见。正如上文所言，在土地合作社和农机合作社里，交易量（额）却并不明显，有时还无法找到符合传统意义上的交易量（额）。然而，按交易量返还又是合作社不同于一般资本性企业的重要标志之一，在盈余分配中必须占据主导地位。这样的制度设计主要是为了体现对劳动的承认，体现出合作社是"人的联合"，而不是"资本的联合"的本质。为了体现这样的性质，笔者提出要扩大合作社"交易量（额）"的范畴，将"交易量（额）"扩大至除资本以外的一切能对合作社起贡献作用的要素，如土地要素、技术要素、信息要素等，充分体现出各种要素的贡献。在盈余分配中，具体比例应由合作社结合实际情况自行商定。现实中已有合作社在这方面进行了尝试。以黑龙江省克山县仁发农机合作社为例，该合作社采用土地作价入股的方式吸收社员，并通过大农机进行集中农业生产。由于生产完全由合作社承担，社员与合作社之间没有产品的交易。为解决这个问题，合作社将社员入社土地面积作为"交易量"，按照社员入社土地面积份额进行盈余分配的二次返还。

最后，合作社盈余分配原则应体现对管理者贡献的认可。按照上文的分析，管理者的贡献是合作社正常运行的重要因素，在盈余分配时必须予以认可。境外的合作社，日本、韩国和我国台湾省的农协（会）一般都聘请职业经理人作为管理者，当然是要按照市场化原则支付报酬的。在制度设计上，可以支付固定工资，也可以按照合作社盈利比例支付比例工资，大型合作社甚至可以设计"工资 + 股权"的报酬制度。黑龙江省克县山仁发农机合作社是视管理工作量按照盈余的 2% ~3% 给管理者团队提取报酬，其中的 20% 为理事长的报酬。赋予管理者部分的剩余索取权具有如下好处：一是这样的分配机制将管理者的才能与合作社的经营绩效联系在一起，有助于激励管理者，激发他们的积极性，促进合作社的发展。二是增加了管理者的剩余索取权，有利于降低管理者的职务挥霍，即降低他们以职务消费的形式侵占合作社更多的资源（迈克尔·C. 詹森，2008）。三是管理者的剩余控制权与剩余索取权尽可能地相对应是合作社控制权配置的有效治理结构（张维迎，1996；巴泽尔，1997）。

参考文献

［1］ Charles Gide. 英国合作运动史［M］. 上海：商务印书馆，1931.

［2］ Estrin S. Competition and Corporate Governance in Transition ［J］. The Journal of Economic Perspective，2002，16（1）.

［3］ Peter Yeo. Cooperative Law in Practice，Plunkett Foundation for Co – operative Studies ［M］. Oxford and Holyoake Books Manchester，1989.

［4］ 巴泽尔. 产权的经济分析（中文版）［M］. 上海：上海三联书店、上海人民出版社，1997.

［5］ 崔宝玉，李晓明. 资本控制下合作社功能与运行的实证分析［J］. 农业经济问题，2008（1）.

［6］ 大卫·李嘉图. 政治经济学及赋税原理［M］. 北京：光明日报出版社，2009.

［7］ 杜吟棠. 合作社：农业中的现代企业制度［M］. 南昌：江西人民出版社，2002.

［8］ 冯开文. 合作社的分配制度分析［J］. 学海，2006（5）.

［9］ 郭富青. 西方国家合作社公司化趋向与我国农民专业合作社法的回应［J］. 农业经济问题，2007（6）.

［10］ 黄胜忠，徐旭初. 成员异质性与农民专业合作社的组织结构分析［J］. 南京农业大学学报（社会科学版），2008（3）.

［11］ 黄祖辉，扶玉枝，徐旭初. 农民专业合作社的效率及其影响因素分析［J］. 中国农村经济，2011（7）.

［12］ 黄祖辉. 农民合作：必然性、变革趋势与启示［J］. 中国农村经济，2000（8）.

［13］ 冀县卿. 企业家才能、治理结构与农地股份合作制制度创新——对江苏渌洋湖土地股份合作社的个案解析［J］. 中国农村经济，2009（10）.

［14］"建设社会主义新农村目标、重点与政策研究"课题组．部门和资本"下乡"与农民专业合作经济组织的发展［J］．经济理论与经济管理，2009（7）.

［15］孔祥智，史冰清，钟真．中国农民专业合作社运行机制与社会效应研究——百社千户调查［M］．北京：中国农业出版社，2012（4）.

［16］李炳坤．努力提高我国农民的组织化程度［J］．上海农村经济，2000（10）.

［17］林坚，黄胜忠．成员异质性与农民专业合作社的所有权分析［J］．农业经济问题，2007（10）.

［18］马克思，恩格斯．马克思恩格斯选集（第 3 卷）［M］．北京：人民出版社，1972.

［19］马志雄，张银银，丁士军．农业合作社的何瓦斯分配制起源及其在中国的演化［J］．农村经济，2012（4）.

［20］迈克尔·C.詹森．组织战略的基础［M］．孙经纬译．上海：上海财经大学出版社，2008.

［21］裴小革．论收入分配理论的历史演变和劳动价值论的实践价值［J］．哲学研究，2003（1）.

［22］唐宗焜．合作社真谛［M］．北京：知识产权出版社，2012.

［23］仝志辉，温铁军．资本和部门下乡与小农户经济的组织化道路——兼对专业合作社道路提出质疑［J］．开放时代，2009（4）.

［24］卫兴华．关于按劳分配与按要素分配相结合的理论问题［J］．特区理论与实践，1999（3）.

［25］亚当·斯密．国民财富的性质和原因的研究（上）［M］．北京：商务印书馆，1983.

［26］晏智杰．边际革命和新古典经济学［M］．北京：北京大学出版社，2004.

［27］苑鹏．农民专业合作经济组织：农业企业化的有效载体［J］．农村经营管理，2003（5）.

［28］苑鹏．中国农村市场化进程中的农民合作组织研究［J］．中国社会科学，2001（6）.

［29］张军．人力资本与要素分配：内容、理论与实现机制［J］．经济学动态，2000（2）.

［30］张维迎．所有制、治理结构及委托代理关系——兼评崔之元和周其仁的一些观点［J］．经济研究，1996（9）.

［31］张晓山．提高农民的组织化程度积极推进农业产业化经营［J］．农村合作经济经营管理，2003（2）.

［32］郑丹．农民专业合作社盈余分配状况探究［J］．中国农村经济，2011（4）.

［33］朱春燕．西方主流收入分配理论与马克思收入分配理论比较［J］．山东社会科学，2005（2）.

第二节　成员异质性背景下农民合作社的
收益分配机制研究[①]

一、引言

农民合作社数量快速增长的同时，其成员异质性问题突出，主要表现在合作社成员中有大农与小农、核心成员与非核心成员、正式成员与非正式成员的区别，他们参与合作的程度不同，在合作社中的权利与义务不同，所享受的合作社收益分配也各不相同。

尤其需要注意的是，随着合作社的发展，成员异质性程度不减反增（崔宝玉等，2008）；成员异质性背景下，大农和小农在合作社收益分配中的不平等现象也开始引起学界的关注。一方面，一些学者强调在收益分配中要保护合作社内的小农权益（温铁军等2009；仝志辉等，2010），另一方面，也有学者强调在收益分配中要加强对大农（特别是合作社理事长）的激励，发挥大农作用（张晓山，2009；徐旭初等，2010；黄祖辉等，2012；黄季焜等，2010），还有更多的学者在致力于构建一个成员异质性背景下兼顾保护小农和激励大农的合作社收益分配机制（冯开文，2005；周连云，2009；孔祥智等，2010；郑丹，2011；蔡荣，2012；田艳丽等，2012；何安华等，2012）。那么，成员异质性背景下农民合作社的收益分配机制到底应该根据什么来构建，如何进行构建，有没有固定标准？本书将尝试这些方面的探索。

成员异质性背景下，农民合作社一般由一个大农（或者企业）与一群小农，或者多个大农和一群小农组成（郭红东，2011），讨论收益分配就需要讨论多人合作模型，这样就必须涉及小联盟的合作（Coalition），情况会变得十分复杂。为了便于分析，本研究将合作社中的大农群体和小农群体进行人格化，这样合作社收益分配就简化为大农与小农的两主体合作模型；同时，这也满足了本节的研究目的，即主要分析合作社收益是如何在大农与小农之间分配的。在回顾两主体合作收益分配的相关文献后，本节将建立成员异质性背景下农民合作社收益分配模型，并对其中的解进行"聚点"分析，最后将通过案例对该模型进行实证分析。研究结论以期能为更好地指导成员异质性背景下农民合作社的收益分配机制构建提供参考。

二、关于两主体合作收益分配的文献综述

许多学者都对两主体合作收益的分配问题进行了研究：例如，Rubinstein（1982）提

---

① 执笔人：楼栋、方婵娟、孔祥智。

出了轮流出价的讨价还价博弈（Bargaining Game of Alternating Offers）分析框架，但是这个分析框架在实际中往往不能适用（黄少安等，2003）；而 Nash（1950）的讨价还价分析框架则提出了用博弈均衡来定义的解，并用公理对这个解进行描述，他证明了能够满足对称性（Symmetric，下称 S）、帕累托最优（Pareto，下称 P）、对不相关选择的独立性（Independence of Irrelevant Alternatives，IIA）、对效用函数的原点变化的独立性（Independence of the Utility Origins，IUO）和对效用函数单位变化的独立性（Independence of the Utility Units，IUU）这五个性质的解，是存在的并且是唯一的，这个解就是最大化两个主体效用函数乘积的那个值，即 Nash 解。虽然 Nash 解在一定程度上得到大家公认，但 Nash 解也存在着一定的缺陷，特别是其是否满足性质 IUU 和性质 IIA 存在很大争议（黄少安等，2003）。

Rubinstein、Safra 和 Thomson（1992）对 Nash 解的经济意义进行了非常明确的阐释，认为 Nash 解就是合作双方都无法提出异议的解，即若一方对该解不满意，则另一方可以反驳，直至双方没有异议。根据 Nash（1950）的思路，则均等解可以满足性质 S、性质 P、性质 IIA 和性质 IUO（黄少安等，2003）；同时，Kalai 和 Smorodinsky（1975）又发现满足性质 P、性质 S、性质 IUO 和性质 IUU 以及单调性（Monotonicity，性质 M）的解是唯一存在的，即 Kalai - Smorodinsky 解。这些解的具体经济意义将会在后面的模型分析中加以阐述。

之后，还有学者在论证 Nash 讨价还价问题解的唯一性问题，例如 Border 和 Segal（1997）认为，从理论上来讲，Nash 讨价还价问题有几个解，现实中可能人们对这些解本身就存在偏好，在对这些解的偏好满足连续性、单调性、合作破裂等价（Disagreement Indifference）以及混合对称（Mixture Symmetry）的条件下，可以证明 Nash 解是 Nash 讨价还价问题的唯一解。这里的结论同样地存在上面所说的问题，即对偏好的这些假设很难验证。

当前，成员异质性背景下农民合作社的收益分配也存在多种模式，但归根结底还是大农与小农两主体的收益分配问题，在一定程度上，这也可以视为 Nash 讨价还价问题。本研究将侧重解释成员异质性背景下农民合作社收益分配机制背后的规律，尝试着为多样化的合作社收益分配机制给出一个统一的理论解释，并通过具体案例对其进行实证分析。

三、成员异质性背景下农民合作社收益分配模型与理论分析

（一）两主体合作收益分配的四个聚点解

结合上面的文献综述和黄少安等（2003）对两主体情形下合作剩余分配机制的分析，我们可以通过聚点分析得到两主体合作收益分配的聚点解。聚点分析理论是由 Schelling（1960）首先提出的，说的是从理论上来讲，一个博弈中可能有多个 Nash 均衡点，这时在现实生活中，行为人往往利用在理论上省略掉的那些信息，找到一个大家都感兴趣的点，这个点往往成为现实世界中博弈的最终解。这个点之所以成为"聚点"，是因为博弈各方的文化和经验使他们相信这个点是大家都容易想到的、习惯选择的。通过聚点分析，

我们得到的两主体合作收益分配的聚点解至少有如下四个。

第一，均等解。均等解指的是使合作双方效用值相等的那个解，这是一种平均主义的分配思想。这种解产生的原因是合作双方认为合作收益是由双方共同创造的，缺少一方都不行，所以双方应该平等地分配合作收益。也就是说，如果有双方都信赖第三方存在，让这个第三方来进行双方合作收益的分配，则均等解意味着第三方会采取平均主义的分配方式。应用到成员异质性背景下的农民合作社发展实际，均等解意味着合作收益在大农和小农间平均分配，不考虑大农和小农要素贡献的异质性，这样的分配方式会在一定程度上偏于保护小农权益。

第二，纯效用解。纯效用解指的是合作双方先共同把各自效用的和做大，而不去管分给自己多少收益，是典型的集体主义分配思想。纯效用解在一定程度上也是带着发展的观点看问题，大家先一起把"蛋糕"做大，使"蛋糕"做大的那个点就是据以分配的点。在实践中，这样的分配方式会偏向于激励合作社中大农，提高大农收益，并发挥大农在合作社发展中的作用，而小农收益可能得不到保障。在一定程度上来讲，这是一种效率优先的分配方式。

第三，Nash 解。Nash 解指的是合作双方都无法提出异议的解，是双方经过讨价还价的结果。也就是说，如果有一方对 Nash 解的分配方式不满意，并提出了新的分配方案，并威胁说如果不接受新方案则合作可能就会破裂；此时，对方在考虑到合作破裂的风险后仍然坚持 Nash 解的分配方案，拒绝新方案。在合作社实践中，如果合作收益遵循了 Nash 解的分配方案，那么大农和小农都提不出切实可行的其他方案了，如果收益分配再偏向大农一点，则小农会退出合作；如果收益分配再偏向小农一点，则大农会没有积极性来运作合作社，导致合作社名存实亡。

第四，Kalai－Smorodinsky 解。Kalai－Smorodinsky 解指的是合作双方根据自己对合作所付出的努力程度来分配合作收益。在一定程度上来说，该解蕴含着按要素投入进行分配的思想，会充分考虑合作双方为合作所付出的努力和投入，并根据各自的投入比例来分配合作收益。在农民合作社实践中，如果采取 Kalai－Smorodinsky 解的合作收益分配方式，则会考虑到大农往往投入了大量的人力、物力和社会资本，并承担了大部分的合作社经营风险，由此认为让他们来享受较多的合作收益是情理之中的。

（二）成员异质性背景下农民合作社收益分配模型

下面将成员异质性背景下农民合作社收益分配机制模型化，对分配机制中的均衡点进行求解，从中观察农民合作社合作收益分配的特点。我们用 A_1 代表农民合作社中的大农，用 A_2 代表农民合作社中的小农，假设大农牵头成立合作社的费用为 C_1，是一个常数，是大农发出合作邀请所需要的费用。实践中，农民合作社的开办费用一般也都是由大农来承担的。显然，这个费用不管合作是否达成大农都需要支付。

A_1 在与 A_2 进行合作收益分配的讨价还价时可以有新的报价。当然，在合作社实践中，A_1 往往不是进行直接的报价，只要 A_2 能有这样的预期，即 A_1 提出的分配机制没有得到 A_2 的响应，则需要进行重新报价了，A_2 的沉默就是用脚投票。如果超过一定时限，

A_2 仍然沉默，没有与 A_1 进行合作，我们就认为合作破裂。我们还需要假设合作达成需要的其他费用为 C_2，主要包括 A_2 与合作社的交易费用（如 A_2 参与合作社的时间成本、学习成本、机会成本以及车马费、通讯费等，有时还需要有一定的专用性资产投资），这个费用由 A_2 来承担，只有当合作达成时这个费用才会产生。假设达成合作对 A_1 的效用为 V_1，对 A_2 的效用为 V_2，V_1、V_2 是两个常数。假设 A_1 承诺的分配给 A_2 的合作收益为 X，并且一旦 A_2 接受 X，则 A_1 必须兑现自己的承诺（农民合作社实践中，农村熟人社会的道德约束力往往比法律还要有效）。

为了便于计算，我们假设双方能在合作破裂点和合作达成点之间进行随机组合，但不能在合作达成点之间进行随机组合，也就是说合作达成后效用函数为普通而不是期望的形式。综上，在 A_1 承诺的分配给 A_2 的合作收益为 X 情景下合作达成时 A_1 和 A_2 的效用函数分别为：$U_1 = v_1 - x^a - c_1$；$U_2 = x^b - c_2$；其中，$1 \leq a \leq +\infty$，$0 \leq b \leq 1$，a 和 b 代表了 A_1 和 A_2 心目中公平分配的标准。根据这个逻辑，若 a 越大，b 越小，则该分配方式对 A_1 的负效用越大，而对 A_2 的正效用越小。两个极端的情形是，当 $a = 1$ 且 $b = 1$ 时，这时合作社倾向于小农向大农索取合作收益，且不管索要多少都是合理的；当 $a = +\infty$ 且 $b = 0$ 时，这时合作社倾向于激励大农，认为大农是合作社发展的关键，小农加入合作社已经获得利益，不需要更多的合作收益分配。

当合作破裂时，$A_1{}'$ 的效用为 $U_1{}' = -c_1$，$A_2{}'$ 的效用为 $U_2{}' = 0$，即 $S = (-c_1, 0)$。因为只有合作比不合作有利时，合作才会达成。因此要求 $U_1 - U_1{}' > 0$ 且 $U_2 - U_2{}' > 0$。黄少安（2003）认为在这个约束条件下对 a、b 进行求解的难度很大。所以，我们只能利用前面分析的聚点解对成员异质性背景下的合作收益分配机制进行研究：当 a 越小且 b 越大时，合作社收益分配倾向于保护小农，倾向于均等解的分配方式；当 a 越大且 b 越小时，合作社收益分配倾向于激励大农，倾向于纯效用解或者 Kalai – Smorodinsky 解的分配方式；而上述两种情形的中间情况，往往会出现经典的讨价还价式的 Nash 解合作收益分配方式。

（三）影响成员异质性背景下农民合作社收益分配机制的因素：社会习俗

那么，什么因素会影响到大农、小农心目中的公平标准从而影响成员异质性背景下农民合作社的收益分配机制呢？Schelling（1960）和黄少安（2003）都提到，影响人们选择聚点解的主要因素是社会习俗，包括人们的价值观、意识形态、文化特性、经验和惯例。在农民合作社收益分配的实践中，往往是成员信念决定了合作收益的分配机制，而成员的信念又往往由当地的社会习俗决定。因为全国各地的社会习俗有很大差别，于是这些聚点解在不同农民合作社收益分配中都会存在；还需要注意的是，即便在同一个农民合作社中，随着合作社发展阶段的不同，其合作收益分配的解也会在上面四个解之间变化。

农民合作社中的大农和小农会按照社会习俗所带来的信息来进行合作收益分配机制的选择，即特定的合作收益分配机制是大农和小农理性选择的结果。例如，当大农提倡收益分配大小不等的纯效用解、Nash 解或者 Kalai – Smorodinsky 解，一定是基于大农认为他们与小农的信念一致，不然盲目地采取这样的分配机制必然对让小农退出合作从而使合作破裂。这时，大农会根据社会习俗所带来的信息，观察小农的日常行为并尊重他们的选择。

如果观察到小农只关心把合作社做大，提高合作社对小农的服务（特别是解决小农的卖难问题），而不关心合作收益分配，则大农一般会提倡纯效用解；如果观察到小农有直接参与合作收益分配的冲动，并且提出要设计合理的合作收益分配机制，那么偏重于讨价还价的 Nash 解可能会在大农与小农之间达成；如果观察到小农承认自己在合作社的贡献有限，并对大农的资源贡献表示认同，那么大农可能会提出在合作收益分配时遵循 Kalai–Smorodinsky 解。当然，如果当地的社会习俗还是奉行人与人之间没有区别，合作收益应该大家平均共享；那么，均等解的合作收益分配机制就成为大农与小农的共同选择。也就是说，由于信息可以传播，知识可以积累，人们善于总结经验教训，大农和小农会学习当地的分配规律来选择合乎当地社会习俗的合作收益分配机制。

从某种程度上来讲，大农和小农根据社会习俗来选择合作收益分配机制可以用交易费用的节省来解释。人们通过社会习俗来做决策可以有效地节约交易费用，是一种理性选择。在同一个地区，大家的社会习俗一样，对"公平"标准的理解也是差不多的，于是最符合当地"公平"标准的合作收益分配解会出现。当然，解的变化也会反过来影响社会习俗，例如在一个强调均等解的地方偶然发生了 Kalai–Smorodinsky 解，一开始可能会无法接受，但如果大家慢慢认为 Kalai–Smorodinsky 解对双方都有好处，则当地对"公平"标准的理解也会有所变化，从而当地的社会习俗也会逐步改变，但这将是一个漫长的过程。需要特别指出的是，社会习俗不一定都符合人类一般的"道德"标准，只要符合当地大多人信念的"公平"标准在当地就可以说是"道德"的。从国际合作社的发展历程来看，合作社原则不断地被修改，特别是在合作收益分配上，发生了从只按交易量返还到按交易量返还和按股金返还相结合的转变，这在某种意义上也体现出了"公平"标准的变化。此外，之前讨论的四个解的产生在一定程度上是基于大农和小农有同等的谈判能力，如果有一方的谈判能力较强，则分配解肯定会偏向那一方。例如，我国农民合作社中，一般大农有较强的谈判能力，那么收益分配解很有可能就会偏向有利于大农的纯效用解和 Kalai–Smorodinsky 解。

四、案例分析

根据文献综述和理论分析可知，成员异质性背景下农民合作社的收益分配机制的多样化趋势有其内在的理论依据。农民合作社内的大农和小农会理性选择均等解、纯效用解、Nash 解、Kalai–Smorodinsky 解等不同的合作收益分配模式，并达成合作共识，实现共赢。在这个过程中大农和小农也把当地的社会习俗与"公平"标准嵌入到农民合作社的收益分配机制之中，以降低交易费用。接下来，本节将选取不同地区的五个农民合作社案例进行实证分析。

（一）均等解：山东 DX 果蔬合作社

山东 DX 果蔬合作社的前身是 DX 果品协会，该协会在成立初期就有了公积金、公益金以及利润返还等项目，在当地享有较好的口碑。2007 年《农民专业合作社法》实施后，会长孙某牵头将协会转型为农民合作社，并成立了理事会、监事会，孙某任理事长。当时合作社成员有 112 人，但是在出资上存在显著的异质性，见表 3 - 1 所示。

表 3 - 1   DX 果蔬农民合作社注册时的出资情况

出资成员或人数	出资额	出资方式
孙某（理事长）	160680 元	货币、农机、办公设备、库房等
张某	18800 元	货币
孙某某	17600 元	货币
崔某	420 元	货币
3 人	200 元/人	货币
15 人	100 元/人	货币
8 人	50 元/人	货币
合计：30 人	20 万元	

虽然 DX 果蔬合作社的成员异质性显著，但是在收益分配机制上还是严格遵循了《农民专业合作社法》规定的较为公平的收益分配机制，主要通过与合作社的交易量来分配。合作社在扣除当年生产经营和管理服务成本后，弥补亏损，提取 25% 的公积金和 5% 的公益金后的可分配盈余，经成员大会决议，按照下列顺序分配：首先，按成员与合作社的交易量进行返还，返还总额不低于可分配盈余的 60%；其次，按前项规定返还后的剩余部分，以成员账户中记载的出资额和公积金份额，加上合作社接受的国家财政直接补助和他人捐赠形成财产平均量化到成员的份额，按比例分配给合作社成员，并记入成员账户中。例如，2007 年合作社共为社员销售各种果品 420 余吨，经营总收入 102 万元，盈余 2.1 万元。提取公积金、公益金 0.63 万元后的可分配盈余为 1.47 万元，按成员与该社的果品交易量比例返还 0.882 万元占 60%（即平均每向该社交售 1 公斤果品，可享受 2.1 分的盈余返还），返还后余的 0.588 万元占 40%，以成员出资额进行分配，平均每 100 元出资额可分到红利 2.94 元，按章办事受到成员的普遍欢迎。在合作社的带动下，加之当年果品价格上扬，大大增加了成员的收入，当年该社成员人均纯收入达到 9672 元，比当地一般农民年收入（7216 元）高出 34.03%。

从 DX 果蔬合作社的收益分配机制中可以发现，这是一种基于均等解的收益分配方式，虽然存在显著的成员异质性，但是合作社收益分配在一定程度上还是遵循了大农、小农均等分享合作收益的收益分配方式，也是《农民专业合作社法》倡导的收益分配机制。这一方面是因为该合作社的理事长孙某曾先后担任当地的村支书和村委会主任，偏向照顾小农收益；另一方面是因为该合作社由偏向小农利益的协会转变而来，具备均等解收益分配方式的社会习俗。

（二）纯效用解：四川 JY 水果合作社

四川 JY 水果合作社成立于 2008 年，主要功能是为合作成员解决柑橘的卖难问题。合作社现有总资产 87 万元，拥有 38000 亩果园，覆盖了 3 个县的 33 个乡镇，成员有 1680

户，占当地果农的1/3。合作社成立当年的销售收入就达到了3600万元，利润总额为33万元。成员从合作社购买到了低价的生产资料，卖出了高价的柑橘，平均增收达3000元左右。合作社的成员异质性明显，资金主要来自合作社的7名理事和监事，最多的达12万元，最少的也有2万元；此外，合作社还吸收了38位外地与当地的柑橘营销户入社，他们以信息优势和营销网络折价入股，每人均为2000元。理事、监事、营销户构成了合作社的大农群体；而普通的果农（小农）则凭借果园获得入社资格，享有合作社各种服务的同时，要承担保障合作社货源的责任。

由于合作社成立的目的就是解决柑橘卖难问题，所以为了使合作社的效用最大化，激励大农，让他们最大限度地发挥营销能力，成为合作社大农与小农的共同选择。这表现到合作社收益分配机制的设计上，就体现出对营销能力的高额补偿，采取纯效用解的分配方式，即经营利润由负责销售的营销户获得，而普通果农则能够以高于市场价的价格销售产品，从优惠的价格中获得利益。在合作社实际运营中，大农（营销户）投入了更大的开拓市场成本，也承担了更大的市场风险，让他们来掌握合作社的控制权也是情理之中的。作为小农，合作社收益分配偏向大农也可以提高柑橘卖价，是对他们自身利益的保证；小农只要能在合作社内实现低价买进农资、高价卖出柑橘，就十分满意了。这样，大农和小农就在合作收益分配上达成了共识，以把合作社柑橘卖出好价钱这一效用为目标，来进行合作收益的分配。

调查发现，当地提倡个人承包、多劳多得、个体私营经济发达的社会习俗在一定程度上影响了合作社纯效用解分配机制的形成。据当地一位基层干部提到，全国最早的农业产业化协会是在四川成立的，但是因为过多地注重公平，使得一些农村能人的才干在协会中得不到施展。现在大家慢慢都知道产权明晰、个体经营的作用，合作的前提必须是个体经营，要努力形成家庭经营、个体经营基础上的合作，这样才能发挥合作社的真正作用。据介绍，当地的个体户和私营经济也十分发达，农户收益也存在一定差距，有些农户的年收入甚至高达数十万元，但大家都认为这是他们精明能干，勤劳致富。正是由于这样的社会习俗，大农会为提高自己的收益在合作社中努力工作，小农也会为提高自己的收益参加合作社，但是小农不会因为大农的收益更高而眼红。于是，在合作社中就形成了纯效用解的合作收益分配机制。

（三）Nash解：浙江XJ土鸡蛋合作社

浙江XJ土鸡蛋合作社成立于2003年5月，是一家从事土鸡蛋和土鸡生产回收、销售的，以B、T、P等乡镇1245户土鸡养殖户为成员的农民合作社。合作社成立以来，经营规模不断扩大，到2007年，年饲养量突破20万只，年产土鸡蛋150吨，实现销售收入860多万元。该合作社的运作过程如下：合作社承担向成员提供鸡苗、专用饲料、技术服务和保证以一定的价格收购土鸡蛋的义务，成员则按照合作社的要求进行饲养管理，承担把所有土鸡蛋卖给合作社的义务。其实，成员在合作社中扮演的是土鸡饲养员的角色，而合作社则得到了稳定、优质的货源。该合作社的成员异质性十分突出，牵头的是一家成立于2001年的龙头企业，可以视为大农；而其余成员均视为小农。在合作社成立之前，企业和农户之间是用订单进行利益联结的。合作社成立后，现在的收益分配机制是成员提供劳动力，然后将土鸡蛋卖给企业，多劳多得；而企业则获得卖出产品后的所有剩余。

这样的收益分配机制是大农和小农双方讨价还价的结果，各自都有一定的放弃与获取。合作社成员 C 回忆起当年的订单农业："以前订单农业时，鸡苗和技术都是我们自己的，我们在和企业签订单时可以讨价还价，市场价格好的时候企业不得不提高价格来收购，因为许多小商贩会上门来收购；但那时我们的风险也不小，一方面要承担鸡生病的风险，另一方面要受到市场价格波动的影响。现在，有了最低价收购，有了技术指导，不用冒风险了，收入稳定了，还省去了讨价还价的麻烦。"原来的企业老总、现在的合作社理事长指出："原来的订单农业违约率高，企业货源得不到保障；而将农户纳入企业管理，付给他们工资，又怕他们偷懒。现在有了合作社，农户还是家庭经营有干劲，虽然合作社承担了风险，但有货源上的数量与质量保障，合作社可以经营下去。"可见，在合作社现有的收益分配机制中，是大农获取合作剩余的同时承担风险，而小农是失去了合作剩余的同时，免去了承担风险，双方都认同这样的 Nash 解分配机制，使得合作可以达成与延续。

Nash 解合作收益分配机制的形成很大程度上受到订单农业的影响，订单农业在当地十分广泛，当地农户也养成了和收购方讨价还价的社会习俗。所以，作为龙头企业带动的合作社，其成员还是会看清合作社给自己带来的好处与不足，并与合作社中的大农进行讨价还价，形成双方都能接受的 Nash 解合作收益分配机制。据合作社理事长介绍，现在合作社运营比较顺畅，收益较好，成员对他们的收益也比较满意，现有的合作收益分配机制应该不会有大的变动，大家也都不希望进行变动。

（四）Kalai – Smorodinsky 解：辽宁 HS 中药材合作社

辽宁 HS 中药材合作社成立于 2008 年，主要向成员提供中药材的种植、加工、销售以及相关信息服务。到 2010 年 8 月，合作社成员数达到 209 户，覆盖 5 个乡镇的 8 个村庄，合作社发展呈现良好势头。合作社内的成员异质性突出，大农群体主要有合作社理事长（同时拥有较多社会资本、资金和土地）、种植营销大户（同时拥有资金和土地）、入股成员（拥有较多资金），而小农群体则是一般小户（何安华等，2012）。

该合作社的收益分配机制遵循了 Kalai – Smorodinsky 解的原则，即大农和小农根据自己对合作所付出的努力程度来分配合作收益。例如，在大农方面，理事长利用其社会资本为合作社筹资和为合作获取政府支持的同时，理事长获得了当地政治荣誉与群众口碑；大户和入股成员在合作社发展中付出了资金的同时，获得了按股分红的收益（在合作社收益分配方面，60% 为按股分红，20% 为公积金，20% 为公益金）；大户和小户如果把土地入社托管，则利益二八分成，即林产品销售利润的 80% 归合作社，20% 归农户；而如果大户和小户土地和劳动力共同入社，自己经营自己林地，则利润五五分成，大户和小户可以因为自己贡献劳动而获得比托管多三成的收益；此外，如果一些小户只是来合作社打工，则可以获得工资收益。

该合作社 Kalai – Smorodinsky 解的收益分配机制也受到了当地社会习俗的影响。中药材产业是一种需要社会资本、资金、林地、劳动力并重的产业，在没有成立合作社前，各家各户自己分散种植中药材，在需要资金时要用社会关系进行借贷，需要劳动力时要在当地雇请，需要承包土地扩大种植面积也需要付租金。于是，当地已经形成了使用这些要素就需要付出报酬的社会习俗，这样要素的供求双方才会都努力工作。所以，在成立合作社后，这些要素参与了合作，合作社的收益分配机制也就变成按要素贡献进行分配，相当于按照各自的努力程度进行合作收益分配。

（五）从 Nash 解到 Kalai－Smorodinsky 解的演变：黑龙江 RF 农机合作社

黑龙江 RF 农机合作社成立于 2009 年 10 月，由 RF 村村支书李某带领其他 6 户村民注册成立，李某出资 550 万元，其他几户分别出资 50 万元，合计为 850 万元。至 2013 年 8 月，合作社总资产已达 3000 万元，成员达 2400 户，拥有现代农机装备的大型农机具 72 台套，辐射作业面积 50 多万亩。合作社成员异质性突出，出资的主要是发起的 7 位农户，而其余成员大多以土地入社。从 2011 年至 2013 年，RF 农机合作社的收益分配机制实现了从 Nash 解到 Kalai－Smorodinsky 解的演变。

2011～2012 年，合作社采取的是 Nash 解的收益分配机制，为了形成这一分配机制，合作社核心成员做出一定让步来迎合非核心成员，让讨价还价机制发挥作用。具体情况是，在 2011 年前，合作社与当地农户是一种零和交易关系，为农户提供代耕服务，收取一定的服务费用，一方的收益就是另一方的损失。这种情况下，农户仍然是单家独户经营，土地没有形成连片规模经营，合作社效益不好。为此，合作社开始向农户让利，不仅保证大幅度提高入社农民的土地收益（实行土地保底价）、将巨额的国家财政配套资金平均量化到新加入合作社的成员，还承诺按照土地折合的股份数量对成员进行二次分红。这些重新分配已有利益和潜在利益的举措，有效迎合了农户害怕风险、看重利益的心理，进而打破了原来的那种低效率均衡状态，许多农户直接将土地交给合作社经营了。Nash 解的收益分配机制就此形成。到了 2013 年，合作社取消"土地保底价"，提高了收益与风险在成员之间的匹配性，并从比例上明晰了资金入股和土地入股的收益分配比例；同时，为了充分调动管理人员的工作积极性，合作社从年度总盈余中提取 2% 作为理事长及其他管理人员的年度工资总额。于是，资金、土地、企业家才能等要素都从合作社获得收益，实现了根据各自努力程度进行分配的 Kalai－Smorodinsky 解的收益分配机制。

RF 农机合作社的收益分配机制演变在很大程度上也受到当地社会习俗的影响。起初为了让农户更大程度参与合作，合作社顺应农户害怕风险、看重利益的当地习俗采取 Nash 解的收益分配机制；之后当大多数成员都认识到资金、企业家才能的作用后演变成了 Kalai－Smorodinsky 解。

五、结论与启示

在综述了一般情况下两主体收益分配问题相关研究后，本节分析了两主体收益分配的四个可能解，并运用博弈论的"聚点"分析方法，对成员异质性背景下农民合作社的收益分配机制进行了分析，之后运用五个农民合作社案例进行了实证研究。研究发现：在农民合作社收益分配实践中，均等解、纯效用解、Nash 解、Kalai－Smorodinsky 解都可能存在，并会受到社会习俗的影响。

由此，可以得到如下启示：第一，成员异质性背景下，农民合作社的大农和小农会根据当地的社会习俗与"公平"标准来理性选择某种合作收益分配机制，没有一种放之四海而皆准的合作收益分配机制。第二，在指导农民合作社收益分配机制构建的过程中，要尊重大农、小农的意见，尊重基层首创精神，发挥他们的主观能动性，重视合作社章程的治理作用，只要农民合作社能在一定程度上促进农民增收、农业发展、农村繁荣，就应该支持合作社发展，而不应该由于收益分配机制不完善而对相关合作社进行打压。第三，成员异质性背景下，无论是偏向小农的均等解，还是偏向大农的 Kalai – Smorodinsky 解、纯效用解，以及处于中间状态的 Nash 解，农民合作社的收益分配机制都容易产生大农激励不足或小农保护不够的矛盾，需要有进一步的针对性研究，以促进大农作用发挥和小农权益保护；而不是仅仅用收入分配机制尚不完善来一笔带过。

参考文献

［1］崔宝玉，李晓明．异质性合作社内源型资本供给约束的实证分析［J］．财贸经济，2008（4）．

［2］温铁军等．部门和资本下乡与农民专业合作经济组织的发展［J］．经济理论与经济管理，2009（7）．

［3］仝志辉，楼栋．农民专业合作社"大农吃小农"的逻辑形成与延续［J］．中国合作经济，2010（4）．

［4］张晓山．农民专业合作社的发展趋势探析［J］．管理世界，2009（5）．

［5］徐旭初，吴彬．治理机制对农民专业合作社绩效的影响［J］．中国农村经济，2010（5）．

［6］黄祖辉，高钰玲．农民专业合作社服务功能的实现程度及其影响因素［J］．中国农村经济，2012（7）．

［7］黄季焜，邓衡山，徐志刚．中国农民专业合作经济组织的服务功能及其影响因素［J］．管理世界，2010（5）．

［8］冯开文．建立健全合作社分配制度［J］．农村经营管理，2005（11）．

［9］周连云．农民专业合作社分配制度及案例简析［J］．中国集体经济，2009（2）．

［10］孔祥智，蒋忱忱．成员异质性对合作社治理机制的影响分析［J］．农村经济，2010（9）．

［11］郑丹．农民专业合作社盈余分配状况探究［J］．中国农村经济，2011（4）．

［12］蔡荣．剩余创造、分配安排与农民专业合作社前景［J］．改革，2012（5）．

［13］田艳丽，修长柏．牧民专业合作社利益分配机制的构建［J］．农业经济问题，

2012（11）.

[14] 何安华，邵锋，孔祥智. 资源禀赋差异与合作利益分配 [J]. 江淮论坛，2012（1）.

[15] 郭红东. 中国农民专业合作社发展——理论与实证研究 [M]. 杭州：浙江大学出版社，2011.

[16] Rubinstein A. Perfect Equilibrium in a Bargaining Model [J]. Econometrica：Journal of the Econometric Society, 1982（2）.

[17] 黄少安，宫明波. 论两主体情形下合作剩余的分配 [J]. 经济研究，2003（12）.

[18] Nash J F. The Bargaining Problem [J]. Econometrica：Journal of the Econometric Society, 1950（2）.

[19] Rubinstein A, Safra Z, Thomson W. On the Interpretation of the Nash Bargaining Solution and Its Extension to Non – expected Utility Preferences [J]. Econometrica：Journal of the Econometric Society, 1992（1）.

[20] Kalai E, Smorodinsky M. Other Solutions to Nash's Bargaining Problem [J]. Econometrica：Journal of the Econometric Society, 1975（2）.

[21] Border K C, Segal U. Preferences over Solutions to the Bargaining Problem [J]. Econometrica：Journal of the Econometric Society, 1997（2）.

[22] Schelling T C. The Strategy of Conflict [M]. Cambridge：Mass, 1960.

第三节　成员异质性对农民合作社收益分配控制权归属的影响

——基于京、冀、黑三省市 72 家农民合作社的调查①

一、引言

农民合作社正逐步成为引领农民参与国内外市场竞争的现代农业经营组织，并在构建新型农业经营体系中发挥重要作用。然而，在合作社迅速发展的同时，其成员异质性问题越来越突出，由此带来的收益分配偏斜逐步显现。大农和小农在合作社收益分配中的不平等现象开始引起学界的关注，是应该着重保护小农收益（温铁军等，2009；仝志辉等，2010），还是应该注重激励大农（张晓山，2009；徐旭初等，2010；黄祖辉等，2012；黄

---

① 执笔人：楼栋、孔祥智。

季焜等，2010），抑或是需要着手构建一个兼顾大农与小农利益的合作收益分配机制（冯开文，2005；周连云，2009；孔祥智等，2010；郑丹，2011；蔡荣，2012；田艳丽等，2012；何安华等，2012），各领域专家正在努力探索，成果颇丰。但是，现有研究大多是规范研究与案例分析，基于一定样本量的实证分析较少。特别是关于成员异质性对合作社收益分配控制权归属的影响研究还比较薄弱，而合作社收益分配控制权归属会直接影响到合作社的收益分配能否兼顾大农和小农的利益。如果合作社收益分配控制权归属倾向理事会或理事长一人，则合作收益分配往往只倾向激励大农，只有合作社收益分配控制权归属倾向成员（代表）大会，才有可能形成兼顾大农小农利益、较为公开规范的合作社收益分配决策机制。合作社的成员异质性有哪些具体表现，具备何种特征，不同类型的成员异质性是否会对合作社收益分配控制权归属有不同的影响，在成员异质性背景下应该如何指导合作社形成较为合理的收益分配决策机制，让合作社的收益分配更为公开透明，这些才是本研究所关注的问题。

二、文献综述与分析框架

（一）文献综述

成员异质性问题是合作社理论的重要研究领域之一（LeVay，1983；Karantinis and Zago，2001；Cooketal，2004；BiJman，2005）。Iliopoulos 和 Cook（1999）把导致合作社成员异质性的原因归结为五个方面，即成员特征及其资源禀赋、成员的生产策略、成员所处产业链的位置、多元化经营和联合的方式以及合作社进行产品创新所采取的市场策略。近年来，越来越多的国内学者也开始关注合作社的成员异质性问题。林坚等（2007）认为农民合作社成员异质性主要是成员在资源禀赋方面的异质性，主要体现在自然资源、资本资源、人力资源和社会资源四个方面。黄胜忠等（2008）从参与主体的资源禀赋、参与合作社的动机和目的、参与主体在合作社创建和发展过程中的角色差异论述了成员异质性问题。

理论研究表明，成员异质性对合作社发展既有积极影响，也有消极影响（张靖会，2012）。积极影响主要包括：①成员异质性有利于农户达成合作并成立合作社（黄珺等，2007；崔宝玉等，2008；宋彦等，2011）；②具有显著异质性的理事长在合作社发展中作用巨大（国鲁来，2001；苑鹏，2001；孔祥智等，2006）；③合作社成员异质性在一定程度上并不妨碍不同类型的成员通过合作社形成利益共同体，也不妨碍小农在其中受益（苑鹏，2008；崔宝玉等，2011；伊藤顺一等，2011）；④成员异质性虽然使合作社的本质规定性出现漂移，但也蕴含着积极的制度创新效应（黄胜忠等，2008；黄祖辉等，2009；孔祥智等，2010）。消极影响主要包括如下两个方面：一方面，成员异质性导致的理事长控制合作社的情况在一定程度上影响了合作社社会功能的发挥并导致小农利益的损失（唐宗焜，2007；马彦丽等，2008；仝志辉等，2009）；另一方面，成员异质性导致合作社对成员服务供需对接出现结构性失衡（国鲁来，2001；何安华等，2011）。

上述关于合作社成员异质性的研究为指导合作社发展提供了重要理论依据，然而，这些研究对成员异质性背景下的合作社收益分配控制权归属问题关注不够，没有回答成员异质性对合作社收益分配控制权归属的具体影响。构建一个兼顾合作社内大农和小农利益的规范的合作收益分配机制是成员异质性背景下合作社发展的一大难题，也是解决合作社治理问题的关键所在，本研究将尝试这方面的探索。

（二）分析框架

那么，成员异质性对合作社收益分配控制权归属有何影响，不同类型的成员异质性是否会对合作社收益分配控制权归属有不同的影响。基于相关文献综述，本研究提出初步理论框架（见图3-1）。该框架将农民合作社成员异质性产生的理论来源区分为资源依赖理论、社会资本理论和委托—代理理论。由于成员异质性与合作社收益分配控制权归属之间的关系会受到农民合作社注册时间、注册资本及成员数量的影响，因此，本研究将试图探讨这3个变量对成员异质性与合作社收益分配决策关系的调节效果。

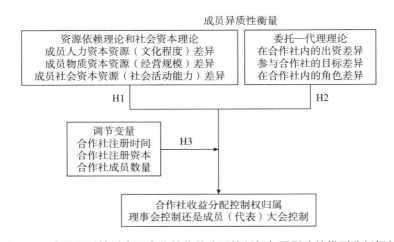

图3-1 成员异质性对农民合作社收益分配控制权归属影响的模型分析框架

传统合作社理论以成员同质性为基础，认为合作社应该进行民主管理、成员控制。当前我国农民合作社实践中，成员异质性现象普遍，合作社收益分配控制权归属往往偏向于理事会甚至理事长一人。基于前人研究基础和本研究实际，我们将合作社收益分配控制权归属分为理事会控制和成员（代表）大会控制两类，在此基础上探索成员异质性对合作社收益分配控制权归属的影响。

（1）资源依赖理论、社会资本理论与合作社收益分配控制权归属。在应用资源依赖理论时，Barney（1991）将企业资源分为物质资本资源、组织资本资源和人力资本资源，该资源分类标准已被应用于合作社成长问题研究（郭红东等，2009）。合作社内部资源基本来自其成员投入，其中物质资本资源和人力资本资源基本是成员物质资本和人力资本的加总，而合作社的组织资本资源则在一定程度上来自合作社成员的社会资本资源。基于资源依赖理论、社会资本理论和已有研究基础，结合本研究实际，我们从成员的人力资本资源、物质资本资源和社会资本资源来考察合作社成员的异质性，并尝试着用成员文化程度、经营规模和社会活动能力来进行衡量。资源依赖理论强调，权力与依赖是一体两面的

（Pfeffer，1981），组织内关键资源拥有者容易被其他成员依赖，从而成为组织的实际控制者，这也是控制机制的重要议题。从实际调查中我们发现，合作社成员在资源上的异质性突出表现为理事会成员拥有大量资源（如合作社的办公场所是理事长的，理事会成员的经营规模往往很大，合作社与外界的关系基本上是理事会成员与外部的关系）。结合之前的因子分析结果，我们将理事会成员和普通成员在文化程度、经营规模和社会活动能力的差异归纳为成员资源异质性，并得出如下假说：合作社成员资源异质性程度越大，合作社收益分配控制权归属越偏向理事会。

（2）委托—代理理论与合作社收益分配控制权归属。合作社内部普通成员（即委托人）和合作社理事会成员（即代理人）通过正式或非正式契约、选举的方式形成委托—代理关系，这种委托—代理关系在我国合作社中普遍存在，并深刻地影响到了合作社的治理结构（黄胜忠等，2008；马彦丽等，2008；谭智心等，2011）。由于理事会成员和普通成员在合作社内的出资、参与合作社的目标与在合作社中的角色存在差异，他们在合作社的经营上也一定会存在利益冲突，从而引发代理问题（Heide，1994）。通常来说，合作社普通成员对合作社的管理参与度较低，即较少扮演经营者角色，而交由理事会雇用、激励、监督经理人实施合作社管理或由理事会直接管理。此时，如果合作社成员是同质的，理事会成员与普通成员的利益诉求相同，则合作社收益分配控制权归属对利益分配公平性的影响可以忽略。但是，在成员异质性情况下，理事会成员与普通成员的利益诉求不同，很可能出现理事会不按组织和大部分成员的利益行事。结合之前的因子分析结果，我们将理事会成员和普通成员在合作社内的出资、参与合作社的目标与在合作社中的角色差异归纳为成员参与异质性，并得出如下假说：合作社成员参与异质性越大，合作社收益分配控制权归属越偏向理事会。

（3）调节变量。根据组织理论，成长阶段、资本规模、成员数量因素是影响组织控制结构的关键因素，成员异质性与合作社收益分配控制权归属之间的关系也必然会受到这3个因素的影响。因此，本研究将探讨这3个变量对成员异质性与合作社收益分配控制类型间关系的调节效果。①在成长阶段方面，一般来说，合作社已存活时间越长，合作社理事会处理合作社经营管理事务的经验越丰富，对相关法律政策、产品的销售渠道等也越熟悉，理事会成员能在合作社内逐步建立起威信，这就更便于实行理事会控制；同时，随着合作社的发展，成员异质性会加大（崔宝玉等，2008），这也会巩固理事会对合作社收益分配的控制权。相应地，本研究提出以下假说：合作社已存活时间越长，在成员异质性条件下合作社收益分配控制权归属越偏向理事会。②在资本规模方面，如果资本规模越大，则在合作社越容易形成资本控制，合作社收益分配控制权归属越容易偏向合作社的主要出资方——理事会成员；但是，从另一个角度看，如果合作社的资本规模大是因为成员或多或少都有入股，从而要求参与合作社收益分配机制的制定，通常也会出现合作社收益分配控制权归属越容易偏向成员（代表）大会的情况。③在成员数量方面，Olsen（1971）研究指出，小集团有很大机会通过自发行动来解决集体问题，但在大集团中，只要集团成员可以自由地推进其个人利益，就存在不采取符合共同利益行动的倾向。我们从经验上可以判断，合作社成员越多，内部协调与监督的成本越高，越需要有能力的管理者（通常为理事会成员）通过个人的影响力来实现成员目标的协调和行动的一致，因此合作社收益分配控制权归属越容易偏向理事会。

三、样本基本情况及描述性分析

为了全面了解农民合作社的成员异质性及其对合作社收益分配控制权归属的影响，2013 年 3 ~ 9 月，笔者对京、冀、黑三省市的 76 家农民合作社进行了问卷调查，调查内容涉及合作社基本情况、成员异质性情况、服务功能、内部治理、外部环境与组织绩效等多个方面。由于进行的是入社一对一访谈调查，直接面对合作社理事长，所以调查效果较好，获得有效问卷 72 份，问卷有效率达 94.7%。被调查合作社中，国家级或省级示范社有 18 家，市级示范社有 26 家，县级及以下示范社有 28 家，分别占样本总数的 25%、36.1% 和 38.9%，分布比较均匀，样本具有一定的代表性。

表 3 - 2 调节变量解释、均值和标准差

变量名称	变量定义	均值	标准差
注册时间	5 年及以上 =1；5 年以下 =0	0.50	0.50
注册资本	50 万元及以上 =1；50 万元以下 =0	0.60	0.49
人员规模	150 人及以上 =1；150 人以下 =0	0.54	0.50

（一）被调查合作社及其理事长的基本情况

在合作社的产业分布上，最多的是果蔬类，有 39 家，占总数的 54.2%；其次是畜牧类，有 13 家，占总数的 18.1%；粮棉类有 9 家，占总数的 12.5%；农机类有 6 家，占总数的 8.3%；其他类（包括水产、花卉、农业观光等）有 5 家，占总数的 6.94%。在合作社注册时间上，最早的为 1993 年，最晚的为 2013 年。其中，注册满 5 年和未满 5 年的各有 36 家，各占总数的一半。综合分析表 3 - 2 可知：在合作社注册资本上，最多的为 5150 万元，最少的为 0.5 万元，平均为 264.4 万元。其中，注册资本在 50 万元及以上的有 43 家，占总数的 59.7%；在 50 万元以下的有 29 家，占总数的 40.3%。在合作社成员人数方面，最多的有 2540 人，最少的有 5 人，平均为 296 人。其中，150 人及以上的有 39 家，占总数的 54.2%；不足 150 人的有 33 家，占总数的 45.8%。值得一提的是，成员中农民比例达到 100% 的合作社有 40 家，占总数的 55.6%；同时，71 家合作社成员中农民的比例在 80% 以上，符合《农民专业合作社法》中对农民成员占比的规定。可见，单单从成员身份上来看，我国现阶段农民合作社的成员异质性并不明显，因为大部分合作社成员都是农民身份。被调查合作社理事长年龄最大的为 67 岁，最小的为 27 岁，平均为 47 岁；其中，50 岁以上和 40 ~ 50 岁的各有 29 人，各占总数的 40.3%；40 岁以下的只有 14 人，占总数的 19.4%。可见，合作社发展中年轻人才比较匮乏。被调查的这些理事长中，有 37 位理事长是党员，占总数的一半以上；同时，文化程度为高中及以上的理事长有 56 位，占总数的

77.8%。可见，现阶段我国农民合作社理事长的政治觉悟和文化程度都比较高。

（二）被调查合作社的成员异质性情况

基于 Iliopoulos 和 Cook（1999）、林坚等（2007）、黄胜忠等（2008）的研究成果，并结合我国农民合作社发展实践，本研究主要通过衡量理事会成员与一般成员之间的文化程度差异、经营规模差异、社会活动能力差异、在合作社内的出资差异、参与合作社的目标差异、在合作社内的角色差异六方面来测度农民合作社的成员异质性程度。在前人研究中还发现，上述合作社成员异质性的指标很难进行量化，所以均由合作社理事长估计得出。

从调查结果中可以看出（见表 3-3），合作社理事会成员与一般成员之间的文化程度差异、经营规模差异、社会活动能力差异、在合作社内的出资差异、在合作社内的角色差异等方面存在比较明显的异质性，均值在"3"以上；而参与合作社的目标差异在"3"以下，只有"2.9"，相对比较小。成员参与合作社的目标差异较小与我国农民合作社的形成实践有关，大部分合作社都是农民为了"抱团闯市场"的目标而成立的，所有成员参与合作社的目标差异较小。

表 3-3　被调查合作社的成员异质性情况

变量名称	变量定义	均值	标准差
文化程度差异	很小 =1；小 =2；一般 =3；大 =4；很大 =5	3.3	1.3
经营规模差异	很小 =1；小 =2；一般 =3；大 =4；很大 =5	3.7	1.2
社会活动能力差异	很小 =1；小 =2；一般 =3；大 =4；很大 =5	3.7	1.4
在合作社内的出资差异	很小 =1；小 =2；一般 =3；大 =4；很大 =5	4.2	1.3
参与合作社的目标差异	很小 =1；小 =2；一般 =3；大 =4；很大 =5	2.9	1.7
在合作社内的角色差异	很小 =1；小 =2；一般 =3；大 =4；很大 =5	3.7	1.5

异质性较为明显的 5 个方面中，在合作社内的出资差异最为明显，从均值上看达到了"4.2"。究其原因，很大程度上是因为在一些合作社中，只有理事会成员出资，普通成员不需要出资。需要特别指出的是，调查发现，理事会中的理事长往往是合作社的主要出资方，被调查的 72 家合作社中，有 37 家合作社理事长的出资占合作社成员总出资的 50% 以上；有 60 家合作社理事长的出资是合作社成员中最多的，可见合作社内一股独大的现象还是比较普遍。然而，相对于出资而言，在交易量占比方面，合作社理事长交易量占合作社总交易量的比重却并不是很大，只有 12 家合作社理事长的交易量占合作社总交易量的比重超过 50%，更有 28 家合作社理事长与合作社没有交易量。

除了在合作社内的出资差异比较明显外，经营规模差异、社会活动能力差异以及在合作社内的角色差异这三方面也比较明显，从均值上看达到了"3.7"。经营规模差异主要体现在成员经营土地的面积或者养殖牲畜、家禽的数量上，一般来说，理事会成员的经营规模普遍较大，他们自身就是专业大户，经营耕地面积在 6.67 公顷以上，或者养殖牲畜在 100 头以上、家禽 1000 只以上的很普遍；而普通成员的规模普遍较小，有一部分还是兼业小农，家庭主要收入来自外出打工的工资性收入。在农民合作社实践中，理事会成员与一般成员在社会活动能力方面的差异主要表现为合作社与产前农资、产中农技、产后销售的关系基本上都来自理事会成员；同时，理事会成员还要处理合作社与当地政府关系、与当地村委会的关系等，普通成员在社会活动能力方面比较薄弱。而在合作社内的角色差异方面，被访谈的一位合作社普通成员进行了很形象的描述，"合作社的日常事务都是理事会成员在做，我们一般成员没有机会参与，也不想参与，理事会有点像合作社里的合作社，而我们只是合作社的外围成员，是被理事会带动的；此外，合作社成员还分为一般农户、生产大户、营销大户、外部出资股东、内部出资股东、管理层等，成员角色差异很大"。

（三）被调查合作社的收益分配控制权归属情况

农民合作社的收益分配控制权归属主要指的是合作社的收益分配制度由谁制定，是理事长、理事会还是成员（代表）大会。《农民专业合作社法》规定，合作社的盈余分配方案应由成员（代表）大会来制定审批。但是，在被调查的合作社中，只有32家合作社的收益分配制度是由成员（代表）大会来制定的，占样本量的44.4%；而由理事会制定的合作社高达40家，占一半以上。可见，当前大多数农民合作社收益分配控制权掌握在理事会手上，许多普通成员在收益分配上没有发言权，甚至没有知情权，这也是合作社收益分配机制被许多学者所批判的原因。调查中笔者还发现，在40家由理事会控制收益分配决策权的合作社中，有9家是由理事长一人控制，这与《农民专业合作社法》的规定就相去甚远了。

四、农民合作社成员异质性的因子分析

通过对被调查农民合作社成员异质性的因子分析，一方面可以对成员异质性的衡量指标进行降维与分类，便于我们更好地把握合作社成员异质性的特征；另一方面降维后的成员异质性变量将排除原有变量之间的共线性，同时降维后成员异质性变量数目减少，更适合进行小样本（本研究所用的合作社样本只有72个）的回归分析。因子分析前对数据进行适合性检验，结果表明，其KMO值为0.702，Bartlett球形检验结果显著（P = 0.000）。这说明，调研数据是适合做因子分析的。之后，本研究采用主成分分析法对衡量合作社成员异质性的各个变量进行因子分析，并选择方差最大正交旋转法进行因子旋转，得到反映各个因子和各变量相关程度的因子载荷系数（见表3-4）。

表3-4　经方差最大正交旋转后的因子载荷系数

影响因素	公因子	
	1	2
文化程度差异	0.836	0.190
经营规模差异	0.893	− 0.008
社会活动能力差异	0.783	0.330

续表

影响因素	公因子	
	1	2
在合作社内的出资差异	0.021	0.749
参与合作社的目标差异	0.171	0.710
在合作社内的角色差异	0.226	0.763
新因子命名	成员资源异质性（f_1）	成员参与异质性（f_2）
方差贡献率（%）	36.507	29.867
累计方差贡献率（%）	36.507	66.374

表 3-4 表明，成员文化程度差异、经营规模差异和社会活动能力差异可以形成一个新因子，出于这 3 个变量在一定程度上分别衡量了成员在人力资本资源、物质资本资源和社会资本资源方面的差异，所以本研究将该新因子命名为成员资源异质性因子。也就是说，合作社成员资源异质性主要由上述 3 个变量决定。同时，在合作社内的出资差异、参与合作社的目标差异和在合作社内的角色差异可以形成另一个新因子，出于这 3 个变量在一定程度上衡量了成员参与合作社的程度，所以本研究将该新因子命名为成员参与异质性因子。也就是说，合作社成员参与异质性主要由这 3 个变量所决定。由于这些变量的系数符号都为正，说明这些因素分别对成员资源异质性和成员参与异质性具有正向作用。即理事会成员与普通成员间的文化程度差异、经营规模差异和社会活动能力差异越大，则成员资源异质性越大；理事会成员与普通成员间在合作社内的出资差异、参与合作社的目标差异和在合作社内的角色差异越大，则成员参与异质性越大。从累计方差贡献率上来看，新生成的成员资源异质性因子与成员参与异质性因子的累计方差贡献率达到 66.4%，基本能代表原来的 6 个衡量成员异质性的变量。

五、成员异质性对合作社收益分配控制权归属影响的回归分析

基于前面的描述与分析，本研究将成员异质性对合作社收益分配控制权归属影响设定为以下函数形式：收益分配控制权归属 = F（成员资源异质性，成员参与异质性，调节变量）＋随机扰动项。本研究采用二元 Logistic 回归分析模型，并通过最大似然估计法对其回归参数进行估计。本研究所考察的是农民合作社收益分配控制权的归属，根据上文分析，结果只有两种，即理事会控制和成员（代表）大会控制。因此，本研究将农民合作社收益分配控制权归属设为因变量 y，即"0~1"型变量，将"理事会控制"定义为 y = 1，将"成员（代表）大会控制"定义为 y = 0。本研究运用 SPSS16.0 统计软件对数据进行 Logistic 回归处理。在处理过程中，采用了全部纳入法，将 2 个公因子变量和 3 个调节变量一次性全部纳入回归（见表 3-5）。

表 3 – 5   成员异质性对合作社收益分配控制权归属影响的回归分析结果

解释变量	B	SE	Wals	Sig.	Exp（B）
成员资源异质性	0.141	0.275	0.265	0.607	1.152
成员参与异质性	1.026***	0.319***	10.346	0.001	2.790
注册时间	– 1.361**	0.631**	4.650	0.031	0.256
注册资本	– 2.004***	0.692***	8.379	0.004	0.135
成员数量	– 0.053	0.581	0.008	0.927	0.948
常量	2.127***	0.753***	7.981	0.005	8.391
预测准确率（%）	73.6				
– 2 对数似然值	77.763				
Nagelkerke R	0.346				
卡方检验值	21.549***				

注：***、**、*分别表示统计检验达到1%、5%和10%显著性水平。

根据表3 – 5中的回归分析结果，可以得出如下结论。

第一，成员参与异质性会显著影响农民合作社的收益分配控制权归属。模型结果表明，成员参与异质性在1%的水平上显著，且估计系数值为正且较大；即合作社收益分配控制权归属与成员参与异质性呈很大的正相关性。这说明，成员参与异质性越大，合作社收益分配控制权会越倾向于理事会，印证了之前的研究假说。

第二，成员资源异质性对农民合作社的收益分配控制权归属的影响并不显著。从模型结果看，成员资源异质性变量统计检验不显著，这与前面的理论假设不一致。这可能与样本量少和资源异质性衡量指标有关，有待进一步的研究。

第三，合作社注册资本会显著影响农民合作社的收益分配控制权归属，注册时间也有较大影响，成员数量影响不显著。从模型结果看，注册资本在1%的水平上显著，且估计系数值为负，也就是说资本规模越大，合作社收益分配控制权会越倾向于成员代表大会，印证了关于注册资本的第二种假设，即"如果合作社的资本规模大是因为成员或多或少都有入股，从而要求参与合作社收益分配机制的制定，通常也会发生合作社收益分配控制权归属越容易偏向成员（代表）大会的情况"。而就注册时间变量而言，其在5%的水平上显著，且估计系数值为负，也就是说合作社存活时间越长，合作社的收益分配控制权归属越倾向于理事会，印证了之前的理论假设。从模型上看，成员数量的影响不显著，需要进一步研究。

六、结论与启示

基于京、冀、黑三省市72家农民合作社的调查，本研究考察了农民合作社的成员异质性及其对合作社收益分配控制权归属的影响。通过样本数据描述、因子分析和 Logistic 回归分析，结果表明：农民合作社的成员异质性并不是体现在成员农民身份的异质性上，而是体现在理事会成员与普通成员之间文化程度差异、经营规模差异、社会活动能力差异、在合作社内的出资差异、在合作社内的角色差异等。理事会成员与普通成员之间异质性可以归纳为成员资源异质性和成员参与异质性两大类，其中，成员参与异质性会显著影响农民合作社的收益分配控制权归属；而成员资源异质性的影响并不显著。在调节变量方面，合作社注册资本会显著影响农民合作社的收益分配控制权归属，注册时间也有较大影响，成员数量影响不显著。

由此，我们可以得到如下两点启示：①通过提高普通成员参与程度，缩小成员参与异质性，可以在一定程度上达到规范合作社收益分配决策机制的效果。各级政府与相关部门在指导合作社进行规范化建设时，可以有意识地指导合作社提高普通成员参与合作社的程度，如鼓励成员在合作社出资入股、鼓励成员参与合作社事务，并通过培训提高普通成员的农业生产经营能力，把他们培育成新型职业农民。②随着合作社的发展，成员异质性会不断提高，合作社收益分配控制权归属会越来越倾向理事会甚至理事长一人，所以合作社发展的实践者、指导者和理论研究者都需要对合作社的成员异质性问题引起高度重视。

参考文献

［1］温铁军．部门和资本下乡与农民专业合作经济组织的发展［J］．经济理论与经济管理，2009（7）．

［2］仝志辉，楼栋．农民专业合作社"大农吃小农"的逻辑形成与延续［J］．中国合作经济，2010（4）．

［3］张晓山．农民专业合作社的发展趋势探析［J］．管理世界，2009（5）．

［4］徐旭初，吴彬．治理机制对农民专业合作社绩效的影响［J］．中国农村经济，2010（5）．

［5］黄祖辉，高钰玲．农民专业合作社服务功能的实现程度及其影响因素［J］．中国农村经济，2012（7）．

［6］黄季焜，邓衡山，徐志刚．中国农民专业合作经济组织的服务功能及其影响因素［J］．管理世界，2010（5）．

［7］冯开文．建立健全合作社分配制度［J］．农村经营管理，2005（11）．

［8］周连云．农民专业合作社分配制度及案例简析［J］．中国集体经济，2009（5）．

［9］孔祥智，蒋忱忱．成员异质性对合作社治理机制的影响分析［J］．农村经济，2010（9）．

［10］郑丹，农民专业合作社盈余分配状况探究［J］．中国农村经济，2011（4）．

［11］蔡荣．剩余创造、分配安排与农民专业合作社前景［J］．改革，2012（5）．

［12］田艳丽，修长柏．牧民专业合作社利益分配机制的构建［J］．农业经济问题，

2012（9）.

[13] 何安华，邵锋，孔祥智. 资源禀赋差异与合作利益分配［J］. 江淮论坛，2012（1）.

[14] Le Vay C. Agricultural Cooperative Theory：A Review［J］. Journal of Agricultural Economics，1983，34（1）.

[15] Karantinin K，Zago A. Cooperatives and Membership Commitment：Endogenous Membership in Mixed Duopsonies［J］. American Journal of Agricultural Economics，2001，83（5）.

[16] Cook M L，Chaddad F R，Iliopoulos C. Advances in Cooperative Theory since 1990：A Review of Agricultural Economics Literature［M］. Erasmus University Press，2004.

[17] Bijman J. Cooperatives and Heterogeneous Membership：Eight Propositions for Improving Organizational Efficiency［R］. Paper Presented at the EM Net – conference，Budapest，Hungary，2005.

[18] Iliopoulos C，Cool M L. The Efficiency of Internal Resource Allocation Decisions in Customer – owned Firms：The Influence Costs Problem［R］. Paper Presented at the 3d Annual Conference of the International Society for New Institutional Economics Washington D C，1999.

[19] 林坚，王宁. 公平与效率：合作社组织的思想宗旨及其制度安排［J］. 农业经济问题，2002（9）.

[20] 黄胜忠，徐旭初. 成员异质性与农民专业合作社的组织结构分析［J］. 南京农业大学学报（社会科学版），2008（3）.

[21] 张靖会. 同质性与异质性对农民专业合作社的影响——基于俱乐部理论的研究［J］. 齐鲁学刊，2012（1）.

[22] 黄珺，朱国玮. 异质性成员关系下的合作均衡——基于我国农民合作经济组织成员关系的研究［J］. 农业技术经济，2007（5）.

[23] 崔宝玉，李晓明. 异质性合作社内源型资本供给约束的实证分析——基于浙江临海丰翼合作社的典型案例［J］. 财贸研究，2008（4）.

[24] 宋彦，宴鹰. 农村合作组织与公共水资源供给——异质性视角下的社群集体行动问题［J］. 经济与管理研究，2011（6）.

[25] 国鲁来. 合作社制度及专业协会实践的制度经济学分析［J］. 中国农村观察，2001（4）.

[26] 苑鹏. 中国农村市场化进程中的农民合作组织研究［J］. 中国社会科学，2001（6）.

[27] 孔祥智，郭艳芹. 现阶段农民合作经济组织的基本状况、组织管理及政府作用——23 省农民合作经济组织调查［J］. 农业经济问题，2006（1）.

[28] 苑鹏. 对公司领办的农民专业合作社的探讨——以北京圣泽林梨专业合作社为例［J］. 管理世界，2008（7）.

[29] 崔宝玉，陈强. 资本控制必然导致农民专业合作社功能弱化吗［J］. 农业经济问题，2011（2）.

[30] 伊藤顺一，包宗顺，苏群. 农民专业合作社的经济效果分析——以南京市西瓜

合作社为例［J］. 中国农村观察，2011（5）.

［31］黄胜忠，林坚，徐旭初. 农民专业合作社治理机制及其绩效实证分析［J］. 中国农村经济，2008（3）.

［32］黄祖辉，邵科. 合作社的本质规定性及其漂移［J］. 浙江大学学报（人文社会科学版），2009（4）.

［33］唐宗焜. 合作社功能和社会主义市场经济［J］. 经济研究，2007（12）.

［34］马彦丽，孟彩英. 我国农民专业合作社的双重委托—代理关系——兼论存在的问题及改进思路［J］. 农业经济问题，2008（5）.

［35］仝志辉，温铁军. 资本和部门下乡与小农户经济的组织化道路——兼对专业合作社道路提出质疑［J］. 开放时代，2009（4）.

［36］何安华，孔祥智. 农民专业合作社对成员服务供需对接的结构性失衡问题研究［J］. 农村经济，2011（8）.

［37］Barney J. Firm Resources and Sustained Competitive Advantage［J］. Journal of Management，1991，17（1）.

［38］郭红东，楼栋，胡卓红等. 影响农民专业合作社成长的因素分析——基于浙江省部分农民专业合作社的调查［J］. 中国农村经济，2009（8）.

［39］Pfeffer J. Power in Organizations［M］. Marshfield，MA：Pitman，1981.

［40］Heide J B. Interorganizational Governance in Marketing Channels［J］. The Journal of Marketing，1994（2）.

［41］Olson M. The Logic of Collective Action［M］. Cambridge，MA：Harvard University Press，1965.

第四节　资源禀赋差异与合作利益分配
——辽宁省 HS 农民专业合作社案例分析[①]

一、引言

成员同质性或异质性在集体组织效率的文献中是一个传统的研究领域（Olson，1965）。传统合作社研究的理论前提是成员同质性。但是，在市场经济逐步深入各领域的时代，社会阶层分化逐渐打破了传统合作社成员同质性的前提假定。市场经济的竞争机制迫使市场竞争主体寻求资源配置效率改进。在初级农产品市场，涉农企业作为先动者已占

---

① 执笔人：何安华、邵峰、孔祥智。

领了主导地位，这使得作为后动者的农民专业合作社需要更加注重资源配置效率改进才有可能消解各种市场进入壁垒。在竞争机制面前，农民专业合作社要合理配置土地、劳动力、资本、社会资本等资源，理性的做法就是吸收各类资源所有者成为合作社的成员，定位资源所有者的角色并让资源所有者各尽其用。随着不同社会阶层人员的加入，合作社成员的资源禀赋差异日渐明显，成员异质性也日益突出。合作社发展的根本动力在于能够实现成员利益帕累托改进，但成员资源禀赋的差异无疑增加了利益帕累托改进的成本。利益帕累托改进体现在共有利益实现和分配两个阶段，贯穿这两个阶段的就是成员间的合作方式。应该说，成员因其资源禀赋差异而选择不同的合作方式，而不同的合作方式要求不同的利益分配关系。如果能充分认识资源禀赋差异对成员利益分配方式选择的影响，并努力引导以兼顾各方利益，将大大巩固合作社的成员基础和促进合作社持续发展，提高社会资源的利用效率和社会要素收益的公平性。这对于合作社仍处于初期发展阶段且"三农"问题突出的农业大国来说，具有重要的现实意义。

本节拟对典型农民专业合作社进行微观案例分析，以农户的资源禀赋差异为逻辑出发点，分析资源禀赋差异对成员合作利益分配的影响。本节的剩余部分是：第二部分从理论上构建资源禀赋差异对成员合作利益分配影响的分析框架；第三部分是通过对 HS 林业专业合作社进行案例分析，从实证层面论证笔者所构建的理论分析框架；第四部分是简要结论和政策启示。

二、一个基于分层思想的分析框架

合作社的成员由社会不同阶层的人员组成，这些不同阶层人员有着不同的资源禀赋。不同社会阶层的人员加入合作社就是要让各自的利益实现帕累托改进。利益帕累托改进体现为增量利益的实现和增量利益的分配，其中增量利益的实现取决于合作社重新配置各成员资源禀赋的效率，即成员合作方式所体现的效率；增量利益分配是各成员权力博弈的结果，由权力格局所决定。一般说来，成员会以自身较为充裕的资源参与合作，并从合作中获取要素收益。成员之间的合作带来各方资源的重新整合，并把整合后的资源使用权交由合作社统一配置，实现利益帕累托改进，然后根据成员资源的投入情况将帕累托改进后的利益分配给资源所有者，这一过程就是合作利益分配过程。

具体分析之前，假设合作社成员在入社时所拥有的资源禀赋决定其在合作社层级中的位置。资源的积累难度越大、对前一级资源的吸附力越强、对集体利益实现的作用越关键，则该类资源所有者的层级位置也越高，也越靠近组织的核心层级。

资源禀赋决定了成员的层级位置。同一层级位置的成员拥有较丰裕的相似资源，且与其他层级成员相比，他在该类资源上具有比较优势，因而更倾向于在组织合作中使用该类资源[①]。为了能清晰反映资源禀赋对成员层级位置的影响，将资源禀赋分为社会资本、资

---

① 应该说，该层级的成员主要是投入这一层级位置的资源参与合作，因为他们缺少更高层级位置的资源或者说对更高层级资源不具有比较优势。因此，成员拥有的物质基础直接决定了他们在合作中的位置选择。

金、土地和劳动力四类。成员在某类资源上具有比较优势，他在合作中就处于该类资源对应的层级位置。如合作社理事长同时拥有丰裕的社会资本、资金，甚至土地资源，但社会资本在合作社中最稀缺，对集体利益的改进最重要，所以认为理事长的层级位置主要由其社会资本要素决定[1]。再简化合作社的成员结构（见图3-2），假定成员按资源类别分成三类：普通农户和生产大户在土地、劳动力上具有比较优势，扮演生产者角色；购销成员、经纪人或出资股东在资金上具有比较优势，扮演部分出资和购销角色；核心管理层在社会资本上具有比较优势，扮演主要出资和统筹管理角色。在实际观察中，购销成员、出资股东与核心管理层经常是重合的，这也反映出我国合作社的层系并不发达。

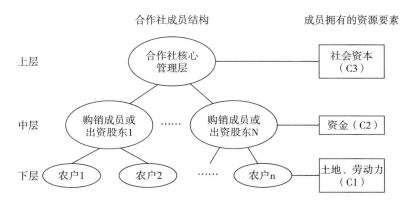

图3-2　合作社成员单向分层结构

成员农产品的流向反映了成员资源禀赋自下层向上层聚集，经过上层的整合配置，在上层社会资本的作用下进入市场，完成要素合作互补的利益帕累托改进。下面以生产农户—营销成员或出资股东—合作社核心管理层这一产业链条环节为分析对象，分析层级之间的资源要素流向和资源要素收益流向[2]。

成员资源要素流向以成员农产品的配置权利流向为具体表现。在合作社的层级体系中，假定成员间开展合作要比不合作有利，产品交易要比产品不交易有利。将单个合作社系统看作一个小型市场体系，相邻两层级的上层是产品需求方，下层是产品供给方，则最终的产品需求方就是合作社核心管理层。核心管理层把农产品销售到实际消费市场之前有一个产品（资源）整合配置过程。出于理性人的考虑，核心管理层整合配置下层供给的产品（资源）时会尽量逼近 $\delta\pi/\delta S = \delta\pi/\delta K = \delta\pi/\delta(L, 1)$ 条件，其中，π 为合作社总利润，S 为社会资本要素投入量，K 为资金要素投入量，L 和 1 分别为土地投入量和劳动力要素投入量。核心管理层社会资本的多寡影响了合作社销售农产品和提升农产品附加值

---

[1]　之所以认为社会资本要比资金要素的层级更高，是基于如下逻辑：成员可以通过社会资本（社会关系）进行正规和非正规融资以缓解资金困难，关系越多的人，他借钱的能力就越强；社会资本的积累难度比资金的积累难度要大，因为良好的合作关系、信用随着交往的加深慢慢建立起来并需要长期维护。

[2]　在行文过程中，资源禀赋等同于资源要素。

的能力。假定社会资本越多,合作社销售农产品的能力就越强。对核心管理层而言,土地和劳动力要素可以从下层成员的供给中得到满足,真正受约束的是社会资本和资金。而根据本节的假定,资金的约束可归结为社会资本的不足,因此,核心管理层的约束主要是社会资本。为最大化实现社会资本要素的收益,核心管理层通过管理指令向中层传达资金和农产品需求量,而中层购销成员则使用自己和出资股东的资金按上层的要求收购下层农产品并将农产品交给上层整合配置。由此,上中下层之间以合作交易方式使资源要素的配置权逐渐向上层核心管理层集中。

资源要素收益回流是自上而下的。资源要素经过核心管理层的整合配置后,进入市场实现要素价值,然后回流到合作社。由于各种权力博弈形成利益分配机制,权力格局决定了分配格局,使得分配体系与权力体系同构(张屹山等,2009),导致合作社上中下三层成员接触权力的距离由近及远,使核心管理层和农户在利益分配格局中分别拥有最大支配权和最小支配权。权力格局导致要素收益回流过程如下:上层的核心管理层先抽走社会资本收益(R3),剩下的要素收益(R1 + R2)流到中层,中层购销成员或出资股东抽走资金要素收益(R2),剩下的土地和劳动力要素收益(R1)归农户(见图3-3)。

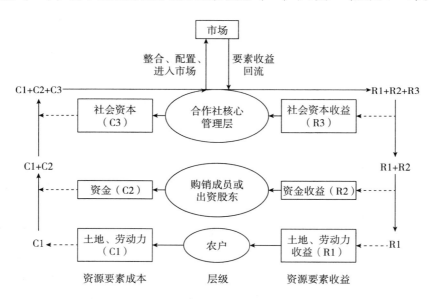

图3-3　合作社成员资源要素成本及资源要素收益流向

合作社成员实现要素收益后,对资源禀赋进行再积累,利用积累后的资源禀赋重新博弈以确定新的层级位置。根据观察,社会资本、资金、土地、劳动力等要素的积累难度不同。假定这几类要素的积累难度是依次降低的,有能力积累难度大的要素的成员,他们积累难度小的要素是容易的,但积累难度小的要素的成员要想积累难度大的要素却是很困难的。上层成员将活动范围延伸至下层是很容易的,但下层成员将活动范围扩展到上层会遇到升级的层级壁垒。换言之,上层成员"先天"的资源优势能强化其"后天"的优势,下层成员"先天"的不足依旧是其"后天"的缺陷。成员获得要素收益后,进入下一轮的要素积累阶段，但因机会不均等，下层成员积累上层级要素较难而偏重于积累本层级的要素。上层成员积累本层级要素达到一定程度后，开始积累下层级资源要素以巩固自身纵向一体化的稳定性和抵御下层成员突然不合作的风险。随着要素的持续积累，上层成员在稳固本层级要素比较优势的基础上，积累到的下层级要素越来越多，进而对下层成员的依赖程度逐渐减弱。下层成员即使实现了要素收益并进行新一轮要素积累，但其初始资源禀赋比较优势在逐渐减弱，且在短期内积累的上层级要素仍然是不足的。因此，上层成员通过经济权力牢牢握住分配决策的控制权。随着要素积累的循环（见图 3-4），以资源禀赋差异、与经济权力核心的距离、分配决策的控制权为特征的成员分层界线越发清晰。

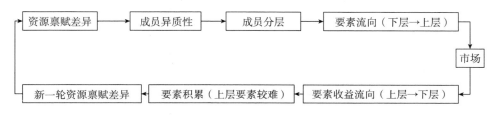

图 3-4　合作社成员资源禀赋差异循环简图

三、案例分析：资源禀赋对合作利益分配的影响

为了从微观视角更清楚地反映合作社成员资源禀赋差异对成员合作利益分配的影响，笔者选择辽宁省抚顺县 HS 中药材种植专业合作社进行深入的案例分析。

（一）合作社基本情况

HS 合作社是一家相当规范的合作社。该合作社成立于 2008 年 8 月，在县工商部门注册为专业合作社，向社员提供中药材、山野菜、大果榛子种植、加工、销售及技术和价格信息等服务。合作社的成员数和林地开发面积的变化直接反映了合作社的发展情况。建社之初，合作社有 12 名成员和 1000 余亩林地经营面积。到 2009 年 6 月，成员增加到 54 名，初步建成近 5000 亩中药材、山野菜和大果榛子生产基地。到 2010 年 8 月，成员已增加到 209 户，覆盖抚顺县救兵、石文、兰山、章党和汤图 5 个乡镇的 8 个村庄，其中 92% 的成员是当地农户。在成功探索林地入股和合作分成方式的基础上，合作社新增 2000 多亩林地经营面积，直接或间接拥有使用权的林地面积达到 7000 余亩①。经过两年的发展，合作社成员人数已是成立之初的 17 倍，林地经营面积是成立之初的 7 倍，这显示了合作社良好的发展势头。

合作社没有严格区分核心成员和非核心成员。农户提出入社申请后，由理事会审核决定是否允许入社。入社成员必须缴纳股金，最低为 1 股，每股 1000 元，但单个成员股金数最高限额不得超过总股金数的 20%。除现金入股外，成员还可以通过山林折价入股方式获得股东资格。合作社允许成员自由退社。根据合作社章程，成员退社后，合作社给其

---

① 林地直接使用权是指合作社直接向村组承包林地，享有林地的自主经营权；林地间接使用权是指合作社根据经营发展需要对合作社成员承包林地的经营内容给予建议甚至安排，以确保合作社经营产品有稳定的货源。

退还入社股金及股金所对应的公积金份额。成员必须缴纳股金的做法主要是便于合作社年终按股进行二次返利。由于公益金积累已有一定基础，合作社从 2010 年起变更利润返还分配方式，把盈余的 60% 按股分红，20% 留作公积金，20% 留作公益金。HS 合作社还有着比较健全的决策机制和财务管理办法。

（二）合作社成员的资源禀赋差异

农户的总资源禀赋存量与农户用于合作社经营的合作性质资源禀赋的供给量是严格不相等的。例如成员 A 同时拥有较多的资金和土地资源（使用权），但他只以土地作为投入要素参与合作社合作，而把资金用于回报率更高的其他经营活动。确切来说，成员 A 在合作社这一环境下的资源禀赋就只有土地要素。在 HS 合作社，根据资源禀赋区分的成员类型主要有四类：

（1）同时拥有较多社会资本、资金和土地的成员，如合作社理事长。理事长 S 曾经有过创办地板厂当老板的经历。1998 年，S 购买了 SL 村 63 亩山地，从事果树生产；2006 年，转向中药材种植。由于 S 在过去 10 余年地板经营和中药材经营中，拥有众多客户和畅通的产品销售渠道，她经销的中药材售价要比市场价高，且销售良好，其中经销的五味子还大部分出口韩国。S 还承包了村里的荒山荒地，作为合作社的中药材生产基地之一。在合作社的初始运营阶段，S 从自家地板厂抽调大部分资金注入合作社，并以地板厂作抵押物向银行贷款 20 万元用作合作社中药材收购资金。可以认为，理事长 S 同时拥有较多的社会资本、资金和土地等资源要素。

（2）拥有较多资金、土地和劳动力的成员，如营销大户和种植大户身份合一的成员。

（3）只拥有较多资金的成员。有此特征的主要是纯粹的大额资金入股成员。为缓解合作社的资金困境，合作社也吸纳了外部资金投资者。合作社的农民成员占 92%，剩余 8% 的成员主要是纯粹的出资者。从合作社的股金集中度看，现有股本 160.4 万元，股金额度排在前 8 位的成员的出资额总和占合作社总股金的 40.6%。除理事长个人出资 20 万元外，副理事长出资 15 万元，另外 6 个成员每人出资 5 万元。

（4）拥有较多土地和劳动力或者只拥有其中一种资源的成员。有此特征的主要是种植大户、不参与生产的山林承包大户和长工。如成员 L 承包用材林 1465 亩，但 L 的主要经营活动不在林业经营行业，所以他把林地按合作分成的方式托管给合作社 20 年；长工或短工则直接以自己的劳动力参与合作社活动并获取收益。

（三）资源禀赋差异下的合作利益分配

基于本节的逻辑，成员的资源禀赋差异决定了成员处于不同的层级位置。不同层级的成员根据各自拥有的资源禀赋分别与合作社进行不同方式的合作，并根据合作方式选择相应的利益分配方式。一般而言，投入 X 要素就会获得 X 要素的收益，但联结要素投入与要素收益之间的合作方式是多样化的。需要说明的是，社会资本的收益在现有技术上很难直接衡量。由于社会资本是嵌入型资源要素，它往往与资金、土地等其他要素一同起作用并强化资金、土地等要素的作用。尽管意识到社会资本的作用，但难以将其收益从资金、土地、劳动力等要素收益中直接剥离出来。本节认为，在短期内较多的社会资本能够吸纳

（占用、租用或借用）到较多的资金，但较多的资金不能在短期内积累较多的社会资本，并且社会资本有亲资金的特性。因此，社会资本的收益在某种程度上可从成员的资金收益中得到体现。社会资本的收益还可以表现为非物质收益，主要是社会声誉，如荣誉称号、信誉、知名度等。资金要素收益可直接用按股分红的收益表示，土地和劳动力的混合要素收益可用农户向合作社交售产品的销售收入表示，土地要素的收益可用租金或分成收益表示，单一劳动力要素收益可用工资报酬表示。

为便于分析，假设合作社只有两类合作主体：一类是由所有角色组成的集团——合作社，另一类是成员个体。在合作社体系中，每个成员都与合作社合作，即使是下层成员通过上层成员的传递关系将要素向上集中到合作社统一进行配置整合的过程也被看成是下层成员与合作社的间接合作。那么，HS 合作社主要存在以下六种合作方式及对应的利益分配方式。

（1）社会资本类成员 S 与合作社的合作——缓解融资、销售困境，利益上强化资金收益并赚取社会声誉。在短期内社会资本类成员能够吸纳到较多资金，并让这些外部资金投入到合作社的经营活动以缓解合作社的资金短缺困境，如成员通过血缘、地缘关系向亲友借款、利用自己的社会声誉向金融机构融资等。例如，一方面，HS 合作社理事长 S 利用自己杰出妇女代表的社会声誉优势争取到妇联 5 万元的 1 年期无息贷款和县科技局局长担保的正规金融机构贷款资格，通过个人社会网络关系向非合作社成员的朋友借到 60 万元的短期借款；另一方面，S 的社会资本也让其带领的合作社在争取政府奖励方面具有比较优势，分别于 2008 年得到市农委评选的优秀示范社奖励 10 万元、2009 年市林业局给予的合作社基础设施建设奖励 10 万元和 2009 年省农委评选的优秀示范社奖励 13 万元。在产品生产方面，S 通过其与沈阳农业大学专家的合作，聘请专家担任合作社中药材种植的长期技术顾问，严把产品质量关，提高产品信誉度并最终创建合作社自有品牌。在产品营销方面，S 给合作社带来了众多客户和畅通的产品销售渠道，在 2008 年把收购的 10 吨干品五味子以每公斤高出市场价 10 元的价格全部销售。

显然，理事长 S 投入了较多的社会资本，这些社会资本要素的收益是分成两部分来间接体现的：一是 S 筹集到的外部资金的净收益，尽管 S 投入了较多自有资金，但她仍然通过关系融资并投入合作社，这些外部资金以 S 的名义在合作社中参与合作并获益，所获收益在扣除 S 的融资成本后剩余部分就可视作 S 的社会资本收益的一部分；二是 S 的社会影响力得到增强，如 S 成了 SL 村组的组长和当地杰出妇女代表、在群众中的口碑与日俱增、政治影响力增强并较容易获得政府部门对合作社的奖助金等。

（2）资金类成员 K 与合作社的合作——资金合作，按股分红。在合作社里，成员出资形成合作社的运营资金。运营资金参与生产经营后产生资金要素收益，然后依据成员的出资比例进行资金要素收益分配，即按股分红。小额出资成员因股份比例低而较少参与合作社的投资活动和战略性发展规划；大额出资成员因股份比例高而更加关心合作社的经营状况，他们大多组成合作社的核心管理层。例如副理事长 K 出资 15 万元，占股约 10%，直接参与合作社的日常经营活动，在结算期分享合作社当年盈余的按股分红收益。

（3）土地类成员 L 与合作社的合作——林地托管，利益"二八"分成。土地类成员包括林地承包大户和村集体组织。HS合作社中，成员L有柞树用材林1465亩，但L的主要经营活动不在林业经营行业。L与合作社签订经法律服务所见证的《种植合同书》，将林地托管给合作社经营20年。《种植合同书》清晰界定了双方在合作期间的权利和义务。在合作利益分配上，合作社因负责产品销售而分享销售纯利润的80%，成员L分享销售纯利润的20%；合同到期后，山上的所有建筑物和种植物归成员L所有。HS合作社与土地类成员的合作方式是前者托管后者的林地。土地类成员分享林地经营利润的20%，这部分分成租金可视作该类成员让渡林地使用权的等价置换物。

（4）土地和劳动力并重类成员Ll与合作社的合作——按需生产，利益"五五"分成、代销或优价买断。HS合作社对申请加入合作社的成员设立了最低门槛，要求生产类成员必须是从事合作社经营内容的农户，因此，这类成员与合作社的合作方式可理解为成员按合作社之"需"进行生产。合作社与此类成员有三种利益分配方式。第一种分配方式是利益"五五分成"制。这种分配方式与"二八"分成制相似，不同之处在于成员把林地交由合作社经营管理后，他还按合作社的要求承担部分管理工作，相应的利润分成比例上升到50%。第二种分配方式是合作社代销成员的产品并抽取产品销售额的5%作为服务费。在HS合作社7000余亩林地经营面积中，采用抽取服务费分配方式的林地面积就有5000多亩。第三种分配方式是合作社优价购买成员的产品。为稳定货源防止成员将产品卖给其他收购商，合作社在买断成员的林产品时，买断价格要比市场价格高出1元/公斤。以2008年HS合作社经销五味子为例，当年经销的五味子比市场价格高出10元/公斤，以经销价格100元计算，当时的市场价格是90元/公斤，若成员直接把五味子卖给合作社，他获得的价格是91元/公斤，而交给合作社代销的话，他获得的价格是95元/公斤。

（5）劳动力类成员l与合作社的合作——劳务合作，按劳计酬。劳动力类成员是指只向合作社投入劳动力要素参与合作社经营管理或者在合作社的生产基地从事林业生产活动并获取劳动报酬的成员，这类成员不包括向合作社义务付出劳动力要素的成员[1]，主要包括合作社雇用的长工和短工。HS合作社现有6个长工，长工负责生产基地的林下经济作物种植、采摘和对成员上交的产品进行分类包装等，并每月从合作社领取1000元的劳务报酬。同时，合作社按需雇用短工，短工日工资为50元/天，繁忙季节雇用短工最多达到60人/天。严格来说，长工、短工与合作社只是一般意义上的劳务合作，不属于合作社的成员，更没有权利参与合作社盈余的分配。由于本节要分析合作社内各行为主体与合作社的合作方式和利益分配方式的区别，为保持统一性，暂且将长工和短工称作劳动力类成员。

（6）共有财产的分配——按成员人数均分。共有财产包括提取的公积金、国家财政直接补助、他人捐赠和公益金[2]。在HS合作社，共有财产的分配基本上是按人均分。以

---

① 义务付出劳动力是指成员在合作社经销产品或日常管理上付出时间，但不领取工资的情况，如合作社的理事长S参与合作社的经营管理但不领取工资。类似S的这种义务付出劳动力的成员多数是管理层的成员，在进行成员归类时，他们往往已被归入前面几类。为避免重复，劳动力类成员可视为只依靠投入劳动力而获取报酬的人员。

② 有的合作社把剩余盈余返还金额视作公益金。

2009 年为例，HS 合作社的净利润是 116368.2 元，按 20% 的比例提取公积金 23273.6 元，剩余 80% 可分配盈余 93094.6 元。然后将可分配盈余的 60% 作为盈余返还金额通过按股分红方式分配给成员，剩余 40% 的可分配盈余留作公益金。公积金和公益金提取总额占合作社当年净利润的 52%①。HS 合作社将公积金和公益金平均分配给 209 个成员，每个成员分得公积金 111.35 元，公益金 178.2 元。在实际操作中，HS 合作社对国家财政直接补助的分配并没有计入各成员账户，而是以无偿向成员发放实物的方式进行分配②。如 2009 年，HS 合作社投资 24 万元购买大叶芹、刺龙芽、大果榛子等苗木 40 万株，化肥 20 吨，无偿发放给成员使用。合作社考虑到按成员的交易量（额）进行逐笔登记会大大增加管理层的工作量，为降低工作量，合作社采取了平均分配的处理方法。这也造成盈余返还金额只能采取按股分红方式③。

（四）合作利益分配后的资源禀赋再积累分化演进

参照资源要素的分层逻辑，我们对资源要素拥有者进行分层，分层结果是：社会资本类成员 S 居于上层，资金类成员 K 居于中层，土地类成员 L、土地和劳动力类成员 Ll 和劳动力类成员 l 居于下层。在 HS 合作社，资源要素自下层向上层集中。下层成员固有的要素是土地和劳动力，这两类要素配合成员自有的资金生产出初级农产品。由于 HS 合作社的中层成员没有独立的农产品经纪人，所以上层核心管理层直接使用上层成员和中层成员的出资去置换下层成员的农产品配置权，置换时采用了钱货交易或赊购方式。同时核心管理层将聚集到的初级农产品、资金和社会资本进行整合配置后再推向市场。实现要素收益后，要素收益的分配流程是自上而下的：社会资本类成员在整个经销过程中一方面提升了自己的社会声誉，另一方面努力确保盈利；分配盈利时考虑了要最大化资金类成员的要素收益，同时给予生产农户的产品价格又至少是达到维持农户与合作社合作关系的下限价格。在 HS 合作社，按股分红就是剥离资金要素收益的方法。要理解资源要素收益自上而下剥离的过程并非易事，因为在 HS 合作社与农户的实际交易中，我们常常看到合作社还没有把产品销售出去就已经按高出市价 1 元/公斤的价格与农户结算当前批次的产品款项。这种交易现象给人的认识假象是农户先实现了他们的要素收益。实质上，上层核心管理层在与农户进行结算时就已经根据市场行情预留了资金要素收益。举个简单的例子，假设收购时点经合作社初加工的五味子预期售价是 100 元/公斤，但合作社购买农户的五味子价格是 90 元/公斤，中间的 10 元差价就是预留的资金要素收益。当预期市场行情发生波动时，合作社会迅速调整收购价以确保资金要素必定能够获益。要素收益自上而下剥离的规律在一次博弈中不是很明显，但在多次博弈中就非常明显了。这是因为价格传导机制使价

---

① 公积金占净利润的 20%，公益金占净利润的 32%，合起来占 52%。

② 在课题组查阅 HS 合作社的账册时，账册中只记载了公积金和剩余盈余返还金额、交易量和交易额几项信息，从数据上得出公积金是按净利润的 20% 提取。那么，合作社获得的财政补助就可能是计入为成员无偿发放的种苗、化肥等实物成本支出项。

③ 确切地说，HS 合作社的盈余返还金额按股分红应该是资金要素收益的体现。成员至少投入了 1000 元的资格股，按股分红时，成员投入的资金越多，分配到的收益就越多，但至少每个成员都会获得相应的资金要素收益。

格从下层往上层传导总是缺乏灵敏性,但从上层向下层传导就非常有灵敏性,其作用机理是优先实现市场距离较短的要素的收益。

本节的逻辑之一是资源要素的层级位置决定成员的层级位置,成员的层级体系与经济权力体系同构。成员拥有的资源要素越稀缺,他在合作社的层级位置就越高,也就越接近合作社的经济权力核心。同时资源要素是动态积累的。异质性的成员有着不同的资源要素,经过资源要素自下而上聚集和要素收益自上而下剥离的过程之后,各成员获得了对应的要素收益并进入新一轮的要素积累阶段。此时,新一轮的要素积累发生了分化:社会资本类成员利用既有优势继续积累社会资本并逐渐积累下层级的资金要素和土地要素;资金类成员主要积累本层级资金要素,在资金要素积累到一定程度后逐渐开始积累下层级的土地要素,并艰难积累不具优势(与社会资本类成员相比)的社会资本要素;土地类成员因经营活动不在林业生产方面,又不愿放弃土地承包经营权,所以守着固有的土地并分享土地租金;土地和劳动力并重类成员缺少机会去积累社会资本,分享到的资金收益较少,主要积累本层级的土地和劳动力要素;劳动力类成员以体力劳动换取报酬,收入较低,很难积累到土地和资金要素(见图3-5)。

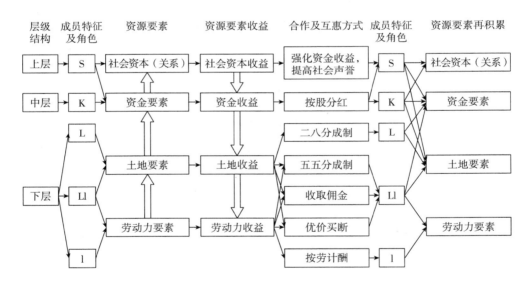

图3-5 HS合作社成员资源禀赋再积累

注:成员特征及角色与资源要素再积累之间的箭头连线,实线表示要素积累难度小,虚线表示要素积累难度大;资源要素的箭头自下而上逐渐变宽表示资源要素向上层滚雪球式集中;资源要素收益的箭头自上而下逐渐变窄表示要素收益被逐层剥离;每种合作互惠方式最多对应3种再积累的资源要素,体现了以本层级要素为中心向两端扩散的要素积累方式;S、K、L、Ll、l分别表示合作社的社会资本类成员、资金类成员、土地类成员、土地和劳动力并重类成员、劳动力类成员。

随着要素积累的持续发展,上层成员的活动范围逐渐向下层覆盖,投入合作社的资源要素种类增多,对下层级资源要素的聚集依赖性逐渐削弱,拥有的经济权力越来越多,积累多要素并以多要素合作互惠的机会明显增加。与上层成员相反，下层成员较难积累到上层级资源要素，在合作中逐渐走向固有要素合作互惠，同时也因经济权力越发集中在上层成员手里，下层成员逐渐被边缘化。在 HS 合作社成立之初，生产基地为 5000 余亩，并以下层成员的林地为主体。此时，下层成员是合作社生存发展的绝对基础。两年后，合作社以强约束的契约关系吸纳了"二八"分成制林地 1700 多亩和"五五"分成制林地 200 多亩，直接或间接控制了 2000 多亩林地的经营使用权长达 20 年。可以说，合作社拥有 2000 多亩林地的自主经营权直接降低了它对下层成员的依赖性。随着合作社拥有自主经营权林地的增加，下层成员对合作社的基础作用越来越弱。伴随要素积累的过程，在没有外部刺激的条件下，农民之间因初始资源禀赋差异带来的机会不均等和要素积累比较优势差异导致他们朝着不同的资源要素积累方向演进，使下层成员逐渐依靠固有要素参与合作，而上层成员走向多要素合作。

四、结论与启示

人们进行经济活动的根本目的是追求利益最大化，而利益要依靠利益来源要素投入和利益分配制度安排来获得。制度通过其内含的产权安排深刻地影响着人们的经济行为（冀县卿等，2010）。社会制度与微观组织内的制度有着本质区别，本节在分析微观组织及组织内成员的行为时，一个隐含的假设条件是社会制度安排既定且变迁非常缓慢。中国农民专业合作社的成员合作利益分配告诉我们，权力格局决定利益分配格局的逻辑在微观组织具有同样的适用性，但权力格局又是怎样形成的？在社会制度安排既定的背景下，人们的资源禀赋权利束也是既定的，这一束权利一般由使用权、收益权和交易权组成（思拉恩，2004），且其所代表产权的重要性在于帮助人们形成与他人交易时的合理预期（Deimsetz，1967；德姆塞茨，1994，1999）。本研究正是基于农民对所拥有或控制的资源禀赋有着合理产权的前提而对合作社成员合作利益分配的逻辑进行探讨。

本节发现，在农民专业合作社这一微观组织中，成员加入合作社时的资源禀赋差异是其多年来资源禀赋动态积累的结果，而且这种差异在他们加入合作社后仍会继续动态演进。合作社成员异质性的根本表现是资源禀赋差异。初始的资源禀赋差异诱致了合作社成员异质性并通过资源要素循环积累强化了这种异质性。资源禀赋的分层导致了成员在合作社体系中处于不同的层级。这是由于资源要素的相对稀缺程度导致了要素所有者的分层，要素越稀缺，则要素所有者的层级位置就越高，也就越靠近权力核心，使下层成员要素向上聚集的配置能力也就越强。在实现资源要素收益后，资源要素收益自上层向下层流动，同时伴随着各层成员逐层剥离相应层级的要素收益。因此，在没有外部刺激的条件下，合作社内部体系的资源禀赋差异决定成员权力格局，成员权力格局决定利益分配格局，利益分配格局重新形成了新一轮的资源禀赋差异。从本研究中我们可以得出一个重要政策启示：尽管农村基本经营制度以家庭承包经营为基础，确保土地承包关系稳定和长久不变，且在制度初始实施阶段兼顾了社会公平，但农民包括土地在内的资源禀赋在动态积累过程中会出现差异，进而在合作活动中形成不对等的权力格局和分配格局，即使合作收益是按合作要素进行分配，但最终仍会引起农村社会分层和农民阶层分化。因此，必须正视农村社会分层和农民分化这一社会演进现象。为了实现资源的有效利用和最优配置，增进社会利益和优化社会福利，对广大农民需要引导和树立不同层级间不同经济主体权力和责任对称的观念，同时还需要政府为农民提供更多公平发展的公共服务。

参考文献

［1］Olson M. The Logic of Collective Action：Public Goods and the Theory of Group ［M］. Cambridge，MA：Harvard University Press，1965.

［2］张屹山，于维生. 经济权力结构与生产要素最优配置 ［J］. 经济研究，2009（6）.

［3］冀县卿，钱忠好. 中国农业增长的源泉：基于农地产权机构视角的分析 ［J］. 管理世界，2010（11）.

［4］［美］思拉恩·埃格森特. 经济行为与制度 ［M］. 吴经邦等译. 北京：商务印书馆，2004.

［5］Demsetz H. Toward a Theory of the Property Rights ［J］. American Economic Review，1967（2）：347 - 359.

［6］［美］德姆塞茨·H. 关于产权的理论 ［A］//科斯·R. 等. 财产权利与制度变迁：产权学派与新制度学派译文集 ［M］. 上海：三联书店，人民出版社，1994.

［7］［美］德姆塞茨·H. 所有权、控制与企业——论经济活动的组织 ［M］. 北京：经济科学出版社，1999.

第四章 成员异质性条件下农民合作社的盈余分配机制研究[①]

第一节 引言

与一般企业不同的是，合作社是一种兼有企业和共同体双重属性的社会经济组织（黄胜忠等，2009）。这一方面强调了合作社的营利性质，即合作社本质上是一种商业组织，另一方面强调了合作社的惠顾性质，即合作社的民主控制、经济参与的原则（徐旭初，2012）。具体而言，黄胜忠、徐旭初（2009）强调农民专业合作社的公平性，定义合作社为"不同要素所有者为了共同的利益而结成的契约组织"。也有学者强调合作社的营利性，定义合作社为"一个由使用者共同拥有和共同控制，并以其社员利益最大化为目标的组织"（Sexton and Iskow，1993）。

然而，在我国农民专业合作社发展的实践中，存在着成员异质性问题，严重影响了合作社的发展壮大。我国在20世纪80年代以后发展起来的农民专业协会和合作社，在许多方面背离了合作社的"罗虚代尔"原则，他们中的绝大多数并不是真正意义上的合作社（应瑞瑶，2002）。在合作社中，一股独大现象普遍存在，大量合作社被核心成员控制，一般成员的参与度低。异质性合作社的产生源自于合作社发展的资金需求。第一，区别于普通农户，牵头成立合作社的参与主体大多拥有资本这一稀缺资源，他们可以满足合作社创立时的资金需求以及后续发展产生的资金缺口。资金瓶颈已成为制约农民专业合作社进一步发展壮大的主要因素（胡卓红，2010）。我国农民专业合作社发展尚处于初级阶段，在生产经营中普遍面临着资金缺口，缺乏用以购买农资、收购产品等的短期周转性资金和推进农业标准化生产、改善技术服务设施等中长期投入性资金。第二，合作社所拥有的资本主要是社员股金，合作社需要发展壮大，普通农户的资本有限，而光靠社员股金显然是不够的，要想获得足够的市场竞争能力，必须要考虑引入能够提供资本的外部成员（黄祖辉、邵科，2009）。比例投资型合作社就是一个很好的尝试。合作社面向全社会公开或者非公开募集股本，实施股本不可退还制度，以减缓合作社产权制度缺陷给合作社带来的

投资不足、缺乏后劲等问题（苑鹏，2007）。第三，发挥合作社能人（大多是合作社的实际控制人）的作用，通过个人关系、个人信用及个人资产为合作社获得贷款。因此，合作社实际控制人的特征会影响合作社资金需求的满足程度。史宝成、赵凯（2013）通过实证研究得出以下结论：区别于一般成员，合作社理事长的自身条件会对合作社获取贷款产生影响。理事长的文化程度、自身特殊的工作经历及其声誉都会影响合作社获得贷款的容易程度。因而，这些能够解决合作社资金需求的成员，就会成为合作社的核心成员：一方面，他们会使合作社成为异质性的合作社；另一方面，他们会在合作社中发挥越来越大的作用。

追求社会公平与经济效率是合作社的双重目标，相应地，二者之间的矛盾也成为合作社的主要矛盾。合作社参与主体的资源禀赋、要素投入存在差异，他们对合作社的贡献以及承担风险也不相同，这必然会对合作社的制度安排产生深刻影响。成员对合作社出资的目的主要是获得合作社的使用权，在现实情况下，异质性的合作社由少数人出资，必然会导致被少数人控制，普通成员对合作社事务的参与度普遍不高。因此，合作社往往向私营企业或股份企业发展，普通成员与合作社的关系也由原来的合作关系逐渐演变为纯粹的交易关系，特别是对于小农户，由于实际控制权的缺失，不得不依附于作为核心成员的大农户，成为大农户决策的组成部分（林坚、王宁，2002；林坚、黄胜忠，2007；黄胜忠、徐旭初，2008）。

异质性的合作社能够实现经济效率，但却排斥了社会公平，因此，异质性的合作社也被许多学者认为是"假合作社"。从各国的发展实践来看，由于社员缺乏参与合作的激励，造成了合作社的货源不充足，一些农业合作社的发展以失败告终（Sexton and Iskow，1998）。

基于以上的背景分析，本章试图回答一个问题：影响异质性条件下合作社盈余分配的机制是什么？理论上，哪些因素会影响到合作社盈余分配，他们又是怎样影响合作社盈余分配的？核心成员拥有实际控制权，他们会怎样制定合作社盈余分配方案，这种方案是否会对小农户的利益造成损失，致使社员参与意愿降低？

第二节　文献综述

本章将对成员异质性条件下合作社的盈余分配机制进行研究。在研究之前，本章将对已有的关于合作社异质性及合作社的剩余如何分配的文献进行综述。文献综述的具体内容可以分为三个部分，即合作社异质性、异质性合作社的实际控制问题研究、合作社盈余分配。

一、合作社异质性

（一）合作社成员异质性的必然

对于大部分合作社而言，在合作社组建时就存在核心社员与普通社员的异质性。我国新型农民专业合作社更是从一开始便出现了成员异质性倾向（邵科、徐旭初，2008）。因为资源的稀缺，只有那些能够提供自然资源、资本资源或者社会资源的专业生产大户、运销大户、农民社区里的"精英"人物以及龙头企业和供销社，才有能力组织创办合作社，组织和整合同业者及利益相关者。对绝大多数小农户而言，由于他们的初始资源禀赋匮乏，由他们出面创建农民专业合作社的可能性较小，这与小农户的个人利益不符，不是他们的理性选择（黄胜忠，2007）。因为通过合作可以产生的"外部利润"分配到个人是非常有限的，在无法获得一定收益的情况下小农户不会花费成本、承担风险（黄胜忠、徐旭初，2008）。经过近几年的发展，这种倾向已经使得由核心成员领办并由核心成员控制的合作社在一些地区成为主流（张晓山，2009）。

　　由于参与主体资源禀赋的不同，他们的主要参与目的和角色也不同。黄胜忠、徐旭初（2008）对农民专业合作社参与主体及其资源禀赋、参与目的和角色进行了总结，见表4－1。成员异质性变得更加显著，不仅是合作社参与主体的主要目的和角色发生了变化，现在的合作社从一种单一生产要素合作变成了所谓有钱出钱、有力出力，从排斥外来资本、注重社员积累变成了引进外来资本，甚至走向资本市场（徐旭初，2009）。当前农民专业合作社在经营战略和组织结构上体现出的一系列特征，是合作社各参与主体基于资源禀赋、利益偏好和角色扮演等因素，在特定的市场环境下博弈的一种均衡结果（黄胜忠，2009）。

表4－1　农民专业合作社的参与主体及其主要资源禀赋、主要参与目的和主要角色

参与主体	主要资源禀赋	主要参与目的	主要角色
供销社	资本、人力	获得收入、改制需要、政治利益	所有者、控制者
农技部门	人力、技术	创新农技推广模式、获得政绩	利益相关者
基层组织	社会	提供服务、获得群众支持	利益相关者
龙头企业	资本、人力	稳定购销关系、获得收入	所有者、控制者
运销大户	人力、资本	获得收入	所有者、控制者
生产大队	自然资源、资本	扩大规模，提高产销能力	所有者、惠顾者
一般农户	自然资源	产品销售、获得服务	惠顾者

　　资料来源：黄胜忠，徐旭初. 成员异质性与农民专业合作社的组织结构分析［J］. 南京农业大学学报（社会科学版），2008（3）：6－12＋48.

（二）成员异质性的成因及表现

　　实际上，绝大多数合作社都是由企业、产销大户等市场主体，在可以获得利益的驱使下，诱使性制度变迁的结果。在这个过程中，政府或者政府的涉农组织对"三农"问题的关注也积极参与到制度变迁中，由此形成了具有中国特色的"核心＋外围"式的结构（黄胜忠，2007；马彦丽、孟彩英，2008）。因此，导致了农村中懂得生产技术、善于组织经营及有稳定销售渠道的能人掌握了合作社的领导权，我国的农民专业合作社发展到目

前水平离不开农村能人的带动（孔祥智、郭艳芹，2006）。

之所以会产生这一结果，从主观上来说，是因为当前尚未形成一种可以使合作社持续发展和健康成长的内在机制。农民专业合作社的成员主要是为了解决"卖难"问题而加入合作社，没有意愿稳定惠顾、扩大资本规模和产品生产规模（孙亚范、余海鹏，2012）。从客观上来说，对于绝大多数普通农户，他们只拥有有限的自然资源，无论资本还是社会资源都相对缺乏。在这样一种情况下，很难由他们组织创建合作组织，他们主要充当惠顾者的角色，通过合作社获得产品销售的帕累托改进。由此可见，合作社成立之初的出资比例已经出现明显差异，并且投入的资源也是千差万别。

具体而言，学者对成员异质性的成因做出如下总结。Iliopoulos 和 Cook（1999）把合作社成员异质性的成因归纳为以下五个方面，即成员特征及其资源禀赋、成员的生产策略、成员所处产业链的位置、多元化经营和联合的方式以及合作社进行产品创新所采取的市场策略。并且，他们认为可以通过以下七个变量衡量合作社成员异质性的程度：合作社成员的区域分布情况，成员产品、投入品的差异，成员年龄，成员教育水平，土地规模，成员非农收入占比，成员经营目标的差异。林坚和黄胜忠（2007）认为成员在资源禀赋方面，即自然资源、社会资源、人力资源和资本资源的异质性是合作社成员异质性主要原因。

崔宝玉、李晓明（2008）认为，合作社成员异质性会随着合作社业务的开展不断增强，并演变成为一种必然的趋势，这是因为资本、社会资源等稀缺资源会起到越来越重要的作用。在这种情况下，一方面，在发展过程中合作社需要处理好各种成员之间的关系，特别是核心成员与非核心成员之间的关系（张晓山，2004）。另一方面，成员异质性会在合作社运营的过程中愈演愈烈，核心成员逐渐转变成合作社日常运行的人格化代表，并具有主导的决策权和剩余索取权，普通社员则被边缘化。这就导致了在缺少外部刺激时，合作利益自上而下被剥离分配，会造成各层成员之间新的资源禀赋差异，下层成员越来越依靠固有要素参与合作，而上层成员走向多种要素合作。（崔宝玉、李晓明，2008；何安华等，2012）。

二、异质性合作社的实际控制问题研究

（一）核心成员对合作社拥有实际控制权

前文总结，合作社的异质性主要是因为成员出资的不同，这也会导致出资的核心成员拥有合作社的实际控制权。尽管合作社的一些成员（多为核心成员）将其财产作为对合作社的出资，而事实上此部分出资并没有形成合作社全体成员共同支配的财产，支配权仍然在少数成员（出资者）自己手中（张颖、任大鹏，2010）。核心成员更倾向于股份制的产权结构，因为他们拥有合作社相对多数的出资额，占有更大的股份，从而获得合作社的实际控制权，进而制定有利于他们的合作社盈余分配方案，实现对稀缺资源的控制权和收益权（林坚、黄胜忠，2007）。普通成员只是合作社的使用者或惠顾者，他们加入合作社的原因在于合作社能帮他们解决"卖难"问题，所以普通社员愿意接受核心成员在合作

社持大股，并且乐于选择他们作为合作社的理、监事会成员，让他们来管理合作社，从而帮助他们解决农产品的销售，提升农产品价值（邵科、徐旭初，2008）。

因此，在合作社成立之初，就存在着合作社股权分布两极分化的现象，从而导致大股东或者说稀缺资源的拥有者拥有合作社的实际控制权，在普通成员资本不足、经营能力有限的情况下，核心成员治理或者能人治理的结构将更加明显（林坚、黄胜忠，2007；黄祖辉、邵科，2009）。对普通成员而言，他们通过与合作社发生交易，或者惠顾合作社的物品和服务具备合作社的成员资格，在这种情况下，理事会成了合作社的"代理人"，成员则是合作社的"委托人"，便自然而然地产生了核心成员和普通成员之间的委托—代理关系（黄胜忠，2007）。有学者认为，核心成员拥有合作社的实际控制权能很好地提高合作社的经营效率。随着合作社的发展，从"激励相容"和"帕累托改进"角度来看，这是一种合理并且有效率的制度安排（孔祥智、蒋忱忱，2010）。

（二）核心成员决定盈余的分配

现阶段，我国农民专业合作社普遍存在以下治理结构：核心社员组成合作社理事会，控制合作社发展战略、定价机制和盈余分配等决策权（徐旭初，2005）。随着合作社的发展，合作社产品（或服务）价格的形成更多地凝结了资本、企业家人力资本等生产要素的贡献（苑鹏，2007），这些要素会为合作社带来盈余，因此核心成员势必会对盈余提出要求。

异质性导致合作社的理事会更容易拥有合作社的经营权和实际控制权，即更容易获得权变控制权和剩余索取者，使一般企业所面临的委托—代理问题得到了较好的解决，合作社经营者的激励问题也得以较好解决（邵科、徐旭初，2008）。不同的合作社在按股分红和按交易额（量）返利这两种分配方式之间侧重点不同，这主要取决于合作社的核心成员的类型。不同成员由于对合作社的要素投入不同，其对盈余分配基础的要求也会不同。总的来说，核心成员为了实现资本资源、人力资源和社会资源的回报，只能通过将这些要素的投入凝结在股份投入中，以按股分红的形式索取合作社盈余（黄胜忠、徐旭初，2008）。

（三）对小农的影响

本来应该由全体做出的决策，现在由少数核心成员决定，这必然会对小农户产生影响。然而，学界仍在对这种影响进行争论。一部分学者认为，成员异质性的合作社，核心成员决定盈余分配会侵占普通成员的利益。在调研中，楼栋、仝志辉（2010）等发现，普通成员普遍认为合作社就是农资买卖商，赚钱的就是几个大户。由于存在产品"卖难"问题，普通成员只能通过合作社购买农资，销售农产品。在收益分配中，有控制权的核心成员通过按股分红的形式分取了总收益的大部分，普通成员由于没有对经营事务的知情权和决策权，他们获得的收益份额很少。

出现这一现象的原因在于两点。首先，马彦丽、孟彩英（2008）认为，异质性合作社表现出双重委托—代理关系的特征，其中，普通成员与核心社员之间的委托—代理关系成为矛盾的主要方面，这是因为表面健全的合作社内部治理结构实际上流于形式。因此，合作社必须解决好内部治理问题，保证普通成员的主人翁地位及其经济利益（王军，2010）。其次，在成员异质性背景下，对合作社的财政支持和相关支农惠农政策实际上都被核心成员占有。因为丧失了对剩余的控制权和收益权，小农户被排斥在政策支持之外。这就使得财政政策失效，对异质性合作社的投入无法引导出健康的农民专业合作社发展格局，反而会进一步扩大"大农吃小农"的局势，带来合作社农户的分化（楼栋，仝志辉，2010）。更进一步地，这些"假合作社"使用合作社名义获得国家对合作社的扶持会挤压真正的合作社的利益空间（张颖、任大鹏，2010）。

然而，部分学者认为，少数核心成员控制合作社不会损害小农户的利益。第一，自由的进入退出机制保障了社员的利益。合作组织的正常运作依赖于成员联合一致的集体行动，加入组织是成员的自我选择，普通成员同样可以通过"用脚投票"来表达自己的意见，核心成员对合作社的完全控制并不会是一种必然的结果，普通成员可以保证自己的利益（苑鹏，2011；黄祖辉、邵科，2009）。第二，农户参与合作可以获得收益。根据何安华、孔祥智（2011）的农户调研资料，超过一半的普通成员认为，通过合作社销售农产品可以获得更高的价格，并且，这种价格改善还比较可观。这也正是约90%的合作社农户愿意参与合作，与合作社发生交易的主要原因。第三，对于合作社的发展，资本控制同样具有积极和消极的双重效应，不必然导致合作社的功能弱化，合作社民主治理结构的规范化建设能够保证合作社功能的延续（崔宝玉、陈强，2011）。

三、合作社盈余分配

（一）合作社盈余

与一般企业一样，合作社同样也是市场经济的产物，它同样会对盈利提出要求，只有这样才能达到成员参与合作的目的，保证成员的利益并满足他们需求，这是合作社经济效率的体现（黄胜忠、徐旭初，2009）。因此，农民专业合作社在运营一段时间后会产生收益和一定的成本，收益减去成本之后的剩余则为合作社的营利。区别于营利性企业，这个营利不被当作"利润"，而被称为"盈余"。在合作社中，社员是主要的"惠顾者"，他们与合作社发生交易，从根本上讲，合作社的盈余大部分产生于这个交易之中。这就是合作社盈余利润主要来自于股东之外的顾客的一般企业最主要的区别（米新丽，2008）。

（二）合作社盈余的来源

传统农业生产具有地域的分散性、生物生长的周期性以及生产规模的不均匀性等特点，这就决定了农户单独面对市场时，需要付出额外的代价，由此导致交易成本的增加，降低交易效率（黄祖辉，2000）。而通过参与合作，社员能够得到由于合作社产品集中销售的价格溢价，分享农资集中采购的价格优惠，以及降低交易费用。通过合作社的集体行动，合作社的成员可以提升在生产经营活动中的谈判权，降低在收集信息、谈判、合同实施等环节的交易成本，并实现规模经济（苑鹏，2008；蔡荣，2012）。

（1）降低费用及成本。通过合作社销售产品，最主要的就是可以降低销售过程中的交易费用。这是因为合作社通过联系农户可以提高农民的组织化程度，获得局部信息优势，增强交易过程中的谈判能力，从而降低大量的交易费用，减少市场不确定性和降低市场风险等，避免内部机会主义行为的发生。此外，小农户通过参与合作联系起来，可以降低成本，实现市场收益，如实现规模经济效益，实现组织管理效益等（林坚、王宁，2002；蒋燕、冯开文，2008）。

（2）比分散销售时销售价格更高。合作售价高的原因主要是产品价值的提升，大部分合作社在提供产品销售服务过程中提升了农产品的附加值，如对农产品进行分类包装、初加工等。另外，通过标准化对农产品进行分级，合理区分农产品质量，从而使高质量的农产品能够实现高价值（何安华、孔祥智，2011）。

（三）合作社盈余分配方式

《农民专业合作社法》第三十七条对合作社的盈余分配做出了明确的规定，规定了盈余分配的方式及比例。在现实中，合作社盈余分配方案的制定需要考虑多方面利益，既包括核心成员和普通成员的利益，还包括合作社债权人的利益以及合作社自身发展的需要等。米立新（2006）、孙晓红（2012）等总结了合作社盈余分配的原则即顺序，即弥补亏损、提取公共积累（包括公积金、公益金、救济金、发展基金、风险基金等），盈余返还。盈余返还要考虑到成员与合作社交易的数量，以及成员对合作社出资入股的情况。

林坚、黄胜忠（2007）归纳了四种合作社盈余返还的方案：①产品交易和资本供给分别作为独立盈余返还依据。对任何一种返还依据而言，都没有事前的支付。②产品交易和资本股金两种返还依据"捆绑"在一起。合作社制定一定的比例分别按股分红和按交易额返还，单一的产品交易和资本股金都不是盈余分配的基础。③对资本股金支付固定回报。比如，按照银行利率或者社员普遍接受的一个回报率对资本支付固定报酬，则资本不再参与接下来的盈余分配，剩下的盈余全部按照产品交易量（额）在社员之间分配。④在事前对产品支付固定回报，剩余的盈余全部以按股分红的形式返还给合作社的全体股东。

（四）合作社盈余分配的现状及影响因素

根据实地调研，米新丽（2006）、宋茂华（2012）、张菊（2012）等发现，目前合作社的财务制度不完善，尤其是合作社盈余分配极不规范，与《农民专业合作社法》的规定相违背，已经成为制约合作社发展的重要因素。首先，尽管《农民专业合作社法》中规定了由成员（代表）大会制定盈余分配方案等重大问题，但是这些决策一般由大户、大股东做出决定，普通社员或者小农户无法参与到决策过程中，他们只能在大户、大股东召开的社员大会得知盈余分配方案，这种决策方案在异质性的合作社中尤为普遍。其次，部分合作社随意提取公积金，有的提取了过高的公积金，有的不提取公积金，甚至将全部盈余直接返还。而且，部分合作社没有设立成员账户，公积金、公益金并没有量化到个人。最后，提取公积金、公益金之后，部分合作社基本采取按股金分红，或者大部分通过按股金分红的方式分配盈余，这与《农民专业合作社法》中规定的"按成员与本社的交易量（额）比例返还，返还总额不得低于可分配盈余的百分之六十"相距甚远。

对于合作社盈余分配不规范的原因，主要包括以下几方面因素：第一，农民专业合作社的股权集中，大股东处于控股地位，多采取完全或者大部分按股分红的形式分配盈余。第二，农民专业合作社的决策机制不完善，决策过程不民主，大多由大股东或理事会制定，普通农户的利益无法得到充分保障。第三，普通成员对合作社相关法规不了解，没有维权意识（宋茂华，2012；张菊等，2012）。

四、小结

综上所述，由于资源禀赋不同，成员异质性是大部分合作社发展的常态，这导致了合作社的实际控制权由核心成员（大农户）掌握，普通社员（小农户）成为核心成员的附庸。并且，在成员异质性条件下，合作社的剩余索取权也被核心成员掌握，这种控制结构解决了经营者的激励问题，有利于核心成员积极性的发挥，也解决了委托—代理问题，有利于合作社运行的效率。但是，这种控制结构是否会对小农户的利益造成损失、损害社会公平，学界并未得出一个统一的答案。

另外，学者对国内合作社盈余的来源，盈余分配的原则、步骤，及合作社盈余分配的现状有了充分的研究，为本研究的深入提供了理论基础。然而，并未分析合作社盈余分配的机制，以及盈余分配会对合作社产生怎样的影响，这就为本章的研究提供了后续思路。

因此，本研究试图构建一个分析框架，用于分析成员异质性合作社盈余分配的机制。本章试图回答，异质性的合作社会采取何种盈余分配机制，合作社的盈余分配受到什么因素的影响，以及这种分配机制会对成员参与产生什么影响。具体来说，本章在对成员异质性条件下合作社盈余分配情况的产生背景、条件以及实际运行机制展开全面分析的基础上，运用最优化理论深入探讨合作社利润分配对小农户参与行为的影响。理论上，核心成员制定的最优分配应取决于合作社的特征及普通成员的参与，并且，最优分配比例也会对普通成员的参与产生影响。具体而言，当收益分配倾向于大户，过多侵占小户的利益，会给小户带来足够大的负效用，以至于小户会选择退出；收益分配倾向于小户，大户得不到充分的激励，大户拒绝合作。因此，合作社的实际控制主体必须合理地规划收益分配的比例，这样才能确保合作的顺利进行。

第三节　理论分析框架

一、前提假设

（一）合作社的社员是理性人

舒尔茨在《改造传统农业》一书中提出，农民会根据要素禀赋，选择最佳规模的要素投入，并且，他们的行为也以追求自身利益最大化为向导。那么，社员是否参与合作的决策就取决于其参与合作前后的收益比较。如果参与合作社后的净收益大于未参加合作社的收益，农户选择参加合作社。其中，净收益是指参加合作社后的收益减去参与合作社需要付出的代价（郭红东、陈敏，2010）。

（二）研究主体是必须提供销售服务的合作社

从主要合作的内容上看，合作社可以分为在生产领域中合作的生产型合作社、为农户提供统一销售的销售型合作社、提供农机专业服务的农机服务型合作社、在生产领域中提供农业技术服务的农技推广型合作社以及综合合作社等。本研究针对合作社的盈余分配，这种盈余分配是由合作产生的，并通过合作社的统一销售实现。因此，本研究的合作社必须提供销售服务。

（三）合作社盈余分配

本章认为，在合作社缴纳税金、弥补亏损、提取公积金、公益金之后，合作社剩余的盈余分配是以成员与合作社交易的数量以及成员在合作社中所占本金为基础的，即按交易额返还和按股分配。在现实中，成员经济利益的最终获得主要依靠三种方式，即按交易额返还、按股金额进行返还和在交易发生时直接的价格改进。但是对于一个趋于规范的合作社而言，主要是通过前两种方式进行返利（邵科、徐旭初，2008）。按股金额返还，以及在交易发生时直接的价格改进，均以成员交易的发生数量为基础。换言之，在交易发生时直接的价格改进，无非是把应当时按交易额返还的盈余部分提前返还给了农民。

（四）合作社内部的信息是对称的

只有在信息对称的情况下，小户充分了解合作社最终盈余及其分配，才能实现最优的分配比例。非对称信息是指由于合作社契约双方对信息获取能力的差异，使得契约当事人的一方持有另一方不知道的，甚至第三方也无法监测到的信息（谭智心、孔祥智，2011）。如果存在合作社内部的信息不对称现象，成员无法得知合作社的实际运营情况，只能被动接受核心成员做出的决策，无法提出质疑。以至于有学者提出，合作社主要通过个人权威维系运转，不采取民主决策，成员很少参与合作社的管理，一旦出现问题，只好就地解散（孔祥智、史冰清，2009）。

（五）普通成员"进退"自由

小户对大户的监督及其健全的退出机制保证了大户制定最优的分配比例。对于小户而言，决定他们是否参与合作的最直接原因是其能否通过参与合作获得收益。Rhodes（1983）、黄胜忠（2008）指出，净经济收益是影响农民加入或离开合作社行为决策的关键因素。如果小户发现其在合作中利益受损，他们就可以选择退出合作社，这一行为的前提是合作社拥有健全的退出机制。如果退出机制欠缺，或者小户无法选择其他的交易方式，大户就会尽可能地侵占小户的利益，从而形成"大鱼吃小鱼"的局面（仝志辉、楼栋，2010）。

二、模型设定

通过前文的假设我们知道，在带有交易性质的合作社中，核心成员与普通成员都是理性的，他们参与合作的原因就是可以获得利益，并且他们的参与可以为合作社带来盈余。

核心成员享有合作社的控制权，制定合作社最终盈余的分配方案。那么，合作社或者说核心成员是如何制定最优分配方案的？为了回答这个问题，本节试图采用规范分析的方法，建立一个最优化模型，分析核心成员制定最优分配方案的过程，分析其影响因素。在建立模型之前，需要提出若干前提假设。

本节的数理模型遵循新古典的基本假设，即规模报酬不变以及边际递减规律。并且，由于研究的目标在于分析最优的盈余分配比例，不考虑新制度经济学研究的交易费用以及信息的成本。

定义：合作社是异质的，存在核心成员及非核心成员。核心成员（即大户）占少数，他们出资占合作社的全部股份，并且也将产品交给合作社销售。非核心成员（即小户）占大多数，他们仅为合作社提供产品，将产品卖给合作社，再由合作社统一销售。大户之间，大户与小户之间，小户之间不存在信息不对称现象。假定大农户都是同质的，小农户之间也是同质的，为简化分析，将大户作为一个主体，小户作为 n 个主体分析。

由于大户拥有实际控制权，所以由大户决定分配的比例。设大户制定的按交易额返还的比例为 θ，则大户可以占有按股返还的比例为 (1 − θ)。大户决定分配比例的动机在于实现自己收入的最大化，即式（4 − 1）：

$$\max: \theta \times \frac{Q_1}{Q_1 + Q_2} \times R + (1-\theta)R, \quad 0 < \theta < 1 \tag{4-1}$$

其中，R 表示收益。Q_1 表示大户的交易量，Q_2 表示小户的总交易量。这个式子的含义是，大户的收益可以分为两部分：分红收入及按交易额返还的收入，大户的目标在于实现效益的最大化。

合作社的总利润为总收入及总成本的差。总收入是合作社将产品最终卖给市场所能获得的收入，是合作社销售价格与总交易额的乘积。总成本分为两部分。第一部分为合作社从社员手中收产品的价格，这个价格实质上为市场价。之所以将其定义为市场价，出于以下两个原因：首先，成熟的合作社不存在价格改善的动机，即在收购时不会提高收购价，以保证社员的参与。其次，在收购时支付给社员高出市场价的价格，实质上是提前将合作社剩余利润返还给社员，这与按交易额返还的盈余返还方式并无区别。正如邵科、徐旭初（2008）所言，当前成员分享合作社盈余主要依靠三种方式，即按惠顾额返还、按股金额返还和直接的价格改进。但是对于一个趋于规范的合作社而言，主要是通过前两种方式进行返利。第二部分是合作社销售产品时产生的费用，分为按每单位衡量的流动成本，以及销售所需要的固定成本，即式（4 −2）：

$$R = (p-c) \times (Q_1 + Q_2) - C, \quad p - c = \pi \tag{4-2}$$

其中，p 表示合作社销售的价格，c 表示未参与合作的市场价以及销售产品所需要的流动成本之和，C 表示销售所需要的固定成本。因此，π 表示通过合作可以实现的价格改善。

小农户与合作社交易量受到大户在制定最优的分配比例 θ 的影响，这也是本章要论证的核心。小农户参与合作的程度取决于他能从合作中得到多少好处，大户制定的 θ 越高，小农户就越倾向于参与合作，增加与合作社的交易额，即式（4-3）：

$$Q_0 \geq Q_2 = \delta \times n \times q, \quad \delta = f(\theta) \tag{4-3}$$

其中，Q_0 表示小农户的实际产量，n 表示小农户的户数，q 表示每户的产量。δ 表示小农户参与合作，也就是参与合作社交易的比例，δ 取决于 $f(\theta)$，即小农户的参与函数，它是关于盈余分配比例的函数，并且该函数满足：

$$0 < f(\theta) < 1, \quad \frac{df(\theta)}{d\theta} > 0 \tag{4-4}$$

这时，小农户的收益可以表示为式（4-5），它取决于合作社的盈余分配比例，以及小农户的参与情况：

$$I(\theta, \delta) = \theta \times \delta \times q \times \left(\pi - \frac{C}{Q_1 + n \times \delta \times q} \right) \tag{4-5}$$

首先对农户的收益进行分解，即 $dI = \frac{\partial I}{\partial \theta} \times d\theta + \frac{\partial I}{\partial \delta} \times d\delta$，表明农户的合作收益可以分解为按惠顾额返还比例的变动对收益的变动与农户与合作社发生交易量的变化对收益的变动。展开可得式（4-6）：

$$dI = \delta \times q \times \left(\pi - \frac{C}{Q_1 + n \times \delta \times q} \right) \times d\theta +$$

$$\theta \times q \times \left(\pi - \frac{C}{Q_1 + n \times \delta \times q} \right) \times d\delta +$$

$$\theta \times q \times \delta \times \frac{d\left(\pi - \frac{C}{Q_1 + n \times \delta \times q} \right)}{d\delta} \times d\delta \tag{4-6}$$

由于 $0 < \delta = f(\theta) < 1$，$\frac{df(\theta)}{d\theta} > 0$，$\frac{d\left(\pi - \frac{C}{Q_1 + n \times \delta \times q} \right)}{d\delta} > 0$，可知 $I(\theta, \delta)$ 为单调递增的函数，当 θ 增加时，$I(\theta, \delta)$ 单调递增。这表明，农户收益的影响因素又会被拆分为三个部分，当 θ 增加 $\Delta\theta$ 时，农户增加的第一部分收益为总的合作收益，加上第二部分按交易额返还衡量的收益的增加，加上第三部分交易的每一单位产品所创造的价值衡量的收益增加。

小户参与合作可以带来收益，这种收益会给他带来正效用。与此同时，由于大户制定的 θ 会使小户觉得利益受损，感受到了很强的不公平，会给小户带来负效用。

因此，小农户参与合作受到主观上负效用以及收益的正效用的共同影响，如果大户要保证小户参与合作，必须保证小户的效用最终不小于0，即式（4-7）：

$$U(\theta) + V(I(\theta, \delta)) \geq 0$$

$$U(\theta) < 0, \quad U_\theta = \frac{dU(\theta)}{d\theta} < 0, \quad U_{\theta\theta} < 0$$

$$V(I(\theta, \delta)) > 0, \quad V_I > 0, \quad V_{II} < 0 \tag{4-7}$$

其中，$U(\theta)$ 是小农户感受到的负效用，$V(I(\theta, \delta))$ 是小农户因为收入的增加感受到的正效用，并且，这二者均满足边际效应递减。

因此，大户的决策可以由以下最优化问题①表述：

$$\max \theta \times \frac{Q_1}{Q_1 + Q_2} \times R + (1 - \theta)R$$

$$s.\ t.\ U(\theta) + V(I(\theta, \delta)) \geqslant 0$$

$$R = (p - c) \times (Q_1 + Q_2) - C,\ p - c = \pi$$

$$Q_0 \geqslant Q_2 = \delta \times n \times q,\ \delta = f(\theta)$$

$$U(\theta) < 0,\ U_\theta = \frac{dU(\theta)}{d\theta} < 0,\ V > 0,\ V_I > 0$$

$$I(\theta, \delta) = \theta \times \delta \times q \times \left(\pi - \frac{C}{Q_1 + n \times \delta \times q} \right) \cdots\cdots\cdots ①$$

对最优化问题①求解，可得一阶库恩塔克最优条件，即式（4-8）：

$$KKT: \lambda \times [U(\theta) + V(I(\theta, \delta))] = 0,\ \lambda \neq 0 \tag{4-8}$$

在一阶库恩塔克条件下，大户制定的最优分配比例取决于小户的参与约束，即满足 $U(\theta) + V(I(\theta, \delta)) = 0$。因此，最优时大户会制定 θ^*，满足式（4-9）：

$$V_I \times \left\{ \theta^* \times q \left[\left(\pi - \frac{C}{Q_1 + n \times \delta^* \times q} \right) + \delta^* \times \frac{d\left(\pi - \frac{C}{Q_1 + n \times \delta^* \times q} \right)}{d\delta^*} \right] + \delta^* \times q \times \left(\pi - \frac{C}{Q_1 + n \times \delta^* \times q} \right) \right\} +$$

$$U_\theta = 0 \tag{4-9}$$

即大户制定的分配比例 θ^* 使得小农户参与合作的收益为他带来的正效用，与他主观感受到的利益被侵犯所带来的负效用的和等于零。

进一步推导，可得式（4-10）：

$$\theta^* = \frac{A - \delta^* \times B}{B + \delta^* \times \frac{dB}{d\delta^*}} \tag{4-10}$$

其中，$A = \frac{U_\theta}{-V_I}$，即小农户的主观倾向，$B = q \times \left(\pi - \frac{C}{Q_1 + n \times \delta^* \times q} \right)$，即参与合作可以得到的收益。这个式子的含义为，合作社的最优盈余分配比例，取决于小农户的主观倾向、小农户参与合作产生的总收益、小农户交易数量变化及小农户可参与合作的价值的变化。即式（4-11）：

$$\theta^* = \frac{农户的主观效用 - 参与合作的总收益}{参与合作价值的变动 + 参与合作产品数量的变动} \tag{4-11}$$

通过规范分析，证实了合作社最优分配机制的反应层面，明确了合作社如何做出最优的盈余分配，以及哪些因素会影响最优分配的比例。见图4-1所示，合作社最优分配取决于成员与合作社交易的比例及合作社的基本特征。成员与合作社交易的比例就是合作社的成员参与，合作社盈余分配还会对成员参与产生影响，而成员参与会通过影响合作社交易的数量来影响合作社的最终盈余。对合作社盈余的最优分配比例而言，成员参与是一个内生变量。合作社的基本特征即合作社的固定成本、参与合作带来的价格改善、小户的数量及交易数量、大户交易数量。对于合作社盈余的最优分配比例而言，这些因素是外生给定的。

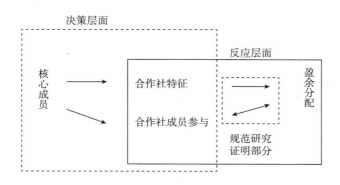

图 4 – 1　规范分析的结果

因此，通过理论分析，可以得出以下结论，这个结论同时也将是实证检验中的待验证假说：理论上，在异质性的情况下，核心成员决定分配的比例，并且，存在最优的分配比例，实现核心成员与普通成员的合作，大户实际上存在自我约束，这种自我约束会保障农民利益，最优分配比例与小农户的参与之间存在相互影响的关系。

在下文的实证检验中，将从两方面分析盈余分配机制。首先，分析外生给定的因素对最优分配比例的影响。其次，分析最优分配比例以及小农户参与之间相互影响的关系，并分析其内在的逻辑原因。

具体而言，在实证部分本章将验证以下假说：

H4 – 1：合作社的基本特征会对合作社盈余分配产生影响。

H4 – 2：合作社成员参与与合作社盈余分配存在内生关系。一方面，成员获得的收益越多，他们参与合作的程度就越高；另一方面，合作社的成员参与也会对合作社的盈余分配产生影响，成员参与程度越高，合作社按交易额返还的比例就越低。

第四节　实证检验

在前文研究的基础上，本章认为，合作社盈余分配受到两方面的影响：一是与盈余分配具有联立因果关系的合作社成员参与情况；二是外生给定的合作社实际情况。因此，本章将分别用两种计量方法对这两方面影响进行实证检验，基本思路是这样的：如果实证结果是显著的，则合作社就会在决策层面考虑这个因素，从而制定最优分配方案；反之，会存在某种原因，致使合作社实际控制人并不考虑这个因素对盈余分配的影响。具体步骤如下：①根据现有的数据情况，选取适合的被解释变量、解释变量及控制变量；②将选取的控制变量分别与合作社盈余分配比例及合作社成员参与情况进行线性回归，保留回归系数显著的控制变量；③采用线性回归的方法，分析外生给定的合作社实际情况对合作社盈余分配的影响；④采用联立方程模型的方法，分析合作社盈余分配与合作社成员参与之间的联立因果关系。

一、计量模型选择

（一）线性回归模型

根据式（4-10）可以发现，合作社最优分配比例的确定受到合作社的固定成本、参与合作带来的价格改善、小户的数量、大户交易数量的影响。这一关系可以用式（4-12）表示。

$$\theta = G\ (C,\ \pi,\ Q_1,\ n)\qquad\qquad\qquad\qquad (4-12)$$

因此，针对合作社盈余分配的计量模型可以设定为式（4-13）：

$$\theta = \alpha_1 + \sum_i \beta_{1i} X_{1i} + \sum_j \gamma_{1j} D_{1j} + \varepsilon_1 \qquad\qquad (4-13)$$

其中，θ 表示被解释变量合作社盈余分配比例，α_1 表示模型的常数项，X_{1i} 表示解释变量 C、π、Q_1、n，D_{1j} 表示若干控制变量，β_{1i}、γ_{1j} 分别表示被解释变量和控制变量的系数，ε_1 表示残差项。

根据式（4-3）的设定，合作社成员参与取决于合作社的盈余分配比例，即 $\delta = f(\theta)$。因此，针对合作社成员参与的计量模型可以设定为式（4-14）：

$$\delta = \alpha_2 + \beta_2 \theta + \sum_j \gamma_{2j} D_{2j} + \varepsilon_2 \qquad\qquad\qquad (4-14)$$

其中，δ 表示被解释变量合作社的成员参与情况，α_2 表示成员参与计量模型的常数项，θ 表示解释变量合作社盈余分配比例，D_{2j} 表示若干控制变量，β_2、γ_{2j} 分别表示被解释变量和控制变量的系数，ε_2 表示残差项。

（二）联立方程模型

根据前文的理论模型分析，本章认为合作社盈余分配与合作社成员参与之间存在双向因果关系，即合作社的盈余分配会影响到合作社成员的合作参与，成员参与也会导致合作社盈余分配比例的调整。这二者之间的关系非常复杂，由于存在内生变量，采用单方程模型进行 OLS 估计将导致内生变量偏差或联立方程偏差，得不到一致估计，难以将这种关系完整有效地表达出来。而通过联立方程模型进行 3SLS 估计，能够很好地表达这种关系。3SLS 即"三阶段最小二乘法"（Three Stage Least Square，3SLS）。3SLS 实质上是将两阶段最小二乘法 2SLS 与广义最小二乘 GLS 相结合的一种估计方法。对于一个多方程系统，如果方程中包含内生解释变量，则采用 3SLS 方法能够对联立方程系统进行有效的估计（Arellano and Bond，1991；邵全权，2013）。

本章设定联立方程模型的目的是考察合作社盈余分配对成员参与的影响，以及成员参与对合作社盈余分配的影响。基本联立方程设计如下：

$$\theta = \alpha_3 + \beta_3 \delta + \sum_j \gamma_{3j} D_{3j} + \varepsilon_3$$

$$\delta = \alpha_4 + \beta_4\theta + \sum_j \gamma_{4j}D_{4j} + \varepsilon_4 \qquad\qquad (4-15)$$

式（4-15）的第一个方程是盈余分配方程，被解释变量是合作社盈余分配的比例，解释变量是合作社成员参与，另外，还需要控制一些会对合作社盈余分配产生影响的因素；第二个方程是成员参与方程，被解释变量是合作社成员参与合作的比例，解释变量是合作社盈余分配，同样地，也需要控制一些会对成员参与产生影响的因素。

二、数据来源、异质性描述及变量设定

（一）数据来源

本章选取的数据是中国人民大学中国合作社发展研究院于2013年、2014年在北京、河北等地调研的88个合作社样本[①]。因为本章研究的是带有销售性质的合作社，因此，首先要去掉不提供销售服务的合作社27个。在剩余的61个样本中，有2个"合作社"只是挂着合作社的牌子，并没有进行任何合作社的业务，其类型更像政府组织和家庭农场，因此，最终本章选取59个样本进行计量分析。

（二）异质性描述

在调研中，课题组利用问卷调查的方式，重点对合作社成员异质性的情况进行了调查，并用数字1~5对差异的程度进行了衡量，1表示差异不大，5表示差异很大。在调查中我们发现，合作社理事与普通成员之间存在较大的差异，这个差异反映在了理事与普通成员之间经营规模、出资额、社会活动能力，并且，成员在合作社中承担的任务及扮演的角色也有很大的差异。表4-2对合作社成员异质性的频数进行了统计。经营规模的差异反映了合作社理事及普通成员的整体差异，在全部59个合作社中，只有11个合作社认为其理事与普通成员之间不存在较大差异。出资额的差异反映了合作社理事与普通成员之间的资本差异，通过对频数的统计可以发现，在59个合作社中绝大部分合作社成员间的出资额差异很大，只有9个合作社认为其理事与普通成员之间不存在出资额的差异。社会活动能力的差异反映的是合作社理事与普通成员间社会资本及人力资本之间的差异，统计结果显示，因为理事的社会资本及人力资本存量要显著高于普通成员，因此他们之间的社会活动能力存在较大的差异。理事的社会活动能力要显著高于普通成员。

表4-2　合作社成员异质性频数统计

成员异质性情况	1	2	3	4	5
经营规模差异	7	4	13	12	23
出资额差异	8	1	6	11	33
社会活动能力差异	6	5	4	15	29
在合作社中的任务和角色差异	8	6	5	14	26

---

①　调研问卷见本章附录。

上述三个差异带来了合作社理事及普通成员在合作社的任务和角色的差异，由于理事拥有较大的经营规模和出资额，他们的社会活动能力也显著优于普通成员，因此大部分的合作社存在着理事与普通成员间分工的差异，特别地，核心成员决定了合作社的盈余分配。在 59 个合作社中，理事长和理事会决定盈余分配的合作社达到了 35 家，比例接近60%（见表 4 - 3）。

表 4 - 3　合作社盈余分配的决定方式

盈余分配由谁决定	理事长	理事会	成员（代表）大会
频数	6	29	24
频率（%）	10. 17	49. 15	40. 68

然而，尽管合作社盈余分配的决定方式掌握在合作社的理事长或理事会手中，仍然有32 家合作社采用全部或主要按交易额的形式返还合作社的盈余，这一数量要高于全部或主要按股分红的合作社。具体的统计结果见表 4 - 4。按交易额返还盈余的合作社数量之所以高于按股分红的数量，是因为合作社的成员参与会对盈余分配方式产生影响，但这种影响或许并不显著。在下文中会对这一现象进行进一步分析。

表 4 - 4　合作社盈余分配的方式

分配方式	按交易额返还	按股分红	按交易额返还为主	按股分红为主
频数	13	18	19	9
频率（%）	22. 03	30. 51	32. 20	15. 25

（三）变量设定及描述性统计

首先，本章将要研究两个具有联立因果关系的核心变量 ratio 和 parti，它们分别代表合作社盈余按交易额返还的比例和小户参与合作的比例。其中，盈余按交易额返还的比例是本章调整过的。根据前文对盈余返还的界定，将合作社与成员交易时为成员提供的直接价格改善也算作按交易额返还的盈余。特别需要关注的是，59 家合作社 ratio 的平均值达到了 0.63，即平均 63% 的盈余是按交易额返还的，总体来看基本上达到了《农民专业合作社法》中对盈余按交易额返还比例的规定，但不可否认的是，仍然存在不按照交易额返还盈余的情况。关于核心变量的描述性统计见表 4 - 5。

表 4 - 5　核心变量的描述性统计

Variable	label	Mean	Std. Dev.	Min	Max
ratio	盈余按交易额返还比例	0. 63	0. 33	0. 00	1. 00
parti	小户参与合作的比例	0. 90	0. 20	0. 05	1. 00

除了要考察盈余按交易额返还的比例以及小户参与合作的比例之间的关系外，本章还要关注若干解释变量对盈余按交易额返还比例的影响。结合数据的可获得性，本章选取了 pi、c、q、n 四个指标来分析影响盈余按交易额返还比例的因素。这四个指标分别代表由合作带来的价格改善程度、平均固定资产分摊、大户交易额及成员数量，依次对应式（4-9）中的 π、C、Q_1、n。解释变量的描述性统计见表 4-6。

表 4-6　解释变量的描述性统计

Variable	label	Mean	Std. Dev.	Min	Max
pi	由合作带来的价格改善程度	0.60	1.49	0.00	8.96
c	平均固定资产分摊	1.37	2.34	0.04	13.20
q	大户交易额	285.05	923.03	0.00	7000.00
n	成员数量	3.77	6.26	0.08	30.00

为了控制可能会对合作社盈余按交易额分配产生影响的因素，结合实际调研经验，本章选取了 7 个控制变量，这些控制变量均为虚拟变量，分别是区分理事长的变量（是否为党员、是否领取工资、对收入是否满意、成员监督是否严格），以及区分合作社的变量（是否提供农资服务、当地是否还有别的销售渠道以及成员与合作社的关系是否稳定）。在这 59 个合作社中，对收入感到满意的理事长占 80%，说明通过合作社，理事长基本上实现了对经济效益的追求。然而，仅有 54% 的理事长感受到了成员严格的监督，在合作社决策的制定过程中，小农户的利益无法得到有效的保证。而且，仅有 68% 的合作社，其成员与合作社的关系是稳定的，成员与合作社的关系很脆弱。其余控制变量的描述性统计见表 4-7。

表 4-7　控制变量的描述性统计

Variable	label	Mean	Std. Dev.	Min	Max
party	是否为党员，1 为是	0.58	0.50	0.00	1.00
wage	是否领取工资，1 为是	0.51	0.50	0.00	1.00
sati	对收入是否满意，1 为是	0.80	0.41	0.00	1.00
supe	成员监督是否严格，1 为是	0.54	0.50	0.00	1.00
staff	是否提供农资服务，1 为是	0.93	0.25	0.00	1.00
mark	当地是否还有别的销售渠道，1 为是	0.58	0.50	0.00	1.00
rela	成员与合作社的关系是否稳定，1 为稳定	0.68	0.47	0.00	1.00

三、实证检验结果及解释

（一）控制变量回归及分析

在对核心变量 ratio 及 parti 进行分析前，先分析控制变量的显著性。表 4-8 中给出了控制变量的 OLS 回归结果。方程 ratio1 是以 ratio 为被解释变量的回归模型。方程 ratio1 的回归结果显示，控制变量 supe 和 rela 对 ratio 的影响是显著的。这表明，理事长感受到了成员监督的合作社，其盈余按交易额返还的比例会显著地低于没有感受到成员严格监督的合作社；合作社与成员关系稳固的合作社，其盈余按交易额返还比例显著地高于关系不稳定的合作社。这两个变量的显著性从反向角度可能更容易理解：在异质性合作社中，成员普遍认为合作社的大股东或者实际控制人会侵占小农户的利益，因此，盈余按交易额返还的比例越低，成员就越需要对合作社的大股东进行监督；高比例的按交易额返还，能够使二者之间的关系更牢固。尽管不能从正向角度解释这两个变量的显著性，但因为这些只是控制变量，他们与被解释变量之间的因果关系并不影响解释变量的因果关系。

表 4-8　控制变量回归分析

Variable	ratio1	parti1
party	-0.0961	-0.1113**
	(-1.099)	(-2.092)
wage	-0.1217	-0.0538
	(-1.406)	(-1.02)
sati	-0.0065	0.0429
	(-0.059)	(0.644)
supe	-0.1883*	0.0153
	(-1.914)	(0.256)
staff	0.1671	0.0676
	(0.96)	(0.638)
mark	0.0209	-0.1111*
	(0.228)	(-1.993)
rela	0.2452**	-0.0942
	(2.278)	(-1.437)
_cons	0.5178**	1.0135***
	(2.418)	(7.774)
r^2_a	0.0403	0.0509
N	59	59

注：括号内的内容为 t 值，***、**、*表示 t 检验的 P 值分别为 1%、5%、10%，即系数分别在 99%、95%、90% 的情况下显著，本章下同。

方程 parti1 的回归结果显示，控制变量 party 和 mark 对 parti 有显著的影响。这表明，理事长是党员的，成员的参与情况会低于理事长不是党员的合作社；当地还有其他销售渠道的合作社的成员参与要低于没有其他渠道的合作社。如果理事长是党员，合作社成员对合作社的要求会更高，因为基层党员有义务为人民服务，如果达不到成员的要求，合作社成员的合作参与程度就会降低。如果当地还存在其他可以销售产品的渠道，会给社员提供多种选择，因此社员就会降低与合作社发生交易的比例和对合作社的参与程度。这表明，现阶段解决农产品"卖难"问题仍然是合作社存在的主要原因。

（二）合作社盈余分配的 OLS 回归及分析

在分析完控制变量对核心变量的影响后，本章采用 OLS 回归的方法，研究外生解释变量对合作社盈余分配比例的影响。这些解释变量不受合作社盈余分配影响，因此称他们为外生的。根据前文对控制变量的分析，在 OLS 回归中，本章加入了 supe 和 rela 这两个会对 ratio 产生影响的控制变量。因此，式（4－13）可以进一步表示为：

$$ratio = \alpha_1 + \sum_i \beta_{1i}X_{1i} + \gamma_{11} \times supe + \gamma_{12} \times rela + \varepsilon_1 \qquad (4-16)$$

模型 OLS1 是将四个解释变量全部放在模型中进行回归，结果显示，只有合作社成员规模会对盈余按交易额返还的比例产生显著的影响，其余变量对 ratio 的影响均不显著。再依次将四个解释变量与 ratio 进行回归后发现，在控制住会对盈余按交易额返还比例产生影响的控制变量之后，模型 OLS2～OLS5 的结果显示，pi、q、c、n 四个解释变量都能对合作社盈余按交易额返还的比例产生显著的影响。具体的回归结果见表 4－9 及表 4－10。

表 4－9　解释变量对盈余按交易额返还比例的回归分析（1）

Variable	OLS1	OLS2	OLS3	OLS4	OLS5
pi	−0.0357	−0.0507 *			
	（−1.168）	（−1.781）			
q	0		−0.0001 *		
	（−0.665）		（−1.788）		
c	−0.0224			−0.0302 *	
	（−1.152）			（−1.673）	
n	−0.014 *				−0.0163 **
	（−1.835）				（−2.517）
supe	−0.1399	−0.1442	−0.1756 *	−0.1524	−0.1616 *
	（−1.55）	（−1.53）	（−1.877）	（−1.619）	（−1.776）
rela	0.2368 **	0.2354 **	0.2099 **	0.2365 **	0.2384 **
	（2.458）	（2.363）	（2.095）	（2.365）	（2.457）
_ cons	0.6574 ***	0.5762 ***	0.6036 ***	0.5911 ***	0.615 ***
	（8.385）	（7.591）	（7.639）	（7.604）	（8.04）
r^2_a	0.1772	0.0963	0.0967	0.0904	0.1428
N	59	59	59	59	59

在表 4－9 中我们还可以发现，除了模型 OLS1 和模型 OLS5 以外，其余几个方程调整后的 r^2 均小于 0.1，模型整体的拟合程度不高。因此，为了进一步验证解释变量对盈余按交易额返还比例的影响是否稳定，提高模型的拟合程度，本章采取两两结合的方式，对四

个解释变量与 ratio 进行回归。表 4 - 10 的回归结果显示，只有在模型 OLS7 和模型 OLS10，解释变量对 ratio 的影响是不显著的，并且，除了模型 OLS7 以外，回归方程对 ratio 的解释力度均提高到 13% 以上，模型的拟合程度得到了一定的提高。在模型 OLS7 中，pi 和 c 的结合使得这两个变量对 ratio 的影响不显著；在模型 OLS10 中，q 和 n 的结合使得 n 对 ratio 的影响不显著，这说明两组变量两个之间可能存在多重共线性。

表 4 - 10　解释变量对盈余按交易额返还比例的回归分析（2）

Variable	OLS6	OLS7	OLS8	OLS9	OLS10	OLS11
pi	- 0.0504 *	- 0.0365	- 0.0522 *			
	(- 1.808)	(- 1.142)	(- 1.93)			
q	- 0.0001 *			- 0.0001 **	0	
	(- 1.815)			(- 2.021)	(- 0.545)	
c		- 0.0197		- 0.0339 *		- 0.0314 *
		(- 0.974)		(- 1.92)		(- 1.834)
n			- 0.0166 **		- 0.014 *	- 0.0167 **
			(- 2.62)		(- 1.795)	(- 2.621)
supe	- 0.1533 *	- 0.1412	- 0.1385	- 0.1606 *	- 0.1655 *	- 0.1467
	(- 1.657)	(- 1.497)	(- 1.545)	(- 1.752)	(- 1.802)	(- 1.64)
rela	0.2152 **	0.238 **	0.2439 **	0.2147 **	0.23 **	0.2451 **
	(2.19)	(2.387)	(2.573)	(2.193)	(2.326)	(2.577)
_cons	0.6179 ***	0.5913 ***	0.6309 ***	0.6413 ***	0.6224 ***	0.6468 ***
	(7.938)	(7.629)	(8.399)	(8.055)	(7.962)	(8.413)
r^2_a	0.1325	0.0954	0.1833	0.1387	0.1318	0.1781
N	59	59	59	59	59	59

模型 OLS2 ~ OLS11 的回归结果已经足以说明，由合作带来的价格改善程度 pi、大户交易额 q、平均固定资产分摊 c、成员数量 n 四个解释变量在统计上都对盈余按交易额返还比例 ratio 产生了显著的影响。在模型 OLS2、OLS6 及 OLS8 的回归结果中，pi 系数的符号均为负，这表明合作带来价格改善程度提高，按交易额返还给社员的比例就会降低。这是符合逻辑的：由合作带来的价格改善越高，可用来进行返还的盈余就越大，因此，尽管大户拿走了更多的盈余，成员依然有动力参与合作。

在模型 OLS3、OLS6 及 OLS9 的回归结果中，虽然 q 系数的符号显著为负，但其系数近似等于零，甚至可以说，q 的系数显著等于零，大户与合作社的交易额并不会影响大户做出的按交易额返还盈余比例的决策。这说明，在现实情况中，大户更多地依靠按股分红或其他方式来获得收益，依靠交易额返还获得收益对其影响不大。这与学者对合作社成立的原因的研究相符合，在合作社成立的过程中，主要是依靠资本、社会资源丰富的大户，因而大户必然会要求资本或者社会资源的报酬，在合作社成立前，大户实际上就已经有了稳定的销路，能将产品卖出比市场价更高的价钱，因此，大户参与合作的过程中并没有获得价格改善的动机。

在模型 OLS4、OLS9 及 OLS11 的回归结果中，变量 c 的系数符号均为负，这表明，平均固定资产越大的合作社，按交易额返还盈余的比例就会越低。一方面，由于大户是合作社的主要出资人，大户对资本报酬又有一定的要求，合作社使用的固定资产实际上是由大户出资购买的，那么固定资产的分摊越小，大户就会要求越高的按股分红，那么盈余按交易额返还的比例就会降低。另一方面，由于平均固定资产规模衡量的是合作社在运营过程中所需要的固定成本，平均固定资产越大、固定成本分摊越低的合作社，其盈余就越低，大户在盈余分配时更多地按股分红，降低按交易额返还的比例。

在模型 OLS5、OLS8、OLS10 及 OLS11 的回归结果中，变量 n 的系数符号也为负数，这表明，成员数量越多的合作社，按交易额返还盈余的比例越低。对于大户而言，由于大户吸引小户加入合作社是为了分摊固定成本，充分利用产品的销售渠道，实现规模经济，那么随着合作社规模的扩大，大户有降低按交易额返还盈余比例的趋势。如果将成员数量 n 与合作参与 parti 指标放在一起讨论，这种趋势的解释会更有说服力。本章将在下文进一步讨论成员数量 n 对按交易额返还比例 ratio 的影响。

（三）合作社盈余分配与成员参与的 3SLS 回归及分析

上文的理论模型已经证明，合作社盈余分配与合作社成员参与之间存在双向因果关系，合作社的盈余分配会影响到合作社的成员参与，成员参与也会反过来影响合作社的盈余分配。表 4 - 11 表示的是核心变量 ratio 和 parti 互为被解释变量及解释变量的单方程回归模型。从结果中可以看到，无论是 parti 对 ratio，还是 ratio 对 parti 都不存在显著的影响，模型中确实存在内生变量偏差。

表 4 - 11　核心变量的单方程 OLS 回归

Variable	ratio2	parti2
parti	0.0621 (0.295)	
supe	-0.1683 (-1.75)	
rela	0.2338 (2.269)	
ratio		-0.0225 (-0.285)
party		-0.1115 (-2.099)
mark		-0.0882 (-1.675)

续表

Variable	ratio2	parti2
_cons	0.5043	1.0289
	(2.406)	(13.626)
r^2_a	0.0456	0.0568
N	59	59

因此，要分析二者之间的相关关系，采用联立方程模型，使用 3SLS 对这种关系进行解释说明。为了避免出现模型的"观测等价"，出现参数"不可识别"的现象，联立方程中被排斥的外生变量的个数应当不小于联立方程中内生变量的个数。因此，为了充分保证参数的"可识别"，结合本节第一部分对控制变量回归的结果，各选取三个控制变量加入联立方程的回归模型中。之所以要在上下两个方程中分别加入对核心变量并不显著的第三个控制变量，是出于两方面考虑。第一，加入更多的外生变量会使模型"过度识别"，但不会影响模型的回归结果。第二，就算这些控制变量并不显著，加入它们之后也不会影响到对核心变量的一致性估计。此外，为了检验回归结果的稳定性，本章还在 ratio 方程中加入了经过上文检验的解释变量。选取的变量及基本模型如式（4 – 17）所示：

$$ratio = \alpha_3 + \beta_3 parti + \sum_i \beta_{3i} X_{3i} + \gamma_{31} wage + \gamma_{32} supe + \gamma_{33} rela + \varepsilon_3$$

$$parti = \alpha_4 + \beta_4 ratio + \gamma_{41} rela + \gamma_{42} party + \gamma_{43} mark + \varepsilon_4 \qquad (4 – 17)$$

表 4 – 12 给出了全部 6 组联立方程 3SLS 回归的结果（表中省略了常数项、r^2 及样本数量的回归结果）。首先对 6 组联立方程中的 ratio 方程进行分析。在回归结果中可以发现，ratio 方程中解释变量 parti 的系数均不显著。尽管在前文规范分析的模型推导中得出了理论上合作社盈余分配中按交易额返还的比例，应取决于合作社的成员参与的结论。但实证结果却显示，在合作社的决策层面，合作社或者说核心成员并不考虑到成员参与对合作社盈余的影响，因此没有在制定盈余分配方案时考虑成员参与因素。

尽管没能得到一致估计，但本章认为，这与当前合作社发展的实际情况基本吻合。虽然近年来我国的农民专业合作化运动蓬勃发展，但目前农民专业合作社仍处在起步阶段，合作社仍有较大的发展空间。现阶段的合作社并不完善，合作社的其他功能并没有或者很少得到发挥，农户参与合作社主要是为了解决农产品"卖难"的问题。此外，由于大部分合作社是异质的，核心成员掌握控制权，制定合作社的盈余分配方案，在制定决策的过程中核心成员既不会考虑到小农户参与的因素，小农户也并没有足够的话语权与核心成员讨价还价，只能被迫接受核心成员制定的盈余分配方案。

ratio 方程中常数项均不显著，或许能对这一判断做补充说明。在模型中并未加入合作社的交易制度以及合作社内部决策的变量，因此常数项可能包含对合作社盈余分配 ratio 或者成员参与 parti 产生影响的因素，这些因素或许可以解释为何核心成员不考虑成员参与对盈余分配的影响。然而这些因素在现有的条件下很难衡量，本章也没有找到合乎逻辑

表4-12 联立方程模型的回归结果

Variable	3SLS1 ratio	3SLS1 parti	3SLS2 ratio	3SLS2 parti	3SLS3 ratio	3SLS3 parti	3SLS4 ratio	3SLS4 parti	3SLS5 ratio	3SLS5 parti	3SLS6 ratio	3SLS6 parti
parti	0.3646 (0.646)		0.1816 (0.298)		0.3763 (0.668)		0.3684 (0.681)		0.2177 (0.371)		0.3708 (0.622)	
pi			−0.0071 (−0.199)		−0.0163** (−2.057)		−0.0176** (−2.256)		−0.0172 (−2.138)		−0.0156 (−1.547)	
q			0 (−0.562)									
n			−0.0169* (−1.653)				−0.0325 (−1.261)		−0.0321 (−1.711)			
c			−0.0331 (−1.229)								0 (−0.421)	
ratio		0.0463 (0.175)		0.2172 (1.358)		0.3527* (1.725)		0.2023 (1.211)		0.4152** (2.06)		0.2696 (1.478)
wage	−0.1159 (−1.388)		−0.073 (−1.038)		−0.0891 (−1.396)		−0.0851 (−1.19)		−0.0514 (−0.911)		−0.1047 (−1.525)	
supe	−0.1656* (−1.775)		−0.108 (−1.352)		−0.0907 (−1.205)		−0.1133 (−1.44)		−0.0625 (−0.88)		−0.1115 (−1.384)	
rela	0.2515** (2.42)	−0.0824 (−1.201)	0.2323** (2.493)	−0.1057* (−1.669)	0.2245** (2.289)	−0.1209* (−1.714)	0.2462** (2.569)	−0.1008 (−1.594)	0.2165 (2.297)	−0.1324* (−1.801)	0.2283 (2.343)	−0.1098 (−1.664)
party		−0.117** (−2.16)		−0.117** (−2.268)		−0.1107* (−1.98)		−0.116** (−2.219)		−0.1065* (−1.884)		−0.1169** (−2.207)
mark		−0.1015* (−1.956)		−0.0947* (−1.774)		−0.0789 (−1.518)		−0.0862* (−1.688)		−0.0859 (−1.542)		−0.0828 (−1.607)

的替代变量。对合作社成员参与与合作社盈余分配单向因果联系的研究不足是本章最大的不足。

对联立方程模型中 parti 方程的结果进行分析，可以发现，当 ratio 方程加入合作社成员数量这一解释变量之后，parti 方程中解释变量 ratio 的系数就是显著的。在模型 3SLS3 和 3SLS5 中，parti 方程中解释变量 ratio 的系数显著为正，模型 3SLS2、3SLS4 和 3SLS6 中 ratio 系数的 t 值也明显大于模型 3SLS 中 ratio 系数的 t 值，这说明，在考虑到成员规模影响的条件下，合作社盈余按交易额返还的比例会对合作社成员参与产生影响，合作社的盈余分配越向按交易额返还倾斜，成员对合作社的参与程度就越高。之所以一定要加入成员规模作为 ratio 方程的控制变量，是因为成员规模与成员的参与程度共同构成了合作社总的参与情况，单独考虑合作社的成员参与是没有意义的，因为这样并不能衡量合作社的参与情况，也就不能衡量合作社盈余分配对合作社成员参与的影响。

parti 方程中解释变量 ratio 的系数为正，这就验证了式（4-4）中对 $\delta = f(\theta)$ 函数单调性的判断。合作社盈余分配中按交易额返还比例的提高，会改善成员参与合作的情况，成员拿出更多的产品与合作社交易，正是因为可以得到更多的收益。一方面，这一结论与学界对成员参与合作原因的解释相一致，从实证的角度证明了成员参与合作、与合作社发生交易的目的在于获得收益。另一方面，这个结论还可以证明农产品"卖难"，是成员参与合作社的主要原因，合作社在实际中充当了为成员打开销路的"通道"，在这个"通道"中，成员还能得到高出市场的收益。

第五节　研究结论及政策建议

一、研究结论

通过对合作社盈余分配的规范及实证研究，本章对成员异质性条件下合作社的盈余分配机制影响进行了研究。在规范分析中，本章构建了数理模型，用来分析合作社的盈余分配，在此基础上提出了一个合作社盈余分配的分析框架，并通过计量的方法对这个框架进行了实证检验。规范分析的研究结果对合作社盈余分配机制的反应层面进行了论述，证明了在理论上合作社的特征及合作社的成员参与会对合作社盈余分配产生影响，合作社的盈余分配也会影响合作社的成员参与。实证分析部分，通过对合作社盈余分配影响因素的检验，对合作社盈余分配机制进行了论述。结果表明，非核心成员参与会受到合作社盈余分配的影响；核心成员会考虑合作社特征对盈余分配的影响，但却忽视了合作社成员参与对盈余分配产生的作用。本章的研究结论可以用图4-2表示。

因此，通过对合作社盈余分配机制的研究，可以得出以下结论：

第一，合作社成员参与合作都是为了获得盈余。

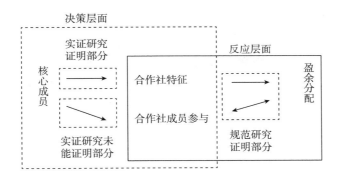

图 4 - 2　本章的研究结论

　　无论是作为核心成员的大户还是普通成员的小户，都是为了获得由合作带来的盈余。对小户而言，他们为了解决农产品"卖难"，为了享受大户提供的稀缺的资本及社会资源参与合作，本质上就是为了通过按交易额返还的形式获得合作社的盈余。因此，合作社的盈余分配方案会对小农户的参与产生显著的影响，小农户能通过按交易额得到越多的盈余，他们就越有动力参与合作。对大户而言，他们需要通过合作社扩大规模来降低固定成本，获得资本及社会资源的收益，因此大户以按股分红的形式对合作社盈余的占有提出了要求。大户制定的盈余分配方案会影响到小农户的参与，小农户的参与会影响到合作社的盈余，但大户在制定方案时并不考虑成员参与对盈余的影响。小户"用脚投票"对大户的约束有限。

　　另外，由于通过合作是可以产生盈余的，合作产生的盈余越高，对双方越有利，实证检验中解释变量"由合作带来的价格改善"程度系数显著就能够说明这个问题。因此，在异质性条件下存在核心成员控制合作社的情况，也不一定会出现"大鱼吃小鱼"的现象。相反地，随着合作收益的增加，还可以实现核心成员与普通成员的双赢。

　　第二，核心成员掌握规则制定权会对合作社盈余分配产生影响。

　　尽管在异质性合作社中可以实现核心成员与普通成员的双赢，然而，异质性合作社的盈余分配方案由核心成员制定，会对合作社的盈余分配产生影响。一方面，由于普通成员加入合作社主要是为了解决农产品"卖难"的问题，当他们在合作社中实现了农产品的销售，并能得到一定的价格改善之后，不会通过"用脚投票"的方式迫使核心成员根据他们的选择改变盈余分配策略。另一方面，尽管整体看来普通成员对合作社的交易规模很大，但由于普通成员数量众多，每个普通成员的力量有限，他们缺乏与合作社核心成员谈判的能力。在退出合作社对他们没有好处的情况下，普通成员只会选择接受由核心成员制定的盈余分配方案。

　　第三，成员数量及合作社内部关系是否稳定也会对合作社盈余分配产生影响。

　　首先，通过实证检验成员数量对合作社按交易额返还盈余比例的结果来看，异质性合作社的成员越多、规模越大，普通成员的利益就越会被核心成员侵占。一方面，尽管规模大的合作社能够更多地创造由资本及社会资源带来的价值，从而提高合作收益，但合作的收益更多地被核心成员获得；另一方面，普通成员人数越多，越难以实现一致行动，越不利于与核心成员的谈判。其次，合作社内部关系的稳定会提高按交易额返还盈余的比例。这里衡量的不只是成员与合作社交易关系的稳定，而是成员在各方面与合作社的关系是否稳定，包括是否遵从合作社的决策、是否为合作社提供相应的帮助等。

二、政策建议

就本章的政策建议而言，首先，本章从盈余分配的角度分析了异质性合作社，因此本章首先要提出针对异质性合作社的建议。其次，本章研究了合作社盈余分配与成员参与之间的关系，因此本章要针对这两个方面提出建议。最后，本章同样研究了其他会对合作社盈余分配产生影响的因素，因此本章将针对这些因素提出建议。

第一，不需要认定异质性合作社为"假合作社"，质疑他们的发展。

无论是核心成员还是普通成员，他们加入合作社的行为都是理性的，都能通过参与合作获得利益。因此，未来我国农民专业合作化发展的关键在于，如何保证在异质性合作社中普通规模成员的利益，而不是限制异质性合作社的发展。为此，政府一方面要加大对合作社制度建设的宣传，加强引导，完善监管；另一方面更要创新激励机制，奖励保障了普通成员利益的合作社。例如，在政府补贴中考虑合作社对成员的带动作用，设立专门的基金用以奖励那些对农民增收起到了极大作用的合作社，把保障成员利益作为在各级"示范社"的评定过程中重要的考虑因素，等等。

第二，增加普通成员在合作社运营管理中的作用，提高他们在合作社中的谈判权。

之所以成员参与无法影响异质性合作社盈余分配，一方面是因为普通成员谈判权缺失，不能跟核心成员谈判；另一方面则是因为他们的谈判能力与核心成员的差距很大。普通成员在合作社中的定位缺失，他们仅仅是合作社的惠顾者，而不是合作社的管理者。普通成员参与合作社运营最直接的办法就是通过成员（代表）大会，然而，上文提到了，在我们调研的59家合作社中，大部分的合作社通过理事长或者理事会来制定合作社的各项决策，通过成员（代表）大会制定这些决策的合作社仅有24家，占合作社总数的40.68%。因此，增加普通成员在合作社运营管理中的作用，首要的就是将成员（代表）大会制度落在实处，让成员（代表）大会真正成为合作社的最高权力机关，这样才能保证普通成员的利益。

核心成员掌握农村地区稀缺的资本及社会资源，他们在谈判中起到了绝对的主导作用，因为没有跟核心成员谈判的资本，普通成员只能被动接受核心成员做出的决策，包括如何分配合作社盈余。因此，必须要采取多种手段，提高成员的谈判权。例如，可以从政府层面支持引导农民合理将土地入股在合作社中。土地在农村地区已经成为稀缺资源，尽管普通成员的土地规模较小，但与核心成员相比并不具备明显劣势。

第三，在合作社的发展中提倡适度规模，注重合作社质量而非数量。

2014年的中央一号文件中提出，要在农村地区发展适度规模的家庭农场，对于合作社的发展而言，同样需要坚持适度规模。合作社会占有一定的劳动力、资本及社会资源，这些资源都有一定的规模效应，规模过大的合作社在经济上并没有优势，而且会影响到普通成员获得的合作社盈余，如果合作社规模很大但成员的参与意愿很低，这样的合作社是没有发展前景的。因此，在未来的合作社发展中，政府应当重视对合作社质量的引导，而非一味地增加合作社数量、扩大合作社规模。合作社质量的增加，能够有效地提高资源利用效率，提高合作收益，为实现核心成员与普通成员之间的双赢提供基础。

参考文献

［1］ Arellano M，S Bond. Some Tests of Specification for Panel Data：Monte Carlo Evidence and an Application to Employment Equations ［J］. Review of Economic Studies，1991，58（2）.

［2］ Iliopoulos C，Cool M L. The Efficiency of Internal Resource Allocation Decisions in Customer – owned Firms：The Influence Costs Problem ［J］. Paper Presented at the 3d Annual Conference of the International Society for New Institutional Economics Washington D C，1999（2）.

［3］ Jensen，Michael C，Meckling，William H. Theory of the Firm：Managerial Behavior，Agency Costs，and Ownership Structure ［J］. Journal of Financial Economics，1976（3）.

［4］ Jensen，Michael C. Can the Corporation Survive? ［J］ Financial Analysts Journal，1978（34）.

［5］ Peter Yao. Cooperative Law in Practice，Plunktt Foundation for Cooperative Studies ［J］. Oxford and Holyoake Books Manchester，1989（2）.

［6］ Rhodes V J. The Large Agricultural Cooperatives as a Competitor ［J］. American Journal of Agricultural Economics，1983，65（5）.

［7］ Sexton R J，Iskow J. Factors Critical to the Success or Failure of Emerging Agricultural Cooperatives ［J］. Giannini Foundation Information Series Department of Agricultural Economics，University of California – Davis，1998（2）.

［8］ Sexton R J，Iskow. The Competitive Role of Cooperatives in Market – oriented Economies：A Policy Analysis，Agricultural Cooperatives in Transition，Boulder Colo ［M］. West View Press，1993.

［9］ 陈强. 高级计量经济学及 stata 应用 ［M］. 北京：高等教育出版社，2010.

［10］ 蔡荣. 剩余创造—分配安排与农民专业合作社前景 ［J］. 改革，2012，5（5）.

［11］ 崔宝玉，陈强. 资本控制必然导致农民专业合作社功能弱化吗？［J］. 农业经济问题，2011（2）.

［12］ 崔宝玉，李晓明. 异质性合作社内源型资本供给约束的实证分析——基于浙江临海丰翼合作社的典型案例 ［J］. 财贸经济，2008（4）.

　　[13] 扶玉枝，黄祖辉．营销合作社分类型效率考察——理论框架与实证分析 [J]．中国农村观察，2012（5）．

　　[14] 郭红东，陈敏．农户参与专业合作社的意愿及影响因素 [J]．商业研究，2010（6）．

　　[15] 何安华，孔祥智．农民专业合作社对成员服务供需对接的结构性失衡问题研究 [J]．农村经济，2011（8）．

　　[16] 何安华，邵锋，孔祥智．资源禀赋差异与合作利益分配——辽宁省 HS 农民专业合作社案例分析 [J]．江淮论坛，2012（1）．

　　[17] 胡卓红．我国农民专业合作社发展的瓶颈问题与突破之策 [J]．现代财经（天津财经大学学报），2010（3）．

　　[18] 黄胜忠，徐旭初．农民专业合作社的运行机制分析 [J]．商业研究，2009（10）．

　　[19] 黄胜忠，徐旭初．成员异质性与农民专业合作社的组织结构分析 [J]．南京农业大学学报（社会科学版），2008（3）．

　　[20] 黄胜忠，徐旭初．农民专业合作社的运行机制分析 [J]．商业研究，2009（10）．

　　[21] 黄胜忠．农业合作社的环境适应性分析 [J]．开放时代，2009（4）．

　　[22] 黄胜忠．转型时期农民专业合作社的成长机制研究 [J]．经济问题，2008（1）．

　　[23] 黄祖辉，邵科．合作社的本质规定性及其漂移 [J]．浙江大学学报（人文社会科学版），2009（4）．

　　[24] 黄祖辉．农民合作：必然性、变革态势与启示 [J]．中国农村经济，2000（8）．

　　[25] 蒋燕，冯开文．农业一体化中合作社不可或缺的原因——一个新制度经济学和博弈论角度的理论与案例分析 [J]．经济研究导刊，2008（18）．

　　[26] 孔祥智，郭艳芹．现阶段农民合作经济组织的基本状况、组织管理及政府作用——23 省农民合作经济组织调查 [J]．农业经济问题，2006（1）．

　　[27] 孔祥智，蒋忱忱．成员异质性对合作社治理机制的影响分析——以四川省井研县联合水果合作社为例 [J]．农村经济，2010（9）．

　　[28] 孔祥智，史冰清．当前农民专业合作组织的运行机制、基本作用及影响因素分析 [J]．农村经济，2009（1）．

　　[29] 林坚，黄胜忠．成员异质性与农民专业合作社的所有权分析 [J]．农业经济问题，2007（10）．

　　[30] 林坚，王宁．公平与效率：合作社组织的思想宗旨及其制度安排 [J]．农业经济问题，2002（9）．

　　[31] 楼栋，仝志辉．中国农民专业合作社多元发展格局的理论解释——基于间接定

价理论模型和相关案例的分析［J］. 开放时代，2010（12）.

［32］马彦丽，孟彩英. 我国农民专业合作社的双重委托—代理关系——兼论存在的问题及改进思路［J］. 农业经济问题，2008（5）.

［33］米新丽. 论农民专业合作社的盈余分配制度——兼评我国《农民专业合作社法》相关规定［J］. 法律科学（西北政法大学学报），2008（6）.

［34］邵科，徐旭初. 成员异质性对农民专业合作社治理结构的影响——基于浙江省88家合作社的分析［J］. 西北农林科技大学学报（社会科学版），2008（2）.

［35］邵全权. 保险业结构、区域差异与经济增长［J］. 经济学（季刊），2012（1）.

［36］史宝成，赵凯. 影响农民专业合作社融资的因素分析——基于陕西关中地区的调查［J］. 江苏农业科学，2013（2）.

［37］宋茂华. 农民专业合作社收益分配机制及影响因素分析［J］. 经济与管理，2012（9）.

［38］孙亚范，余海鹏. 农民专业合作社成员合作意愿及影响因素分析［J］. 中国农村经济，2005（6）.

［39］孙晓红，张慧娟. 中国合作社的盈余分配制度研究［J］. 经济研究导刊，2012（5）.

［40］谭智心，孔祥智. 不完全契约、非对称信息与合作社经营者激励——农民专业合作社"委托—代理"理论模型的构建及其应用［J］. 中国人民大学学报，2011（5）.

［41］仝志辉，楼栋. 农民专业合作社"大农吃小农"逻辑的形成与延续［J］. 中国合作经济，2010（4）.

［42］王军. 合作社治理：文献综述［J］. 中国农村观察，2010（2）.

［43］［美］西奥多·W. 舒尔茨. 改造传统农业［M］. 梁小民译. 北京：商务印书馆，2006.

［44］徐旭初. 合作社的本质规定性及其它［J］. 农村经济，2003（8）.

［45］徐旭初. 合作社文化：概念、图景与思考［J］. 农业经济问题，2009（11）.

［46］徐旭初. 农民合作组织大有作为［J］. 农村经营管理，2010（3）.

［47］徐旭初. 农民专业合作社发展辨析——一个基于国内文献的讨论［J］. 中国农村观察，2012（5）.

［48］徐旭初. 中国农民专业合作经济组织的制度分析［M］. 北京：经济科学出版社，2005.

［49］应瑞瑶. 合作社的异化与异化的合作社——兼论中国农业合作社的定位［J］. 江海学刊，2002（6）.

［50］苑鹏. 对公司领办的农民专业合作社的探讨——以北京圣泽林梨专业合作社为例［J］. 管理世界，2008（7）.

［51］苑鹏. 合作社与股份公司的区别与联系［J］. 教学与研究，2007（1）.

［52］苑鹏. 农民专业合作组织与农业社会化服务体系建设［J］. 农村经济，2011

(1).

［53］张菊，邓军蓉．农民专业合作社盈余分配的实证分析——以湖北省为例［J］.会计之友，2012（17）.

［54］张晓山．促进以农产品生产专业户为主体的合作社的发展——以浙江省农民专业合作社的发展为例［J］.中国农村经济，2004（11）.

［55］张晓山．农民专业合作社的发展趋势探析［J］.管理世界，2009（5）.

［56］张颖，任大鹏．论农民专业合作社的规范化——从合作社的真伪之辩谈起[J].农业经济问题，2010（4）.

本章附录

农民专业合作社调查问卷

尊敬的理事长：

您好！这是一份成员异质性背景下探讨合作社发展现状、服务功能、内部治理、外部环境与组织绩效的调查问卷，依托国家自然科学基金项目，拟通过探究成员异质性对合作社发展的影响，创新传统合作社理论，并为相关部门出台政策提供参考。问卷所涉及问题没有正误之分，请根据实际情况回答。我们承诺，您所提供信息只用于学术研究，绝不外泄。

非常感谢您对我国合作社事业的支持！

中国人民大学中国合作社发展研究院

调查时间：_____年____月____日 _____省____市____县____乡____村

合作社全称：_____理事长姓名：_____联系方式：_____

调查员姓名：_____联系方式：_____

一、合作社基本情况

1. 合作社成立时间是_____年____月；发起人有____位；合作社成立时成员总数有____位。

2. 合作社注册时间是_____年____月；注册资本有____万元；主营业务是_____。

3. 合作社由谁牵头：①村干部 ②政府部门 ③产销大户 ④企业 ⑤农技员 ⑥供

销社　⑦其他_____

　　4. 当初成立合作社的最主要原因是：

①自发合作，以降低产前、产中、产后环节成本（以降低成本为主）

②市场力量拉动，成立合作社便于产品走向市场（以市场需求拉动为主）

③政府力量推动，成立合作社便于获得政府支持

　　5. 合作社现有成员____人，其中农民占____%，有____个企业、事业单位或社会团体成员。

　　6. 合作社现有固定资产____万元，流动资产____万元；目前合作社大约负债____万元。

　　7. 目前合作社属于哪级示范合作社：①国家级　②省级　③市级　④县级　⑤无

二、理事长基本情况

　　8. 性别：①男　②女；年龄（周岁）：____；是否中共党员：①是　②否；已任职____年。

　　9. 文化程度：①未接受正式教育　②小学　③初中　④高中　⑤大学及以上

　　10. 成立时您在合作社出资额为____万元，占成员总出资额的____%，是最高的吗？①是　②否

　　11. 目前您在合作社出资额为____万元，占成员总出资额的____%，是最高的吗？①是　②否

　　12. 成立时您与合作社交易额为____万元，占成员总交易额的____%，是最高的吗？①是　②否

　　13. 目前您与合作社交易额为____万元，占成员总交易额的____%，是最高的吗？①是　②否

　　14. 您有没有在合作社领工资或者误工补贴？①有（去年领到____万元）　②无

　　15. 您有如下经历吗？（多选）①乡镇干部　②村干部　③个体户　④企业员工⑤农技人员　⑥产销大户　⑦其他____

以下陈述请根据您自己的体会，在相应的数字处打"√"，以表达您的赞同程度：1表示非常不同意，2表示有点不同意，3表示不确定，4表示有点同意，5表示非常同意。

16. 您的才能在合作社中得到了充分发挥	1　2　3　4　5
17. 您对合作社给您的回报很满意	1　2　3　4　5
18. 合作社成员对您的监督很严格	1　2　3　4　5
19. 您感受到了来自政府部门对合作社的监督	1　2　3　4　5

三、合作社成员异质性（成员差异情况）

以下各种陈述是您对自己所在合作社的一些看法或感受，请根据您自己的体会，在相应的数字处打"√"，以表达您的赞同程度：1 表示非常不同意，2 表示有点不同意，3 表示不确定，4 表示有点同意，5 表示非常同意。同时，请回答题干中的具体问题。

	整体而言	理事会之间	理事会与普通成员之间
20. 成员的区域跨度很大 成员来自：①本村 ②跨村 ③跨乡 ④跨县 ⑤跨市及以上	1 2 3 4 5	1 2 3 4 5	1 2 3 4 5
21. 成员之间的年龄差别很大 年龄最大的____岁，最小的____岁	1 2 3 4 5	1 2 3 4 5	1 2 3 4 5
22. 成员之间的文化程度差别很大 最高的是____；最低的是____	1 2 3 4 5	1 2 3 4 5	1 2 3 4 5
23. 成员之间的经营规模差别很大 最大的是____；最小的是____（填几亩/只/头等）	1 2 3 4 5	1 2 3 4 5	1 2 3 4 5
24. 成员在合作社的出资额差别很大 出资额最大的 5 位成员的出资额占总出资额的____%	1 2 3 4 5	1 2 3 4 5	1 2 3 4 5
25. 成员生产的产品产量差别很大	1 2 3 4 5	1 2 3 4 5	1 2 3 4 5
26. 成员生产的产品质量差别很大	1 2 3 4 5	1 2 3 4 5	1 2 3 4 5
27. 成员使用的投入品数量差别很大	1 2 3 4 5	1 2 3 4 5	1 2 3 4 5
28. 成员使用的投入品质量差别很大	1 2 3 4 5	1 2 3 4 5	1 2 3 4 5
29. 成员的非农收入差别很大	1 2 3 4 5	1 2 3 4 5	1 2 3 4 5
30. 成员的社会活动能力差别很大	1 2 3 4 5	1 2 3 4 5	1 2 3 4 5
31. 成员的经营目标差别很大	1 2 3 4 5	1 2 3 4 5	1 2 3 4 5
32. 成员在合作社中的任务和角色差异很大	1 2 3 4 5	1 2 3 4 5	1 2 3 4 5

四、合作社服务功能

33. 合作社是否为成员提供农资购买服务？

①是（有____%的成员通过合作社购买农资，合作社统一购买能比市场价低____%）
②否

34. 合作社是否为成员提供技术服务？

①是（有____%的成员通过合作社得到技术服务，该服务是否收费：a. 是　b. 否）
②否

35. 合作社是否为成员提供农产品销售服务？

①是（有____%的成员通过合作社销售产品，合作社统一销售能比市场价高____%）
②否

36. 合作社是否为成员提供资金借贷服务?
①是（资金来自（多选）：a. 理事长　b. 合作社　c. 成员互助资金　d. 其他____）
②否

37. 合作社是否为成员提供信息服务?
①是（包括（多选）：a. 市场信息　b. 政策信息　c. 行业技术信息　d. 其他____）
②否

38. 合作社是否对成员的农产品有质量要求?
①是（如何控制：a. 产品分级　b. 生产时监督　c. 培训后让成员自觉　d. 其他____）
②否

39. 合作社是否有自己的办公场所：①是　②否；是否有专门为社员服务的设施：①是　②否

40. 合作社是否注册了商标：①是（注册时间：____）②否
合作社是否有自己的网站：①是（开通时间：____）②否

41. 合作社是否具备农产品初加工能力：①是　②否

42. 合作社是否进行了产品认证：①是（类型：a. 无公害　b. 绿色　c. 有机；时间____）②否

43. 合作社是否对非合作社成员提供服务?

服务内容	是否服务非成员（①是；②否）	服务户数
农资购买		
技术服务		
产品销售		
资金借贷		
信息服务		
加工服务		

五、合作社内部治理

（一）三会制度

44. 是否组织召开成员（代表）大会？①是　②否

45. 是否组织召开理事会议？①是　②否
理事会成员是否拿工资？①是　②否

46. 是否组织召开监事会议？①是　②否
监事会成员是否拿工资？①是　②否

47. 成员（代表）大会（　　）、理事会（　　）、监事会（　　）分别实行哪种表决方式?
①一人一票　　　　　　　　　②一股一票，无上限

③按股份比例，但每个人票数有上限　　④按交易量，但每个人票数有上限

⑤按交易量，每个人票数无上限　　　　⑥不投票，由合作社领导决定

48. 每次会议有否会议记录？①没有记录　②有时有记录　③每次有记录

（二）财务制度

49. 合作社是否有严格的财务管理规章制度？①是　②否

50. 合作社是否有专职财务工作人员（如会计、出纳等）？①是　②否

51. 会计资料是否完整？①很不完整　②不太完整　③一般　④比较完整　⑤很完整

52. 是否向全体社员公开财务和运营情况？①是　②否

公开情况：①全部公开　②部分公开

是否有外部力量（如农业部门）进行监督？①是　②否

53. 是否有成员资金账户？①是　②否

是否有成员产品交易记录？①是　②否

是否有成员农资交易记录？①是　②否

（三）决策机制

54. 合作社的投资决策（如为合作社添置设备）主要由谁做出？①理事长　②理事会　③成员（代表）大会

请描述一次合作社投资决策：＿＿＿＿＿＿＿＿＿＿

55. 合作社的融资决策（如向银行贷款）主要由谁做出？①理事长　②理事会　③成员（代表）大会

请描述一次合作社融资决策：＿＿＿＿＿＿＿＿＿＿

56. 合作社的收益分配制度主要由谁制定？①理事长　②理事会　③成员（代表）大会

57. 合作社盈余或利润的主要分配方式（单选）：

①按交易额（量）返还　　　　②按股分红　　　　③平均分配给社员

④按交易额（量）返还与按股分红相结合，以按交易额（量）分配为主

⑤按交易额（量）返还与按股分红相结合，以按股分红为主

若涉及按交易额（量）返还，则按交易额（量）返还的比例为＿＿＿＿＿＿＿％

58. 合作社是否在盈余或利润中提取积累：

①是（其中公积金＿＿＿％，公益金＿＿＿％，风险金＿＿＿％）　②否

59. 合作社在收购社员的产品时，是否支付高于市场行情的价格？①是　②否

合作社向社员收购产品时是否根据质量等级，支付不同的价格？①是　②否

60. 合作社农资采购决策由谁做出？①理事长　②理事会　③成员（代表）大会

合作社产品销售决策由谁做出？①理事长　②理事会　③成员（代表）大会

合作社新技术采纳由谁决定？①理事长　②理事会　③成员（代表）大会

61. 您认为目前的合作社决策机制效率如何？①很低效　②比较低效　③一般　④较高效　⑤很高效

（四）人事安排

62. 吸收新社员由谁决定？①理事长　②理事会　③成员（代表）大会　④自由加入

63. 新社员入社时是否有规模要求？①是　②否

64. 新社员加入时是否需要比最初加入的社员缴纳更多的股金费用？①是　②否

65. 合作社是否有职业经理？①是（近3年工资____元/月、____元/月、____元/月）②否

66. 职业经理由谁决定？①理事长　②理事会　③成员（代表）大会

67. 合作社是否有管理人员？①是（近3年工资____元/月、____元/月、____元/月，人数：____人）②否

68. 合作社是否有明确的更换理事会程序？①是　②否

自合作社成立后是否更换过理事长？①是　②否

自合作社成立后是否更换过理事会成员？①是　②否

69. 理事会成员是否领取一定的报酬（工资/津贴等）？①是　②否

70. 合作社是否有明确的长期发展战略？①是　②否

71. 合作社的长期发展战略由谁制定？①理事长　②理事会　③成员（代表）大会

请描述一次合作社发展战略制定：_____

六、合作社外部环境

请对以下各项政府提供的服务进行打分。根据您自己的体会，在相应的数字处打"√"：1表示非常不满意，2表示有点不满意，3表示不确定，4表示有点满意，5表示非常满意。

72. 为合作社成立进行宣传发动	1　2　3　4　5
73. 帮助合作社制定章程	1　2　3　4　5
74. 为合作社提供免费或优惠登记服务 若收费，标准是_____	1　2　3　4　5
75. 为合作社提供办公场所或设施	1　2　3　4　5
76. 为合作社提供市场信息或销售渠道	1　2　3　4　5
77. 为合作社提供技术培训与服务	1　2　3　4　5
78. 为合作社提供法律咨询或援助	1　2　3　4　5
79. 帮助合作社获取贷款或提供担保	1　2　3　4　5
80. 为合作社提供现金补贴或奖励 合作社累计获得财政奖补资金_____万元	1　2　3　4　5
81. 为合作社提供实物补贴或奖励 累计实物补贴估价约_____万元	1　2　3　4　5
82. 整体而言，您感觉当地政府对合作社支持力度怎样？	1　2　3　4　5

83. 当地（区县）政府是否出台了支持合作社发展的指导意见：①是　②否

84. 合作社成立以来是否遇到过资金短缺的情况：①是　②否

如遇到过，是通过何种渠道解决的：①没有解决　②农村信用社　③民间借贷　④商业银行　⑤村镇银行　⑥成员筹资　⑦政府扶持　⑧其他_____

85. 合作社成立以来，是否从金融机构获得过贷款：①是（共贷款_____次）②否

如果获得过贷款，主要是何种贷款：①信用贷款　②抵押贷款　③担保贷款　④其他

如果没有获得贷款，您认为主要原因是什么：①无抵押品　②无担保方　③贷款额度小，银行不愿贷　④贷款周期短，银行不愿贷　⑤银行对合作社不了解不认可　⑥其他

86. 如果获得过担保贷款，是何种担保？①政策性担保机构　②涉农企业　③商业性担保企业　④成员互保　⑤合作社互保　⑥其他

87. 金融机构是否给予合作社一定授信额度：①是（机构名称：_____　额度：_____）②否

是如何获得的？①政府帮助　②成员个人关系　③合作社集体公关　④金融机构支持⑤其他

88. 金融机构是否给予合作社一定利率优惠：①是（机构名称：_____　优惠：_____）②否

是如何获得的？①政府帮助　②成员个人关系　③合作社集体公关　④金融机构支持⑤其他

89. 当地正规金融机构贷款利率一般是多少？_____%/年

民间借贷的利率一般是多少？_____%/年

90. 合作社成立以来最大的一笔贷款情况

（1）贷款金额_____万元；年利率：_____%；贷款期限：_____年。

（2）贷款来源？①农村信用社　②农业银行　③村镇银行　④邮政储蓄银行　⑤其他商业银行

（3）以谁的名义贷的？①合作社　②社长　③其他成员　④其他

（4）贷款种类？①信用贷款　②抵押贷款　③成员联保贷款　④第三方担保贷款⑤其他

（5）贷款用途？①购买生产资料　②收购成员产品　③建设仓储设施或加工厂④购置运输设备　⑤建造办公场所　⑥建设生产基地　⑦转贷给成员　⑧合作社日常运作⑨其他

91. 合作社可供选择的种苗、农资等生产资料供应厂家多吗：①很少　②比较少　③一般　④比较多　⑤很多

92. 合作社接收新品种、新技术的渠道多吗：①很少　②比较少　③一般　④比较多⑤很多

主要有哪些渠道（选出前三项并排优先顺序）：_____、_____、_____

①科研院所　②政府技术推广部门　③大户经验　④厂家培训推介　⑤其他

93. 合作社可供选择的产品销售渠道多吗：①很少　②比较少　③一般　④比较多⑤很多

当地是否有其他企业或个人也收购成员产品：①是　②否

94. 当地流转土地难吗：①很难　②较难　③一般　④较容易　⑤很容易

合作社是否流转土地？①是　②否；流转面积＿＿＿＿＿＿亩；每亩租金＿＿＿＿＿＿元/年

95. 当地劳动力外出打工比例是＿＿＿＿＿＿％，当地（一般指村）雇工价格是＿＿＿＿＿＿元/天。

96. 当地农民对合作社的认识程度如何：①很不了解　②不了解　③一般　④较了解⑤很了解

97. 您认为影响合作社发展的主要因素是（选出前三项并排优先顺序）：＿＿＿＿＿＿、＿＿＿＿＿＿、＿＿＿＿＿＿

①政府支持　②合作社领导　③合作社资金　④合作社社会资源　⑤合作社成员素质⑥其他

98. 您认为制约本社发展的主要困难是（选出前三项并排优先顺序）：＿＿＿＿＿＿、＿＿＿＿＿＿、＿＿＿＿＿＿

①政府支持不够　②合作社领导不力或管理不善　③缺少资金　④缺少社会资源⑤成员合作意识不强，对合作社不够信任　⑥市场销路打不开　⑦其他

七、合作社经营绩效

99. 去年合作社经营收入＿＿＿＿＿＿万元，支出＿＿＿＿＿＿万元，其中工资支出＿＿＿＿＿＿万元，纳税＿＿＿＿＿＿万元，社会公益支出＿＿＿＿＿＿万元。

100. 债务的负担方式：①按股分摊　②平均分摊　③由理事长承担　④其他＿＿＿＿＿＿

101. 合作社成员通过合作社获得的收入平均约＿＿＿＿＿＿万元，其中最多的有＿＿＿＿＿＿万元，最少的有＿＿＿＿＿＿万元。

102. 合作社带动成员增收的效果：①很不明显　②较不明显　③一般　④较明显⑤很明显

103. 成员对合作社的满意度：①很不满意　②较不满意　③一般　④较满意　⑤很满意

成员与合作社的关系稳定吗？①很不稳定　②较不稳定　③一般　④较稳定　⑤很稳定

合作社的凝聚力如何？①很弱　②较弱　③一般　④较强　⑤很强

104. 成员对合作社事务的参与度：①低　②较低　③一般　④较高　⑤高

105. 合作社对合作社外农户的吸引力：①很小　②较小　③一般　④较大　⑤很大

106. 合作社盈利能力与前两年相比：①差很多　②较差　③一般　④较好　⑤好很多

盈利能力与同类合作社相比：①差很多　②较差　③一般　④较好　⑤好很多

107. 对合作社的发展前景：①很不看好　②不太看好　③一般　④较看好　⑤很看好

八、需要调查员根据自己的判断填写的题目

108. 合作社目前处于哪个阶段：①初创期　②发展期　③成熟期　④衰退期

合作社的品牌化阶段：①起步阶段　②发展阶段　③成熟阶段

109. 请判断合作社的异质性类型：①理事长一人控制　②主要成员完全控制　③核心成员主要控制　④同质性成员平权式控制

110. 合作社的成立过程中哪种要素的作用最为突出（单选）：①资金　②劳动力　③土地　④社会资本　⑤企业家才能

111. 目前合作社主要以哪种要素作为盈余分配依据（单选）：①资金　②劳动力　③土地　④社会资本　⑤企业家才能

112. 目前合作社发展主要依靠：①资金　②劳动力　③土地　④社会资本　⑤企业家才能

第五章　资产专用性与农民合作社的盈余分配

第一节　资产专用性、谈判实力与农民合作社利益分配[①]

一、问题的提出

受成员资源禀赋、生产策略、所处产业链的位置、多元化经营和联合的方式以及合作社进行产品创新所采取的市场策略等因素的影响（Iliopoulos and Cook，1999；Karantininis and Zago，2001；赵凯，2012；赵晓峰、何慧丽，2012），成员异质性已成为中国农民合作社发展的常态。成员异质性最直接的表现形式是合作社成员分层（何安华等，2012），直观上而言即合作社分化成核心成员与普通成员两大群体。核心成员往往是资金、社会资本等合作社核心资源的提供者。同时，为弥补核心成员提供核心资源所承担的成本与风险，核心成员也必然会要求在合作社发展中掌握更多的剩余控制权，最终表现为核心成员对合作社的控制（徐旭初，2005）。这种控制会影响到合作社系列的制度安排。

在核心成员控制的背景下，学术界与政策制定者尤为关注核心成员控制对合作社分配制度的影响。理论上而言，合作社追求社会公平与经济效率的双重属性（傅晨，2006；黄胜忠、徐旭初，2008；任大鹏、于欣慧，2013），决定了合作社理应实行体现全体成员利益的按交易量（额）返还的盈余分配方式（郑丹，2011）。但是从已有文献来看，几乎所有的研究都一致地认为核心成员控制必然会使得合作社制定出有利于核心成员的分配方式，即采取完全按资本返还盈余的分配方式，致使普通成员利益被忽视（张晓山，2004；李玉勤，2008；邵科、徐旭初，2008；白晓明，2010）。一些学者还强调了由核心成员绝对控制造成的"精英俘获"问题，并指出核心成员控制易发生"大农吃小农"的现象（温铁军、杨帅，2012）。这类核心成员控制的合作社也因此被许多学者诟病为"假合作社"，许多学者也由此质疑农民专业合作社的发展前景（仝志辉、温铁军，2009；熊万胜，2009；张颖、任大鹏，2010；苑鹏，2013；邓衡山、王文烂，2014）。

---

① 执笔人：周振、孔祥智。

然而，核心成员控制必然会导致普通成员利益被忽视吗？针对现有研究，我们有如下两点质疑：第一，现实中即便是在核心成员控制、普通社员几乎不参与经营决策的情况下，合作社也并非都出现了普通成员利益得不到体现或被严重侵占的现象。据调查，还是有部分合作社实施了体现普通成员利益的按交易量（额）返还的分配方式（孔祥智等，2012；周振、孔祥智，2015）。我们知道，在核心成员控制下合作社的分配制度大多体现的是核心成员的意志。那么，核心成员采取的按交易量（额）返还的有利于普通成员的分配方式，是对《农民专业合作社法》提倡的分配方式的尊重，还是对乡里的奉献，抑或是在与普通成员的谈判和博弈中的妥协呢？或者说为什么在核心成员控制，并且核心成员具备能力忽视普通成员利益的前提下，核心成员仍会选择让利于普通成员呢？显然，"核心成员控制，普通成员利益被忽视"的理论分析思路已无法对这一现象进行解释了。第二，既然普通成员的利益在合作社分配制度中已被忽略，那么现实中普通成员为何并没有选择"用脚投票"，而是依然与合作社保持了相对稳定的合作关系呢？众所周知，普通成员是拥有退出权的，那么他们在利益得不到体现时为何没有选择退出呢？同时，核心成员难道就不担心普通成员退出给合作社带来冲击吗？这也是现有研究尚未涉及的部分。为此，我们有必要对合作社分配制度的形成机制进行研究，解释为什么有的核心成员会选择让利，而有的核心成员会并且能够独占合作社全部剩余。分配制度是合作社的核心构建（冯开文，2006），也是影响合作社稳定、发展与壮大的关键因素（孙亚范，2008；孙亚范、余海鹏，2012；Bijman et al.，2012），因此本节的研究具有较强的现实意义。

为此，本节将从"资产专用性—谈判实力"的角度出发，分析合作社分配制度的内生演化过程。事实上，合作社的分配制度可视为核心成员与普通成员博弈、谈判的结果，因此谈判实力直接影响到双方的分配份额。已有文献指出，专用性与专有性是影响谈判实力最为重要的两个关键因素（杨瑞龙、杨其静，2001）。"专用性"是指某种资产价值严重依赖于一体化组织或某个生产团队，一旦离开组织再改作他用，其价值将大跌（Williamson，1979；杨瑞龙、杨其静，2001）；而"专有性"资源是一个企业或组织的发生、存在或发展的基础，它们的参与状况直接影响到组织租金的大小或其他团队成员的价值（杨瑞龙、杨其静，2001）。我们知道核心成员是合作社的直接创办者，是合作社的领军式人物，因而他们几乎是所有合作社"专有性"资源的直接提供者，而且杨瑞龙、杨其静（2001）的研究指出"专有性"是分享组织租金的谈判力基础，这也是核心成员占据合作社大部分剩余的重要原因。可见，"专有性"能够解释核心成员占据剩余的现象，这一点与核心成员控制理论相类似。但是，"专有性"仍然无法解释核心成员让利的现象。我们认为这可能与"专用性"资产相关联，这是因为不同合作社中核心成员与普通成员专用性资产投资情况的差别是很大的。也就是说影响分配制度的两大因素中，仅"专用性"在合作社中是变化的，而"专有性"则几乎为恒量。这也就决定了我们的研究应从"专用性"入手。

二、理论模型与研究假说

（一）谈判实力与利益分割

核心成员 C（Core Member）与普通成员 O（Ordinary Member）是合作社利益分配的两大群体，因此，我们的理论模型也集中讨论利益在这两个群体间的分配情况。这里的利益分配不仅包括合作社事前支付给普通成员的要素租金，也包括事后支付的产品价格以及合作社的盈余。因而，合作社的利益分配情况我们可以用纳什讨价还价博弈模型（Nash，1950）来刻画。核心成员与普通成员的博弈时间序列见图 5－1 所示：

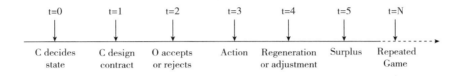

图 5－1 普通成员与核心成员博弈的时间序列

博弈过程如下：①在 t＝0 时，由 C 发起谈判，这一点符合合作社实践。这时 C 具有某种产品或要素的需求，但限于自身资产禀赋不能够生产或不能全额生产，O 拥有这些产品或要素，因而 C 的需求与 O 的供给构成了共同信息。C 有激励与 O 建立一种合作契约。这种合作契约在实践中表现为 C 领办了一个合作社，这也是许多合作社成立的原因。②在 t＝1 时，C 订立一个交易契约，希望通过这个契约吸引 O 加入合作社或参与交易。③在 t＝2 时，O 可能接受 C 提出的合作契约，也可能拒绝，双方还可能会就契约的具体内容进行谈判。这也正是我们所探讨的重点。④在 t＝3 时，契约执行，C 与 O 按照契约的初始安排投资。⑤在 t＝4 时，以前的自然状态均已揭示，如果双方发现契约的初始安排与自然状态不符或契约的执行结果偏离预期，并且双方愿意继续签约，那么双方会对契约进行再谈判或调整。⑥在 t＝5 时，双方获得合作剩余，合作契约的单周期结束。⑦后面的过程将重复上述的契约流程。

为分析的一般化，我们以 i、j 代表 C 与 O。我们记 i 提出的分配方案为 (ξ_{ii}, ζ_{ji})，j 提出的分配方案为 (ξ_{ij}, ζ_{jj})。在讨价还价的谈判中，若双方选择不合作，我们称这一结果为冲突结果 (d_i, d_j)，假定 i 与 j 的效用是利益分配的函数，则相应的保留效用为 $(\overline{U}_i, \overline{U}_j) = (U_i(d_i), U_j(d_j))$。作为 i、j 的参与约束，$(U_i(d_i), U_j(d_j))$ 称为讨价还价的威胁点，见图 5－2 中的 D 点。只要有一方选择不合作的策略，那么采取这种策略的一方将获得保留效用，也可以视为讨价还价的机会成本（Selten and Leopold，1980）。

在图 5－2 中，阴影部分为 i 和 j 的效用可行集，进一步假定可行集为紧凸集。垂直线 YD 与水平线 DX 与阴影部分的交集 YEXD 为双方的谈判集，假说这个谈判集为 X。在这个谈判集合里，任何一个点都满足 $U_i > U_i(d_i)$，$U_j > U_j(d_j)$。在满足线性不变形、有效性、独立于无关选择以及对称性的假说前提下，Nash（1950，1953）指出均衡解将是唯一的：

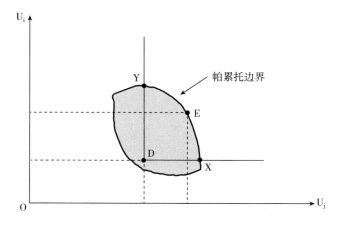

图 5 - 2　契约安排与讨价还价

$$U^* = \underset{U \in X, U \geqslant \overline{U}}{\text{argmax}} (U_i - \overline{U}_i)(U_j - \overline{U}_j) \tag{5-1}$$

假设折现率为0。图5 - 2通过坐标平移，使得原点平移到点D，则新博弈为威胁点为0的规范化博弈，即分馅饼博弈，见图5 - 3所示。在新的博弈中，假设在t回谈判中，i提出的分配方案为$(U_i(X_{ii}^t), U_j(X_{ji}^t))$，而j提出的分配方案为$(U_i(X_{ij}^t), U_j(X_{jj}^t))$。其中，$X_{ii}^t > X_{ij}^t$，$X_{jj}^t > X_{ji}^t$，$X_{ij}^t$表示在t回合i接受j提出的方案。

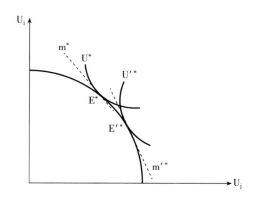

图 5 - 3　不同谈判实力的均衡分析

Nash（1950，1953）指出对于分馅饼模型其均衡解只需满足 $\max U_i U_j$，不过这一均衡解是建立在i、j具有同等谈判实力的基础上。实际上，在合作社里核心成员与普通成员的谈判实力是存在较大差异的。个体的谈判实力受制度、经济情况等各种因素的影响，它能够影响个体的谈判结果但是并不直接影响个体的效用函数（Svejnar，1986），因而可以视为一个外生变量。在本节中，我们可以将谈判实力写成制度、经济等各种因素 Z 的函数，如式（5 - 2）所示：

$$\beta(Z)\mid 0<\beta<1,\sum\beta=1,\frac{\partial X}{\partial\beta}>0,\lim_{\beta_{i,j}\to0}U_{i,j}(X_{i,j})=U_{i,j}(d)=0,\lim_{\beta_{i,j}\to1}U_{i,j}(X_{i,j})=$$

$$U_{i,j}(X)=1 \tag{5-2}$$

我们假定 i、j 的谈判实力分别为 β_i、β_j。从而，模型的均衡解为：

$$\max U^*(X_i,X_j)=U_i(X_i)^{\beta_i}U_j(X_j)^{\beta_j} \tag{5-3}$$

$$\text{s. t.} \qquad X_i+X_j=X \tag{5-4}$$

对式（5-2）做对数变换，根据式（5-3）的约束条件构建拉格朗日方程：

$$F=[\beta_i\ln U_i(X_i)+\beta_j\ln U_j(X_j)]-\lambda(X-X_i-X_j) \tag{5-5}$$

分别对 X_i、X_j 求一阶导数，令其为 0，得到：

$$\lambda=\beta_i\times\frac{U'_i(X_i)}{U_i(X_i)}=\frac{\beta_i}{\alpha_i}=\frac{\beta_j}{\alpha_j} \tag{5-6}$$

其中，$\alpha_i=\dfrac{U_i(X^t_{ij})}{U'_i(X^t_{ij})}$，$\alpha_j=\dfrac{U_j(X^t_{ji})}{U'_j(X^t_{ji})}$，Svejnar（1986）指出 α_i、α_j 为 i、j 在 t 回合中对 X^t_{ij}、X^t_{ji} 的破裂担心程度（Fear of Disagreement）。

Nash（1950，1953）指出模型的均衡点处于谈判集的边界与曲线 $U^*(X_i,X_j)$ 的切点处，见图 5-3 中的 E^* 点与 E'^* 点。

假定 i、j 的风险态度保持不变，由函数 $U^*(X_i,X_j)=U_i(X_i)^{\beta_i}U_j(X_j)^{\beta_j}$，其中 $\beta_i+\beta_j=1$，由隐函数求导，可得：

$$\frac{dU_i}{dU_j}=\left(1-\frac{1}{\beta_i}\right)\frac{U_i}{U_j}<0$$

由于模型均衡解处于谈判集的边界与曲线 $U^*(X_i,X_j)$ 的切点处，因而 $\dfrac{dU_i}{dU_j}$ 即为图 5-3 中直线 m^* 和 m'^* 的斜率。假设直线 m^* 与 X 轴相交的锐角为 θ，那么有 $\tan\theta=\left|\dfrac{dU_i}{dU_j}\right|$，对 β_i 求导，可得：

$$\frac{d}{d\beta_i}\left|\frac{dU_i}{dU_j}\right|=-\frac{U_j}{2U_i\beta_i^3}<0 \tag{5-7}$$

若 i 的谈判实力减弱（即 j 的谈判实力相对增强），意味着 $\left|\dfrac{dU_i}{dU_j}\right|$ 的取值将变大，即曲线 m^* 的斜率的绝对值将变大。因而，曲线 m^* 将变得更为陡峭，如 m'^* 所示，如此模型的均衡解将向有利于 j 的方向偏移，从而 j 将获得更多的支付。

因此，我们提出 H1：无论是普通成员还是核心社员，任何一方谈判实力的增强，都有利于他们在合作社里分得更多的利益。

（二）资产专用性与谈判实力的决定

依据 Williamson - Grossman - Hart 的理论，资产专用性（Asset Specificity）是"在不牺牲其生产价值的条件下，某项资产能够被重新配置于其他替代用途或是被替代使用者重新调配使用的程度"，即当某种资产在某种用途上的价值大大高于在任何其他用途上的价值时，那么该种资产在该种用途上就是具有专用性的（Williamson，1985；Grossman and Hart，1986；Hart and Moore，1990）。Williamson（1984）强调了资产专用性对交易的重要性，他认为限定交易维度的因素包括资产专用性、不确定性程度和交易频率，其中最为重要的是资产专用性。资产专用性实际上测度的是某一资产对交易的依赖程度，专用性投资一旦发生便很难转移到其他用途上，会被牢牢地锁定在特定形态上（Williamson，1985）。Klein 等（1978）指出，双方在进行交易时，其中一方进行专用性资产投资后，就会形成专用性准租，进而使得自己处于交易的劣势，交易的另一方此时会以终止交易相要挟，尽可能地攫取这一专用性准租，即出现了敲竹杠现象。由资产专用性带来的敲竹杠现象，反映出了资产专用性与双方谈判实力之间的关系，即资产专用性会降低交易方的谈判实力。

杨瑞龙、杨其静（2001）的研究也指出了专用性削弱要素主体的谈判权。由于专用性资产的价值依赖于团队其他成员，当事人的退出威胁难以令人相信，甚至会导致"下赌注者"的准租金在事后遭到剥削。同时，由于专用性资产移作他用时必然发生贬损，出于对保值增值的考虑，专用性资产投资者必然缺乏撤资的积极性，处于一种被"套牢"的状态（Williamson，1985）。

在农民合作社中，社员入社自愿、退社自由，在权利得不到满足时，社员可选择退出合作。而资产专用性事实上恰好反映了社员的退出能力。资产专用性高的要素投资主体对其他社员或组织发展的依赖强，且退出能力较弱，为了维持合作关系，将被迫进行妥协。例如，当核心成员拥有的关键资源相对具有较强专用性时，其面临的被敲竹杠的风险随之增加，为增强社员满意度及忠诚度，保证合作社规模效益的有效发挥，核心成员会给予普通成员更多的服务和让利；而当核心成员的优势资源为销售渠道、资金或社会资本时，由于这些资源专用性较弱，可较容易地将其转移至其他领域，因而缺乏让利社员的内在激励。尤其是在市场资源匮乏的地区，相比核心成员具有的可适用于多种产品的销售资源，普通成员所生产的农产品具有很强的专用性，只要合作社能够解决其"卖难"问题，普通成员往往默许核心成员获得更多好处，在这种情况下普通成员时常会被核心成员敲竹杠。因此准确地说，合作社中谈判实力是由要素双方相对资产专用性的大小决定的。资产专用性、谈判实力与利益分配的逻辑关系见图 5－4 所示。在这里，谈判实力充当了资产专用性作用于利益分配的中介变量。

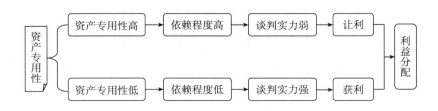

图 5－4　资产专用性、谈判实力与利益分配逻辑

据此，我们提出 H2：农民合作社中，核心成员与普通成员的相对资产专用性决定了双方谈判实力的大小；一方的资产专用性相对越强，谈判实力则越弱，利益分配份额也越少。

三、研究设计

（一）方法选择

本节拟选择多案例对比研究的方法，对资产专用性通过影响谈判实力，进一步影响合作社利益分配的作用机制进行验证。选择多案例对比研究的方法，有如下几个理由：第一，单一案例很难证明资产专用性的不同是如何决定着合作社利益分配的，许多合作社的资产专用性特征在一定时间段内往往是固定不变的，因而很难形成"实验组"与"对照组"。这就需要通过多案例的研究方法，划分出"实验组"与"对照组"。第二，采用多案例对比的研究方法，能够更好地分析资产专用性影响利益分配的作用机制，也有利于理论的建立与拓展。第三，作为一种经验性的研究方法，案例研究能够很好地解释"怎么样"和"为什么"的问题（Yin，2009），有利于我们清晰地展现出资产专用性作用于谈判实力，进一步影响利益分配的全过程。第四，多案例的研究方法能够对命题进行反复验证，从而有助于增强案例研究的有效性。

（二）变量测度

本研究中，资产专用性是重要的研究变量。"实验组"与"对照组"的划分也要依据资产专用性，因此，对资产专用性的度量格外重要。

Williamson（1996）将资产专用性区分为人力资产专用性、实物资产专用性、场地专用性、品牌资产专用性、特定用途资产专用性以及暂时性专用资产六大类。许多学者沿袭威廉姆森的思路，对农业产业化组织的资产专用性进行了区分。胡浩志、吴梦娇（2013）给出了三种划分法：产品专用性（生长周期越长、体积越大、销售半径越小、销售时间越短，用途越特定，专用性程度越高）、技术专用性（机械化程度越高、适用范围越窄，专用性程度越高）与人力资本专用性。马志雄等（2012）划分出了六种专用性：时间专用性（生产周期越长，农用场地专用性越大），产品、设施设备专用性，人力资本专用性（知识和技术），储运设施专用性（特殊的储藏和运输设备），加工设备的专用性，加工场地的专用性。根据这些研究以及中国农民合作社的特征，我们从如下指标对资产专用性进行测量，见表5-1所示。

表5-1 资产专用性的测量指标

分类	指标	含义
实物资产专用性	1. 产品专用性 2. 设施设备专用性	1. 生产周期越长、体积越大、销售半径越小、销售时间越短、销售渠道越少，用途越特定，专用性程度越高 2. 这里的设备包括一切生产、加工、运输的物件，其用途越特定、价值越高，专用性程度越高

分类	指标	含义
场地专用性	1. 场地适用性 2. 场地投入	1. 场地适用范围越窄，改为他用成本越高，专用性程度越高 2. 场地投入成本越高，专用性程度越高
技术专用性	技术特征	技术适用范围越窄，专用性程度越高
品牌资产专用性	1. 品牌生产 2. 品牌投入	1. 品牌产品原料来源单一、生产要求越高，专用性程度越高 2. 品牌建设投入越大，专用性程度越高

注：本研究没有选择人力资本专用性，这是因为当前中国农民合作社中的核心成员与普通成员里，很少有人力资本投资达到仅能从事某个行业的情况。因此，在本研究不必单独讨论。

利益分配是本研究的因变量。本研究采取了分类别的度量方法，由于中国合作社的利益分配机制一般是由核心成员制定或提议，我们从核心成员支付给普通成员的内容出发，将合作社利益分配划分为如下几个等级：①核心成员支付普通成员市场价格；②核心成员支付普通成员市场价格，并提供农业社会化服务；③核心成员支付普通成员高于市场价格或供给低于市场价格的原料；④第③类方式加上农业社会化服务；⑤普通成员参与盈余分配。在这几类分配方式中，普通成员分得份额逐次提高。

（三）案例选择

从当前国内合作社核心成员与普通成员的合作形态来看，普通成员的要素参与和普通成员—核心成员之间产品买卖形态最为普遍。为此，我们将选择这两大类农民合作社作为研究样本。其中，要素参与型的选择土地合作社，这类合作社中普通成员以土地要素入股的形式加入合作社，有的也称作农机合作社；产品买卖型的选择种养殖类合作社，这类合作社的主要特征是核心成员收购普通成员产品，实行统一销售。这两大类合作社代表了当前中国农民合作社的主要形态。依据这种划分，我们选择了见表5-2所示的16个合作社。

表5-2　案例农民合作社简介

类别	代码	合作社名称	成立时间	主要经营方式
要素参与型	A1	黑龙江省克山县仁发农机合作社	2009年10月	普通成员以土地入社，核心成员经营，种植玉米、马铃薯
	A2	黑龙江省哈尔滨呼兰区金山现代农机专业合作社	2010年9月	普通成员以土地入社，核心成员经营，种植玉米、马铃薯
	A3	黑龙江省克东县金库现代农机专业合作社	2010年8月	普通成员以土地入社，核心成员经营，种植玉米、马铃薯
	A4	黑龙江省海伦市海北现代农业农机作业合作社	2008年7月	普通成员以土地入社，合作社核心成员经营，种植玉米、马铃薯
	A5	浙江省桐乡县石门镇兴农粮油农机专业合作社	2007年8月	普通成员以土地入社，核心成员经营，种植水稻、小麦；合作社也向非社员提供农业社会化服务

类别	代码	合作社名称	成立时间	主要经营方式
要素参与型	A6	浙江省桐乡县龙翔农机粮油专业合作社	2009 年 4 月	普通成员以土地入社，核心成员经营，种植水稻、小麦；合作社也向非社员提供农业社会化服务
	A7	浙江省海盐县标丰农机专业合作社	2011 年 8 月	普通成员以土地入社，核心成员经营，种植水稻、小麦；合作社也向非社员提供农业社会化服务
	A8	浙江省杭州市星辉农机服务专业合作社	2009 年 3 月	普通成员以土地入社，核心成员经营，种植水稻、小麦；合作社也向非社员提供农业社会化服务
产品买卖型	B1	河北省清河县马屯红果种植专业合作社	2009 年 3 月	核心成员收购普通成员红果，合作社加工销售红果
	B2	河北省平乡县聚农养殖专业合作社	2009 年 2 月	核心成员收购普通成员肉鸡，合作社加工销售
	B3	河北省宁晋县碧悦无公害蔬菜专业合作社	2008 年 7 月	核心成员收购普通成员蔬菜，合作社加工销售
	B4	黑龙江省甘南县霁朗玉米专业种植合作社	2011 年 10 月	核心成员收购普通成员绿色玉米产品，合作社加工销售
	B5	河北省任县金地芦笋种植合作社	2008 年 7 月	核心成员收购普通成员芦笋产品，合作社销售
	B6	河北省清河县永盛芦笋合作社	2007 年 9 月	核心成员收购普通成员芦笋产品，合作社销售
	B7	河北省南和县养之蔬菜专业合作社	2008 年 3 月	核心成员收购普通成员蔬菜产品，合作社销售
	B8	山东省沾化县新合作社冬枣专业合作社	2008 年 7 月	核心成员收购普通成员冬枣产品，合作社销售

在我们选取的案例合作社中，核心成员都是合作社成立之初的出资人，他们均是合作社的理事会成员，决定着合作社的日常运作；而普通成员或以土地入股的方式加入合作社，或向合作社出售产品的方式成为合作社成员，他们几乎不参与合作社的日常管理。

选择这 16 个合作社，除了这 16 个合作社能够代表当前农民合作社的主要形态外，还有如下两个理由：第一，本节选择的要素参与型合作社都是粮食生产类，这类合作社的农业生产都依托农业机械开展，相比产品买卖型合作社而言，具有投入大、资产专用性较高的特点，因此有利于我们对不同类别合作社的比较分析。第二，同一类别的合作社中，资产专用性程度也有所差别。例如要素参与型中，黑龙江地区的合作社依托大型农业机械进行农业生产，而浙江地区的合作社则以小型机械作为主要生产工具，二者在资产专用性上的差别就很大。产品买卖型合作社亦是如此。这一点将在本节第四部分里重点介绍。本节选择的样本合作社有助于我们比较同一类别合作社里因资产专用性的不同造成的利益分配上的差别。事实上，这种处理方式也为我们的研究划分出了"实验组"与"对照组"。

（四）资料收集

在对案例合作社进行分析时，我们采用了半结构化访谈和文献分析法。半结构化访谈不但能使访谈者获得真实鲜活的一手资料，还可以通过互动启发双方的思想。文献分析是半结构访谈的重点补充，分析的文档包括不同组织的内部材料、历史总结、公开资料等。

1. 半结构化访谈

对每个案例合作社，我们分别访谈了合作社的理事会人员、监事会人员以及普通社员。这几方包含了合作社的核心成员与普通成员，他们的观点能够体现出合作社资产专用性特征与利益分配方式。

本研究根据访谈者的具体情况，对每个合作社理事会人员、监事会人员与普通社员三方代表进行了 2~3 小时的访谈。我们根据访谈者的要求结合研究的需要，访谈地点安排在半封闭会议室或封闭的办公室中，这样的环境有利于访谈者畅所欲言。对于每个合作社的访谈共形成了 10000~30000 字的访谈记录，每位被访谈者的文字记录有 5000~10000 字。此外，我们还对每个合作社进行了实地考察，这为我们的研究提供了许多感性认识。具体资料来源情况见表 5-3。

表 5-3 案例合作社资料来源

代码	访谈	实地考察	文献资料来源
A1	2013 年 8 月，实地访谈理事长 1 次，普通社员 3 人次，访谈资料共 3 万字	考察合作社生产基地	政府部门总结材料，新闻报刊材料，学术论文
A2	2013 年 9 月，实地访谈理事长 1 次，普通社员 2 人次，访谈资料共 2 万字	考察合作社生产基地	政府部门总结材料，新闻报刊材料
A3	2013 年 9 月，实地访谈理事长 1 次，普通社员 3 人次，访谈资料共 2.5 万字	考察合作社生产基地	政府部门总结材料，新闻报刊材料
A4	2013 年 9 月，实地访谈理事长 1 次，普通社员 2 人次，访谈资料共 1.8 万字	考察合作社生产基地	政府部门总结材料
A5	2014 年 5 月，实地访谈理事长 1 次，普通社员 3 人次，访谈资料共 2.8 万字	考察合作社生产基地	政府部门总结材料，新闻报刊材料
A6	2014 年 5 月，实地访谈理事长 1 次，监事长 1 次，普通社员 3 人次，访谈资料共 3 万字	考察合作社生产基地	政府部门总结材料，新闻报刊材料
A7	2014 年 5 月，实地访谈理事长 1 次，普通社员 2 人次，访谈资料共 1.5 万字	考察合作社生产基地	政府部门总结材料
A8	2014 年 5 月，实地访谈理事长 1 次，普通社员 1 人次，访谈资料共 1 万字	考察合作社生产基地	政府部门总结材料
B1	2013 年 8 月，实地访谈理事长 1 次，普通社员 2 人次，访谈资料共 2 万字	考察合作社生产基地，体验品牌产品	政府部门总结材料
B2	2013 年 8 月，实地访谈理事长 1 次，普通社员 3 人次，访谈资料共 3 万字	考察合作社生产基地，体验品牌产品	政府部门总结材料，新闻报刊材料，学术论文
B3	2013 年 8 月，实地访谈理事长 1 次，普通社员 1 人次，访谈资料共 1 万字	考察合作社生产基地，体验品牌产品	政府部门总结材料，新闻报刊材料

代码	访谈	实地考察	文献资料来源
B4	2013 年 8 月，实地访谈理事长 1 次，普通社员 2 人次，访谈资料共 1.5 万字	考察合作社生产基地，体验品牌产品	政府部门总结材料，新闻报刊材料
B5	2013 年 8 月，实地访谈理事长 1 次，普通社员 1 人次，访谈资料共 1 万字	考察合作社生产基地	政府部门总结材料
B6	2013 年 8 月，实地访谈理事长 1 次，普通社员 2 人次，访谈资料共 2 万字	考察合作社生产基地	政府部门总结材料
B7	2013 年 8 月，实地访谈理事长 1 次，普通社员 1 人次，访谈资料共 1.5 万字	考察合作社生产基地	政府部门总结材料
B8	2013 年 12 月，实地访谈理事长 1 次，普通社员 2 人次，访谈资料共 2.5 万字	考察合作社生产基地	政府部门总结材料

2. 文献资料收集

除访谈资料外，我们还从如下途径获得了许多文献资料：一是当地农业部门对各个合作社所做的总结材料，这些材料清晰地展现了合作社的发展历程、主营业务以及制度建设等情况，为我们的研究提供了较好的补充。二是新闻报刊材料，我们调查的合作社中，有数个合作社多次被媒体报道，这也为研究提供了辅助信息。三是学术论文，本研究所选的合作社中有数个已成学术论文中的案例，可通过中国知网获得。

四、多案例比较分析

（一）案例内分析与主要发现

我们首先对各个案例合作社所收集的数据做初步整理，然后分别对每个合作社的资产专用性、利益分配实况进行详细的描述分析得到结构化、编码化的数据信息，用于下一步案例间变量关系的分析。

1. 核心成员与普通成员资产专用性特征

案例合作社中，要素参与型的资产专用性均表现在设备设施上。本研究选择的 8 个要素参与型合作社，在经营方式上相同，即都流转土地实行规模经营，因而设备设施的专用性反映在农业机械上（见表 5 - 4）。A1 ~ A8 合作社的农业机械均由核心成员投资购买，因而核心成员的专用性资产投资高于普通成员。不过由于地区土地资源禀赋的差异，黑龙江地区使用的农业机械均为大型机械，而浙江地区使用的机械多是中小型机械。这直接导致了两地区合作社设备设施资产专用性的不同。相对 A5 ~ A8 合作社而言，A1 ~ A4 合作社中核心成员的资产专用性更高于普通成员。在产品参与型的合作社中，资产专用性表现在设备设施、产品、场地与品牌上。这些专用性资产也是由核心成员投资建设的。如 B1 ~ B4 合作社均建有加工厂、设备、场地或产品品牌，相对普通成员而言，合作社核心成员在这方面上的资产专用性程度高。但是 B5 ~ B8 合作社中，核心成员少有较大的设备设施投入，反而是普通成员面临产品"卖难"的问题，因此相比普通成员，核心成员的资产专用性低。

表5－4 案例合作资产专用性特征

代码	指标	典型证据	特征	概念化
A1	设备设施	核心成员出资850万元，加上国家补贴1234万元于2009年共购置30多台现代化的精量点播机、联合收割机、大马力拖拉机等大型农业机械	大型农业机械只能从事农业生产，用途单一，并且必须配套大规模土地才能发挥功效。相反，普通成员的参与要素土地，由于当地已形成了土地流转市场，土地的使用方式较多元化	相比普通成员，核心成员的资产专用性高
A2	设备设施	核心成员出资960万元，加上国家补贴1440万元于2010年购置60台（套）大型农业机械	与A1相同	相比普通成员，核心成员的资产专用性高
A3	设备设施	核心成员出资540万元，加上国家补贴800万元于2010年购置48台（套）大型农业机械	与A1相同	相比普通成员，核心成员的资产专用性高
A4	设备设施	核心成员出资400万元，加上国家补贴1308万元于2010年购置大型农业机械以及其他中小型机械共102台（套）	与A1相同	相比普通成员，核心成员的资产专用性高
A5	设备设施	核心成员出资60万元，加上国家补贴36万元于2010年购置中小型农业机械20台（套）	中小型农业机械只能从事农业生产，但是对土地面积要求并不高，核心成员亦可通过向非社员提供农业社会化服务获利。当地也形成了土地流转市场，普通成员的参与要素土地的使用方式也较多元	核心成员与普通成员并没有形成强烈的依赖关系，二者相对资产专用性都不高
A6	设备设施	核心成员出资21万元，加上国家补贴28万元于2010年购置中小型农业机械5台（套）	与A5相同	核心成员与普通成员并没有形成强烈的依赖关系，二者相对资产专用性都不高
A7	设备设施	核心成员出资7万元，加上国家补贴3万元于2011年购置中小型农业机械3台（套）	与A5相同	核心成员与普通成员并没有形成强烈的依赖关系，二者相对资产专用性都不高
A8	设备设施	核心成员出资6万元，加上国家补贴14万元于2010年购置中小型农业机械5台（套）	与A5相同	核心成员与普通成员并没有形成强烈的依赖关系，二者相对资产专用性都不高

代码	指标	典型证据	特征	概念化
B1	设备设施、品牌	核心成员出资建有红果加工厂，固定资产达5489万元；合作社创建红果品牌，生产中严格要求产品质量	核心成员在红果加工厂上投入高，加工设备用途单一；加工产品原料来源单一，并且有较高的质量要求。普通成员的红果产品既可向合作社销售，也可以销往他处	相比普通成员，核心成员的资产专用性高
B2	设备设施、品牌	核心成员出资建有肉鸡加工厂，固定资产达6500万元；合作社创建肉鸡品牌，生产中严格要求产品质量	与B1类似	相比普通成员，核心成员的资产专用性高
B3	设备设施、场地、品牌	核心成员流入土地，建设蔬菜生产大棚设施，转包给普通社员，普通社员需支付租金；合作社创建蔬菜品牌，生产中严格要求产品质量	核心成员在流转土地、大棚设施建设上投入较高，并且大棚设施用途单一。普通成员蔬菜产品销售渠道较多	相比普通成员，核心成员的资产专用性高
B4	设备设施、场地、品牌	核心成员出资建设玉米烘干、加工、存储设施与场地，固定资产达1000万元；合作社创建玉米品牌，生产中严格要求产品质量	与B1类似	相比普通成员，核心成员的资产专用性高
B5	产品	核心成员多为当地农村经纪人，长期从事芦笋产品收购，合作社固定资产投资很小，现有仓库为核心成员早期投资的。由于当地芦笋种植户较多，产品卖难始终是一大难题	核心成员在合作社组建中专用性投资小；相反，普通成员存在产品"卖难"的问题	相比普通成员，核心成员的资产专用性低
B6	产品	与B5相同	与B5相同	相比普通成员，核心成员的资产专用性低
B7	产品	合作社为企业领办型，多年从事蔬菜种植销售；核心成员成立合作社一则扩大蔬菜产品种类与数量，二则响应政府号召带动农户致富。不过，普通成员在蔬菜销售中存在"卖难"与压低价格的问题	虽然核心成员在合作社中投资也不小，但是其销售渠道稳定，货源也能自行供给。核心问题是普通成员存在产品"卖难"问题	相比普通成员，核心成员的资产专用性低
B8	产品	与B5相同	与B5相同	相比普通成员，核心成员的资产专用性低

2. 利益分配方式

各案例合作社的利益分配方式见表5-5所示。A1~A4与B1、B3、B4合作社中，普通成员都享有合作社的剩余索取权；其他合作社里，享有的是要素价格、低廉原料成本或各类农业社会化服务。根据各合作社利益分配方式的内容，本研究列出各合作社普通成员能享有的分配类别，见表5-6。

表5-5 案例合作社利益分配方式内容

代码	调查时合作社利益分配方式
A1	可分配盈余的3%作为管理人员报酬；剩余97%中的60%作为土地要素报酬，40%作为资本要素报酬，国家对合作社的补贴资产平均量化到每个社员，作为社员资本要素；提取资本分红的50%作为合作社公积金。公积金作为社员资本投入一部分参与下一年资本要素的分配
A2	核心成员支付普通成员土地保底价400元/亩；可分配盈余20%用于提取公积金、折旧；48%作为国家资产要素报酬，国家补贴资产平均量化到每个社员；32%作为社员出资报酬，其中土地按照400元/亩折价作为社员出资。公积金不参与分配
A3	核心成员支付普通成员土地保底价350元/亩；可分配盈余10%用于提取公积金、折旧；90%按股分红，股金分为两部分，一是核心成员的出资，二是普通成员土地按照350元/亩折价作股。国家补贴资产与公积金不参与分配
A4	核心成员支付普通成员土地保底价400元/亩；可分配盈余30%用于提取公积金；70%按股分红，股金分为三部分，一是核心成员的出资，二是普通成员土地按照400元/亩折价作股，三是国家补贴资产平均量化到每个社员。公积金按每个社员的出资（实际出资+土地作价+国家补贴平均量化）量化到成员账户。公积金不参与下一年分配
A5	核心成员支付普通成员土地价格900元/亩；可分配盈余60%用于入股资金的分配，40%提取公积金，按入股资金量化到成员账户。国家补贴不参与分配
A6	核心成员支付普通成员土地价格800元/亩；可分配盈余100%用于入股资金的分配。国家补贴不参与分配
A7	核心成员支付普通成员土地价格825元/亩；可分配盈余100%用于入股资金的分配。国家补贴不参与分配
A8	核心成员支付普通成员土地价格1500/亩；可分配盈余100%用于入股资金的分配。国家补贴不参与分配
B1	核心成员向普通成员提供低于市场价10%~15%的农资，收购产品价格高于市场价10%；可分配盈余中，提取10%公积金（公积金不分配、不量化），36%按入股资金分配，54%按成员交易额返还
B2	核心成员向普通成员提供低于市场价5%的农资，提供免费上门服务；制定两种产品价格：一是保值价格，无论市场如何波动都按此价格收购（保值价格时，每只肉鸡平均盈利3元）；二是成本价加2.2~2.5元，若市场价高于成本追加价，则按市场价，低于成本追加价，则按成本追加价。可分配盈余在核心成员间按股分配
B3	核心成员向普通成员提供低于市场价15%的农资，收购产品价格高于市场价10%；可分配盈余中，提取30%公积金（公积金不分配、不量化），60%按入股资金分配，10%按成员交易额返还
B4	核心成员向普通成员提供低于市场价10%的农资，收购产品价格高于市场价5%；可分配盈余中，提取20%公积金（公积金不分配、不量化），32%按入股资金分配，48%按成员交易额返还
B5	核心成员向普通成员提供低于市场价10%的农资，收购产品价格高于市场价5%；可分配盈余仅在核心成员间按股分配

代码	调查时合作社利益分配方式
B6	核心成员向普通成员提供低于市场价10%的农资，收购产品价格高于市场价4%；可分配盈余仅在核心成员间按股分配
B7	核心成员向普通成员提供低于市场价10%的农资，按市场价收购产品；可分配盈余仅在核心成员间按股分配
B8	核心成员向普通成员提供低于市场价3%的农资，收购产品价格高于市场价10%；可分配盈余仅在核心成员间按股分配

表5-6　案例合作社利益分配种类

代码	第（1）类	第（2）类	第（3）类	第（4）类	第（5）类
A1					√
A2	√				√
A3	√				√
A4	√				√
A5	√				
A6	√				
A7	√				
A8	√				
B1		√	√	√	√
B2		√	√	√	
B3		√	√	√	√
B4		√	√	√	√
B5		√	√		
B6		√	√		
B7	√			√	
B8		√	√	√	

注：第（1）～（5）类分别为：①核心成员支付普通成员市场价格；②核心成员支付普通成员价格高于市场；③核心成员供给低于市场价格原料；④提供农业社会化服务；⑤普通成员参与盈余分配。标记"√"表示核心成员提供了该项服务或分配方式。

（二）案例间分析与主要发现

在对每个案例合作社数据描述分析的基础上，课题组成立专家小组针对各案例合作社对核心成员相对资产专用性与普通成员分得的份额进行评判和编码（Yan and Gray，1994；姚明明等，2014）。专家小组由两名学界专家组成，在遇到评价不一致的情况下，经协商确定。本研究将调研时点，核心成员相对资产专用性、普通社员分得的份额从低到高划分为五等次：低、较低、中、较高、高。通过这种编码法，分析资产专用性与利益分配之间的关系。

根据表 5 - 7 的编码，我们不难有如下结论：核心成员相对资产专用性越高，普通成员分配份额越高。分析如下：第一，16 个案例合作社中，随着核心成员相对资产专用性的升高，普通成员分得的份额也在增加。如 B5 ~ B8 合作社中，核心成员相对资产专用性低，普通成员分配份额也处于低水平；A5 ~ A8 合作社中，核心成员与普通成员相对资产专用性都不高时，则普通成员分配份额处于中等水平；随着核心成员资产专用性增高，如 B1 ~ B4，普通成员分配份额则上升到较高水平；核心成员资产专用性再次增大时，如 A1 ~ A4，普通成员分配份额再次上升。第二，对表 5 - 7 中的五个等次，即低、较低、中、较高、高分别赋值 1、2、3、4、5，然后对核心成员相对资产专用性与普通成员分配份额做相关性检验，检验表明二者相关性系数达 0.8976，并且显著性水平达到 1% 以下，这表明二者有着显著的正向相关关系。

表 5 - 7　案例合作社资产专用性与利益分配编码汇总

代码	核心成员相对资产专用性	普通成员分配份额	代码	核心成员相对资产专用性	普通成员分配份额
A1	高	高	B1	较高	较高
A2	高	较高	B2	高	较高
A3	高	较高	B3	较高	较高
A4	高	较高	B4	较高	较高
A5	中	中	B5	低	较低
A6	中	中	B6	低	较低
A7	中	中	B7	较低	低
A8	中	中	B8	低	较低

注：虽然 A5 ~ A8 合作社中，核心成员支付普通成员的仅仅是土地市场价格，但是据笔者调查以及专家组商议，浙江地区支付的土地价格居于全国前茅，普通成员所得份额实际上并不低。值得注意的是，这里普通成员分配份额的评价是相对所有合作社而言，不是相对核心成员。

本研究选择的两类合作社的资产专用性有着很大的差别，为此，有必要分别讨论这两组合作社资产专用性与利益分配之间的关系。①在要素参与型合作社中，A1 ~ A4 核心成员的资产专用性程度远高于 A5 ~ A8；同时，我们也发现 A1 ~ A4 普通成员所得利益份额也高于 A5 ~ A8。这表明在要素参与型合作社里，核心成员资产专用性程度越高，普通成员分配利益越高。②在产品参与型合作社里，B1 ~ B4 核心成员的资产专用性程度也高于 B5 ~ B8；相类似地，B1 ~ B4 普通成员分得利益份额也高于 B5 ~ B8。这再次说明了核心成员资产专用性程度与普通成员利益份额呈正相关的事实。通过两组合作社的横向比较，再次证实了核心成员相对资产专用性程度越高，普通成员利益分配份额越高的结论。

（三）资产专用性对利益分配的作用路径：谈判实力的中介作用

通过对表 5 - 4 至表 5 - 7 的分析，揭示出了核心成员相对资产专用性程度与普通成员利益份额正相关的关系。但是，核心成员的相对资产专用性程度是如何影响到普通成员所得利益的呢？本部分将对资产专用性的作用机制进行探讨，在分析中按照合作社的类别分类讨论。

1. 要素参与型合作社

A1～A8 同为土地合作社或农机合作社，普通成员在合作社中扮演的角色几乎完全相同，然而 A1～A4 与 A5～A8 普通成员所得利益份额差距较大。造成这种差距的关键性因素是二者核心成员相对资产专用性的不同而导致了谈判实力的不同，从而产生了利益分配的差距（见图 5－5）。谈判实力在资产专用性决定利益分配的作用路径中发挥着重要的中介变量作用。具体分析如下。

图 5－5 谈判实力对利益分配的中介作用示意图

在 A1～A4 与 A5～A8 这两组土地要素参与型合作社中，核心成员对普通成员的要素参与的依赖程度是不同的（见表 5－8）。

表 5－8 要素参与型合作社资产专用性与谈判实力比较

类别	A1～A4 合作社	A5～A8 合作社
核心成员 资产专用性特性	当前黑龙江地区农机服务市场已趋饱和，农机服务已无法覆盖农机投入成本。大型农业机械必须配套大面积的土地进行农业经营，才能更好地发挥作用，才有可能覆盖大型农业机械投资产生的高额固定成本	中小型农业机械投资小、较灵活。合作社对普通成员的土地要素参与依赖性并不高，合作社通过农机社会化服务亦可覆盖购置农机产生的成本，并且仍有盈余
对普通成员要素依赖性	强	弱
核心成员谈判实力	弱	强
普通成员利益份额	高	低

首先，A1～A4 合作社中核心成员对普通成员的土地参与依赖性非常强，这直接降低了核心成员的谈判实力。A1～A4 核心成员的资产专用性主要表现在大型农业机械上，这些大型农业机械投资成本非常之高，用途也极为单一。值得注意的是，一方面，当前黑龙江地区农机服务市场已趋饱和，依靠农机服务已经无法覆盖农机购置的投入成本。对于合作社而言，只有通过普通成员的土地要素参与，并实行大规模的农业生产，才有可能覆盖农机投入成本，并获得利润（周振、孔祥智，2015）。因而，合作社对普通成员的要素参与依赖性高。另一方面，黑龙江地区类似的合作社数量与日俱增，普通成员的选择机会也较多。因此，在谈判中核心成员反而陷入劣势，表现为谈判实力不够，最终体现为普通成员分得较高的利益份额。

A1 合作社的发展历程就验证了资产专用性对利益分配的作用机制。为此，我们将以

A1 合作社为代表，深度剖析这一作用机制①。2010 年，A1 合作社主营农机服务与流转土地经营农业。由于当地农机服务市场竞争激烈，而且农户的土地分散，大机械连片耕作的优势很难发挥出来，合作社 2010 年全年的代耕收入还不到 100 万元。在流转土地农业经营上，核心成员仅流入土地 1100 亩。但是，由于土地规模较小且无法连片种植，大型农业机械优势不能充分发挥。综合计算，2010 年合作社亏损近 200 万元。

由于大型农机具须配套大面积的土地经营，才能发挥机具的优势；另外，扩大合作社的土地流转规模还应给予普通成员更大的优惠，吸引农户带地入社。为此，核心成员一致认为重点应是提高普通成员的利益分配份额。在一周的时间内，核心成员多次聚集普通成员开会，讨论分配方式。起初，核心成员制定的方案是每年支付土地 250 元/亩，并且土地以 250 元/亩作价入股参与合作社的盈余分配。然而，农户一致认为土地价格过低，要求提高价格。经多次协商，最终将土地价格提升到了 340 元/亩，并且以 340 元/亩作价入股参与合作社的盈余分配，更为重要的是国家补贴合作社的资产平均量化到每个社员账户，并参与分红。不到一周的时间里，就有 307 户农民以土地加入了合作社。合作社自主经营的土地规模也迅速提高到了 1.5 万亩。值得注意的是，核心成员与普通成员商讨分配方案的过程就是一次典型的"纳什讨价还价博弈"。在博弈中，我们发现了核心成员的劣势处境，他们不得已答应普通成员的要求。这种劣势折射出的是核心成员弱谈判实力的状态，表现为核心成员对普通成员要素参与的高度依赖性；相反的是，普通成员对核心成员并没有这种依赖性。而依赖性形成的根源是由核心成员资产专用性的特征所决定的，核心成员迫切需要聚集大量的普通成员的土地要素。

随着 A1 合作社经营规模的上升，2011 年合作社的经营发生了根本性改变：合作社盈余达 1342.2 万元。2012 年，合作社经营再上新台阶，盈余达到 2758 万元。2011～2012 年的成功，让合作社认识到了普通成员要素参与的重要性。2013 年，合作社再次调整分配方式，再度提高了普通成员的利益份额。

A1 的事例验证了核心成员相对资产专用性较高时，其谈判实力反而弱的特征；进一步谈判实力决定分配份额，最终表现为普通成员分得份额较高的事实。A1 的变迁足以印证核心成员高资产专用性对普通成员高分配份额的作用机制。

其次，不同的是 A5～A8 合作社中核心成员对普通成员土地参与的依赖性并不高。一方面，虽然 A5～A8 合作社的资产专用性也表现在农业机械上，但是合作社的农业机械均以中小型机械为主，投资额度较小。对于 A5～A8 而言普通成员的土地要素参与并不像 A1～A4 显得那样重要。由于农业机械投资额度小，合作社完全可以通过提供农机社会化服务覆盖农机投资成本，并且仍能产生盈余。见表 5-9 所示，A5、A7 与 A8 合作社农机社会化服务对合作社总利润的贡献达到了 60% 以上，A7 的最高，达到了 84.75%。这充分说明这些合作社完全可以通过供给社会化服务获利。另一方面，合作社在农业经营上的

---

① 据笔者调研获悉，A2～A4 合作社在模仿 A1 中成长，他们在成立之初吸取了 A1 的经验与教训。因此，我们未曾看到 A2～A4 如同 A1 的分配制度变迁过程。

效益其实并不高。据调研数据，若剔除政府的补贴，这些合作社在农业经营上都是亏损的，如 A5 合作社 2013 年农业经营每亩就亏损 50 元。合作社农业经营利润全部来自政府补贴。因此，普通成员的土地要素在 A5～A8 中并不是至关重要的，因而核心成员与普通成员在谈判中也并不像 A1～A4 那样缺乏谈判实力。不过，由于浙江地区土地流转市场逐渐成熟，普通成员土地要素选择机会也较多，普通成员也未显现出弱谈判实力的状态。

表 5－9　2013 年 A5～A8 合作社成本收益状况　　　　　　　　单位：万元

合作社代码	农业经营收益	农业经营成本	农机服务收益	农机服务成本	总利润
A5	181.62	166.50	160.00	104.14	70.98
A6	1100.00	1050.00	50.00	33.00	67.00
A7	75.00	70.50	70.00	45.00	29.50
A8	150.00	139.50	38.00	22.00	26.50

注：农业经营收益包含了政府给予的农业补贴，倘若去除补贴，合作社在农业经营上处于亏损状态。

资料来源：根据笔者调研整理得到。

在双方谈判实力相当的情况下，A5～A8 核心成员支付给普通成员的是市场价格。不过，浙江地区土地流转市场价格在全国范围来看属于较高水平。在访谈中，笔者多次询问合作社理事长"为什么没按照《农民专业合作社法》的要求在盈余分配中给予普通社员返还"。各合作社理事长回应内容几乎相同："我们给普通成员的土地价格是市场价格，这个价格已经非常高了。况且现在经营农业并不赚钱，我们也没有打算进一步扩大种植规模。"问及普通成员对当前分配方式是否满意时，他们的回答也近乎相同："满意，这个价钱还不错。"

A5～A8 的事例表明了，当核心成员与普通成员相对资产专用性都不太高时，双方谈判实力相当，普通成员分得利益份额较为适中。A5～A8 的事例验证了双方资产专用性都不高时，资产专用性对利益分配的作用机制。

横向比较 A1～A4 与 A5～A8，我们能更好地理解谈判实力发挥的中介作用（见表 5－8）。同为要素参与型合作社，A1～A4 与 A5～A8 最大的区别在于因相对资产专用性的不同而使得核心成员谈判实力有差异。A1～A4 中核心成员对普通成员依赖性强，谈判实力较弱，因而不得不面对和答应来自普通成员的敲竹杠（Williamson，1985；Grossman and Hart，1986；Hart and Moore，1990），这也是普通成员拥有足够讨价还价能力的基础；相反，A5～A8 核心成员与普通成员相对资产专用性都不高，双方谈判实力相当，核心成员完全可以拒绝普通成员提出的过高分配要求，同时普通成员也能不接受核心成员提出的过低分配方案。A1～A4 与 A5～A8 的正反对比，也就证实了在要素参与型合作社中核心成员与普通成员的相对资产专用性决定了双方谈判实力的大小：一方的资产专用性相对越强，谈判实力则越弱，利益分配份额也越少。

合作与发展

2. 产品参与型合作社

谈判实力在产品参与型合作社中，也发挥了重要的中介作用，作用机制与要素参与型合作社相类似。

首先，资产专用性决定了核心成员与普通成员的谈判实力。表 5－10 反映了 B1～B8 合作社中核心成员与普通成员对当前利益分配方式的态度，从双方的态度中我们能获取到各自的谈判实力信息。在 B1～B4 合作社中，普通成员对当前的分配方式表现出了一致的一种"理所当然"的满足感，绝大多数的普通成员都认为合作社给予他们的是"应该的"；同时，核心成员也认为给予普通成员现有的分配份额也是有必要的。不同的是，在 B5～B8 合作社中，普通成员对当前的分配方式表现出了一种"意外"的满足感，而核心成员认为给予普通成员的优惠也是"很多的"。比较 B1～B4 与 B5～B8，我们能发现 B5～B8 的普通成员完全是分配方式的接受者，他们在与核心成员谈判中似乎没有任何谈判权，仅仅是规则的接受者；然而，B1～B4 中的普通成员，却能够发表出当前分配方式是"应该的"的言论，可见他们并不仅仅是规则的接受者，同时 B1～B4 的核心成员也认为必须给予普通成员这样的分配方式。由此可见，B1～B4 的普通成员在分配方式制定上具有一定的谈判权，其谈判权是高于 B5～B8 的。造成这种差别的根源在于两组合作社资产专用性的特性。B5～B8 合作社中，核心成员投入小，而普通成员面临着产品"卖难"的问题，即普通成员相对资产专用性高；因此，只要合作社能够解决其"卖难"问题，B5～B8 普通成员也就默许或被动接受了核心成员已给予的许多好处。但是，在 B1～B4 合作社中，核心成员投入非常之高，其资产专用性远远高于普通成员，B1～B4 核心成员不可能像 B5～B8 那样仅仅给予普通成员市场价或部分服务，也不可能立即放弃现有投入而转作他用，他们必须要保障生产才能保证回收初始投入成本，相反 B1～B4 核心成员不具备充足的谈判权，因而为保障高质量、足数量的货源，他们必须激励普通成员。因此，资产专用性的大小决定了核心成员与普通成员的谈判权大小。

表 5－10　核心成员与普通成员对分配方式的态度

合作社代码	核心成员	普通成员
B1	给社员这么多优惠，主要是为了激励社员，稳定我们的货源，保障产品质量。所以我们会让利	合作社给我们的是应该的，合作社对我们的生产要求很高，当然有时也很麻烦
B2	主要是为了保障货源，本地收购商很多，为了保障社员把产品卖给我们，我们愿意支付高价	合作社给我们的，我们还是很满意的
B3	我们很注意品牌建设，因此产品质量要求很高。给社员更多的优惠，也是为了鼓励他们保证质量	我们产品生产要求高，所以合作社也是理所当然地给我们高回报
B4	我们生产的是绿色玉米，在本地很少有；对社员生产要求高，当然也必须多给社员实惠	绿色玉米生产投入很高，而且很多环节得靠人工；销路也没保障，合作社给我们的，我们觉得是合理的
B5	我们在原料、价格上已经给了社员很多优惠了，没有必要再进行二次返还了	很满意，得到了不少实惠。以前东西很难卖，现在不仅卖得出，而且价钱比单卖还要高

合作社代码	核心成员	普通成员
B6	以前社员销售很困难。现在合作社帮他们销售，价格还高，就等于给了他们很多优惠	合作社解决了销售上的大问题，而且价格还比较高
B7	已经给社员很多实惠了，我们给予社员的优惠是很高的了	以前销售时经常被压价。现在合作社帮我们卖，价格有保障了
B8	我们给社员的优惠很多了。社员卖不出的产品我们都能收购，而且不压价	参加合作社后，卖不出的产品合作社都能收购，这点很好

资料来源：根据访谈资料整理。访谈中调查员询问核心成员"为什么会给普通成员这么多"或"为什么不多给"；同时，也询问普通成员"对当前分配方式满意吗，觉得合理吗"。

其次，谈判实力的不同，最终表现在普通成员利益分配份额上。B1～B4 核心成员谈判实力弱，普通成员利益份额高；而 B5～B8 核心成员谈判实力强，普通成员利益分配利益份额低（见表 5－7 与表 5－11）。

B1～B4 与 B5～B8 的比较证实了产品参与型合作社中核心成员与普通成员的相对资产专用性决定了双方谈判实力的大小：一方的资产专用性相对越强，谈判实力则越弱，利益分配份额也越少。

表 5－11　产品参与型合作社资产专用性与谈判实力比较

类别	B1～B4 合作社	B5～B8 合作社
核心成员资产专用性特性	核心成员固定资产投入较高；货源要求较高，既要求稳定的货源供给，又要求严格的产品质量。	核心成员投入不高，对普通成员产品要求不高，货源来源渠道也较多。
对普通成员产品依赖性	强	弱
核心成员谈判实力	弱	强
普通成员利益份额	高	低

综合 A1～A4 与 A5～A8，B1～B4 与 B5～B8 的比较分析，本节研究假说得证。

五、结论与讨论

（一）主要结论

本节运用多案例比较分析的研究方法，探索了资产专用性对农民合作社收益分配的影响以及作用机制。选择了 16 个有代表性的典型案例，通过每个案例内分析和 16 个案例间的剖析，采取横向和纵向的对比方法，揭示出了合作社核心成员、普通成员资产专用性与合作社收益分配的内涵。对此，本节有如下研究结论：合作社收益分配方式是核心成员与普通成员谈判实力的最终体现。核心成员与普通成员，一方谈判实力越强，在合作社中将获得越多的收益分配份额。成员谈判实力大小取决于谈判一方对另一方的依赖程度，这种依赖性来自成员参与要素的资产专用性特征。若合作社中核心成员资产专用性比普通成员更高，则核心成员对普通成员的参与具有较高的依赖性，在收益分配上表现为核心成员对普通成员让利或提供优质服务，即普通成员会分得更高的收益份额；若普通成员资产专用性较高，表现为普通成员对核心成员有着较强的依赖性，因此普通成员也就能容忍核心成员获得更多的收益。本节的研究结论较好地回答了如下两个问题：第一，为何有些合作社会选择让利社员，制定有利于普通社员的分配制度。第二，在核心成员侵占了合作社大部分利润情况下，普通社员为何并没有选择"用脚投票"，依然与合作社保持了相对稳定的合作关系。

（二）理论贡献

本节的研究主要有如下两方面的理论贡献。

第一，对合作社收益分配机制内生性研究的贡献。分配制度一直都是合作社研究的重点，但是已有的文献主要是围绕分配制度的重要性（冯开文，2006；郑丹，2011）、分配制度对合作社绩效的影响（孙亚范，2008；孙亚范、余海鹏，2012；Bijman et al.，2012）以及如何制定有效的分配制度（Cook，1995；夏冬泓、杨杰，2010；曾明星、杨宗锦，2011；田艳丽、修长柏，2012）展开研究，这些研究多是将分配制度视为一个"外生变量"，忽略了分配制度的形成机制与逻辑。事实上，合作社的分配制度是"内生变量"，是多方利益主体通过谈判和妥协达成的某种均衡。整体而言，现有文献对分配制度的形成机制的研究还很薄弱，本节的研究为分析合作社分配制度的形成提供了一定的文献参考价值。

第二，揭示出了资产专用性在合作社利益分配中的作用机制。目前，在对公司理论的分析中，已有不少研究探讨了资产专用性对公司投资、分配的影响（聂辉华，2008；李晓颖、张凤林，2010；方明月，2011）。但是却少有文献从资产专用性的角度讨论合作社收益分配问题。本节从资产专用性的视角出发，通过谈判实力这一中介变量，提出了资产专用性影响合作社收益分配的分析框架，丰富了对合作社分配机制研究的成果。

（三）研究局限与展望

首先，本节通过16个合作社案例提出了资产专用性影响谈判实力，谈判实力决定合作社收益分配的分析框架。但是案例本身就具有特殊性，研究结果也仅仅是一个初步的探索性命题，只具有一定范围的解释力，需要在今后的研究中运用大样本进行再次论证。其次，本研究选择的16个合作社虽来自两种常见的合作社类别中，但是当前我国合作社正朝着多元化的方向在发展，合作社的类别在逐渐增加，本节的研究结论是否仍适合其他类别或情境的合作社，还需要进一步的研究与分析。最后，本节对"资产专用性"与"收益分配份额"的度量存在些许主观臆断的因素，还缺乏科学的定量分析。针对这些问题，我们将在下一步研究中扩大合作社样本量，对核心变量"资产专用性"与"收益分配份额"进行定量测度，并在不同类型合作社或情境下，对本节研究假设再次进行深入探讨。

参考文献

［1］Bijman J, Iliopoulos C, Poppe K J, Gijselinckx C, Hagedorn K, Hanisch M, Hendrikse G W J, Kühl R, Ollila P, Pyykkönen P, Sangen G. Support for Farmers' Cooperatives, Final Report European Commission ［J］. Brussels, 2012 (12).

［2］Cook M L. The Future of U. S. Agricultural Cooperatives: A Neo - Institutional Approach ［J］. American Journal of Agricultural Economics, 1995, 77 (5).

［3］Grossman S J, Hart O D. The Costs and Benefits of Ownership: A Theory of Vertical and Lateral Integration ［J］. The Journal of Political Economy, 1986, 94 (4).

［4］Hart O, Moore J. Property Rights and the Nature of the Firm ［J］. Journal of Political Economy, 1990, 98 (6).

［5］Iliopoulos C, Cook M L. The Efficiency of Internal Resource Allocation Decisions in Customer - owned Firms: The Influence Costs Problem, Paper Presented ［J］. Rd Annual Conference of the International Society for New Institutional Economics Washington D C, 1999 (2).

［6］Karantininis K, Zago A. Endogenous Membership in Mixed Duopsonies ［J］. American Journal of Agricultural Economics, 2001, 83 (5).

［7］Klein B, Crawford R G, Alchian A A. Vertical Integration, Appropriable Rents and the Competitive Contracting process ［J］. Journal of Law and Economics, 1978, 21 (2).

［8］Nash Jr J F. The Bargaining Problem ［J］. Econometrica: Journal of the Econometric Society, 1950, 18 (2).

［9］Selten R, Leopold U. Equilibrium Point Selection in a Bargaining Situation with Opportunity Costs ［M］. Institut für Mathematische Wirtschaftsforschung an der Universität Bielefeld, 1980.

［10］Svejnar J. Bargaining Power, Fear of Disagreement, and Wage Settlements: Theory and Evidence from US Industry ［J］. Econometrica: Journal of the Econometric Society, 1986, 54 (5).

［11］Williamson O E. The Economic Institutions of Capitalism ［M］. New York: The Free Press, 1985.

［12］Williamson O E. The Economics of Governance: Framework and Implications ［J］. Journal of Institutional and Theoretical Economics, 1984 (140).

［13］Williamson O E. The Mechanism of Governance ［M］. Oxford: Oxford University Press, 1996.

［14］Williamson O E. Transaction Cost Economics: The Governance of Contractual Relations [J]. Journal of Law and Economics, 1979, 22 (1).

[15] Yan A, Gray B. Bargaining Power, Management Control and Performance in United States – China Joint Ventures: A Comparative Case Study [J]. Academy of Management Journal, 1994, 37 (6).

[16] Yin R K. Case Study Research: Design and Methods [M]. Sage Publications, 2013.

[17] 白晓明. 论我国农民专业合作社法人治理结构的发展与完善——基于外部力量主导合作社的视角 [J]. 宁夏社会科学, 2010 (2).

[18] 曾明星, 杨宗锦. 农民专业合作社利益分配模型研究 [J]. 华东经济管理, 2011 (3).

[19] 邓衡山, 王文烂. 合作社的本质规定与现实检视——中国到底有没有真正的农民合作社? [J]. 中国农村经济, 2014 (7).

[20] 方明月. 资产专用性、融资能力与企业并购——来自中国 A 股工业上市公司的经验证据 [J]. 金融研究, 2011 (5).

[21] 冯开文. 合作社的分配制度分析 [J]. 农业经济导刊, 2006 (5).

[22] 傅晨. 中国农村经济: 组织形式与制度变迁 [M]. 北京: 中国经济出版社, 2006.

[23] 何安华, 邵锋, 孔祥智. 资源禀赋差异与合作利益分配——辽宁省 HS 农民专业合作社案例分析 [J]. 江淮论坛, 2012 (1).

[24] 胡浩志, 吴梦娇. 资产专用性的度量研究 [J]. 中南财经政法大学学报, 2013 (1).

[25] 黄胜忠, 徐旭初. 成员异质性与农民专业合作社的组织结构分析 [J]. 南京农业大学学报 (社会科学版), 2008, 8 (3).

[26] 孔祥智, 史冰清, 钟真. 中国农民专业合作社运行机制与社会效应研究——百社千户调查 [M]. 北京: 中国农业出版社, 2012.

[27] 李晓颖, 张凤林. 专用性人力资本投资与工资合约——引入不对称信息的敲竹杠模型 [J]. 经济评论, 2010 (3).

[28] 李玉勤. "农民专业合作组织发展与制度建设研讨会" 综述 [J]. 农业经济问题, 2008, 29 (2).

[29] 马志雄, 丁士军, 王建军, 张银银. 农民专业合作社的盈余分配制度——一个 "专用性—稀缺性" 视角的解释 [J]. 湖北经济学院学报, 2012, 10 (6).

[30] 聂辉华. 契约不完全一定导致投资无效率吗? ——一个带有不对称信息的敲竹杠模型 [J]. 经济研究, 2008 (2).

[31] 任大鹏, 于欣慧. 论合作社惠顾返还原则的价值——对 "一次让利" 替代二次返利的质疑 [J]. 农业经济问题, 2013 (2).

[32] 邵科, 徐旭初. 成员异质性对农民专业合作社治理结构的影响——基于浙江省 88 家合作社的分析 [J]. 西北农林科技大学学报 (社会科学版), 2008, 8 (2).

[33] 孙亚范，余海鹏．农民专业合作社制度安排对成员行为及组织绩效影响研究 [J]．南京农业大学学报（社会科学版），2012，12（4）．

[34] 孙亚范．农民专业合作经济组织利益机制及影响因素分析——基于江苏省的实证研究 [J]．农业经济问题，2008，29（9）．

[35] 田艳丽，修长柏．牧民专业合作社利益分配机制的构建——生命周期视角 [J]．农业经济问题，2012（9）．

[36] 仝志辉，温铁军．资本和部门下乡与小农户经济的组织化道路——兼对专业合作社道路提出质疑 [J]．开放时代，2009（4）．

[37] 夏冬泓，杨杰．合作社收益及其归属新探 [J]．农业经济问题，2010（4）．

[38] 熊万胜．合作社：作为制度化进程的意外后果 [J]．社会学研究，2009（5）．

[39] 徐旭初．中国农民专业合作经济组织的制度分析 [M]．北京：经济科学出版社，2005．

[40] 杨瑞龙，杨其静．专用性、专有性与企业制度 [J]．经济研究，2001（3）．

[41] 姚明明，吴晓波，石涌江，戎珂，雷李楠．技术追赶视角下商业模式设计与技术创新战略的匹配——一个多案例研究 [J]．管理世界，2014（10）．

[42] 俞雅乖．农业产业化契约类型及稳定性分析——基于资产专用性视角 [J]．贵州社会科学，2008，218（2）．

[43] 苑鹏．中国特色的农民合作社制度的变异现象研究 [J]．中国农村观察，2013（3）．

[44] 张晓山．促进以农产品生产专业户为主体的合作社的发展——以浙江省农民专业合作社的发展为例 [J]．中国农村经济，2004（11）．

[45] 张颖，任大鹏．论农民专业合作社的规范化——从合作社的真伪之辩谈起 [J]．农业经济问题，2010，31（4）．

[46] 赵凯．论农民专业合作社社员的异质性及其定量测定方法 [J]．华南农业大学学报（社会科学版），2012，11（4）．

[47] 赵晓峰，何慧丽．农村社会阶层分化对农民专业合作社发展的影响机制分析 [J]．农业经济问题，2012（12）．

[48] 郑丹．农民专业合作社盈余分配状况探究 [J]．中国农村经济，2011（4）．

[49] 周振，孔祥智．盈余分配方式对农民合作社经营绩效的影响——以黑龙江省克山县仁发农机合作社为例 [J]．中国农村观察，2015（5）．

第二节　精英控制、资产专用性与合作社分配制度安排

——平邑县九间棚金银花合作社案例分析①

一、引言

农民合作社作为一种兼具企业特征的农民自主组织，精英在其中的作用尤为重要（刘同山等，2014），这是造成合作社异质性现象的最主要因素。大量文献表明，在当前我国农民合作社发展过程中，"精英依赖"现象十分普遍，由销售能人、专业大户和农业企业、供销组织领办的合作社占绝大部分（黄祖辉，2006；张晓山，2009），由分散小农自发联合起来成立的较少，从而形成了大量涉农工商资本或少数农村精英控制、多数成员依附的产权结构（徐旭初，2013）。核心成员突出的企业家才能有利于合作社更好地集聚生产要素（林坚等，2007），成功打破集体行动困境，在合作社形成发展、获得市场地位及关键资源方面发挥巨大作用。尤其是在精英治理特征明显的我国农村，任何组织的发展都离不开具有一定规模及强大实力的精英带动。然而，一些学者强调了精英成员绝对控制造成的"精英俘获"问题，出于交易成本考虑，精英往往成为资源的直接获得者或代理者，进而形成"大农吃小农"型合作局面（温铁军等，2012），普通成员权益受到侵害。

尽管如此，我国合作社由具有企业家才能的精英个人或组织领办现象依然屡见不鲜，并将长期存在。那么，是不是精英拥有了合作社的绝对控制权就一定会造成普通成员利益受损的情况呢？本节认为，即便精英在合作社中拥有绝对控制权，依然存在一些因素的制约，使其在决策中需要给予普通成员更多利益以维系稳定的合作关系，实现整体盈利能力的提升。出于资产专用性的考量便是其中的原因之一。

二、资产专用性与利润分配

克莱因等（1978）最早提出了资产专用性的概念，指出资产专用性是指当某种资产和某项特殊的用途结合在一起时，这种资产才是有价值的，否则它的价值就不能完全体现出来，即有损失甚至完全丧失。威廉姆森（2001）将资产专用性定义为"在不牺牲其生产价值的条件下，某项资产能够被重新配置于其他替代用途或是被替代使用者重新调配使用的程度"，并将其划分为人力资产专用性、实物资产专用性、场地专用性、品牌资产专用性、特定用途资产专用性，以及暂时性专用资产六大类。资产的专用性程度越高，组织对该项专用性资产所需配套资源的需求越高。由此推断，具有某项专用性资产，尤其是该资产需要通过扩大合作社经营规模以发挥其功用的合作社，由于对社员依赖程度较高，更

---

①　执笔人：孔祥智、谭玥琳、郑力文。

有激励他们采取多种方式吸引社员并维持社员关系稳定和满意程度。合作社提供给社员的最主要激励机制是利润分红，因而具有资产专用性约束的合作社势必会设计更合理且更倾向于社员的利润分配机制（见图5-6）。由此可见，即便是精英控制的合作社，出于追求利润最大化的考量，精英也可能在经营及分配制度的设计中充分考虑社员利益。

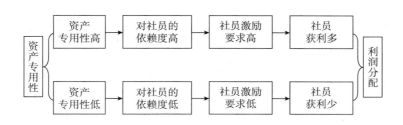

图5-6 资产专用性与合作社利润分配

三、案例分析：资产专用性与合作社利润分配

为更清楚地考虑资产专用性对精英行为的影响，本书选择山东省平邑县九间棚金银花合作社进行具体分析。文中的案例材料和有关数据，均为笔者对合作社实地调查和文献整理所得。

（一）合作社基本情况

九间棚金银花合作社位于山东省临沂市平邑县九间棚村。平邑县为金银花的主产区，种植面积最大，野生品种多，种植历史十分悠久。1999年，九间棚村创办了九间棚农业科技园，并与中国科学院合作，历时13年，选育出达到"金银花育种研究国际领先水平"的"九丰一号"金银花，并在全国推广种植10万余亩。以金银花为主导产业，九间棚集团先后并购了岐黄中药饮片公司和山东大陆药业有限公司，新建了大陆药业新厂区和金银花茶业有限公司，初步形成了集"良种选育—推广种植—干花购销、加工、提取—药品、食品研发生产"为一体的金银花全产业链企业。

为推广九间棚集团培育的"九丰一号"金银花种植，2009年8月，平邑县九间棚农业科技园有限公司、山东岐黄中药饮片有限公司和李传林、巩祥松、巩桂林等自然人共同发起成立九间棚金银花合作社，注册资本100万元，法定代表人刘嘉坤。其中，九间棚农业科技园有限公司、山东岐黄中药饮片有限公司为九间棚集团旗下企业，出资额共占总出资额的99%，在合作社中享有绝对控股权。李传林为巩家村书记，合作社成立初期的120户农户中，巩家村村民占据相当比重，起到了巨大的带动作用。

合作社主营业务包括："九丰一号"金银花等中药材的种植、销售及相关技术、信息服务；引进、试验、推广金银花等中药材新品种、新技术、新成果；组织采购、供应成员所需的农业生产资料等，发展目标为建设运营规范、政府支持、社员信赖并得到实惠、推动金银花产业大发展的先进农村经济组织。

经过多年的发展，合作社已发展社员172户，其中农民170户，企业2家，现有固定资产300万元，流动资产300万元，负债200万元。2012年7月，合作社被评为省级示范社。

（二）合作社治理结构——精英控制特征明显

1. 社员资格

九间棚金银花合作社以推广优势品种，开展生产服务，带动农民致富为设立目标，整合各类主体的禀赋优势，并依据主体优势设置了不同类型的社员资格。凡是和九间棚金银花合作社有业务关系的金银花种植单位或者农户、合作社、专业村、企业均可加入，没有地域性限制，全国各地的相关从业者均可申请报名加入。除5位发起人外，合作社社员不须以现金入股合作社，但必须带地入社，承诺自家所有的全部土地种植金银花，并与合作社进行交易。

当前合作社社员大致分为三种类型：

一是出资社员，即九间棚农业科技园有限公司、山东岐黄中药饮片有限公司、李传林、巩祥松、巩桂林5位发起人。

二是本村社员，均为个体农户，合作社收购其种植的鲜花，经合作社鲜花加工厂烘干后出售，发放社员证，并提供一系列社会化服务。

三是外村成员，合作社收购其干花后出售，也发放成员证。

由此，合作社有效整合了九间棚集团的资金禀赋、本村社员的土地及劳动力优势，以及外村成员的生产能力，形成了与出资社员和本村社员间较为紧密，而与外村成员间较为松散的利益联结机制。

2. 管理及决策机制

合作社决策分为两类：一类是重大决策，包括制定长期战略规划，建设大型设备、厂房，融资，等等。另一类是日常经营决策，包括组织生产，合作社服务，日常利润管理，等等。在九间棚金银花合作社中，这两类决策由两套机制完成。

合作社设理事会，理事会成员4人，分别为理事长刘嘉坤，巩家村村委书记李传林，九间棚投资控股有限公司副总经理、九间棚农业科技园有限公司技术总监廉士东，社员代表杨晓。出资人岐黄中药饮片有限公司并未在合作社派驻人员。合作社设立社员代表大会和理事会，负责重大决策的制定，尤其是理事长在重大决策中起决定性作用。

日常经营决策由合作社管理人员（总经理及副总经理）及社员代表大会决定。合作社设总经理1名，副总经理2名。总经理由廉士东担任，副总经理分别由李传林及1名外聘经理卜某担任，分别负责与村民联系和销售业务。另外，合作社设会计1名，出纳1名，生产负责人2名，办公室主任1名，后勤保障人员1名，绿化负责人1名。自副总以下在合作社领取工资，薪酬每人每月2600～3000元。合作社实行社员代表管理制度。通过全体社员会议表决选举产生29名社员代表，明确每位社员代表所代表的社员户。这些社员代表分布在不同的村庄和居住点，负责联络他们所代表的社员与合作社。合作社社员代表大会每年召开两次，主要内容为向社员通报合作社经营状况和经营目标，表决农资采购、产品销售决策等，采取一人一票形式表决，但总经理拥有较强控制权。普通社员对合作社参与相当有限。合作社外部监督主要来自集团公司。

3. 社员参与

合作社普通社员异质性较弱，成员区域跨度不大，40～50岁成员占总成员数的60%，多数成员文化程度较低，超过80%的成员经营面积在1～2亩。普通成员均无出资，成员非农收入能力、社会活动能力差别不大。社员代表在销售、采购等决策中具有一定参与、决策权力，普通社员几乎不参与日常管理决策。理事会成员与普通社员间出资比例及社会活动能力差别明显。

4. 社员变动

合作社社员不固定，每年由合作社依据社员遵循合作社章程及交花情况对社员进行剔除和补充。2011～2014年，合作社新增社员数量分别为40户、20户、20户和20户。无社员主动退社，2014年合作社剔除了部分交花不符合要求的社员。

由此可见，九间棚金银花合作社由九间棚集团两下属公司牵头创办，并在经营决策中占有绝对控制地位，具有典型的"精英控制"特点。从人员配置角度看，无论是理事会成员决策的重大事项，还是以廉总经理为核心的管理人员决定的日常事项，本质上都受到集团公司的绝对领导。普通社员参与决策的机会较少，即便是社员代表，虽在社员代表大会上能行使一定的表决权利，但影响力仍十分有限，更多起到联络员的作用。

（三）合作社业务服务——业务划分明确，服务全覆盖

合作社主要从事金银花种植、初加工及育种业务。根据入社社（成）员的不同，明确划分业务类型。出资社员不参与生产，主要从事管理、协调工作；本村社员种植鲜花或育苗，将鲜花（苗）销售给合作社；对外村成员则直接收购干花。合作社现有种植总面积3000余亩，其中20亩用于育种，其余土地种植金银花。合作社无自营土地，全部由社员自主经营。合作社以年租金600元/亩的价格租入连片非社员土地20亩，并以相同价格出租给社员，由社员负责在各自租入土地上开展育种工作，副总经理李传林负责协调监督。

合作社组织本村社员开展金银花鲜花种植。所有社员必须从合作社购买"九丰一号"金银花种苗，当前价格为2元/棵。合作社统一为社员提供化肥采购服务，价格与市场价相似；所有从合作社购买的农资均提供赊销服务，待销售时从预付款中扣除农资采购费用。所有社员均需将金银花卖给合作社。合作社为本村社员提供技术服务，由科技园技术人员免费为社员提供集中培训和田间指导；可为社员在农信社提供最多15万元/户的贷款担保。合作社建有鲜花干燥厂房一座，可将收购的鲜花烘干为干花后供合作社出售。2014年2月17日，合作社和哈药集团签订了3万亩"九丰一号"金银花基地建设合同，合作社所产干花全部由哈药集团收购。此外，合作社还和中国供销集团再生资源交易所合作共建了金银花现货电子交易中心，将干花产品进入电子交易市场以解决金银花的销路问题。

向合作社租入土地从事育种的社员享受与鲜花种植社员相似的生产、资金服务。由社员自行留种育苗，合作社全部回收。

对于外村成员，合作社只为其提供种苗销售和干花收购服务，不接受鲜花。

此外，合作社于2014年2月合并成立了九间棚金银花资金互助社。该互助社设县总社、镇分社及乡村代办员三级系统。目前尚未与合作社实现融合。按照计划，合作社将进一步整合互助社，使其更好地为合作社发展服务。

（四）合作社利润分配——创新分配方式，惠及多类社员

合作社为每项业务量身打造了分配原则，既实现了成员间风险共担、利润共享的精神，又满足了资金成员的利润需求。合作社的利润来源主要有三个方面：一是收购、加工并销售合作社本村社员种植的鲜花；二是代销外村成员组织的干花；三是育种销售。不同业务类型对应不同的分配方式。

1. 鲜花业务

结合金银花产业特点，合作社探索出了"一次首付、二次返利、三次分红"的利益分配机制，实现"利益共享""风险共担"。具体来说，合作社在收购社员交售的金银花鲜花时，根据对市场行情的预测，支付第一笔"首付款"，也就是保底款；待干花售出后，合作社按销售额的一定比例提取公积金，再扣除金银花干燥、销售的直接成本，所得余额按成员交售鲜花的量实行"二次返利"；合作社的盈余积金，除其中的10%作为公积金不予分配外，其余部分按成员对合作社的出资额比例进行分配，即所谓的"三次分红"。这种分配办法，兼顾了合作社、出资成员和以地入社成员三方利益，又体现了以交易量为基本分配依据的原则，这是该合作社依据《农民专业合作社法》在分配方式上所做的重要创新。

合作社年鲜花种植面积达到3000亩。以2013年为例，每亩地可种植金银花约200株，年产鲜花1000斤。鲜花收获季节，合作社支付社员8元/公斤预付款，即每亩4000元。制成干花后，产品净重约200斤。合作社将产品以50元/斤价格卖出后获得收益10000元。扣除预付款4000元后，将所得6000元的10%作为留存合作社，其余90%，即5400元返还给农户，即"二次返利"。留存合作社的10%扣除干燥、销售等成本后如有结余，将按股金进行分红。

2. 育种业务

合作社将租入的20亩土地转租给社员，作为育苗基地，开展育种经营。育种种苗由社员自留，待育种完成后，合作社以0.2元/棵的价格收购租地社员种苗，并以2元/棵的价格卖给社员及其他采购者。按每亩地可培育种苗10万株计，育种社员收益2万元，合作社收益18万元。按培育面积20亩计算，合作社育种收入为360万元，育种农户收益40万元。此外，其他社员若育有成苗，合作社也可以类似办法收购。

合作社对育种社员采取了一定的违约惩罚机制。由于育种社员同时都与合作社有鲜花交易，合作社规定一经发现社员擅自以市场价向外出售成苗，将停止收购其干花。这一措施有效杜绝了社员违约现象。

此部分利润不按交易量实施二次返利，而是扣除成本后留作年末利润直接参与股金分红，即几乎全部由九间棚农业科技园有限公司和山东岐黄中药饮片有限公司获得。

3. 干花业务

对外地的合作社成员，合作社仅收购干花。利润分配方式与鲜花业务类似。干花销售前，给供货成员支付一次首付款，干花销售后，对销售货款由合作社提取 10%，余下货款全部返还交货的成员单位。

由此可见，合作社在鲜花加工销售及干花销售两类核心业务中，几乎不留存利润，核心成员参与利润分配比例也十分有限，分配制度设计最大程度上惠及社员。2013 年，合作社带动社员平均增收 1.36 万元，显现了较强的带动作用。与此同时，合作社 20 亩育种业务保障了出资社员的收益。

（五）品牌资产专用性与合作社利润分配

由上述分析可知，合作社虽是典型的"精英控制"型合作社，但依然制定了较为合理的分配制度，没有出现严重剥夺普通社员收益的情况。笔者认为，资产专用性在精英对合作社的规则制定中起到了重要作用。

九间棚集团成立合作社的最初目的是推广种植"九丰一号"金银花。"九丰一号"金银花为九间棚集团与中国科学院联合历时 13 年培育出的优质金银花品种。近年来，集团一直在致力于推广该品种，花大力气宣传"九丰一号"金银花相对普通金银花及山银花的区别和优势，并试图依托该品种树立品牌，形成完整产业链条，在品种研发及品牌塑造上花费了大量的人力、财力、物力，逐步形成了具有一定规模的品牌专用性资产。若想更大程度地发挥品牌价值，则需不断扩大"九丰一号"金银花种植规模，合作社应运而生。为了不断增强社员与合作社的稳定联系，合作社在最多社员参与也是合作社最核心业务的鲜花、干花业务利润分配中设计了"一次首付、二次返利、三次分红"的利润分配机制，有效实现了"利益共享"、"风险共担"的目标，所得利润几乎全部返还给社员，保证了社员收益，对社员形成了有效激励。除分配机制外，合作社为社员免费提供了几乎全套社会化服务，并不断增加服务种类，提升服务质量，进一步增强了合作社社员的满意度。此外，受到自身加工能力限制，合作社采取了设立不同社员资格，在村外吸收成员组织的方式，进一步扩大"九丰一号"金银花种植规模，亦是出于更有效利用品牌专用性资产的考虑。

（六）合作社的发展瓶颈

如上所述，合作社由于先期投入宣传形成了客观的品牌资产，由于"九丰一号"金银花品种代表的品牌资产具有一定的专用性特征，促使合作社必须通过提供更多服务或指定更倾向于社员的分配方式以维护社员稳定关系，不断扩大种植规模。随着种植规模的扩大，合作社势必面临销售问题。由于金银花属于特种中药材，市场需求有限，规模扩大后产品能否顺利销售直接关系到合作社的未来发展。目前合作社的发展目标是继续扩大"九丰一号"优质金银花的种植规模，实现优质金银花种植面积 100 万亩、年产干花 5000 吨的发展目标。虽然目前合作社与哈药集团签订了收购协议，可解决当前种植规模的销路问题，但随着种植规模的不断扩大，如何冲破销路瓶颈将是合作社面临的重要挑战。

四、结论与讨论

成员异质性下的"精英控制"已经成为当今我国合作社发展的普遍现象，并将在未来很长一段时间内广泛存在。精英挤占普通社员利益的情况时有发生。然而，即便是在精英绝对控制的合作社中，拥有决策权的核心成员也会出于一些考量制定有利于社员的利润分配机制和服务模式，资产专用性便是其中的重要因素之一。事实上，资产专用性影响的是核心成员与普通社员间的博弈能力。核心成员之所以在合作社中发挥重要作用，源于其拥有某种优势资源。在不同的合作社中，核心成员拥有的优势资源可能有资金、土地、技术、管理技能、社会资本等不同形式。优势资源的专用性势必对合作社分配的制定造成影响。当核心成员拥有的关键资源具有较强专用性时，为增强社员满意度及忠诚度，保证规模效益的有效发挥，核心成员就会给予普通社员更多的服务和让利。本文案例中的九间棚金银花专业合作社，便是决策者在考量品牌资产专用性后，为激励社员给予其合理利润分配的例子。除此之外，实物资产专用性在农机合作社或拥有冷库等更大型专用设备的合作社等先期投入较大组织的决策中可能发挥着更大的作用。而当核心成员的优势资源为销售渠道、资金或社会资本时，由于这些资源专用性较弱，核心成员可较容易地将其转移至其他领域，因而缺乏让利社员的内在激励。尤其是在市场资源匮乏的地区，相比核心成员具有的可适用于多种产品的销售资源，普通社员所生产的农产品具有很强的专用性，只要合作社能够解决其"卖难"问题，普通社员往往默许核心成员获得更多好处。

在"精英控制"型合作社中，核心成员所拥有资产或资源的专用性对分配机制的影响一定程度上还取决于社员对合作社提供关键资源的依赖程度。本案例中的平邑县被誉为"中国金银花之乡"，金银花市场发展较为成熟，同时也是国家商品粮基地、无公害蔬菜基地、畜牧业基地和干鲜果品基地。普通社员参与合作社的核心要素是土地，如不与合作社合作，普通社员亦有将产品卖给其他收购者或将土地转作他用等诸多选择，在精英控制的合作社分配机制的形成中起到了较强的约束作用。

鉴于此，本节得到以下几点启示：

第一，应确保社员"入社自愿、退社自由"的基本权利。资产专用性发挥作用的前提是农民可通过"退出"机制削弱核心成员资产的规模效应，进而对精英决策产生影响。

第二，应增强农民的生产能力，增强其技能及要素用途的多样性，减弱其对合作社优势资源的绝对依赖，增强其谈判能力。

第三，针对一些精英投入资源专用性较弱的合作社，核心成员缺乏让利于普通社员的激励。因而应继续坚持"按交易额返还"和"资本报酬有限"的原则，并利用法律手段切实保障该原则付诸实践。

值得注意的是，本案例中，资产专用性虽然在一定程度上打破了"精英控制"导致弱者利益受损的局面，但随着品牌的不断推广和种植规模的不断扩大，集团对合作社社员的依赖程度可能减弱，或将改变由资产专用性引发的有利于社员利益的分配格局。此外，资产专用性只是影响合作社领导者决策的因素之一，组织所在区域的竞争关系、成员间的非生产性社会关系、决策者的个人特质等都可能影响决策行为。

参考文献

[1] 刘同山，孔祥智．精英行为、制度创新与农民合作社成长——黑龙江省克山县仁发农机合作社个案 [J]．商业研究，2014（5）．

[2] 黄祖辉．基于能力和关系的合作治理——对浙江省农民专业合作社治理结构的解释 [J]．浙江社会科学，2006（1）．

[3] 张晓山．农民专业合作社的发展趋势探析 [J]．管理世界，2009（5）．

[4] 徐旭初．科学把握合作社的质性规定与制度安排 [J]．中国农民合作社，2013（10）．

[5] 林坚，黄胜忠．成员异质性与农民专业合作社的所有权分析 [J]．农业经济问题，2007（10）．

[6] 温铁军，杨帅．中国农村社会结构变化背景下的乡村治理与农村发展 [J]．理论探讨，2012（6）．

[7] Benjamin Klein, Robert G. Crawford, Armen A. Alchian. Vertical Integration, Appropriable Rents, and the Competitive Contracting Process [J]. Journal of Law and Economics, 1978, 21（2）．

[8] 威廉姆森．治理机制 [M]．北京：中国社会科学出版社，2001．

[9] 孔祥智，周振．分配理论与农民专业合作社盈余分配原则——兼谈《中华人民共和国农民专业合作社法》的修改 [J]．东岳论丛，2014（4）．

第六章 基于要素专有性与专用性视角的农民合作社收益分配机制研究①

我国合作社由具有企业家才能的精英个人或组织领办现象屡见不鲜，并将长期存在。事实上，我国大多数合作社的分配制度由合作社发起人（多数即后来的核心成员）制定或提议。由此可见，合作社的分配制度很大程度上体现了核心成员的意志。然而，精英控制必然导致普通社员利益受损吗？现实是，即便是精英控制，普通社员几乎不参与经营决策的合作社也并非全都出现了普通成员利益被严重侵占的现象。那么，在《农民专业合作社法》尚以指导功能为主的情况下，为何仍会有一些精英选择让利社员，制定有利于普通社员的分配制度呢？这一举措，是精英对法规的尊重，对乡里的奉献，还是在谈判和博弈中的妥协？而在精英侵占了大部分利润的合作社中，普通社员为何并没有选择"用脚投票"，依然与合作社保持了相对稳定的合作关系呢？

第一节 文献综述

本章研究的重点是核心成员控制条件下合作社的分配逻辑，将合作社利益分配看作核心成员与普通成员谈判的结果，并主要探讨合作社投入要素的专有性与专用性对成员谈判能力，进而对合作社分配制度的影响。因而本部分主要从已有合作社分配制度的研究成果，要素专有性、要素专用性及其与合作社分配制度的关系两部分对已有文献进行回顾及评析。

一、合作社分配制度研究

（一）利益分配是合作社制度的核心体现

利益分配制度是合作社制度的核心（冯开文，2006），能反映出合作社治理关系和发展绩效（孔祥智等，2014），是农民专业合作社稳定、发展、壮大的关键（马丽岩，2008）。合作社盈余中的大部分来自成员与合作社之间的交易，而成员是否加入合作社取决于合作社能否为其成员提供足以保持稳定合作关系的利益回报（黄珺，2007）。若要实

---

① 执笔人：谭玥琳。本章为谭玥琳硕士学位论文的核心部分。

现合作社服务功能与利润目标的平衡，就必须制定合理的分配机制（夏冬泓等，2010）。合理的农民合作社盈余分配机制有利于培育社员合作精神，吸引农民入社并参与农产品交易；也有利于吸引成员投资入股，提升合作社竞争实力（黄胜忠等，2014），并将提高合作社经营绩效及运行效率。

（二）分配原则的遵循与偏离

《农民专业合作社法》对合作社盈余分配给予了明确规定，然而，《农民专业合作社法》所规定的盈余返还原则并不具有严格的惩处效力，只发挥指导性作用（郑鹏等，2012），不同类型的合作社可根据自身情况制定适合于本合作社的盈余分配方案。也因如此，当前我国合作社盈余分配形式多样，引发了学者的广泛关注和讨论。

随着合作社迅速发展，异质化特征日益明显，分配方式不断翻新，合作社剩余分配中出现的问题日益凸显。理论界和实践界对农民专业合作社运行中存在的盈余分配不规范、机制不健全、资本报酬过度、惠顾返还价值偏离等问题诟病较多（黄胜忠等，2014）。不少合作社的运行机制不健全，盈余分配程序不规范，社员权利被架空，核心成员利用有利资源在合作社各项服务提供过程中与商家合谋，或以合作社名义获取国家免税政策，一定程度上损害了普通社员的利益（郑鹏等，2012；邓军蓉等，2014；张菊等，2012）。针对合作社不断出现的各种分配特点和问题，许多学者开始梳理分配理论和合作社的分配原则，不少学者发现当前不少合作社的分配安排背离了合作社带动分配原则。孔祥智（2014）梳理了收入分配理论的发展趋势及合作社盈余分配原则的演变，并指出了当前我国合作社盈余分配的原则及缺陷。刘肖（2013）认为合作社利润分配应遵循利益平等、互利共赢、收益风险配比、科学分配四项原则。高海（2011）分析了农地入股合作社"固定收入＋浮动分红"分配形式，讨论了其与合作社分配原则的法律关系。任大鹏等（2013）质疑了"一次让利"代替"二次返利"的现象，认为后者对提高对成员的凝聚力、保护弱小成员的利益、鼓励成员关注合作社的可持续经营、形成利益共享、风险共担的机制更有裨益。

其中，由我国合作社成员异质性造成的分配不均现象被广泛关注，并引发了广泛争议和讨论。牵头成立合作社的企业、大户、供销社、农机部门、村集体等农村能人成为合作社的核心成员，享有主导的决策权和剩余索取权，而普通社员则被边缘化，只起到从属或参与作用（崔宝玉、李晓明，2008），小户难以确定合作社的盈余分配是坚持惠顾额导向还是股金分红导向（黄胜忠、徐旭初，2008）。这一成员分层源自于合作社各主体投入资源的差异，并随着要素不断由普通成员向核心成员聚集而愈发明显（何安华等，2012）。而核心成员具有更强的控制权也使得异质性合作社的分配结果受到许多学者的质疑。楼栋、仝志辉（2010）认为小农户由于合作社规章制度、信任约束、购销规模限定只能通过合作社进行购销，而在收益分配中知情权和决策权不足，利益受到侵害；而合作社获得的财政支持和相关优惠大多都流向核心成员，使得合作社内部分化进一步加大（楼栋、仝志辉，2010）。因此，常有学者认为我国农民合作社背离了合作社的基本原则（应瑞瑶，2002），而这些"伪合作社"会挤压真正的合作社的利益空间（张颖、任大鹏，

2010）。亦有一些合作社在公共积累提取、国家财政补助量化等方面存在漏洞（邓军蓉等，2014；张菊等，2012）。

当前，大多数学者对于分配不均现象持悲观的否定态度，批判该现象过分侵犯了小农利益，违背了合作社分配原则。然而，于会娟等（2013）提出对合作社治理的探讨不应过分强调实践中的合作社制度设计对传统合作社原则的偏离，只要这种偏离保持在合理范围内，就应该得到充分尊重。与批判现状相比，更应深刻探究现象形成的根本原因，探讨现象的合理性、改进空间和方向。

（三）合作社分配机制的影响因素

在研究方法上，当前合作社分配制度的研究主要有以下几种：一是对原则及现状的梳理和讨论（张菊等，2012；孔祥智等，2014；孙晓红等，2012）；二是利用 shapley 值法研究合作社分配问题，如刘肖（2013）构建了改进的 shapley 值分配模型试图找出更公平合理的合作社利润分配机制；三是案例方法研究合作社分配创新，如韩洁等（2007）分析了冀龙农产品合作社的利润分配问题；四是用样本数据进行统计分析，如宋茂华等（2012）对我国不同地区二十多个合作社的重点数据进行统计分析，研究合作社分配的影响因素。其中，案例研究是最常见的方法。现存对合作社利益分配的度量主要采取交易量返利占合作社全部利润的比率（曾明星等，2011），或将全部利润替换为可分配剩余（田艳丽等，2012）。另外，也有文献试图对利益分配方式进行全方位度量。如赵彩云等（2013）试图构建包含利益联结机制、利益分配机制、利益激励机制三部分的利益机制衡量方法。而对于分配机制的定量研究和度量则很少。并进一步说明当前我国的合作社间因行业、地域、内部特征均存在较大差异，分配方式各不相同。

那么，是什么决定了不同合作社具备不同的分配制度？不少学者对合作社分配制度的形成及其特点进行了大量研究。

谭智心等（2011）从委托—代理关系角度探讨了合作社的分配特点，认为种养大户主导、营销大户主导、企业主导和村集体主导的合作社中由于代理人具有不同的优势和目标函数，因而会形成不同分配方式。Jia 等（2011）认为合作社成员异质性通过契约安排影响合作社盈余分配。冯开文（2006）将影响合作社分配制度的因素区分为合作社内部的制约因素（如产权、企业家治理、治理机制、文化认同等）和外部因素（如其他利益主体、法律、国外合作社的影响、经济发展水平等）。宋茂华等（2012）认为股权结构、合作社文化等因素决定了合作社的分配制度。田艳丽等（2012）认为合作社分配制度的不同源于其处在不同的发展时期。随着合作社不断发展，经营目标发生变化，交易量返还比率会逐步提高。刘同山等（2014）在组织的动态发展中讨论了合作社中具有核心地位的精英在实施利润分配时的行为逻辑，认为精英主导分配时会在自身的社会收益和经济收益间寻求权衡。蔡荣（2012）认为合作剩余的分配既包括合作社收购产品和销售农资时向社员所提供的价格改进及其他各项免费服务，也包括"按交易返利"、"按股分红"和"两者相结合"等不同类型的分配制度，其选择主要受到合作社领办主体身份类型、社员入股要求和社员规模等因素的影响。

由此可见，当前学者对不同合作社分配机制形成的探讨主要可以分为动态和静态两个方面，动态观点的代表是田艳丽等（2012）和刘同山等（2014），着重探讨合作社不同发展阶段特点对盈余分配的不同需求，静态观点关注的影响因素较多，主要关注在合作社的股权和内部治理结构，如委托—代理关系、契约安排、内外环境、股权结构、合作社文化、企业家因素等。亦有一些学者开始关注合作社股权制度的成因。如黄胜忠等（2014）认为，资源禀赋的差异所导致的成员参与目的、贡献程度及风险承担差异，使不同成员面临不同的利润分配方式。

尽管目前对于合作社分配制度影响因素的研究已有很多，影响因素纷繁复杂，但许多影响因素都停留在外生因素或间接因素，没有涉及根本原因。事实上，无论是动态分析还是静态研究，无论是股权结构、企业家才能、外部环境还是社员联结关系，本质上都是因为合作社不同成员在合作社中投入了不同要素而形成了不同的制度安排。由于要素的特性不同，要素持有者对合作社的贡献和需求也会不同，因此各要素在合作社的分配中所提的要求以及要求得到满足的程度也会不同。而各方要求的满足需要一个决策过程，这个过程即谈判，即使这种谈判过程在很多时候并不可见。

（四）谈判权与分配制度

在制度环境不变的情况下，合作剩余的分配主要取决于要素所有者在缔结和履行契约过程中的谈判实力，不同要素所有者通过谈判达到合作博弈解，实现均衡（陈赤平，2007）。当前对异质性合作社分配机制形成的讨论往往赋予核心成员绝对的控制权。然而事实上，制度是博弈的结果，农民合作社利润分配机制的形成，也是全体合作社成员博弈的结果（黎秀蓉，2010），是各参与主体在不同资源禀赋、利益偏好和角色条件下博弈达到的均衡（黄胜忠，2009）。组织内部租金的划分在本质上也是一种谈判问题（游小聪，2009）。合作剩余的分配方式取决于买卖双方的外生谈判能力，双方按谈判能力对比取得某一比例的合作剩余分配方案才是稳定可行的（Edlin et al.，1996）。即便是在表现出核心成员控制特征的合作社，制度的确立也并非由核心成员随心所欲地乾纲独断。即使不存在可视的谈判过程，制度确立本身也是各类成员谈判的结果。而合作社可分配的利润，一方面来自于成员核心能力带来的生产力提高（Foss，1996），另一方面来自于因长期合作关系取代一系列的市场合约所节省的交易费用（Cheung，1983）。各种要素的谈判力决定了企业合作剩余的分配（钟正生等，2006）。

二、谈判权的影响因素

（一）谈判力及其影响因素

谈判是进行资源分配的一种重要方法。谈判的基本要素包括谈判各方、谈判议题、谈判方式、谈判限制条件、谈判过程和谈判结果。谈判结果受到谈判力的影响。Aoki（1984）指出，谈判者所具备的知识或财富即为谈判力。

现有文献对谈判力的影响因素进行了分析。游小聪（2009）归纳了谈判力的来源，认为谈判力来源于耐心、更强的风险承受能力、较高资源稀缺性、较低的可替代程度，并与资产专用性、充足的信息和专业知识、资源控制、在组织机构非正式组织中所处位置相关。孙慧文（2014）认为，要素禀赋结构、要素的组织化程度、技术选择和制度环境是影响要素谈判力的主要因素。王晓旭等（2011）将综合谈判力的影响因素分为三部分：一是谈判方的自身实力，包括谈判技巧、经济实力及风险偏好；二是谈判双方依赖性；三是制度、经济、文化、市场等外界环境对谈判力的影响。程承坪（2006）将谈判力的影响因素归纳为投入要素的生产力、使用状况可监督性、稀缺性、专用性、抵押能力和对要素持有者对谈判破裂担忧程度等。钟正生等（2006）认为短期来看，要素谈判力的强弱取决于资产的不可分离性、要素产权特性及要素市场竞争程度。张屹山等（2012）认为经济主体所掌握资源的重要性、稀缺性和替代性决定了其在博弈活动中的权力大小。杨瑞龙等（2001）探讨了专用性、专有性在企业组织租金谈判中的作用。陈赤平（2007）指出，影响讨价还价实力的主要因素为要素资产对企业的重要程度、要素专用性程度和专有性程度。

由此可见，成员在组织中的谈判力受很多因素的影响，其中，其投入要素禀赋的稀缺性、可替代性、专用性等特性受到了普遍关注。根据"权力—依存"理论，己方对另一方权力的产生来源于对方对己方的依赖，而依赖主要分为替代方案和价值两个维度：可选择替代方案较少或谈判成功后获益较多的一方谈判力将被削弱（王晓旭等，2011）。因而在组织内部盈余分配谈判过程中，双方对对方的依赖程度将成为盈余分配谈判的重要决定因素。在许多影响因素中，资源的专用性和专有性是影响双方依赖程度的重要内容。

（二）专有性与谈判权

杨瑞龙等（2001）较早地提出了资源专有性的概念，并指出其在谈判力决定中的基础地位。所谓"专有性"资源是指这样一些资源，一旦它们从企业中退出，将导致企业团队生产力下降、组织租金减少甚至企业组织解体，这些资源的参与状况直接影响到组织租金的大小或其他团队成员的价值（杨瑞龙等，2001）。此后，不少学者在讨论企业治理机制及利润分配决定时将专有性视作要素或资本所有者谈判能力的影响因素之一。如袁振兴（2009）指出资源的"专有性"使其在组织中必需又难以被替代，赋予了投资者原始谈判力。颜光华（2005）指出，现实中，各类资本的持有者间往往具有相互专有性，因此共同占有企业控制权，但专有性程度高的一方常占有主导地位。杨继国（2002）认为，资本的专有性特征使其所有者在参与公司组织租金分配中具有较强的谈判力，可能会获得更大的组织租金份额，其中一部分可能是从专用性资本那里剥削过来的资本"准租金"（仉建涛等，2004）。陈赤平（2007）将赋予要素持有者一定垄断地位的"独占性"作为正向影响谈判实力的因素。钟正生等（2006）认为专利技术、大量固定资产、特殊社会关系等资产具有不可分离性，这一特性越强，其他资产对其依赖程度越高，对应盈余谈判实力越强，这里的不可分离性与我们讨论的"专有性"意义基本一致。

（三）专用性与谈判权

资源的"专有性"赋予投资者原始谈判力，但这并不意味着具有强"专有性"资源的所有者获得的利益分配份额一定过大，资源相对专用性同样影响着盈余谈判能力（袁振兴，2009）。资产专用性（Asset Specificity）是指"在不牺牲其生产价值的条件下，某项资产能够被重新配置于其他替代用途或是被替代使用者重新调配使用的程度"（威廉姆森，2001）。专用性较高的资产用于某种特定用途创造的价值将远远高于其他用途。各种专用性资源结合产生生产力，给企业带来相对持久的组织租金（袁振兴，2009）。孙慧文（2014）认为，若不存在资产专用性，双方总能以较低成本另觅伙伴，讨价还价机制将失去作用。而要素专用性投资水平的大小决定持有者讨价还价能力的高低。

专用性对谈判能力的影响方向在学界观点不一。一些学者认为，资产专用性越强，其相对重要程度通常也就越高，讨价还价能力越强，且要素专用性较强的持有者往往期望在组织中获取更多的控制权。而更多学者认为，较强的资产专用性会增强该项资产对生产过程中投入的其他资产的依赖性，进而削弱谈判力。杨瑞龙等（2001）指出专用性削弱了当事人的谈判力。由于专用性资产转换用途将使价值受损，其投资者往往缺乏退出积极性，资产被"套牢"（何燕，2004）。郭继强（2005）将专用性资产区分为特适性专用资产和普适性专用资产，并认为特适性专用资产对应较低的谈判力，而普适性专用资产普遍适用于其他企业，其所有者的退出威胁更可信，谈判实力较强。事实上，这一区分和讨论依然反映了专用性强弱与谈判力的关系，即专用性越强谈判力越弱。另一些学者认为应综合考虑这两方面因素，因为较高的资产专用性增加事前谈判决心，同时束缚了事后谈判能力（陈赤平，2007）。亦有少数学者认为，资产专用性与谈判能力无关（陈炳辉，2004）。

在这几种观点中，资产专用性对谈判力的负向影响受到更多学者的认同。事实上，资产专用性对谈判能力的影响是建立在退出权基础上的，它反映的是一种资源对其他资源参与的依赖程度。

三、文献评述

综上，当前对合作社分配制度的研究过分强调异质性合作社分配结果对合作社原则的偏离，对其形成原因的解释也较为有限。事实上，"存在即合理"，在社员有退出权的合作社中，利润分配实际数量的不均等势必具有一定的合理性。合作社异质性虽体现在方方面面，但其中起决定作用的依然是其投入要素或资产的特性。而在这类特性中，专有性和专用性作为影响组织内各要素所有者谈判权的重要因素，势必对包括合作社分配制度在内的各类制度产生重要影响。

在针对企业的研究中，谈判力决定利益分配的研究已十分普遍，而基于专有性、专用性的角度对谈判力影响因素的探究也较为丰富。拥有专有性经济资源的所有者渴望从其投资中获得收益，使财富增值。当专用性经济资源的所有者认为企业能够满足其需求时，便将经济资源投入到企业中，成为企业的利益相关者（袁振兴，2009）。亦有颜光华（2005）认为，资产的专有性与专用性实际上是资产的二重性。

尽管专有性、专用性对企业利润分配的影响已经受到了广泛关注，其在合作社中的应用却较少。仅有的从类似角度对合作社分配制度的研究来自马志雄等（2012），他构建了一个基于资源"专用性—稀缺性"的分析框架。除马志雄等外，也有一些研究将"稀缺性"作为谈判力的影响因素。所谓"稀缺性"是指要素市场或产品市场中供给满足需求的程度，需求越多或供给越少则表明物品的稀缺性更高，强调了某种投资一旦形成，其重置成本的变化（马志雄等，2012）。要素的相对稀缺程度决定了要素所有者在企业中的地位及收益（黄桂田、李正全，2002）。因而一些学者认为真正决定谈判力的是要素的稀缺性（陈炳辉，2004）。

诚然，要素的稀缺性与其所有者的谈判能力呈现正相关关系，但合作社的盈余分配机制是合作社内部微观的谈判决策，稀缺性更多的是反映资源在外部市场的特征，不能直接解释其在内部谈判中的作用。而专有性强调了要素在合作社内部的重要地位和组织发展及成员对该要素持有者的依赖程度，作为组织内部谈判能力的影响因素更为合适。事实上，杨继国（2002）曾指出，不同公司内部各种资本的专有性来源并不相同，有的主要是源于定价成本过高，有的则源于市场稀缺度过大。而杨瑞龙等（2001）亦指出除稀缺要素的持有者外，专有性资源所有者还包括能及时发现市场获利机会的企业家、特殊社会关系及核心技术所有者等。由此可见，稀缺性与专有性不能等同，也不存在完全的从属关系。然而，可以认为，对于组织内部的谈判来说，专有性比稀缺性涵盖了更丰富的内涵。因而本章将稀缺性归结为形成资源专有性特征的重要原因，进而探讨"专有性""专用性"对利润分配的影响。

第二节　理论分析框架

一、研究界定

本章从成员投入要素的专有性、专用性对谈判力影响角度探究合作社的分配制度。因而，首先对本章中所指的要素、专有性、专用性及合作社利润分配进行界定。

（一）要素

本章中，无论是专用性还是专有性，讨论的都是成员投入合作社的要素，而非成员的全部要素禀赋。从大类上看，成员投入的要素可分为土地、劳动和资本。而资本又可以分为多种类型，包括资金、设备、产品、人力资本、社会资本、品牌等。也即，本章将成员所具有的一切参与合作社的投入都归结为要素。

（二）专用性

专用性是指"在不牺牲其生产价值的条件下，某项资产能够被重新配置于其他替代用途或是被替代使用者重新调配使用的程度"（威廉姆森，2001）。

在本研究中，我们讨论的是合作社成员投入合作社的主要资产（要素）的专用性，既包括土地、劳动、实物资本、产品等可见的要素，也包含品牌、社会资本等无形要素。并不再像郭继强（2005）那样区分特适性专用资产和普适性专用资产，仅以专用性的强弱进行区分。

威廉姆森将资产专用性区分为人力资产专用性、实物资产专用性、场地专用性、品牌资产专用性、特定用途资产专用性以及暂时性专用资产 6 类。胡浩志等（2013）根据威廉姆森的分类对资产专用性的衡量方法进行了分类归纳。俞雅乖（2008）将农业产业化组织的资产专用性从资产的类别进行区分，分为产品专用性、技术的专用性和人力资本专用性。马志雄等（2012）将农业产中、产后的专用性投资分为时间的专用性、产品专用性、设施设备的专用性、人力资本的专用性（知识和技术）、储运设施的专用性（特殊的储藏和运输设备）、加工设备的专用性、加工场地的专用性。结合已有文献成果及合作社的实际情况，要素专用性大致可用表 6 - 1 所示的指标进行衡量。

表 6 - 1　专用性衡量指标

分类	已有指标	合作社适用
人力资本专用性	任期时间、培训时间；产品专用知识、企业专用知识；优秀个性化服务的重要性；专利信息的必要性；工作流动性；产品生产线是否定做；产品是否存在异质性；产品是否具有独特工艺性；产品生产中非批量性的工作所占的比重	管理培训时间；生产知识、技术专用知识；核心服务或信息的提供
实物资产专用性	资产专用性指数（清算价值/清算前价值）；长期（固定）资产占总资产的比例；研发费用和广告支出度；实物资产的价值；应用工程的努力程度	研发或广告支出；实物资产价值；可转换用途数；产品特性或销售渠道数
场地专用性	地理位置的安排；地点相近性；与中心镇、汽车站、火车站等的距离	场地类型、规模及质量；场地距中心镇、汽车站、火车站、公路的距离
品牌资产专用性	对某品牌投入的时间和资本；无形资产占可支配净资产的比值	品牌建设投入；品牌包含产品数
社会资本专用性		与政府部门关系；与金融机构关系；供销渠道关系种类

资料来源：根据相关文献整理。

已有文献对各类不同资产专用性强弱的度量方法不同，而合作社成员投入通常涵盖了上述多类资产。综合已有文献，为统一衡量标准，本章将从表 6 - 2 所示的几方面对成员专用性的强弱进行分析。

表 6 – 2　专用性衡量指标

内容	衡量	影响方向
专用性	资源的获取成本	+
	资源退出合作社后可选择的用途数量	−
	资源退出合作社后形成的损失	+

其中，资源获取成本越高，表明资源持有者为获得该资源投入的成本越高，一旦资源无法物尽其用，其牺牲的损失越大，因而，资源获取成本越大，资源专用性越强。资源退出合作社后可选择的用途数量越多，可被重新配置于其他替代用途的程度越高，资源专用性越弱。资源退出合作社后形成的损失越大，则意味着资源改作他用牺牲的生产价值越大，资源的专用性越强。

（三）专有性

资源"专有性"（Exclusive）是指该资源从企业中退出，导致企业团队生产力下降、组织租金减少的程度。反映了组织对该资产的依赖程度。

已有文献对专有性资产的类别划分较少。本研究中，我们讨论的是合作社成员投入合作社的主要资产（要素）的专有性，既包括土地、劳动、实物资本、产品等可见的要素，也包含品牌、社会资本等无形要素。范畴与专用性一致。

相比专用性而言，对"专有性"的衡量则更为有限。杨瑞龙（2001）认为较典型的专有性资源所有者有以下几种：一是能洞悉机会的企业家；二是核心技术所有者；三是在资本稀缺条件下大量货币资金持有者；四是特殊社会关系所有者。杨继国（2002）指出，专有性来源于定价成本过高或稀缺程度过大。企业家或某些社会关系才能具有较强的专有性。

由此，本章结合专有性的定义及已有文献的讨论，将从表 6 – 3 所示的几个方面进行衡量。

表 6 – 3　专有性衡量指标

内容	衡量	影响方向
专有性	资源在市场上的稀缺性	+
	资源由其他资源转换而来或"被模仿"的难易程度	−
	资源在组织发展中的重要程度	+
	资源被替代的可能性	−

其中，资源在市场上的稀缺性越强，持有者一旦退出组织，寻找其他合笔者越困难，因而资源专有性越强。资源由其他资源转换而来或"被模仿"的难易程度越强，表明其他合笔者也可越容易地将手中的资源转换为该项资源，该资源持有者退出对组织发展及绩效的影响较小，专有性较弱；资源在组织发展中的重要程度越高，则一旦该资源退出组

织，组织经营将受到的挑战越严重，因而资源专有性越强。资源被替代的可能性高，则即使资源退出组织，也有其他类型资源可以替代它发挥作用，不至于导致组织利润大幅下降，因而资源专有性较低。

（四）合作社利润分配

随着合作社交易量内涵不断发展，剩余分配的内容也逐渐丰富和多样化（孔祥智等，2014），除资金盈余分配外，还包括社会化服务等多种社员激励形式。将其他社员激励形式纳入合作社分配范畴，将在一定程度上加大对合作社分配的衡量难度。然而可以认为，通常情况下，社员从合作社获得的利益，都可通过某种方法转化为货币资金收益进行衡量。为便于衡量，本研究中对合作社分配的研究主要集中在对合作社盈余分配的探讨上，关注社员的财产收益，既包括合作社事前支付给普通成员的要素租金，又包括事后支付的产品价格以及合作社的盈余。

二、基于专有性和专用性的合作社收益分配机制分析框架

（一）谈判权与合作社分配

按契约分析框架，合约中权益和责任分配是谈判过程中讨价还价形成的双方"谈判势力"的大小决定权益的分配结果（黄桂田、李正金，2002）。谈判势力强的要素所有者常获得"剩余索取权"和"剩余控制权"，而谈判势力较弱的则普遍获得工资、租金等固定收益权，分配比重同样是劳资双方谈判势力较量的结果。与企业类似地，合作社内部成员间的利益分配即便没有可见的谈判过程，依然是各要素所有者谈判的结果。

我们假定，合作社中的利益分配在核心成员 C（Core member）与普通成员 O（Ordinary member）间进行，合作社的利益分配情况可用纳什讨价还价博弈模型（Nash，1950）来刻画。核心成员与普通成员的博弈时间序列见图 6 - 1。

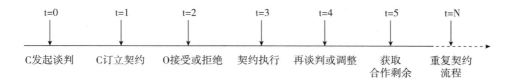

图 6 - 1　普通成员与核心成员博弈的时间序列

博弈过程如下：①在 t = 0 时，由 C 发起谈判，这一点符合合作社实践。此时 C 具有某种产品或要素的需求，但限于自身资产禀赋不能够生产或不能全额生产，O 拥有这些产品或要素，因而 C 的需求与 O 的供给构成了共同信息。C 有激励与 O 建立一种合作契约。这种合作契约在实践中表现为 C 领办了一个合作社，这也是许多合作社成立的原因。②在 t = 1 时，C 订立一个交易契约，希望通过这个契约吸引 O 加入合作社或参与交易。③在 t = 2 时，O 可能接受 C 提出的合作契约，也可能拒绝，双方还可能就契约的具体内容进行谈判。这也正是我们所探讨的重点。④在 t = 3 时，契约执行，C 与 O 按照契约的

初始安排投资。⑤在 t = 4 时，若发现契约执行结果偏离预期，双方会对契约进行再谈判或调整。⑥在 t = 5 时，双方获得合作剩余。⑦重复上述的契约流程。

我们以 i、j 代表 C 与 O。Nash（1950，1953）指出对于分馅饼模型其均衡解只需满足 $maxU_iU_j$，不过这一均衡解是建立在 i、j 具有同等谈判实力的基础上。实际上，在合作社里核心成员与普通成员的谈判实力是存在较大差异的。个体的谈判实力受制度、经济情况等各种因素的影响，它能够影响个体的谈判结果但是并不直接影响个体的效用函数（Svejnar，1986），因而可以视为一个外生变量。在本章中，我们可以将谈判实力写成各种因素 Z 的函数 β（Z）。我们假定 i、j 的谈判实力分别为 β_i、β_j，$\beta_{i,j} > 0$，而且模型的均衡解为：

$$maxU^* = U_i^{\beta_i}U_j^{\beta_j} \tag{6-1}$$

$$s.t. \ U_i + U_j = U \tag{6-2}$$

其中，U_i、U_j 为核心成员及普通成员在盈余分配中获取的合作社剩余，U 为合作社的可分配利润。

对式（6-1）做对数变换，根据式（6-2）的约束条件构建拉格朗日方程：

$$F = (\beta_i lnU_i + \beta_j lnU_j) - \lambda(U_i + U_j - U) \tag{6-3}$$

分别对 U_i、U_j 求一阶导数，令其为 0，得到：

$$\frac{\beta_i}{\beta_j} = \frac{U_i}{U_j} \tag{6-4}$$

联立式（6-2）、式（6-4）得：

$$\theta_i = \frac{U_i}{U} = \frac{\beta_i}{\beta_i + \beta_j} \tag{6-5}$$

$$\theta_j = \frac{U_j}{U} = \frac{\beta_j}{\beta_i + \beta_j} \tag{6-6}$$

其中 θ_i、θ_j 分别为 i、j 的分配比例。

对式（6-5）、式（6-6）求导，得到：

$$\frac{d\theta_i}{d\beta_i} = \frac{\beta_j}{(\beta_i + \beta_j)^2} > 0, \ \frac{d\theta_j}{d\beta_j} = \frac{\beta_i}{(\beta_i + \beta_j)^2} > 0 \tag{6-7}$$

由此可见，无论是普通社员还是核心社员，任何一方的谈判实力的增强，都有利于他们在合作社里分得更多的利益。接下来，本章将通过构建要素特征与谈判实力间的相互关系，进一步构建出成员要素投入特征与收益分配的关系。

（二）专有性、专用性与谈判权

根据"权力—依存"理论，一方权力的产生来源于对方对己方的依赖，因而在组织内部盈余分配谈判过程中，双方对对方的依赖程度将成为盈余分配谈判的重要决定因素。在许多影响因素中，资源的专用性和专有性是影响双方依赖程度的重要内容。本章试图从专有性和专用性角度探讨合作社盈余分配中的谈判过程。

（1）专有性与谈判权。已有文献在研究专有性对谈判权的影响时结论较为一致，均认为专有性对谈判力具有促进作用。合作社发展过程中，成员在合作社中的地位由其投入要素决定（何安华、邵峰、孔祥智，2012）。资金是合作社产、供、销、储、运等一系列活动的基础，并可较容易地转化为设施、设备、场地、土地及劳动力，再加上当前金融机构为合作社及其成员提供的信贷服务相对有限，资金成为合作社稀缺性较高的要素（马志雄等，2012）。而稀缺性较高的社会资本常在合作社中赋予理事长重要地位（张屹山、于维生，2009）。相比之下，土地及劳动力资源相对较为丰富，且可以利用社会资本及资金置换，稀缺性相对较低。稀缺性是形成资源专有性的重要原因之一，拥有稀缺资源的理事长等合作社成员通常即为合作社专有性资源的持有者。"专有性"资源对组织的发展不可或缺，且仅掌握在少数人手中，因而成为"分享组织租金的谈判力基础"（杨瑞龙等，2001）。

专有性对谈判权的正向影响在合作社控制权的形成中可见一斑。合作社中，成员大致分为三个类型：第一类是普通农户及生产大户，主要投入土地、劳动力，出资额一般十分有限，是合作社中的主要生产者；第二类是购销成员或出资股东，具备一定资金实力和社会资本，对合作社的贡献主要体现在出资和购销方面，第三类是包括理事长在内的合作社主要管理者，在社会资本方面具有明显优势，是合作社的主要出资人群，这类人常常也具有较高的管理能力，因而统筹合作社管理。

在这三类成员中，普通农户及生产大户通常为合作社的普通社员，第二、第三类成员则构成合作社的核心成员。后者所具备的比较优势主要为社会资本及资金。事实上，社会资本与资金常常存在伴随关系，换言之，拥有社会资本及资金的往往是同一群人，他们掌握了合作社发展中最重要的资源，而这些资源是合作社发展不可或缺的，具有较强的"专有性"特征，因而与普通成员相比，在合作社中享受较大的话语权，形成了合作社由核心成员控制，普通成员依附的"中心—外围"结构。组织中，核心成员的"专有性"资产对组织的贡献越大，核心成员对合作社的控制力越强。例如，核心成员占出资额的绝大部分，购置或建造了较大固定资产，掌握了关键技术、品种或销售渠道，利用其社会资本获得了金额较大的政府竞争型制度激励，如补贴、项目资金、示范社等。

而在合作社分配制度的决定中，"专有性"资源持有者势必也因持有组织发展的关键资源而拥有较强的谈判能力，进而获得较多利益。

（2）专用性与谈判权。现有文献对"专用性"对谈判权的影响方向尚存在多种判断。委托—代理理论认为，专用性投资者会更为积极地争取组织的控制权及剩余索取权，以减少他人退出组织或实施机会主义行为所带来的损失。而杨瑞龙（2001）等则认为专用性将削弱谈判权。由于专用性资产对团队其他成员具有较强的依赖性，更难退出合作，资产持有者在谈判与合作中的退出威胁相对较弱，削弱了谈判力，也会因此具有更强烈的激励争取组织控制权。也有少数学者认为"专用性"对谈判权不构成影响。

在合作社原则下，农民合作社中，社员在权利得不到满足时，可选择退出合作。而资产专用性事实上恰好反映了社员的退出能力。资产专用性高的要素对其他社员及组织发展的依赖强，且退出能力较弱，为了维持合作关系，将被迫进行妥协。例如，当核心成员手中的关键资源相对具有较强专用性时，为增强社员满意度及忠诚度，保证规模效益的有效发挥，合作社会给予普通社员更多的服务和让利；而当核心成员的优势资源为销售渠道、资金或社会资本时，由于这些资源专用性较弱，可较容易地将其转移至其他领域，因而缺乏让利社员的内在激励。尤其是在市场资源匮乏的地区，资产专用性对合作社不同成员的影响更为明显。一方面，核心成员拥有的渠道资源用途较为多样；另一方面，普通社员所生产的农产品没有其他可供选择和替换的销售渠道，具有很强的专用性。在这些合作社中，只要合作社能够帮助普通成员销售产品，走出"卖难"困境，普通社员往往默许核心成员在合作社分配中获得更多好处。

（3）专有性、专用性与谈判权。综上，成员在组织剩余分配中的谈判权，取决于其投入组织的资源的专有性和专用性。专有性反映了组织发展及其他成员对于该成员所持要素的依赖程度，专用性反映了该成员对组织其他成员的依赖程度。资源专有性越大，谈判权越大；专用性越大，谈判权越小。当成员所持要素具有大的专用性和小的专有性时，其谈判能力最弱；当成员持有要素具有小的专用性和大的专有性时，其谈判能力最强。当专用性、专有性同大或同小时，谈判能力取决于两者作用的权衡（见表6-4）。

表6-4　专有性、专用性与谈判权

		专有性	
		大	小
专用性	大	↓↑	↓↓
	小	↑↑	↑↓

注：表中不含阴影的箭头代表专用性对谈判权的影响方向；带阴影的箭头代表专有性对谈判权的影响方向，箭头向上代表增强谈判权；箭头向下代表削弱谈判权。

（三）研究假说

综上，我们得出了本章的核心思路：成员投入要素的专有性和专用性决定了合作社在利润分配中的谈判能力，进而影响了合作社分配机制的形成（见图6-2）。

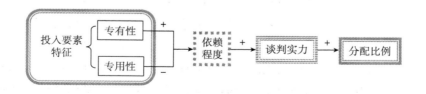

图6-2　研究思路

进而，本章提出以下两条研究假说。

H1：要素专有性的增强将增强要素投入者的谈判力，增加该要素持有者在合作社利润分配中获得的收益。

H2：要素专用性的增强将削弱要素投入者的谈判力，减少该要素持有者在合作社利润分配中获得的收益。

第三节　案例观察与分析

一、资料来源与案例筛选

本章所用的案例资料来源于笔者在参与国家自然科学基金面上项目（71273267）、农业部委托项目"农机购置补贴政策实施情况评估"、北京市社会科学基金项目（13JGA001）等课题研究过程中收集和积累的一手材料。笔者在上述调研获取材料中进行筛选，并选取部分案例再次进行深入访谈，获得了更加深入翔实的第一手资料。

在研究案例的选取上，本章通过对所搜集材料的整理和筛选，最终选择了3个案例来支撑本章的实证研究，即黑龙江省克山县仁发农机合作社、北京北菜园农产品产销专业合作社、灵寿县青同镇农民专业合作社联合社。选取的理由主要有：一是这3个案例均是具有核心成员控制特征的合作社，成员间投入要素划分较为明晰，便于分析；二是如上面分析的，核心成员投入合作社最典型的关键资源分为资金、固定资产等物质资本，渠道、品牌等社会资本和技术、管理经验等企业家才能，这3个案例基本涵盖了这些类型；三是这3个合作社管理制度较为健全规范，所提供资料较为翔实，且可信度较高，能够获得可靠、全面的分析资料。

在这3个案例合作社中，仁发农机合作社是核心成员投入资金进而转化为固定资产投资领办合作社的典型代表，并随着合作社发展积累并投入了越来越多的企业家才能。伴随着双方投入要素专用性细微变化，投入要素专有性对比关系发生较大改变，并伴随着明显的分配方式改变，可用以证明要素专有性对合作社盈余分配的影响，并观察到专用性、专有性的相互约束机制。而北京北菜园农产品产销专业合作社和灵寿县青同镇农民专业合作社联合社中，核心成员除投入资金外，还投入了品牌及销售渠道。而普通成员均以土地和劳动力参与合作。然而不同的是，北菜园农产品产销专业合作社投入的品牌渠道自行建立、用途单一，专用性强，对合作社社员依赖较强，而青同镇农民专业合作社联合社提供的销售渠道和品牌来自供销社庞大体系和成熟的龙头企业，对合作社依赖程度较弱，两者对比可用以说明要素专用性对分配制度的影响。

二、专有性与合作社利润分配

短短4年时间，黑龙江省克山县的仁发现代农机合作社以分配机制创新促进经营土地拓展，经历从亏损经营向省级现代农机合作示范社的飞跃发展。而在仁发农机合作社成功的背后，恰恰体现了核心成员与普通成员间，因投入要素的专用性、专有性的不同及不断变化而引发不同的盈余谈判结果。

（一）阶段一：2009～2010年低专有性和高专用性形成困局

仁发农机合作社位于全国500个产粮大县之一的黑龙江省克山县。黑龙江省于2008年制定了支持千万元规模农机合作社计划，在此背景下，2009年10月，"克山仁发现代农机合作社"由仁发村党支部书记李凤玉等7户成员出资850万元成立，并利用注册资金及政府配套支持补贴1234万元购置了几十台大型农机具。

合作社成立后，采取了流转土地种植大豆与外出代耕作业相结合的传统农机合作社营运模式，经营效果不甚理想。2010年，代耕作业面积仅60000亩，纯收入不足100万元；虽四处奔走流转土地，却仅流转到1100亩土地。合作社当年仅获得利润13万元，若考虑机器折旧费用，不但没有盈利，还亏损187万元。

在本合作社中，核心成员投入的主要资产为资金，并转化为几十台大型农机具，与此同时，核心成员由于负责合作社的日常经营安排投入了一定的人力资本。而潜在成员所能投入合作社的主要要素为土地。由于合作社的农机具均为大型农机具，需要相当数量的土地与之配合才能发挥规模效益，实现利润增长。为简化分析，我们将机械操作手等劳动投入及生产资料等投入都作为合作社的经营成本，不再考虑主体在合作社中得到的收益。

仁发合作社之所以在初期未能获得良好的经营效果，其原因可归结为合作社核心成员（李玉凤及其余6户村民）所投入资产具有低专有性和高专用性形成的困局。专有性方面，克山县种植历史悠久，当地多数农户已有农机具，基本能够满足耕作需要，代耕服务需求并不十分旺盛；加上代耕服务提供者众多，使得核心成员所持有的大农机"稀缺性"不足，不能在农户与核心成员的合作中充当足以促使农户依赖其生产的"专有性"资源。而在合作社未配套足够土地的情况下，核心成员人力资本、社会资本在组织发展中的重要性很难发挥，专有性相对较弱；再加上仅支付固定租金的方式使得农户对合作社可能给予的其他利益毫不关心，即便合作社核心成员具有某些优于普通农户的社会资本和管理经验等，也难构成这一合作关系中关键的"专有性资源"。而在专用性方面，由于农机购置投入巨大，难以转换用途，年折损率较大，又必须配以成片成规模的土地方能充分发挥大型农机具的优势，实现回本创利，核心成员投入要素呈现出较强的专用性特征，对潜在社员投入的土地要素依赖程度颇高。

相比之下，普通农户的投入要素土地则显然是一种通用性资源，农户可以以较低成本选择是否将土地流转给合作社实现经营，流转给哪家合作社，或者种植何种作物。在没有土地配合就无法发挥效用的农机合作社中，核心成员们急缺的土地资源更像是农机合作社发展初期必不可少的"专有性"资源。在合作社仅能给予农户240元租金的情况下，流转给其他合作社或自行耕种所获得的收益未必少于这一固定租金；再加上克山县种植传统悠久，各家都备有小型农机具，有能力满足自家田地的耕种问题，对于合作社核心成员所提供的大农机服务并没有形成强烈的依赖和需求（见表6-5）。

表 6-5　第一阶段要素投入、谈判权与利润分配

内容	核心成员		普通成员
	大农机	人力、社会资本	土地
专有性	较强	较强	较强
	较弱		较强
专用性	强	较弱	较弱
	强		弱
谈判权	较弱		较强
利润分配（%）	33		67

这样的资源投入格局下，合作社核心成员以较高专用性和较低专有性的资源与拥有较低专用性资源且对核心成员所能提供的"专有性"资源依赖不强的普通农户谈判中势必处于劣势。若能展开合作，普通农户索要的利润所得将较高。而现实是，合作社并未给予社员足够的剩余激励，仅以 240 元/亩的回报参与谈判，使得其在寻求社员合作时处于不利困境。因而 2010 年，尽管合作社多方奔走，也仅流转土地 1100 亩，且所流转地块分散，无法发挥大农机优势，亏损也就在所难免了。

（二）阶段二：2011～2012 年让利弥补不足实现稳定合作

为了冲破这一困局，吸引更多社员入社，2011 年 4 月，在政府专家的指导下，仁发农机合作社开始改变经营模式，不再以租赁形式流转农户的土地，而是以优惠的分配政策吸引周边农户"带地入社"：一是提高土地入社保底金价格至 350 元/亩，粮食综合补贴仍由农户获得。二是国投盈余按成员平均分配。三是成员按入社资金同等比例获取盈余分红。

新经营模式下，合作社有如下特点：一是要素投入上，原来的 7 位发起人以资金入股合作社，入股金额为 850 万元，新加入合作社的其他社员均不以现金出资，而是以土地折价入股合作社，折价标准为 350 元/亩。由此可见，合作社中，核心成员投入要素为资本，而其他社员投入要素依然为土地。二是经营上，社员将土地入股合作社后由合作社统一安排经营，并在合作社运营决策过程中享有《农民专业合作社法》中规定的各项民主权利。三是合作社盈余分配上，首先，合作社将国家补贴共计 1576 万元（国投机具 1234 万元 + 专项资金 342 万元）平均量化给每位成员，并视同"现金入股"参与分红；其次，将合作社盈余按成员出资份额进行分配（包含现金入股、土地折价入股和国投资金量化）；最后，分配后，除保底收入 350 元/亩外，其余各项分红收入的 50% 留存为合作社公积金，并视作社员对合作社的"现金入股"并入总股金，参与下年盈余分配。

可见，为了吸引社员以土地入社，构建更加稳定的资源合作关系，合作社给予社员的利润分配比例大大提高，核心成员在盈余分配中的让步行为显而易见。以向合作社投入 24.8 亩（2012 年底的平均值）的农户计算。2010 年，该户以土地参与合作所获得的亩均收益为 240 元租金收入，全年获取收益约 6000 元。而 2011 年改革后，该户获得的土地收

益由保底收入＋分红收入＋国家配套补贴三部分组成，每亩收益由 240 元上升至 700 多元，实际领取收入也达到 500 多元（见表 6－6）。不仅如此，为筹集资金获得更大发展，合作社在从社员分红收入中提取 50% 作为公积金提留，该部分公积金在来年及以后的盈余分配中，将视同对合作社资金投入，按一定比例享受合作社分红，这增加了合作社社员所能预见的未来收益，进一步增加了对社员的吸引力。

表 6－6　合作社成员亩均收益　　　　　　　　　　　　　　单位：元

2010 年	2011 年		2012 年	
240 元租金收入	保底收入	350	保底收入	350
	分红收入	108.9	分红收入	152.8
	国家配套补贴	326.8	国家配套补贴	227.2
	公积金	0	公积金	95
	总收入	785.7	总收入	825
	实际领取	567.9	实际领取	587.5

注：由于国家配套补贴为按户平均分配，而每户土地投入规模不同，因而若考虑国家配套补贴，亩均收益将存在不同。本表数据为投入 24.8 亩农户的估算值。24.8 亩为 2012 年社员户均入社土地面积。

通过让利社员，合作社成员数量迅速扩大。2011 年，合作社成员数量增加到 314 户，自营土地面积超过 1.5 万亩，规模效益得到初步体现，实现总收入 2763.7 万元，净盈利 1342.2 万元。2012 年末，合作社共吸纳成员 1222 户，入社土地 30000 余亩，净盈利高达 2759 万元，成功实现扭亏为盈，成为当地乃至全国合作社争相学习的典范（见表 6－7）。

表 6－7　仁发合作社 2011 年、2012 年盈余分配情况　　　　　单位：万元

类别	2011 年	2012 年
社员（户）	314	1222
土地（亩）	15000	30128
收入	2763.7	5594.0
其中：土地经营收入	2045.2	4798.0
代耕作业收入	718.5	775.1
其他收入		20.9
生产成本与其他费用	1421.5	2835.4
其中：农机作业支出	625.1	674.3
土地经营支出	796.4	2058.9
管理费用		102.2
盈余	1342.2	2758.6
第一步：土地每亩 350 元保底金	525.0	1054.5

类别	2011 年	2012 年
第二步：股金分红 （出资＋土地作价＋国家投资）	817.2	1704.1
其中：出资	134.9	188.1 *
土地折资	81.4	230.6
国家补贴	192.3	344.2
公积金		89.1
第三步：提取盈余 50% 作为公积金	408.6	852.1

注：表中第二步中展示的数据为社员实际拿到手里的金额，由于公积金提取在盈余分配之后，故社员名义上获得的股金分红应为上述金额的 2 倍。* 表示 2011 年改革时，将 2010 年盈利的 13 万元按出资额分到了核心成员账户上，算作其初始出资额。

有学者将仁发合作社 2011 年实施的这一重大变革视为精英集团奉献精神的有力体现，认为这是李玉凤等合作社精英带动成员追求共同发展的利他行为（刘同山等，2014）。本章认为，这一行为若是出自奉献精神，早在合作社成立伊始便应采取这样的分配方式。然而事实并非如此。

仁发合作社之所以会选择提高保底价格，加入股金分红，量化分配国家补贴等一系列措施以提高社员获得的分配份额，本质上是因为前一发展阶段陷入了低专有性和高专用性所带来的困局。大农机的生产特点导致精英资产必须获得足量的土地配套才能发挥作用，迫切需要扩大土地规模。然而低专有性和高专用性使得其在与农户的谈判中处于不利地位，仅支付农户 240 元/亩的固定租金明显不能对农户形成较强的吸引力。由于得不到足够的好处，许多农户并不买账，合作社扩大土地规模，形成连片种植的谈判目标无法实现，面临亏损局面。为了扭转精英集团在这一谈判过程中谈判能力较弱的局面，他们只得通过增加给予农户的分红以增加自己的"谈判筹码"，吸引更多"用脚投票"的农户加入合作，实现共赢。

同时我们也看到，合作社在这一过程中得到了快速发展，核心成员不仅通过土地经营规模的快速扩张实现了专用性资产的充分利用，还在发展中意想不到地不断积累有利于未来谈判能力提升的专有性资源。一方面，两年间迅速扭亏为盈使合作社声名大噪，合作社的口碑和信誉迅速树立，不仅农机外出作业机会大幅提升，合作社在生产、技术、销售上与外界谈判能力也不断增强。这在一定程度上增加了核心成员的社会资本。另一方面，核心成员的管理经验不断积累，并招募了相当数量的农机具技术人员，由于合作社社员对土地具体经营决策及实施的参与程度有限，核心成员的专有性人力资本不断积累，并在合作社的经营创利中发挥着越来越重要的作用。由此看来，在这一阶段，核心成员受制于先前投入的高专用性和低专有性在盈余谈判中选择的退步和让利，却也同时成为其不断积累"专有性"资源，提升未来谈判能力所必须支付的成本（见表 6－8）。

表6-8　第二阶段要素投入、谈判权与利润分配

内容	核心成员		普通成员
	大农机	人力、社会资本	土地
专有性	较强→增强	较强→增强	较强→削弱
	较弱→增强		较强→削弱
专用性	强→削弱	较弱→削弱	较弱→增强
	强→削弱		弱→增强
谈判权	较弱→增强		强→削弱
利润分配（%）	10		90

（三）阶段三：2013年以后专有性提高与让利回调

2013年1月，合作社分配制度又发生了变化，主要体现在以下方面：一是不再实行土地保底收益。二是提取总盈余的3%作为理事长及其他管理人员收益，理事长分得其中的20%。三是将盈余在土地和资金之间分配比例规定为3∶2。四是土地获益部分不再提取公积金，仅从资金分红中提取。

表6-9显示了2013年再度改革分配制度前后社员获利的基本情况。不难看出，2011～2012年，利润分配倾向于普通成员的趋势相当明显，普通社员所获得的利润分配达到90%左右。而在2013年改革后，普通成员所获分配比例下降到75.6%，出现了较大幅度的回调。不仅如此，精英承担的风险也大大减弱。总的来说，这种新的制度安排形成了以下几个效果：一是削弱了精英集团面临的风险，将原本由精英集团承担的风险部分交由农户承担；二是增加了精英集团的实际经济收益，以管理工资等方式获取更多的利润分配；三是通过土地获益部分不再提取公积金的方式限制了社员未来以公积金形式参与利润分红的潜力，为核心成员未来获取更高比例的稳定分红提供保障。

表6-9　2010～2013年合作社分配比较

年份	2010	2011	2012	2013
社员数（户）	7	314	1222	2436
土地（亩）	1100	15000	30128	50159
股金（万元）	2084	2622	3902	5456
盈余（万元）	39.4	1342.2	2758.6	5328.0
保底租金（万元）	0	525	1054.5	0
扣除保底金后盈余（万元）	39.4	817.2	1704.1	5328.0
核心成员获得（万元）	13.0	139.2	220.6	1298.6
普通社员获得（万元）	26.4	1203.0	2538.0	4029.4
其中：分红（万元）	0	678	1483.5	4029.4
占比（%）	67	89.6	92.0	75.6

续表

年份	2010	2011	2012	2013
普通社员亩均（元）	240	802	842.4	803.3
实际到手				
核心成员获得（万元）	13.0	69.6	110.3	649.3
普通社员获得（万元）	26.4	864.0	1796.3	3565.1
占比（％）	67	92.5	94.2	73.3
普通社员亩均（元）	249.0	576.0	596.2	710.8

经过 2011～2012 年的快速发展，合作社土地规模已经达到一定水平，核心成员所拥有的大型机械得到了较好的利用，冲破了初期大农机使用受制于土地资源不足的局限，资产专用性在其分配谈判中的制约逐步削弱，合作社精英与普通社员间的谈判实力也在悄然变化。一方面，精英投入的专用性资产已经找到了相当规模的土地匹配，且随着合作社名气和信誉不断增大，合作社机械的可耕作对象增加，其专用性资产对谈判能力的制约正在逐步削弱。另一方面，由于在精英的带领下，合作社发展蒸蒸日上，对农户吸引力越来越强，农户想要参与合作，并依赖精英的科学领导获取更多收益的意愿越来越强。尤其是在土地达到一定规模后，土地规模已不再是优化合作社资源配置、影响合作社更好发展的最主要因素。当土地规模达到一定水平，几年来核心成员因合作社快速发展及知名度提升所积累的社会资本、管理经验等在合作社未来发展和创利中发挥的作用将越来越大，逐渐成为合作社发展中不可或缺的"专有性"资源，使得核心成员谈判能力不断增强。核心成员的社会资本及管理资源这一"专有性"资源在新的盈余分配机制中得到了回报，开始正式参与盈余分配，每年获得可分配盈余的 3% 作为回报，2013 年获得的分配数额为159.9 万元。因而，在 2013 年改革分配制度，核心成员在新的分配办法中所获得比例大幅增加，并将在未来不断提高。而普通社员对合作社核心成员投入的人力资本和社会资本依赖程度越来越高，所获盈余下降却依然积极踊跃入社也就不足为奇了（见表 6-10、表6-11）。

表 6-10 第三阶段要素投入、谈判权与利润分配

内容	核心成员		普通成员
	大农机	人力、社会资本	土地
专有性	强	强	弱
	强		弱
专用性	较强	弱	较强
	较强		较强
谈判权	强		弱
利润分配（％）	24.4		75.6

表6-11 2013年合作社盈余分配情况

社员（户）	2436
土地面积（亩）	50159
收入（万元）	10500
土地经营收入（万元）	10500
农机作业收入（万元）	0
支出（万元）	5172
用于库棚机具折旧（万元）	1050
生产成本与其他费用（万元）	4122
当年盈余（万元）	5328
第一步：管理人员工资（万元）	159.9
第二步：土地分红（万元）	3100.9
第三步：资金分红（出资＋国家投资＋公积金）（万元）	1033.6
第四步：提取资金分红50%作为公积金（万元）	1033.6

事实证明，尽管核心成员在利润分配中获得的越来越多，合作社快速扩张的脚步却并未停止。2013年，合作社社员增加到2436户，入社土地达50159亩，年盈利超过5000万元。这说明，尽管获利有所减少，普通社员依然希望通过合作，利用合作社成员的专有性资源获取更大利润。随着越来越多的人希望加入合作社，理事长李凤玉曾表示："规模再大合作社就种不过来了，如果效益掉下来，原来那些成员也不答应啊。这事儿还得好好合计合计。"暗示了当前合作社已达到了核心成员所希望的规模。未来，摆脱了资产专用性的束缚，核心成员投入资源的专有性优势可能越来越强，在利润分配中获取更高比例或将成为必然。

三、小结

表6-12显示了上述三个阶段中，核心成员与普通成员投入要素的特性。三个阶段中，核心成员投入的是资金及其所转化而来的大型农机具；而普通成员投入的主要是土地资源。

表6-12 成员投入专有性、专用性与盈余分配

分配方式变革	阶段1	分配方式变革	阶段2	分配方式变革	阶段3
核心成员	高专用性		专用性限制减弱		专用性限制较少
	低专有性		专有性不断增强		专有性高
普通成员	低专用性		低专用性		较低专用性
	高专有性		低专有性		低专有性
普通成员获利比（%）	67		90		75.6

在第一阶段，核心成员投入要素具有较高的专用性和较低的专有性，在盈余谈判中处于不利地位，因没有给予谈判实力相对较强普通社员足够的回报，未能实现理想的合作规模。也正因如此，核心成员对分配方式进行改变，这是分配方式改变的第一个转折点，即通过大幅度让利社员迅速扩大规模。核心成员实施的这一明显的主动让利过程清楚地表明，较强的要素专用性确实限制了核心成员在利润分配中的谈判实力，而其投入要素专有性不足，被迫通过让利来增加自己的谈判筹码，弥补高专用性和较低专有性的不足，吸引更多"用脚投票"的社员参与合作，满足其专用性资产的需求。

在规模不断扩大的过程中，双方投入的专有性和专用性特征发生变化。专用性方面，核心成员投入的农机具专用性属性并未发生本质改变，依然需要相当数量的连片土地与之对应才能获得可观利润。随着合作社发展，农机数量也在增加，所需与之配合的土地规模也在增加，这使得专用性约束依然存在，尤其是大农机对连片经营的要求使得专用性约束无法根本消除。而与此同时，合作社信誉的提升使得合作社无论在外出作业还是流转土地上更具主动权，农机的其他用途不断增加，这在一定程度上削弱农机具专用性对谈判能力的制约。将这两方面综合考虑发现，农机投入的专用性虽有细微变化，但并未发生明显质变。而核心成员的另一项投入，企业家才能与社会资本在潜移默化中不断积累，由于积累成本较小，转换用途及退出成本并不高，专用性变化不明显。与之相比，普通成员的土地专用性存在一定程度的增加，主要体现在合作社生产水平提高，且分配较倾向于农户，农户土地加入合作社获取的收益与改作其他用途相比优势越来越明显，退出损失增加，使得专用性程度提高。但这一趋势依赖于合作社分配方式，一旦分配方式改变，农户无法获得先前那么高的分配比例，这一收益优势将会削弱，因而农户土地资源的专用性的增强并不具有稳定性。由此我们可以看出，双方的专用性虽出现了"此消彼长"趋势，但并未发生显著改变。

相比之下，专有性对比则发生了明显变化。随着合作社规模扩大，土地规模已逐渐不是影响合作社持续创利的最关键资源，在合作中的重要性相对降低，且随着合作社对社外成员的吸引力不断提高，农户土地资源存在一定的可替代性，使得普通成员投入的专有性有所下降。与之相反，一方面，核心成员的大农机在实现现代化生产、提高生产效率中发挥作用突出；另一方面，土地、资源基本齐备后，核心成员逐步积累起的社会资源及管理经验在合作社规划制定与落实中发挥越来越重要的作用，直接促进合作社的生产销售、经营效率及发展潜力的提高，重要性和稀缺性越来越强，可替代性和可转换性越来越弱，形成具有较强的专有性资源。由此可以看出，在这一过程中，核心成员投入要素专有性明显增强，普通社员要素专有性明显减弱。

综合投入要素的专有性和专用性发现，在本案例中，投入要素的专用性有变化但并不明显，而专有性呈现出较强的变化特征。投入要素专有性变化，使得核心成员在合作社发展过程中由因要素专用性强所产生的对社员的"依赖"关系逐渐转变为因拥有组织持续发展的重要"专有性"资源而获得的"被依赖"关系，谈判实力增强。而普通成员由于越来越依赖于核心成员提供的农机和人力资本，谈判实力逐渐削弱。这一谈判实力的改变，在 2013 年将合作社推至分配的第二个转折点，普通成员的分配比例明显削弱，核心成员获得比例显著提升，且核心成员的人力及社会资本逐步开始参与利润分配。

通过对本案例的分析与讨论，可获得以下两点结论：

一是在核心成员与普通成员投入要素专用性变化不明显的情况下，随着合作社中核心成员投入要素的专有性不断增加，普通成员投入要素专有性降低，核心成员在利润分配中的谈判能力提高，普通成员谈判能力减弱，使得核心成员在利润分配中获得了更高的分配比重。由此说明，较高的要素专有性提高了要素持有者的谈判能力，使其在合作社利润分配中获得更高的分配份额（H1）。

二是仁发合作社之所以在 2011 年选择提高保底收益、量化国家补贴等多种有利于社员的政策让利社员，是由于其资产的专用性强，原先支付固定租金的方式无法吸引足够的土地持有者形成连片可供大农机作业发挥作业效率的土地规模，而做出的一种"被动妥协"。由此看出，较强的要素专用性的确对分配中的谈判实力形成了较强的抑制作用（H2）。在下一节中，本章将通过对另外两个联合社的对比分析，进一步探讨要素专用性对利润分配中谈判能力的影响。

四、专用性与合作社利润分配

（一）核心成员投入高专有性、高专用性与利润分配

北菜园农产品产销专业合作（联）社（以下简称"北菜园"）于 2011 年 4 月 28 日由"绿菜园蔬菜专业合作社"（以下简称"绿菜园"）牵头成立，是一个由 17 家有机农产品合作社组成的联合社，"绿菜园"理事长赵玉忠任联合社理事长。除"绿菜园"外，其余的 16 家合作社（其中有 8 家市级示范社，7 家县级规范社）也都以生产有机农产品为主，农产品涉及蔬菜、果品、中药材、畜禽等方面，有的成员社还具备农产品初加工能力。联合社注册资金 688 万元，有机种植面积达 5201.22 亩，全年可供应蔬果、肉蛋奶、茶叶等农副产品 100 余种，对成员社统一实行种植规划、育苗育种、农资供应、病虫防疫、有机认证及品牌销售。联合社统一使用"绿菜园"商标销售产品，部分产品会注明来自哪个成员社。

通过联合与资源整合，北菜园联合社高端农产品的种类迅速增加，获得了市场的认可，有机农产品的销售渠道不断稳固、扩大，不仅依靠社区智能柜配送实现了"农宅对接"和网上销售，还与包括沃尔玛、物美等 20 余家北京市区超市成功对接，成为北京市场上为数不多的有机农产品品牌之一和在国内外具有一定知名度的高端农产品网络销售商。由于掌握了高端销售渠道、具有市场认可的品牌，"北菜园"三个字的价值也开始凸显。北菜园正在从一个有机蔬菜的生产者，发展成为有机蔬菜的"渠道供应者"，并逐渐转变成为有机农产品的"品牌（标准）提供者"。

在"北菜园"的十七家成员社中，核心发起人——"绿菜园蔬菜专业合作社"（以下简称"绿菜园"）无疑扮演了核心成员的角色，不仅发挥了核心发起人的作用，更是"北菜园"快速发展有机农产品生产销售所需要的销售渠道及生产技术等关键资源的主要提

供者。而其他成员社在"北菜园"中则主要扮演产品（土地与劳动）提供者的角色（见表6－13）。联合社用于产品销售的销售公司和加工厂全部由"绿菜园"合作社所有，主要运作也基本由"绿菜园"人员负责。由此我们可以发现，联合社中的核心成员（"绿菜园"合作社）投入的销售渠道、技术等要素主要来自于"绿菜园"合作社的核心成员。

表6－13　成员社投入特征对比

内容	核心成员			普通成员
	销售渠道（品牌）	技术（流程控制、滴灌沼液）	有机产品	有机产品
专有性	强	强	较弱	较弱
	强			弱
专用性	强	强	较弱	较强
	强			较强
谈判权	较强			较弱

具体地，"绿菜园"所提供的渠道资源，既包括与"奥科美"合作的给予物联网、物联网的农宅对接渠道（智能柜），也包括其与沃尔玛、物美等超市，顺丰优选、沱沱工社等大型的电子网络经销商，市农研职工消费合作社（社社对接电子商务网站），北京市农研中心内部食堂，等等；既包括为保证蔬菜新鲜而配备的两辆冷藏运输车，用以每天两次配送农产品，也包括"北菜园""大白菜—祥云"品牌等无形资产（见图6－3）。而技术资源则包括以下几种：一是"奥科美"提供的两项农作物生产过程控制技术——电子控温、控湿设备和视频监控系统与传感器；二是大棚灌溉施肥技术。为了提高有机产品的生产能力，"绿菜园"通过社内资金互助的方式筹集资金，从以色列引进滴灌技术、沼液技术，购置先进设备，将从"德清源"鸡蛋、"归原"有机奶生产基地等地获得的"有机沼液"及绿菜园基地每天产生的废菜"喂"给大棚内的有机蔬菜。

在前期发展中，"绿菜园"已经积累的销售渠道和农作物生产过程控制技术在合作社的发展中发挥核心作用，也是其他成员社愿意加入"北菜园"共谋发展的最大优势，是"北菜园"发展中不可或缺的"专有性"资源。没有"绿菜园"投入的技术和销售渠道，这些成员社加入"北菜园"，依然无法解决"有机蔬菜卖不出好价钱"的现实问题。赵玉忠曾在采访中表示，眼下越来越多的有机农产品生产合作社来与"北菜园"谈合作，"一是看中我们的有机种植技术和管理水平，二是看中我们的智能配送销售模式"。最多的一次，仅一天就接待了八拨前来洽谈的客人。

而"绿菜园"之所以牵头成立联合社，是为了快速扩大所能提供的农产品规模。之所以有此选择，也是吸取了平谷大桃直销店的教训。2009年，平谷区各乡镇的大桃合作社依靠政府相关补贴在市区快速建立起40多家大桃直销店。然而由于缺乏系统规划，大桃销售季过后并未安排其他产品销售，而却仍要支付固定房租费用，陷入经营困境，最终

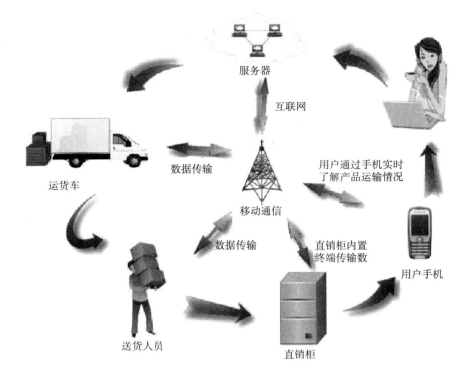

图 6 – 3　"绿菜园"的销售系统

被迫转型为平谷特色农产品专卖。这里面的症结在于，大桃直销店作为需先期投入较多，而又为维持直销品牌不能轻易改变其用途的专用性资产，需要一年四季都有足够多的产品与之配套才能真正实现直销收益。然而由于直销店只销售季节性较强的大桃，无法满足实际需要，最终只得转换思路将其变为专用性较低的平谷特色农产品专卖，之前推广平谷大桃品牌化的努力自然付之东流。与平谷区大桃直销店类似，"绿菜园"自成立以来，除超市、小区专柜、周末菜场等渠道外，更通过与"奥科斯"合作，逐渐积累起了品牌直销渠道这一专用性资源。通过"物联网"技术，合作社可在消费者网上下单 5 小时内完成农产品配送，实现了与消费者的直接对接。而这一销售渠道和网络的铺设，无疑对应了一笔前期投入成本，包括冷藏车、智能柜、网站建设、品牌建设等。如若不能保持有机农产品供给的持续性和多样性，这一资源将很难发挥功用。因此我们可以认为，"绿菜园"牵头成立合作社，是为了使其专用性资产得到更好的发挥利用，使自己的有机品牌获得市场认可。与此同时，"北菜园"与消费者签订的有机宅配套餐包含月卡、季卡、半年卡、年卡等多种形式，且套餐内容相对固定，其中除有机蔬菜可由"绿菜园"合作社提供外，鸡蛋、大米、猪肉、食用菌等其他品种均需依靠其他合作社共同提供。购货合同一旦签订，货款提前支付，即意味着"北菜园"必须在未来一定时间内提供质量过关的全套产品，这在一定程度上提高了销售渠道对其他成员社产品的"专用性"需求。

　　由此可知，核心成员"绿菜园"投入的销售渠道（品牌）和技术兼具了强专有性和强专用性的双重特征。

　　有机农产品是合作社的又一类重要投入，这些产品的背后是合作社多年来一直投入的土地与劳动。核心成员和其他成员社都有有机农产品投入。在专有性方面，早在2005年，延庆开始发展有机农业。历经多年的发展，延庆县的有机农业已经小有名气，能够生产有机蔬菜的经营主体相对较多。由于其他合作社也可提供类似产品，有机农产品投入的专有性较弱。

　　但由于"绿菜园"是销售渠道和技术的主要提供方，有机农产品投入的专用性在核心成员和成员社间存在细微差别。对于在"绿菜园"投入的有机产品而言，加入联合社后，产品采用的主要技术与之前相仿，销售渠道基本保持了原有的销售方式，并在2013年"北菜园"与沃尔玛等超市签订直销协议后进一步拓宽了销售渠道。倘若不存在"北菜园"联合社，虽然销售效果将打折扣，"绿菜园"同样可以类似渠道出售。而对于其他成员社而言，其提供的有机产品在加入"北菜园"后利用"绿菜园"的渠道和技术将实现快速增值。相反，若不参与合作，可能会出现"绿菜园"成立之初以及许多有机农产品合作社所面临的无门路与高端市场对接困惑，造成经济损失。因而，其他成员社的有机产品较核心成员投入的有机产品存在较强的专用性（见表6-13）。

　　通过对比发现，核心成员掌握了合作社赖以生存的全部专有性资源——销售渠道（品牌）和技术，其他社员对其渠道和技术的依赖程度很高。成员社之一的沈家营镇七彩甘薯合作社理事长王军就曾表示，联合产品数量、品种较多，有效解决了之前单个合作社品种少、量小，无法承接大订单的问题，销售能力大增，大大节约了各分社的广告和营销成本。由此可见，在合作社利润的分配谈判中，"绿菜园"应具有很强的谈判能力来获取更高收益。然而在"北菜园"的利润分配中，并没有出现很多联合社中所出现的"低价把会员社的产品买过来，高价卖出后，利润归自己"现象。

　　具体地，联合社根据客户的订单需求在联合社范围内对各个成员社的有机产品进行调配和收购。由成员大会讨论决定内部收购价格，销售价格与收购价格的差额扣除其费用为联合社的盈余，提取10%的公积金后得出可分配盈余。具体分配方式为，40%按照出资额返还，各成员社出资额相同，即各成员获得资金返还比例相同。其余60%按照成员社与联合社的交易额返还。农业部及北京市给予合作社的扶持的资金分别在对应范围成员间平均量化。

　　由此可见，联合社在盈余分配中对各合作社的出资额及交易量都给予了一定的盈余返还，各合作社获得的资金分红相同，其余利润按交易额实行返还，体现出了较为公平的利润分配机制。在"北菜园"中，"绿菜园"提供了渠道、技术等"专有性"资源，并负责联合社日常运作，无疑是联合社中的核心成员。但其"专有性"资源同时也存在着一定的专用性。正如上文中所分析的，其主要销售方式网络销售与宅配付出了智能柜、运输车购置、网站后台创建、蔬菜初加工及包装车间建设、品牌推广等前期成本，这些设施建成后，转换用途较为困难，日常维护需求较大，且受到顾客需求多样性影响需要提供多样化的有机产品与其配合，否则将因无法满足顾客多样化需求而丧失其较之于超市及农贸市场的便利优势，再加上其采取的长期先付款订单模式（年卡）要求其在一定时间内提供固定数量及种类的有机产品，增加了其品牌渠道的销售产品品种方面的专用性，使得联合社中核心成员关键资源具有较强的专有性，对其他成员参与合作的依赖程度较高。而相对而言，普通成员所拥有的有机产品可选的销售方式相对较为多样，并非非联合社不可，因此若希望普通成员参与合作，则需要使其享受到更加通畅的销售渠道和利润回报。由此可见，在"北菜园"中，"绿菜园"虽然享有了较强的经营控制权，但由于其投入要素较强专用性带来的对普通社员加入的依赖性，在盈余分配中依然制定了较为公平的分配方式，使各合作社较为公平地获得了合作社的利润分红。

而在"绿菜园"合作社内部，我们也看到了因核心成员要素专用性带来的"三七开"分配模式。合作社由 298 位成员资金入股成立，耕作土地及大棚由赵玉忠等核心成员提供。社员优先承包合作社大棚，每人限承包 4 亩。承包后，承包者只需投入劳动力，土地成本无须预先支付，所需农资及水电统一由合作社提供，采取记账形式记作成本。蔬菜收获后，以两倍成本价由销售公司收购，进行加工销售。收益减去全部成本价格为每户收益。收益中，70% 留给承包耕种的社员，其余 30% 形成合作社利润。合作社利润在提取 20% 公积金后，30% 按股分红，其余留存合作社。据合作社负责人介绍，一个承包 4 亩大棚的农户，在只需投入劳动力的情况下，每年普遍可享受分红纯收益 43000～55000 元，一些生产技能较强、负责认真的农户收益可达到近 8 万元。由此可见，在"绿菜园"合作社中，普通成员投入的劳动力获得纯收益分红比例高达 70%，且获得的并非固定工资而是利润分红，在一定程度上与其入股资金一样享受到了剩余索取权。由于是蔬菜合作社，无法实施大规模机械化作业，且产品质量与劳动力的负责程度十分相关，而有机蔬菜种植对蔬菜质量和品质要求较高，即通过本合作社销售的蔬菜产品必须是高质量有机蔬菜，否则将可能因为农产品安全问题使得品牌受到致命打击，因而销售渠道具有较强的专用性。同时拥有品牌渠道、相关技术支持及农资大棚投入的核心成员需要吸引足够且认真负责的劳动力生产出让消费者放心且质量优良的有机蔬菜。这就使得合作社需要给予劳动力投入者较高的盈余分配比例及一定的剩余索取权来激励劳动力更加高效负责地工作，保证产品质量。

（二）核心成员投入高专有性、低专用性与利润分配

青同镇农民专业合作社联合社于 2011 年成立，成员包含 25 个农民合作社，5 位村干部及 6 个龙头企业，覆盖农民 446 名。合作社注册资产 400 万元，成员出资结构见图 6-4 所示，形成了供销社指导，社会能人参与，依托联合社联系专业合作社及农户，企业提供资金和销售服务的综合型供销组织。

联合社成立以来，依托当地主导及特色产业，整合各社优势资源，带动全镇农民专业合作社综合发展。运行过程中，联合社主要起到指导、协调和服务功能。一方面，供销社所具有的国家信用给了入社的各成员合作社足够的信心；另一方面，联合社考察各合作社的基本特点，在不同合作社中展开试点，帮助合作社更好更快发展。

青同镇联合社实现指导功能以成员社学科种植合作社的生态示范园试点与多个养殖合作社间的循环经济为代表。一方面，联合社指导和协调学科种植合作社以社员土地入股

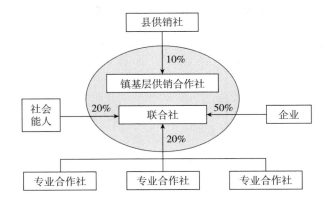

图 6 – 4　成员社出资情况

（社员三年内享受保底收益，三年后享受分红）和非社员租赁的方式成功流转了 1000 亩土地，开展高效农业示范基地建设；另一方面，联合社协调下邵村的养殖企业及成员社和开展沼气加工试点，将养殖排泄物制成有机农药肥料。在上述两种试点的作用下，联合社整合成员社优势资源，形成了"养殖—废料—种植—能源—加工"的互补型生态循环经济（见图 6 – 5）。

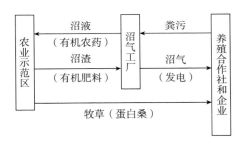

图 6 – 5　青同镇的生态农牧循环经济

联合社中，除资金外，各联合社成员投入合作社不同的要素，经过联合社的整合，发挥规模效益、实现范围经济（见表 6 – 14）。

表 6 – 14　联合社成员投入要素分析

内容	供销社				龙头企业		社会能人		普通成员
	政府信用	品牌渠道	企业家才能	资金	渠道技术	资金	社会资本	资金	土地劳动
专有性	强	较强	强	弱	较强	较强	较强	弱	弱
	强				强		较强		弱
专用性	弱	弱	弱	弱	弱	弱	弱	弱	较强
	弱				弱		弱		较强
谈判权	强				强		强		弱

县、镇两级供销社希望重新搭建起基础供销体系，并从联合社的经营利润中获取部分品牌和服务收益，拓宽自身的盈利能力是联合社成立的最初动力。因而上级供销社是联合社成立的主要推动者，并在后续合作中发挥重要作用。供销社投入合作社的要素可分为以下几部分：一是政府信用。受历史发展影响，供销社具有一定的政府机构性质，这为合作社成员之间的关系和利益协调带来了强有力的国家信用支撑，尤其在帮助成员社提供政府信用流转农民土地等过程中起到了关键作用，也使得该联合社相较于自发成立的联合社具有更强的计划能力、执行能力、组织力和公信力。这是供销社得天独厚的条件，是其他类型主体所不能具备的，具有很强的专有性特征。而这种政府信用不会因为不参与组建联合社而削弱，因而具有较弱的专用性。二是供销社品牌和销售渠道。联合社组建后，可为成员社成员提供由供销体系搭建的可信完善的销售网络和品牌，拓宽成员社的销售渠道。调研发现，在灵寿县，供销社有自己的商场和其他销售渠道，这样的销售渠道具有较强的专有性。而供销社对联合社货源依赖程度不高，因而在联合社中体现的专用性不强。三是企业家才能。供销社及其工作人员具有较强的知识储备和经验，具有更强的全局意识和更广阔的整体发展思路。这一点在联合社后续发展过程中得到了充分印证。供销社根据每个成员社的具体特征及联合社内不同成员社的不同特点，为成员社量身定制发展方向，引导区域内资源的合理利用，制定了镇农牧循环经济等大规模发展规划，实现了规模经济和范围经济，体现出了较强的协调能力。这也是供销社作为半政府部门所具有的独特禀赋，具有很强的专有性特征，并在后续发展中发挥了重要作用。而由于企业家才能由供销社原有的工作人员提供，具有较弱的专用性。四是资金。供销社出资 40 万元组建联合社，在供销社中出资金额并不大。而资金又是最具流动性的资产，因而专有性、专用性均较弱。

龙头企业具有更强大的资金、技术、管理、销售优势，希望通过加入联合社获得更加稳定可靠的产品供应，为企业寻求"保底"货源并通过向联合社出资获得一定的分红收益。在联合社中，企业投入的主要是资金、技术和销售渠道。其中，6 个企业所提供的资金占联合社总出资额的 50%，是联合社发展最主要的来源。龙头企业相对其他成员实力雄厚，最有能力提供大量资金。而大量的资金为联合社支持各成员社发展提供坚实基础，是联合社快速发展的重要基础之一，具有一定的专有性。然而受到现金固有属性的影响，其资金投入的专有性依然较弱，专用性则更弱。同时，龙头企业是联合社产品销售渠道和技术的重要提供者之一，其提供的这一资源具有较强的专有性。而除联合社外，龙头企业还有不少其他供货来源，因而投入资源的专用性相对较弱。

社会能人主要是乡镇、村干部，他们一方面投入资金，获取一定的分红收益，另一方面发挥干部的公信力，在联合社运行中起到带头引导、组织协调作用。在县级及以下的农村社会中，要想搞好联合社发展，当地政府干部的支持和引导十分重要。这也是一种专有性较强、专用性相对较弱的社会资源。而其投入的资金也具有较弱的专有性和专用性。

成员社的投入主要为合作社及其社员的土地、劳动。联合社成立前，当地组织化程度较低，销售渠道较为匮乏，农民既无自主品牌，也缺乏资金实力，市场竞争能力较弱。其投入的土地、劳动虽也是联合社发展不可或缺的资源，但由于其处于资源要素禀赋分层中较为底层的位置，很容易由其他成员以资金或社会资本置换得到，因此专有性较弱。而倘若不加入联合社，成员的土地则需要自行耕种或以更低廉的固定租金流转给他人，其效益都不如加入合作社，因而具有较强的专用性。部分社员在土地入股合作社后以用工形式加入合作社，以投入劳动要素。但由于被雇用的劳动长期务农，知识储备、经验及个人条件决定其无法在其他领域找到工作，因而成员投入的劳动要素也具有低专有性和高专用性特征。

由此可见，联合社几类成员中，除了成员社外，其他几类主体都具有较强的专有性资源，这些资源的专用性普遍较弱。而相比之下，成员社投入则呈现出一定的专用性和较弱的专有性（见表6－13）。按照本章的分析框架，在联合社利润分配中，成员社将处于相对不利的地位，而事实正是如此。

各合作社所获得的利润中，40%上交给联合社，60%留在合作社内部进行分配。合作社内部，提取10%的公积金和10%的公益金，其余按土地入股比例进行分红。联合社所获利润原则上按联合社中出资额进行分配。具体地，县级供销社、各龙头企业，及社会能人分别按其出资额获得联合社可分配利润的10%、50%、20%，而其余20%，即联合社的出资对应部分则全部暂留联合社中用于后续生产经营指导和投资（见表6－15）。

表6－15　联合社各成员获得的盈余分配比例（以利润为100万元为例）

	投入要素	收益（%）
县供销社	政府信用、品牌、销售渠道、企业家才能、资金	10
龙头企业	销售渠道、技术、资金	50
社会能人	社会资本、资金	20
成员社	资金（并在社内投入土地、劳动）	0
联合社留存	—	20

从表6－15反映的盈余分配比例来看，联合社分配机制的设置对成员社并不十分乐观。

第一，该合作社社员前三年享受的每亩保底收益为500元，远低于近三年支付非社员的土地租赁费用800元、1000元和1200元，且前三年不享受分红。由此可见，联合社为成员土地要素支付的成本较低，在联合社的盈余分配安排中处于劣势。

第二，尽管联合社流转土地所预先支付的租金、保底收益等均由联合社提供，即均来自出资社员，但在计算合作社利润时已将这部分成本扣除，回归联合社中。即实质上，合作社是在支付了被压低的土地成本和正常计算的资金成本后进行的利润计算。因而可以认为，留存在合作社中的利润即使三年后按土地分红，也有相当一部分用以补偿被压低的土地成本。

第三，利润计算后，各合作社收益的40%上交联合社，60%留存合作社，构成联合社的全部利润来源。而县供销社、企业和社会能人则不再为联合社利润做出贡献。由此看来，其余成员实质上是在收回了资金投资基本收益后又"抢占"了成员社的部分经营收益进行分配。

第四，在联合社的全部收益聚集后，对除成员社外的其他成员按出资比例进行分配，对成员社目前则不再进行分配，用于后续再投资。这一安排不仅体现出成员社在联合社中的弱势地位，更表现出了另一个隐含信息，即随着联合社的不断发展，用以指导和支持成员社发展的资金将由其余成员与各成员社共同承担，但各成员社却无法在联合社中获得对应的投资收益。由此可见，当前成员社在联合中获得的只是参与统一规划经营后的便利及某种意义上的"价格改进"，未在合作社层面上享受到应有的利润分红。

此外，合作社投入的劳动主要享有固定工资报酬，以成本计，不参与利润分配。

由此可见，成员社在联合社的指导下确实迅速扩大了土地规模，通过开展高效示范园建设提高了合作社盈利水平。在联合社运行中，县供销社、龙头企业及社会能人为合作社提供了有力的联结协调机制、通畅的销售渠道、必要的技术支持、强大的资金后盾和创新性的运营思路。如前面分析的，这些成员投入的要素均具有一定的专有性，是联合社实现科学发展不可或缺的资源。由于在联合社成立前，上述成员的这些资源也依然通过其原有的运行机制物尽其用，因而具有较弱的专用性。与之相对的，成员社是一个个农户的集合，投入合作社的仅为土地及部分劳动力，这些土地及劳动力由于在要素禀赋层级中位置较低，很容易由其他资源置换获得。投入要素的这些特征使得联合社中出现了这样的依赖关系：供销社、龙头企业和社会能人持有合作中专有性较强的资源，在联合社中起到核心作用，使得成员社的土地、劳动力资源得到了更好配置，实现了共赢。然而，即便不将成员社以成员身份吸纳入社，上述几类成员达成联盟后依然可以通过租赁和雇佣的方式获取相关资源，抑或是，A合作社退出合作，还可以寻求其他禀赋类似的B合作社、C合作社参与合作。如此，这些成员对于各成员社的依赖程度有限，在利润分配中顾忌较少，具有更强的谈判能力。而各成员社投入的土地和劳动具有较弱的专有性和较强的专用性，转换用途成本很高，又面临着缺乏稳定的销售渠道、缺少自主品牌、资金实力不足等诸多问题，对其他成员所提供的专有性资源依赖程度较强，在利润分配中由于依赖程度高、谈判能力较弱，对于其他成员的"侵占"行为只得忍受，只要入社后比联合前得到的实际收益高，成员社便会加入合作。

（三）案例对比分析

对比上述两个案例中的投入要素我们发现，在投入要素的专有性方面，两个联合社情况相似，即核心成员均投入了联合社发展中关键的专有性资源，销售渠道、技术和资金。而在投入要素的专用性方面则存在差异。"北菜园"合作社中，核心成员投入的销售渠道和技术由于铺设成本较高，只能用于销售高质量有机产品，且一旦不再投入或得不到足够种类数量的优质有机产品与之配套，将面临渠道竞争力丧失或品牌损失而具有较强的专用性，需要其他成员社生产的不同品种且有质量保证的有机产品参与联合社共同发挥其销售网络的作用，对成员社的产品可谓非要不可；而在青同镇农民专业合作社联合社中，无论是供销社的政府信用、企业家才能、品牌渠道，龙头企业的资金技术还是社会能人的资金成本，都是其多年来已经积累下来的要素，形成联合社只是为了各方能够形成更加紧密的联结机制，减少交易成本，优化资源配置，即便不成立联合社，普通农户不参与合作，供销社、龙头企业、社会能人投入的各类要素依然可以低成本转换为其他用途，或者可以说，这些核心成员参与联合社只是在一定程度上扩大了其资源的利用范围，即便普通成员不参与合作，也不会使其要素形成较大损失，因而专用性较弱。而相比而言，普通成员在两联合社中扮演的角色则较为相似，他们主要提供土地劳动或由土地、资金转化而成的产品，投入资源专有性相对较弱。而普通成员专用性方面，无论是"北菜园"中成员社投入的有机产品还是青同镇成员社投入的土地劳动和少量资金（受当地市场影响销售渠道较少），都具有相对较强的专用性。由此可见，在这两个案例中，核心成员均掌握了合作社专有性资源，并在合作社运营中发挥主导作用，普通成员均以土地、劳动及其产出品入社，在合作社中处于依附关系。唯一不同的是核心成员投入的专用性，"北菜园"中投入专用性较强，对社员依赖程度较高，而青同镇农民专业合作社联合社中核心成员投入的专用性较弱，对普通成员的依赖程度较低。这使得虽然两联合社中核心成员投入要素专有性均较高，但在"北菜园"合作社中，核心成员因较强的投入专用性在与普通成员的盈余谈判中受制于对普通成员产品的依赖，谈判实力弱于青同镇农民专业合作社联合社中的核心成员。这一点从两合作社的利润分配方式中可以得到验证。

在"北菜园"中，核心成员及普通社员均提供产品，各合作社享受同等资金分红，其余利润按交易额返还，政府扶持资金也在成员间得到量化。而在灵寿县青同镇农民专业合作社联合社中，利润全部来自于普通社员产品，远低于租赁价格的土地保底分红增加了联合社可从各合作社提取的份额，且各合作社利润核算中只有社员提供的土地成本被压低。而在联合社的全部收益聚集后，核心成员出资直接参与分红，而普通成员出资则暂不参与分配，仅获得参与统一规划经营后的便利及某种意义上的"价格改进"，未在联合社层面上享受到应有的利润分红。因而，可以判断，在"北菜园"中，由于核心成员投入专用性较高，谈判实力相对受到限制，为保证普通成员能够持续稳定地供给高质量有机产品，为成员社提供了较为公平的分配方式；而同镇农民专业合作社联合社中，核心成员几乎不受到专用性资产的限制，其在联合社利润分配中的谈判实力更强，联合社利润分配中明显呈现出对普通社员收益及剩余索取权的侵占（见表6－16）。

表6－16　案例对比

内容	北京北菜园农产品产销专业合作社		灵寿县青同镇农民专业合作社联合社			
	核心成员（绿菜园）	普通成员	核心成员			普通成员
			供销社	龙头企业	社会能人	
专有性（＋）	强	弱	强	强	较强	弱
	强	弱	强			弱
专用性（－）	强	较强	弱	弱	弱	较强
	强	较强	弱			较强

内容	北京北菜园农产品产销专业合作社		灵寿县青同镇农民专业合作社联合社			
	核心成员（绿菜园）	普通成员	核心成员			普通成员
			供销社	龙头企业	社会能人	
谈判权	较强	较弱	强			弱
利润分配方式	提取10%公积金，其余利润的60%按交易额返还，40%按出资额返还。各级扶持资金在各级成员中平均量化		各合作社所获得的利润中，40%上交给联合社，60%留在合作社内部进行分配。联合社按出资额进行分配，但成员社出资暂不参与分红，全部用于投入联合社及供销社指导下的各类试点项目的再投资			
利润分配特点	各合作社享受同等资金分红，其余利润按交易额返还，政府扶持资金得到量化		远低于租赁价格的土地保底分红增加联合社可从各合作社提取的份额，且各合作社利润核算中只有社员提供的土地成本被压低。而在联合社的全部收益聚集后，核心成员出资直接参与分红，而普通成员出资则暂不参与分配，仅获得参与统一规划经营后的便利及某种意义上的"价格改进"，未在联合社层面上享受到应有的利润分红			

通过以上两个案例的对比分析我们发现，较强的要素专用性对分配中的谈判实力形成了较强的抑制作用，使得该要素持有者在盈余分配中谈判实力较弱，削弱了其获取更多利润分配的能力（H2）。

五、案例总结与讨论

（一）案例总结

上文分析了三个案例中核心成员与普通成员的要素投入，通过对比分析的方式探讨了投入要素专有性、专用性的不同所引发成员在合作社利益分配中的实力不同，进而导致不同的分配结果。

其中，通过对黑龙江省克山县仁发农机合作社进行时间序列纵向对比分析发现，在仁发合作社成立初期，核心成员投入的农机具（资金）具有较强的专用性和较弱的专有性，人力、社会资本专有性、专用性皆不明显，而普通成员所拥有的土地资源对于核心成员具有一定的专有性，使得合作社核心成员对普通成员的土地资源具有较强的依赖关系，谈判实力较弱，为争取更多土地，核心成员实施第一次分配变革，利益分配大幅度向普通社员倾斜。说明较强的要素专用性的确对分配中的谈判实力形成了较强的抑制作用（H2）。而随着合作社不断发展，土地规模不断扩大，再加上合作社的名气吸引更多社员加入，土地对核心成员限制减弱、专有性程度降低，与之相对应的是核心成员人力、社会资本不断积累，并在合作社发展中发挥越来越重要的作用，专有性不断提升。逐步呈现出核心成员投入具有强专有性和较强专用性，普通成员投入专有性较弱、专用性增强的特征，核心成员谈判能力大大增强，并促发了第二次分配变革，利益分配向核心成员大幅回调。仁发农机合作社的发展向我们展现了专用性变化幅度较小的情况下，随专有性增强引发谈判能力上升，进而获取更多利润分配的过程，说明较高的要素专有性提高了要素持有者的谈判能力，使其在合作社利润分配中获得更高的分配份额（H1）。

通过将北京北菜园农产品产销专业合作社和灵寿县青同镇农民专业合作社联合社对比发现，这两个合作社中，核心成员投入的关键要素都是销售渠道、技术、资金，普通成员投入的都是由土地、劳动加工而成的产品。而北京北菜园农产品产销专业合作社的普通成员在获取利润分配上明显优于青同镇农民专业合作社联合社。分析发现，虽然两合作社中核心成员投入的要素种类相似，但要素特征却不同。两合作社投入均具有较强的专有性，而专用性方面，北菜园核心成员投入的专用性较高，而灵寿青同镇农民专业合作社联合社核心成员投入的专用性较低，使得北菜园核心成员对社员的依赖程度较高、谈判能力较弱，获得利润分配的份额也相对较低。由此说明了较高的要素专用性削弱了要素持有者的谈判能力，使其在合作社利润分配中获得的份额减少（H2）。

综上，通过对以上三个案例的观察与分析，本章有效地验证了本章前面所提出的假说，即谈判权随投入要素专有性的增加而增加，随投入要素专用性的增加而降低。合作社的分配机制是成员谈判的均衡结果，谈判力强对要素持有者在利润分配中获得的收益具有正向影响。

（二）思考与讨论

（1）成员（社）退出机制。核心成员由于拥有某种"专有性"资源在合作社发展中发挥关键作用。然而之所以仍有一些核心成员选择制定让利社员的分配制度，是因为核心成员手中的关键资源具有较强专用性，退出不易，需要大量普通成员持有要素与之配合才能获利。为增强社员满意度及忠诚度，保证规模效益的有效发挥，合作社会给予普通社员更多的服务和让利。而若想使专用性对利润谈判权的约束作用得以有效发挥，需要保证社员具有较为通畅的退出机制，即倘若得不到足够的报酬，社员可以且有能力选择其他生产方式而又不至于损失太多。对于退出机制可以从两个方面进行保障。一是制度保障。进一步完善相关法规，保障社员"入社自愿，退社自由"权利，并确保社员在退社后能够获得以前在合作社投入所应获得的相应回报。二是市场支持，降低普通成员要素专用性。普通社员投入要素为土地和劳动，通常在合作中处于劣势。之所以在收入分配中得不到足够的回报却依然选择忍耐，是因为普通社员的劳动力和土地要素具有较强的专用性。一方面，当前农村劳动力以中老年为主，中老年劳动力具有二十年以上的务农经验，教育程度却普遍为初中上下，在农业生产上掌握一定的专用性知识，而对于城市等其他劳务市场中所需要的其他通用性知识却十分缺乏。使得其离开农业生产，专用性知识得不到发挥，在其他领域也因缺乏相关技能无法在报酬谈判中获得可观收益，劳动力被迫与土地绑定。而农村社会保障较城市仍存在较大差距，使得农村劳动力对土地依赖程度较强。另一方面，农村土地受政策及所有权限制，在用途上本就具有一定的限制，土地所有权缺失和流动性低使得土地要素专用性较强。农地集体所有，经营承包权确权到户保障了农户的最基本生存权益，是农户的最终生活保障，对维护农村稳定起到至关重要的作用，同时也在一定程度上制约了农民对土地的处置，农户土地要么以固定租金出租，要么自己耕种或入股合作社交由合作社代种，对于中小农户来说，参与合作社后无论在盈余分配中收获如何，多数都能够实现较出租或独自耕种的价格改进，"缺乏其他更好选择"削弱了农户的谈判能力。

为此，若想使退出机制得到保障，不仅要确保成员自由入社、退社的权利，让社员从制度上能够退社，更应通过市场完善、政策支持和培训教育，切实提高社员的退社能力。在一定程度上打破核心成员因拥有专有性资源而拥有盈余分配谈判中的绝对优势，应着力提高普通成员投入要素的专用性。一是针对劳动力要素，通过培训教育提高普通成员非农通用性知识掌握水平，提高其将参与其他形式生产劳动的可能性，削弱劳动力的专用性；二是完善农村土地流转市场建设，构建完善的土地流转秩序及分配机制，为土地要素持有者提供更多的土地处置空间；三是提高农业劳动力的技术水平，通过广覆盖的技能培训缩小普通社员与核心成员间的技术、管理水平差距，削弱盈余谈判中普通成员对核心成员的依赖，也增强农户自由退出合作社后学习种植其他品种的能力；四是加强农产品销售市场建设和信息平台建设，通过更加公平有效的市场竞争改善农户无其他渠道可换的境况，削弱农户对核心成员的依赖程度。

（2）核心成员投入强专有性的普遍性。合作社是成员不同要素整合配置的合作组织。在当前精英治理特征明显的我国农村，任何组织的发展都离不开具有一定规模及强大实力的精英带动。事实上，我国当前绝大多数合作社，尤其是发展状况较好的合作社，都离不开少数具有关键资源的核心成员引导。这些关键资源或为资金，或为社会资本，或为渠道、设备、关键技术，或为企业家才能。而这些关键资源，也正构成了本章所讨论的专有性资源。这些资源的专有性特征直接导致合作社各成员在控制权上分化为核心成员和普通社员。具有较强的专有性资源几乎是核心成员的天然属性，合作社中核心成员拥有较高专有性资源成为当前我国合作社发展的常态。若仅从投入要素专有性角度考虑，核心成员在盈余分配中的谈判权高于普通成员，容易产生核心社员过分侵占社员利益的现象。然而，在众多合作社中，尽管核心成员都掌握着专有性资源，却依然呈现出不同的分配结构。这一方面源于各合作社中核心成员专有性资源的专有性强弱不尽相同，导致组织发展与其他社员对其依赖程度大小不尽相同，使得专有性资源赋予其谈判优势大小不同，另一方面源于其投入要素的专用性不同，给其在盈余分配中的谈判实力的发挥带来了不同程度的抑制。

（3）专用性约束的局限性。上述三个案例告诉我们，核心成员关键要素的专用性为核心成员控制的合作社中普通社员获得满意的利润分配提供了可能。然而我们应意识到，在合作社中，一种要素投入的专用性和专有性并不是一成不变的。随着合作社的不断发展，各种要素投入对合作社发展的重要程度及对其他要素的依赖程度都会发生变化，使得合作社发展的不同阶段成员间的分配谈判力发生改变，进而产生不同的分配结果。在利润分配中的让步，可能是专用性约束下的无奈让步，也可能是积累某些专有性资源的必要付出。也正因为如此，专用性对成员谈判能力的削减不是永久的，随着配套资源的日益充足，专用性对谈判能力的制约会逐步削弱，失去其在利润分配中的约束作用。同样，随着合作社的发展,一些原本专用性较弱的要素亦可能积累起较强的专用性,削弱其持有者在利润谈判中的实力。当初始专用性要求得到满足,专有性不断提升,原先受制于专用性的合作社核心成员便可以较为自由地发挥专有性带来的较强谈判能力,从专用性日益增加的普通成员处争取更多利润。

而在核心成员投入资源专用性较弱的大多数合作社中,核心成员更加缺乏让利于普通社员的激励,更容易利用其专有性资源带来的强大谈判力谋利。由此可见,专用性多数情况下无法构成限制核心成员"侵占"普通成员利益的长期保障。因而应继续坚持"按交易额返还"和"资本报酬有限"的原则和要求,并通过更加有效的规范和监督机制切实保障该原则付诸实践。

第四节 研究结论及政策建议

一、研究结论

农民合作社是要素重新配置以发挥更大效益的组织。由于成员所持有的要素种类、数量和特性均不相同,我国农民合作社常表现出较为明显的成员异质性倾向,呈现出核心成员控制,普通成员依附的"中心—外围"结构。伴随着成员地位的不同,成员获得的利益分配情况千差万别,核心成员对普通社员利益的"侵占"也引起了普遍关注。事实上,并非所有精英控制的合作社都存在过度侵占社员利益的现象,而在多数利益受到"侵占"的合作社中,普通社员依然与之保持了稳定的合作关系,不同的合作社在利润分配中达到了不同水平的相对均衡。那么,为什么不同合作社存在的不同分配比例却都达到了社内的相对均衡结果?本章试图从要素专有性与专用性的视角,构建一个从要素禀赋出发,通过谈判实力来分析合作社分配方式的分析框架,探究合作社分配方式的形成。

综合前面的论述与分析,本章认为,合作社盈余分配的结果是合作社中各成员在剩余分配谈判中实力的反映。谈判实力越强,成员在合作社的盈余分配中将获得越多的分配份额。成员在谈判中的谈判实力取决于谈判双方对对方的依赖程度。依赖程度较强的成员在谈判中受到的约束较大,谈判实力相对较弱。而合作社中成员间的依赖来自于成员投入要素的专有性和专用性特征。投入要素的专有性强,说明该要素对合作社发展至关重要,其他资源对该要素的依赖程度就强;投入要素的专用性强,则该要素难以转换用途,需要与其他成员投入的要素相配合,对其他成员的依赖较强。因此,投入要素的专有性强,则成员在合作社盈余分配中具备较强的谈判能力,有能力获得更多利润分配;投入要素的专用性强,则成员在合作社盈余分配中的谈判能力较弱,获取盈余分配相对较少。由此可见,合作社的利润分配之所以存在各种不同的"稳态",源于各成员投入要素的专有性、专用性差异,是要素专有性、专用性所形成的不同谈判权关系形成的均衡结果。当然,合作社各成员投入的要素专有性、专用性各有不同，且很可能随着合作社的发展发生变化，进而形成不断变化的谈判力，使合作社在不同时期呈现不同的利润分配结果。

合作社成员之所以分化为核心成员与普通成员，源于其投入要素具有不同的专有性特征。核心成员通常因为投入了对合作社至关重要的专有性资源而在合作社中具备较强的控制权。而合作社的利润分配由要素专有性、专用性共同决定，在一些合作社中，核心成员投入要素的专用性制约了核心成员的剩余谈判能力，形成了核心成员让利普通社员的情形。

二、政策建议

本章认为，合作社中各主体在分配中获得的份额取决于其在合作社中投入要素的特性。核心成员在合作社中往往具有合作社发展不可或缺的专有性资源，因而在盈余谈判中常天然地掌握较多的话语权，获得较多的利润分成。若想缓解这种因资源禀赋不同而带来的不对等关系，需着力提高弱势一方，即普通社员的谈判能力，减弱其在合作社中对核心成员提供资源的过分依赖，努力提高普通社员的投入要素的专有性，并削弱专用性对其谈判能力的限制。具体来说，普通成员提供的最主要要素是土地、劳动力及产成品。从这几方面加强支持和市场建设将有利于提高普通社员的谈判能力，有助于保障普通社员在合作社利润分配中获得合理收益。

（一）着力提高农民素质，加快培育新型农民

一方面，充分发挥农村技术推广体系的作用，为农民提供经常性、低成本的职业技能培训，大力发展农村职业教育，帮助农民掌握最新技术技能，特别是以发展现代高效农业为主的使用技术以及绿色农业、生态农业、农产品质量安全管理等方面的常识，培育新型职业农民。另一方面，提高农村外出务工人员的综合素质，向农民传授就业技能和创业知识。提高农民非农通用性知识掌握水平，提高离地农民的外出就业能力，以提高其参与其他形式生产劳动的可能性，培育更富竞争力的农民工，增强其劳动力投入的用途转换能力，削弱农村劳动力的专用性，以此缓解部分农民被"绑定"在农地上的被动状态，减弱其作为普通社员对核心成员要素的依赖程度，提高其参与合作社分配谈判时的谈判实力，帮助其获得更多剩余分配。

（二）健全农村要素流动市场，加强信息平台建设

加快农村土地确权，完善农村土地流转市场建设，构建完善的土地流转秩序及分配机制，为土地要素持有者提供更多的土地处置空间；做好农村就业转移服务，建立城乡统一的劳动力市场和公平竞争的就业制度。建立健全专门的机构，保障外出务工农民的基本权益，改善他们的就业环境；建立健全农村土地流转及劳动力就业服务体系和市场信息平台，规范农村要素流动的高效、公平、有序。健全的要素流动市场和完善的信息平台有助于普通农户更加自由、合理地选择投入要素的配置方式，削弱其要素的专用性，增强谈判实力，获取更多盈余分配。

（三）规范农村农产品市场，保障市场公平有序

加强农产品销售市场建设和农产品信息平台建设，构建更加公平有效的市场竞争，改善农户无其他渠道可换的境况。尤其是在农产品销售资源缺乏的地区，建设规范有序的农产品交易市场，提高道路交通等基础设施建设水平，增强农户的运输、销售能力，削弱农户对核心成员的依赖程度，增强其在利润分配中的谈判能力。

（四）完善农民合作社法规体系，增加监管执行水平

我国农民合作社发展过程中，精英作用突出，并自然地成为合作社中的核心成员。核心成员投入往往具有较强的专有性，因而激励核心成员让利的动力很大程度上来源于其投入要素专用性对普通社员的依赖。而专用性的约束力有限，因而仍需通过制度设计及有效监管保障普通社员权益。因而应进一步健全农民合作社法律法规建设，保障社员"入社自愿、退社自由"，并保障其退社后的基本收益权利。加强合作社财务信息完整性和可靠性，继续坚持"按交易额返还"和"资本报酬有限"的原则，对合作社利润分配实施更加有效的规范和监督。规范国家补贴及项目资金使用，督促并监督核心成员将国家补贴及项目资金量化为全体成员资产，共享利润分配。将规范合作社分配制度作为引导规范合作社发展的重要抓手。

三、本章的不足之处

本章不足之处主要有以下两点：

一是论据代表性不足。受时间、经费及人员等实际条件限制，未能通过科学系统的抽样，获取足量样本对所探讨的问题进行更为精确的数据分析和计量验证，获得的案例资料数量也较为有限。本章分析以案例分析为主，可能缺乏足够的代表性，使得本研究的科学性和说服力受到一定影响。

二是合作社投入要素种类繁多，且不同类型的合作社投入种类不同，每种要素在合作社中所起到的作用也不尽相同，这使得对要素专用性、专有性的衡量存在一定困难。通过梳理现有研究成果，并未发现已有成果中有适用于合作社各类要素的对专有性、专用性强弱的度量方法。本章结合已有研究成果和实地调查划定了几个衡量专有性、专用性的维度，但不同维度的具体衡量多为定性判断，缺乏精准的定量标准。

以上的不足之处将是笔者今后继续学习和研究的方向。

参考文献

［1］蔡荣．剩余创造、分配安排与农民专业合作社前景［J］．改革，2012（5）．

［2］陈赤平．企业合作剩余的创造、分配与企业组织均衡［J］．南京政治学院学报，2007（6）．

［3］陈建敏，张春霞，谢志忠．林业专业合作社盈余利益分配的理论分析［J］．林业经济问题，2012（6）．

［4］陈炳辉，黄文锋．资产专用性与谈判力基础的关系［J］．华东经济管理，2004（10）．

［5］程承坪，企业所有权谈判力的影响因素分析［J］．当代经济管理，2006（10）．

［6］崔宝玉，李晓明．异质性合作社内源型资本供给约束的实证分析——基于浙江临海丰翼合作社的典型案例［J］．财贸经济，2008（4）．

［7］邓军蓉，祁春节，汪发元．农民专业合作社利益分配问题调查研究［J］．经济纵横，2014（3）．

［8］冯开文．合作社的分配制度分析［J］．学海，2006（5）：22-27．

［9］高海，欧阳仁根．农地入股合作社利益分配的法律解析［J］．重庆社会科学，2011（1）．

［10］郭继强，专用性资产特性、组织剩余分享与企业制度［J］．经济学家，2005（6）．

［11］韩洁，薛桂霞．农民专业合作社利润分配机制研究——以浙江省临海市翼龙农产品合作社为案例［J］．农业经济问题，2007（增刊）．

［12］何安华，邵锋，孔祥智．资源禀赋差异与合作利益分配——辽宁省 HS 农民专业合作社案例分析［J］．江淮论坛，2012（1）．

［13］胡卓红．我国农民专业合作社发展的瓶颈问题与突破之策［J］．现代财经（天津财经大学学报），2010（3）．

［14］黄桂田，李正全．企业与市场、相关关系及其性质——一个基于古典的解释框架［J］．经济研究，2002（1）．

［15］黄珺，朱国玮．异质性成员关系下的合作均衡——基于我国农民合作经济组织成员关系的研究［J］．农业技术经济，2007（5）．

［16］黄胜忠，徐旭初．成员异质性与农民专业合作社的组织结构分析［J］．南京农业大学学报（社会科学版），2008（3）：6-12+48．

［17］黄胜忠，伏红勇．成员异质性、风险分担与农民专业合作社的盈余分配［J］．农业经济问题，2014（8）．

［18］黄祖辉．基于能力和关系的合作治理——对浙江省农民专业合作社治理结构的解释［J］．浙江社会科学，2006（1）．

［19］黄祖辉，邵科．合作社的本质规定性及其漂移［J］．浙江大学学报（人文社会科学版），2009（4）．

［20］黄祖辉，扶玉枝．创新与合作社效率［J］．农业技术经济，2012（9）．

［21］孔祥智，周振．分配理论与农民专业合作社盈余分配原则——兼谈《中华人民共和国农民专业合作社法》的修改［J］．东岳论丛，2014（4）．

［22］黎秀蓉．制度是博弈的结果——西安市临潼石榴专业合作社案例解析［J］．农

村经济，2010（3）.

　　［23］林坚，黄胜忠．成员异质性与农民专业合作社的所有权分析［J］．农业经济问题，2007（10）.

　　［24］林坚，王宁．公平与效率：合作社组织的思想宗旨及其制度安排［J］．农业经济问题，2002（9）.

　　［25］刘同山，孔祥智．精英行为、制度创新与农民合作社成长——黑龙江省克山县仁发农机合作社个案［J］．商业研究，2014（5）.

　　［26］刘同山，何安华．企业家能力、政府奖励与合作社成长［J］．中国物价，2013（4）.

　　［27］刘肖．基于改进 Shapley 值的农民专业合作社利益分配研究［J］．会计之友，2013（2）.

　　［28］楼栋，仝志辉．中国农民专业合作社多元发展格局的理论解释——基于间接定价理论模型和相关案例的分析［J］．开放时代，2010（12）.

　　［29］马丽岩．河北省农民专业合作社利益分配问题研究［D］．保定：河北农业大学，2008.

　　［30］马志雄，丁士军，王建军，张银银．农民专业合作社的盈余分配制度——一个"专用性—稀缺性"视角的解释［J］．经济学研究，2012（11）.

　　［31］米新丽．论农民专业合作社的盈余分配制度——兼评我国《农民专业合作社法》相关规定［J］．法律科学（西北政法大学学报），2008（6）.

　　［32］任大鹏，于欣慧．论合作社惠顾返还原则的价值——对"一次让利"替代二次返利的质疑［J］．农业经济问题，2013（2）.

　　［33］邵科，徐旭初．成员异质性对农民专业合作社治理结构的影响——基于浙江省88家合作社的分析［J］．西北农林科技大学学报（社会科学版），2008（2）.

　　［34］史宝成，赵凯．影响农民专业合作社融资的因素分析——基于陕西关中地区的调查［J］．江苏农业科学，2013（2）.

　　［35］宋茂华，农民专业合作社收益分配机制及影响因素分析［J］．经济与管理，2012（9）.

　　［36］宋茂华．公司领办合作社的必然性及内在稳定性分析——从资产专用性角度的解析［J］．学术交流，2013（12）.

　　［37］孙慧文．不完全劳资契约框架下谈判能力配置对劳动者报酬的影响——兼论谈判能力的决定因素［J］．中央财经大学学报，2013（11）.

　　［38］孙慧文．资产专用性、讨价还价能力与劳动者报酬［J］．求实，2014（3）.

　　［39］孙晓红，张慧娟．中国合作社的盈余分配制度研究［J］．经济研究导刊，2012（5）.

　　［40］孙亚范，余海鹏．农民专业合作社成员合作意愿及影响因素分析［J］．中国农村经济，2012（6）.

［41］谭智心，孔祥智．不完全契约、非对称信息与合作社经营者激励——农民专业合作社"委托—代理"理论模型的构建及其应用［J］．中国人民大学学报，2011（5）．

［42］田艳丽，修长柏．牧民专业合作社利益分配机制的构建——生命周期视角［J］．农业经济问题，2012（9）．

［43］王晓旭，吕文学．谈判力研究现状与前景［J］．国际经济合作，2011（9）．

［44］王风娟．资产专用性——威廉姆森的《资本主义经济制度》［J］．佳木斯教育学院学报，2010（3）．

［45］威廉姆森．治理机制［M］．北京：中国社会科学出版社，2001．

［46］温铁军，杨帅．中国农村社会结构变化背景下的乡村治理与农村发展［J］．理论探讨，2012（6）．

［47］徐旭初．科学把握合作社的质性规定与制度安排［J］．中国农民合作社，2013（10）．

［48］颜光华，沈磊，蒋士成．基于资产专有性的企业控制权配置［J］．财经论丛，2005（3）．

［49］杨瑞龙，杨其静．专用性、专有性与企业制度［J］．经济研究，2001（3）．

［50］杨继国．人力资本产权：一个挑战公司治理理论的命题［J］．经济科学，2002（1）．

［51］应瑞瑶．合作社的异化与异化的合作社——兼论中国农业合作社的定位［J］．江海学刊，2002（6）．

［52］游小聪．谈判力研究综述［J］．东农工商职业技术学院学报，2009（5）．

［53］于会娟，韩立民．要素禀赋差异、成员异质性与农民专业合作社治理［J］．山东大学学报（哲学社会科学版），2013（2）．

［54］俞雅乖．农业产业化契约类型及稳定性分析——基于资产专用性视角［J］．贵州社会科学，2008（2）．

［55］袁振兴，李永红，高景宵．利益分配谈判均衡机制的研究［J］．会计之友，2008（1）．

［56］曾明星，杨宗锦．农民专业合作社利益分配模型研究［J］．华东经济管理，2011（3）．

［57］赵晓峰，刘成良．利益分化与精英参与：转型期新型农民合作社与村两委关系研究［J］．人文杂志，2013（9）．

［58］张菊，邓军蓉．农民专业合作社盈余分配的实证分析——以湖北省24家专业合作社为例［J］．湖北农业科学，2012（5）．

［59］张屹山，于维生．经济权力结构与生产要素最优配置［J］．经济研究，2009（6）．

［60］张屹山，高福波．资源、权力与经济利益分配的关系探索［J］．学习与探索，2012（3）．

［61］张晓山. 农民专业合作社的发展趋势探析［J］. 管理世界，2009（5）.

［62］张颖，任大鹏. 论农民专业合作社的规范化——从合作社的真伪之辩谈起［J］. 农业经济问题，2010（4）.

［63］仇建涛，王文剑. 资本的专用性、专有性特征与公司治理机制［J］. 经济经纬，2004（3）.

［64］郑鹏，李崇光. "农超对接" 中合作社的盈余分配及规制——基于中西部五省市参与 "农超对接" 合作社的调查数据［J］. 农业经济问题，2012（9）.

［65］钟正生，饶晓辉. 论企业合作剩余的分配——基于要素谈判力的分析［J］. 求索，2006（10）.

［66］Aoki. The Co – operative Game Theory of The Firm ［M］. Oxford：Clarendon Press，1984.

［67］Cheung S. The Contractual Nature of the Firm ［J］. Journal of Law and Economics，1983（4）.

［68］Edlin A S，Reichelstein S. Holdups，Standard Breach Remedies，and Optimal Investment ［J］. American Economic Review，1996（86）.

［69］Foss N J，C. Knudsen. Towards a Competence Theory of the Firm ［M］. London Routledge，1996.

［70］Nash，John. The Bargaining Problem ［J］. Econometrica，1950，18（2）.

第七章 盈余分配制度与合作社经营绩效
——以黑龙江省克山县仁发农机合作社为例[①]

第一节 引言

农民合作社作为一种特殊的法人实体,具有社会公平与经济效率的双重性(黄胜忠、徐旭初,2008),这种双重性决定了合作社既有别于普通的公司制企业,又不同于主要关注社会公平的非营利性组织。其中,最明显的区别是合作社的盈余分配制度。从理论与现实来看,农民专业合作社的利益分配制度是合作社制度的核心构建,也是合作社产权、合作社企业家的治理和合作社治理机制等的体现和折射,又是合作社的发展经济绩效的反映(冯开文,2006)。一个好的分配制度是农民专业合作社的灵魂,是农民专业合作社吸引非社员加入的关键制度安排,是农民专业合作社稳定、发展、壮大的关键。

合作社经典理论认为,合作社盈余分配制度的确立取决于对合作社盈余来源和性质的深刻把握,不同的盈余部分应当根据其来源的性质确定分配方式。依据这种方式,国际合作社联盟与我国《农民专业合作社法》都规定了合作社按交易量(额)返还为主与以出资额比例返还为辅的盈余分配制度。这种分配方式平衡的资本与劳动在盈余分配中的关系,体现了劳动的价值。这种分配方式不同于公司制企业,在公司制企业中,"资合"的性质和资本在公司制企业中的独特地位,决定了公司制企业中按股分红成为主导;而合作社"人合"的性质和成员在合作社中的重要性,决定了合作社中按交易额(量)分配占据着主导地位(郑丹,2011)。按交易额(量)返还原则体现的精神在于,合作社是所有者、利用者、管理者三者合一的组织,其获利应当归成员所有(任大鹏、于欣慧,2013)。

然而,现实中却有大量的合作社未能遵守这一分配法则,依据笔者的调查近90%的合作社采取了完全按出资额分配的方式,很少有合作社做到了体现劳动要素价值的按交易量返还的分配方式。不过,本章的核心还不是讨论为什么合作社在实践中背弃了按交易额(量)分配的原则,而是讨论不同的盈余分配方式会对合作社的经营绩效造成什么样的

影响。

在本章中，我们的分析将从要素是否享有剩余索取权入手，而不同于传统的文献仅仅从是否按交易量返还出发。实质上，合作社中完全按出资额的分配方式是对资本要素的体现，资本与交易量返还相结合的分配方式则是对资本、劳动等多种要素的体现。因而，某种意义上讲，从要素的角度分析与对交易量的聚焦分析是等同的。不过从要素的角度分析比仅从是否有交易量返还的分析方法具有独特的优势：这种视角能让我们明确对合作社经营绩效做出贡献的所有要素是否都享有了剩余索取权，全部享有或部分享有能对合作社的经营绩效产生什么样的影响。因此，本章研究的核心问题是：比较分析完全按资本与体现多种要素贡献的这两大类分配制度对合作社经营绩效的影响。

第二节　文献回顾与理论框架

一、文献回顾

分配理论是经济学中非常重要的一部分，古典经济学家曾把分配理论视为经济理论的核心部分，如李嘉图就认为政治经济学的研究主题应该是商品在参与生产过程的各阶级间的分配规律（Ricardo，1951）。

围绕分配问题，经济学家较为关注的是哪些要素应参与到盈余（剩余）的分配之中。无论是古典收入分配、新古典收入分配，还是马克思都对这一问题做出了丰富的论述。首先是古典收入分配理论。古典经济学的创始人亚当·斯密（1983）较早且系统地阐述了劳动价值论，用来说明劳动是人类财富的源泉，指出劳动者在生产中创造财富的作用。随后，李嘉图（2009）发展了斯密的分配理论，指出劳动力、资本与土地应参与剩余的分配，为此他提出了"生存工资"理论、利润理论和地租理论。其次是马克思（1972）收入分配理论。马克思创造性地提出了劳动二重性，将劳动分为具体劳动与抽象劳动，认为具体劳动创造使用价值，抽象劳动创造价值，即劳动是一切价值的源泉。因此，马克思指出资本对剩余价值的占有与追求是一种罪恶的剥削。从而他提出了按劳分配的原则，未来社会个人消费品的分配方式应当是"等量劳动领取等量产品"。最后是新古典收入分配理论。新古典收入分配理论是以萨伊（1963）的生产三要素论、效用价值论为基础展开的；继萨伊之后，美国经济学家克拉克（2007）提出了边际生产力理论。萨伊和克拉克都从不同的角度指出，参与盈余分配的要素为劳动、土地和资本。及至马歇尔（2005），他指出除了土地、资本、劳动力以外，还有企业家经营才能应参与剩余分配，即地主得地租，资本家获利息，工人拿工资，企业家占利润。如今，现代经济学提出了按资本要素、劳动要素、土地要素、管理要素、技术要素、信息要素以及人力资本要素等多要素的分配论（张军，2000；裴小革，2003）。

围绕合作社盈余分配的问题，现有的研究主要集中在以下几个方面。第一是盈余分配对合作社制度建设的重要性。孙亚范（2008）指出合作社治理的终极目标在于如何激励各成员最大限度地支持和参与组织的发展，积极创造和共享合作剩余，其实质是建立起兼顾公平与效率的利益分配制度，因而合作社的剩余分配就是农民专业合作社形成的黏合剂。孙亚范（2008，2009）认为合作社盈余分配机制不健全，难以从根本上调动农民参与合作的积极性和主动性。Bijman 等（2012）的研究还指出按照比例分担所有的剩余（Surplus，合作社与内部成员交易产生的收益）和利润（Profits，合作社与非内部成员交易产生的收益）可以实现合作社的稳定发展，因而合作社应当重视分配制度的建设。第二是合作社盈余分配制度设计问题。Cook（1995）认为，合作社的红利分配应与社员的持股成正比。夏冬泓、杨杰（2010）分析了农民专业合作社收益来源的问题，并指出明确合作社各种收益的来源及其归属，是确保合作社服务社员与获取营利平衡、体现公共利益政策的必然要求。曾明星、杨宗锦（2011）构建了一个农业合作社利润分配基本模型，模型给出了交易额返利率的合理取值范围。田艳丽等（2012）在曾明星、杨宗锦（2011）模式基础上做了进一步改进，他们基于交易量返利占合作社可分配剩余的比率，构建了合作社利润分配基本模型。模型从生命周期视角将专业合作社的发展划分为创立期、成长期、成熟期和衰退期，结合农民专业合作社法，分时期构建其利益分配机制。第三是合作社盈余分配制度的影响因素研究。Jia 等（2011）认为合作社成员的异质性会影响合作社的契约安排，进而会影响各合作社成员在合作社盈余（利益）分配中的权益。楼栋、孔祥智（2014），何安华等（2012）也从合作社成员异质性的角度出发，分析了资源禀赋对合作社成员合作利益分配的影响。米新丽（2008），郑鹏等（2012），徐旭初（2012），任大鹏等（2013），孔祥智、周振（2014）也对农民专业合作社的盈余分配问题进行了探究。

目前，理论界和实践界对农民专业合作社运行中存在的盈余分配不规范、机制不健全、资本报酬过度、惠顾返还价值偏离等问题诟病较多。但是较少有学者分析不同的盈余分配制度对合作社经营绩效的影响。

二、理论框架

本章尝试以激励理论为分析框架，来探讨盈余分配制度和合作社经营绩效之间的关系。激励理论是关于如何满足人的各种需要、调动人的积极性的原则和方法的概括总结。激励的目的在于激发人的正确行为动机，调动人的积极性和创造性，以充分发挥人的智力效应，做出最大成绩。激励理论告诉我们，当某一要素的预期收入较低时，要素所有者一般会做出减少进一步投资的决策与行为。

从收入分配理论的变迁中，我们也能体会到激励的重要性。从古典收入分配理论到新古典收入分配理论，我们发现参与分配的要素构成处于不断丰富的动态过程之中。西方经济学家最初认为生产要素仅包括土地和劳动（如威廉·配第），后来加进了资本（如李嘉图、萨伊），再后来加进了企业经营（如马歇尔）。及至当代，经济学家又提出了按资本要素、劳动要素、土地要素、管理要素、技术要素、信息要素以及人力资本要素等多要素的分配论。要素内涵与种类的丰富，折射出了当前国民收入或组织盈余已经不再是由简单的劳动、土地与资本要素所决定的现实事实，而是由多种要素尤其是新要素如信息、技术的参与共同决定的。因而，应当将这些要素明确纳入到盈余的分配之中，以此建立激励机制。例如，当下许多企业就采取了"员工持股"、"高管持股"的盈余分配制度，就有激励员工或管理人员的寓意。这也反映了当代的收入分配方式以体现要素贡献的基本原则。

事实上，合作社的发展也是由多种要素的贡献共同决定的，这些要素同样需要激励。从实践来看，合作社的出资人、惠顾者以及管理者都对合作社的发展做出了决定性的贡献。按照激励理论，若这些要素的预期收入较低，行为人必然会缩减对此要素的投资。另外，对合作社绩效做出贡献的所有要素若都能得到合理的激励，尤其是参与到合作社的剩余分配之中，即享有剩余收益索取权，那么行为人必然会持续或增加要素的投入。随着要素投入的增加，进一步影响到合作社的经营绩效，见图7-1。

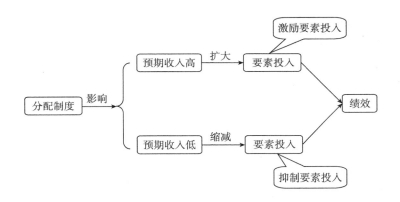

图7-1 合作社盈余分配制度与经营绩效逻辑关系

据此，本章将以一家农机合作社经历的几次盈余分配制度变迁过程为案例，来分析并提出本研究的观点。针对合作社案例，我们提出了如下研究命题：体现多种要素贡献的盈余分配制度能提升合作社的经营绩效。

第三节 案例研究方法与样本合作社的选取

一、案例介绍

随着农村劳动力的大量转移，以提供农机服务为主的农机合作社应运而生。本章选择农机合作社作为研究对象，具有如下几点理由：第一，相比一般的农民专业合作社而言，农机合作社具有初始资本投入大、资本要素密集等特点，一般合作社的以劳动为主的分配原则在农机合作社里面临着挑战。在现实中，许多农机合作社出现了"亲资本"的分配方式，为我们的研究提供了较好的对照组或对照案例。第二，许多农机合作社流转土地进行着农业经营，因而传统的资本、劳动力与土地三要素都对合作社的经营绩效产生了影响，有利于我们综合考虑多要素分配对合作社绩效的影响。第三，在农机合作社里，农机手的劳动投入、管理者要素、土地要素以及惠顾者的购买都能对合作社的发展起到决定性作用。

为此，本研究以黑龙江省克山县仁发农机合作社为例。仁发农机合作社经历了三次盈余分配制度的变迁，在不同的盈余分配制度下，合作社的经营绩效也迥然不同。同一个合作社在不同时期盈余分配制度的变迁，为我们的分析剔除了其他干扰性因素，为我们提供了极佳的实验组与对照组。因而选择仁发农机合作社具有典型的代表意义。

仁发农机合作社位于黑龙江省西部、齐齐哈尔市东北部的克山县，它的成立背景如下：为了提高农业的劳动生产率、改变一家一户"单打独斗"的小农机分散耕作模式，鼓励农户采取现代化的大机械规模经营，黑龙江省出台了支持农机合作社发展的具体意见，规定凡是注册资金能够达到1000万元以上的农机合作社，政府将补贴60%的农机具购置费用。比如，如果一些农户能够自筹资金达到400万元并注册成立农机合作社、购买农机，政府将会配套600万元的资金用于购置大型农机具。在这一背景下，2009年10月，克山县河南乡仁发村村支书李凤玉和其他6户村民注册成立了"克山仁发农机合作社"，李凤玉出资550万元，其他几户分别出资50万元，合计为850万元。再加上国家补贴的1234万元，合作社的总投资额达2084万元。合作社利用这些资金在2009年购买了30多台最现代化的精量点播机、联合收割机、大马力拖拉机等大型农业机械。2010年初，合作社正式运营。合作社的主营业务分为两部分：一是农机作业，获得农机服务收益；二是流转土地自主经营，赚取农产品种植收益。

仁发农机合作社的盈余分配制度的变迁可以归纳为三个阶段：第一个阶段是资本享有全部的剩余索取权，仅持续了一年（即2010年）。第二个阶段是资本、土地共同享有全部的剩余索取权，这一阶段持续的时间为2011~2012年。第三个阶段是资本、土地与劳动要素共同享有剩余分配，这一阶段为2013年及以后，见表7-1。

表7-1　仁发农机合作社中三要素参与盈余分配情况

阶段	年份	土地	资本	劳动
第一阶段	2010	租金＋固定成本	全部的剩余索取	工资
第二阶段	2011	租金＋剩余索取	剩余索取	工资
	2012	租金＋剩余索取	剩余索取	工资
第三阶段	2013年及以后	剩余索取	剩余索取	剩余索取

本章将集中剖析仁发农机合作社的三次盈余分配制度变迁，以及与盈余分配制度相关

联的经营绩效的关系。

二、数据收集的过程

在对案例合作社进行分析时，我们采用了半结构化访谈和文献分析法。半结构化访谈不但能使访谈者获得真实鲜活的一手资料，还可以通过互动启发双方的思想。文献分析是半结构访谈的重点补充，分析的文档包括不同组织的内部材料、历史总结、公开资料等。

（一）半结构化访谈与结果处理

本研究共访谈了案例合作社的理事会人员、监事会人员、农机手（社员）与普通社员①共计14人。这几方代表了合作社的所有要素投入者，他们的观点和行为能够体现出不同盈余分配制度下合作社生产要素的投入情况以及合作社的经营绩效问题。

本研究根据访谈者的具体情况，对理事会人员、监事会人员、农机手（社员）与普通社员四方代表的访谈时间从0.5小时到3小时不等，有效访谈时间总共12小时。我们根据访谈者的要求结合研究的需要，访谈地点安排在半封闭会议室或封闭的办公室中，这样的环境有利于访谈者畅所欲言。访谈共形成了约30000字的访谈记录，每位被访谈者的文字记录从1000字到10000万字不等。具体信息见表7-2。

表7-2　访谈对象汇总

被访谈人信息	访谈时间长度	访谈地点	访谈结果
合作社理事长	3小时	半封闭的会议室	10000字文本记录
合作社监事长	1小时	半封闭的会议室	6000字文本记录
农机手	0.5小时	封闭的办公室	1000字文本记录
普通社员	1小时	封闭的办公室	3000字文本记录

为了研究在三次盈余分配制度变迁中理事会人员、监事会人员、农机手（社员）与普通社员的态度行为，本研究根据扎根理论，对访谈资料进行分析，运用内容分析方法（Barney and Anselm，1967）对不同来源的数据中的四方代表对合作社盈余分配制度的态度进行编码。考虑到访谈者的数量不多，因此我们采用手工编码。编码结果见表7-3。

从表7-2中我们可以看出，各方代表普遍对第三阶段的盈余分配制度与绩效评价最高，对第一阶段的分配制度以及绩效评价最差，而且评价的标准差均较小，这表明各方的评价比较一致。除了对访谈资料进行上述编码以外，我们还对访谈资料进行了提炼与总结，以全面描述3个阶段盈余分配制度的变化轨迹以及相应的绩效演变情况。

---

①　农机合作社中的农机手是合作社的重要人员组成部分，他们负责农机的具体操作，涉及合作社经营的第一线；农机合作社的普通社员指仅以资金或土地等要素加入合作社，但不参与实际的农机经营的人员。当然，农机手与理事会、监事会和普通社员之间有着身份的重合，例如早期合作社中的7人就都是农机手。

表 7 – 3 合作社各方对盈余分配制度与经营绩效的评价

		对合作社盈余分配制度的评价			对合作社经营绩效的评价		
		第一阶段	第二阶段	第三阶段	第一阶段	第二阶段	第三阶段
理事会	参与评价人数	3	3	3	3	3	3
	评价均值	1.00	2.67	4.33	1.00	3.67	4.67
	评价标准差	0.00	0.58	0.58	0.00	0.58	0.58
监事会	参与评价人数	3	3	3	3	3	3
	评价均值	1.00	3.00	4.33	1.00	3.33	4.67
	评价标准差	0.00	0.00	0.58	0.00	0.58	0.58
农机手	参与评价人数	3	3	3	3	3	3
	评价均值	1.33	3.00	4.67	1.00	3.33	5.00
	评价标准差	0.58	0.00	0.58	0.00	0.58	0.00
普通社员	参与评价人数	5	5	5	5	5	5
	评价均值	1.00	3.00	5.00	1.00	3.80	4.80
	评价标准差	0.00	0.71	0.00	0.00	0.45	0.45

注：以上数据来自我们对合作社各方代表的调查，调查中采取"5分制"方法评价合作社盈余分配制度与经营绩效，5分最高，1分最低。我们的调研是在2013年8月，第三阶段的绩效评价是对预期的评价。

（二）文献的收集与处理

除访谈资料外，我们还通过农业部门整理的有关仁发农机合作社的材料来论证我们的研究。仁发农机合作社由于突出的发展成效，成为了黑龙江省的示范合作社，也一度被评为了全国性的示范合作社。因而，当地政府部门有许多关于仁发农机合作社的总结材料。在实地调查中，我们收集到了黑龙江省、克山县两级农业部门对仁发农机合作社做出了总结材料，这些材料也详尽地介绍了合作社三个阶段盈余分配制度的变迁历程，也汇报了各阶段合作社的经营绩效问题。这些材料为我们的研究提供了较好的辅助作用。

第四节 盈余分配制度变迁与仁发农机
合作社经营绩效嬗变

一、资本独享剩余与合作社的失败

2010年，仁发农机合作社采取了最为简单的经营模式。合作社的经营模式分为两部分：第一部分是提供农机服务。仁发农机合作社利用购买的大型农业机具，为周边农户提供土地代耕服务，赚取农机服务费。大农机可以深耕，还能减少家庭劳动力投入，周边的农户乐于把土地交由合作社代耕。这种业务为仁发农机合作社带来了一定的利润。不过，由于代耕市场竞争相对激烈，而且农户的土地分散，大机械连片耕作的优势很难发挥出来，仁发农机合作社2010年全年的代耕收入不到100万元。

第二部分是流转土地自主经营。考虑到克山县作为马铃薯之乡，土地适合种植马铃薯，而且销路有保障，合作社决定利用他们自有农机的便利，租赁土地种植土豆。于是，理事长李凤玉带领6个成员东奔西走，终于以240元/亩的价格，从周边农户手中流转了1100亩土地。但是，由于租赁的土地是来自一家一户，无法连片种植，大型农业机械不能充分发挥作用。在农业经营方面仅一年就亏损了几十万元。

2010年末，合作社经营的净利润为13万元。但是考虑到机械折旧，2010年合作社亏损近200万元。忙乎了一年，7个人没有获得任何分红。

从机会成本的角度来看，合作社的亏损更大。试想，2000多万元的投入资金，投资其他任何行业都能获得平均利润率，就连存入银行一年的利息收入也不止100万元。然而，合作社一年的亏损就达到了200多万元。惨淡的经营局面给合作社的发展带来了一些负面影响，有些社员对合作社的发展前景失去了信心。

二、资本、土地要素共享剩余与合作社经营改善

2011年春，合作社遇到了一次发展的契机。在上文中，我们提到合作社在成立初期获得了国家财政支持资金1234万元。为了考察国家投入大笔财政配套资金对农机合作社发展带来的效果，黑龙江省农委主任王某来到了仁发农机合作社。当得知仁发农机合作社的经营状况时，王主任对合作社第一年的失败教训做出了经验总结并给出了指导建议，主要内容如下：

第一，大型农机具须配套大面积的土地经营，才能发挥机具的优势，代耕服务并不太适合拥有大型农业机械的合作社。王主任讲到，合作社提供的代耕服务虽然很好，但是有两点弊端：一是农户单纯作为合作社的惠顾者，仅在需要的时候找合作社"代耕"，一家一户"代耕"的土地面积毕竟较小，很难连片，几乎发挥不出大型农机具的优势。二是目前黑龙江省内农机服务发展迅速，机械服务供给市场已经趋于饱和，市场竞争太大。因而，合作社要想获得长足发展，不能局限于提供农机服务。

第二，合作社流转经营的土地面积太小。王主任建议合作社扩大土地流转规模，并强调只有通过扩大土地的流转规模才能发挥出大型农机具的优势。因此，合作社的主营业务应从"代耕服务"转移到流转土地自主经营上。

第三，扩大合作社的土地流转规模应从改善合作社的分配制度入手。王主任指出，国家给合作社的财政配套资金并不是仅给合作社中的某6个人的，而是给合作社所有成员的。因而，合作社在分配制度上，应该让所有社员都能享受到合作社的盈余分配。如此，合作社才能吸引到更多的农户带地入社，从而扩大合作社的土地规模。

听君一席话，胜读十年书。按照王主任的建议，合作社决心改变当前的盈余分配方式。经过与农户的几轮协商，合作社最终确定了如下分配制度：①2011年起，每亩土地以350元作为保底价格，比2010年土地流转价格240元/亩高出了110元；②年末合作社

若有盈余时，每亩土地折价 350 元参与盈余分配（土地要素获得保底收益与盈余分配两项收益）；③国家 1234 万元的补贴资金所产生的盈余，每年结算时按成员户数平均分配；④不分先后，入社成员都拥有平等的享有国家补贴资金分红权利；⑤入社自愿、退社自由，成员在退社时可以获得该成员账户上的全部股金（公积金除外），包括各种盈余结转。

合作社将重新制定的分配制度在村内广为宣传，随即得到了农户的积极响应。不到一周的时间里，就有 307 户农民以土地加入了合作社。合作社自主经营的土地规模也迅速提高到了 1.5 万亩。随着合作社土地资源规模的提升，大型农机具的优势逐渐得到了发挥。规模化经营时，每亩机械化耕作成本就比农户单独经营少 100 元。此外，合作社再通过与农技推广人员合作实施"科技包保"择优选种、保证产量。所谓"科技包保"是指农技人员与种粮大户或专业合作社签署科技服务、种苗采用协议：如果该技术或品种能够提高粮食产量，农技人员则获得一定的资金奖励；如果不能达到议定的增产效果，农技人员则要自掏腰包补偿种粮大户或专业合作社的损失。例如，在实施"科技包保"后，仁发农机合作社在玉米种植时应用的"大垄技术"，就使玉米密度由每亩 4000 株提高到 4500 株，每亩比农民分散种植增产 100 多斤，亩均效益提高 400 多元。同时，仁发农机合作社还根据以销定产的思路，与哈尔滨市麦肯公司签了 2000 亩大垄马铃薯的订单，不仅保障了合作社优质农产品的销路，还提高了经营收益。

2011 年合作社的土地经营收入就达 2045.2 万元；再加上为周边农户代耕收入 718.5 万元，合作社经营总收入接近 3000 万元。扣除农机具折旧、厂库折旧、机械维修、人员工资、管理费用和土地经营投入等 1421.5 万元，当年仁发合作社盈利达 1342.2 万元。入社农民的亩均效益增加至 710 元，比原本单纯的 240 元流转费用增加了 470 元，见表 7-4 所示。2011 年末，合作社兑现了年初的盈余分配承诺。首先，1342.2 万元的盈余中支付了 525 万元的土地价格（每亩支付 350 元）；其次，剩余的 817.2 万元作为股金分配。参与分配的股金有出资人的资金、每亩 350 元的土地折资以及国家补贴资金（平均量化到 314 人），这些资金按比例参与分配。由于 2011 年时，合作社暂无公积金，因而当年公积金不参与合作社盈余的分配。

值得注意的是，2011 年年底合作社从社员的分红中提取了 50% 的比例作为合作社的公积金。公积金提取的操作过程为：合作社将分红资金发放给各个社员，几天后，再将分红资金的 50% 收上来。在操作中，所有的社员都返还了 50% 的分红资金。公积金按照出资情况（资金、土地折资以及国家补贴）量化到个人，并建立了社员的资金账户。我们认为合作社的这一做法具有两个方面的重大意义：第一，先将分红资金返给社员后再提取的方式，有利于增强社员对合作社的组织权属感①，形成了社员"合作社是我们大家的"

---

① 例如福特基金会给农户出资建立用于支持草原可持续发展的社区发展基金时，为强化农户的资金的权属拥有感，把外部资金分到农户手中保留一段时间后，再由农户转交到社区发展基金管理小组，让农户对社区发展基金有了真正的拥有感。仁发合作社在提取公积金上的做法与此有异曲同工之妙。

的意识。事实上，在调研过程中就有不少社员直接表达"我们这个合作社怎么怎么样"，而不同于笔者在其他合作社里听到的"他们的合作社怎么样"的话语。第二，这种方式下提取的公积金，有利于合作社建立社员所有的合作社产权结构，其实质如同社员的资金入股。

表 7 - 4　仁发农机合作社第二阶段经营绩效与盈余分配情况

单位：人、万亩、万元

类别	2011 年	2012 年
社员总数	314	1222
流转土地面积	1.5	3.0
收入	2763.7	—
其中：土地经营收入	2045.2	—
代耕作业收入	718.5	0
生产成本与其他费用	1421.5	—
盈余	1342.2	2758
第一步：土地每亩 350 元保底金	525	1054
第二步：股金分红（出资 + 土地作价 + 国家投资）	817.2	1704
其中：出资人	269.75	371.11
土地折资	162.75	466.02
国家补贴	384.7	688.48
公积金	0	178.39
第三步：提取分红 50% 作为公积金	408.6	852.5

资料来源：根据笔者调研情况整理得到。

在这样的分配中，理事长李凤玉在 2011 年的盈余分配中获得了 175.2 万元，投资回报率高达 31.3%。其他 6 户投资的 50 万元，每人分利 17 万元，投资回报率为 33%。带土地入社的农户平均每户土地 48.85 亩，平均每户的土地入社保底收入为 17098 元，土地入股二次分红 5328 元，再加上国家财政补贴分利每户 12251 万元，加入合作社的农户在 2011 年平均每户收益为 34677 元，每亩地收益平均高达 710 元，比当地 240 元/亩的土地流转价格多出了 470 元。

合作社在 2011 年的成功，吸引了不少未入社的农户。2012 年春，有更多的农户加入了合作社。至 2012 年末，合作社的成员数量已达 1222 户，自营土地面积近 3 万亩。也是在同年，合作社决定仅从事农产品种植，不再从事农机外出作业服务。2012 年年底合作社实现盈余 2758 万元，成员农户亩均效益达到 730 元。2012 年，合作社继续执行 2011 年的盈余分配方式。不同的是，参与分配的资金中多出了 2011 年提取的公积金一项。具体分配情况见表 7 - 4 所示。

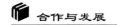

三、资本、土地、劳动分享剩余与合作社经营优化

需要指出的是，2011～2012 年，合作社将社员的入股土地以及国家补贴资金纳入到盈余分配之中，的确破解了合作社的发展壁垒。但是，第二阶段的盈余分配制度仍存在两方面的不足之处：

第一，合作社没有完全建立起社员之间"利益共享、风险共担"的机制。2011 年时，合作社的经营风险全部由最初出资的 7 人承担；及至 2012 年，由于加入了 2011 年提取的公积金，合作社的经营风险逐步由 7 人承担转化为所有社员承担，但是这种风险承担机制与其收益是不对等的。由于土地"保底价"的存在，意味着不管合作社有没有盈利，这 7 人到年终都要支付其他成员 350 元/亩的土地费用，这其实并没有体现合作社原则；同时，这也说明合作社中原始出资的 7 人承担了比其他社员更大的风险。然而，他们却并未因此而获得额外收益——他们的入股资金与其他社员一样平等地参与盈余分配，并没享有特权。

第二，合作社的盈余分配未能体现出管理人员和农机手（部分农机手与管理人员的身份是重合的）等的劳动贡献。合作社的产出除了土地、资本这两个要素的贡献外，管理人员以及农机手的劳动也付出了重大贡献：合作社的农业生产全部由为数不多的管理人员与农机手在承担，他们的劳动直接影响着合作社的产出。然而 2012 年以前的分配制度却还没有考虑到这一要素的贡献。在调研中，不少农机手就抱怨，他们的劳动不能参与分配，工作的积极性也不高。

2013 年初，合作社召集社员代表开会，通过决议改革了试行两年的收益分配制度，着重对上述两方面的问题进行调整。改革后的收益分配制度内容如下：

首先，考虑到管理人员的付出，合作社改变了过去管理人员不领取工资的情况，从年度总盈余中提取 2% 作为理事长及其他管理人员的年度工资总额。在盈余的 2% 中，理事长分得 20%，其他管理人员分得 80%。

其次，为了逐步实现"风险共担、利益共享"的紧密合作机制，合作社采取了"春要保底、秋不分红"的过渡措施。这一安排充分考虑了农户的不同需求，对于不愿意承担生产经营风险的农户，可以在春季与合作社签订索要土地保底价格的合同，但是如果索要土地的保底收益价格，在秋季收获完成后，就不能再参与合作社的二次分红。这是因为：社员代表们一致认为，社员若要保底金而不愿意承担合作社的经营风险，那么社员与合作社实际上就是单纯的土地租赁关系，而不是真正的合作关系，因此也就没有资格享受合作社分红。经过理性计算后，几乎全部社员都选择了不要保底而只在秋季选择分红的分配方案。此外，为了避免一些农户将自家的人口和土地分割成几部分，再分别加入不同的合作社①以获得更多一份的国家财政补贴资金，合作社进一步调整了对国家财政补贴资金产生盈余的分配方法。合作社规定，以土地入社的成员，必须以户为单位、以所在村组分

---

① 黑龙江如同仁发这样的国家资金支持的农机合作社非常多，此做法是为了规避社员的套利行为。

得的土地台账为依据，全部入社，才可以参与国家财政补贴资金的分配。这一做法避免了前期有个别成员钻空子、占合作社便宜的现象，而且也进一步保障了合作社自营土地的连片。

具体而言，2013年始合作社的盈余分配制度内容如下（见图7-2）：

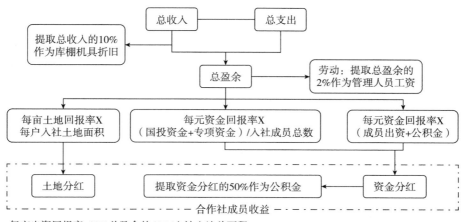

每亩出资回报率=98%总盈余的60%/入社土地总面积
每元出资回报率=98%总盈余的40%/（国投资金+专项资金+成员出资+上年公积金）

图7-2　仁发农机合作社第三阶段的盈余分配制度

第一，首先从总收入中提取10%的资金用于合作社的库棚机具折旧；90%的总收入与总支出之差为合作社的总盈余。

第二，再从总盈余中提取2%的资金用于支付合作社管理人员的劳动报酬。在调研中，我们发现这一办法激发了合作社管理人员的积极性，不少管理人员都表示现在干起活来比以前更有劲了。总盈余的98%用于土地、资金的分红。

第三，土地、资金在参与分配98%的总盈余中，合作社制定了土地获得60%、资金获得40%的分配规则①。如此，土地要素就成为了合作社最主要的分配要素，在当期收益分配中的份额也得到了提高。这里的资金一是国家投资资金与地方的专项资金，这部分资金都平均量化到社员个人账户；二是社员出资与成员资金账户里的公积金。

第四，仅提取资金分红的50%作为合作社的年度公积金。

2013年合作社社员人数进一步发展到2436户，入社土地50159亩，拥有各类大型机械113台，固定资产总值达3295万元。2013年全年总收入1.05亿元，盈余5328万元，比2012年增长93.2%。盈余中的各项分配情况见表7-5所示。

① 有意思的是，仁发农机合作社认为土地要素充当了交易量的作用，因而视"土地要素参与盈余返还"为"按交易量返还"。

表7-5 仁发农机合作社第三阶段经营绩效与盈余分配情况

单位：人、万亩、万元

类别	2013年
社员总数	2436
流转土地面积	5.0
收入	10500
其中：土地经营收入	10500
代耕作业收入	0
用于库棚机具折旧	1050
生产成本与其他费用	4122
盈余	5328
第一步：管理人员工资	106.56
第二步：土地分红	3132.86
第三步：资金分红（出资＋国家投资＋公积金）	2088.58
第四步：提取资金分红50%作为公积金	1044.29

资料来源：根据笔者的文献调研情况整理得到。

四、盈余分配制度与经营绩效嬗变的经济学解释

我们认为，仁发农机合作社从2010年的年亏损200多万元，发展至2013年的年盈余5328万元的重要原因是合作社完善了其盈余分配制度。按照激励理论的观点，其实质是在盈余分配制度中保证了资本、土地以及劳动力三要素的预期收益，从而激发了三要素拥有者的要素扩大投入，进一步提高了合作社的产出。这个过程见图7-3所示。

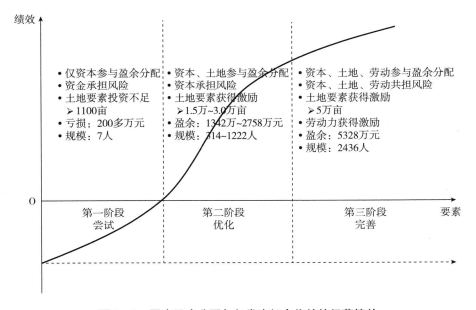

图7-3 要素盈余分配与仁发农机合作社的经营绩效

第一阶段，仅资本参与到了合作社的盈余分配。须知农机合作社不同于其他农产品种植或经销合作社，它需要相应的土地资源与之配套才能发挥作用，尤其是像仁发农机合作社这样拥有大型农业机械的合作社。他们所需要的土地资源比一般的合作社要多得多，否则会因产生的收益太小而不足以弥补过高的初始投入或经营成本。可是，在第一阶段时，仁发合作社给予土地要素所能获得的报酬却十分低下：土地要素仅仅获得了一小部分固定的收益。殊不知，在当前农村土地流转市场加速发展时期里，土地资源的市场需求还十分旺盛。较低的土地收益报酬是不足以吸引更多的农户将土地流转给合作社的。这也是第一年里合作社仅仅流转到了1100亩土地的重要原因。第一阶段的失败，我们总结为：给予土地要素的收益过小，土地要素得不到激励，从而导致合作社因土地要素投入不足而出现了产出低下的局面。

　　第二阶段，合作社解决了土地要素激励的问题。首先，土地获得了一部分保险性收入，这份保险性收入比第一阶段的土地租金还要高；其次，土地要素以折价的方式与资本同等地参与到了合作社的盈余分配之中；最后，合作社建立了全体社员对国家补贴资金共享的机制，当然前提是社员以土地资源加入合作社。如此制度设计，提升了农户对土地要素的预期收入，从而激励了大量的农户以土地的方式加入合作社。仅2011年入社成员就达314人，土地规模达1.5万亩。2011年的成功，进一步吸引了更多的农户加入合作社以及扩大土地资源的投入。2012年时，合作社的社员人数比2011年增长了近3倍，土地规模也增长了1倍。第二阶段的成功，可概括如下：优化合作社收益分配制度，赋予土地要素保险性收入与剩余索取权，使得要素的收入达到了农户的预期收益，激励了农户要素的扩大投入，从而提高了合作社的产出，实现了农户的预期收入；进一步激励了农户的要素投入，再次增加了合作社的投入，再次提升了合作社产出。如此，进入了扩大要素投入→增加产出→再次扩大要素投入的扩大生产的良性循环之中。

　　值得注意的是，在第二阶段资本承担了合作社的所有风险。正如上文所述，资本在承担所有风险而并没享有相应的风险性收益的分配制度是不合适的；但是，在合作社的经营初期，确实是有必要的。资本承担所有的经营风险而不享有风险性收益实质上是资本的一种让利行为。这种让利行为会使得土地要素的预期收益得到保障，从而增加合作社的土地要素投入，进一步提升产量。但是，资本也不能永远独自承担经营风险。

　　第三阶段，合作社就在分配制度上解决了资本独自承担风险以及劳动不享有盈余分配的问题。我们认为第三阶段是合作社分配制度的优化阶段。这个阶段解决了资本与劳动力的激励问题。首先是资本，对资本需要激励的是——不能让资本独自承担合作社的经营风险。为此，合作社建立了资本、土地、劳动力共担风险的机制，解决了这个问题。其次是劳动力和管理要素（企业家才能），在第三阶段以前，由于劳动力（管理者）始终与出资人重合，因而劳动力的激励并未在制度上进行体现。为此，合作社将盈余的2%用于支付管理者报酬，从而也解决劳动和管理要素需要激励的问题。如此，资本、土地、劳动力三要素的激励问题都得到了解决。2013年底，我们再次看到了合作社的经营成绩：入社社员2436人，流转土地规模5万亩，年盈余5328万元，比2012年增长了近1倍。不过，需要进一步说明的是，2012 年合作社经营的土地规模为 3 万亩，也就是说 2013 年比 2012 年在土地规模增长不到 1 倍的情况下，却实现了盈余增加 1 倍的好成绩！由此可见，2013 年的总体经营效率要高于 2012 年。我们认为这一方面体现出了经营上的规模效应，另一方面也与给予了劳动力相应的激励有关，从而增强了他们的工作积极性①。

综上所述，在盈余分配制度上体现出多种要素的贡献，即赋予所有要素剩余索取权，有利于要素所有者增加要素投入，从而有益于合作社增加产出。由此本研究提出的命题得证。

第五节　总结与研究展望

通过以上研究，本章得到了如下结论：首先，盈余分配制度能对农民合作社的经营绩效产生重大的影响；其次，一个好的盈余分配制度应体现出对多种要素的贡献，在分配上赋予所有做出贡献的要素剩余索取权，仁发农机合作社的实践就充分论证了这一点。

本章的研究结论就有如下政策含义：目前，全国农民专业合作社的数量已经达到了 100 万家以上，合作社正在从数量扩张向质量优化上进行转变发展。本章的研究结论表明，完善盈余分配制度有利于合作社的发展，因而促进合作社盈余分配制度的完善应成为国家合作社政策的重要取向。在政策的具体实践上，一方面要建立鼓励政策，引导合作社自我优化分配制度；另一方面建立"专家下乡"机制，辅助合作社完善盈余分配制度。仁发农机合作社在盈余分配上的完善就离不开黑龙江省农委的指点，因此这种扶持方式应予以借鉴。

当然，本章的研究也有不足之处。首先，没能采用多案例研究的范式，仅从一个案例的变迁中论证研究命题，略显不足。在下一步的研究中，我们将采用多案例研究的范式，对研究命题再次进行论证。其次，没有对仁发农机合作社盈余分配制度的内生变迁机制进行深入的研究，仅仅分析了盈余分配制度对合作社经营绩效的影响。然而，研究仁发农机合作社盈余分配制度变迁的内生机制，有利于我们进一步厘清合作社分配制度与经营绩效的关系，对指导合作社完善分配制度具有重要的理论价值，这一点也将是本章进一步研究的方向。

---

① 在合作社经营的几个阶段里，合作社的实际管理者或农机手数量都不超过 10 人。因而在分配上对这些人的劳动进行激励，对产出的影响是至关重要且显著的。

参考文献

［1］ Barney G G, Anselm L S. The Discover of Ground Theory: Strategies for Qualitiative Research, London ［J］. Wiedenfeld and Nicholson, 1967 （2）.

［2］ Bijman J, Iliopoulos C, Poppe K J, et al. Support for Farmers' Cooperatives ［J］. EU Synthesis and Comparative Analysis Report Transnational Cooperatives, 2012 （2）.

［3］ Cook M L. The Future of U. S. Agricultural Cooperatives: A Neo – Institutional Approach ［J］. American Journal of Agricultural Economics, 1995 （5）.

［4］ Jia X, Huang J. Contractual Arrangements between Farmer Cooperatives and Buyers in China ［J］. Food Policy, 2011 （5）.

［5］ Ricardo D. The Works and Correspondence of David Ricardo ［M］. Cambridge: Cambridge University Press, 1951.

［6］ 曾明星，杨宗锦. 农民专业合作社利益分配模型研究 ［J］. 华东经济管理，2011 （3）.

［7］ 大卫·李嘉图. 政治经济学及赋税原理 ［M］. 北京：光明日报出版社，2009.

［8］ 冯开文. 合作社的分配制度分析 ［J］. 学海，2006 （5）.

［9］ 何安华，邵锋，孔祥智. 资源禀赋差异与合作利益分配——辽宁省 HS 农民专业合作社案例分析 ［J］. 江淮论坛，2012 （1）.

［10］ 黄胜忠、徐旭初. 成员异质性与农民专业合作社的组织结构分析 ［J］. 南京农业大学学报（社会科学版），2008 （3）.

［11］ 黄祖辉. 农民合作：必然性、变革趋势与启示 ［J］. 中国农村经济，2000 （8）.

［12］ 孔祥智，周振. 分配理论与农民专业合作社盈余分配原则——兼谈《中华人民共和国农民专业合作社法》的修改 ［J］. 东岳论丛，2014 （4）.

［13］ 李炳坤. 努力提高我国农民的组织化程度 ［J］. 上海农村经济，2000 （10）.

［14］ 楼栋，孔祥智. 成员异质性对农民合作社收益分配控制权归属的影响分析——基于京、冀、黑三省 72 家农民合作社的调查 ［J］. 农林经济管理学报，2014 （1）.

［15］ 马克思，恩格斯. 马克思恩格斯选集（第 3 卷）［M］. 北京：北京人民出版，1972.

［16］ 马歇尔. 经济学原理 ［M］. 北京：华夏出版社，2005.

［17］ 米新丽. 论农民专业合作社的盈余分配制度———兼评我国《农民专业合作社法》相关规定 ［J］. 法律科学（西北政法大学学报），2008 （6）.

［18］ 裴小革. 论收入分配理论的历史演变和劳动价值论的实践价值 ［J］. 哲学研究，

2003（1）.

　　［19］任大鹏，于欣慧.论合作社惠顾返还原则的价值——对"一次让利"替代二次返利的质疑［J］.农业经济问题，2013（2）.

　　［20］萨伊.政治经济学概论［M］.北京：商务印书馆，1963.

　　［21］孙亚范.农民专业合作经济组织利益机制及影响因素分析［J］.农业经济问题，2008（9）.

　　［22］孙亚范.社员认知、利益需求与农民合作的制度安排分析——基于江苏的调研数据［J］.南京农业大学学报（社会科学版），2009（2）.

　　［23］唐宗焜.合作社真谛［M］.北京：知识产权出版社，2012（2）.

　　［24］田艳丽，修长柏.牧民专业合作社利益分配机制的构建——生命周期视角［J］.农业经济问题，2012（9）.

　　［25］卫兴华.关于按劳分配与按要素分配相结合的理论问题［J］.特区理论与实践，1999（3）.

　　［26］夏冬泓，杨杰.合作社收益及其归属新探［J］.农业经济问题，2010（4）.

　　［27］亚当·斯密.国民财富的性质和原因的研究（上）［M］.北京：商务印书馆，1983.

　　［28］苑鹏.农民专业合作经济组织：农业企业化的有效载体［J］.农村经营管理，2003（5）.

　　［29］苑鹏.中国农村市场化进程中的农民合作组织研究［J］.中国社会科学，2001（6）.

　　［30］约翰·贝茨·克拉克.财富的分配［M］.北京：南海出版公司，2007.

　　［31］张军.人力资本与要素分配：内容、理论与实现机制［J］.经济学动态，2000（2）.

　　［32］张晓山.提高农民的组织化程度积极推进农业产业化经营［J］.农村合作经济经营管理，2003（2）.

　　［33］郑丹.农民专业合作社盈余分配状况探究［J］.中国农村经济，2011（4）.

　　［34］郑鹏，李崇光."农超对接"中合作社的盈余分配及规制——基于中西部五省市参加"农超对接"合作社的调查数据［J］.农业经济问题，2012（9）.

第八章　规模扩张、要素匹配与
合作社演进[①]

第一节　引言

自 2007 年《中华人民共和国农民专业合作社法》（以下简称《农民专业合作社法》）实施以来，农民专业合作社的数量迅速增长。截止到 2019 年底，实际注册的合作社数量超过 220 万家。本课题组多地调查数据显示，参加合作社的农户比不参加合作社的同业农户收入高出 20% 左右，有的甚至高出 30%。农业部农村经济体制与经营管理司的数据也验证了我们的调研和观察（农业部农村经济体制与经营管理司等，2011）。合作社已成为了推动农村经济发展、带动农民增收的重要载体。

然而，学术界对合作社发展质量的评价似乎与上述数据和判断相去甚远。如有的学者认为，80% 以上的合作社"徒有虚名"，是"空壳合作社"或"假合作社"，"或是出于政绩需要，或是为从中牟利而设"（郭小和，2010）。还有的学者指出，中国农民合作社没有实现"惠顾者与所有者合一"，合作社沦为核心成员控制的组织（徐旭初，2005）。也有的学者认为，在我国现代农业发展的新时期，合作社的亲资本性正在增强，本质规定性正在发生漂移（黄祖辉等，2009）。仝志辉（2016）认为，目前农民合作社发展中存在着"大农吃小农"现象。大农联合小农组建的合作社，最初的目的之一就是套取国家财政扶持资金，因此，这类合作社不会真正完善合作社内部的民主管理和合作制度，对交易成本的节约也仅限于汇集社员的购销需求（邓衡山等，2016）。另外，能够实现益贫性目标且规范的合作社，即"真正的合作社"在目前中国农村很难找到（邓衡山、徐志刚，2016）。由此，不少学者质疑中国农民专业合作社的发展前景（邓衡山、王文烂，2014；熊万胜，2009）。当然，还是有部分合作社发展得十分规范，如实施了体现普通成员利益的按交易量（额）返还的盈余分配方式（周振、孔祥智，2015）。总体来看，这些评价主要是围绕合作社是否偏移本质属性展开，尤其是盈余分配制度是否体现了"惠顾者与所有者合一"的要求，即是否将普通成员纳入合作社盈余分享之中。

[①]　执笔人：孔祥智、周振。

那么，为什么学者对合作社的评价会有如此大的差异呢？当然，这种评价的差异无疑是来源于合作社的实践形态。换言之，为什么合作社的形态尤其是制度形态差异会如此之大？为什么有的合作社会走向规范的如体现普通成员利益、强调益贫性的发展道路，而有的合作社会主动偏移合作社的本质特征呢？中国合作社的演化路径遵循着什么样的理论逻辑？围绕这些问题，本章将采用多个合作社案例分析的形式，揭示出合作社的演进过程与理论内涵。

第二节　研究框架

一、新制度经济学分析语境与元合作社

新制度经济学代表人物道格拉斯·C. 诺斯认为：制度是人类制定出来的一系列规则和法律，以及人类行为的道德伦理规范的总称，其目的在于约束追求福利或效用最大化的个体行为（诺斯，1994）。T. W. 舒尔茨认为：制度或规则涉及社会、政治及经济等领域，有利于抑制经济活动中的机会主义行为，形成可预期的行为范式与激励机制，从而促进劳动分工、社会福利与经济发展（T. W. 舒尔茨，1994）。林毅夫（2000）将制度定义为一系列人为设定的行为规则。这种规则能约束、规范人们的行为。诺斯（2008）认为，制度由三个基本因素构成：非正式约束、正式约束及其实施机制。所谓正式约束是指政治（和司法）规则、经济规则和契约；非正式约束包括人们的行事准则、行为规范以及惯例，它们来自于社会传递的信息，是文化传承的一部分；而正式与非正式约束的不同组合会影响到实施的成本，从而会影响到实施的方式①。

在新制度经济学中，交易成本是一个非常重要的概念。这一概念最早出现在罗纳德·H. 科斯的经典论文《企业的性质》中。张五常（1999）认为，交易成本包括信息成本、谈判成本、拟定和实施契约的成本、界定和控制产权的成本、监督管理的成本和制度结构变化的成本等。简言之，包括一切不直接发生在物质生产过程中的成本。诺斯（2008）认为，交易成本包括衡量交换物品价值的成本、保护权利的成本、监管与实施契约的成本。既包括那些市场交易中可以衡量的成本，又包括那些难以衡量的成本，如为了获取信息而花费的时间、排队、贿赂等，也包括由于监督与实施的不完全而导致的损失。

在诺斯的语境下，交易成本决定了行为人对信息的处理过程，是制度形成的基础，因而也是解释制度变迁的重要变量。诺斯（2008）认为，如果相对价格的变化使得交换的一方或双方感知到，如果改变原有的合约能够使一方甚至双方的收益能够得到改善，那么一项制度变迁就有可能产生。这里的"相对价格"包括要素价格比率（即土地—劳动、

---

① ［美］道格拉斯·C. 诺斯. 制度、制度变迁与经济绩效 [M]. 杭行译. 上海：格致出版社，2008：43 – 73.

劳动—资本、资本—土地等比率）、信息成本、技术进步等，既包括财务成本，也包括交易成本。

合作社是一种特殊类型的企业，在强调成员参与的过程中必然会损失一定的效率。另外，正如奥尔森（2011）所证明的那样，集团越大，集体行动的难度越大，就越有可能存在"搭便车"行为，从而造成合作社效率损失。这两方面损失就是迄今为止观察到的合作社的特殊交易成本，也是合作社的本源性、制度性交易成本，记为 TC。这样的成本无法用财务方法体现出来，但却是影响合作社形成和演变的重要因素。为此，我们能否借鉴新制度经济学范式中的交易成本工具，探讨中国农民合作社作为一项特殊企业制度的形成及演变机理呢？在存在交易成本的前提下，成员之间、初始成员和普通成员之间的博弈怎样影响合作社的演变方向呢？

我们首先考虑最简单的情况。按照《农民专业合作社法》第十条规定，组建合作社的最少成员数是 5 人，即初始成员或创始成员。假定他们出资相等、投入的劳动量也相等，那么，他们在决策时完全采用一人一票制，盈余返还时完全按照交易量（额）来进行，《农民专业合作社法》第十七条、第三十七条所规定的"附加表决权"和出资额等分配的权利完全不存在。即这个合作社是典型的"罗虚代尔式"合作社，其交易成本 TC 接近于 0。这样的合作社即为元合作社，设为 CP，则有：

$$TC_{cp} = 0 \tag{8-1}$$

我们的分析就从元合作社开始。事实上，所有的合作社都是从这样的元合作社演变而来的，合作社的制度安排往往是元合作社的成员即初始成员选择的结果。一般而言，元合作社无论投资水平和市场交易水平如何，都不足以影响市场，于是开始吸收新的成员，这里将吸收的新成员称为普通成员。吸收新成员必然会影响到合作社的各项制度，我们将这种变化过程称之为合作社的演进。本章将着重关注成员规模扩张对盈余分配制度的影响，这是因为普通成员是否参与盈余分配是判断"惠顾者与所有者是否合一"的关键标志，也是判断合作社是否规范的核心内容[①]。

一般而言，合作社吸收新成员基于以下三种需要：一是五个初始成员的投资能力较强，不需要吸收别的成员对合作社进行投资，但是需要吸收成员的非资金要素以匹配专用性资产；二是需要新的投资，合作社需要吸收新的成员对合作社投资；三是为获得政府补贴，需要合作社成员数量达到一定规模。这三种驱动力形成的合作社几乎能概括中国合作社的所有常见形态。

二、资本规模不变、要素匹配与成员扩张

不需要吸收投资存在两种情况：一是五个初始成员的投资足够大，能够支撑合作社一

---

① 经典合作社理论指出，惠顾者与所有者的合一是合作社的典型特征。一般而言，成员均为合作社惠顾者，但是却不一定就是所有者；而成员是否参与盈余分配或享有剩余索取权，是判断成员是否为合作社所有者的重要指标。因此，本书将重点关注分配制度，若成员参与盈余分配，则认为这样的合作社是规范的。

定阶段的发展；二是即使未来合作社需要追加投资，也由五位初始成员平均分担。这样的假设为下文的分析提供了很多便利条件。

在上述假设前提下，假定五位初始成员的投资所形成的固定资产具有很强的专用性特征，其专用性特征亟须和其他要素相结合才能产生价值，从而获取盈余。在现实中如农机、冷库、烘干塔、加工设备、小型水利设施等，必须和其他相关要素相结合才能发挥作用，本文将这种特征称为要素匹配，如农机必须和土地结合、冷库必须和产品结合等。这就是基于服务规模的扩张。当然也可以采取市场的方式，比如农机可以跨区作业，也可以为农户代耕，但很难保证足够的作业量，而且跨区作业也提高了农机合作社的成本；拥有冷库的合作社也可以采取购买农产品的方式增加库容，待季节过后再高价出售以获利，但这需要大量资金，一般的合作社难以承受。因此，这样的现象不在本章考虑范围之内，本章仅考虑农民合作社采取吸收农民加入合作社的方式以解决资金（专用资产）要素和其他要素结合问题的情况。这样的合作社记为 CP_1。

吸收新成员入社，合作社就脱离了"元"状态，交易成本就产生了。理论上讲，合作社吸收新成员的数量应该是满足资金投入所形成专用固定资产的最大工作量或容量需求，此时，资金的边际产出为 0，超过了这个数值，边际产出为负。设为 n 个人，此时，合作社的总人数达到 $5+n$ 人，交易成本 TC_{cp_1} 自 $5+1$ 人起就产生了，合作社人数为 $5+n$ 人时的交易成本达到最大。当合作社的成员扩大时，市场交易量也在扩大，相应地其他方面的交易成本（如寻求市场信息时所花费的成本等）也在增加，但为了简单起见，我们假定这些交易成本都可以转化为财务成本，从而不予单独考虑。此时，合作社的总收益也达到最大，设为 TR_{cp_1}；财务成本设为 C_{cp_1}。由于交易成本受很多因素的影响，如历史传统、邻里关系等，具有较大的不确定性。因此，如果 TC_{cp_1} 上升，则合作社就会缩小吸收新成员的规模，原有专用性固定资产就有可能处于部分闲置状态；反之，则会扩大吸收新成员规模，从而有可能导致合作社增加新的固定资产，即增加新投资。

如果从初始成员的资金要素和新成员要素结合的角度来看，式（8-2）状态下二者之间的相对价格达到了均衡状态。

$$MTR_{cp_1} = MTC_{cp_1} + MC_{cp_1} \qquad (8-2)$$

其中，MTR_{cp_1}、MTC_{cp_1}、MC_{cp_1} 分别表示因成员规模扩张而产生的边际收益、边际交易成本与边际财务成本。由此我们可以得出，在服务规模扩张的前提下，当合作社规模扩大所带来的净收益能够弥补由此所造成交易成本以及财务成本的增加时，合作社的规模达到最大。此时，资金和相关要素的结合最紧密。

在这种情况下，合作社的治理结构会发生怎样的演化？由于此时资金和其他相关要素的结合最为紧密，两种资源的相对价格一定是一致的。倘若初始成员资本要素价格高于新吸收成员资源，即使用初始成员资本要素相对昂贵，合作社必然会采取其他要素对资本要素的替代决策，即继续吸收新成员，直到二者相对价格一致；反之，若初始成员资本要素价格低于新吸收成员资源，即使用新吸收成员要素相对昂贵，在资本规模不变前提下，合作社会减少使用新成员资源或缩小合作社规模，直到二者相对价格一致。

需要注意的是，初始成员资本要素或资产要素与新增成员要素的关系，既可能是替代关系，也可能是互补关系。一般而言，若资本要素或资产要素的专用性程度越高，其与普通成员要素的互补性越强，如土地要素之于大型农业机械，互补性就大于替代性。若初始成员投资资产的专用性越高，资产要素的相对价格越高，在资产无法分割或不变前提下，初始成员的最佳决策是吸收新成员要素，匹配专用性资产，直到满足式（8-2）为止。因此，初始成员为调动每一位成员入社的积极性，增强其归属感，可能会采取符合《农民专业合作社法》第三十七条所规定的盈余分配方式[①]。这样的合作社我们称之为规范的合作社。

事实上，这种分配方式的形成遵循着这样的理论逻辑：当初始成员拥有的关键资源具有较强专用性时，其面临的被"敲竹杠"的风险随之增加（Williamson，1985；Grossman and Hart，1986；Hart and Moore，1990），为增强新吸收成员满意度及忠诚度，保证合作社规模效益的有效发挥，初始成员会给予新增成员更多的服务和让利。而当初始成员的优势资源为销售渠道、资金或社会资本时，由于这些资源专用性较弱，可较容易地转移至其他领域，因而缺乏让利新增成员的内在激励。尤其是在市场资源匮乏的地区，相比初始成员具有的可适用于多种产品的销售资源，新增成员生产的农产品反而具有很强的专用性，只要合作社能够解决其"卖难"问题，新增成员往往默许初始成员获得更多好处，在这种情况下普通成员时常会被初始成员"敲竹杠"。现实中，往往是普通成员面临产品"卖难"的问题，而较少出现初始成员较难获得匹配要素的问题，因此这也是普通成员不能获取盈余分配权的原因，也是大量合作社不规范的重要因素。

由此我们可以得出命题8-1：初始成员投资资产的专用性程度越高时，资产相对价格也越高，在资产或资本规模不变前提下，基于服务规模扩张产生规范合作社的可能性越大。反之，若初始成员投资形成固定资产的专用性程度较低，投资资产获利的渠道较多，即初始资产与新增成员要素之间的互补关系较弱而替代关系较强，此时合作社资产与其他成员要素匹配的愿望并不十分强烈，因而初始成员也并不会调动每一位成员的积极性，因而也不会采用第三十七条所规定的盈余分配方式，这样的合作社即通常所说的不规范合作社。

命题8-1的内容可用图8-1示意之。

三、资本增进与成员规模扩张

在发展的初期阶段，合作社需要更多的资金而初始成员的投资能力不足时，就有可能采取吸收新成员以增加投资资金的做法。当然，由于成员人数随之增加，资金投入形成的

---

① 《农民专业合作社法》第三十七条规定："在弥补亏损、提取公积金后的当年盈余，为农民专业合作社的可分配盈余。可分配盈余按照下列规定返还或者分配给成员，具体分配办法按照章程规定或者经成员大会决议确定：（一）按成员与本社的交易量（额）比例返还，返还总额不得低于可分配盈余的百分之六十；（二）按前项规定返还后的剩余部分，以成员账户中记载的出资额和公积金份额，以及本社接受国家财政直接补助和他人捐赠形成的财产平均量化到成员的份额，按比例分配给本社成员。"

专用性资产的配套资源也有了来源。现实中,对新增成员的股金都有一定限制,如在一人一股的前提下设置最高股份限制等。现实中也有的合作社对新增成员要求象征性入股,如每人50元、100元等,和初始成员的股金相差极大,新股金总额在合作社股金总额中所占比例很小,本章不将这种情况纳入讨论范围,仅仅算作单纯吸收新成员情况。这样的合作社记为 CP_2。

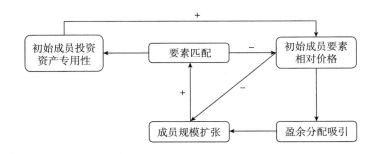

图 8-1　资本规模不变下资产专用性、要素匹配与成员扩张

注:+表示有促进作用;-表示有削弱或抑制作用。

设当吸收 n 个成员入股时能够满足合作社资金需求并满足专用资产对相关要素配套的需求,在式(8-1)的基础上有:

$$MTR_{cp2} = MTC_{cp2} + MC_{cp2} \qquad (8-3)$$

这里,吸收新成员的数量必须满足两个条件:一是合作社新增资金的需求,二是专用资产对配套资源的要求。也有可能出现两种情况:一是合作社专用性资产是不可分割的,如农机、冷库等,则资金的需求量是一定的,比如建设一个冷库需要500万元,如果成员入股量达到600万元,则会产生100万元的闲置资金(为了方便分析,我们不考虑流动资金的情况)。此时,合作社吸收新的投资成员的数量以专用资产投资所需要资金为主,以配套资源为辅。二是合作社专用资产包括可以分割的资产,比如与厂家签约独家销售的农业生产资料,则成员越多越好,直到交易成本大到合作社难以承受为止,而在满足式(8-3)时达到最佳。

与前面对式(8-2)的讨论一致,式(8-3)情况下新增成员所带来资源的相对价格和初始成员是一样的。

由于新增成员的资本要素与初始成员的资本要素具有同质性,为了激励同质要素并体现公平原则,式(8-3)下的合作社很可能会采取符合《农民专业合作社法》的治理结构和分配模式,在此不赘述。这样的合作社当然也是规范的合作社。

至此,我们可以得出命题8-2:资金导向下的规模扩张会产生规范的合作社。反之,若初始成员没有资本增进的要求,也不会要求其他成员入股,如此合作社也不会赋予新增成员剩余索取权,此时的合作社称为不规范的合作社。

下面在 CP_2 基础上进行再扩展。

第一，合作社基于服务能力的扩张。假设合作社资金筹集到位后需要更多的资源与专用资产进行配套，即需要完成要素匹配过程。如土地之于农机、产品之于冷库，于是开始吸收新成员。此时合作社的扩张是基于服务能力，因此，吸收新成员的上限就是服务能力的上限。此时，合作社将进入式（8-2）情境，并可能分化出两种变形。一是若合作社资金筹集到位后投资资源的资产专用性较低，合作社获利渠道较多。此时，新增成员所带来资源的相对价格大于原成员投入资金的相对价格，因此，新增成员无法享受到原成员的权益，即被视为非初始成员，大部分合作社对这部分成员采取只享受服务不参与决策和盈余分配的处理方式。二是若投资的资源与资产的专用性程度较高，合作社迫切需要吸收新成员的要素与之匹配，合作社需要对新成员的要素参与进行激励，于是新吸收的这部分成员也可能会享受盈余分配。

第二，合作社基于纵向一体化的扩张。在式（8-3）的基础上，资金充裕的合作社计划在产业链上进行纵向一体化扩张，这也需要更多的成员提供相应的配套资源，如投资兴建加工厂需要更多的产品，否则新增加工能力无法得到满足，投资的盈利能力就会削弱。这种情况也是基于服务能力的扩张。

四、政府补贴与成员规模扩张

下面引入政府补贴因素。当前，政府对合作社的补贴比较复杂，有的地方政府对于达到一定成员规模的合作社会有一定补贴；有的对于土地经营规模达到一定标准会给予一定补贴；有的鼓励合作社进入各级示范社范围从而成为潜在的各类农业项目承担对象。不管是哪种情况，为了分析的便利起见，我们假定合作社的人员规模都必须扩大到相应规模才能得到补贴。

我们的分析仍然以元合作社为基点。假设在式（8-2）的情况下合作社人员规模扩张到最大，则增加政府补贴 S_{cp1} 后，式（8-2）演化为：

$$MTR_{cp1} + MTS_{cp1} = MTC_{cp1} + MC_{cp1} \qquad (8-4)$$

从形式上看，式（8-4）在式（8-2）的基础上达到了新的平衡。

式（8-4）下合作社分配制度如何演进呢？总体来看，有两种可能性。第一，按照《农民专业合作社法》第三十六条的要求，政府补贴要平均量化给每一位成员并记在成员账户中作为年终盈余分配的依据，给予新增成员剩余索取权；尤其是在政府强烈要求与监管下，初始成员"被迫"赋予新增成员剩余索取权，当然政府为此付出的监督成本必然小不了，因而这种可能性比较小。第二，不给予新增成员剩余索取权。倘若给予新增成员剩余索取权，初始成员的资金投入就被"稀释"了，比在式（8-2）情形下分配到的盈余减少了。这样，在合作社中起到支配作用的初始成员就会改变治理结构和分配制度。一是增加初始成员在合作社管理中的报酬[①]；二是联合起来抵制这部分新增成员参与决策和

---

① 目前，绝大多数合作社的经营管理实际上是由理事长和少数创始成员承担的且不取酬劳，但也有部分营利性较好的合作社为这部分经营管理人员支付酬劳。也有的合作社外聘了职业经理人，但不属于讨论范围。

盈余分配。因而，这部分成员有可能只享受服务，没有参与决策和盈余分配的权利。对于这部分新增成员而言，能够享受到合作社的服务，对于他们的福利也是一种增进，他们也是可以接受的。现实中一般称为核心成员和非核心成员。这种制度变迁不是由新增成员决定的，而是由初始成员决定的。

当然，若合作社获取补贴资金后，投资资产具有很强专用性时，出于服务规模扩张或资本增进的需要，亦可能形成规范的合作社，即命题 8 - 2 或命题 8 - 3 的内容。因此，补贴对合作社盈余分配制度的影响具有很大的不确定性。由此，我们提出命题 8 - 3：政府补贴不一定能产生规范的合作社，补贴是否产生规范后的合作社，取决于合作社投资要素专用性与新增成员要素的匹配情况。

上述合作社的几种演化路径见图 8 - 2。

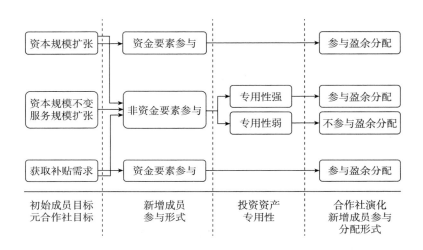

图 8 - 2　元合作社演化路径

第三节　研究设计

一、方法选择

本章选择多案例对比研究方法，分析元合作社的演进路径。选择多案例对比研究方法，有如下几个理由：第一，单一案例很难证明规模扩张、要素匹配需求对合作社演进路径的影响，许多合作社的特征在一定时间段内往往是固定不变的，因而很难形成"实验组"与"对照组"。这就需要通过多案例的研究方法，划分出"实验组"与"对照组"。第二，作为一种经验性的研究方法，案例研究能够很好地解释"怎么样"和"为什么"

的问题（Yin，2013），有利于清晰地展现出合作社演进的全过程。第三，多案例研究方法能够对命题进行反复验证，有助于增强案例研究的有效性。

二、案例选择

从当前国内合作社初始成员与普通成员的合作形态来看，普通成员的要素参与和普通成员—初始成员之间产品买卖形态最为普遍。本章将选择要素参与型农民合作社作为研究样本。其中，要素参与型的选择土地合作社，这类合作社中普通成员以土地要素入股的形式加入合作社，有的也称作农机合作社（见表8－1）。

表8－1　案例农民合作社简介

代码	合作社名称	成立时间	主要经营方式
A1	黑龙江省克山县仁发农机合作社	2009年10月	普通成员以土地入社，初始成员经营，种植玉米、马铃薯
A2	黑龙江省哈尔滨市呼兰区金山现代农机专业合作社	2010年9月	普通成员以土地入社，初始成员经营，种植玉米、马铃薯
A3	浙江省桐乡县石门镇兴农粮油农机专业合作社	2007年8月	普通成员以土地入社，初始成员经营，种植水稻、小麦；合作社也向非成员提供农业社会化服务
A4	浙江省桐乡县龙翔农机粮油专业合作社	2009年4月	普通成员以土地入社，初始成员经营，种植水稻、小麦；合作社也向非成员提供农业社会化服务
A5	河南省荥阳市新田地种植专业合作社	2011年	初始成员吸纳部分普通成员以资金入股，为其他成员提供种植服务
A6	吉林省梨树县利信农村资金互助社	2007年3月	初始成员成立资金互助社，吸纳普通成员股金、储蓄，在合作社内部开展资金互助
A7	河北省南和县养之蔬菜专业合作社	2008年3月	核心成员收购普通成员蔬菜产品，合作社销售
A8	山东省沾化县新合作社冬枣专业合作社	2008年7月	核心成员收购普通成员冬枣产品，合作社销售

在本章选取的案例合作社中，初始成员都是合作社成立之初的出资人，他们均是合作社的理事会成员，决定着合作社的日常运作，即元合作社；而普通成员或以土地入股的方式加入合作社，或向合作社出售产品的方式成为合作社成员，他们几乎不参与合作社的日常管理。选择这8个合作社，不仅因为它们能够代表当前农民合作社的主要形态，而且还有如下两个重要理由：第一，这8个合作社涵盖了要素参与型、产品买卖型两种国内常见的合作社形态，有利于本章对不同类别合作社的比较分析。第二，这些合作社规模扩张类型有所差别，成员参与形式也不同，这种处理方式也为本章的研究划分出了"实验组"与"对照组"。

三、资料收集

在对案例合作社资料进行收集时，本章采用了半结构化访谈和文献分析法。半结构化访谈不但能使访谈者获得真实鲜活的一手资料，还可以通过互动启发双方的思想。文献分析是半结构访谈的重点补充，分析的文档包括不同组织的内部材料、历史总结、公开资料等。

（一）半结构化访谈

对每个案例合作社，笔者分别访谈了合作社的理事会人员、监事会人员以及普通成员。这几方包含了合作社的初始成员与普通成员，他们的观点能够体现合作社资产专用性特征与利益分配方式。

本研究根据访谈者的具体情况，对每个合作社理事会人员、监事会人员与普通成员三方代表进行了 2～3 小时的访谈，有的时间更长或多次采访。根据访谈者的要求结合研究的需要，访谈地点安排在半封闭会议室或封闭的办公室中，这样的环境有利于访谈者畅所欲言。对于每个合作社的访谈共形成了 10000～30000 字的访谈记录，每位被访谈者的文字记录在 5000～10000 字。此外，笔者还对每个合作社进行了一次以上的实地考察，这为本文的研究提供了许多感性认识。具体资料来源情况见表 8－2。

表 8－2　案例合作社资料来源

代码	访谈	实地考察	文献资料来源
A1	2013 年 8 月，实地访谈理事长 2 次，普通成员 7 人次，访谈资料共 3 万字；2016 年 3 月再次实地调研，访谈理事长 1 次，普通成员 3 人	考察合作社生产基地	政府部门总结材料，新闻报刊材料，学术论文
A2	2013 年 9 月，实地访谈理事长 1 次，普通成员 2 人次，访谈资料共 2 万字	考察合作社生产基地	政府部门总结材料，新闻报刊材料
A3	2014 年 5 月，实地访谈理事长 1 次，普通成员 3 人次，访谈资料共 2.8 万字	考察合作社生产基地	政府部门总结材料，新闻报刊材料
A4	2014 年 5 月，实地访谈理事长 1 次，监事长 1 次，普通成员 3 人次，访谈资料共 3 万字	考察合作社生产基地	政府部门总结材料，新闻报刊材料
A5	2016 年 7 月，在北京访谈理事长 1 次；2016 年 9 月，实地访谈理事长 2 次，普通成员 6 人次，访谈资料共 2 万字	考察合作社生产基地	政府部门总结材料，研究论文
A6	2013 年 5 月，实地访谈理事长 1 次，普通成员 1 人次，访谈资料共 3 万字	考察合作社生产基地	政府部门总结材料，研究论文，新闻报刊材料
A7	2013 年 8 月，实地访谈理事长 1 次，普通成员 1 人次，访谈资料共 1.5 万字	考察合作社生产基地	政府部门总结材料
A8	2013 年 12 月，实地访谈理事长 1 次，普通成员 2 人次，访谈资料共 2.5 万字	考察合作社生产基地	政府部门总结材料

（二）文献资料收集

除访谈资料外，本研究还从如下途径获得了许多文献资料：一是当地农业部门对各个合作社所做的总结材料，这些材料清晰地展现了合作社的发展历程、主营业务以及制度建设等情况，为本研究提供了较好的补充。二是新闻报刊材料，笔者调查的合作社中，有数个合作社多次被媒体报道，这也为本研究提供了辅助信息。三是学术论文，本研究所选的合作社中有数个已成学术论文中的案例，可通过中国知网获得。

第四节　多案例分析

一、资本规模不变情境下要素匹配、成员规模扩张与合作社演进

有关命题 1 的论证，此处采用 A1 ~ A2 与 A3 ~ A4 合作社进行对比分析。这 4 个合作社均由初始成员投资成立，并且初始成员均有一定的资金实力，不需要再吸纳新成员的资金。此时，初始成员的目标是吸收新成员非资金要素，以匹配投资形成的专用性资产，即合作社演进为服务规模扩张驱动。

（一）资产专用性与要素匹配

本研究选择的 4 个要素参与型合作社，在经营方式上相同，即流转土地规模化经营，设备设施的专用性主要在农业机械上（见表 8 - 3）。A1 ~ A2 合作社的农业机械均由初始成员投资购买，因而初始成员的专用性资产投资高于普通成员。不过由于土地资源禀赋的差异，黑龙江地区合作社的农业机械均为大型机械，而浙江地区适用的多是中小型机械。相对于 A3 ~ A4 合作社而言，A1 ~ A2 合作社中初始成员的资产专用性更高于普通成员。

表 8 - 3　案例合作资产专用性特征

代码	指标	典型证据	特征	概念化
A1	设备设施	初始成员出资 850 万元，加上国家补贴 1234 万元于 2009 年共购置 30 多台现代化的精量点播机、联合收割机、大马力拖拉机等大型农业机械	大型农业机械只能从事农业生产，用途单一，并且必须配套大规模土地才能发挥作用。相反，普通成员的参与要素土地，由于当地已形成了土地流转市场，土地的使用方式较多元化	相比普通成员，初始成员的资产专用性高
A2	设备设施	初始成员出资 960 万元，加上国家补贴 1440 万元于 2010 年购置 60 台套大型农业机械	与 A1 相同	相比普通成员，初始成员的资产专用性高

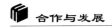

续表

代码	指标	典型证据	特征	概念化
A3	设备设施	初始成员出资 60 万元，加上国家补贴 36 万元于 2010 年购置中小型农业机械 20 台（套）	中小型农业机械只能从事农业生产，但是对土地面积要求并不高，初始成员亦可通过向非成员提供农业社会化服务获利。当地土地流转市场发达，普通成员的参与要素土地的使用方式也较多元	初始成员与普通成员并没有形成强烈的依赖关系，二者相对资产专用性都不高
A4	设备设施	初始成员出资 21 万元，加上国家补贴 28 万元于 2010 年购置中小型农业机械 5 台（套）	与 A5 相同	初始成员与普通成员并没有形成强烈的依赖关系，二者相对资产专用性都不高

A1 ~ A4 合作社因投资资产的专用性，均需要吸纳新成员要素如土地，以匹配功能专用的农业机械。由于 A1 ~ A2 初始成员投资资产的专用性程度高于 A3 ~ A4，A1 ~ A2 合作社吸纳新成员的内在动力比 A3 ~ A4 更为强烈。这是因为：专用性程度越高，意味着资产转为他用的损失越大；即 A1 ~ A2 不吸收新成员土地要素参与合作社，损失比 A3 ~ A4 的高（见表 8 - 4）。

表 8 - 4　A1 ~ A4 合作社资产专用性与要素匹配对比

类别	A1 ~ A2 合作社	A3 ~ A4 合作社
初始成员投资资产专用性	高	低
初始成员吸收新成员要素匹配专用性资产的内在要求	强	弱

（二）成员规模扩张与合作社演进

为匹配专用性资产，A1 ~ A4 合作社均吸收新成员，记这部分新成员为普通成员（见表 8 - 5）。需要说明的是，普通成员规模的扩张是有限的。一方面，在初始成员资产专用性较高的前提下，当普通成员数量或参与要素较少时，普通成员要素的相对价格较低，因而初始成员有扩大合作社成员规模的内在激励；随着普通成员数量或参与要素逐渐增加，普通成员要素的相对价格逐步升高，初始成员扩大合作社成员规模的激励逐渐降低。另一方面，随着合作社成员规模扩大，初始成员与普通成员之间的交易成本也会加大。在吸收新成员激励降低与交易成本上升的双重作用下，合作社成员规模会趋于稳定。A1 合作社成员规模扩张路径印证了这一点。2010 年 A1 合作社的初始成员为 7 人，为匹配资产专用性较高的农业机械吸收普通成员。2011 ~ 2013 年合作社成员规模数据分别扩张到 314 人、

1222 人与 2436 人。因服务能力限制以及合作社扩张规模激励下降，2014～2015 年，合作社不再扩大成员数量。

表 8－5　A1～A4 合作社成员规模 单位：人

代码	调查时初始成员数量	调查时普通成员数量
A1	7	2429
A2	5	1780
A3	7	147
A4	9	145

表 8－6 列出了 A1～A4 合作社的盈余分配方式。本章以盈余分配方式来衡量合作社演进后的形态。本章将采用分类别的方法度量合作社盈余分配。由于中国农民合作社的盈余分配机制一般是由初始成员制定或提议，本章从初始成员支付给普通成员的内容出发，将合作社盈余分配划分为如下几个等级：①初始成员支付普通成员市场价格；②初始成员支付普通成员市场价格，并提供农业社会化服务；③初始成员支付普通成员高于市场价格或供给低于市场价格的原料；④第③类方式加上农业社会化服务；⑤普通成员参与盈余分配。在这几类分配方式中，普通成员分得份额逐次提高。按照这种分类别的度量方式，表 8－5 的内容可用表 8－6 表征。

表 8－6　A1～A4 合作社分配方式内容

代码	调查时合作社分配方式
A1	可分配盈余的 3% 作为管理人员报酬；剩余 97% 中的 60% 作为土地要素报酬，40% 作为资本要素报酬，国家对合作社的补贴资产平均量化到每个成员，作为成员资本要素；提取资本分红的 50% 作为合作社公积金。公积金作为成员资本投入一部分参与下一年资本要素的分配
A2	初始成员支付普通成员土地保底价 400 元/亩；可分配盈余 20% 用于提取公积金、折旧；48% 作为国家资产要素报酬，国家补贴资产平均量化到每个成员；32% 作为成员出资报酬，其中土地按照 400 元/亩折价作为成员出资。公积金不参与分配
A3	初始成员支付普通成员土地价格 900 元/亩；可分配盈余 60% 用于入股资金的分配，40% 提取公积金，按入股资金量化到成员账户。国家补贴不参与分配
A4	初始成员支付普通成员土地价格 800 元/亩；可分配盈余 100% 用于入股资金的分配。国家补贴不参与分配

根据表 8－6 与表 8－7 的内容，不难得出如下两个结论。第一，A1～A2 合作社中，初始成员给予普通成员的支付高于 A3～A4。A1～A2 合作社初始成员不仅与 A3～A4 同样给予普通成员第①类支付；更为重要的是，A1～A2 合作社普通成员能享有 A3～A4 不享有的第⑤类支付，即剩余索取权。第二，按照剩余索取权的划分依据，可以判定 A1～A2 为规范的合作社，而 A3～A4 则相反。

表 8 - 7 A1 ~ A4 合作社利益分配种类

代码	第（1）类	第（2）类	第（3）类	第（4）类	第（5）类
A1					√
A2	√				√
A3	√				
A4	√				

注：第（1）~（5）类分别为：初始成员支付普通成员市场价格；初始成员支付普通成员价格高于市场；初始成员供给低于市场价格原料；提供农业社会化服务；普通成员参与盈余分配。标记"√"表示初始成员提供了该项服务或分配方式。

由此可见，A1 ~ A4 合作社均因服务规模扩张的驱动，分化成两类不同性质的合作社。那么，为什么同样因服务规模扩张，而合作社演化成的形态不同呢？换言之，为什么 A1 ~ A2 与 A3 ~ A4 的初始成员会给予普通成员不同的盈余分配方式？这是因为 A1 ~ A2 初始成员资产的专用性程度较高，初始成员资产与其他成员要素匹配的愿望十分强烈，因而初始成员有调动每一位成员的积极性，因而会给予普通成员较高的支付，如给予剩余索取权。A1 合作社的成长路径证明了这一点（周振、孔祥智，2015）。相反，A3 ~ A4 初始成员资产专用性较低，合作社盈利渠道多，因而初始成员调动普通成员积极性的内在动力并不强。

横向比较 A1 ~ A2 与 A3 ~ A4，两类合作社的演化遵循着如此的契约演变路径：因初始成员资产专用性较高，相比 A3 ~ A4，A1 ~ A2 中初始成员对普通成员依赖性强、谈判实力较弱（杨瑞龙等，2001），因而不得不面对和答应来自普通成员的"敲竹杠"（Williamson，1985；Grossmans and Hart，1986；Hart，1990），这也是普通成员拥有足够讨价还价能力的基础；相反，A3 ~ A4 初始成员资产专用性较低，初始成员完全可以拒绝普通成员提出的过高分配要求。通过 A1 ~ A2 与 A3 ~ A4 的正反对比，命题 8 - 1 得证。

虽然本章仅选择 A3 ~ A4 这两个合作社作为对照组，然而现实中如同 A3 ~ A4 的合作社非常多。因普通成员面临产品"卖难"问题，以及初始成员专用性资产尚未达到较难获得匹配要素，因而往往是普通成员陷入被"敲竹杠"的境地，基于对初始成员最优化的选择，普通成员因此也很难获得剩余索取权，这也是大量合作社不规范的重要因素。

二、资本增进、成员规模扩张与合作社演进

有关命题 8 - 2 的论证，此处采用 A5 ~ A6 进行案例分析。这 2 个合作社均由初始成员投资成立，合作社需要吸收新成员资金实现规模扩张（见表 8 - 8）。

（一）资本增进与成员规模扩张

由于较难从金融机构获得贷款以及初始成员资金不足，A5 采取了吸收成员股金的规模扩张方式。通过这种资本增进方式，A5 出资成员数量从 2011 年初始成员 6 人增加到 2013 年底的 203 人，合作社股金规模从 2011 年合作社成立时的 100 万元增加到 2013 年底

的190万元。A6为典型的资金互助合作社，初始成员同样也缺少资金，因而也采用了吸收成员股金的方式扩大合作社规模。从2010年底到2012年底，A6普通成员数量从192人增加到2088人，股金从456.56万元增长到806.68万元。

表8-8 A5~A6合作社的资本增进与成员规模扩张

类别	A5 合作社	A6 合作社
资本增进	1. 合作社由6人发起成立，出资100万元 2. 合作社股金从2011年的100万元到2013年底的190万元，2014年起不再吸收出资成员	1. 合作社由7人发起成立，最初每人出资5万元；后初始成员人数增长到10人，每人出资10万元 2. 合作社股金从2010年底的456.56万元增加到2012年底的806.68万元
成员规模扩张	合作社入股成员数量从2012年的20人逐步增加到2013年的203人 非股金参与合作社的成员数量从2014年的5800户增加到2015年11800户	合作社入股成员数量从2010年的192人增长到2012年的2088人

需要说明的是，在资本增进驱动下，合作社成员规模扩张也是有限的。成员规模收敛基于如下逻辑：虽然初始成员与普通成员资本要素相对价格相同，但是一旦资本要素与资产达到匹配时，再新增资本要素时合作社会面临交易成本上升而收益下降的约束，因而成员规模将会趋于稳定。A5合作社的成长路径说明了这一点。2011年，A5合作社吸收了6个普通成员的股金；2012~2013年，合作社持续吸收普通成员股金；2014年，合作社资本达到了一定规模，新成员资金的相对价格下降到不足以吸引初始成员的程度，至此合作社不再吸收普通成员的股金。

（二）成员规模扩张与合作社演进

随着成员规模的扩张，A5~A6合作社盈余分配发生了如下变化：第一，以股金入社的普通成员均享有剩余索取权，即资本要素参与合作社的盈余分配（见表8-9）。第二，不以股金入社的成员不享有合作社的盈余分配。如A5的普通成员分为两类：一类是股金入社的成员，参与盈余分配；另一类是服务规模扩张吸收的成员，因A5初始成员投资资产专用性程度并不太高的缘故（与A1~A2合作社相比，A5合作社资产专用性较低，但是比A3~A4的高；另外，由于A5所在地区农业服务需求较多，初始成员与普通成员博弈中并未陷入被"敲竹杠"的状态），此类普通成员不参与盈余分配。

表8-9 A5~A6合作社分配方式内容

代码	调查时合作社分配方式
A5	1. 股金入股合作社的成员，参与合作社盈余分配 2. 不以股金参与合作社的成员，不享有盈余分配权，仅享有合作社提供的服务
A6	所有成员按股金享受分红，2007~2009年股金分红比率分别为8%、6%~7%与6%~7%

事实上，A5 合作社遵循着"先资本增进，后服务扩张"的成长路径。在资本增进过程中，初始成员与普通成员资本要素相对价格相同，因而二者均能参与到合作社的盈余分配中。然而，在服务扩张阶段，新吸收成员不享有剩余分配权。两相对比，由此可以证明资本增进对合作社制度演化的影响。

除资金互助合作社以外，初始成员在完成资本增进后，合作社资本要素必然会与其他生产要素相匹配以实现经济产出。此时，因资本要素与其他要素的匹配促进合作社规模扩张的过程，即上文提及的服务规模的扩张。因而，此时新吸收的成员在合作社治理体系中的位置，如剩余索取权的获得，将遵循"要素匹配—资产专用性—合作社演化"的理论逻辑，即命题 8 – 1 的内容。这也是资本增进后合作社形态的一种变形。

根据以上分析，命题 8 – 2 可以得证。

三、政府补贴、成员规模扩张与合作社演进

获取政府补贴是许多初始成员创办合作社的重要动因。A7 ~ A8 合作社就是典型的代表。A7 的初始成员为企业股东，成立的目标就是更好地获得政府支持，于是在企业经营业务框架之下领办了合作社。A8 初始成员成立合作社也是受当地合作社优惠政策的吸引（见表 8 – 10）。

表 8 – 10　A7 ~ A8 合作社情况对比分析

类别	A7 合作社	A8 合作社
创办合作社目标	当地有许多针对农民合作社的扶持项目，为便于获得政策支持，企业股东领办合作社	受当地合作社政策吸引
初始成员数量（人）	11	2
调查时普通成员数量（人）	419	168
示范社类别	省级示范社	无
获得政府补贴	累计获得财政奖补资金 40 万元	无
分配方式	初始成员享有剩余索取权，即参与盈余分配；普通成员仅享有合作社服务	初始成员享有剩余索取权，即参与盈余分配；普通成员仅享有合作社服务

A7 与 A8 获得政府补贴的前提条件均是，合作社要能发挥带动当地农民增收的效果。如此，合作社成员规模成为了是否获得补贴支持的一项重要参考指标。为此，A7 ~ A8 初始成员均采用吸收新成员的方式扩张合作社成员规模。

从 A7 与 A8 的对比中可以发现，在政府补贴驱动下，成员规模的扩张并不一定会促进普通成员享有合作社的盈余分配。A7 ~ A8 合作社中，初始成员享有合作社剩余索取权，而普通成员则仅享有合作社提供的农业服务。其中，A7 合作社不但获得了省级示范合作社的称号，而且还获得了各项财政奖补资金 40 万元。由此可见，基于政府补贴目标

的成员规模扩张并不一定能改变合作社的分配制度。

值得说明的是，A1～A4 均获得了政府补贴。通过 A1～A2 与 A3～A4 的比较可以发现，政府补贴也不是决定合作社制度演化的关键变量。A1～A2 与 A3～A4 均享有政府补贴，但是二者新增成员在盈余分配上差异较大。然而，这种差异来源初始成员投资资产的专用性特征，即命题 1 的内容。这说明相比政府补贴，要素匹配、资金规模扩张是促进合作社制度演化的关键变量（见表 8－11）。

表 8－11　初始成员资产专用性与新增成员参与盈余分配

类别	资产专用性	新增社员参与盈余分配
A1～A2	强	参与
A3～A4	较强	不参与
A7～A8	弱	不参与

那么，为什么政府补贴不能推进合作社制度演化呢？首先，若不考虑初始成员投资资产的专用性，即新增成员并不是用于匹配已有专用性资产，而是仅仅用于扩大成员规模，因农民成为合作社成员弹性空间较大（许多初始成员将与合作社有过交易的农民均视作成员，合作社成员边界较为模糊），加之单纯扩大合作社成员数量在执行中的便利性，新增成员所带来资源的相对价格一般比较低，因而很难获得与初始成员相同的剩余索取权。其次，倘若新增成员享有剩余索取权，初始成员的资金投入无疑被"稀释"，为此初始成员必然会抵制新增成员参与盈余分配，这部分新增成员也只享受合作社服务。这也是许多因政策吸引成立的合作社在分配制度上不规范的重要原因，也是合作社受学者诟病的一个方面。由此可见，单纯依靠补贴来规范合作社制度安排并不一定能达到预期政策效果。

当然，因补贴目标实施规模扩展的合作社，若初始成员投资资产具有很强的专用性，或者还需要吸纳新增成员的资本要素，此时合作社发展路径将会沿着"服务或资本扩张—要素匹配—合作社演化"展开，即命题 8－1 与命题 8－2 所述内容。

第五节　结论与启示

本节通过"规模扩张—要素匹配—合作社演进"的研究框架，分析了农民合作社的发展路径与分配制度演化，回答了合作社制度形态差异的问题，有如下研究结论：第一，因专用性资产与新增成员要素匹配的需要，若初始成员投资资产专用性程度越高，初始成员资产相对价格越高，初始成员给予新增成员剩余索取权的可能性越大，这种基于服务规模扩张的需要能催生出规范的合作社。第二，初始成员在扩大合作社资本规模需要驱动下吸收成员投资时，由于新增成员的资本要素与初始成员的资本要素具有同质性，为了激励同质要素并体现公平原则，初始成员往往会给予这部分新增成员盈余分配权，这种基于资本扩张的需要亦能催生出规范的合作社。第三，政府补贴会促使合作社成员规模的扩张，但不是影响合作社制度变化的关键因子。

本章的研究结论有如下启示：第一，合作社制度选择是市场力量的使然，即使合作社放弃了"惠顾者与所有者合一"的制度安排，但在某种情境下这种制度对合作社而言未尝不是一种"最优"的选择，因此对于这种现象我们不能妖魔化，更不能由此对合作社全盘否定。第二，政府补贴的确能促进合作社规模扩张，但却不是影响合作社制度安排的关键因素，这也是现实中补贴很多、规范合作社较少的原因，因而推动合作社规范发展要调整现有补贴思路与方向。这就需要一改广覆盖、追求规模的补贴思路为重点扶持、做好示范，通过示范的力量引导合作社注重对普通成员贡献的体现，注重发挥合作社的益贫性。

参考文献

［1］农业部农村经济体制与经营管理司等．中国农民专业合作社发展报告（2006—2010）［M］．北京：中国农业出版社，2011．

［2］郭小和．八成合作社被指空壳，"假合作社"借政策套现［N］．每日经济新闻，2010－06－30．

［3］徐旭初．中国农民专业合作经济组织的制度分析［M］．北京：经济科学出版社，2005．

［4］黄祖辉，邵科．农民合作社的本质规定性及其漂移［J］．浙江大学学报（人文社会科学版），2009（4）．

［5］邓衡山等．真正的农民专业合作社为何在中国难寻？——一个框架性解释与经验事实［J］．中国农村观察，2016（4）．

［6］仝志辉．农民合作新路：构建"三位一体"综合农合作体系［M］．北京：中国社会科学出版社，2016．

［7］邓衡山，徐志刚．合作社的益贫性：必要条件与政策选择［C］．浙江大学中国农民合作经济组织研究中心等．第四届"中国合作经济中青年工作坊"会议论文集，2016．

［8］邓衡山，王文烂．合作社的本质规定与现实检视——中国到底有没有真正的农民合作社？［J］．中国农村经济，2014（7）．

［9］熊万胜．合作社：作为制度化进程的意外后果［J］．社会学研究，2009（5）．

［10］周振，孔祥智．盈余分配方式对农民合作社经营绩效的影响——以黑龙江省克山县仁发农机合作社为例［J］．中国农村观察，2015（5）．

［11］［美］道格拉斯・C. 诺斯. 经济史中的结构与变迁［M］. 陈郁等译. 上海：上海人民出版社，1994.

［12］［美］T. W. 舒尔茨. 制度与人的经济价值的不断提高［A］//R. 科斯，A. 阿尔钦，D. 诺斯等. 财产权利与制度变迁——产权学派与新制度学派译文集［M］. 上海：上海三联书店，上海人民出版社，1994.

［13］林毅夫. 再论制度、技术与中国农业发展［M］. 北京：北京大学出版社，2000.

［14］［美］道格拉斯・C. 诺斯. 制度、制度变迁与经济绩效［M］. 杭行译. 上海：格致出版社，2008.

［15］张五常. 交易费用的范式［J］. 社会科学战线，1999（1）.

［16］［美］曼瑟尔・奥尔森. 集体行动的逻辑［M］. 陈郁等译. 上海：上海三联书店，2011.

［17］Williamson O E. The Economic Institutions of Capitalism［M］. New York：The Free Press，1985.

［18］Grossman S J, Hart O D. The Costs and Benefits of Ownership：A Theory of Vertical and Lateral Integration［J］. The Journal of Political Economy，1986，94（4）.

［19］Hart O, Moore J. Property Rights and the Nature of the Firm［J］. Journal of Political Economy，1990，98（6）.

［20］Yin R K. Case Study Research：Design and Methods［M］. London：Sage Publications，2013.

［21］杨瑞龙，杨其静. 专用性、专有性与企业制度［J］. 经济研究，2001（3）.

第九章　组织生态学视角下农民合作社成长演化分析

——以黑龙江省克山县仁发农机合作社为例[①]

第一节　引言

　　农民专业合作社（以下简称"合作社"）作为衔接小农户与大市场的重要组织形式，在农业供给侧结构性改革中扮演着重要的角色（孔祥智，2016），也是脱贫攻坚中产业扶贫的重要载体（张琛、高强，2017）。从 2007 年《中华人民共和国农民专业合作社法》颁布以来，我国合作社的数量呈现出快速发展趋势。截止到 2017 年 7 月底，全国已有合作社 193.4 万家，入社农户超过 1 亿户。随着我国合作社发展步入"快车道"，合作社质量的参差不齐，探究合作社的成长演化显得尤为重要。一方面是因为仅仅依靠合作社数量的增长难以真正反映合作社在经济、社会功能上发挥的作用，另一方面是因为合作社自身发展存在生命周期（Cook，2004）。许多学者认为合作社演化的路径是传统合作社向新一代合作社的转变（Hind，1999；Cook and Burress，2009）。

　　已有研究中有关合作社的成长演化得到了学者们的广泛分析。一部分学者讨论合作社成长演化的阶段。Cook（2004）基于新制度经济学的理论将合作社成长演化分为设立、发展、冲突、选择和死亡五个阶段。Cook 和 Burress（2009）将合作社生命周期分为组织合法性、组织设计、成长—繁荣—异质性、识别与自省、选择五个阶段。应瑞瑶（2006）将合作社成长划分为起步、规模型成长和纵向成长三个阶段，规模型成长是合作社成长的一般规律。赵国杰、郭春丽（2009）将合作社生命周期分为引入期、成长期、成熟期和分化期。大多数学者重点关注合作社成长演化的影响因素。Egerstrom（2004）以波特竞争优势理论为分析基础，研究发现合作社的成长是外界诸多因素（如合作社利益相关者、政治、环境、文化等）共同作用的结果。孔祥智等（2005）通过对陕、川、宁三省（区）合作社的调查研究，发现法律制度和社会发展环境是影响合作社成长的重要因素。郭红东等（2009）采用 Logistic 模型研究表明，合作社物质资本资源和组织资本资源是影响合作

[①]　执笔人：张琛、孔祥智。

社成长的重要因素。只有少数学者对合作社成长演化的作用机制进行了探究。刘同山、孔祥智（2013）以辽宁省西丰县永得利蔬菜合作社为例，分析关系治理对合作社成长的影响，研究认为规范化、法制化和关系治理的制度化是影响合作社成长的重要路径。孔祥智、周振（2017）依据"规模扩张—要素匹配—合作社演进"的分析框架，分析了合作社演进的驱动因素，研究结论表明服务规模扩张的需要、资本扩张的需要和政府补贴是催生规范合作社的三个驱动因素。

Moore（1996）认为生态学的视角能够发现经济管理科学现象中诸多尚未被发掘的事物，以一个全新的视角分析经济管理科学。组织生态学（Organizational Ecology）是以生态学观点来研究组织个体发展以及组织之间、组织与环境之间相互关系的一门交叉科学，主要借鉴生物学、生态学、社会学、制度经济学等学科知识（Amburgey and Rao，1996），广泛运用在经济管理科学领域，尤其是针对企业的研究。如侯杰等（2011）运用组织生态学对五家典型中小企业的成长演化机制进行了案例分析，研究表明不断试错与寻找合适的生态位是企业成长的重要演化机制。Liu 和 Wu（2016）以中国四家律师事务所为分析对象，运用组织生态学的方法对四家律师事务所由小变大的演化发展过程进行分析。虽然合作社是人合组织，基本原则是社员所有、社员控制和社员收益，是由使用者共同拥有和共同控制的组织（Dunn，1988），与企业的资本控制存在显著差异，但随着合作社数量的不断攀升，市场经济的浪潮中合作社的成长演化与企业的成长演化具有相似性。虽然已有研究已经从制度化和生态化两个维度对中国合作社的设立机制进行了探讨（梁巧、王鑫鑫，2014），但现有研究中从组织生态学这一全新视角对合作社成长演化机制探讨的文献处于空白阶段。基于此，本章基于"变异—演化—发展"的研究范式，从组织生态学视角以黑龙江省克山县仁发农机合作社（以下简称"仁发合作社"）为例，探究仁发合作社成长演化的机制，尝试归纳出一个合作社成长演化模型，以期为实现合作社"质变"提供一个新的研究视角，进一步纵向提升了合作社组织演化理论。

第二节　研究设计

一、组织生态学相关理论

组织生态学相关理论是研究企业成长演化分析的重要理论基础，已经得到了广泛的运用（侯杰等，2011；Liu and Wu，2016）。按照组织生态学的分析范式，本章主要从组织惯性、合法性和组织生态位三个维度对仁发合作社成长演化进行分析。

（1）组织惯性。Haveman（1993）认为组织惯性是组织为达到不易受到环境冲击而保持不变的一种惯例行为。本章认为合作社组织惯性指的是合作社依托自身比较优势，为实现组织不易受到外部影响所保持的惯例行为。已有学者研究证实，组织惯性的不断增强有助于实现组织在自身发展初期的生存能力和竞争力水平的提升（Barney，1991；刘海建等，2009），具体表现为组织的沉没成本不断积累，形成与自身特征相符的一系列惯例行为。常言道"船小好调头"，但随着组织不断发展，组织惯性不断增强，大量惯例的形成使得组织内部的沉默成本较高，转变经营方式难度不断加强（Levinthal and Myatt，1994；Huang et al.，2013），组织惯性成为阻碍组织实现深层次发展的一个重要因素（Haag，2014）。合作社作为合作经济组织，应该在自身发展的不同阶段结合内部条件和外部因素，合理地控制自身的组织惯性，能够有效地适应当前农业供给侧结构性改革深入发展的要求，实现合作社的发展壮大。

（2）合法性。新成立的组织由于资源禀赋特征的局限性，面临着潜在的威胁，失败的可能性较高（Edith，1959；Carroll and Delacroix，1982；Hager et al.，2004）。大量研究表明组织采取合法化的惯例有助于实现组织生存和发展，一方面能够提高利益相关者对组织的认可度，提高组织的可信性和可靠性（Shepherd and Zacharkis，2003；Tornikoski and Newbert，2007），另一方面能够决定组织获取内外部资源的能力（Zyglidopoulos，2003；杜运周等，2008；吴炯、邢修帅，2016）。本章借鉴 Scott（1995）对组织合法性的划分，将合作社合法性划分为合作社认知合法性、合作社管制合法性和合作社规范合法性三个层次。具体来说，合作社认知合法性指的是组织通过获得外界的知识体系所确定自身的合理定位（Scott and Meyer，1994），具体表现为反映在利益相关者对合作社的了解和熟知程度；合作社管制合法性指的是政府、行业协会等相关部门所制定的规章制度和合作社制定的章程及内部管理制度；Zimmerman 和 Zeitz（2002）认为规范合法性主要来源于社会的标准和价值观，具体表现在盈利能力和员工待遇上。基于此，本章将合作社规范合法性定义为合作社的行为是否与社会的标准和价值观相契合，着重关注自身盈利能力和社员福利。

（3）组织生态位。生态位是生态学的概念，指的是生态系统中的某一生物物种同其他物种和环境之间形成的相对的地位、位置和生态系统中的功能（Levins，1968）。借鉴生态学的观点，本章将合作社的生态位定义为合作社在大农业产业中所处的位置与功能，以及与其他主体所形成的关系，是合作社实现经济环境、社会环境和自然环境等组织生态环境与自身实际情况相匹配后所处的状态。已有学者已证实组织的发展本质上是一个生态化过程，组织通过对环境中有限公共资源的竞争，伴随着生态位的改变，实现与自身的互补，不断演化成长（Hannan，1977；Barnett，1990；邢以群、吴征，2005）。

二、资料来源

黑龙江省克山县仁发现代农业农机合作社（以下简称"仁发合作社"）是全国农民专业合作社示范社，其成长演化十分具有典型性。为获得丰富的一手研究资料，能够充分剖析仁发合作社的成长演化，中国人民大学中国合作社研究院课题组对仁发合作社开展了四次细致的跟踪调查研究。第一次是 2013 年 8 月，课题组在克山县河南乡仁发合作社会客厅与仁发合作社理事长进行了长达五个小时的面对面深度访谈。通过这次访谈，课题组初步了解了仁发合作社成立初期的发展历程，梳理出合作社的基本运行机制、股权结构和经营绩效。第二次是2013年9月，课题组与仁发合作社党委书记、理事会成员、监事会成员、农机手和部分合作社社员进行了长达四个小时的半结构化访谈，重点关注合作社的内部盈余分配形式、内部治理机制和社员成本收益情况。第三次是2015年3月，课题组再次赴克山县与理事长和党委书记进行了长达四个小时的半结构化访谈，主要考察了仁发合作社农业作业服务、粮食烘干等社会化服务环节，着重关注了仁发合作社管理模式创新和多元化经营的具体举措，进一步深入了解合作社的盈余分配方式、组织运行机制、社会化服务模式以及经营绩效。第四次是2017年8月，课题组访谈了仁发合作社党委书记和部分社员，重点了解农业供给侧结构性改革背景下，仁发合作社农业种植结构调整、产业链纵向延伸以及牵头成立农民合作社联合社的情况，并对合作社基本情况、盈余分配方式、内部管理机制和经营绩效进行更为全面的了解。通过以上四次实地调研，课题组对仁发合作社有了更为全面的了解，形成了接近四万五千字的访谈记录。

除访谈资料外，课题组还收集了黑龙江省、齐齐哈尔市和克山县三级农业部门对仁发合作社做出的总结材料、相关媒体报道材料以及已经发表的学术论文。这些辅助材料较为详尽地介绍了仁发合作社的发展历程，这为本研究提供了较好的素材支撑。

三、案例介绍

仁发合作社位于黑龙江省齐齐哈尔市克山县。克山县作为国家级生态示范县，土壤肥沃，耕地面积近300万亩，是国家重点商品粮基地县、大豆基地县和马铃薯基地县，是全国500个产粮大县之一。仁发合作社于2009年10月在工商部门注册成立，由6名核心成员发起成立，注册资本850万元。理事长李某出资550万元，其余五个成员各出资50万元，国家补贴资金1234万元，合作社的总投资额达2084万元。目前，仁发合作社现有社员1014户，固定资产5789万元。拥有马铃薯组培楼1800平方米、阳光温室3000平方米、网棚58栋、仓储窖3800平方米、日烘干500吨和1000吨玉米烘干塔各1座，机械装备132台（套），规模经营土地56000亩。仁发合作社的基本情况见表9-1所示：

表9-1　仁发合作社基本情况

年份	入社社员数	土地面积（亩）	亩均土地收益（元）	总收入（万元）	总盈余（万元）
2010	7	1100	240	100.000	-187.000
2011	314	15000	710	2763.687	1342.194
2012	1222	30128	730	5594.017	2758.568
2013	2436	50159	922	10596.055	5328.873
2014	2638	54000	854	10748.040	4890.268
2015	1014	56000	708	9055.193	4196.267
2016	1014	56000	602	8662.338	3625.723

资料来源：笔者实地调研整理。

之所以选择仁发合作社作为本文的研究对象，一是因为短短8年的发展时间，仁发合作社经历了蹒跚起步、探索成长、规范发展和纵向延伸四个阶段，其组织惯性、合法性和组织生态位均发生了显著的变化，符合本章分析的需要；二是因为仁发合作社在保持农业基本经营制度不变前提下，成功地走出了一条"带地入社、盈余分配"的规模化发展之路，真正实现了"利益共享、风险共担"，是实现规模化经营的典型案例。探究其成长演化机制能为如何以合作社为组织载体实现由弱变强，实现规模化经营提供一个良好的实践范例。

第三节　仁发合作社成长演化的不同阶段分析

坚持以"社员利益为重、立足让每位社员充分享受农业生产环节中的利益"为原则，短短七年时间仁发合作社就成功地实现了由弱变强，不仅夯实了生产基础、优化种植结构，而且还拓宽经营领域，延伸产业链条，培育了发展动能。因此，探究仁发合作社的成长演化具有十分重要的意义。仁发合作社的成长演化共分为四个阶段：

第一，蹒跚起步阶段。由于地理自然因素，黑龙江地区农作物是一年一熟，由于仁发合作社注册成立时间恰巧是农作物收获时期，直到第二年4月才开始正式运营。政府配套农机具补贴资金1234万元，仁发合作社拥有30多台大型农业机械。主要经营业务是提供农业机械服务和马铃薯种植。农业机械代耕服务的每亩收入约为50元，仁发合作社以每亩240元的租金流转周边农户土地1100亩，主要用于马铃薯种植。但由于农业机械租赁服务市场竞争激烈以及小农户自家具有农业机械，土地未实现连片种植，机械空跑成本高，当年仁发合作社仅代耕约6万亩土地，服务收入不足100万元，再加上需要支付给农民土地流转的组织，年终提取农业机械折旧费后出现亏损，2010年仁发合作社亏损187万元。

第二，探索成长阶段。经历了2010年的阵痛后，理事长李某思考认为财政支持是给予合作社所有成员，应让所有成员都能分享到红利，牢固与农民实现利益联结，充分发挥大型农业机械的优势，扩大土地规模是出路。但为了降低支付给农民土地租金所带来的高昂合作社运行成本，降低运行风险，仁发合作社于2011年春季出台了对社员的"七条承诺"：一是以每亩土地350元作为保底分配，比当地土地流转每亩240元高出110元；二是入社成员不分先后，都拥有平等的权利义务，每年秋季统一核算后都可以参与合作社分红；三是国家1234万元的补贴资金所产生的盈余，每年秋后按成员户数平均分配；四是对带土地加入合作社的成员，合作社以10%的年息提供资金借贷服务，最大金额为入社土地的市场价格折价；五是入社成员仍然享受国家发放的种粮补贴；六是合作社重大决策实行民主决策，一人一票，而非按股权表决；七是入社自愿、退社自由，成员在退出时可以获得该成员账户上的全部股金（公积金除外），包括各种盈余结转。不到一周时间，克山县河南乡3个村就有307户农民以土地入社，合作社的自营土地也一下子达到了1.5万亩，土地集中经营解决了大型农业机械"吃不饱"、容易空跑的问题。此外，仁发合作社建立了"一保（农户入社土地保底，每亩350元高出农民自行转包110元）、两提（提取公积金、农机和厂房折旧）、两分（土地分红，国投资金＋公积金＋出资额分红）"的分配机制，大大提高了周围农户对合作社的认知和满意度。1.5 万亩耕地主动加入了合作社，土地集中形成了规模，大农机发挥了大作用，2012 年合作社盈余 2758 万元，社员亩均分红收入达到了 360 元。

第三，规范发展阶段。成员带地入社保底收益的存在，使成员之间的利益联结机制紧密，理事会成员并没有完全得到与之付出相匹配的报酬，"利益共享、风险共担"并没有真正建立起来。为了进一步强化合作社的凝聚力，实现合作社规范发展。2013 年初，经过仁发合作社理事会提议和成员代表大会通过，从 2013 年 1 月起仁发合作社取消了成员入社每亩 350 元的保底收益，引导成员以土地经营权带地入股，土地要素仅作为成员的交易量，参与盈余分红。具体来说，以土地经营权带地入社的成员，年终分红占当年总盈余的 60%；以现金出资入社、国家财政补贴资金以及上年度提取的公积金等，年终分红占当年总盈余的 40%。仁发合作社明晰了资金入股和土地入股的收益分配比例，实现了成员之间收益与风险二者的匹配。此外，仁发合作社为体现"多劳多得"的分配标准和激励管理人员充分发挥企业家才能，从 2013 年起，将总盈余的 2% 拿出用于支付理事长和管理人员的年度工资，理事长的工资占总盈余的 0.4%，管理人员的工资占总盈余的 1.6%。2013 年仁发合作社的总盈余在 5000 万元左右，每亩土地收益分别达到 922 元。仁发合作社规范性程度不断加强。

第四，纵向延伸阶段。2015 年起，受粮食价格持续走低和与合作伙伴麦肯食品（哈尔滨）公司的合作终止等诸多外在因素的影响，仁发合作社原先主要种植作物马铃薯失去了重要的销售渠道，风险程度急剧攀升。经过理事会会议商讨和成员代表大会通过，仁发合作社决定采取农业种植结构调整、实现高效化种植和延伸产业链三种模式实现合作社的纵向延伸。一是农业种植结构调整。2014 年，仁发合作社在黑龙江省扶贫办的支持下，建设了年可存栏 1000 头、出栏 2000 头规模的黄肉牛养殖场，为实现种养结合生态循环发展奠定了基础。2015 年仁发合作社实现了以玉米、大豆和马铃薯三种作物为主的农业种植结构，其中玉米种植面积 40500 亩、普通大豆种植面积 6000 亩、马铃薯种植面积 5500 亩、鲜食玉米种植面积 2500 亩、有机大豆种植面积 1000 亩和经济作物种植面积 500 亩。受玉米价格断崖式下跌和大豆价格日趋走高的影响，2016 年仁发合作社大幅缩减了玉米种植面积，仅种植玉米 4055 亩，种植高蛋白大豆 25000 亩，有机大豆种植面积也增加到 6345 亩，种植马铃薯 7000 亩、种植鲜食玉米 5000 亩，此外还有少量的经济作物。2017 年，仁发合作社坚持以绿色有机为先导，以种养结合为途径，种植马铃薯 7500 亩、高蛋白大豆 2.9 万亩、有机大豆 6800 亩、玉米 3500 亩、鲜食玉米 5500 亩、杂粮 2370 亩、豌豆 1200 亩、党参 130 亩，高效作物种植比例达到 89%。在养殖业上，围绕绿色有机养殖，建成年出栏 2000 头肉牛养殖场。同时，以肉牛养殖为依托，投资 3000 万元建立年产有机肥 1500 吨的有机肥厂，可施用土地 13000 亩，有助于实现土壤品质的改良提升，促进生态循环发展。二是推广高效化种植。仁发合作社以市场需求为定位、以质量效益为目标、以绿色有机、高产高效为方向，推广应用先进栽培模式，着力提高农业生产效益。仁发合作社依据区域优势，把做强种薯研发作为提高效益的首要任务，引进荷兰优质马铃薯品种，与荷兰夸特纳斯公司合作，投资 1.2 亿元建设种薯繁育项目，通过建设组培室、温室、网棚等设施，全面提高马铃薯品质和质量。此外，仁发合作社依托信息技术、发挥"互联网＋农业"的优势，建设了集农业环境监控、病虫害在线监控、农田作业视频监控、农技在线服务和农机智能管理五大系统的高标准有机食品基地 8800 亩，并与之配套地建立了农产品质量安全追溯体系。先进的良好农业 GAP 栽培模式（浅播、动力中耕、适时灌溉）的引进，按照"深松、大垄、良种、减施、防病、喷灌"的十二字方针，指导农业生产，实现了农产品质量和品质的双提升。三是延伸产业链条。产业链的延伸是实现产业链各利益主体收益水平增加的重要途径。仁发合作社通过延伸产业链条，着力发展加工业，拓宽销售渠道，推进合作社由单一种植型向复合型转变。仁发合作社推行精加工，大力发展休闲食品加工、彩薯加工和鲜食玉米加工。具体来说，仁发合作社于 2016 年建立仁发食品加工有限公司，投资 6 亿元建设年加工 4000 吨马铃薯法式薯条和年生产马铃薯薯丁 1 万吨项目，建立法式薯条项目加工车间、智能马铃薯气调库、成品库，联系订购荷兰薯条生产线。投资 6000 万元新上彩色马铃薯加工项目，产品将囊括彩色马铃薯片、彩色马铃薯条、彩色马铃薯丁、彩色马铃薯角等系列休闲食品以及彩色马铃薯粉、彩色马铃薯泥、彩色马铃薯汁饮品和花青素提炼品等八大种类。投资 7500 万元建设甜玉米加工项目，日生产能力达 30 万穗，总储藏能力 1000 万穗，新增鲜食玉米生产线，年可生产速冻甜玉米料 2 万吨。销售渠道拓展，仁发合作社积极创建品牌，先后注册了"龙哥""龙妹""人发"和"仁发绿色庄园"等品牌，并依托与阿里巴巴、一号店、京东商城等知名电商合作，推进绿色有机产品线上销售。此外，仁发合作社于 2015 年牵头成立了仁发农业科技有限公司，依托营销团队、建立外埠市场，充分获取价值链中销售环节的高额利润，分享三产融合所带来的红利。

通过梳理仁发合作社近八年的成长演化历程（见图 9 - 1），可以清晰地展现出仁发合作社在不同时期的演化成长。

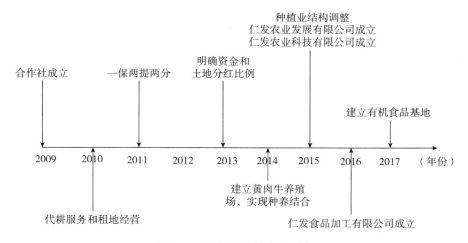

图 9 - 1　仁发合作社变迁历程

根据组织生态学的理论，按照"变异—演化—发展"的研究范式，仁发合作社的成长演化因变异而不断演化，进而实现快速发展。首先，本章将仁发合作社变异的动力因素总结概括为三个方面：一是生存空间的扩展；二是资源优势的扩展；三是组织模式的创新（见表9-2）。

表9-2　仁发合作社变异的动力因素

	具体表现
生存空间的扩展	一是带地入社和完善盈余分配实现合作社扭亏为盈；二是调整农业种植结构，推广高效化种植和延伸产业链条实现合作社供给侧结构性改革
资源优势的扩展	一是规模收益与社员收益相结合，实现组织规模扩大；二是社会化服务实现社员节本增效，加强组织凝聚力；三是依托社会化服务获得收入，实现组织影响力增强
组织模式的创新	一是实现"统分结合"经营模式；二是创新盈余分配制度；三是管理模式创新

生存空间的扩展具体表现在以下两个方面：第一，仁发合作社成立初期因土地规模少，无法充分发挥大型农机的作用，因亏损而转变思路，通过带地入社和完善盈余分配的形式度过生存危机；第二，农业供给侧结构性改革的背景下，仁发合作社主要经营作物马铃薯销售渠道受阻，因市场风险急剧攀升而转变思路，通过调整农业种植结构，推广高效化种植和延伸产业链条的方式又一次度过生存危机。

资源优势的扩展具体表现在以下三个方面：第一，仁发合作社采取土地经营权入股的形式，依托规模收益，顺利走出成立初期亏损的困境，并随着土地规模的不断扩大，进一步调动管理人员的积极性，合作社实现更为客观的收入。第二，仁发合作社因自身规模优势在市场上具有较强的议价能力，有效地实现了社员节本增效，牢固了与社员的关系。具体表现为三个方面：一是社员成本降低，社员化肥厂家直接配送，每吨节省300~500元、种子价格每斤节省30%、农药每亩节省40~50元、因农机作业不漏跑，节省空运转费用、每吨节省油费500~600元；二是因规模经营农作物产量提升，普通大豆亩产高出15斤、普通玉米亩产高出100斤、马铃薯亩产最高达到7000斤以上；三是农作物销售价格提升，普通玉米每斤销售价格高出0.03元、有机大豆销售价格达到每斤13元。第三，仁发合作社具有农机装备132台套以及日加工能力500吨和1000吨玉米烘干塔各一台，实现了87000亩代耕代种和玉米的烘干服务，依托社会化服务获得收入，增强组织的影响力。

组织模式的创新具体表现在以下三个方面：第一，仁发合作社实现了"统分结合"的经营模式。"统"具体表现在仁发合作社实现目标化田间管理，实现从种到收全方位服务，统一购买农业生产性资料、统一实行技术培训、统一进行农业机械作业、统一对外销售农产品。"分"具体表现在三个方面：一是仁发合作社将土地划分为若干块，分给22个人承包，有利于分散经营风险，降低运行承包费用，满足精细化管理的需要；二是实施农机具作业单车核算承包方式，实现农机手与管理者相互监督，并通过严格的奖惩制度确保这一方式的平稳运行，一方面能够避免以往农机手与管理者二者串通、降低生产效率，另一方面通过确定用油量和修理费避免以往农机手随意加机油和对农业机械的不爱护；三是仁发合作社社员以土地承包经营权入股的形式，避免了合作社先付租金所带来的高昂成本。第二，分配制度的创新。《中华人民共和国农民专业合作社法》规定，规范合作社的盈余分配必须以交易量（额）为依据进行分配，但由于仁发合作社兼顾农机服务合作社和土地股份制合作社的特征，并不存在着严格意义上的交易量，以何种方式、何种比例确定资金和土地两种要素的贡献显得尤为重要。仁发合作社首先按照"一保两提两分"的分配机制进行盈余分配，其次是取消保底租金，充分考虑资金和土地这两种要素的作用进行盈余分配，并逐步提升土地分配比例，2013~2016年土地分配比例分别为74%、75%、78%和78%。第三，管理模式创新。为了加强合作社社员之间的联系，仁发合作社建立五个党支部：分别是行政管理党支部、农机管理党支部、市场营销党支部、烘干塔党支部和黄肉牛养殖党支部。每个党支部依托党员的人脉关系，能够有效地凝聚所在地区社员与合作社的联系程度，实现农村基层党组织联系广大人民群众，发挥党组织战斗堡垒作用和党员先锋模范作用，确保合作社每一项业务的有序开展落实。

本章依据组织惯性、合法性和组织生态位三个方面对仁发合作社不同阶段的成长演化机制进行了分析，以期能够归纳出合作社成长演化的模型。

第一，组织惯性方面。第一阶段，仁发合作社处于刚成立初期，因需要适应所处的环境，因势利导，并没有采取保持组织不受外界环境干扰的惯例行为，因此第一阶段仁发合作社的组织惯性较低。第二阶段，仁发合作社在经历发展初期的阵痛后充分发挥自身大型农业机械的优势，实现了规模的扩张，组织惯性处于适中的状态。第三阶段与第二阶段相似，唯一区别是仁发合作社改变了盈余分配方式，组织惯性仍处于适中的状态。第四阶段，随着外部环境的激烈变化，仁发合作社施行农业结构调整、高效化种植和产业链延伸的战略，与之前经营方式发生了巨大的变化，因此，组织惯性较低。

第二，合法性方面。第一阶段，仁发合作社的合法性较低，无论是认知合法性、管制合法性和规范合法性都较低。这是因为成立初期，外界对仁发合作社的认知程度较低，除六名发起人外，只有一名普通社员加入仁发合作社，因此认知合法性较低。此外，政府等相关部门并没有对仁发合作社制定规章制度，仁发合作社自身章程仍存在着诸多不足，因此管制合法性较低。2010年仁发合作社全年亏损187万，因此规范合法性较低。第二阶段，2011年仁发合作社社员数为314人，2012年快速增加到1222人，仁发合作社在克山县的名气逐步变大，因此认知合法性较第一阶段有所增强。这一阶段，政府等相关部门对仁发合作社予以高度重视，黑龙江省农委前主任王某亲自予以指导，仁发合作社加强内部管理，对社员予以"七条承诺"，管制合法性较第一阶段有所增强。仁发合作社总盈余实现了扭亏为盈，2011年总盈余为1342.194万元，2012年的总盈余更是超过了2000万元，每亩土地分红这一阶段均超过了700元，每元投资回报率分别为0.31和0.43，社员加入合作社尝到了"甜头"，因此这一阶段规范合法性较第一阶段有所提升，处于适中的水平。第三阶段，仁发合作社社员数量快速攀升，2013年为2436人，较2012年增加了近一倍，2014 年社员数达到了 2638 人，因此合作社认知合法性进一步增强。这一阶段，仁发合作社不断完善内部管理条例，将总盈余的一部分用于支付理事长和管理人员的工资，避免合作社内部出现不和谐的因素，因此管制合法性较第二阶段也有所增强。2013 年和 2014 年仁发合作社总盈余呈现快速增长，在 5000 万元左右，每亩土地收益也分别达到了 922 元和 854 元，每元投资回报率分别为 0.33 和 0.22，社员加入合作社获得的收益不断增加，合作社明确资本和土地两种要素的分配比例，得到了理事会成员及普通社员的广泛认可。第四阶段，由于之前存在一户农民家多个人入社的情况，仁发合作社查清后予以清退，社员人数控制在 1014 户。认证是提升组织认知合法性的重要途径（Zimmerman and Zeitz，2002），这一阶段仁发合作社注册了诸多品牌（如"龙哥"、"龙妹"、"人发"和"仁发绿色庄园"等），并依托"互联网+"的模式扩大产品销售市场，增强了合作社知名度。此外，仁发合作社理事长李某获得"全国十佳农民"、"全国先进工笔者"、"黑龙江省劳动模范"和十九大党代表等诸多荣誉，合作社党委书记卢某应邀赴人民大会堂参加合作社法实施十周年座谈会，仁发合作社知名度享誉全国。因此，仁发合作社的认知合法性程度较高。同时，仁发合作社采用工业化管理模式将土地分为多块经营，分散风险，制定单车核算规则，奖惩分明，形成了一整套清晰的内部管理制度，管制合法性也进一步提升。这一阶段，在东北"玉米贱卖"的大背景下，仁发合作社仍获得大概 4000 万左右的总盈余，亩均土地收益仍保持在 600 元以上，每元收益率接近 0.30。相比于非社员，在粮食价格低位运行时社员仍获得了较高的收益，增强了合作社的幸福感，体现出合作社的社会效应（刘同山，2017）。因此，这一阶段仁发合作社具有较高的规范合法性。

第三，组织生态位方面。第一阶段，由于克山县农业机械服务市场竞争激烈，仁发合作社刚刚成立不久，除发起人外只有一户社员加入合作社，因此这一阶段仁发合作社的生态位处于边缘地位。第二阶段，仁发合作社依据带地入社和盈余分配制度的完善，土地规模增加到 15000 亩，土地连片经营实现了降本增效，这一阶段仁发合作社的生态位处于居中地位。第三阶段，仁发合作社改变保底分红的分配方式，明确资本和土地两种要素在分配中的作用。合作社土地规模超过了 50000 亩，规模收益的效应逐步放大，农业机械对外服务的面积不断扩大。因此，这一阶段仁发合作社的生态位处于较为核心地位。第四阶段，依托政府予以的财政扶持，仁发合作社的固定资产不断增强，拥有大型农业机械装备 132 台和玉米烘干塔 2 台。其中，仁发合作社具有两台价值 560 万元的进口马铃薯收割机，凭借其独一无二实现了马铃薯代耕代种的垄断，大量订单的签订使得仁发合作社获得了源源不断的社会化服务收入。因此，这一时期仁发合作社的生态位处于核心地位。

表 9-3 对仁发合作社不同阶段成长演化机制进行了归纳整理。

本章通过对仁发合作社这一典型案例的深入分析，与组织生态学的理论概念相结合，尝试归纳出一个合作社成长演化模型（见图 9-2）。合作社因变异因素而演化，因演化而发展，因内外部因素的变化而再次变异，进而实现再次演化、发展。在这个成长演化过程中，生存空间的扩展、资源优势的扩展和组织模式的创新是合作社变异的三个重要因素。具体来说，生存空间的扩展解决了合作社发展的最低层次的需求，资源优势的扩展

表 9 – 3   仁发合作社不同阶段成长演化机制分析

	第一阶段 (2009 ~ 2010 年)	第二阶段 (2011 ~ 2012 年)	第三阶段 (2013 ~ 2014 年)	第四阶段 (2015 年至今)
组织惯性	低	适中	适中	低
认知合法性	低	适中	较高	高
管制合法性	低	适中	较高	高
规范合法性	低	适中	较高	高
组织生态位	边缘地位	居中地位	较为核心地位	核心地位

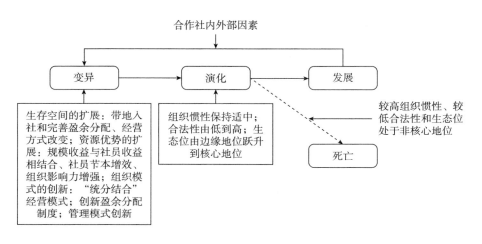

图 9 – 2   组织生态学视角下合作社成长演化模型

是实现合作社发展的较高层次需求，而组织模式的创新是实现合作社发展的重要制度选择。组织惯性、合法性和组织生态位是合作社演化的三个机制。保持适中的组织惯性能够充分发挥"船小好调头"的优势，保证合作社的灵活机动性，同时也能充分发挥合作社规模收益的优势，尽可能地避免出现"敲竹杠"的困境。组织合法性由弱到强，反映出合作社逐步得到组织内部和外部的肯定，其中认知合法性着重反映出外界对合作社的认可程度，管制合法性着重反映出组织内部的完善程度，规范合法性着重反映出合作社对社员的收益，体现出合作社的社会效应。组织生态位的跃迁是合作社演化的重要现实显现。组织生态位由边缘到中心的跃迁，反映出合作社在区域内部成功避免了生态位的重叠，在激烈的竞争中脱颖而出，能够获得较高的市场份额。企业生态系统中，这是因为：一个区域内存在大量的合作社，每一个合作社凭借自身的资源优势服务于特定目标市场，当不同合作社之间因资源禀赋、能力的变化对特定目标市场有重叠时，就会出现组织生态位的重叠。避免组织生态位的重叠，实现合作社组织生态位的跃迁是合作社演化的重要机制。

此外，当合作社的组织惯性较高，合法性程度较低以及组织生态位处于非核心的地位时都有可能使得合作社逐步走向死亡。主要原因有以下三个方面：一是较高的组织惯性容易因资产专用性而造成"敲竹杠"，难以及时面对市场环境的变化；二是较低的合法性意味着合作社社会认可度不高，社员与合作社的关系并不紧密，不利于合作社的稳定性；三是组织生态位处于非核心地位意味着合作社难以充分获得市场份额。上述三点原因可能引致合作社走向死亡。

第四节　结论与讨论

本章以仁发合作社作为典型案例，运用单案例分析方法从组织生态学视角刻画了仁发合作社的成长演化模型。依据"变异—演化—发展"的研究范式，深入探讨了仁发合作社变异的动力因素和成长演化机制。研究结论表明：仁发合作社在短短十年时间成功实现由弱变强，得益于生存空间的扩展、资源优势的扩展和组织模式的创新，同时仁发合作社保持适中的组织惯性，不断加强合法性程度和实现组织生态位的跃升，科学合理地运用成长演化机制。本章尝试着从组织生态学视角下归纳出一个合作社成长演化模型，以期为合作社成长演化理论做出贡献和实践范例。

上述研究结论表明，成功的合作社实现成长演化需要充分考虑变异动力因素，恰如其分地科学合理地运用合作社的成长演化机制（组织惯性、合法性和组织生态位），避免走向死亡。因此，本章的研究对实现我国合作社成长演化有如下几点启示。第一，合作社成长演化需要合理界定组织变异因素。长期以来，合作社的发展对组织变异因素界定不够清晰，因此无法实现"对症下药"，阻碍了合作社的成长演化。仁发合作社的实践表明，合理界定合作社变异因素，采取有针对性的举措能够助推合作社的成长演化。第二，合作社的成长演化需要科学运用成长演化机制。合理运用成长演化机制能够决定合作社的发展方向，较高的组织惯性、较低的合法性以及非核心位置的组织生态位有可能会导致合作社走向死亡。仁发合作社的实践表明，保持合理的组织惯性、提升合法性和实现组织生态位的跃升有助于合作社的纵向发展，产业链的延伸是合作社成长演化的一个重要方向。仁发合作社在农业供给侧结构性改革的背景下，成功地探索出一条具有前景的发展道路。

参考文献

［1］孔祥智．农业供给侧结构性改革的基本内涵与政策建议［J］．改革，2016（2）．

［2］张琛，高强．论新型农业经营主体对贫困户的脱贫作用［J］．西北农林科技大学学报（社会科学版），2017（2）．

［3］Cook M L. The Future of US Agricultural Cooperatives：A Neo–institutional Approach

［J］. American Journal of Agricultural Economics, 1995, 77 (5).

［4］ Hind A M. Co – operative Life Cycle and Goals ［J］. Journal of Agricultural Economics, 1999, 50 (3).

［5］ Cook M L, Burress M J. A Cooperative Life Cycle Framework ［C］//International Conference Rural Cooperation in the 21st Century: Lessons from the Past, Pathways to the Future, 2009.

［6］ 应瑞瑶. 农民专业合作社的成长路径——以江苏省泰兴市七贤家禽产销合作社为例［J］. 中国农村经济, 2006 (6).

［7］ 赵国杰, 郭春丽. 农民专业合作社生命周期分析与政府角色转换初探［J］. 农业经济问题, 2009 (1).

［8］ Egerstrom L. Obstacles to Cooperation, in Christopher D. Merrett & Norman Walzer (eds): Cooperatives and Local Development ［J］. ME Shape Inc, 2004 (2).

［9］ 孔祥智, 张小林, 庞晓鹏等. 陕, 宁, 川农民合作经济组织的作用及制约因素调查［J］. 经济理论与经济管理, 2005 (6).

［10］ 郭红东, 楼栋, 胡卓红等. 影响农民专业合作社成长的因素分析——基于浙江省部分农民专业合作社的调查［J］. 中国农村经济, 2009 (8).

［11］ 刘同山, 孔祥智. 关系治理与合作社成长——永得利蔬菜合作社案例研究［J］. 中国经济问题, 2013 (3).

［12］ 孔祥智, 周振. 规模扩张, 要素匹配与合作社演进 ［J］. 东岳论丛, 2017 (1).

［13］ Moore J. The Death of Competition: Leadership and Strategy in the Age of Business Leadership ［M］. New York: Harper Business, 1996.

［14］ Amburgey T L, Rao H. Organizational Ecology: Past, Present, and Future Directions ［J］. Academy of Management Journal, 1996, 39 (5).

［15］ 侯杰, 陆强, 石涌江等. 基于组织生态学的企业成长演化: 有关变异和生存因素的案例研究 ［J］. 管理世界, 2011 (12).

［16］ Liu S, Wu H. The Ecology of Organizational Growth: Chinese Law Firms in the Age of Globalization ［J］. American Journal of Sociology, 2016, 122 (3).

［17］ Dunn J R. Basic Cooperative Principles and their Relationship to Selected Practices ［J］. Journal of Agricultural Cooperation, 1988, 3 (1).

［18］ 梁巧, 王鑫鑫. 我国农民合作社设立机制——基于产业组织生态学理论的探讨 ［J］. 经济理论与经济管理, 2014 (7).

［19］ Barney J. Firm Resources and Sustained Competitive Advantage ［J］. Journal of Management, 1991, 17 (1).

［20］ 刘海建, 周小虎, 龙静. 组织结构惯性, 战略变革与企业绩效的关系: 基于动态演化视角的实证研究 ［J］. 管理评论, 2009, 11 (92).

［21］Haveman H A. Organizational Size and Change：Diversification in the Savings and Loan Industry after Deregulation ［J］. Administrative Science Quarterly，1993，38（1）.

［22］Levinthal D，Myatt J. Co – evolution of Capabilities and Industry：The Evolution of Mutual Fund Processing ［J］. Strategic Management Journal，1994，15（S1）.

［23］Huang H C，Lai M C，Lin L H，Chen C T. Overcoming Organizational Inertia to Strengthen Business Model Innovation：An Open Innovation Perspective ［J］. Journal of Organizational Change Management，2013，26（6）.

［24］Haag S. Organizational Inertia as Barrier to Firms'IT Adoption – Multidimensional Scale Development and Validation ［C］. Twentieth Americas Conference on Information Systems，Savannah，2014.

［25］Edith T. Penrose，The Theory of the Growth of the Firm ［M］. New York and Oxford，1959.

［26］Carroll G R，Delacroix J. Organizational Mortality in the Newspaper Industries of Argentina and Ireland：An Ecological Approach ［J］. Administrative Science Quarterly，1982，27（2）.

［27］Hager M A，Galaskiewicz J，Larson J A. Structural Embeddedness and the Liability of Newness among Nonprofit Organizations ［J］. Public Management Review，2004，6（2）.

［28］Shepherd D A，Zacharakis A. A New Venture's Cognitive Legitimacy：An Assessment by Customers ［J］. Journal of Small Business Management，2003，41（2）.

［29］Tornikoski E T，Newbert S L. Exploring the Determinants of Organizational Emergence：A Legitimacy Perspective ［J］. Journal of Business Venturing，2007，22（2）.

［30］Zyglidopoulos S C. The Issue Life – cycle：Implications for Reputation for Social Performance and Organizational Legitimacy ［J］. Corporate Reputation Review，2003，6（1）.

［31］杜运周，任兵，陈忠卫，张玉利. 先动性，合法化与中小企业成长——一个中介模型及其启示 ［J］. 管理世界，2008（12）.

［32］吴炯，邢修帅. 家族企业成长中的合法性约束及其变迁 ［J］. 南开管理评论，2016，19（6）.

［33］Scott W R. Institutions and Organizations. Foundations for Organizational Science ［M］. London：A Sage Publication Series，1995.

［34］Scott W R，Meyer J W. Institutional Environments and Organizations：Structural Complexity and Individualism ［M］. London：Sage，1994.

［35］Zimmerman M A，Zeitz G J. Beyond Survival：Achieving New Venture Growth by Building Legitimacy ［J］. Academy of Management Review，2002，27（3）.

［36］Levins R. Evolution in Changing Environments：Some Theoretical Explorations ［M］. Princeton：Princeton University Press，1968.

［37］Hannan M T，Freeman J. The Population Ecology of Organizations ［J］. American

Journal of Sociology, 1977, 82 (5).

[38] Barnett W P. The Organizational Ecology of a Technological System [J]. Administrative Science Quarterly, 1990, 35 (1).

[39] 邢以群，吴征. 从企业生态位看技术变迁对企业发展的影响 [J]. 科学学研究，2005 (4).

[40] 刘同山. 农民合作社的幸福效应：基于 ESR 模型的计量分析 [J]. 中国农村观察，2017 (4).

第十章　协作失灵、精英行为与
农民合作秩序的演进[①]

第一节　引言

2006 年《中华人民共和国农民专业合作社法》的颁布，标志着农民组织化作为解决我国"三农"问题的一个重要途径，受到学界和政界的普遍认可。近年来，在法律法规和各级政府的支持推动下，农民合作运动蓬勃发展。伴随着农民合作社数量的井喷式增长，社会各界的质疑也不断增多，就农民"能否合作、如何合作、效果如何"等问题引发了广泛争议。一些学者认为，根据国际合作社联盟确定的合作社原则，我国绝大部分农民合作社都不能称其为合作社（邓恒山等，2014）。有学者甚至直言不讳地指出，当前80% 以上的农民合作社，只是一个徒有虚名的、没有实质性活动的组织。即使是比较乐观的估计，当前运行良好的合作社也只有 1/3 左右（马跃峰，2013）。而且，农民合作社事务主要依靠少数核心成员，普通成员的参与积极性不高、合作意向淡化（任大鹏等，2012）。由少数成员控制的农民合作社，更像是追求盈利最大化的合伙企业或中间商，它与农户之间实质上是一种纯粹的市场交易关系，"大农吃小农"现象屡见不鲜（崔宝玉等，2011），很多农民合作社既无法改善小农户在市场竞争中的弱势地位又不能帮助其参与分享社会平均收益（温铁军，2013）。

为什么大部分农民会选择低水平合作甚至"合而不作"？如何才能让农民成立紧密的协作同盟，走出低水平均衡陷阱？合作社中的乡村精英具有什么样的行动逻辑？精英主导的合作社，能否从"大农吃小农"的竞争丛林走向"大农带小农"的协同发展？政府可采取那些措施引导精英行为、强化农民合作？本研究立足于我国农民协作程度不高、合作社主要由乡村精英领办的现实，在理论分析的基础上，剖析一个植根于传统农村社区的农民合作社，如何在精英带领下通过合作秩序调整来解决协作失灵问题、实现快速发展？以期为上述问题提供答案进而推进中国情境下的合作社研究。

[①]　执笔人：刘同山、孔祥智。

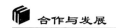

第二节　农户合作的理论分析：集体行动、协作失灵及其破解

一、农户为何陷入合作困境

合作进化论专家阿克塞尔罗德指出，"人与人之间、组织与组织之间，甚至各国之间都需要合作"，"中国想要充分发挥自己的潜能，合作是关键"（罗伯特，2007）。个体、组织或国家间的合作可以改善市场竞争地位、产生协作收益，早已为实践所证实。既然如此，为何农户没有自发联合起来，通过协作改善彼此的境况？从集体行动的逻辑来讲，这是由于农户合作产生的共同利益具有公共物品性质。其他农户对公共物品的"搭便车"行为，导致个体农户"只能获得他为获取更多公共物品而支出的费用所带来的部分利益"（曼瑟尔，2011），而且从其他合作农户那里免费得到的公共物品也会进一步降低他自己支付成本来提供该物品的动力。因此，在集体行动逻辑的作用下，有理性的、寻求个人利益的农民不会联合起来提供他们需要的公共物品。贺雪峰、郭亮对湖北沙洋县的农田灌溉情况考察发现，虽然单个农户分别灌溉每亩费用超过 200 元，远高于集体统一灌溉时每亩 30 元的平均费用，但是由于村社组织松散化、空壳化和"农民用水协会"成员"搭便车"问题，每个农户都只能以自己打井、挖堰等方式来解决农田用水问题，规模经营优势无法发挥（贺雪峰等，2011）。可见，当合作产生的组织利益具有公共物品属性时，集体行动难以达成，农户陷入"每户一井"的合作困境，见图 10-1 中的第 I 阶段。

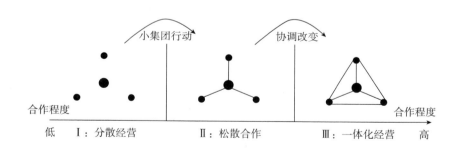

图 10-1　农户合作的不同阶段及其演变

注：位于中心的大黑点表示由农户分化而来的乡村精英或由其组成的小集团，周边的小黑点表示普通农户。

二、精英小集团与普通农户的松散合作

对成员人数较少的小集团而言，每个成员为集体利益而行动时，获得的收益会超过他为之付出的成本，因此集体行动困境得到缓解，农户合作成为可能。奥尔森指出，"伙伴

数量少时，合伙是一个可行的制度形式，而当伙伴数量大时却往往不能成功"。他引用詹姆斯的经验性研究，发现"采取行动"的小集团的平均成员数是 6.5，而"不采取行动"的小集团平均成员数是 14，小集团更容易行动起来（曼瑟尔，2011）。照此逻辑，少数几个农户联合灌溉，打破"每户一井"的重复投资困境成为可能。除集团成员协作产生的组织利益具有公共物品属性外，我国政府为农民合作社提供的优惠政策、奖励资金等，本质上也是一种公共物品。拥有成员人数较多的农民合作组织，没有谁愿意为了分得微不足道的部分收益，大费周折去争取国家财政补贴。但由几个精英农户组成的小集团，组织成本小、人均收益高，有更高的积极性追求补贴、规模经济等组织化的潜在收益。于是一些有头脑、有资源的精英农户行动起来成立了合伙企业[①]，并与周边其他农户进行农产品交易或向后者提供农业服务。当然，为了更好地获得法律法规和各级政府的支持，这些合伙企业会以农民合作社的形式出现，而与之有交易关系的农户则成为合作社名义上的成员。在这种类似"公司＋农户"的松散合作模式下（见图 10-1 第Ⅱ阶段），普通成员虽然也会因农产品销售渠道更加稳定、农资采购价格相对优惠而获得一些实惠，但他们与合作社精英小集团主要是买卖关系，没有激励为组织利益贡献努力。农民合作社呈现出"少数精英成员控制、普通成员合作意向淡化"的发展态势也就不足为奇了。

三、资源互补性引发的协作失灵问题

可惜的是，集体行动理论主要从集团成员数量上来分析问题，并没有特别关注成员异质性以及随之而来的资源互补性问题。这与我国农村的实际情况存在明显差别。自 20 世纪 90 年代以来，我国工业化、城镇化速度加快，推动了农民分化，形成了异质性很强的农户群体。异质性农户占有的资源禀赋必然具有互补性，比如一些农户土地、劳动力相对丰富，另一些农户则拥有资金、市场渠道等优势。为了获得生存发展所需的资源，组织必须与控制资源的组织或个人交往。"大多数组织行动的焦点在于通过交换的协商来确保所需资源的供给"（杰弗里，2006），同样，农民合作社这种合作经济组织的生存发展，不仅需要乡村精英小集团的经营能力、社会资本等，还需要普通农户占有的其他互补性资源。

作为一种特殊的外部性，互补性会引发协作失灵问题。根据 Hoff（2000）给出的定义，协作失灵（Coordination Failure）是指因个体无法协调他们的行为而产生的、每个人都处在比其他均衡状态下更差的一种低效率均衡状态。Brandts 和 Cooper（2006）指出，协作失灵会导致公司和其他组织陷入每个参与者都不满意的状态，即使更优的结局能够达到且达到后保持稳定。可见，资源互补性的存在，为各主体联合起来，通过协同效应提高组织的竞争优势和长期合作效益提供了可能（Harrison et al.，2001），而且环境越简单稳定，高度互补性资源的所有者联合起来产生的合作效益就越多（Lin et al.，2009）。不过，只有有效地整合和管理互补性资源，才能把这种可能性变为现实。否则，拥有互补性资源

---

① 目前，很多农民合作社更像是少数人的合伙企业，实际上只有 5~10 个真正成员，另有数量不等的合作农户作为其名义成员。这既满足了法律规定合作社成员不得少于 5 人的要求，又保证了小集团行动的有效性。

的农户将会被锁定在一个"不太合意"的均衡之中。考虑精英小集团和普通农户之间的"旅行者博弈"：小集团 A 拥有蔬菜销售渠道，但没有稳定的蔬菜供应基地。普通农户 B 虽然有土地、劳动力，可以建立蔬菜基地，但没有销售渠道。假定他们分散经营，各自的收益为 2，总收益为 4。如果 A、B 联合起来，发挥各自的资源禀赋优势，成立"利益共享、风险共担"的合作组织，就会因协同效应而获得"组织租"，总收益增加为 6。但是，即使他们都清楚"资源整合能够提高组织竞争力和组织总收益"，一旦考虑到组织成本、收益分配方式等，A 或 B 都无法确保协作会增加收益，于是谁也不愿充当先行者。再考虑到其他农户协作行动的滞后或根本不协作，先行者可能担心先行成本无法获得补偿而遭受损失。最终，任何一方都期待其他农户先行一步，精英小集团和普通农户陷入了不合作的低水平均衡陷阱，最大化收益无法实现。

四、协作失灵的解决之道及精英作用

互补性引发的协作失灵问题如何解决？克服协作失灵，本质上是一个有关各方协调改变的问题。罗森斯坦－罗丹式的政府"大推进"显然是一种选择方案。Ray（2002）指出，即使没有政府的"大推进"，预期在一定条件下也可以影响人们的行为，使其走出协作困境。如果小集团 A 预料到在他先行投资后农户 B 会迅速调整其行为，他将愿意承担投资风险充当先行者。理性的 B 亦将按照 A 预料的那样进行协作，以实现自身帕累托改进。Brandts 和 Cooper（2006）通过行为实验发现，资金激励是解决协作失灵的另外一种选择。当协作收益增加至一定门槛后，被实验者将会提高协作努力，而一旦被实验者的努力达到较高水平，减少激励对其行为几乎没有影响。总之，政府的"大推进"、受预期作用的先行者和资金激励都可以推动这种协调改变，从而达到高水平协作均衡，即图 10－1 中的第Ⅲ阶段。

然而，解决农民合作社中的精英小集团与普通农户之间的协作失灵问题，还必须立足于我国实际。与西方较早进入公民社会不同，中国历史上长期处于宗法社会，基层主要由长老统治或精英治理，具有明显的乡土特征。乡土社会的历史塑造了中国人相信能人、依赖精英的民族特质。作为植根于传统农村社区的农民自主组织，农民合作社的精英依赖尤为突出。大量文献表明，在当前我国农民合作社中，分散小农自发联合成立的很少，绝大部分是由销售能人、村干部、专业大户和农民企业家领办（黄祖辉等，2006；张晓山，2009）。乡村精英作为农民合作运动中的小集团，在合作社发展中的作用举足轻重，不仅要作为"经济企业家"带领合作社参与市场竞争，还要作为"政治企业家"为合作社争取政府财政资金补贴（刘同山等，2013）。这样的社会现实使乡村精英成为解决农户协作失灵、影响合作社发展方向的关键，见图 10－2 所示。政府无论是实施"大推进"、为高水平合作提供资金激励，还是通过宣传教育影响有关各方的预期、培育先行者，合作社精英都是最直接的受力点。那么，合作社中的乡村精英具有什么样的选择偏好和行为逻辑？他们能否带领普通农户实现协调改变，达到高水平合作均衡，从而实现互补性资源协作优势？这是本章接下来要回答的问题。

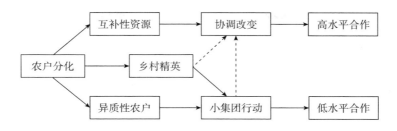

图 10 - 2　理论分析框架：农民合作的发展路径及精英作用

第三节　合作社精英的二元效用及其行为逻辑

毫无疑问，获得经济回报是乡村精英投入精力、资金和各种社会资本带领农户成立农民合作社的根本动机。但是，如果接受"追求效用最大化是人们各种活动的唯一目的"这一贝克尔假定，那么，合作社精英在看重物质财富的同时，还必须综合考虑声望、尊严、愉悦感等。因为与市场上的商品或劳务等货币性因素一样，声望、尊严、利他等非货币性因素也是最大化效用的来源。这是贝克尔（2008）详细论证过的。奥尔森（2011）也指出，经济激励不是唯一的激励，人们有时候还希望获得声望、尊敬、友谊以及其他社会和心理目标。斯科特（2013）的道义经济分析发现，互惠准则是中国和东南亚传统社会中友谊和同盟得以建立的基础，在阶层分化不太严重的农业社会里，互惠义务一般以"保护人—被保护人"的契约形式出现。这一模式要求乡村精英支配资源的方式有利于共同体中的较穷者，否则精英在社区中的声望将受到损害，即承受社会厌恶。除互惠义务外，精神秩序也会抑制合作社精英侵占成员的经济利益。普通成员无论是经济收入、社会地位还是发展前景，都远不如精英。根据亚当·斯密在《道德情操论》中论述的感同身受的"同理心（Empathy）原则"[1]，精英侵占境况较差成员的经济利益，其"内心公正法官的正义审判"会使他内疚不安，即承受自我厌恶。二者的经济状况、社会地位差距越大，精英对侵占行为的自我厌恶感就越强。上述分析表明，合作社中的乡村精英不仅关心自身的经济收益，还看重声望、成就感、无内疚感等社会收益[2]，因而会在一定程度上考虑普通成员的经济收益和合作社的整体发展。

合作社精英的这种行为逻辑，表明他既作为一个经济人追逐个人利益，同时也具有很强的社会偏好，其效用具有明显的二元特征。由于实现个人经济利益与满足社会偏好产生

---

① 同理心（或同情心）原则是指：别人的境况越差，人们就越会设身处地为别人考虑并给予更多同情。斯密在其《道德情操论》中花费大量笔墨阐述了这一思想。

② 作为与经济收益相对的一个概念，这里的社会收益是指人在社会交往中，因亲社会行为和社会偏好得到满足而获得的非物质收益，包括声望、荣誉、成就感、无内疚感等。

的两种效用不具有"一致性"，在数学上不能将两类效用整合到一个效用函数中，故通过构建效用函数求极值来分析个人理性选择的传统方法不再适用（Margolis，2007）。Hama-da 等（2006）采用线性规划方法研究一个单期二元效用模型后发现，即使行为人的两种效用具有一致性（投资风险证券或无风险资产获得的效用都源自经济收益），在可行区域内也存在四组而不是一组效用最大化解。考虑到精英从合作社中获得的经济收益和声望、成就感等社会收益都取决于合作社的经营状况，经营状况受到普通成员协作水平的影响，而后者又取决于精英的利他行为。变量间的因果循环使得求解精英二元效用的最大值无法实现。为了考察存在二元效用时的个体行为选择，芝加哥大学的 Margolis（2007）基于达尔文主义逻辑，从利他行为和边际效用递减规律出发，发展出一个不依赖具体效用函数的利他利己 NSNX[①] 模型。本章将运用这一研究范式，分析合作社精英的二元效用及其行为。

首先，假定精英对自己经济收益的关心程度为 W，$0 < W < 1$。W 不仅取决于精英与普通成员之间的财富差距，还取决于当地的文化传统和精英的奉献精神。一方面，出于保持优越感和维持社会地位的需要，精英有让普通成员的财富与自己的财富保持较大差距的心理动机；另一方面，受声望、"同理心"和利他主义情怀的驱动，精英也有改善普通成员经济状况的情感需要。与普通成员相比，如果合作社精英的财富越多，他追求经济收益的动机就越弱，W 就越小，即精英与普通成员绝对收入差距的增加，会让精英有更多的利他行为。但是，随着普通成员收入增加，合作社精英将更加看重自己的经济收益，可能会选择提高其收益分配比例，从而出现所谓的"精英侵占"。其次，假定 S 为合作社发展（以典型普通成员收入增加来衡量）给精英带来的声望、荣誉、成就感等社会收益，P 为合作社组织收益增加后精英可以获得的经济收益，S′、P′分别为其边际效用。随着合作社发展或者说普通成员收入增加，精英作为领袖将获得越来越多的声望、荣誉、成就感等社会收益。但在边际效用递减规律的作用下，S′将越来越小。即使 P′保持不变[②]，精英的 S′/P′值也会因普通成员收入的增加而降低。以普通成员经济收益为横轴、S′/P′和 W 为纵轴，可以得到图 10-3 中向右上方倾斜的 W 曲线和向右下方倾斜的 S′/P′曲线，类似于标准的供给—需求曲线。不同的是，图 10-3 中的均衡是精英内心对经济收益（利己）和社会收益（利他）二者的选择性均衡，而不是社会供求均衡。

上述假定及其分析表明，合作社中普通成员经济状况的持续改善，会对精英行为选择产生正反两个方向的作用。当 W = S′/P′时，精英在利他与利己之间达到平衡；当 W < S′/P′时，他会追求更多声望、成就感等社会收益而减少对合作社经济收益的索取，S′将随之减少，而 P′和 W 将增加，最终达到内心平衡；当 W > S′/P′时，他会追求更多经济收益并通过提高其在合作社总盈余中的分配比例来实现，S′将随之增加，而 P′和 W 都将随之减

---

① NSNX 是 Margolis 教授对 Neither Selfish Nor Exploited（利他利己）的简写。

② 作为对自己成功的奖励，在社会地位、精神优越感等提高之后，精英一般会有更多的消费性支出，以展示与社会地位相符的经济地位，因此经济收益的边际效用 P′也会相应提高。

少，最终也会达到新的内心平衡。在合作社普通成员的经济状况改善至内心平衡点 Q 之前，精英愿意带领成员致富，且不太看重经济回报，具有很强的利他性；在 Q 点之后，精英的"同理心"减弱而提高自己的经济收益、保持精英地位的激励增强，利己占据主导。当然，外部环境和精英自身情况的变化都会使 W 和 S′/P′ 曲线发生移动，从而影响平衡点 Q 的位置。可见，虽然不同精英的内心均衡点可能不同，但他们总是在寻求经济收益（利己）与社会收益（利他）的均衡。因此，在合作社成长初期，精英可能不会侵占成员收益，甚至愿意让渡一些个人利益来带动组织发展。但随着合作社发展和普通成员经济收益的持续增加，精英将更加看重经济利益。

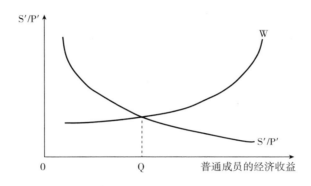

图 10 - 3　合作社精英的行为选择均衡

既然合作社精英有利他利己的行动逻辑，而精英依赖又是中国农民合作社发展无法回避的现实问题，那么，值得深入思考的问题是：在合作社成立之初，如何借助精英的利他行为，打破前文提到的协作失灵，推动农民合作迈向更高水平均衡？精英的这种二元效用作用下的利他利己行为选择，对合作社持续发展有什么影响，有什么样的政策含义？本章利用黑龙江省克山县仁发现代农机合作社（简称仁发合作社）的典型案例，对上述问题进行探讨。

第四节　案例分析：精英二元行为与农民合作秩序演进

2009 年 10 月，黑龙江省克山县仁发村党支部书记李凤玉带领 6 位村民，共筹资 850 万元（其中李凤玉出资 550 万元，其他村民每人出资 50 万元）注册成立了仁发合作社，并成功获得 1234 万元的政府农机购置补贴①。截至 2013 年底，仁发合作社已经实现跨越式发展：成员从最初的 7 户增加到 2436 户，统一经营的土地面积从 1100 亩增加到 50159

---

① 根据有关政策，黑龙江省内自有资金达 400 万元的农机合作社，有机会获得 1.5 倍的农机购置补贴。

亩，土地亩均收益从 500 元左右（自耕）或 240 元（出租）增加至 922 元，经营收益从亏损 172 万元到净盈利 5328.8 万元。为了考察仁发合作社为何能在短短几年时间取得如此大的成功，下面结合仁发合作社发展的不同阶段，具体剖析精英行为及其在合作社发展中的作用①。

一、精英让渡利益——走出协作困境的内源动力

如何达到一定的土地经营规模是摆在农机合作社面前的首要问题。对此，2010 年 3 月正式运营的仁发合作社选择了与大部分农机合作社一样的方式：代耕＋租地自营。合作社以每亩 50 元的价格为周边农户提供代耕服务，同时利用自有农机具的优势，以 240 元/亩的价格流转了 1100 亩土地自己经营。由于代耕和流转自营的土地都过于分散，大型农机具的优势无法体现，考虑农机具折旧，2010 年合作社亏损 172 万元。实际上，据理事长李凤玉计算，若连片土地达到一定规模，合作社经营能比农户分散经营亩均收益高 200 元左右：农资购买、机械化耕作节约 100 元；借助品种改良、深耕灌溉等增收 100 元左右（增产 100 多斤玉米）。但是，即便合作社和周边农户都清楚土地统一连片经营能够实现 200 元的潜在收益，前面的协作失灵理论已表明，他们难以达到这一更优状态。于是，仁发合作社遭受亏损、自耕农户每亩获得 500 元左右的纯收入（不计劳动投入）、流出土地的农户每亩获得 240 元出租收益。存在更优的博弈均衡却无法达到，农户合作陷入了"旅行者博弈"的低水平协作困境。

合作社精英作为勒庞笔下的"头羊"和汤因比眼中"有创造力的少数人"，其行动无疑是打破协作困境的关键。2011 年 4 月，为了吸引分散经营的农户把土地交由合作社统一经营，在黑龙江省农委有关人员的指导下，理事长李凤玉和其他 6 个成员先后同意把合作社 1234 万元的农机购置补贴平均量化给所有愿意带地入社的农户。虽然 2010 年由亏损造成的经营压力促使仁发合作社寻求改变，但是愿意把大费周折筹集到的一千多万元财政补贴与所有入社农户平分，没有较强的奉献精神显然做不到②。同时，仁发合作社承诺为入社土地提供 350 元/亩的保底收益，并承诺土地保底收益和股东入股资金一样，按比例参与年终分红。这样一来，农户把土地交给合作社经营，可以获得"一份财政补贴＋350 元保底租金＋前两者的分红"③，显然比自己经营土地每亩获得 500 元左右的年收益更有利。合作社精英小集团的这一利他行为，使协作收益分配从前文"旅行者博弈"中的不确定，转变为图 10-4 的（4-Δ，2+Δ），即普通农户选择协作（带地入社）可以获得一个大于零的增量收益 Δ。可见，在精英作为先行者向农户让渡一些（既得）利益后，精于算计的理性农户会改变自己的博弈策略，协调改变顺利实现，协作成为唯一均衡。2011 年 5 月，307 户农户带着近 1.5 万亩土地加入合作社。当年，仁发合作社自营土地收

---

① 除另有说明外，案例材料和有关数据均来自笔者对合作社的实地调查和有关文献整理。
② 实际上，7 位出资成员之一的王宝军起初强烈反对"把财政补贴平均量化给入社农户"，他认为"还不如咱们几个把这些设备分了，自己单干"。经理事长李凤玉多次做思想工作后，他才最终同意。
③ 即使最终成员有 3000 人，每个入社农户也可以获得 4000 多元的（账面）财政补贴。

入 2045.2 万元，代耕服务收入 718.5 万元，实现总盈余 1342.2 万元，入社农户每亩净收益 710 元。

		普通农户	
		协作	不协作
精英小集团	协作	$(4 - \Delta,\ 2 + \Delta)$ 6	$(1,\ 2)$ 3
	不协作	$(2,\ 1)$ 3	$(2,\ 2)$ 4

图 10 - 4　精英利他性行为对"旅行者博弈"均衡的影响

注：图中 Δ 表示精英的利他行为给普通农户带来的收益增加值。为了保证普通农户状况变好且精英状况不变差，需要 $\Delta > 0$ 且 $4 - \Delta \geqslant 2$（等号表示精英完全利他），故 $\Delta \in (0,\ 2]$。

二、合作收益增加会诱发精英的利己行为吗

合作社中的精英集团（7 位出资成员），是否如 NSNX 模型所预测的那样，会因普通成员经济收益增加转而为自己谋求更多经济收益呢？仁发合作社的成长历程中精英集团对自己获益份额的调整似乎给出了肯定的答案。按照 2011 年仁发合作社吸引农户带地入社时的约定，担任合作社管理人员的 7 位出资成员不领取工资，仅按照入股资金数量在年底获得相应分红。2011 年，7 位出资成员共分得 134.97 万元，占总盈余的 10.05%。仁发合作社扭亏为盈和首批带地入社农户收入的显著增加，打消了原本还在观望的农户加入合作社的疑虑。2012 年，又有 908 户农户带着 1.6 万亩土地加入合作社①。这一年，仁发合作社实现盈余 2758.57 万元，成员亩均效益也从 2011 年的 710 元增加为 730 元。合作社经营状况的持续改善和成员农户收入的不断增加，促使精英集团开始考虑自己的经济收益并付诸行动。虽然根据约定，7 位出资成员作为合作社管理人员不领取工资，但在 2012 年底分配盈余时，除了资金入股分红外，合作社从总盈余中另外提取 2% 作为 7 位管理人员的绩效奖励工资，其中理事长分得 20%，其他 6 人平分剩余的 80%。有成员对此存在异议，认为"事前没有约定，也没有经过广泛的讨论"，因而有精英侵占普通成员利益的嫌疑。

为了在增加收益的同时保持良好的声誉，合作社精英必须改变先前获取工资收益的做法，在提高自己收益的同时，增加行为的合法性。2012 年底，由精英集团提议并经全体

---

①　与 2011 年 307 户农户入社土地的面积即达 1.5 万亩相比，2012 年的 908 户农户带地入社，却只为仁发合作社带来了相差不多的土地。土地规模没有成比例增加，有两方面原因：一是第一批加入合作社的主要为土地较多的种植大户，他们更依赖大型农机具，因此加入的积极性也更高；二是国家财政补贴"按户"平均量化给入社农户，诱发很多家庭"分家分地"后再单独加入合作社。针对后面这种情况，合作社后来制定了专门的应对措施。

成员（代表）商议后决定：总盈余的 3% 为合作社管理人员工资，理事长和其他管理人员分别分得其中的 20% 和 80%。上述关于管理人员工资的决定，被列入 2013 年 1 月成员代表大会讨论通过的《仁发现代农业农机专业合作社章程》第五十六条。从经济学角度来讲，为了发挥各种要素的积极性，精英集团作为合作社的投资者和职业经理人，理应获得资本收益和企业家才能回报。只是前期不要工资，经营状况好转后不断提高的工资收益份额表明，精英集团确实会随着普通成员收益的增加而谋求更多自己的经济利益。考虑到合作社成立之初精英集团把巨额既得利益向普通成员让渡的利他行为，2012 年，他们不断寻求增加自身经济收益的利己选择，表明合作社精英确实具有 Margolis 理论中"利他利己"二元行为特征。如此一来，仁发合作社成功给精英集团带来的声望、荣誉、社会地位等社会收益，能否阻止合作社精英向 Q 点的"过度回调"，从而维护普通成员权益、保障组织规范化发展就成为一个有重要政策含义的话题。

三、社会收益与精英主导的分利秩序再造

鉴于无法观察精英的内心活动，本章只能以"听其言、观其行"的方式来分析荣誉、社会关注度等社会收益可能对合作社关键人物造成的影响。2012 年，因在提高粮食产量、带动农户增收方面的成绩突出，仁发合作社被评为"全国农民专业合作社示范社"，理事长李凤玉受到了回良玉副总理的接见。据李凤玉回忆，"回副总理过来和我握手，我觉得我这个理事长比旁边司长的面子都大"。同年，57 岁的李凤玉被评为黑龙江省劳动模范。一个合作社理事长，能在短时间内获得如此多殊荣，无疑会激励他进一步为组织奉献。李凤玉认为，"既然是农民合作社，就得按《农民专业合作社法》的规定办"。2013 年初，在李凤玉的大力倡导下，其他资金入股成员同意依照《农民专业合作社法》精神，再造合作社的利益分配制度：首先，取消土地入社的保底收益，实行土地入股；其次，改变盈余分配的模式，土地入股分得总盈余的 60%；最后，取消土地收益的公积金提取，资金分红以 50% 提取公积金。再考虑到从 2013 年起，每年向合作社管理人员支付总盈余 3% 的绩效工资。仁发合作社已经从一个"土地托管式"的服务合作社，发展成为土地、资金和企业家才能三方紧密协作的土地股份合作社。

新的利益分配秩序会对精英集团的收益造成什么影响？从表 10-1 展现的情况来看，实行新的盈余分配制度后，精英集团收益占总盈余的比例从 2012 年的 16% 下降为 2013 年的 13%。精英集团同意组织分利秩序再造，可以认为是对 2012 年过度侵占普通成员利益的一个修正，是从左侧再次向 Q 点移动的过程，具有明显的利他特征。另外，合作社精英绝对收益连续 3 年大幅增加，进一步拉大了他们与普通成员之间的绝对收入差距。这会使 W 曲线向右移动，从而把合作社精英的内心平衡点 Q 向右推动，并让精英行为表现出更多的利他性。当然，考虑到 2011~2012 年向普通成员支付"保底收益"时经营风险集中于精英集团，2013 年实行新的利益分配制度后合作社精英相对收入的减少，也可以理解成是他们为了让普通成员接受经营风险而支付的"保费"。

表 10 - 1　仁发合作社经营状况及精英行为调整　　　单位：万元，人

年份	2010	2011	2012	2013
总盈余	- 172.00	1342.20	2758.57	5328.80
成员数量	7	314	1222	2436
精英收益	- 68.80	134.97	441.32	701.30
精英收益占比（%）	100	10.06	16.00	13.16
精英行为倾向	利己	利他	利己	利他
合作阶段	I	II	II	III
发展状况总结	独占陷入困境	协作实现突破	侵占干扰发展	规范赢得竞争

资料来源：笔者根据调查结果和有关材料计算整理得出。

　　行之有效的经营模式与规范合理的分配制度，使仁发合作社成为黑龙江省817家[1]千万元级农机合作社的榜样和国内迅速兴起的土地股份合作社的典范。2013年以来，中央电视台、《人民日报》、《农民日报》、黑龙江电视台等多家媒体纷纷对其进行报道，各级政府、涉农企业、金融机构、科研院所等也多次上门考察或洽谈合作。社会的广泛认可，不仅从种植技术、销售渠道、资金等方面培育了仁发合作社的竞争优势，还进一步激发了精英集团的奉献精神。2013年8月，在农业部经管司和经管总站主办、黑龙江省农委参与的"仁发农机合作社规范管理研讨会"上[2]，仁发合作社理事长李凤玉多次明确表态："我们下一步的目标，是把土地分红比例从当前（法律要求）的60%提高到75%！"当然，除了声望、社会关注度等带来的社会收益外，促使精英集团做出更多利他选择的另外一个原因，也许是几年的经验积累，让精英集团看到了满足社会和政府期待，开展规模化、规范化经营带来的巨大（潜在）利益。这正是 Brandts 和 Cooper 论证的解决协作失灵问题的另一种途径——资金激励。无论如何，仁发合作社四年来的发展历程表明，精英过于追求私利会导致农民合作组织陷入发展困境，若能充当先行者做出利他行动，则可以打破协作博弈困境，使合作社达到高水平的发展均衡。而且精英的利他行为，还可以强化其与互补性资源占有者的利益联结，为合作社稳定发展提供制度保障。仁发合作社的精英集团正在以自己的实践阐释"利他才是问心无愧的利己"这一亚当·斯密命题。

第五节　进一步讨论

　　立足于我国农民合作社发展高度依赖乡村精英的实际情况，本章从精英的二元效用出

　　①　资料来源：农业部农机化司司长宗锦耀在全国农机社会化服务现场会上的讲话，2013年9月4日。
　　②　研讨会邀请了中国人民大学、浙江大学、中国农业大学和东北农业大学的多位合作经济专家。笔者参加了此次会谈。

发，以仁发合作社为例，侧重分析了精英利他利己的行为逻辑及其对组织发展的影响。在具体分析时，我们忽略了仁发合作社中其他精英人物的利益诉求和社会偏好，而是选择理事长李凤玉作为精英集团代表。这样处理，既简化了分析又不会对研究结论产生明显影响。当然，NSNX 分析范式只是为仁发合作社发展提供了一种可能的解释。显然存在诠释这一案例的其他理论。比如，可以不考虑乡村精英行为的利他性，仅从合作社精英追求经济收益最大化出发，把不同时期精英集团主导的合作方式转变看作是精英的策略选择，采用经典博弈论方法考察精英集团与普通农户之间的合作行为。这样的话，精英集团所做的看似利他的种种行为选择，只不过是因为他们变得更精于算计，只不过是预见到了让农户分享财政补贴和以土地入股的巨大潜在收益（这当然也是引发合作社精英利他行为的一个原因）。但是，来自行为经济学和演化动力学的证据表明，作为博弈者的人类不可能具有经典博弈论所假设的那种强大和完美的推理能力，博弈过程在更大程度上取决于每个人的行为特质，甚至心理特质，而不是经过精心算计后所形成的策略互动，博弈者的行为完全可能出自习惯、情感，甚至一时冲动（叶航等，2013）。而且，即使是人的理性选择，也是物质秩序、社会秩序和精神秩序共同作用的结果（汪丁丁，2012），将乡村精英的行为简单地归结为追求个人经济最大化（物质秩序）显然有失偏颇。对于仁发合作社的情况而言，很难说合作社精英放弃已经到手的 1234 万元财政补贴是策略性让利。因为即使以每年获益 120 万元计算，这一让利行为的经济损失也需要 10 年才能补偿。如果单纯地从经济收益最大化的角度来考虑，年近 60 岁的李凤玉等的行为就难以理解。因此，考虑精英行为的利他动机，采用 NSNX 模型分析该合作社中的精英行为有其合理性。

需要明确的是，本文仅从组织内部尤其是合作社精英集团的角度分析了农民合作社的规范化发展问题。这可能会给人一种错觉，似乎只要发挥精英人物的利他性和带动作用，就可以迅速改变合作社的经营状况。精英行为固然十分重要，但它只是仁发合作社成功的部分原因。仁发合作社能在短短时间实现腾飞，还有另外两个极其重要的因素：一是政府对农机合作社的扶持。如果没有 1234 万财政补贴作为"燃料"，精英集团就缺乏有效措施动员农民带地入社，也就谈不上后期合作经济的"起飞"。二是持续改善的市场环境（农产品销售渠道）。有了规模经营优势的仁发合作社，借助土地肥沃、生态环境良好的资源优势，大力发展订单农业。通过与大型食品企业签订长期供货协议，保证了优质农产品的市场销路和种植效益。此外，大型农机具和现代种植方法的采用、水利设施的改善等，也为仁发合作社发展做出了重要贡献。这些内容不是本章关注的重点，不再展开论述。

在当前我国农民合作社从"以量为主"向"以质为先"加快转变的情况下，仁发合作社中的精英行为以及由此而取得的成功，可以为其他合作社提供经验借鉴。首先，合作社精英应先强调"分配蛋糕"，吸引农户真正参与，再带领普通成员"做大蛋糕"。当前，很多合作社精英认为合作社是"自个儿的生意"，没有以合作共赢的理念来经营合作社，更没有考虑如何提供各种激励，让普通成员真正参与其中。普通成员既然不参与"分蛋糕"，也就没有动力"做蛋糕"。仁发合作社的成长历程表明，普通农户会对精英集团的让利行为做出反应，进而提供合作社发展急需的各种资源。其次，合作社精英可以通过对组织的"破坏性创新"，强化与普通农户的利益联结。精英控制的农民合作社与普通成员之间主要是市场交易关系。普通成员既不参与组织治理，也不需承担经营风险，成员身份名不副实。仁发合作社的经验表明，合作社精英可以通过组织模式创新和利益分配方式再造，强化普通成员的参与程度及合作意识，让合作社成为各方紧密协作的利益共同体①。最后，精英集团要认识到规范化不会束缚合作社发展，反而可以为合作社健康持续成长提供制度保障。严格的财务管理、清晰的成员账户、透明的利益分配和民主的治理机制等，无疑会增加组织的运行成本，并会对合作社精英行为产生诸多约束。但这些规范化措施，能够提高合作社的凝聚力和风险抵抗力，让普通成员与精英集团"风雨同舟"，发挥"众人划桨"的合作优势。

第六节　结论与启示

本章首先从集体行动困境和农户协作失灵出发，分析了农户合作水平低、农民合作社松散化的理论原因，其次采用 Margolis 的 NSNX 研究范式，探讨了精英利他利己二元选择对农民合作社发展的影响，最后利用黑龙江省克山县仁发合作社的典型案例，考察了协作失灵、精英的利他利己行为与农民合作社规范化发展的关系。研究结果表明：集体行动逻辑下的农民必然陷入合作困境，而乡村精英能够以小集团行动改变这一局面。但是如果不能整合互补性资源，让普通成员与精英集团紧密协作，农民合作社将陷入低水平均衡陷阱，一个可以增加总收益的更优状态无法达到。二元效用模型指出，合作社精英不仅追求经济收益，还看重声望、荣誉、成就感等社会收益，其行为具有利他和利己二元特征。普通成员经济状况的改变，会影响精英的利他和利己选择。仁发合作社的案例表明，借助乡村精英的利他行为，可以打破协作博弈困境、释放互补性资源蕴含的竞争优势。但是正如模型所预测的，精英会在合作社经营状况好转后为自己谋求更多经济收益，从而损害普通成员的利益并对合作社发展产生不利影响。幸运的是，声誉等社会收益能够有效抑制精英集团的利己性动机。

基于上述结论，本章得出三点政策启示：第一，农户协作水平不高、农民合作社泛松散化的发展状况可以改变。针对农民合作社中异质性成员协作失灵的问题，可以通过宣传引导、典型示范的方式，让农户认识到更高水平协作能够显著提高组织收益，从而增加所有参与者的经济收入。第二，精英的利他行为是发挥互补性资源优势、形成利益共同体从而解决普通农户与合作社精英"貌合神离"问题的关键。需要给予合作社精英更多社会

---

① 在访谈中，有成员表示："土地入股之后，掉地上一个小土豆人们都赶紧捡起来。因为这也有自己的一份啊。"

关注，从声望、荣誉、成就感等方面激发其行为选择的利他性，加快探索合作社精英社会收益的制度化建设。第三，农民合作社示范社评定机制需要尽快调整，以突出合作社精英的合作意识、奉献精神和经营企业家能力，更好地发挥财政补贴的资金激励作用，引导合作社向规范化演进。

参考文献

［1］邓衡山，王文烂．合作社的本质规定与现实检视——中国到底有没有真正的农民合作社？［J］．中国农村经济，2014（7）．

［2］马跃峰．合作社岂可"合而不作"［N］．人民日报，2013-08-09（04）．

［3］任大鹏，李琳琳，张颖．有关农民专业合作社的凝聚力和离散力分析［J］．中国农村观察，2012（5）．

［4］崔宝玉，陈强．资本控制必然导致农民专业合作社功能弱化吗？［J］．农业经济问题，2011（2）．

［5］温铁军．农民专业合作社发展的困境与出路［J］．湖南农业大学学报（社会科学版），2013（8）．

［6］罗伯特·阿克塞尔罗德．合作的进化［M］．吴坚忠译．上海：上海世纪出版集团，2007．

［7］曼瑟尔·奥尔森．集体行动的逻辑［M］．陈郁等译．上海：格致出版社，2011．

［8］贺雪峰，郭亮．农田水利的利益主体及其成本收益分析——以湖北省沙洋县农田水利调查为基础［J］．管理世界，2010（7）．

［9］杰弗里·菲佛，杰勒尔德·R.萨兰基克．组织的外部控制——对组织资源依赖的分析［M］．北京：东方出版社，2006．

［10］Karla Hoff. Beyond Rosenstein-Roda：The Modern Theory of Underdevelopment Traps［C］. Washington：12th Annual World Bank Conference on Development Economics，2000．

［11］Jordi Brandts, David J. Cooper. A Change Would Do You Good An Experimental Study on How to Overcome Coordination Failure in Organizations［J］. American Economic Review，2006，96（3）．

［12］Jeffrey S. Harrison, Michael A. Hitt, Robert E. Hoskisson et al. Resource Complementarity in business Combinations：Extending the Logic to Organizational Alliances［J］. Journal of Management，2001，27（6）．

［13］Zhiang（John）Lin, Haibin Yang, Bindu Arya. Alliance Partners and Firm Performance：Resource Complementarity and Status Association［J］. Strategic Management Journal，

2009, 30 (9).

[14] Debraj Ray. 发展经济学 [M]. 陶然译. 北京：北京大学出版社, 2002.

[15] 黄祖辉, 徐旭初. 基于能力和关系的合作治理——对浙江省农民专业合作社治理结构的解释 [J]. 浙江社会科学, 2006 (1).

[16] 张晓山. 农民专业合作社的发展趋势探析 [J]. 管理世界, 2009 (5).

[17] 刘同山, 何安华. 企业家能力、政府奖助与合作社成长 [J]. 中国物价, 2013 (4).

[18] 加里·S. 贝克尔. 人类行为的经济分析 [M]. 上海：格致出版社, 2008.

[19] 詹姆斯·C. 斯科特. 农民的道义经济学——东南亚的反叛与生存 [M]. 程立显, 刘建等译. 江苏：译林出版社, 2013.

[20] Howard Margolis. Cognition and Extended Rational Choice [M]. New York：Routledge, 2007.

[21] Mahmoud Hamada, Michae Sherris, John Van Der Hoek. Dynamic Portfolio Allocation, the Dual Theory of Choice and Probability Distortion Functions [J]. Astin Bulletin, 2006, 36 (1).

[22] 叶航, 陈叶烽, 贾拥民. 超越经济人：人类的亲社会行为与社会偏好 [M]. 北京：高等教育出版社, 2013.

[23] 汪丁丁. 经济学思想史讲义 [M]. 上海：世纪出版集团, 2012.

第十一章　成员异质性合作社的
创新与发展①

　　中共十七届三中全会指出，我国已进入"改造传统农业、走中国特色农业现代化道路的关键时刻"。走中国特色的农业现代化之路，离不开组织有效、功能完善的农业经营主体。近几年来，中央开始着力培育专业大户、家庭农场、农民合作社等新型农业经营主体。尤其是农民合作社，在中央多项政策和有关法律法规的推动下，实现了跨越式发展。但是伴随着农民合作社数量的井喷式增长，社会各界对合作社发展的质疑也逐渐增多。一些学者认为，我国的农民合作社并不能称其为合作社，绝大部分农民合作社，只是一个徒有虚名的、没有实质经营活动的组织。即使是比较乐观的估计，当前运行良好的合作社也只有1/3左右，其对于农民增收和农业现代化的作用有限。但理论上讲，农民合作能够解决小农户分散经营的弊端，提升农业经营的规模化、组织化程度，是农业经营体制机制创新和农业现代化的基础支撑。在此背景下，探究农民合作社尤其是农机合作社在农业转型发展中的积极作用，厘清制约其发展壮大的关键因素，有重要理论和实践意义。基于此，本章以黑龙江省克山县仁发现代农业农机合作社（以下简称仁发合作社）为例，讨论成员异质性条件下农民合作社能否规范发展，以及如何在农业现代化中发挥作用，以期为引导农民合作社规范发展、推进农业经营体制机制创新提供决策参考与经验借鉴。

第一节　仁发合作社出现的背景

一、新时期的合作社发展浪潮

　　20世纪末以来，随着工业化、城镇化加快，农村人口持续大量向城市迁移，农业劳动力数量减少、素质结构性下降等问题日益突出。留乡务农的以年轻妇女或中老年农民为主，形成了所谓的农业经营的"386199"部队，小学及以下文化程度比重过半。我国农业微观经营主体发生着深刻变化，原有的家庭承包经营模式受到冲击，"谁来种地、如何种地"以及"小生产"与"大市场"如何对接等重大现实问题日益紧迫。作为家庭经营

---

① 执笔人：刘同山、钟真、孔祥智。

的有力补充，新型农业经营主体受到广泛关注，国家开始大力支持专业大户、农民合作社等新型农业经营主体发展。

2005 年中央一号文件首次提出支持农民专业合作组织发展，对专业合作组织及其所办加工、流通实体适当减免有关税费。2006 年中央一号文件开始从法律和制度着手，提出要加快立法进程，加大扶持力度，积极引导和支持农民发展各类专业合作经济组织。同年 10 月 31 日，全国人大常委会通过了《中华人民共和国农民专业合作社法》。2007 年中央一号文件明确要求培育现代农业经营主体，积极发展种养专业大户、农民专业合作组织等适应现代农业发展要求的各类经营主体。为了加快推进农业机械化，2008 年中央一号文件提出扶持发展农机大户、农机合作社和农机专业服务公司。党的十七届三中全会审议通过的《中共中央关于推进农村改革发展若干重大问题的决定》提出，要培养新型农民合作组织，扶持农民专业合作社加快发展，"有条件的地方可以发展专业大户、家庭农场、农民专业合作社等规模经营主体"。此后，农民合作社的地位和作用越来越受到重视。2009~2016 年的中央一号文件，多次强调要从财政（补贴）、金融等多方面扶持农民合作社发展，支持农业机械的应用和新型农业服务主体开展代耕代种、联耕联种、土地托管等专业化规模化服务。党的十八届三中全会通过的《中共中央关于全面深化改革若干重大问题的决定》也提出，鼓励承包经营权向专业大户、家庭农场、农民合作社等流转，发展多种形式规模经营；鼓励农村发展合作经济，扶持发展规模化、专业化、现代化经营。

受农业农村发展需要和国家各级政府的大力推动，近年来，农民合作社大量涌现。据国家工商行政管理局的数据，截至 2015 年底，全国农民合作社数量已达 153.1 万家，是 2007 年的 58 倍多。同时，作为农民合作社的重要组成部分和当前农业体制机制创新的关键推动力量，农机合作社也实现了快速增长，从 2007 年的 0.44 万家增长到 2015 年底的 5.40 万家。不过，受农业生产中需要的农业机械数量相对饱和、其他类型农民合作社增长速度更快等因素的影响，我国农机合作社占农民合作社的比重持续下降，已经从 2007 年的 17.06% 降至 2015 年的 3.53%，见表 11-1。

表 11-1　农民合作社以及农机合作社的数量变化　　　单位：万家，%

年份	2007	2008	2009	2010	2011	2012	2013	2014	2015
农民合作社	2.60	7.96	24.64	37.91	52.17	68.90	97.14	128.88	153.10
其中：农机合作社	0.44	0.79	1.49	2.18	2.80	3.44	4.23	4.74	5.40
农机合作社占比	17.06	9.87	6.05	5.75	5.37	4.99	4.35	3.68	3.53

资料来源：根据国家工商行政管理局和农业部公布数据整理汇总。

二、黑龙江的现代化大农业

作为农业大省，黑龙江有很多优势，最突出的优势就是土地资源。不到全国百分之三的人口，拥有全国十分之一的耕地（粮食种植面积一直保持在 2 亿亩以上），人均耕地面积远高于我国其他地区。这一得天独厚的优势，决定了黑龙江在发展现代农业、保障国家粮食安全战略上的特殊使命。2009 年 7 月，胡锦涛总书记在黑龙江省考察时，曾提出"积极发展现代化大农业，建设国家可靠大粮仓"。2015 年 7 月，习近平总书记在东北调研时指出，"要加快发展现代化大农业，积极构建现代农业产业体系、生产体系、经营体系，使现代农业成为重要的产业支撑"。

早在 1959 年，毛泽东主席就提出了"农业的根本出路在于机械化"的著名论断。发达国家的经验表明，实现农业现代化，要以实现农业机械化为前提。农业机械是发展现代农业的重要物质基础，农业机械化是农业现代化的重要标志。正是认识到农业机械化的重要性，2004 年 6 月 25 日，全国人大常委会通过了《中华人民共和国农业机械化促进法》。

但是，新时期以来，受工业化城镇化的影响，黑龙江的农业也面临与其他农区一样的挑战——农村劳动力大量外流，农业经营兼业化、副业化情况严重，小农户利用小型农机具分散耕作十分普遍。为了发展现代化大农业，黑龙江省选择了一条以大型农机合作社带动农业生产的集约化、专业化、规模化之路。除争取国家大型农机具购置补贴外，黑龙江省还在 2008 年制定了扶持大型农机合作社成立和发展的具体措施，规定凡注册资金达到 400 万元以上的农机合作社，购置农机具时政府将以 1.5 倍的财政资金进行配套。截至 2015 年底，黑龙江省累计投资财政资金 7.98 亿元，支持组建千万元资产规模的现代农机合作社 1224 个。农机合作社的涌现和大型现代农机具的普遍采用，极大地推进了黑龙江现代化大农业的发展，其农业经营的机械化水平和规模化、组织化程度不断提高。截至 2015 年，全省农业综合机械化水平达到 93.75%，秸秆还田面积达到 4660 多万亩，累计深耕深松土地面积 2.24 亿亩（次）。此外，规模化经营和耕作方式的转变还提高了亩均单产和粮食总产。2015 年，黑龙江粮食总产量为 1369.58 亿斤，占全国粮食总产量（12428.7 亿斤）的比例高达 11%，是名副其实的"大粮仓"。

第二节　仁发合作社的现状及成长历程

正是受到新时期农民合作社浪潮和各级政府对农机合作社大力扶持的影响，2009 年 10 月底，黑龙江省克山县仁发村的党支部书记李凤玉联合本村的 6 户农民，注册成立了克山仁发现代农机合作社（简称仁发合作社）。其中，担任合作社理事长的李凤玉出资 550 万元，其他 6 户农户每户出资 50 万元，共 850 万元。注册之后，仁发合作社成功获得了 1234 万元的大型农机具购置国家财政补贴资金（以下简称"国投资金"），购置了 30 多台（套）大型农机具。经过几年的快速发展，至 2015 年底，仁发合作社已经成为拥有成员 1014 户、大型农机具 130 多台（套）、玉米烘干塔 2 座、经营土地面积达 5.6 万亩、年净盈余达 4196 万元的全国知名的农机合作社典型。依据不同的运营模式，其发展历程可以划分为以下四个阶段。

一、"提供代耕服务 + 租地经营" 阶段：2009 ~ 2010 年

黑龙江省的纬度较高，冬季非常寒冷，农作物是一年一熟：每年 10 月中下旬收获，然后熬过漫长的冬季，第二年 4 月中下旬天气转暖之后开始耕种，如此往复。这就导致成立于 2009 年 10 月底的仁发合作社，直到 2010 年 4 月才正式运营。在经营策略上，仁发合作社一方面采取与大部分农机合作社相同的经营策略——为周边农户提供代耕服务，每亩服务费约为 50 元；另一方面考虑到土地条件和市场销量，利用自有大型农机具农机的优势，以 240 元/亩的价格流转周边农户土地种植大豆，形成了"代耕服务 + 租地自营"的双轮发展模式。但是，当地每家农户都有拖拉机等小型农机具，有些农户还购置了大型农机具，当地农户的代耕需求并不旺盛，而且代耕市场竞争激烈，每亩代耕服务费只有 50 元左右。再加上代耕的地块非常分散，无法实现连片耕作，大型农机具的优势难以发挥。2010 年全年仅代耕约 6 万亩土地，服务收入不足 100 万元。同时，流转农户土地需要支付租金，很多农户甚至要求预收租金。购置农机后的仁发合作社已无力支付达到一定经营规模的租金，当年只流转了 1100 亩土地开展统一经营。由于代耕和合作社统一经营的土地达不到最小的最优规模（MES），且受国际大豆市场的冲击，国内大豆价格持续下滑。2010 年底会计核算发现，经营的第一年，仁发合作社净亏损 172 万元。

二、"分享国家补贴 + 支付超额地租" 阶段：2011 ~ 2012 年

与政府联合投资 2000 余万元，却遭受了亏损，仁发合作社的 7 位出资股东认识到，要想实现规模效益和技术效益，必须尽快提高合作社的土地经营面积。于是，如何让更多的农户相信合作社并愿意把土地交由合作社统一经营，成为摆在理事长李凤玉及其他 6 个股东面前的第一难题。经黑龙江省农委及有关专家的倡议和指导，2011 年 4 月，仁发合作社的 7 个股东召开了会议，最后大家商议决定改变先前"代耕服务为主 + 租地自营为辅"的经营模式，租入土地不再预先向农户支付土地流转费用，而是尝试以承诺"分享国投资金 + （收获后）支付超额地租"的方式，吸引农户把土地交由合作社经营。

具体来看，为了让更多农户"带地入社"，仁发合作社主要采取了以下三个措施：一是保证把政府配套的 1234 万元农机购置补贴平均量化到户，每个加入仁发合作社的农户都可以获得一份政府财政配套资金份额；二是承诺"凡是把土地交给合作社统一经营的农户，每年每亩土地可以获得 350 元的保底租金"。这一租金比当地土地流转市场上亩均地租高出约 100 元；三是允许"带地入社"成员以分得的国家财政补贴份额和上述 350 元/亩的保底租金参与合作社的年终分红。上述措施有效提升了仁发合作社对普通农户的吸引力，合作社成员数量迅速增加到 314 户，统一经营的土地面积超过 1.5 万亩。有了一定的经营规模，仁发合作社当年实现总收入 2763.7 万元，净盈利达到 1342.2 万元，成员（每户）平均可以分得 25873 元。

良好的经营效益进一步提高了仁发合作社对周边农户的吸引力，更多的农户带地入

社。至 2012 年，仁发合作社的成员数量增加为 1222 户，统一经营土地面积增加到了 3 万亩，年净盈利 2758 万元，成员的平均亩收益增加为 730 元。以典型成员入社土地 20 亩计算，不考虑国家配套补贴资金每户 5634 元的分红，仅土地入股合作社一项，成员 2012 年收入可达 14600 元。由于提高粮食产量、带动农户增收的成绩突出，2012 年，仁发合作社被评为"全国农民专业合作社示范社"，57 岁的理事长李凤玉被评为黑龙江省劳动模范。

三、"土地入股 + 按股分配"阶段：2013 ~ 2014 年

随着合作社的经济效益和社会声誉越来越好，成员和周边非成员农户对合作社的信任也显著增强。但是，成员入社土地保底收益的存在，使得成员之间的利益联结不够紧密，经营风险在理事长李凤玉及其他出资成员一方过度积累，《农民专业合作社法》所倡导的"收益共享、风险共担"的合作机制没能建立起来。

为了进一步强化合作社的凝聚力，提升合作社的规范性，经合作社理事会提议和成员代表大会通过，2013 年 1 月仁发合作社取消了成员入社土地每亩 350 元的"保底收益"，引导成员以土地入股，并直接将入社土地数量作为成员的交易量。合作社可分配盈余按照《农民专业合作社法》规定的 4:6 原则，在股东入股资金和成员入社土地（将面积视作交易量）之间分配。新分配方式下，农户把土地交由合作社统一经营的预期收益明显提高。大量的农户踊跃加入，2013 年，仁发合作社的成员迅速增加至 2436 户，统一经营土地面积达到 50100 亩。当年，仁发合作社实现总盈余 5328.8 万元，成员入股的土地每亩收益达 922 元，远高于当地土地流转的价格，合作社统一经营的规模效益进一步显现。周边一些农户要求加入仁发合作社的愿望强烈。2014 年，仁发合作社的成员数量达到 2638 户，统一经营土地面积增加至 54000 亩。但是，受农产品价格尤其是马铃薯价格的影响，当年合作社实现总盈余 4890.27 万元，成员入股的土地每亩收益为 750 元，较上年明显下滑。

四、"多元经营 + 延长产业链"阶段：2015 年至今

2015 年初，受多方面因素的影响，仁发合作社与最重要的合作社伙伴麦肯食品（哈尔滨）公司的长期合作被迫终止。自 2011 年以来，仁发合作社一直是麦肯食品（哈尔滨）公司的马铃薯生产基地，按照合同协议为后者种植一定面积的马铃薯。与麦肯食品（哈尔滨）公司合作关系的终止，不仅让仁发合作社失去了将大批量马铃薯推向市场的渠道，还失去了多年以来最重要的利润增长点。原本迅猛发展的仁发合作社第一次感受到规模化农业经营的市场风险。

考虑到经营前景和出资股东的经济利益，经理事会提议和成员代表大会通过，仁发合作社对经营模式做出了三个重大调整。一是根据市场销路情况，调整合作社的种植结构。除继续种植玉米、马铃薯、大豆外，合作社开始种植市场销路较好、附加值较高的有机大豆、甜玉米和白甜瓜。2015 年，仁发合作社种植玉米 40500 亩、马铃薯 5500 亩、普通大

豆 6000 亩、有机大豆 1000 亩、甜玉米 2500 亩、白甜瓜 500 亩。二是劝退部分带地入社的成员，以避免利润（尤其是国家财政投资部分）被过分摊薄、提高资金股东的投资回报率。2015 年，合作社的成员锐减为 1014 户，规模经营土地面积为 56000 亩。三是积极寻求延长产业链条。为了向产业链上下游进军，除了在 2015 年建造第二座烘干塔外，当年 11 月，在黑龙江省政府的帮助下，仁发合作社带领其他 7 家合作社注册成立的哈克仁发有限公司，与荷兰阿里曼特公司签订了《中荷马铃薯制品加工合作合同》，双方将投资 5.665 亿元，在克山县建设马铃薯种薯繁育、薯产品加工等项目。受国内玉米价格大幅下降和马铃薯种植面积、销售价格大幅下降的影响，2015 年，仁发合作社统一经营 56000 亩耕地，仅实现总盈余 4196.3 万元，入社土地亩均分红 584 元，其经营绩效较前几年显著下滑。

第三节　仁发合作社的创新实践

为什么仁发合作社从提供代耕服务起步，经历短短几年时间，就迅速成长为经济社会效益十分突出的全国知名的农民合作社？分析发现，仁发合作社之所以取得如此成功，除发挥大型农机具的优势、采用现代种植技术外，主要是它通过组织模式、分配方式、管理机制等方面的创新，大力提高合作社经营管理的规范化程度，在政府有关部门的支持引导下，将资金、土地、技术和企业家才能等要素的作用发挥到最大，从而保障了合作社持续发展的基本动力。

一、组织模式创新

组织要想获得生存发展所需的资源，必须与控制资源的其他组织或个人交往。"大多数组织行动的焦点在于通过交换的协商来确保所需资源的供给"（菲佛，2006）。同样，农民合作社这种合作经济组织的生存发展，不仅需要乡村精英小集团的经营能力、社会资本等，还需要普通农户占有的其他互补性资源。资源互补性的存在为各主体联合起来通过协同效应提高组织的竞争优势和长期合作效益提供了可能（Harrison and Hitt，2001）。环境越简单稳定，高度互补性资源的所有者联合起来产生的合作效益就越多（Lin et al.，2009）。不过，只有有效地整合和管理互补性资源，才能把这种可能性变为现实。否则，拥有互补性资源的农户将会被锁定在一个"不太合意"的均衡之中，即陷入"低水平均衡陷阱"。

为了解决协作失灵困境，更好地发挥资金、土地等生产要素的积极性，仁发合作社先后进行了三次比较重要的资源组织模式创新。

第一次是吸引拥有土地（承包经营权或经营权）的农户将土地交由合作社统一经营，即所谓的"带地入社"。经历 2010 年的亏损之后，理事长李凤玉及其他投入资金的 6 个成员逐渐认识到，仅仅拥有几十台（套）大型农机具，并不必然产生效益，甚至会亏损。只有把其他互补性资源比如土地与大型农机具结合起来，才有可能"扭亏为盈"，但是，对于刚花费巨资购置了大型农机具的合作社而言，显然再无资金以流转的方式获得所需土地。因此必须尽快创新组织方式，以获得可以"不浪费农机具生产能力"的一定规模的土地。为了达到上述目标，2011年和2013年，仁发合作社进行了两次组织改革。首先，在2011年春，合作社承诺无论秋季收成如何，收获后即向带地入社成员每亩地支付350元的保底地租，并在政府相关部门的支持下，承诺把1234万元国家配套资金按户平均量化给合作社成员。其次，在2013年冬，合作社按照"保底不分红、分红不保底"的思路，提出将土地与资本一样，入股到合作社，以打造真正"收益共享、风险共担"的合作经济组织。由于此前两年的租金保底、国家财政补贴资金量化到户等做法明显提高了成员收益，周边农户对合作社的信任感增强，这次组织模式变革得到了更多农户的支持，资金、土地等要素的合作更加紧密。在其他农机合作社还在通过传统的"代耕服务"挣扎生存时，仁发合作社已经顺利完成了从"代耕服务"向"股份合作经营"的转变。

第二次是为了应对市场变化，开始成员"租地入社"代替先前的"自有土地入社"，在保证土地面积的同时，减少"分蛋糕"的普通成员数量。仁发合作社在经营中逐渐发现，在农业机械全面替代人工劳动后，土地才是组织成长所依赖的关键性资源，成员数量对合作社经营绩效的影响并不显著。更多的成员数量作为股东，只不过增加了"分蛋糕"的人数。因此，在2015年初合作社遭受麦肯食品（哈尔滨）公司终止合同带来的市场冲击之后，仁发合作社再一次组织土地资源的模式。其主要做法是：理事会提议和成员代表大会同意，合作社一方面劝退部分带地入社的成员，减少参与分配国家财政补贴资金及其投资分红的股东"户数"，以避免国家财政投资被过分摊薄，进而提高资金股东的投资回报率。成员的减少切实大幅提高了合作社的资本回报率。2015年，合作社每一元出资额的回报率为0.357元，远高于2014年的0.226元。另一方面为了在成员减少的同时保证一定的经营规模，合作社鼓励成员把从市场上流转的连片土地交由合作社统一经营，即"租地入社"。由于一些农户已经有稳定的非农收入，即使退出合作社，他们一般也会将土地流转出去而不会亲自经营，这就为成员"租地入社"提供了条件。2015年，仁发合作社有12个成员将承租的1000多亩土地加入合作社。其中成员杨振刚、马金龙、张玉宝三人"租地入社"的耕地面积分别多达5600亩、4400亩和4000亩。

第三次是实行土地分层管理，创新土地资源使用架构。2014年经营效益的大幅下滑，促使仁发合作社的决策层寻求发展模式转变，减少分配国投资金及其分红的成员户数，显然是最简洁有效的办法之一。理事长李凤玉直言，"成员数量不能太多，仁发下一步必须采取再次分包的方式"。2015年初，经过多轮说服动员，仁发合作社劝退了1600多户带地入社的成员，并引导这些成员将土地出租给合作社的成员。后者向退社成员支付市场价格地租后，带着租入的土地入股仁发合作社，即"租地入股"。这次分配方式的改变彰显了浓厚的追求盈利最大化的"资本逻辑"。一方面合作社仍然有适度规模的土地供其统一经营，另一方面提高了剩余成员的收益——代价是减少了分割国投资金这个"蛋糕"的成员数量。最终，参与"分蛋糕"的普通成员的数量大幅减少，大户"租地入社"，"合作社 + 租地大户 + 普通农户"的双层土地流转经营模式逐渐形成。

二、盈余分配方式创新

利益分配永远是组织的核心问题。在市场经济条件下，分配方式一般与资源的组织模式相伴而生。要调动各种要素的积极性，必须对组织发展所依赖的各种资源要素给予相应的回报，并尽力达到利益分配的平衡。根据成员与合作社的交易量进行盈余分配是传统农民合作社的典型特征。按照《农民专业合作社法》的规定，规范的农民专业合作社的盈余分配必须以交易量为依据，且按交易量（额）返还的比例不低于可分配盈余的60%。但是对兼具农机服务合作社、土地股份合作社特点的仁发合作社而言，并不存在典型意义上的交易量。不过，由于资金（大型农机具）和土地是仁发合作社发展中最关键的两种资源，故可以考察其在组织模式变革时，以何种方式、何种比例确定资金和土地两种不同要素的贡献，来关注它的分配方式创新。分配方式上，仁发合作社共经历了两次重要变革。

第一次是改变传统的"按照市场价格预付当年土地租金"①的模式，承诺"支付保底租金 + 量化国投资金 + 租金和国投资金参与分红"，且管理人员不领取工资。以2011年为例，仁发合作社经营总收入2763.7万元，扣除农机具折旧、人员工资、管理费用等支出1421.5万元，当年净盈利1342.2万元。这些盈余在年终怎么分配呢？首先，按照承诺的350元/亩保底收益，兑现带地入社成员的保底租金，1.5万亩土地共计525万元；其次，在剩余的817.2万元可分配盈余中，按章程提取50%的公积金后，把剩余的408.6万元在国投资金（1234万元）、成员资金（850万元）、土地保底租金（525万元）之间按比例分配，每亩土地（折股350元）可分红54.8元；最后，再将国投资金分得的193.3万元平均量化到314户成员，户均6155元。考虑到合作社处于转型的关键期，为了减少摩擦、提高组织的凝聚力，所有成员都按照资金或土地入股的份额获得收益，兼任合作社管理岗位的出资股东不从合作社领取工资。

第二次是"取消保底租金"，把土地与资金一样对待，合作社盈余按约定比例在土地和资金之间分配，兼任合作社管理人员的投资人领取工资。2013年1月仁发合作社取消土地入社的"保底收益"，直接将入社土地数量作为成员的交易量。可分配盈余按照6∶4的原则，在土地交易量和股东入股资金之间分配。2014年，土地和资金的分配比例提高至75%。公积金提取来源、提取比例，视年终总盈余情况而定。2013年和2014年，合作社从土地和资金收益分配提取了40%的公积金。仁发合作社2013年之后的收益分配方式见图11-1所示。

按照上述分配方式，2014年合作社4890.3万元的总盈余分配结果如下：土地分红占总盈余的75%，共3667.7万元，54000亩入社土地，平均每亩地分红679.2元；投资者

---

① 受气候影响，黑龙江农作物每年一季，4月中旬耕种，10月中旬收获，土地租金一般在当年1~3月预付。

出资、国投资金和上年提取公积金分配其余的 25%，共 1222.6 万元，其中国投资金分得 392.8 万元，平均量化到 2638 户，户均 1489.0 元，上年提取的公积金分红 637.3 万元，每亩地可分得 70.8 元。

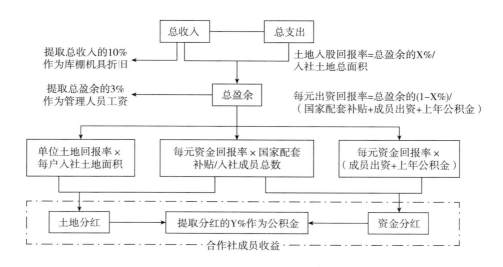

图 11-1　仁发合作社的分配机制

需要说明的是，由于马铃薯销路不畅和玉米价格大幅下跌，2015 年仁发合作社没有提取公积金，而是把合作社所有盈余都按照 78∶22 在土地股和资金股之间进行了分红。

三、管理机制创新

为了提高规范化程度和组织竞争力，自 2010 年以来，仁发合作社从多个方面强化了内部管理，重点在成员管理、生产管理等方面尝试了管理模式创新。

一方面，强化制度建设，对各类成员实行差别化管理。一是编制成员账户和年终盈余分配明细表，明确入社土地面积或资金，将国家配套补贴资金量化到每户成员，并把总盈余按要素贡献分配。资金入股、土地入股、国家配套补贴资金量化情况一目了然，各种投入的分配清晰。二是择时为合作社管理层提供绩效工资。2011～2012 年理事长、监事长等合作社管理者不领取工资，所有成员都按照资金或土地入股的份额获得相应收益。为了激发从事管理工作的投资人的企业家才能，从 2013 年起，合作社每年提取总盈余的 3% 作为理事长、监事长等管理人员的工资，其中理事长工资占这笔资金的 20%，其他管理人员工资之和占 80%。三是成立党支部，形成了"党支部 + 理事会 + 监事会 + 成员代表大会"的"一部三会"组织架构。2011 年以来成员数量迅速增加，由于成员地域分布比较分散，很多成员与合作社的联系较少，有些成员农户甚至常年在外务工，无法参与合作社的运营管理，对组织的认可度也不强。为了提高组织的凝聚力，保障无法直接参与合作社经营管理的部分成员权益，合作社党支部借助党员的人脉关系，强化其所在村屯的普通成员与合作社的社会联系，同时依托党员的积极性，协助片区负责人搞好村屯内的粮食生产。

另一方面，将农机具和场区（耕作地块）外包，与机车驾驶员、场区生产工人等签订效率工资合同。在大型农机具使用过程中，合作社充分调动机车驾驶员的积极性，划分了农机作业区，把每台机具承包到驾驶员，统一供油、维修和调度，为驾驶员提供2万元保底工资，并对每台车设置了各项工作指标进行考核。成员郭占在2011年把自家的26亩土地交给合作社统一经营后，与合作社签署了《农机具作业单车核算承包使用协议》，承包了两套农机具，成为一名专业的机车驾驶员。以2013年为例，根据协议，郭占完成单车1.4万亩的年作业指标，即可获得2万元的年基本工资。超出作业指标部分每亩提取1.4元，未完成作业指标部分每亩扣发1元。按照这一办法，农机驾驶人员每年都能有近3万元的工资收入，专业化作业队伍非常稳定。

在生产管理过程中，合作社注重发挥种田能手的作用，依托他们改善对片区农田的管理。村民刘友是附近知名的种田能手，2012年之前，他一边经营自家的土地，一边在周边帮人做些零工。2012年，在他把自家的18亩土地交由合作社统一经营后，合作社聘请他管理一个片区的987亩土地，并签订与产出相联系的工资协议：如果该片区亩产达到1300斤，年工资2万元，亩产高出部分可得5%的提成。按照这一协议，若片区亩产提高至1400斤，他的年工资可达4万元。因此，他打算做好这份工作，做一个职业的农场管理人员。借助专业化分工和绩效工资，仁发合作社实现了农业生产经营的专业化。

第四节　仁发合作社的发展成效

仁发合作社在政府有关部门的扶持引导下，依托现代化大型农机具，不断扩大种植规模、调整种植结构、提高种植效益，形成了由8个管理人员、21个机车驾驶人员、5个机务经理、12个片区负责人和200多个临时工作人员组成的专业化农业经营团队，打造了颇具特色的新型农业经营体系，在区域农业现代化建设中发挥着重要作用。具体来讲，仁发合作社在区域农业现代化中的作用主要有以下三个方面。

一、提高了农地经营的组织化、规模化程度

农产品产后流通一直是我国农业经济的短板。农产品流通领域，组织化程度低、流通环节多，不仅增加了产后损耗，还导致"谷贱伤农"问题反复出现。为了解决农产品销售问题，避免农民增产不增收，提高农户的组织化程度是必由之路。较大的土地经营规模为仁发合作社发展订单农业，实现"以销定产"奠定了基础。在统一经营土地面积达到15000亩之后，仁发合作社的规模经营优势开始体现。2011年春，仁发合作社以0.85元/斤的价格，与麦肯食品（哈尔滨）公司签署了合作协议，成为该公司的优质马铃薯生产

基地，按照订单价格为后者生产 2000 亩优质马铃薯。与麦肯食品（哈尔滨）公司的合作，当年为合作社带来 700 多万元的收益。此后几年，仁发合作社按合作协议为该公司种植的马铃薯面积进一步增加。2012 年、2013 年和 2014 年，根据"以销定产"的思路，仁发合作社的马铃薯种植面积分别达到 5000 亩、10000 亩和 12000 亩，其中绝大部分按照订单协议，销往麦肯食品（哈尔滨）公司。由于销路稳定，而且销售价格比农户分散种植的高出不少（虽然后来由于竞争的加剧，合作社马铃薯销售价格逐渐走低，但销售仍然高于农户分散种植），实现了区域农业的增产增效。

二、改善了区域农业机械化、现代化水平

仁发合作社对区域农业机械化、现代化水平的改善，主要表现在三个方面：

首先提高了当地农业机械化水平。现代化大型农机具能够提高土地产出率、资源利用率和劳动生产率，是粮食主产区提升农业现代化水平的重要手段。农村实行家庭联产承包责任制以来，"小四轮"的大量使用以及化肥施用方法的不当，造成土壤板结、犁底层上移、土壤的蓄水、透气等理化性状变劣。采用大型农机具深耕，种植活土层接近 0.4 米，保温、保墒、透气性好，能够改善土地抗旱防涝能力，提高粮食产量。仁发合作社拥有从播种、中耕到收获各环节的大型农机具 132 台（套），田间综合机械化率达到 90% 以上，真正实现了"用现代物质条件装备农业"。以马铃薯种植为例，仁发合作社利用多台大功率马铃薯播种机联合作业，同时完成开垄、施肥、下种、合垄、镇压五个流程，极大地提高了农业现代化水平。

其次改善了农田水利基础设施。水利化是农业现代化的基础工程，是粮食高产稳产的重要保障。只有做好水资源利用这篇大文章，才能提高农业抗旱除涝能力，确保粮食高产稳产。目前黑龙江地区的可灌溉农田比例不足 30%，严重束缚了粮食生产能力和市场竞争力。近几年来，仁发合作社在统一经营的几万亩耕地上，先后规划设计了 48 个灌溉网格，最小的网格 350 亩，最大的网格 600 亩，并在其中 24 个网格安装了大型指针式喷灌 21 台、卷帘式喷灌 15 台，新打机电井 35 眼。这些措施有效地改善了本地区的水利基础设施情况，加快了农业水利化建设，为保障粮食稳产增产和提高农业竞争力做出了贡献。

最后为现代农技农艺推广提供了科技服务对接平台。土地实现规模化经营之后，无论是政府公益部门的农技农艺服务推广人员，还是科研院所的创新试验研究，都可以不必再面对分散的、经营小块地块的小农户，技术指导和农业试验有了立足点，推行新种植技术和耕作模式等农业科技更加便捷，选择优质品种、改善种植技术等也就顺理成章了。从2011 年开始，克山县农业科技人员开始以"科技包保"的形式（所谓"科技包保"，是指农技农艺人员与合作社签署科技服务、种苗采用等协议：如果该技术或品种能够将产量提高到一定百分比，农技农艺人员可以从合作社获得一定的资金奖励；如果不能达到议定的增产效果，农技农艺人员则要支付一定费用，补偿合作社的损失），有针对性地为仁发合作社提供农作物耕种方面的指导。2014 年，县农机具为仁发合作社提供了 156 人次的

技术培训。在农技农艺人员的指导下，仁发合作社改变了当地传统的种植方式，玉米、马铃薯分别采取了110公分"大垄双行栽培技术"和90公分"大垄单行密植技术"，亩产分别增加120公斤和1500公斤左右，种植收益得到大幅提升。

三、推动区域新型农业社会化服务体系完善

社会化服务是实现农业现代化的重要支撑。党的十七届三中全会强调，"建设覆盖全程、综合配套、便捷高效的社会化服务体系，是发展现代农业的必然要求"，并且明确指出，构建新型农业社会化服务体系要以公共服务机构为依托、合作经济组织为基础。自成立以来，仁发合作社在区域新型农业社会化服务体系建设中的作用明显。具体表现在以下三个方面：

一是仁发合作社充当了新型农业服务主体，推动了当地农业社会化服务体系的完善。除了统一经营合作社的几万亩土地外，仁发合作社还为周边40余万亩土地提供代耕服务。从农户分散的"小四轮"耕作，到播种、中耕、收获的"一条龙"服务，仁发合作社作为新型农业服务主体，直接促进了区域农业社会化服务体系的完善。此外，为了支持成员的生产生活，仁发合作社向成员提供了资金互助服务，凡带土地加入社的成员，合作社以10%的年息提供资金借贷服务，最大金额为入社土地的市场价格折价。

二是仁发合作社为金融机构服务"三农"提供了支点，优化了农村金融服务。相对于分散的农户，农民合作社的经营规模更大、市场化程度更高，这些特征让它成为农村金融改革的重要着力点。2012年克山县被确定为国家农村改革试验区后，2013年3月，克山县成立了全省第一家人民银行主管的信用信息中心，258家农民专业合作社信息悉收入库。有了人民银行的信用评级，一些金融机构开始借助仁发合作社，向其提供金融服务或者希望以仁发合作社为平台，为周边农户尤其是成员农户提供金融服务。中国银行克山县支行等金融机构主动找到仁发合作社商谈贷款事宜，中国建设银行克山支行则把仁发合作社打造为"龙口助农服务点"。仁发合作社成为农民与金融机构之间的桥梁，当地的涉农金融服务体系进一步完善。

三是仁发合作社不断建造烘干塔、存储仓库等设施，改善了当地农业产后服务能力。自2014年以来，仁发合作社先后建造了2座500吨和1000吨的玉米烘干塔。2014年，仁发合作社烘干玉米3万吨，仅此一项就为合作社带来了453万余元的利润。2015年底以来，随着仁发合作社主导的哈克仁发有限公司成立，马铃薯存储仓库、初加工等设施设备建设加快。这些设施设备，除储存和加工仁发合作社的产品外，还可以为周边其他合作社或农户提供服务。

总之，仁发合作社通过集约化、专业化、组织化、社会化的农业经营，推动了区域现代农业的发展，实现了农业增效、农民增收，为当地的农业转型和"四化同步"发展做出了重要贡献。

第五节　仁发合作社发展中面临的问题

当前，我国的农民合作社仍处于探索发展阶段，不可避免存在一些问题，如发展资金、人才缺乏以及规范化建设滞后等。虽然仁发合作社以组织模式和分配方式创新获得了其急需的一定规模的土地，并通过整合各种资源实现了快速成长，但其发展仍存在一些问题。具体而言，为了实现组织的可持续发展，仁发合作社需要破解两个难题，并重点厘清三对关系。

一、需要应对的两个难题

一是仁发合作社下一步的经营绩效如何保证，或者说利润增长点在哪里？在2015年以前，仁发合作社的经营绩效或者说利润增长点主要来自为麦肯食品（哈尔滨）有限公司的马铃薯种植，并且呈每年递增之势。2014年，仁发合作社的经营收入中，有42.82%来自马铃薯种植。但双方终止合作之后，马铃薯种植不再是仁发合作社的利润增长点，2015年马铃薯种植产生的收入仅占当年合作社总收入的19.05%。此外，还需要注意的是，仁发合作社马铃薯的销售价格，也呈现不断降低的态势。2010年以来，仁发合作社的马铃薯种植及收入情况见表11-2。

表11-2　仁发合作社的马铃薯种植及其效益

年份	马铃薯种植面积	马铃薯销售单价（元/斤）	马铃薯销售收入（万元）	合作社总收入（万元）	马铃薯收入占比（%）
2010	0	—	0	100.0	0
2011	2000	0.85	800.1	2763.7	28.95
2012	5000	0.64	2009.4	5594.0	35.92
2013	10000	0.69	4374.3	10367.9	41.93
2014	12000	0.59	4602.0	10748.0	42.82
2015	5500	0.59	1724.7	9055.2	19.05

对于减少的马铃薯种植的土地，仁发合作社基本都用于种植玉米。2015年，仁发合作社的玉米种植面积达到历史最高的40500亩，比2014年的32000亩增加了8500亩。但是，2015年9月，国家下调了玉米收储价格，每斤下调0.11~0.13元。这一政策变化，直接抵消了合作社种植玉米的利润。因此，在国家粮食过剩、玉米等粮食价格持续下行，政府控制东北低温带玉米产量的背景和马铃薯销路不稳定的情况下，如何寻求新的利润增长点，是仁发合作社面临的第一个难题。

二是仁发合作社农产品品牌化之路该如何走？在农民联合起来通过规模经营解决"小生产"与"大市场"对接的矛盾后，只有加强品牌建设，才能实现农产品销售的"柠檬市场"问题，让优质农产品获得更高销售价格。仁发合作社拥有50000余亩土地，而且所在的克山县是国家级生态示范县、首批国家级食品安全示范县，合作社打造安全绿色的农产品品牌有多种优势。但目前仁发合作社的品牌化建设刚刚起步。不过，受制于经营人才、资金和发展理念，仁发合作社主要是经过简单包装后销往市场。比如，仁发合作社生产的有机大豆是磨制豆浆或生产大豆粉的重要原料，但是仁发合作社仅对其抽真空包装后，即销往市场。由于加工不方便，市场认可度不高。再如仁发合作社生产的白甜瓜，口感较好，但也只是批量销往水果市场，而没有形成自己的品牌和销售渠道。因此，如何充分发挥组织优势、区位优势和政策优势，加快品牌化建设，走出一条农产品品牌化之路，是仁发合作社当前发展面临的另一个难题。

二、亟待处理的三对关系

首先，合作社经营土地面积和经营绩效的关系。农民合作社作为一种需要参与市场竞争的合作社法人，要想更好地生存发展，必须关注组织的盈利情况，平衡好公益性和营利性这对矛盾。经历过创业初期的合作社统一经营的土地面积过小导致亏损和统一经营土地面积提高后合作社盈利状况急剧改善的"冰火两重天"，仁发合作社过分重视统一经营的土地规模。一个重要佐证是：2015年，仁发合作社的成员数量大幅减少，但统一经营的土地面积不但没有减少，反而比2014年增加了2000亩。经济学理论表明，任何追求盈利最大化的企业，都必须遵循边际收益等于边际成本的最大化原则。如果边际收益不等于边际成本，企业就可以通过增加或减少产量（或提供的服务量）来改善经营状况。对于仁发合作社而言，在达到最小化最优规模（MES）之后，由于其利润增长点不是来自普通农产品（玉米、大豆）种植，而是先后来自订单马铃薯、有机玉米和白甜瓜等附加值较高的品种，在市场销路既定的情况下，合作社只要保障了这些高附加值农产品的生产，也就保证了绝大部分的利润。而生产这部分农产品的面积，最大不过12000亩（2014年）。但是，仁发合作社每年将这部分土地产生的收益在合作社全部50000余亩中进行分配，显然很大程度上牺牲了组织的经营效率。在2014年以前合作社经营绩效节节走高时，还可以勉强维持，但随着2015年玉米价格大幅度下调，合作社的经营效益面临严重挑战，再将利润拉平可能会影响合作社生存。因此，正确认识经营土地面积和经营绩效的关系是合作社首先需要处理的问题。

其次，合作规则的稳定性和经营的灵活性之间的关系。没有规矩不成方圆，立足于传统农村社区的农民合作社也必定要形成尊重规则的契约精神。博弈论早已证明，基于个人理性的行为，往往会让参与双方陷入无法合作的"囚徒困境"，最终不仅损害了集体（或组织）的整体利益，还会对个人造成严重损失。从仁发合作社的发展历程可以看出，精英团队主导下的合作社组织规则经常发生变化，缺乏必要的延续性和稳定性。一方面，这当然可以理解为合作社为了迎合不断变化的内外部环境而采取的应对策略，另一方面，这也可能是精英团队控制下的合作社为了出资人的利益而频繁地调整组织规则，体现出"资本"的任性。2010~2015年6年时间，7个出资人分红占合作社盈余的比例，先后经历了100%、10.06%、16.00%、13.16%、3.94%和7.23%。由于合作社的分配方式和分配比例都是由7个投资人提议并主导实行的，不断变化的分配规则，体现了合作社中"资本"的任性。另外，2015年，仁发合作社成员从2014年的2638户锐减为1014户，减少了61.56%。如果仁发合作社真正按照《农民专业合作社法》的要求，"实行民主管理"，那么即使投资人享有法律允许的20%的附加表决权，一次性减少超过60%的合作社成员，显然也难以达成。可见，虽然仁发合作社在带动农民增收、推动当地合作社规范化建设等方面发挥了积极作用，但它本身仍然具有较强的"精英控制"特征。对此，如何在发挥投资人积极性的同时，避免造成合作社的"精英俘获"，实现各种资源要素的长期稳定发展，是仁发合作社当前急需解决的重要问题。

自2015年仁发合作社牵头，联合其他7家当地较有实力的合作社成立联合社并共同出资注册成立哈克仁发有限公司之后，理事长李凤玉的精力主要用来处理哈克仁发有限公司的事宜，仁发合作社的事情则交由副理事长卢玉文负责。考虑到企业家精神对农民合作社和农业企业发展的重要性，李凤玉不再实际管理合作社而主要负责与仁发合作社关系密切的哈克仁发有限公司，对仁发合作社有利有弊。不过，就目前而言，无论是组织架构、出资关系还是业务联系，仁发合作社与哈克仁发有限公司的关系都没有厘清。在哈克仁发有限公司投资建设期，两者间模糊不清的关系并不会对仁发合作社造成过多影响，但随着哈克仁发有限公司的投产运营，如何界定二者的关系将变得越来越重要。

第六节　讨论与思考

回顾仁发合作社的创新发展，可以有以下讨论和思考。

一、对仁发合作社创新发展的进一步讨论

第一，规范化能够促进农民合作社的持续发展。对农机合作社而言，大规模的连片耕地、先进的农业科技、优惠的农资价格、畅通的农产品销售渠道等是影响其发展的主要因素。而一定规模的土地，又是其他因素发挥作用的前提。为了解决土地规模这个核心问题，从"土地代耕"到"土地保底价入社"再到"土地入股"，有效的组织和制度创新，让仁发合作社越来越规范。代耕模式下，土地分散束缚了大型农机具的优势，而且合作社的代耕收入与土地增产增收无关，合作社与农户之间是一种零和博弈关系。土地保底价入社模式下，虽然土地规模问题得到了解决，但是惠顾者与投资者的收益风险不匹配，经营风险在投资者身上过度积累。土地入股模式下，土地不仅作为"交易量"分享总盈余的60%，同时还均分一份国家财政补贴，投资者、管理者和惠顾者之间找到了新的收益风险

平衡点，成员之间的利益联结机制明显加强。这样，合作社才算真正走上了"利益共享、风险共担"的共同发展之路。

第二，合作社领头人需要有一定的奉献精神，处理好"做蛋糕"和"分蛋糕"的矛盾。仁发合作社成立的初衷是为了获得国家配套补贴资金，它更像是投资者所有的合伙公司而非惠顾者收益的合作社，李凤玉等7个投资者几乎拥有全部的资产使用权和剩余控制权。但是2010年遭受挫折后，经省农委领导点拨，在改革收益尚不确定的情况下，李凤玉团队愿意放弃既得利益，将争取到的国家配套补贴按户平均量化给新成员，充分体现了他们的奉献精神。而且在2011~2012年合作社实现盈利后，李凤玉团队作为管理者，并没有从合作社领取工资，仅仅以股金获得分红。这也体现了在创业初期，为增加组织凝聚力、做强做大合作社获取更多"组织租"，他们愿意牺牲一部分个人利益。正是有了李凤玉团队，仁发合作社才在短短几年时间内，从一个只有7个人的合伙公司，增加到拥有2436个成员土地入股的综合型农民合作社，并从最初的亏损经营迅速转变为目前每年可获得2000多万元盈利，合作社也成为了黑龙江省乃至整个东北地区合作社的标杆。

第三，政府部门要加强对农民合作社发展的支持和引导。农村的企业特质性资源缺乏，不仅缺乏资金、人才、技术等，还缺乏经营管理理念甚至合作意识。政府的帮助扶持可以有效改变这种情况。仁发合作社的出现及后来的发展壮大，无疑是在扶持政策尤其是巨额配套补贴的刺激下乡村精英集体行动的结果。没有政府的政策引导，这类千万元规模的大型农机合作社就很难出现，更谈不上成为区域农业现代化发展的动力。就此而言，农民合作经济组织需要政府的支持。但仅仅从资金和优惠政策上支持农民成立合作社，并不能解决农业现代化建设和农村经济社会发展的问题。即便拿到了国家配套补贴的1234万元资金，仁发合作社在2010年仍然有巨额亏损就说明了这个问题。因此，农民需要政府有关部门强化引导，通过专家指导、参观交流等多种方式，把现代经营理念和管理方法带进农村，打破原有的低效率经营状态，重塑本地区的农业现代化发展模式。合作社2011年以来的成功表明，通过创新组织制度和分配制度，做大经营规模、强化利益联结，合作社能够产生巨大的经营效益，能够有力地推动农业现代化建设。

二、对农民合作社持续发展问题的思考

一是关于新形势下农民合作社的创新发展的问题。当前，我国农民合作社的组织有效性仍需提高，持续成长的内源动力亟待加强。乡村精英作为"有创造力的少数人"，其行为选择对合作社成长有重要影响。在乡村精英的带领下，合作社通过创新制度安排，能够把异质性成员的互补性资源整合在一起，实现资源的有效配置，从而获得合作效益、规模效益等。当然，乡村精英既有获得社会荣誉的需要，更有为自己谋取经济利益的动机。为了促进合作社健康发展，有关部门要加强宣传教育尤其是对合作社理事长的培训，注重发挥其积极性和首创精神。

二是关于农民合作社发展的财政扶持资金的有效利用问题。近年来，随着对农民合作社发展的重视，国家对合作社扶持资金也不断增加，2013年农业部、财政部等有关部门

安排的专项扶持资金额度高达 50 亿元。由于农民合作社发展不够规范，只有很少的合作社会像仁发合作社那样，把获得的财政补贴资金量化到每个成员，为走出集体行动困境提供激励。在我国合作社精英依赖十分突出的情况下，如何避免巨额补贴资金被"精英截获"，如何强化扶持资金在合作社规范化建设中的引导作用，值得有关部门认真考虑。

三是关于农民合作社的规范化建设的问题。农民合作社既是新型农业经营体系的组成部分，也是农业现代化建设的微观基础。其发展情况直接决定着我国农业现代化建设速度和质量。为加快构建新型经营体系、推进农业现代化进程，政府有关部门要进一步加大对合作社的扶持培育力度，多方面加强农民合作社的规范化建设和经营能力建设。一要完善合作社的分配机制。合作社分配要坚持《农民专业合作社法》确定的基本原则，保证投资者、惠顾者、管理者都能得到相应的收益。二要完善合作社的内部治理机制。健全理事会、监事会、成员（代表）大会等机构，真正发挥其在合作社日常经营中的作用；引导合作社实行民主管理，保障普通成员参与合作社经营决策的权利，逐步减少组织对精英成员的依赖；规范成员账户、财务报表，把合作社的所有资产和收益都量化到每个成员。三要强化合作社成员之间的利益联结。要坚持收益风险匹配原则，建立"收益共享、风险共担"的紧密利益联结机制，以提高成员的合作意识，避免经营风险过度集中。四要大力支持有条件的农民合作社打造区域乃至全国知名农产品品牌，促进成员收益持续增加和合作社永续发展。

参考文献

［1］杰弗里·菲佛，杰勒尔德·R.萨兰基克.组织的外部控制——对组织资源依赖的分析［M］.北京：东方出版社，2006.

［2］Jeffrey S. Harrison, Michael A. Hitt, Robert E. Hoskisson et al. Resource Complementarity in Business Combinations: Extending the Logic to Organizational Alliances［J］. Journal of Management, 2001, 27（6）.

［3］Zhiang（John）Lin, Haibin Yang, Bindu Arya. Alliance Partners and Firm Performance: Resource Complementarity and Status Association［J］. Strategic Management Journal, 2009, 30（9）.

［4］苑鹏.中国农村市场化进程中的农民合作组织研究［J］.中国社会科学，2001（6）.

［5］国鲁来.合作社制度及专业协会实践的制度经济学分析［J］.中国农村观察，2001（4）.

［6］张晓山.农民专业合作社的发展趋势探析［J］.管理世界，2009（5）.

［7］任大鹏，于欣慧.论合作社惠顾返还原则的价值——对"一次让利"替代二次

返利的质疑 [J]. 农业经济问题，2013（2）.

[8] 刘同山，孔祥智. 精英行为、制度创新与农民合作社成长——黑龙江省克山县仁发农机合作社个案 [J]. 商业研究，2014（5）.

[9] 黄祖辉，徐旭初，冯冠胜. 农民专业合作组织发展的影响因素分析——对浙江省农民专业合作组织发展现状的探讨 [J]. 中国农村经济，2002（3）.

[10] 孔祥智，郭艳芹. 现阶段农民合作经济组织的基本状况、组织管理及政府作用——23 省农民合作经济组织调查 [J]. 农业经济问题，2006（1）.

第十二章　企业家精神与农民合作社发展

第一节　企业家能力、政府奖助与合作社成长[①]

一、引言

近年来，尤其是《农民专业合作社法》的颁布后，合作社作为提高农民组织化程度的有效途径和解决"三农"问题的重要抓手，其发展受到学界和政界的广泛关注。由于合作社不仅具有经营性，还肩负了一部分社会职能，除了享受税收优惠之外，各级政府都加大了扶持力度。仅在2011年，中央财政对农民专业合作社专项扶持资金就达到7.5亿元，各省经费增长也很快。据不完全统计，2011年省级专项扶持资金已经达到10亿元，仅江苏省级财政安排扶持合作社的专项资金就高达2亿元[②]。随着各项优惠政策的落实和农民对合作社认识的提高，我国农民专业合作社大量涌现。截至2012年6月，全国依法登记的农民专业合作社已达60多万家。

如何在合作社数量快速增加的同时，实现合作社的健康成长，受到学界和政界的广泛关注。作为一种在工商局注册的农民合作经济组织，合作社广泛参与市场竞争的事实，让合作社与企业在经营方面有很多的相似之处。因此，从企业的角度考察合作社成长的研究文献也日益增多。张晓山（2011）指出，由大户和龙头企业领办合作社是当前中国的现实选择，而且合作社的发展要突破规模经济限制，目前还必须依靠跨区域联合。黄祖辉等（2011）强调了合作社培育竞争优势的重要性，认为经营不力、管理不善、规模较小等都是制约合作社经济效率提高的关键。何安华、孔祥智（2012）运用进入壁垒理论对合作社的成长进行了研究，发现合作社成长是不断突破市场壁垒与争取制度激励的过程，是管理者有效协调资源与管理职能的结果。虽然现有文献对合作社成长的研究逐步深入，但主要强调内、外部环境对合作社发展的影响，而较少分析政府扶持可能对不同合作社成长路径造成的影响。基于此，本节从企业家能力出发，通过规范的逻辑推导，尝试论证政府选

[①]　执笔人：刘同山、何安华。

[②]　数据来源：农业部新闻办公室，http://www.agri.gov.cn/V20/ZX/nyyw/201207/t20120703_2776801.htm。

择性奖助产生的激励和门槛会对合作社的成长造成何种影响。

二、企业家能力的两分法

国内外学者对企业家能力与企业成长的关系进行了大量实证研究，发现在中国的社会背景下，企业主要面对政府而非市场（张维迎，2001），企业家与政府建立良好关系是促进企业成长的重要途径（卫武，2006；罗党论、刘晓龙，2009）。企业家能力是一种能力束，是多种能力的集合（许爱玉，2010）。拥有独特资源和组织能力是企业获取持续竞争优势的源泉（Penrose，1959；Wernerfelt，1997；Barney，1991），而企业的一种独特资源是企业家的政治纽带关系（Political Connections），它能够显著地提升企业价值（Fisman，2001）。尽管国内研究者对企业家能力的研究视角和划分依据不同，但总体上将企业家能力分为一般企业家能力和政治企业家能力两大类。如田国强（1996，2001）把企业家能力概括为管理能力和处好政府关系能力。贺小刚、李新春（2005）把企业家能力拓展为战略能力、管理能力、社会关系能力和政府关系能力四个维度，其中政府关系能力属于政治企业家能力。在中国经济转型时期，一个市场主体可应用的资源除了其拥有所有权的经济资源外，它还可应用外部社会资源，特别是通过"关系"低成本地获得政府资源。当然，经济主体对内外部资源的可获得性很大程度上取决于领导人的能力。

已有的关于合作社成长的众多案例研究表明，合作社发展的关键在于领导人或骨干成员对合作社内外部资源的创新性配置，即企业家创新行为的供给。而企业家创新行为的供给就是企业家能力的体现。从我国的法律规范看，农民专业合作社治理的核心是理事长，按照"经理封顶定理"[①]，合作社理事长所拥有的企业家能力直接影响着合作社突破市场壁垒的成败和合作社经营状况的好坏。根据前面论述，我们认为成功的企业家往往拥有较强的内部管理能力和外部政府关系能力，进而定义出企业家有两类能力：经济企业家能力 $g(X_1)$，且 $\partial \frac{g(X_1)}{\partial X_1} \geq 0$（$X_1$ 为市场壁垒的高度）；政治企业家能力 $g(X_2)$，且 $\partial \frac{g(X_2)}{\partial X_2} \geq 0$（$X_2$ 为制度激励的强度）。经济企业家能力 $g(X_1)$ 以突破市场壁垒为主要特征，包括田国强（2001）所界定的内部管理能力以及贺小刚、李新春（2005）指出的战略能力、管理能力和社会关系能力；而政治企业家能力 $g(X_2)$ 则包括田国强界定的外部管理能力和贺小刚、李新春指出的政府关系能力。政治企业家能力是合作社领导人的政治外事能力，能够通过"关系"相对容易地获取政府资源的使用权，如承包山林、请求政府修路、取得财政支持等。

现实中企业家能力是动态变化的，不同的企业家有不同的企业家能力，同一企业家在不同时期也有不同的企业家能力（许爱玉，2010）。本节下一部分将发展一个简单的逻辑模型来识别既定经济制度环境下合作社企业家能力的变化过程及其对合作社成长的影响。

---

① "经理封顶定理"简单来说就是：企业的成就不会超过它的领导人，如同金字塔高不过它的塔尖。

三、壁垒和激励共同作用下的合作社成长

政府对于合作社的支持程度在一定意义上决定着合作社运动的成败（王勇，2010）。尤其是近几年，我国关于合作社的法律法规日益具体化并形成政策体系，为促进合作社健康快速发展创造了制度激励环境（孔祥智、史冰清，2008）。我国对合作社制度激励可以分为普惠型和竞争型。普惠型制度激励是所有农民专业合作社都可以享受的政策优惠，如税收减免。这种激励对合作社而言是外生给定的，不会影响合作社企业家能力的变化。而竞争型制度激励是对有示范带动作用的合作社进行个别化奖励，如给予资金奖励或项目扶持。一般来说，竞争型制度激励的奖助金额相对较大，需要合作社之间通过竞争才能取得，而且它与合作社企业家能力的关联性很强，并会显著影响合作社的成长。因此，本节重点对这种竞争型制度激励进行分析。

假设在同一地区有 2 个生产同类型产品的合作社 A 和合作社 B。为了树立榜样，并且受到扶持资金的限制，当地政府只能把竞争型制度激励给其中的 1 个合作社。在确定哪个合作社能够通过竞争，成为政府扶持对象之前，当地政府会对合作社的产量设置一个扶持的入围门槛 Q_0。只有产量达到门槛 Q_0 的合作社才会进入地方政府的视野，才有可能得到资助和扶持。确定门槛 Q_0 后，存在 3 种情况：①合作社 A 和合作社 B 都未跨过入围门槛 Q_0，没有合作社获得竞争型制度激励，Q_0 需要重新设置；②合作社 A 和合作社 B 中有 1 个跨过入围门槛 Q_0，跨过门槛的合作社获得竞争型制度激励；③合作社 A 和合作社 B 都跨过入围门槛 Q_0，此时较强的合作社获得竞争型制度激励。

在给定的经济制度环境中，除了通常的资本 K 和劳动 L 之外，合作社的产出情况与经营规模①还取决于企业家的两种资源：经济企业家能力 $g(X_1)$ 和政治企业家能力 $g(X_2)$。前者包括企业家成功的投资决策能力，对生产经营非常关键。后者包括通过政企关系获得政府控制的稀缺资源、更加优惠的政策和奖助，以及解决与其他组织单位冲突的能力，反映合作社在正式制度之外凭借掌握更多资源而取得的一种"权势"。于是，合作社的生产函数可表达为：

$$Q = Q[g(X_1), g(X_2), K, L] \tag{12-1}$$

其中，假定 Q 对前四个变量递增、可微。

Q_0 是合作社 A 和合作社 B 争夺竞争型制度激励的入围门槛，在合作社的产量 $Q \geq Q_0$ 入围参选后，对政企关系再设置一个扶持门槛 $g_0(X_2)$，也就是说，要想获得政府扶持，合作社企业家与政府的"关系"需要达到一定程度。当合作社企业家的 $g(X_2) \geq g_0(X_2)$ 时，该合作社才能争夺到竞争型制度激励。于是，合作社争取到竞争型制度激励的函数为：

$$G = G[Q, g(X_2)] \tag{12-2}$$

其中，G = 1 和 G = 0 分别表示争取到竞争型制度激励和未争取到竞争型制度激励，并且满足：

---

① 在本节，我们用合作社的规模表征合作社的成长情况，毕竟要先"做大"再"做强"。

$$G[Q, g(X_2)] \equiv \begin{cases} 1, & Q \geq Q_0 \ \text{且} \ g(X_2) \geq g_0(X_2) \\ 0, & Q < Q_0 \ \text{或} \ g(X_2) < g_0(X_2) \end{cases} \qquad (12-3)$$

我们假定2个合作社都能跨过入围门槛Q_0，但合作社A的政治企业家能力较强，因而获得了竞争型制度激励（即前面提到的第3种情况）作为分析的起始状态（第0期）。

第0期：有$Q_A^0 \geq Q_0$，$Q_B^0 \geq Q_0$，$g(X_{2A}^0) \geq g_0(X_2)$，$g(X_{2B}^0) < g_0(X_2)$，由于2个合作社都满足地方政府设置的硬性评选条件，但合作社A的政企关系要比合作社B强，合作社A在这一轮争夺中胜出，于是$G[Q_A^0, g(X_{2A}^0)] = 1$，$G[Q_B^0, g(X_{2B}^0)] = 0$。

第1期：①一次博弈情形：政府仅在第0期有竞争型制度激励。由于合作社A相对于合作社B能获得更多的政府资源，合作社A所面临的市场壁垒被竞争型制度激励部分替代。相对低的市场壁垒对合作社A的经济企业家能力要求也就低一些，出现政治企业家能力对经济企业家能力的部分替代效应，此时合作社在政府提供的"拐杖"下实现成长。②多次博弈情形：政府在每期期末评选优秀示范合作社并对胜出者给予竞争型制度激励。由于现实中更常见的情形是政府持续扶持合作社发展，并多次给予竞争型制度激励，因此多次博弈可能更符合实际。在多次博弈过程中，对政府扶持的竞争可能持续到第n期，而且可能出现入围门槛Q_0保持不变和Q_0逐期变动2种情况。

（一）入围门槛Q_0保持不变——龟兔赛跑

第1期中，由于合作社A所面临的市场壁垒被竞争型制度激励部分替代，相对低的市场壁垒对合作社A的经济企业家能力要求也就低一些，即$X_{1A}^1 < X_{1B}^1$引起$g(X_{1A}^1) < g(X_{1B}^1)$。只要合作社A按$g(X_{1A}^1)$的经济企业家能力要求从事经营活动，而合作社B按略大于$g(X_{1B}^1)$的经济企业家能力要求从事经营活动，合作社B就有可能在市场竞争中存活的同时，有喘息的机会去积累政治企业家能力$\Delta g(X_{2B}^1)$，即合作社B不仅要更努力地经营合作社，还要不断强化与政府的关系。由于Q_0保持不变，合作社A和合作社B都能跨过入围门槛，若$g(X_{2A}^1) > g(X_{2B}^1) + \Delta g(X_{2B}^1)$，仍然有$G[Q_A^1, g(X_{2A}^1)] = 1$，$G[Q_B^1, g(X_{2B}^1) + \Delta g(X_{2B}^1)] = 0$，即A在这一轮争夺战中胜出；反之则为B胜出。

如果两个合作社持续经营，对政府扶持的竞争也会持续进行下去，而政府的扶持又会造成两个合作社成长速度的差异。在第一期获得竞争型制度激励的合作社A成长较快，而缺少"拐杖"，更多依靠内在能力的合作社B发展较慢，形成了"龟兔赛跑"的局面。如果Q_0保持不变，且合作社A处于赛跑中的兔子懈怠状态，其经济企业家能力处于停滞，而合作社B处于赛跑中的乌龟持续爬行状态，经济企业家能力得到提升，到第n期就可能会出现$g(X_{2A}^n) < g(X_{2B}^n) + \Delta g(X_{2B}^n)$，其中$\Delta g(X_{2B}^n)$为合作社B的经济企业家能力的提升。于是$G[Q_A^n, g(X_{2A}^n)] = 0$，$G[Q_B^n, g(X_{2B}^n) + \Delta g(X_{2B}^n)] = 1$，即合作社B通过第n期的部分经济企业家能力向政治企业家能力转化积累才能争夺到竞争型制度激励。在这个过程中，合作社B的政治企业家能力逐渐接近并最终超过合作社A的政治企业家能力。

（二）入围门槛Q_0逐期变动——输在起点上的较量

随着合作社的发展壮大，各级政府对给予扶持的合作社的标准要求一般是逐步提高的。当入围门槛 Q_0 逐期增加时，在第 0 期争夺战中胜出的合作社 A 因面临相对低的市场壁垒，克服当前壁垒所要求的经济企业家能力也相对较低。此时，只要合作社 A 不懈怠，仍以 $g(X_{1A}^1)$ 的经济企业家能力从事经营活动，其成长（由产出表示）就能达到新的入围门槛 Q_1，而合作社 B 则由于缺少政府扶持，需要以高于 $g(X_{1B}^1)$ 的经济企业家能力从事经营活动，才能达到新入围门槛 Q_1 的要求。如果合作社 B 在这一期的经济企业家能力增量 $\Delta g(X_{2B}^1)$ 全部用于生产经营活动才能满足 ΔQ_1 的增量要求，那么它就没有资源去积累政治企业家能力，故 $\Delta g(X_{2B}^1) = 0$，$g(X_{2B}^1) = g(X_{2B}^0) + \Delta g(X_{2B}^1) = g(X_{2B}^0)$。合作社 A 在达到 Q_1 要求的同时，还有能力将部分经济企业家能力转化成政治企业家能力，实现 $g(X_{2A}^1) = g(X_{2A}^0) + \Delta g(X_{2A}^1) > g(X_{2A}^0)$，此时 $g(X_{2A}^1) > g(X_{2B}^1)$，合作社 A 仍然是争夺战的胜出者。

如果政府对合作社的扶持持续进行下去，在第 n 期，受合作社成长情况和外界环境变化的影响，Q_0^n 逐期增加。那么，只要合作社 B 的经济企业家能力增量低于 ΔQ 的要求，合作社 B 就没有富裕的资源用于增加其政治企业家能力，于是合作社 A 将一直保持领先优势，并获得政府的扶持。由此可见，最初合作社 A 获得了竞争型制度激励这根"拐杖"，不仅为它的经营和成长提供了持久的先发优势，也为它以后持续获得政府的扶持奠定了基础。而合作社 B 的经营能力虽然有了很大的提升，在纯市场竞争中本应比合作社 A 更有竞争优势，但受制于政治企业家能力不足而导致一直无法获得竞争型制度激励缺乏，使其始终无法赶上合作社 A 的成长和发展速度，成为相对失败的合作社。

四、结论与讨论

本节在我国各级政府对农民专业合作社的扶持力度逐渐加大的背景下，通过将合作社领导人的企业家能力划分为经济企业家能力和政治企业家能力，探讨了政府提供的竞争型制度激励对合作社成长的影响。研究发现：在合作社成长初期，政府的竞争型制度激励一方面起到了"拐杖"的作用，能够帮助合作社跨过市场壁垒；另一方面还会促使合作社领导人努力经营以获得政府的奖助。长期存在的竞争型制度激励，虽然有助于合作社做强做大，但是也会扰乱市场秩序，产生设租、寻租，降低合作社竞争的效率。一些低效率的合作社依赖政府的竞争型制度激励实现成长，而另一些合作社尽管经营能力很强，但由于无法打败政企关系强大的合作社，无法获得政府奖助，不得不忍受不公平的市场竞争，最终难以发展壮大。

当然，本节对企业家能力变化和合作社成长的探讨中存在一些局限性。第一，为简便起见，本节在合作社的生产函数上没有显性提到资本 K 和劳动 L 的变动。不过，它们会反映到经济企业家能力 $g(X_1)$ 和政治企业家能力 $g(X_2)$ 中，因而本节的分析也并非完全忽略了这些要素投入的变动。第二，主要探讨伴随着政府对合作社的扶持而产生壁垒、激励及其相互作用对企业家能力和合作社成长的影响，所以没有考虑企业家能力封顶的制约，也没有考虑资本市场、劳动力市场和其他生产要素市场等可能发挥的作用。即便如此，本节的分析还是能够用来解释转型经济时期，拥有不同初始资源禀赋的合作社在较长时期内呈现出弱者恒弱、强者恒强的现象，以及政府在其中扮演的角色。

参考文献

［1］张晓山．农民合作社发展需关注六大问题［J］．农村工作通讯，2011（5）．

［2］黄祖辉，扶玉枝，徐旭初．农民专业合作社的效率及其影响因素分析［J］．中国农村经济，2011（9）．

［3］何安华，孔祥智．市场壁垒、制度性激励与合作社成长——红顺农民专业合作社案例研究［J］．中国软科学，2012（3）．

［4］张维迎．中国企业家的困惑［N］.21世纪经济报道，2001－06－11.

［5］卫武．中国环境下企业政治资源、政治策略和政治绩效及其关系研究［J］．管理世界，2006（2）．

［6］罗党论，刘晓龙．政治关系、进入壁垒与企业绩效——来自中国民营上市公司的经验证据［J］．管理世界，2009（5）．

［7］许爱玉．基于企业家能力的企业转型研究——以浙商为例［J］．管理世界，2010（6）．

［8］Penrose, E. T. The Theory of Growth of the Firm［M］. Oxford Basil Blackwell Publisher, 1959.

［9］Wernerfelt, B. A Resource－Based View of Firm, Resource, Firms, and Strategies［M］. London：Oxford University Press, 1997.

［10］Barney, J. Firm Resource and Sustained Competitive Advantage［J］. Journal of Management, 1991, 17（1）.

［11］Fisman, R. Estimating the Value of Political Connections［J］. American Economic Journal, 2001, 91（4）.

［12］田国强．内生产权所有制理论与经济体制的平稳转型［J］．经济研究，1996（11）．

［13］田国强．一个关于转型经济中最优所有权安排的理论［J］．经济学（季刊），2001（1）．

［14］贺小刚，李新春．企业家能力与企业成长：基于中国经验的实证研究［J］．经济研究，2005（10）．

［15］王勇．产业扩张、组织创新与农民专业合作社成长——基于山东省5个典型个案的研究［J］．中国农村观察，2010（2）．

［16］孔祥智，史冰清．我国农民专业合作经济组织发展的制度变迁和政策评价[J].农村经营管理，2008（11）．

第二节　精英行为、制度创新与农民合作社成长[①]

一、引言

精英在制度演进中的作用，类似于企业家在经济发展中的作用，他们既是经济活动的组织者，又是制度创新的推动者（曹正汉，2004）。农民合作社作为一种兼具企业特征的农民自主组织，乡村精英在其中的作用尤为重要。大量文献表明，在当前我国农民合作社中，由销售能人、专业大户和农业企业领办的合作社占绝大部分（黄祖辉，2006；张晓山，2009）。不少合作社呈现出由涉农工商资本或少数农村精英控制、多数成员依附的产权结构（徐旭初，2013）。就此而言，我国合作社的成长存在较严重的"精英依赖"。这种精英依赖，会对合作社发展造成什么影响？有学者认为，由核心成员控制合作社的多数财产所有权，能够更好地集聚生产要素和避免代理问题（林坚等，2007），而且通过发挥"骨干成员"的引领作用，有利于打破合作社中的集体行动困境，从而加快合作社发展（任大鹏等，2008）。张晓山（2009）指出，专业大户、农民企业家等在合作社经营中的作用突出，没有他们，合作社就难以获得成功。黄祖辉（2009）认为以市场竞争为导向的农民合作社，为了得到市场地位、获得组织发展，大户、农业企业等关键资源所有者占据主导地位具有必然性。孔祥智等（2010）研究发现，人力资本方面的异质性有利于实现帕累托改进和激励相容，是获得制度效率的一种合理安排。总之，在合作社发展初期，发挥乡村精英的带动作用，能够提高合作社的组织效率。

但是，过于强调精英成员在组织中的作用，可能会背离合作社的初衷，损害社会对合作社的认可。Jenny Clegg（2006）在考察山东省的合作社后指出，合作经济"更有利于企业家才能较多或处境较好的农民把握市场机会"，对较贫困农户的增收作用有限。而且，在成员分层和集体行动困境的作用下，普通成员参与合作社事务的积极性不高、合作意向淡化（任大鹏等，2012）。合作社发展主要依靠少数核心成员及其家族，"精英俘获"和"大农吃小农"现象屡见不鲜，普通成员的合法权益受到侵害（温铁军，2010；崔宝玉等，2011）。因此，由少数精英成员控制的农民合作社，更像是追求盈利最大化的合伙企业或中间商，它与农户之间实际上是一种纯粹的市场交易关系，既无法改善小农户在市场上的弱势地位，也不能帮助其参与分享社会平均收益（温铁军，2013）。

如果我国农民合作社发展过程中无法回避精英依赖，那么，我们必须思考的问题是，能否在依靠乡村精英的同时，又不失"我为人人，人人为我"的合作社本真？精英行为对于合作社创新成长有什么影响，怎样才能处理好"做蛋糕"和"分蛋糕"的矛盾？能

---

　　① 执笔人：刘同山、孔祥智。

否通过创新制度安排，克服成员集体行动的困境，实现合作社的持续健康发展？为了回答这些问题，本节立足于我国农民合作社乡村精英领办的现实，在理论分析的基础上，剖析一个植根于传统农村社区的合作社，如何在精英的带动下解决有效承诺和相互监督等问题，实现合作社制度创新的供给和演化，从而走出集体行动困境并获得快速成长，以期为研究合作社成长提供一个本土化视角。

二、农户合作的理论分析：从集体行动到精英选择

从 1844 年罗虚代尔公平先锋社到今天世界各地广泛出现的各种农民合作组织，无不是为追求集体利益而合作的结果。奥尔森（1995）把集体利益划分为相容性和排他性两类。农民成立合作社获得的规模收益、合作收益和技术收益等都具有较强的相容性，集体行动有助于"做大蛋糕"。但这些收益在分配时又具有明显的排他性，成员之间有明显的零和博弈特征。从新古典经济人理性出发，奥尔森悲观地认为，"搭便车"问题的存在，致使除非集团中人数很少或存在选择性激励时，集体行动才容易达成。从集体行动逻辑看，让理性的、寻求个人利益的农民联合起来，成立真正"民管、民办、民受益"的合作组织似乎是不可能的。

然而，奥斯特罗姆（2012）指出，虽然有些人仍挣扎在毁灭他们自己资源的陷阱中，但另一些人已经走出了公地困境，"均衡是否可能，一种均衡是否改进了相关者的状况，都将取决于特定的制度结构"。在奥斯特罗姆看来，如果一个社群的公民，能够解决新制度供给问题、可信承诺问题和相互监督问题，那么面临的集体行动困境就可以避免，自主组织（如合作社）也就可以获得成功。在分析制度供给时，奥斯特罗姆采取了 Bates 的观点，认为新制度供给的机制只有建立了信任和树立一种社群观念，才能使个人理性与社会理性相一致。对于自主组织，难以通过外部强制解决承诺问题，可信承诺只有在解决监督问题之后才能做出。但是，监督本身也是一种公共物品，存在高阶"搭便车"问题，成员可能不会监督规则的执行。在对世界范围内的一些农民自主组织案例分析后，奥斯特罗姆指出，通过清晰界定边界、监督、分级制裁等 8 项设计原则可以解决集体行动问题，制度安排也可以达到预期目标并维持下去。总之，奥斯特罗姆认为，人是有限理性的，而且其行为受到道德和社会规范的影响，在某些环境条件下，社群公民会达成互惠共识，并遵守或改进社会规范。

可惜的是，奥斯特罗姆的目的是考察"公共事物的治理之道"，并没有特别关注自主组织的成员异质性，更没有对农民合作经济组织中的精英行为深入分析。为了增强理论的解释力，下面将结合我国的传统社会文化和合作社发展依靠精英的现实，从精英行为方面对该理论进行适当拓展。

根据 Sen 的理论，人的行为动机可以归结为理性选择和感性行为两类，其行为不一定遵循经济理性人假设（杨义凤，2010）。斯科特（2013）基于"生存伦理"的道义经济学指出，在中国和东南亚，互惠准则是传统社会中友谊和同盟得以建立的基础，而且在阶层分化不太严重的农业社会里，互惠义务一般以"保护人—被保护人"的契约形式出现。

这种交易模式要求乡村精英支配个人资源的方式有利于共同体中的较穷者。后者知道他们从这种关系中可以期待得到什么、付出什么，如果期待得到满足，这种分层模式就能得到道德认可。精英的道德地位取决于其行为在多大程度上符合整个社区共同体的道德期待。那么，与奥斯特罗姆的"分级制裁"类似，在道义经济学逻辑下，植根于传统农村社区的合作社普通成员能够忍受精英某种程度的利益侵占，而精英也知道何种程度的侵占会损害其道德地位和激起成员反抗。上述分析表明，我国合作社中精英行为具有二元效用函数特征，他们不仅关注自己的个人利益，还愿意带领合作社获得更多集体利益（一种公共物品），即精英行为动机具有利他性和利己性。为了让分析更加规范，本节借鉴 Howard Margolis（2007）的二元效用函数来描述合作社中精英的行为选择。

假定 S、P 分别为合作社实现集体利益给精英带来的社会收益（如声誉、社会地位等）和经济收益，S′、P′ 分别为其边际效用，W 为经济收益的权重，用来衡量精英对自己货币收入的关心程度。$0 < W < 1$，它不仅取决于文化传统、财富状况、奉献精神等，还取决于精英与普通成员之间的收入差距。根据亚当·斯密在《道德情操论》中提出的"同情感"，一个人看到别人的境况越差，他就越会设身处地地为别人考虑并给予更多同情。在合作社中，与普通成员相比，如果精英的收入越高，他单纯追求货币收入的动机就越弱，W 也就越小。当 $W = S′/P′$ 时，精英在奉献与利己之间达到平衡；当 $W < S′/P′$ 时，他会追求更多社会收益而减少侵占，S′ 将随之减少，而 P′ 和 W 将增加，最终达到内心平衡；当 $W > S′/P′$ 时，他会追求更多经济收益而增加侵占，S′ 将随之增加，而 P′ 和 W 都将随之减少，最终也会达到新的平衡。见图 12 - 1 所示。

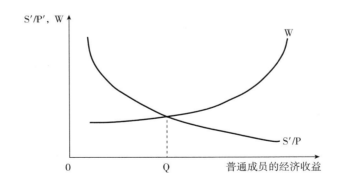

图 12 - 1　合作社中的精英行为选择均衡

图 12 - 1 中，横轴为普通成员的经济收益，纵轴为社会收益与经济收益的边际收益率之比以及精英对货币性收入的看重程度。如果在精英的带领下，普通成员因集体利益增加而改善经济状况（从 0 点沿横轴向右移动），那么精英的"同情感"减弱而提高自己的经济收益、保持精英地位的激励增强，其 W 值也会增加。同时，随着合作组织成长和普通成员的经济收益增加，精英获得越来越多的社会收益。但是，在边际效用递减规律的作用

下，S′将越来越小。即使 P′保持不变①，精英的 S′/P′值也会随普通成员经济收益的增加而降低。于是出现了图 12－1 中向右下方倾斜的 S′/P′曲线和向右上方倾斜的 W 曲线，如同经济学中的供给—需求曲线。不同的是，图中的均衡是精英内心对社会收益和经济收益的选择性均衡，而不是社会均衡。

基于上述分析，本节认为，作为合作社组建、发展的重要力量，乡村精英有通过改善内部治理、创新制度安排来实现合作收益的经济和社会动机。但是，无论是社会收益还是经济收益，精英拥有的那种收益越少，他就越期待获得更多。而且，精英与普通成员经济收益差距越大，他就越愿意带动别人发展（利他性动机）。因此，在合作社成长初期，精英一般不会侵占成员的收益，甚至会放弃部分个人利益来带动成员共同发展。但是，在普通成员的经济状况改善后，或者说，在合作社发展到一定阶段后，精英将更加看重个人的经济利益（利己性动机）。无论如何，植根于传统农村地区的合作社有其自主治理逻辑。

三、案例分析：精英主导下的合作社创新成长

为更清楚地考虑精英在制度创新中的作用，以及新制度安排对合作社成长的影响，本节选择黑龙江省克山县"仁发现代农机合作社"（以下简称仁发合作社）进行具体分析。文中的案例材料和有关数据，均为笔者对合作社实地调查和文献整理所得。

（一）仁发合作社的基本情况

近年来，为了发展现代化大农业，黑龙江省制定了扶持大型农机合作社的具体措施。在政策的激励下，2009 年 10 月，黑龙江省克山县河南乡仁发村党支部书记李凤玉出资 550 万元，带领 6 户村民分别出资 50 万元，共筹资 850 万元注册成立了"克山仁发现代农机合作社"，并成功获得 1234 万元的农机具购置国家配套补贴。一个拥有 7 个成员（投资人）、几十台现代化大型农机具、总投资额达 2084 万元的合作社诞生了。

作为一个农机合作社，统一经营的土地面积、成员数量和经营效益直接反映了合作社的成长情况。成立之初的 2010 年，合作社租入 1100 亩土地进行统一经营，并为周边农户的 6 万亩土地提供代耕服务。由于代耕和自营的土地达不到最小的最优规模，大型农机具的优势没能得到充分发挥，秋后算账，仁发合作社亏损 172 万元。通过一系列制度创新，2011 年，仁发合作社的成员达到了 314 户，统一经营土地面积达到 1.5 万亩，总收入 2763.7 万元（其中自营土地收入 2045.2 万元，代耕服务收入 718.5 万元），扣除农机具折旧、人员工资、管理费用等 1421.5 万元，依托现代科技和规模经营实现净盈利 1342.2 万元。由于提高粮食产量、带动农户增收的成绩突出，2012 年，仁发合作社被评为"全国农民专业合作社示范社"，理事长李凤玉也被评为黑龙江省劳动模范。经过短短 3 年时间，截至 2013 年底，仁发合作社的成员由最初的 7 人增加到 2436 户、统一经营和代耕的土地面积分别增加了 45 倍和 6 倍，实现了从亏损到净盈利 5200 万元的大发展。

---

① 一般而言，精英在社会地位提高之后一般会有更多的消费性支出，以展示与社会地位相符的经济地位，因此经济收益的边际效用 P′也会相应提高。

在《农民专业合作社法》的框架下，仁发合作社做出了适合自身情况的制度安排。具体来看，不考虑国家补贴形成的合作社发展资金，仁发合作社的所有人由出资股东和土地股东构成，前者是指最初入股成立合作社的 7 位投资者，后者是把自家承包地交由合作社统一经营的农户。

（二）合作社制度创新的承诺与监督问题

经历了 2010 年的亏损后，仁发合作社的 7 个出资股东认识到，必须创新制度安排获得更多土地，才能发挥大型农机具和现代种植科技的优势，实现规模经营效益和技术效益。毫无疑问，以合作社理事长李凤玉为首的 7 个出资股东小集团是合作社制度创新的动力来源。但是，在合作社资金缺乏的情况下，如何才能吸引周边农户带地入社？或者按照奥斯特罗姆的分析范式，小集团是如何解决有效承诺和相互监督这两个新制度供给的前提问题的呢？

依照舒尔茨的理性小农观点，农民精于算计且对风险十分敏感。已经亏损且不能支付土地租金的仁发合作社，为了增加"入社可获益"的可信性从而吸引农户把土地交由合作社统一经营，在 2011 年做出了两个承诺：一是在有关专家指导和政府支持下，许诺把 1234 万元国家配套资金（形成的农机具等资产）按户平均量化给所有加入合作社的农户，并参与分红；二是无论合作社收益如何，都按 350 元每亩的保底收益向"带地入社"农户支付地租，远高于当地 240 元每亩的土地流转价格，并允许这部分收益（折算成等价股金）参与年终盈余分配。即使合作社完全没能支付承诺的保底收益，仅国家配套补贴资金一项，以 314 户成员计算，每户也可以分得近 4 万元。因此，合作社的承诺对于成员具有较强的可信性。

与奥斯特罗姆强调的成员之间相互监督不同，成员异质性很强的仁发合作社并没有采取成员之间的相互监督，而是在制度创新时把对出资人（也是合作社的管理者）的监督嵌入承诺之中。一方面，出资人在政府有关部门的建议和支持下，把国家配套补贴资金按户量化，这一行为本身就把合作社股东置于政府有关部门的视野内。农民有理由相信，为合作社发展提供了大笔财政补贴资金的政府部门，会对合作社管理层进行一定约束。另一方面，绝大部分农户入社后不参与合作社生产经营[①]，而是根据土地面积获得固定租金和相应分红——如同购买了上市公司股票的股民，成员不必监督其他农户的"搭便车"行为，而只需监督管理层的经营行为。不过，由于显而易见的好处，对"带地入社"的新成员来说，监督管理层似乎并不是一个十分迫切的问题。

（三）精英行为与合作社分利秩序的演化

从最初的 7 人合伙企业开始，随着经营效益和成长阶段发生变化，仁发合作社的精英也不断调整利益分配方式，体现出二元效用分析中精英对社会效益和经济效益的权衡。

首先是"做蛋糕"阶段，精英集团采取了让渡既得利益、主动承担经营风险等方式推动合作社发展，追求社会收益的行为特征明显。虽然根本动机是为了扭转经营亏损，获得规模效益，但李凤玉等投资者，愿意把费尽周折获得的巨额国家财政补贴资金平均分给

---

① 2012 年，长年在合作社工作的人员有 32 人，农忙时会招收 100 个左右的成员做临时工。

各个成员，无疑是其奉献精神的有力体现。2011 年在合作社实施了制度创新之后，国家财政补贴资金形成的股份实际上已经通过成员账户划转到所有成员名下，带土地入社的普通成员不仅是合作社的土地股东，还获得一份国家资金入股。以 2011 年为例①，合作社 1342.2 万元净盈利是如何分配的？精英集团获得了多少收益呢？在分配方面，合作社首先以每亩 350 元承诺保底价格，兑付 525 万元给带地入社成员；其次，从剩余的 817.2 万元可分配盈余中按章程提取 50% 公积金后，在国家配套补贴资金、成员入股资金和 525 万元土地保底收益折股资金之间按比例分配；最后将国家配套资金分得的 193.3 万元平均量化到 314 户成员，户均 6155 元。在这种分配方式下，7 个投资者共分得 134.97 万元，占总盈余的 10.05%。由于投资者作为合作社的主要管理者不领取薪水、补贴等收入，134.97 万元是其全部经济收益。另外，土地入社保底收益的存在，使成员可以享受合作社收益，而不承担经营风险，"收益共享、风险共担"机制没能建立，风险在投资者一方过度积累。这是李凤玉及其他精英具有奉献精神、愿意为集体付出的另一种体现。在这一时期，仁发合作社处于图 12-1 中 Q 点左侧。

其次是"分蛋糕"阶段，精英集团以支付管理者薪水、分散经营风险等方式追求更多经济收益。2012 年，虽然没有从根本上改变合作社的收益分配制度，但是合作社已经开始从收益分配上考虑 7 个投资者在管理方面的作用。按照理事长李凤玉的说法，"为了充分调动管理人员的工作积极性，2012 年初，经成员代表大会讨论，决定按年末总盈余的 2% 作为管理层工资，其中的 20% 为理事长工资"。假定 2012 年合作社的净盈余与 2011 年一样，仍为 1342.2 万元，那么，分配制度调整后精英集团的收益将怎样变化？在提取 2% 的管理层工资后，精英集团获得的收益额增加至 161.814 万元，占净盈余的比例增加至 12.05%。这表明，随着组织收益的增加和普通成员收入状况的改善，精英集团开始更多考虑自己的经济收益，仁发合作社精英行为从 Q 点左侧迅速向右移动，一度达到了 Q 点右侧某个位置。

但是，收益与风险相对应的原则在合作社经营中仍然适用。虽然精英集团的收益明显增加，但土地保底收益的存在，导致经营风险过度积累在精英成员一方。为了强化利益联结和风险分担机制，精英成员需要进一步调整分利秩序。2013 年初，仁发合作社从根本上改变了原有的分配制度。一是土地直接入股，取消土地的保底收益。二是理事长、监事长和其他管理人员工资按总盈余的 3% 提取，理事长仍分得其中的 20%。三是合作社盈余以 60∶40 的比例在土地和资金之间分配。四是公积金仅从资金应得分红中提取 50%，土地获益部分不再提取公积金。由此创造了一个资金、土地和企业家才能三方协作的股份合作社。这种新的制度安排，除增强成员之间的利益联结程度和合作社的风险抵抗能力外，会如何影响精英集团的收益呢？按照新的分配方式，如果合作社与 2011 年一样，仍然有 314 人、1342.2 万元净盈利，则精英集团的可分得：工资收益 40.27 万元 + 资金入股分红

---

① 选择 2011 年，是因为这是新制度安排的第一年，不会受到公积金产生的收益影响，因此处理时相对简单。如果考虑公积金产生的收益，作为投资者的精英集团的收益会进一步增加。

106.20 万元 +7 人分得国家补贴分红 3.44 万元 = 149.91 万元，大于 2011 年实际分得的 134.97 万元，占总盈余的比重上升到 11.17%。与 2012 年相比，2013 年精英成员获得的收益份额减少了 0.88%。精英集团放弃的部分收益，不仅为了均摊或转移风险而支付的"保费"，也隐含了收益分配从 2012 年的 Q 点右侧向左回调的过程。

有意思的是，虽然 2012 年和 2013 年的制度安排，都明显提高了精英集团收益在总盈余中的比重，而且考虑到公积金参与分红，而土地收益不再提取公积金，资本的积累将逐步提高精英集团在合作社盈余分配中的比例，但仁发合作社对农户的吸引力并没有因之变小。两年来不仅没有成员退出，反而吸引了更多农户踊跃加入。2012 年、2013 年的成员数量连续激增，分别达到 1222 人、2436 人。这表明，对于精英集团在一定程度上提高了其收益份额或者适度的"侵占"行为，普通成员是可以接受的。可见，在合作社快速发展两年之后，精英集团通过调整制度安排，不仅承担了更少的风险、保证了资金积累收益，还获得了更多现实的经济利益。而这并没有影响组织的凝聚力，普通成员似乎能够理解和接受精英成员的这种行为。

上述合作社成长两阶段的分析结果表明，在合作社初创期，精英集团有更多的奉献精神和利他性动机，愿意放弃部分利益，带动成员一起发展。但是，在合作社发展到一定阶段后，普通成员从组织获得的收益不断增加，精英成员也将更加看重个人的经济收益，利己性动机再次主导了精英集团的行为。这印证了前面理论分析的结果。

（四）合作社成长的其他动力

为什么仁发合作社能在短短几年的时间内，取得如此大的成功？虽然组织模式、分配方式等创新可以吸引农户将土地交由合作社统一经营，帮助合作社迈过规模经济壁垒，但由此产生的规模经济显然不能解释仁发合作社成功的全部。作为一个以粮食生产为主的市场竞争主体，仁发合作社的成功还依赖于采用现代农业技术采纳和订单农业的实施。

自 2011 年以来，仁发合作社利用大型农机具规模经营的优势，不断创新耕作模式、调整种植结构、缩短销售链条，实现了增效增产增收，为合作社健康成长提供了持续的内源与外源动力。一方面，农业科技为仁发合作社发展机械化、集约化的现代农业奠定了基础。仁发合作社拥有从播种、中耕到收获各环节的大型农机具 132 台套，田间综合机械化率达到 90% 以上。以马铃薯种植为例，仁发合作社的多台大功率马铃薯播种机联合作业，同时完成开垄、施肥、下种、合垄、镇压五个流程。而且，有了经营规模，农业科技人员指导合作社科学种田有了立足点，选择优质品种、改善种植技术等也就顺理成章。从 2011 年开始，在农技农艺人员的指导下，仁发合作社改变了传统种植方式，玉米、马铃薯分别采取了 110 公分"大垄双行栽培技术"和 90 公分"大垄单行密植技术"，亩产各增加 120 公斤和 1500 公斤左右，种植收益得到大幅改善。

另一方面，大面积土地统一经营为仁发合作社发展"以销定产"的订单农业提供了条件。在仁发合作社获得 1.5 万亩土地的统一经营权之后，组织化产生的规模优势很快得到了体现。2011 年春，仁发合作社成功与全球知名的冷冻食品供应商麦肯食品（哈尔滨）有限公司签署了协议，以每斤 0.85 元的价格，为后者生产 2000 亩马铃薯。2012 年，仁发合作社为该公司种植的马铃薯面积达到了 5000 亩，每斤的销售价格比普通农户的高出 0.2 元。每亩纯收入比非合作社成员多 1200 元，仅马铃薯一项就为合作社带来 700 多万元的收益。2013 年，根据以销定产的思路，仁发合作社的马铃薯种植面积已达 1 万亩，为经营效益提高做出了重要贡献。

此外，凭借规模经营优势，仁发合作社不仅可以在农资购买、机械化耕作上比农民分散经营每亩节约 100 元，还可以获得金融机构优惠贷款等。由于这方面的作用相对较弱，因此本节不展开论述。

四、结论与启示

著名的合作进化论专家阿克塞尔罗德（2007）指出，人与人之间、组织与组织之间、甚至国家与国家之间都需要合作，而且中国想要充分发挥自己的潜能，合作是关键。但最简单的问题是，在持续交往中，人们什么时候应该合作，什么时候只需为自己着想？一个人会继续帮助他的一位从来不思回报的朋友吗？适度"侵占"会激起抗争吗？本节通过农民合作的理论分析和仁发合作社的案例研究发现，在组织成长初期，为了打破发展的瓶颈，精英有一定的奉献精神，愿意放弃部分利益（以集聚更多追随者、获得组织成长必须的特质性资源），这不仅解决了有效承诺不足的问题，还在一定程度上克服了相互监督难以实施的弊端，使得新制度安排得以出现。可见，精英行为是打破低水平均衡、走出集体行动困境的关键。但是随着组织的不断成长和成员从组织获益的持续增加，精英将会更倾向追求自己的经济利益，甚至会通过调整制度安排来增加收益份额、减少风险承担。从合作的逻辑来讲，精英这种提高自己（预期）收益比例的行为，与一个人在帮助朋友后期待朋友给予相应回报是一个道理。作为博弈的另一方，普通成员对精英这种"索取回报"的行为似乎并不十分抵触——仁发合作社的普通成员，并没有因精英提高其收益比例而选择"用脚投票"，反而有越来越多的农户加入合作社。至于何种程度的侵占会让普通成员难以接受而退出，正如奥斯特罗姆和斯科特所指出的，主要取决于各地有关互惠的社会规范和成员的反抗精神。由于仁发合作社成立的时间较短，仍处于快速成长期，本节没能进行这方面的考察。

本研究可以得到两个重要的政策启示：一是关于农民合作社的创新成长问题。当前，我国农民合作社的组织有效性仍需提高，持续成长的内源动力亟待加强。乡村精英作为"有创造力的少数人"（汤因比，2000），其行为选择对合作社成长有重要影响。在乡村精英的带领下，合作社通过创新制度安排，能够把异质性成员的互补性资源整合在一起，实现资源的有效配置，从而获得合作效益、规模效益等。当然，乡村精英既有获得社会荣誉的需要，更有为自己谋取经济利益的动机。为了促进合作社健康发展，有关部门要加强宣传教育尤其是对合作社理事长的培训，注重发挥其积极性和首创精神。这可以使图 12-1 中的 W 曲线向左移动，从而让精英成员为组织贡献更多。二是关于农民合作社发展的财政扶持资金的有效利用问题。近年来，随着对农民合作社发展的重视，国家对合作社扶持资金也不断增加，2013 年农业部、财政部等有关部门安排的专项扶持资金额度高达 50 亿元。由于农民合作社发展不够规范，只有很少的合作社会像仁发合作社那样，把获得的财政补贴资金量化到每个成员，为走出集体行动困境提供激励。在我国合作社精英依赖十分突出的情况下，如何避免巨额补贴资金被"精英截获"，如何强化扶持资金在合作社规范化建设中的引导作用，值得有关部门认真考虑。

参考文献

[1] 曹正汉. 精英人物影响社会制度演进的条件和机制 [J]. 管理世界，2004 (6).

[2] 黄祖辉. 基于能力和关系的合作治理——对浙江省农民专业合作社治理结构的解释 [J]. 浙江社会科学，2006 (1).

[3] 张晓山. 农民专业合作社的发展趋势探析 [J]. 管理世界，2009 (5).

[4] 徐旭初. 科学把握合作社的质性规定与制度安排 [J]. 中国农民合作社，2013 (10).

[5] 林坚，黄胜忠. 成员异质性与农民专业合作社的所有权分析 [J]. 农业经济问题，2007 (10).

[6] 任大鹏，郭海霞. 合作社制度的理想主义与现实主义——基于集体行动理论视角的思考 [J]. 农业经济问题，2008 (3).

[7] 黄祖辉，邵科. 合作社的本质规定性及其漂移 [J]. 浙江大学学报（人文社会科学版），2009 (7).

[8] 孔祥智，蒋忱忱. 成员异质性对合作社治理机制的影响分析——以四川省井研县联合水果合作社为例 [J]. 农村经济，2010 (9).

[9] Jenny Clegg. Rural Cooperatives in China：Policy and Practice，Journal of Small Business and Enterprise Development，2006，1 (2).

[10] 任大鹏，李琳琳，张颖. 有关农民专业合作社的凝聚力和离散力分析 [J]. 中国农村观察，2012 (5).

[11] 温铁军. 中国新农村建设报告 [M]. 福州：福建人民出版社，2010.

[12] 崔宝玉，陈强. 资本控制必然导致农民专业合作社功能弱化吗？[J]. 农业经济问题，2011 (2).

[13] 温铁军. 农民专业合作社发展的困境与出路 [J]. 湖南农业大学学报（社会科学版），2013 (8).

[14] 曼瑟尔·奥尔森. 集体行动的逻辑 [M]. 上海：上海三联出版社，1995.

[15] 埃莉诺·奥斯特罗姆. 公共事物的治理之道——集体行动制度的演进 [M]. 上海：上海译文出版社，2012.

［16］杨义凤．从理性选择到感性选择——评阿玛蒂亚·森"信息扩展"对社会选择研究的理论贡献［J］．学习与探索，2010（5）．

［17］詹姆斯·斯科特．农民的道义经济学［M］．南京：译林出版社，2013.

［18］Howard Margolis. Cognition and Extended Rational Choice［M］. London：Howard Routledge，2007.

［19］阿克塞尔罗德．合作的进化［M］．上海：上海世纪出版集团，2007.

［20］汤因比．历史研究［M］．上海：上海人民出版社，2000.

第三节 企业家精神与农民专业合作社发展

——以北京乐平西甜瓜专业合作社为例①

一、引言

近几年来，农民专业合作社发展迅速，并孕育出一大批出色的合作社理事长。在合作社成立与发展过程中，合作社理事长一直扮演着重要角色，其在投入品采购、新技术选择、信息获取、产品营销以及品牌化等合作社经营活动中起着重要作用，被誉为"具有合作精神的熊皮特式企业家"（苑鹏，2001）。研究表明，合作社理事长对合作社的发展绩效有显著影响（徐旭初等，2010），合作社理事长的企业家才能是提高合作社效率的关键因素（黄祖辉等，2011），合作社理事长的人力资本条件对合作社服务功能的提供也有一定影响（黄季焜等，2010）。

在已有的合作社理事长相关研究中，大多为定量研究，将理事长的文化程度、经营规模、从业年限、资金实力、管理能力、社会资本、市场经验等变量放入计量模型来考察其在合作社发展过程中的作用。但是，合作社理事长在合作社中发挥作用的研究是宽泛而不是狭窄的研究主题，它包括前后联系的、复杂的多个变量而不是孤立的变量，需要依靠多种而不是单一的证据材料（殷，2004）；特别是合作社理事长的企业家精神，更是很难进行量化。本节将以北京乐平西甜瓜专业合作社为例，尝试深入分析该合作社理事长冯乐平所具备的企业家精神，并较为全面系统地阐述企业家精神在合作社发展过程中所起的作用。

二、企业家精神

企业家精神这一名词是英文"entrepreneurship"的中文译法，是指人们竞相成为企业家的行为，即创业行为；在学术界，通常将企业家具有的某些共同特征也归纳为企业家精

---

① 执笔人：楼栋、黄博、孔祥智。

神。概括地说，企业家精神是企业家特殊技能（包括精神和技巧）的集合；或者说，企业家精神指企业家组织建立和经营管理企业的综合才能的表述方式，它是一种重要而特殊的无形生产要素（彼得·德鲁克，2000）。在企业家精神的具体内涵中，不同学者有着不同的理解：①坎迪隆和奈特将企业家精神与风险或不确定性联系在一起，认为冒险是企业家的天性，没有甘冒风险和承担风险的能力与魄力，就不可能成为企业家。奈特指出，不确定性可以分为两类：一种是可以推测的不确定性，称为风险，是可以保险的；另一种是不能推测的不确定性，称为（真正的）不确定性，是不能保险的；而企业家的作用就是处理经济中存在的不确定性。②桑巴特和科兹纳认为，企业家精神是以市场为中心的学习过程，企业家的活动就是创造性的发现和学习，是一种不可遏止的、动态的崇尚学习与进步的力量；具体行动包括学习新技术、新方法，并将新技术、新方法投入生产以追求利润。③德鲁克和熊彼特则特别强调企业家的创新精神，认为企业家精神是社会创新精神，是社会进步的杠杆。企业家的职能就是创新，企业家是经济发展的推动者，而企业家精神就是一种不断创新的精神，是社会发展的策动力量。所谓创新就是建立一种新的生产函数，把一种从未有过的有关生产要素和生产条件的新组合引入生产系统。具体来说，这种新组合或创新包括五种：引入新产品、引入新技术、开辟新市场、控制原材料的新供应来源、实现企业的新组织形式。④诚信是企业家的立身之本，企业家在修炼领导艺术的所有原则中，诚信是绝对不能摒弃的原则。凡勃伦指出，有远见的企业家非常重视包括诚信在内的商誉。弗利曼更是明确指出，企业家只有一个责任，就是在符合游戏规则下，运用生产资源从事利润的活动；亦即须从事公开和自由的竞争，不能有欺瞒和诈欺。⑤韦伯则认为，货币只是成功的标志之一，对事业的忠诚和责任，才是企业家的顶峰体验和不竭动力。韦伯在《新教伦理与资本主义精神》一书中十分强调敬业精神，写道，"一个人为了他的事业才生存，而不是为了他的生存才经营事业"。

概括起来，企业家精神的内涵至少包括冒险、学习、敬业、创新、诚信等，本节将在梳理企业家精神基本概念和内涵的基础上，结合中国农民专业合作社的具体实践，从个人、组织、社会三个层面来剖析北京乐平西甜瓜专业合作社理事长冯乐平所具备的企业家精神对合作社发展的影响，以期为更好地理解、认同和培育合作社理事长的企业家精神提供参考。

三、案例分析

1997 年，为了解决卖难和农户分散经营成本高的问题，北京大兴庞各庄镇四各庄村的冯乐平和 6 户瓜农共同创办了北京庞各庄西甜瓜产销联合体。经过十年的运作，2007 年 10 月 16 日，产销联合体在工商行政管理部门进行了注册登记，北京乐平西甜瓜专业合作社正式成立。当前，合作社拥有一支高素质的研发营销队伍，从事研发、成果转化方面的技术人员 20 余人，其中教授 5 人、研究员 2 人、副研究员 1 人、高工 1 人，从事市场开发与应用的营销人员 10 人。北京乐平西甜瓜专业合作社采用"公司＋合作社＋农户"模式，充分发挥公司经营、合作经营与家庭经营的优势（黄祖辉等，2011），以北京庞各庄乐平农产品产销有限公司为龙头，发展合作社成员 650 户，建有 2 万多亩的绿色西甜瓜生产基地，辐射带动周边 3000 多户瓜农走上了致富道路。合作社依托"乐萍"牌商标，在北京发展了 500 余家高端客户，年合同量达 1000 万公斤。合作社西瓜产品走进了高校、CBD 等高端市场，合作社年销售瓜、菜、果 8312.5 万吨，实现产值 8000 多万元，户均增收达 5000 元。

合作社理事长冯乐平完整地参与并见证了北京乐平西甜瓜专业合作社的发展壮大，同时她也是合作社能够迅速成长的关键因素。从冯乐平个人的发家致富到庞各庄西甜瓜产销联合体的建立，从乐平西甜瓜专业合作社的自身成长到合作社社会效应的发挥，冯乐平的企业家精神在其中展现得淋漓尽致，并在整个合作社成立发展过程中发挥了重要作用。本节将在企业家精神相关理论指导下，从个人、组织和社会三个层面来分析合作社理事长冯乐平的企业家精神与北京乐平西甜瓜专业合作社发展之间的关系。其中，个人层面主要指的是冯乐平个人的发家致富，组织层面主要指的是庞各庄西甜瓜产销联合体、乐平西甜瓜专业合作社这两个农民专业合作组织的成长，社会层面指的是合作社发挥的社会效益。

（一）个人层面

1. 学习精神和冒险精神是冯乐平发家致富的源泉

冯乐平原来是一名供销社的职工，虽然出生在京郊农村，但不会干太多农活。1983 年，冯乐平嫁到大兴庞各庄镇最贫困的四各庄村；在女儿出生的那一年，冯乐平的母亲去世。面对生活的无奈，一心想在社会上干一番事业的冯乐平辞掉了供销社的工作，如何脱贫致富开始成为日夜困扰她的问题。

1992 年秋，冯乐平从报纸上了解到两条消息：一是山东苹果经过包装上市卖出了好价钱，二是顺义北务种大棚西瓜取得了好收益。这两条消息一下子吸引了她，她分析后觉得经营有道和科技为本是这两个地方成功的关键，由此便产生了去实地参观学习的冲动。在村支部书记的支持下，冯乐平利用农闲时间跑了几趟山东和顺义，虚心学习，耐心请教。冯乐平心想，庞各庄有悠久的西瓜种植历史、天然的气候和土质优势，我们也可以向山东和顺义的果农一样，以市场为导向，换个方式种西瓜，改个方式搞营销。冯乐平的学习精神让其嗅到了致富的途径和方法，并萌发了其冒险尝鲜的意愿。

冯乐平拿定主意后，准备转变观念，敢为人先。她首先给家人做思想工作，并东借西凑筹齐了 6000 块钱，作为创业资金。1993 年，冯乐平支起了庞各庄的第一个西瓜大棚，并育上了第一棚西瓜苗。当时，她把这一棚西瓜当成全家人的命根子，悉心照料。当年 5 月，她把大棚里一部分早熟的西瓜推到路边，壮着胆子按 1 元多 1 斤销，销售的很好，后来开始按个卖，一年下来盈利达 7000 余元。村里人都说冯乐平这个头儿带得好，冯乐平的冒险成了她发家致富的源泉。

2. 敬业精神和创新精神是冯乐平做大做强的关键

冯乐平在第一年尝到甜头后，第二年趁热打铁又建了 6 个大棚，一年下来每个棚的收入都过万元。在 20 世纪 90 年代，万元户凤毛麟角，冯乐平种大棚西瓜赚钱的事都传开了，冯乐平成了焦点人物。登门取经、上门求助的络绎不绝，冯乐平也越来越忙。冯乐平并没有把这些上门取经的瓜农当成自己的竞争对手而对相关经验有所保留，而是把种西瓜当成了自己的事业，认为自己从事的并不是个人小生意，而是帮当地瓜农脱贫致富的大事业。就这样，主动找她种大棚西瓜的农户越来越多，由开始的 6 户慢慢地增加到十几户、几十户、上百户。冯乐平的敬业精神也影响了周边农户，一传十，十传百，西瓜产业在四各庄村生根发芽。冯乐平虽然很累，但是看到村里人有了事业，生活有了奔头，心里感到十分欣慰。

随着种植西瓜农户的不断增加，西瓜产量也逐年增加，卖难问题开始摆在大家面前。有些瓜农推着自行车在路边摆瓜摊，看到有车过来就上去打招呼，危险不说还形成恶性竞争；有的瓜农把瓜车开到集市上，好的坏的都那么一堆，卖不了几个钱；还有的甚至都亏不起人工，直接将西瓜烂在地头。于是，冯乐平开始想方设法解决西瓜的销售问题，尝试进行西瓜销售方式的创新——目标定位，精确销售。冯乐平挑选了几个西瓜样品，针对一家机关单位的食堂进行瞄准销售，但是由于没有产地证明、没有发票、没有包装，未被接受。回来后，冯乐平开始注册商标、设计包装，并重新对那家单位展开销售，并承诺西瓜品质，坏一赔十。客户见冯乐平很诚恳，同意一试，并爽快地报出 120 元/箱的价格。之后，由于西瓜品质优越，冯乐平拿到了 15 万元的订单。冯乐平的销售创新让其西瓜事业开始做大做强。

3. 诚信精神是冯乐平开创广大事业的基础

在冯乐平西瓜事业的起步阶段，诚信精神贯穿始终。从为乡亲毫无保留地传递大棚西瓜种植经验，到对各类目标客户坏一赔十的西瓜质量承诺，冯乐平都坚持诚信，一诺千金，重视商誉。冯乐平以质量为前提，打造精品，分级包装上市，卖个好价钱让当地瓜农共同受益。与此同时，冯乐平于 1998 年注册了产品商标——乐萍，由于质量上严格把关，乐萍西瓜逐渐在人们心中有了一定的影响，成为京城百姓信赖的品牌。冯乐平的诚信精神让其在瓜农中威信很高，农户都愿意把地头的西瓜盘给她；客户满意度也很高，订单源源不断，高端客户的订单也越来越多；乐萍品牌的市场价值也不断提升，在京津冀地区形成了很高的知名度。也就是说，冯乐平的诚信精神为她积累了难得的农户生产资源、客户销售资源和产品品牌资源，这些都为冯乐平开创更大的事业奠定了基础。

（二）组织层面

1. 冒险精神迎来合作社诞生

随着冯乐平的西瓜订单越来越多，她不得不将订单分散给农户以保证瓜源稳定，但是由于分散农户的西瓜质量得不到保证，冯乐平开始打算成立合作社进行西瓜种植产前、产中、产后一条龙服务来保证西瓜品质。合作社不是仅仅提供单纯的中介服务，而是将技术集成和研发、技术转移、市场分析、产品生产与销售等进行全程化的打包服务。为农户拿到更多的生产订单，提前与农民签订生产合同，根据订单指导一年的生产，并保证农民按规定生产的达标产品按规定的价格收购和销售，合作社一旦与农民签订技术转移合同，一条龙的服务便开始启动，如统一提供技术、农药、肥料；统一提供生产指导及病虫害防治；统一回收产品；统一加工、包装和销售。合作社还有一套内部管理制度约束对农户的生产行为，要求和指导农户进行标准化生产，对生产产品进行标准化验收。实践证明，冯乐平这次冒险又是成功的。

2. 学习精神促建学习型组织

2004 年，合作社建设了一个 NC 网络教室，为农户提供了一个互联网应用和生产技术培训的场所。2005～2007 年累计培训农民 5050 人次。合作社在培训过程中还制作并向社员发放《保护地西瓜栽培技术综合标准》光盘 1300 张，为社员订阅了《大兴报》《中国西瓜杂志》《绿色、无公害食品标准》1000 多份。合作社还规定周末为学习日，大家坐在一起交流经验、互换信息。通过培训学习，瓜农对新品种新技术的认识有了提高，社员思想素质和生产组织化程度不断加强，合作社驾驭市场的能力逐步提升，为推广应用新型技术奠定基础。

3. 创新精神引领合作社发展

合作社团队以创新为理念，追求不断的进步，克服一个又一个难关，取得了一项又一项成果。引进推广西瓜品种 150 余个，发展了节庆礼品瓜，开发了盆栽瓜、造型瓜、印子瓜、奥运瓜等具有个性化的产品。目前，合作社有 6666 平方米经营场所，建有 900 平方米的冷藏保鲜、加工车间。配备运输车两辆，配备计算机 35 台，创新性地建立了农产品安全生产管理系统、农产品安全追溯系统、短信业务平台，同时完善了合作社内部的管理系统。合作社通过网络营销创新，建立了辐射北京的 150 多个销售网点。此外，合作社还承担了许多科技创新项目，如国家级星火计划——西甜瓜产业科技服务平台建设项目、农业部农民专业合作组织示范项目、西瓜立体栽培、断根嫁接技术示范推广项目等。

4. 敬业精神和诚信精神给冯乐平带来了个人荣誉并增加了合作社的组织资本

作为北京庞各庄乐平农产品产销有限公司董事长、北京乐平西甜瓜专业合作社理事长，冯乐平还是像往常一样心里想的、念的都是西瓜，都是如何通过种植西瓜帮合作社社员与当地瓜农致富，热情帮助社员，诚信对待客户。因为冯乐平的敬业、诚信及其突出的事迹，她被评为中国农村合作经济十大新闻人物、全国十大农产品流通女经纪人、全国双学双比先进个人、全国中华供销总社常务理事、北京市劳动模范、京郊杰出实用人才、北京市有突出贡献的实用人才、北京市农产品产销信息协会会长、全国人大代表、"'五一'劳动奖章"获得者、全国三八红旗手等。敬业精神不仅给冯乐平带来了上述个人荣誉，还为合作社增加了社会资本。现在，只要提起冯乐平，客户就愿意和合作社签订单，冯乐平成了合作社的名片，是合作社的无形资产。合作社有了冯乐平，就等于有了冯乐平的所有资源，包括物质资本资源、人力资本资源和社会资本资源。

合作社的敬业与诚信还体现在一整套严格的内部管理制度和科学的运行机制上。经过几年的摸索和实践，合作社逐步完善了章程，规范了内部经营机制、决策机制和分配机制，以及各项管理制度。专门成立了财务部门，设置了专职会计、出纳，制定了财务管理制度，定期向社员公布财务收支情况。年终时，合作社向社员大会提供下年资产负债表、损益表和财务决算书，同时，提供下一年财务开支计划，交社员大会讨论，审查批准。这些规章制度与科学的运营机制也成为了合作社的组织资本。

（三）社会层面

1. 冒险精神和创新精神带来乐平御瓜园

冯乐平在经济上获得成功后，逐渐将合作社的事业引向深入，往社会化、大众化方向发展，重视文化建设，开始在经营方式上进一步冒险与创新，建设乐平御瓜园。乐平御瓜园占地2.1公顷，是集观光采摘、生态温室、展览销售、餐饮销售、餐饮住宿、旅游接待为一体的综合生态旅游观光园。致力于建立全国一流的生态农业观光采摘园，创造世界水准的西瓜业生态温室。建立一个可观、可游、可采、可居的生态旅游区，突出科技环保、节能、可持续发展的理念。乐平御瓜园使民俗体验围绕采摘活动而展开，以御瓜为中心，围绕悠久的西瓜栽培史和西瓜典故为主线，体现西瓜文化气息，传承中国文化传统。御瓜园的目的在于以城市居民为服务对象，融合农业与旅游业，以旅游促进农业经济发展，以瓜为媒，搭建人与人之间的桥梁，使瓜甜、瓜香深入人心。

2. 敬业精神和诚信精神让合作收益惠及最底层、领先全行业

合作社初具规模后，就开始扶持本村最穷的农户，敬业精神让合作收益惠及社区最底层。合作社从全村选出三户踏实能干的贫困户，用合作社的资金给他们贷款种西瓜，又赊瓜种子给他们，等瓜成熟了，合作社再以高于市场价格的20%收购。通过重点扶持，合作社帮扶的贫困户在短短的一年里基本实现了脱贫。合作社不仅关心每一位社员，而且还关注所在村里的各项公益活动，为合作社的健康发展营造良好的社区环境。合作社组织社员开展丰富多彩的文化活动，尽力解决社员生活中的实际困难。农闲时节，合作社还义务参与村里的修路等社区建设活动。在合作社的带动下，社区文明不断进步，现在村里很少有人通过打麻将来消磨时光了，大家都在比进步，求发展。

由于合作社讲诚信、重信誉，合作社在全国西瓜行业颇具影响力。为了拓宽经营渠道，丰富产品种类，壮大发展规模，合作社与北京密云、平谷、通州、丰台等多家种、养殖基地建立了良好的合作关系，与海南三亚、辽宁新民、大连金州、浙江、山东昌乐等近20家农产品生产基地建立了紧密的合作，在北京新发地、大洋路等农产品批发市场、超市建立了配送基地。逐步形成了生产、加工、运输一条龙配套，产供销一体化的服务网络，努力做到产品质量保证、及时到位、安全可靠。此外，冯乐平作为全国人大代表、北京乐平西甜瓜专业合作社理事长，都在为农民专业合作社的发展献计献策，并呼吁国家的惠农政策别把农民专业合作社漏掉了，以及让大学生村干部到农民专业合作社工作等。这些举动让冯乐平以及乐平西甜瓜专业合作社在全国西瓜行业中具有相当大的影响力。

3. 学习精神让合作社培育了当地一大批实用人才

学习型合作社的建成，不仅充实了合作社自己的人才，同时还培养和储备了一大批当地农村优秀人才。合作社实现了农村人才和生产资源的有效整合，现在不仅有冯乐平等带动农民致富的"老牌"人才，更引导带动周边村涌现出村民刘旺启、齐俊青、大学生村干部胡建党和陈墨等一批促进农民增收致富的典型，充实了农村实用人才队伍。

四、结论与启示

本节以北京乐平西甜瓜专业合作社为例，分析了合作社理事长的企业家精神与农民专

业合作社发展之间的关系。通过从个人、组织、社会三个层面，对北京乐平西甜瓜专业合作社理事长冯乐平的企业家精神进行剖析，表明合作社理事长具备的冒险、学习、创新、诚信、敬业等企业家精神在农民专业合作社发展过程中起着重要作用。

据此，我们可以得到如下三点启示：一是在发展农民专业合作社时要注重挖掘和培养合作社企业家，重视并肯定合作社理事长的企业家精神在合作社发展过程中的重要作用，且给予合作社理事长以物质上和精神上的激励，比如可以在一定程度上进行合作社企业家人力资本产权股份化（周应恒等，2011）。二是合作社理事长的冒险、学习、创新、诚信、敬业等企业家精神的发挥需要有一定的合作社控制权做保证，也就是说，合作社理事长企业家精神的发挥在一定程度上会影响到合作社"民主管理"的要求，但是，这样并没有损害社员的利益，如案例中冯乐平企业家精神的发挥做大做强了合作社，给社员们带来了实惠。我们的确需要进行思考，既然社员利益保护的目的达到了，是否参与管理难道很重要吗（孔祥智，2010）？三是在进行合作社企业家相关问题的研究时，案例研究方法可以让我们更为细致地还原合作社企业家本身，并能探索其相关的作用机制，值得进行尝试。

参考文献

[1] 彼得·德鲁克. 创新与企业家精神 [M]. 海口：海南出版社，2000.

[2] 黄季焜，邓衡山，徐志刚. 中国农民专业合作经济组织的服务功能及其影响因素 [J]. 管理世界，2010（5）.

[3] 黄祖辉，扶玉枝，徐旭初. 农民专业合作社的效率及其影响因素分析 [J]. 中国农村经济，2011（7）.

[4] 黄祖辉，顾益康，郭红东. 我国农业产业化经营机制要创新——发挥农户经营、合作经营、公司经营三大制度优势 [J]. 农村经营管理，2011（8）.

[5] 孔祥智. 参观纽约最大的奶农合作社引发的思考 [J]. 中国合作经济，2010（12）.

[6] 罗伯特·殷. 案例研究：设计与方法 [M]. 重庆：重庆大学出版社，2004.

[7] 徐旭初，吴彬. 治理机制对农民专业合作社绩效的影响——基于浙江省526家农民专业合作社的实证分析 [J]. 中国农村经济，2010（5）.

[8] 苑鹏. 中国农村市场化进程中的农民合作组织研究 [J]. 中国社会科学，2001（6）.

[9] 周应恒，王爱芝. 我国农民专业合作社股份化成因分析——基于企业家人力资本稀缺性视角 [J]. 经济体制改革，2011（5）.

第十三章　社会关系治理与农民合作社发展

第一节　关系治理与合作社成长

——辽宁省西丰县永得利蔬菜专业合作社案例研究[①]

一、引言

自 2007 年我国的《农民专业合作社法》实施之后，专业合作社大量涌现。据农业部统计，截至 2012 年 6 月底，全国依法登记的农民专业合作社已达 60 多万家。合作社的快速发展，不仅有利于解决分散的农户小生产导致的各种问题，也有利于舒缓村委会乡村治理职能日益弱化、农村劳动力转移日趋加快等对"三农"问题带来的各种负面效应。因此，如何在"量"的基础上，加快推动"质"的提高，实现合作社做大做强和健康持续成长，成为摆在学界和政界面前亟待解决的重要课题。张开华、张清林（2007）结合农民专业合作社的原则，从外部环境和内部治理结构两个方面，探讨了制约合作社成长的深层次矛盾。郭红东等（2009）从资源可获得性的角度，实证研究发现，物质资本资源对合作社的成长影响最大，组织资本资源次之，而人力资本资源的影响则并不明显。黄祖辉等（2011）指出竞争优势是合作社成长的必要条件，而经营不力、管理不善和规模较小都是制约经济效率提高的关键。苑鹏（2008）对公司领办的合作社成长进行了考察，发现在政府和市场的双重作用下，博弈双方可能随着组织潜在收益的增加而改变合作策略，并且逐步改变内部治理结构。何安华、孔祥智（2012）研究发现，合作社成长是不断突破市场壁垒与争取制度性激励的过程，是管理者有效协调资源与管理职能的结果。可以发现，从最初关注内外部环境、资源可获得性、经济效率等对合作社成长的制约，到开始考察我国独特的经济、政治、社会现实对合作社成长路径的影响，学界对合作社成长的研究日益呈现出本土化趋势。

组织总是嵌入在一定的社会网络关系之中，因此社会关系必然影响组织的经济活动。尤其在我国农村地区，传统文化形成的社会网络关系对合作社成长有非常重要的影响。但

[①]　执笔人：刘同山、孔祥智。

目前学术界从社会关系等非正式契约研究合作社的文献还比较少见。基于此,本章以合作社的社会嵌入性为逻辑出发点,依托深入调查后的案例分析方法,剖析一个土生土长的合作社,对外如何提高关系契约可信性来寻求成长的社会基础,对内如何依托关系治理及其制度化来打造成长的组织保障,以期为研究合作社成长提供一个本土化视角。

二、永得利蔬菜合作社的成长历程

永得利蔬菜合作社从"经纪人 + 农户"起步,经过十余年的发展,逐步成长为一个规范的合作社,并在 2012 年被农业部评为"全国农民专业合作社示范社"。依据社会网络关系的运用情况,它的成长历程可以归纳为三个阶段。

第一阶段:蔬菜经纪人回乡创业,开办公司整合销售渠道。1997 年,26 岁的永得利蔬菜合作社现任理事长梁仁德,在作为蔬菜经纪人往返山东寿光和黑龙江七台河之间 4 年后,看到家乡辽宁省西丰县的蔬菜大棚越来越多。凭着职业敏感性,他在村里建立了购销点,并逐步把外地的蔬菜业务转移到家乡。2001 年,梁仁德筹集资金 200 万元,成立了占地面积 1.5 万平方米的"永得利绿色蔬菜开发有限责任公司",收购本地菜农的蔬菜后,销往黑龙江和山东等地。2002 年,为了拓展销路,梁仁德在政府有关部门的帮助下,通过西丰县农发委信息中心在辽宁金农网上发布了蔬菜销售信息,公司的蔬菜销量大幅增加。2003 年,看到本地蔬菜的知名度和产量、销量都迅速提高,梁仁德在远离城市的西丰县平岗镇三合村建立了 2 万平方米的"辽北蔬菜批发市场",试图整合本地的蔬菜销售渠道,为菜农和蔬菜经纪人提供交易平台。但是,批发市场建成后,由于仍旧有很多蔬菜经纪人直接去田间地头收菜,致使批发市场的交易额不高,并有进一步萎缩的趋势。

第二阶段:公司成立蔬菜协会,运用社会关系提升市场交易量。2004 年,在西丰县政府的出面帮助下,梁仁德牵头联合公司周边三个乡镇的 221 名冷、暖棚代表,成立永得利蔬菜产业协会。为了扶持协会和本地蔬菜产业发展,县政府安排县乡公务人员担任协会理事,并让梁仁德作为该县首批电脑信息员之一,负责了解全国各地的蔬菜价格行情,免费为协会理事和周边菜农提供新品种、新技术等信息。这期间,协会聘请退休在家的原天德镇纪委书记曹国良加盟蔬菜协会,担任协会秘书长和辽北蔬菜批发市场的"职业经理"[①]。2005 年,协会成立党支部,共有 47 名党员,曹国良任书记。由于曹国良在党员中的威望很高,且有丰富的管理经验,协会的凝聚力开始增强。协会一方面依靠理事和党员的引导说服作用,另一方面积极为蔬菜经纪人提供便利服务,充分利用社会关系,争取让更多菜农和蔬菜经纪人在批发市场进行交易,批发市场交易量明显提高,经营状况日益好转。在梁仁德的推动和政府的配合下,参公人员逐步退出协会。蔬菜协会由半官办性质转变为纯粹的农民合作经济组织,治理模式也开始从依赖政府扶持,到依靠成员内部协作

---

① 由于曹国良在合作社投入资金有限,且不搞大棚种蔬菜,与合作社没有交易,每个月领取不到 2000 元的工资,他把自己定位为打工者。而当地人形象地把曹国良称为合作社的"管家"。从其实际作用来看,他更像是合作社的"职业经理人"。

为主。

第三阶段：协会转制为合作社，依托政治组织强化成员关系。2006 年，由于协会不能从事经营性活动，在梁仁德和曹国良的谋划下，蔬菜协会转制为永得利蔬菜专业合作社。成立之初，合作社成员 167 户，辐射菜农 700 多户，主要分布在西丰县北部的平岗、天德、柏榆三个乡镇。2007 年，合作社投入 6 万元，为成员统一注册了"老德子"牌蔬菜商标和中国 A 级绿色食品标识，供成员免费使用，并按照"五统一"组织实施标准化生产。2009 年 5 月，合作社成立"农民党员资金互助社"，89 名党员共入股 70 万元，为入社农民建大棚、改造旧棚发放小额低息贷款，并对成员建房、医病提供短期无息资金服务。9 月，合作社成立全国第一个合作社党委。2010 年，合作社党委组织党员带头建立合作社"农业灾害保险互助组"。2011 年，合作社投资 800 万元开发创建一座包括育苗中心在内、占地 400 亩的"百棚现代化蔬菜产业示范园区"。经过几年的快速发展，到 2012 年 6 月，合作社的经营规模和辐射范围迅速扩大，拥有 1520 户成员，冷暖蔬菜大棚 6000 多座，带动辽吉两省菜农 4400 多户，年批发销售蔬菜 3 万多吨，实现产值 3400 多万元，成员人均收入达 1.3 万元。

三、关系治理下合作组织的成长路径

自 Macneil（1978）提出关系契约理论以来，学界对各种非正式关系的研究逐渐增多，并将其概括为"关系治理"，以强调它与正式治理的相同地位。Claro（2003）在融合其他学者的观点后，将关系治理定义为"一种介于市场和层级制之间的治理模式，它不只依靠市场力量或者行政权力协调行为人的关系，而是更依赖行为人的合作来实现"。从这一定义来看，内嵌于传统农村社区、强调"人合"性质的农民专业合作社，作为一种介于松散市场联盟与层级制公司之间的混合性经济组织，其成长必然高度依赖关系契约及其实施，即关系治理。

国外学者研究关系治理时，通常立足于组织内部，侧重考察关系治理与正式契约的相互作用，或者关系治理对组长成长的影响。有学者指出，关系治理和正式契约存在很强的替代性。在关系治理运转良好的地方，安排正式契约不仅会产生极大的浪费，甚至会抵消关系治理的效果。但也有学者认为，正式契约可能会与隐式契约同时出现，并能够促进关系契约的实施（Jean Beuve and Stéphane Saussier，2010）。R. Gibbons 和 R. Henderson（2012）基于丰田、默克等跨国公司的案例研究发现，关系契约下的管理实践，是组织最显著的竞争力来源。关系治理作为组织运转的软件系统，与正式契约"硬件"是相互补充的，二者协调运转是组织成长的保障。但是，成功的关系治理首先需要解决可信性（Credibility）的问题①，即在试图说服其他行为人按照承诺人的期望进行协作时，如何使

---

① R. Gibbons 和 R. Henderson 认为，清晰性（Clarity）是影响关系契约的另一个关键因素，并且与可信性（Credibility）是相互交织在一起的。他们运用林肯电器、丰田和默克公司三个案例对可信性与清晰性进行了研究。不过，对于合作社而言，关系契约与成熟的工业企业显然不同，清晰性在合作社成长初期似乎并不重要。

其相信承诺人会恪守承诺。可信性除了源自于"个体对私人或制度的信任"（Nooteboom，1996）外，还源自于承诺人的"保证"（Assurance），亦即行为人的承诺与作为能够提高关系契约的可信性①。

国内学者对关系治理的研究最初主要集中于家族企业方面，强调华人组织内部关系契约的作用（李新春，2005）。由于转轨经济中法律强制较弱以及文化中广泛存在非正式联结，正式契约和关系治理是相互补充的（Duan，2012），而且在我国当前大量存在的"公司+农户"联盟形式中，关系治理的作用甚至超过了正式契约（陈灿、罗必良，2011；万俊毅、欧晓明，2011）。万俊毅等（2009）认为在一定程度上，关系治理就是社会资本的运用，并把关系治理界定为"正式契约以外的具有自我履行机制的一切能提高交易绩效的社会关系活动"。万俊毅的研究把 Dean Karlan（2009）提到的组织外的"关系"纳入关系治理的范畴，强调组织的社会网络联系及其作用，改变了研究关系治理的"组织内"传统，拓展了关系治理的研究范畴。

作为嵌入在一定社会中的组织，其成长不仅是组织内治理机制（包括正式治理和关系治理）日益完善的过程，也是以某种机制协调和吸收各种组织外资源的过程。尤其是对于农民合作组织而言，政府、非成员农户等组织外的资源可能起到决定性作用。尽管有《农民专业合作社法》作为引导，但是由于组织成立的产业基础、社会状况、理事长行为等存在不同，合作社的成长路径也可能存在差异（见图13-1）。在我国政府大力扶持合作社的背景下，关系治理能够发挥社会网络关系的作用，更好地衔接各类社会资本，在当前可能是实现合作社成长的更优路径。

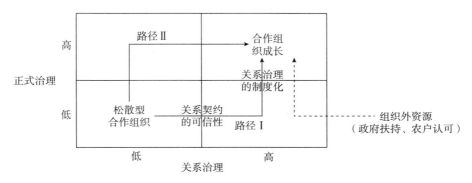

图13-1 我国农民合作组织成长的路径选择

四、关系契约的可信性：合作社成长的社会基础

通过联合更多成员实现规模效益是合作社成立的动因之一（Cook，1995）。合作社只有达到一定的规模，才能突破规模壁垒，从而实现发展（何安华、孔祥智，2012）。因此，如何吸引更多的成员加入合作社，是当前我国合作社成长中需要考量的因素。回顾永

① 威廉姆森将这种害怕损失的行为称为"算计性信任"，也有学者称之为"威慑型信任"。

得利蔬菜合作社的成长历程，为了获得菜农的认可、吸引菜农加入，合作社管理者一直注重提高"入社既获益"的可信性。具体来看，主要是从以下 4 个方面，提高这种成员获益的可信性，实施关系契约成功地将菜农组织起来。

第一，依托乡村精英的权威性及其社会网络。中国的乡村，历史上就有精英治理的传统。这些精英可能是在野的士绅、宗族的长老、有权势的政府官员、富裕和有能力的村民等（黄宗智，2000；费孝通，2011）。乡村精英在农村社区具有权威性，并且拥有更为广泛的关系网络。长期生活在乡土社会的农户心理上依赖乡村精英、行为上重视社会连带的取向，为永得利蔬菜合作社依靠"精英俘获"，连带影响普通农户的行为提供了社会基础。在经历短暂的交易额下滑后，梁仁德依托县政府的关系①，由县政府出面协调，经乡政府推荐，联合 3 个乡镇的 221 家菜农代表，成立了蔬菜产业协会。可以想象，能够进入县乡政府视线的菜农，在本地蔬菜行业中必定具有相当的知名度、专业权威性以及比一般菜农更多的人脉关系。这些乡村（种菜）精英加入组织后，以行动鼓励其他菜农加入组织，并充当了其他菜农与永得利合作社的信用中介。同时，为了进一步提高永得利的影响力和可信性，县政府还派出县乡公职人员担任协会理事。有了政府部门的"背书"和乡村（种菜）精英的加盟，协会在当地的权威性大幅提高，快速获得了菜农的认可和信任。

第二，保证成员获得更多的经济收益。理性的菜农在最初决定是否加入组织时，必然经历一番经济上的算计，以分析这一行为能否增加自己的效用。永得利专业合作社正是看准了这一点，通过多种措施保证成员获得更多的经济收益，提高了合作社对菜农的吸引力。首先，在 2006 年，加入合作社的农户每开发一个暖大棚可得 4000 元无息借款；开发一个冷大棚可得 2000 元无息借款，在蔬菜销售后逐笔还清。截至 2011 年，无息贷款数额又分别增加了 1000 元。几年来，合作社共拿出 430 多万元，为 2300 多户农民建棚种菜融通了资金；合作社的"党员资金互助组"为 142 户贫困农民发放低息小额贷款累计达 125 万元，帮助开发温室暖棚 160 栋。其次，在 2011 年，因全国蔬菜价格普遍下跌给成员菜农造成的损失时，合作社从公积金中拿出 12 万元，以每斤 0.2 元的价格补偿成员，保障了成员菜农的销售收入。最后，合作社还为成员制定生产标准、提供技术指导，并出资 6 万元申办了蔬菜商标和绿色食品标识，让成员免费使用。通过农资统一购买和分发，不仅避免了运输费用支出，还直接为菜农每个大棚每年节省 2000 元左右的资金投入。可见，加入合作社后，农户可以获得销售价格保障、资金和农资优惠、品牌和技术支持等，降低了菜农的生产成本，提高了经营效益。

第三，协助成员抵御农业灾害和生产风险。詹姆斯·C. 斯科特（1976）在研究东南亚小农经济时强调，农民的经济决策不仅出于经济理性考量，更有生存伦理选择，尤其是在经济不发达的地区。西丰县作为国家级贫困县，建大棚种蔬菜对当地农户来说是较大的生产投入，因此，能够降低菜农经营风险的各种安排无疑都会受到菜农的欢迎。永得利为了"保证"加入合作社能够降低生产风险，一方面充分利用乡土社会相互保险的传统，

---

① 当然，蔬菜作为西丰县的重要产业之一，县政府有协助和扶持本县的龙头企业做大做强的激励政策。

积极组织成员在灾后开展生产自救，另一方面与商业保险公司联系，出资为成员购买农业保险。在 2007 年雪灾中，合作社帮助成员将 46 个受灾的大棚重新支起 40 个，并从合作社公积金中拿出 10 万元支援受灾的菜农。为了应对气候灾害，从这一年起，由合作社每年出资 6 万多元，连续 3 年累计为数百户成员的 1000 余个暖棚购买了保额为 5000 元的农业生产自然灾害保险。在 2010 年洪灾中，合作社党委组织党员，再次冲锋在救灾最前线。当地菜农感动地说："看着合作社这样为成员服务，咱就累死也值得。"为了将相互保险规范化，合作社由党员带头成立了"农业灾害保险互助组"，每个大棚 100 元的保费（合作社出资 70%），最高赔付额为 6000 元①。成员都说："上了保险就有了定心丸，天灾人祸也不怕了。"

第四，参与成员所在社区的社会事务。合作社作为"生产在家，服务在社"的一种互助性经济组织，不仅具有经济功能，还在协调社会关系、化解社会矛盾、实现农村社区的自我管理方面发挥重要作用（孔祥智，2012），而且合作社经济上越活跃，与所在社区之间的联系必然也就越多（张晓山，2011）。社会生活方式会影响人们的经济行为，并产生路径依赖。因此，合作社更多地融入本地的社会事务能够影响农民的生活方式，增强成员对合作社的认可和依赖，从而吸引更多的农户加入合作社。2008 年，合作社出头与经销商谈判，成功为天德镇复兴屯 67 户因买到假冒伪劣农资而遭受重大损失的菜农争取到 12 万元的经济赔偿。此后，合作社又多次为菜农维权，累计为受害菜农挽回经济损失达 40 多万元。合作社还通过合作社党组织，为成员郭新君筹集善款 46000 元，用以帮助救治其患白血病的 16 岁女儿；为 20 名家庭贫困成员送去了慰问金；让本地 40 个贫困农户免费使用一年合作社蔬菜产业示范园区的大棚。不仅如此，合作社还把本地的习俗作为打造合作社凝聚力的一种手段，通过设立合作社公益金，积极为成员就医、子女上学、红白喜事等提供资助或"随份子"，用人情来往从情感上获得成员的认同②。正如合作社党委书记曹国良所言，"只有把群众当家人，群众才会把你当亲人，群众才会跟你一条心"。2011年，合作社党组织为合作社成员承诺并办实事 142 件，满意率达 97.8%。这些行为，让合作社为成员菜农提供好处的"保证"的可信性大大提高，合作社与成员的网络连接逐步增强。

五、关系治理的制度化：合作社成长的组织保障

组织潜在受益的实现需要协调安排的各种资源。永得利的成长历程表明，积极整合散落在本地区的各种社会资源，能够突破合作社成长的规模壁垒。但是，随着合作社成员规模的迅速扩大，如何避免因成员"搭便车"而导致的集体行动困境是制约组织成长的关键之一。在这一点上，作为一个从松散型"经纪人＋农户"起步的农民经济合作组织，永得利蔬菜合作社通过实施关系治理并将其适度制度化，为组织成长提供了保障。

---

① 由合作社评估小组根据农户受灾程度给予理赔。

② 合作社参与各种人情来往，只送不收，实际上是对成员的一种变相福利。曹国良认为，这有利于形成"不是一家人，胜似一家亲"的和谐局面。

（一）将松散的个体关系引入永得利

在乡土社会的差序格局中，社会关系是逐渐从一个一个的人推出去的私人联系的增加（费孝通，2007）。而同时，无论是销售农产品还是采购农资，人们可能更愿意选择与自己有关系的人进行交易（Uzzi，1997）。永得利的发展最初主要是依靠梁仁德家族，虽然梁仁德也通过向菜农提供无息贷款等方式培育与一些菜农的关系，但这无法获得支撑永得利发展需要的菜农数量。在2004年吸纳221位菜农代表成立蔬菜协会后，永得利通过协会理事（菜农代表和政府人员）与菜农建立了关系。由于每个协会理事都有自己的熟人圈子，永得利借以实现了与菜农联系，批发市场的蔬菜交易量明显上升。但这种松散的联盟并不稳固，与菜农的关系也不稳定，会受到"中间人"——协会理事影响。为了把社会关系稳定在合作社内部，2005年，永得利蔬菜合作社建立了党支部，党员从合作社由成立之初的14名增加至47名，分布在西丰县3个乡镇的17个行政村以及与西丰县相邻的吉林省的一些村庄中。合作社还把党员的党组织关系迁入社内，开始把党员作为稳固和培养与菜农关系的新支点。在农村，党员作为村庄的精英人群，一般具有更为广泛的人脉关系，并受村民的认可。党支部的建立，为永得利蔬菜合作社进一步整合本地蔬菜销售、广泛参与社区事务提供了人员和组织保证。

（二）在合作社内部实行差序化治理

在华人企业中，家长式领导和差序化治理具有一定的普遍性（李新春，2005）。尤其是在我国农村，村落仍然是熟人社会，差序格局特征明显，使得涉农组织的关系治理更倾向采取差序化（万俊毅，2011）。关系契约的差序化不仅能为关系网络关键节点处的人员提供更多激励，保障组织的凝聚力，还能够吸引离网络中心较远的成员有加入组织的动力。永得利自成立之初，就注重运用差序化治理的方式，对关系不同的菜农提供不同的支持政策或优惠服务。在牵头成立蔬菜协会后，永得利对协会的理事菜农的蔬菜进入蔬菜批发市场交易免收场地服务费，而且梁仁德在担任县电脑信息员时，也主要是为协会的理事菜农提供服务。党支部成立后，合作社的管理机制调整为"理事会提议—党委会审议—社员代表大会决议—监事会监督"，党员成为关系治理的中心[①]，而以合作社党员为主体成立资金互助社、成员的赊购农资、向互助社贷款等需要党员担保，在2011年建设3个党员科技示范基地等措施，都印证了党员在合作社中的核心地位。同时，关系契约的差序化还表现在党员内部。理事长梁仁德尊称党委书记曹国良为曹叔，认为"没有曹叔，就没有合作社的今天"，并个人出资为其建造了新房，体现了对其"家人般"的待遇。而对其他担任党支书和党小组组长的党员，在亲疏程度上也有明显区别，主要是通过曹国良对其他党员进行差序领导[②]。

（三）用多样化的激励稳固关系契约

为组织成员提供选择性激励是解决集体行动困境的有效手段，小集团之所以更易于采

---

① 理事长梁仁德曾表示，"党支部把党员圈拢在一起，党员个个顶用，合作社发展不再单靠我们家族了"。

② 在汶川地震后，永得利合作社党支部召开会议商讨为灾区募捐工作。会上，党员们齐声说道："曹叔只要你领着干，我们就遵照着办。"在理事长梁仁德和党支部书记曹国良的带领下，全体成员捐款近3万元。

取行动是由于行动的收益大于成本（奥尔森，1995）。党组织是永得利合作社的小集团。为了充分调动党员的积极性，合作社建立了针对党员的经济奖励制度。党员每组织菜农建设一个冷暖棚，奖励200元钱。自2008年起，三年时间里永得利党员共发动农民新建温室大棚242个，获得奖金48400元；每年都召开优秀党员表彰大会，颁发1000元奖金和纪念品等。农民党员资金互助社成立后，89名党员共入股股金70万元，并由党员担保，累计向困难社员发放低息小额贷款125万元，利息收入按照股金分配。根据马斯洛需求层次理论，人除了追求经济利益以满足生理需求和安全需求外，还有社会交往需求和从交往中得到尊重的需求。永得利充分考虑党员精神层面的需要，通过各种形式提高党员在当地群众中的形象：党员接受省农技站等技术专家的指导后再对普通菜农进行培训；党员可以更方便地获得合作社的资金扶持；各区域村屯的理事选举优先考虑党员；困难户的认定要由所在村屯的党员推荐[①]；成员向互助组融资需要由所在村屯党员担保；每年七一建党节由合作社出资组织党员外出旅游等。永得利基于社会网络关系建立的激励体系，有效地调动了党员在本地区的地位和生产积极性。受这一激励体系的影响，2011年底，有10位优秀青年积极争取，成为了合作社的预备党员[②]。

（四）以政治小集团推动正式治理

从协会的理事（菜农代表）到合作社党员，永得利的正式治理相对缺乏[③]，主要依托关系契约及其实施，"同辈群体"一直是合作社发展的动力[④]。但是，受有限理性和信息处理能力的限制，组织仅仅依靠同辈群体无法达到效率决策和更优规模（威廉姆森，2011）。随着合作社经营规模的扩大和党员数目的增加，党员松散协作、自由参与的关系治理模式已经无法满足组织的效率要求。因此，在2009年，永得利蔬菜合作社党委总结提出了"五项管理、八项服务"[⑤]，要求全体党员带头实施，并具体设置了产业开发、科技指导、物资供应、产品经销、资金互助产业链5个专业党支部、14个功能党小组。每个党支部设书记，党小组设组长，建立了党员的紧密协作机制。合作社试图通过关系治理的规范化，把内部治理制度化，以系统运用政治组织和小集团行动的高效性。合作社党委书记曹国良说："各条产业链拧成一股绳，党员找位子、挑担子，劲头更足了。"以冷暖棚物资协调供应党小组为例，组长王喜权带领组内4名党员，在短短两年内帮助合作社成员订购供应的钢筋骨架5000多排，水泥立柱2100多根，草苫子3000多件，卷帘机30多

---

① 被认定为困难户的农民，可以享受合作社的节日福利、获得合作社低息贷款、免费使用一年合作社的大棚并在以后享受租金优惠等。这就增加了党员在本村屯农户中的地位。

② 这10个预备党员已在2012年10月转正。至此，永得利蔬菜合作社的党员接近100人。

③ 永得利蔬菜合作社依照《农民专业合作社法》的规定，设有理事会（下设常务理事会）。不过由于各种原因，理事会的管理职能一直未能得到很好地发挥。

④ 同辈群体指两个或两个以上具有相似地位和层次、大致相当的素质、相互认同的目标和行为规范而发生相互交往的群体。简单而言，同辈群体就是一群相似的人，比如永得利合作社中的党员群体。

⑤ 五项管理：组织化管理、规范化管理、制度化管理、合同化管理、档案化管理。八项服务：资金上的无偿服务、技术指导上的免费服务、物资上的统一服务、产品上的品牌服务、灾情上的保险服务、成员的维权服务、成员的平安服务、成员的和谐服务。

个，既解决了合作社社员分散购买生产资料贵的问题，又保证了高质量生产资料的及时供应。而冷棚开发党小组长赵长福、暖棚开发党小组长张贵成，带领各自小组内的 7 名和 6 名党员，几年来累计开发的冷棚、暖棚分别达 70 座和 21 座，直接为合作社的发展壮大做出了贡献。

六、结论与启示

《农民专业合作社法》的颁布和随之而来的各种优惠政策让我国合作社的数量急剧增加，在广大农村地区发挥着越来越重要的作用。本节基于永得利蔬菜合作社的典型调研，分析了一个内嵌于传统社区的服务型合作社，如何通过各种途径提高关系契约的可信性从而实现规模经营，以及如何通过日益规范化的关系治理保障合作社的成长。研究表明：在传统农村地区，关系契约及其实施在合作社成长过程中发挥着极为重要的作用。从合作社的外部环境看，依托乡村精英及其网络关系、保证成员加入后的预期收益、协助成员抵御经营风险、积极参加本地的社会事务，是能够提升农户对合作社的信任和依赖，吸引更多农户加入，在更大的地域范围内开展业务，实现合作社成长的途径。从合作社的内部治理看，通过引入松散的个体间关系、进行差序化治理、提供多样化的激励，合作社能够在关系治理机制下稳步成长，而且，关系治理在达到一定阶段后会出现与之相适应的正式治理框架。

作为农民的合作经济组织，我国合作社的成长不能脱离乡土社会的现实环境。永得利蔬菜合作社的成长历程及其对各种经济、社会、文化的运用为其他合作社成长提供了借鉴。尽管关系治理不能解释永得利蔬菜合作社快速成长，不过，关系契约及其实施在它的成长过程中的作用无疑极为重要。农民专业合作社作为新兴市场主体，短时间内较难获得农户的真正认可，可以学习永得利蔬菜合作社的经验做法，积极融入农村社区，通过社会网络和口碑效应提升自身的知名度和农户的认可度。一定的经营规模是合作社健康成长的重要前提。永得利蔬菜合作社依托乡村精英实现外部维护和内部治理的模式，通过经济收益、社会认同、选择性激励等方式，实现合作社覆盖更多社区，在短短几年内成员数量增加了近 10 倍，其成功做法无疑也值得其他扎根于传统农村社区的合作社认真思考和借鉴。

当然，在合作社的发展模式上，不必强求统一或简单照搬国际经验，应坚持边发展，边引导，边规范，鼓励各类不同主体自愿联合（孔祥智，2004）。在合作社的决策形式上，亦不必照本宣科，应根据各地的实际情况和合作社的发展阶段，尊重成员的选择。从永得利的经验来看，由于成员众多且零星分布，成员大会并没有参与直接决策，而是采取了对理事长及其管理团队的充分授权。控制权在合作社核心成员手中，无疑有利于他们充分发挥企业家精神，带领合作社"做大蛋糕"。而当合作社发展到一定阶段，普通成员"分配蛋糕"的欲望和能力都会增强，决策权向成员大会回归是可能的[1]（苑鹏，2008）。

---

[1] 苑鹏（2008）跟踪考察了北京圣泽林梨专业合作社成长的案例。该合作社最初由公司主导的"公司 + 农户"模式，在《农民专业合作社法》颁布之后，转制为合作社，后来随着合作社规模扩大和市场销量增加，农民"分蛋糕"的欲望上升，经过政府协调，最终成立了严格规范化的专业合作社。

值得一提的是，政府支持对合作社发展的重要作用毋庸置疑，尤其是在合作社成长的初期阶段，合作社因过于弱势而急需政府扶持。但永得利蔬菜合作社的成长经历也表明，政府适时退出对合作社的干预可能是明智之举。市场经济条件下，联合更多农户实现规模经营，在此基础上提高产品附加值和稳定产品销路，才是农民专业合作社健康成长的最终出路。

参考文献

［1］张开华，张清林．农民专业合作社成长的困惑与思考［J］．农业经济问题，2007（5）．

［2］郭红东，楼栋，胡卓红．影响农民专业合作社成长的因素分析——基于浙江省部分农民专业合作社的调查［J］．中国农村经济，2009（8）．

［3］黄祖辉，扶玉枝，徐旭初．农民专业合作社的效率及其影响因素分析［J］．中国农村经济，2011（9）．

［4］苑鹏．对公司领办的农民专业合作社的探讨——以北京圣泽林梨专业合作社为例［J］．管理世界，2008（7）．

［5］何安华，孔祥智．市场壁垒、制度性激励与合作社成长——红顺农民专业合作社案例研究［J］．中国软科学，2012（3）．

［6］孔祥智等．中国农民专业合作社运行机制与社会效应研究——百社千户调查［M］．北京：中国农业出版社，2012：33.

［7］W．理查德．斯科特．制度与组织［M］．北京：中国人民大学出版社，2010.

［8］Macneil I. R. Relational Contract Theory：Challenges and Queries［J］．Northwestern University Law Review，2000，94（3）．

［9］万俊毅，彭斯曼，陈灿．农业龙头企业与农户的关系治理：交易成本视角［J］．农村经济，2009（4）．

［10］Danny Pimentel Claro et al. The Determinants of Relational Governance and Performance：How to Manage Business Relationships？［J］．Industrial Marketing Management，2003（32）．

［11］R. Gibbons and R. Henderson. Relational Contracts and Organizational Capabilities［R/OL］．Working Paper，http：//web. mit. edu/rgibbons/www/Gibbons% 20Henderson% 20OS% 20July18. pdf.

［12］Zaheer，A. and N. Venkatraman. Relational Governance as An Interorganizational Strategy：An Empirical Test of the Role of Trust in Economic Exchange［J］．Strategic Management Journal，1995，16（5）．

［13］Nooteboom，B. Trust，Opportunism and Governance：A Process and Control Model

［J］. Organiz － ation Studies, 1996, 17（6）.

　　［14］李新春, 张书军. 家族企业: 组织、行为与中国经济［M］. 上海: 上海三联出版社, 2005.

　　［15］陈灿, 罗必良. 农业龙头企业对合作农户的关系治理［J］. 中国农村观察, 2011（6）.

　　［16］万俊毅, 欧晓明. 社会嵌入、差序治理与合约稳定——基于东进模式的案例研究［J］. 中国农村经济, 2011（7）.

　　［17］黄宗智. 华北的小农经济与社会变迁［M］. 北京: 中华书局, 2000.

　　［18］费孝通. 乡土中国［M］. 上海: 上海世纪出版集团, 2011.

　　［19］Dean Karlan et al. Trust and Social Collateral［J］. The Quarterly Journal of Economics, 2009（8）.

　　［20］詹姆斯·C. 斯科特. 农民的道义经济学: 东南亚的反叛与生存［M］. 南京: 译林出版社, 2001.

　　［21］Jean Beuve, Stéphane Saussier. Interfirm Cooperation in Strategic Relationships: The Role of Formal Contract［R］. Discussion Paper, 2010.

　　［22］Mingming Duan. The Role of Formal Contracts with Weak Legal Enforcement: A Study in the Chinese Context［J］. Strategic Organization, 2012（10）.

　　［23］Uzzi, B. Social Structure and Competition in Interfirm Networks: The Paradox of Embeddedness［J］. Administrative Science Quarterly, 1997（42）.

　　［24］威廉姆森. 市场与层级制［M］. 上海: 上海财经大学出版社, 2011.

　　［25］奥尔森. 集体行动的逻辑［M］. 上海: 上海人民出版社, 1995.

　　［26］孔祥智, 周琳琅. 当前农民专业合作经济组织发展中的问题和对策［J］. 台州学院学报, 2004（4）.

第二节　农民专业合作社与村庄社区之间的依附逻辑与互动关系研究①

一、引言

　　在政府推动和社会各界的支持下, 我国农民合作社取得了快速发展。由于农民专业合作社植根于农村社区, 面临独特的发展环境, 合作社与社区之间的互动也体现出多重性与复杂性等特点。从积极的角度来说, 农村社区为合作社持续发展提供动力源泉。这种支持

---

　　① 执笔人: 高强、孔祥智。

既表现在土地流转、资金支持、信息交换、劳动力供给等资源性互动，也表现在合作意识、社会网络、文化传统等非物质性支撑。当前，我国农民合作社正由单一要素合作向劳动、技术、资金、土地等多要素合作方向转变，在推进农业现代化、促进农民增收和社区建设中发挥着越来越重要的作用。合作社既是一种企业主体，又是一种社会组织。因此，它兼有发展经济和服务社会的双重属性。合作社独特的属性以及其所奉行的价值原则①，决定了其对所在社区发展具有促进作用。当然，由于资源具有稀缺性，合作社与社区之间也有相互制约的一面。因此，通过理论分析与案例研究，探讨合作社与农村社区的互动关系，将有助于我们深入理解合作社的发展特性及规律，促进合作社和农村社区共同发展。

二、相关研究回顾

（一）关于合作社与农村社区相互关系的研究

在合作社与社区关系方面，有学者的研究指出了合作社社区化的趋势问题，分别是地域交叉、资源支配交叉和领导人任职交叉，并认为这种趋势不利于合作社发展（林滢、任大鹏，2009）。与之相反，黄祖辉和徐旭初（2006）则认为，在农民专业合作社的发展中，亲缘关系是农民获取各种资源的重要途径和手段，是合作社赖以生存的基础。夏英等（1999）将合作社发展的影响因素归纳为：制度因素、利益因素、权力因素、业缘因素、地缘和情缘因素五个方面，并肯定了社区因素对合作社发展的影响。具体而言，在合作社发展过程中，土地、水、电等资源的配置和利用，都离不开农村社区组织（张晓山、苑鹏，2009）。反过来，合作社等组织为社区整合提供了观念基础、关系基础、社会基础和制度基础，其发展对于农村社区发展至关重要（罗满妹，2008）。可见，合作社与农村社区之间存在相互促进的关系（刘婷，2009；胡平波，2013）。同时，也有研究表明，合作社的发展对村委会构成严重威胁。二者关系处理不好，双方都会受到影响（董进才，2014）。

（二）关于合作文化、传统与能力的研究

在合作文化与合作传统等方面，不同学者有着截然不同的看法。一种观点认为，合作社有着自己独特的、不同于一般企业的组织文化。但是在我国一些农村地区，农民封闭、守旧小农意识根深蒂固，合作意识淡薄。因此，即使农村存在乡村精英，他们也会因为对创办合作社的思想认识不足，而缺乏创建合作社的动机，从而致使农民专业合作社很难形成（孙亚范，2003）。但也有学者认为，农村是一个"熟人社会"，相同的风俗习惯和价值观念是农民相互之间的信任基础，构成了开展合作的重要条件（朱启臻、王念，2008）。在农民是否具有合作愿望与能力的问题上，贺雪峰（2004）认为市场化改革使分

---

① 1995 年 9 月在英国曼彻斯特举行的国际合作社联盟 100 周年代表大会上，通过了"关于合作社特征的宣言"。在宣言中，对国际范围内共识的合作社价值概括为两个方面：一是"合作社的基本价值是自助、民主、平等、公平和团结"。二是合作社社员"信奉诚实、公开、社会责任和关心他人的道德观念"。合作社原则是经进一步修订确立了"资源和开放的社员原则，社员民主管理原则，社员经济参与的原则，自主和自立的原则，教育、培训和信息的原则，合作社间的合作原则，关心社区原则"七项内容。另外，合作社奉行"我为人人、人人为我"的合作精神。

散的农民因合作成本高昂而无法达成合作，导致我国农民合作意愿不强，合作能力也较弱。他还将研究视野进一步扩展，认为外部环境冲击和破坏了传统乡村组织资源，农民很难通过内生合作能力来获得他们需要的合作，为此，必须通过外部介入培育农民的自组织，提高农民的合作能力。聂洪辉和揭新华（2011）则指出以契约为基础的市场经济倒逼机制，可以促使农民走向合作，走出组织化困境。

（三）简要评述

通过文献评述，我们发现虽然有的研究指出了合作社与社区之间存在互动关系，但是分析不够细致，且缺少具体案例支撑。在如何促进合作社发展的研究框架下，大多数学者集中对合作社影响因素展开研究，而农村社区只是作为众多影响因素中的一个来进行考察。关于合作社对农村社区影响的研究中，又往往容易将目光只投向带动经济发展方面，忽视其促进乡村治理、提供公共服务等方面的功能。在这些研究思想的指导下，合作社与社区之间存在的"千丝万缕"的联系变得简单化、模型化，容易忽视二者之间相互制约、相互依赖的互动关系。

三、农民专业合作社对社区的依附逻辑

合作社是劳动者自发结成的利益共同体。这种组织特性决定了它必须通过实现集体利益的最大化，来实现每个社员利益的最大化。农村社区是合作社的母体和摇篮（胡平波，2013）。合作社成立与运行都根植于所在的农村社区和地域农业环境之中，既有赖于与环境之间的资源交换与支撑，又同时被区域环境所制约与建构。因此，从促进合作社发展的角度看，合理利用社区现有的合作资源，不仅可以降低合作成本，还可以为合作社的持续发展提供动力。

（一）地域农业催生了合作社

地域农业不仅包括生产特征、农业结构与生产条件等自然条件，也涉及农业历史、耕作经验、农业经营制度与管理方式等内容。地域农业既反映了地区农业部门组合和土地利用的情况，也反映了生产方式和生产布局情况。农民专业合作社是农业生产力发展到一定水平，农业劳动分工与商品经济发展的结果。合作社是市场经济的产物，并与地域农业经济的发达程度密切相关。具体来说，我国农业市场化、专业化程度的提高及市场制度环境的改进与完善，促进了专业农户与兼业农户的分化，从而为合作社的成立提供了基本条件。专业农户大量出现时，农村的经济合作组织就会成为必然。合作社成立之后，地域的农业环境、产业布局、劳动力结构、资源条件等都构成了合作社发展的基本社会经济环境，决定着合作社的成长路径。

（二）合作社要以农民的合作意识和奉献精神为基础

我国传统的农耕文化有着深厚的合作传统，主要表现在农民潜在的合作意识、群体本位的价值认同以及公正、公平观念等方面。例如，在缺乏现代化的生产投入和省力工具的情况下，农户之间带有互助性质的"拌工"传统（李怀印，2010）。同时，随着市场经济的发展，农民逐步树立了民主平等、诚实信用等市场经济观念，也逐渐形成了通过联合，

共同抵御市场风险的合作意识。此外，合作社领办人的奉献精神对于合作社的发展至关重要。据统计，按合作社牵头领办人划分，由农村能人牵头领办的合作社103.5万个，占合作社的比重为91.0%①。

（三）农村社会关系是合作社的重要支撑

在农村地区，以身份承诺、社区意识和熟识关系等为基础建立起来的社会支持网络，是合作社正常运行的重要支撑。合作社成员之间拥有共享的利益，而这种利益又是依靠社会关系而实现的。合作社成员间的关系不是纯粹的市场关系或经济关系，他们之间的信任、互惠与互动也难以用纯粹的经济因素来解释。合作社作为在农村社区"长出来"的一种组织，具有先天的地缘、亲缘关系，其次才是业缘关系。亲缘关系是农民获取各种资源的重要途径和手段，也是农民专业合作社成立初期的基础。在制度供给不足的情况下，合作社良好运转主要依赖于领办人的社会资本（井世洁、赵泉民，2015）。借助社区的社会支持网络，合作社可以有效规避市场风险，建立更广泛的利益共享机制。

（四）合作社的发展离不开农村社区资源支持

合作社自成立之日起就必须不断与所处农村社区进行各种资源交换。离开了农村社区，合作社就成为无源之水、无本之木。合作社所有者、运营者与惠顾者相统一的特征，决定了社员基本上来自于本地社区。除社员出资之外，由于合作社缺乏有效抵押物，其资金也主要依靠成员相互担保进行融资。此外，尽管有些合作社是跨社区成立的，但其成员要服从社区自治组织的管理。土地之间的纠纷还要村里来协调，电、水等也必须由村社区统一管理。

（五）合作社的成功离不开社区产业支持

从目前的经验来看，有实力的合作社都是以当地农村社区优势特色产业为基础，建立在地区主导产业之上的。只有着眼于在农村社区中处于经验、技术领先地位的农业产业，才有可能在市场竞争中掌握核心优势；只有所选择的产业门类在该地区有较高的关联度，才有可能促进合作社持久发展，也有利于合作社示范带动作用的发挥。合作社的发展壮大不会仅限于农业生产领域，还必将与第二、第三产业的渗透、联合，走一二三产业融合之路。事实证明，具备一定经济实力的合作社，往往以一个面向市场的主导产业或特色产业为基础（王勇，2010）。如山东沾化冬枣专业合作社、寿光蔬菜专业合作社、烟台苹果专业合作社的发展都与当地特色产业息息相关。

（六）小结

通过以上分析，可以看出合作社是在地域农业发展的基础上催生的，并且从各个方面获得农村社区的支持。见表13-1所示，结合社会资本理论，合作社发展的社区资源体系可以分为规则体系、网络体系、信任体系和历史文化要素四个方面（陈秋玲，2009）。这些因素相互影响、共同构成了合作社生存和发展的动力源泉。

---

① 参见农业部经管司、经管总站主编的《2014年全国农村经营管理统计资料》。

表 13-1　农民合作社发展的社区资源体系

	要素	基础指标	具体表现
合作社 社区资本	规则体系	管理制度体系	民主管理制度，公平分配制度
		市场规则体系	市场竞争规则，公平交易规则
	网络体系	纵向社会联系	国家支持政策、地方政府的推动
			与大学等科研机构的紧密联系，技术支撑与人才的获得，纵向相关产业的发展
		横向社会联系	良好的公众关系，非正式组织等网络的支持
			社区产业的支撑，资源的供给
	信任体系	对社区发展的承诺	提供成员收入，促进社区经济发展
			实施民主管理，促进社会公平，在社区受到尊重
		对规则体系的承诺	对法规体系遵从度较高，与社区发展理念一致
		对生态环境的承诺	改善公共物品供给，保护生态环境
	历史文化要素	价值理念	社区认同，共同参与的价值理念
		社区文化	以持久的社区为导向的合作社文化建设
		行为范式	形成紧密合作和规范竞争的发展理念

四、合作社对农村社区发展的促进作用

关心社区是合作社基本原则之一。合作社的组织特性决定了其发展壮大后具有反哺社区的功能。农村社区作为一个相对独立的小型社会经济综合体，在外部经济效应的作用下，在经济、社会文化、自然资源环境等各个方面都会因为合作社的发展而受益。实践证明，合作社不仅有助于提升当地农业整体素质、促进农民就业，还能提供部分公共物品供给，调解民间纠纷，改善农村社会管理。

（一）合作社能提升当地农业整体素质

合作社的发展，推进了农业生产经营标准化、专业化、集约化，推动农业产业结构调整和优化升级。实践表明，合作社通过组织农户按照相关技术标准和技术规程开展农业生产，已成为我国实施标准化生产的重要载体。同时，合作社的发展壮大，不仅加速了农业产业化的发展，推动了农产品生产基地和农业示范园建设，也扩大了区域内种养业、农产品加工业等产业的发展，为在农村社区内形成专业市场提供了条件。此外，不少合作社注重品牌培育，积极开展商标注册和产品认证，申报地理标志。合作社已成为农业品牌战略的实施主体，提升了当地农产品的知名度。

（二）合作社能带动农民增加收入

合作社成为当地农民增收致富的重要渠道。一方面，合作社统一采购农业生产资料和销售农产品，能够帮助成员节约成本，提高经济效益。据统计，2014 年我国合作社统一销售农产品总值达 7529 亿元，统一购买生产投入品总值为 2582 亿元。另一方面，合作社

通过自办或参股农产品加工流通企业，拓宽了农业生产经营的增值空间，并按交易量和股份返还给社员，实现二次分配。2014年，合作社可分配盈余907亿元，其中通过股金分配213.7亿元，通过交易量返还515.7亿元①。一些资料显示，入社农户收入普遍比其他农户高出20%左右，有的甚至高出50%以上。

（三）合作社能为社区提供公共物品

提供社会化服务是合作社服务社区功能的集中体现。合作社逐渐成为农村社区农业信息传播、农业技术推广和农民教育培训的新载体。有研究结果表明，农民专业合作社的服务供给优先顺序依次是：市场信息服务、农业技术服务、生产资料供应服务、农产品销售服务、金融服务和农业保险服务（何安华、孔祥智，2011）。农民专业合作社不但提供教育培训、农技推广、信息服务等，而且也自发承担了某些公共物品的投入，如村范围内的道路维修、小型水利设施建设等。有学者通过实地调研后同样发现，农民专业经济合作组织能有效缓解农村基层政府，特别是村集体村级公共产品供给不足的问题（陈科灶、李健，2006）。合作社内部开展资金互助，缓解了社员生产资金缺乏的难题，弥补了农村金融供给不足的缺陷。

（四）合作社能改善农村社会管理

有研究表明，农村社区的经济水平越高，私营经济越发达，农民社区参与的积极性与水平也就越高（谢治菊，2012）。合作社作为一种经济组织，是社员提高素质、学习民主、学习诚信的学校。农民在参与合作社的过程中，拥有了多重观念与身份，形成了新的经济纽带和共识体系，培养了奉献精神。有的合作社还组建老人协会和文艺队，在改善村风村貌、营造合作气氛和增进农民团结与协作方面发挥了重要作用（何慧丽、温铁军，2006）。合作社的兴起和发展，给农村社会治理秩序重建引入了新的博弈主体（井世洁、赵泉民，2015）。合作社的治理原则就是民主控制。社员将参与合作社的基本做法移植到村庄治理，有助于增强村集体民主管理能力（王勇，2010）。有研究表明，农民合作社已经成为影响村庄选举和乡村治理的重要新兴力量（韩国明、张恒铭，2015）。一方面，农民通过创办合作社，培养了农村社区公共精神，增强了对社区的信任感与合作精神，培育了农民参与管理经济生活的民主意识，提高了农民的政治文化素质。另一方面，合作社内部制度建设，可以提高社员的民主管理水平，积累民主管理经验，提高了自我组织、自我服务、自我管理的能力。

（五）小结

合作社的发展既离不开农村社区的支持，又会对社区发展具有促进作用。双方之间存在一种互利共生、协同演进的关系。在这种关系下，合作社与农村社区各自的生存和发展都是对方生存与发展的前提，并且都是对方持续发展的基础。这种模式下的合作社可定位为内生发展型合作社。当然，与之相对，也存在外生推动型合作。表13-2对两种类型的合作社特征进行了对比。通过分析比较，发现合作社与农村社区之间存在天然联系，但是

---

① 参见农业部经管司、经管总站主编的《2014年全国农村经营管理统计资料》。

二者之间的互利关系并不是自然存在的，需要借助外力促使外生推动型合作社向内生发展型合作社转变，促进合作社与农村社区协同演进。

表 13 – 2　外生推动型合作社与内生发展型合作社比较

		外生推动型	内生发展型
发展尺度	理论尺度	经济增长视野	社区综合发展视野
	时间尺度	短期利益最大化	长期的综合效益
	空间尺度	合作社自身利益	社区整体经济发展
发展目标		经济增长最大化	社区综合发展
发展手段与路径		忽视社区资本的存量与增量	依托社区资本的存量与增量
发展的基本推动力		基于外部资金、技术和劳动力	基于内在的资源和能力
与社区的关系		竞争的零和关系	合作与对称互利关系
可持续性		差	强

五、合作社与社区互动关系的实践论证——以武乡县三里湾种植专业合作社为例

（一）合作社基本情况

武乡县三里湾种植专业合作社，位于山西省武乡县中南部浊漳河畔的监漳镇，距县城25公里。监漳镇一面靠山，三面环水，昼夜温差大，光照和土肥充足，自然虫灾少，无环境污染，适宜各种杂粮的生长，是三晋杂粮高产区。这里曾是著名作家赵树理笔下《三里湾》小说的发源地。笔者在小说里，围绕合作社运动，展现了一幅丰富多彩的农村生活画卷。而如今在改革开放的背景下，这里又重新燃起了农民通过组建专业合作社，发家致富的希望。

合作社组建于2006年，当年注册了"翻得高"牌商标。经过不懈努力，合作社发展由小到大，由弱到强，成员由50名增加到168名，参与农户由260户扩展到2830户，覆盖周边将近30个村。截至目前，合作社实有资产总额1100万元，其中固定资产650万元，流动资产450万元。种植基地达到6000余亩，标准化粮库30间近3000平方米，各种设备62台（套），加工设备流水线6条。合作社主要产品主要有：有机黑花生，原生态石磨面粉，原生态有机小米，绿色精品小杂粮等。目前，合作社通过延长产业链，已形成了集种植、养殖、加工、销售一体化的绿色循环经济发展模式。2008年被山西省委、省政府评为"十佳农民专业合作社"，同年获得了山西省"十佳特色农产品"称号。

合作社管理上实行统一技术、统一管理、统一回收、统一加工、统一包装、统一商标、统一销售、统一包装、统一分配（盈余返还）"九统一"的管理办法。合作社成员采取现金和土地的形式入股，64%的成员是以现金入股，股金从100元起步，最多不超总股份的20%。他们既是股东又是种植农户。30%的成员是以现金入股，他们是单纯的股东，

根据合作社效益只参与年终分红。6%的成员是以土地入股，按土地每年的市场价格折合成股本参与年终分红。

（二）合作社与社区互动关系

1. 合作社的"艰难成立"

合作社的成立经历了"艰难"的博弈过程。2006年《农民专业合作社法》还没有出台，有关合作社的政策还不十分明朗。当时，村里的干部因为怕合作社成立后影响到自己的权威，并不支持合作社组建。合作社发起人一方面动用自己的个人资源，通过游说基层政府，做村干部思想工作；另一方面利用亲戚等社会关系，讨好村干部。最后，理事长与县供销合作社联合申请注册，村干部终于妥协，合作社得以成立。在整个成立过程中，理事长将自身的非正式社会关系与影响力，化为组织资源，为合作社成立开辟了道路。

2. 合作社发展中的"关系危机"

在发展过程中，理事长同样通过农村社区的非正式社会关系，影响社员的组织与责任，化解了一系列"关系危机"。例如，2009年有个别社员为了一己私利，施用非指定肥料。虽然提高了产量，但是影响了品质。理事长从朋友那里得知这件事后，首先直接找该社员做思想工作，但是没有取得效果。随后，理事长通过采取在社员大会上通报批评的手段，让社员的"流言蜚语"来发挥作用。在群众的集体监督下，该社员终于认错。最终，不但合作社没有收购该社员的杂粮产品，连其他的大户或企业也没有收购。理事长的做法取得了成效，不仅团结了社员，而且提高了合作社信誉。

3. 来自社员的"雪中送炭"

为提高产品附加值，合作社决定引进两条加工生产线，但是农产品的款项没能及时回收，资金链条出现缺口。合作社面临前所未有的"经济危机"。在成员的帮助下，一方面，合作社依靠社员个人社会关系，采用五户联保的方式，从信用社获取了一定的贷款。另一方面，有的社员将自己的积蓄暂时借给合作社，用于垫付购买生产资料的资金。之后，在此基础上，合作社在内部开展了资金互助①，为合作社的发展提供了保障。

其他方面，在基地管理上，由于入社社员耕地小且分散，不利于统一管理。一些非社员农户还主动与社员调换土地，使得合作社基地能够连片集中经营。虽然合作社在成立之时，有个别村干部阻挠，有的农民认识不足，但合作社通过自身的努力，转化并创造了一个良好的社会环境，并获得了支持。

（三）合作社发展壮大后的反哺作用

1. 经济带动方面

合作社的成功首先表现为合作社成员收入的提高。成员平均收入是当地非合作社成员收入的142%。随着合作社自身的发展壮大，对地域经济发展的辐射力显著增强。在合作

---

① 在此基础上，合作社在内部开展资金互助。具体做法为，成员自愿缴纳股金，最低限额为1000元，一人可以缴纳多股股金。到目前为止，该资金互助机制社员共出资30万元。股金可以退回也可以参与分红，成员缴纳的股金主要作为流动资金使用。

社的带动下，周边农户也纷纷种植有机花生，部分农户还通过合作社进行销售。合作社成为引领当地"一村一品"发展的主力军①。目前，非社员特色有机花生等的种植基地达1000亩，覆盖武乡、襄垣、沁县三县，12个乡镇，106个行政村，216个自然村。

2. 金融服务方面

合作社发展壮大之后，为回报成立之初社区成员的支持，向成员提供借款和贷款服务。借款主要用于购买生产资料、购买农机具和支持子女教育。借款是无利息的，为的是解社员的燃眉之急。另外，合作社还利用社内的资金互助机制，向其成员发放贷款，贷款的种类为信用贷款和小组联保贷款。2008年至今，合作经济组织向其成员提供贷款总数为105万元，并且对所有成员的贷款利率保持一致。除此之外，合作社还发挥优势，为社员提供担保，帮助社员向金融机构融资。担保对象为全体成员，不收取担保费用。

3. 民主管理方面

合作社通过制度建设，建立完善了民主管理机制。合作社每年组织召开一次全体成员大会，不定期召开社员代表大会。合作社组织投资活动及合作社内部利益分配标准、方式等均由全体社员大会决定。合作社实行一人一票制度，并将财务状况在社员大会上公布。社员通过参与合作社管理，民主意识有了很大提高，敢于表达反对意见，促进了民主决策。同时，社员对村庄事务的参与程度也提高了。随着合作社的发展壮大，社员也逐渐获得了农村社区的信任。如有的成员加入合作社之后，工作能力提高了，被选为村委委员。

4. 公共事业方面

合作社与科研机构建立合作关系，定期聘请专家来进行技术培训，培训的主要内容为种植管理和有机栽培技术。专家讲课费由合作社承担，为社员提供无偿服务。合作社还免费为农村社区成员提供技术和各类信息服务。在农业生产方面，合作社还将自身与农科院的土肥专家研制出的，适合当地土壤条件的有机肥料，无偿给当地农民试种。见到效果之后，又以成本价格销售给农民。随着有机肥料的大面积推广，改善了当地的土壤条件，提高了肥力。合作社发展壮大之后，还积极组织参与当地的公共事业，例如，帮助村集体兴修小型水利设施，修整田间道路。农村社区服务方面，合作社统一清理了村里的垃圾点，并购置了垃圾桶等，改善了村居环境。

六、结论与讨论

通过理论分析与案例研究，我们发现合作社的成立、运行及发展根植于所处农村社区，合作社必然与农村社区发生天然的联系。农村社区中既存在合作社的支持因素，也存在制约因素。对于合作社来说，应该运用自身的资源与社会关系，充分发挥积极因素，将社区资源化为合作社发展壮大的动力源泉。同时，合作社的成功也将推动农业与农村社区的发展。合作社对于农村社区来说，既不是补充关系，也不是替代关系，而应当是有机结合。双方之间不断相互影响、相互作用，是在动态中协同演进的关系。充分认识到这一

---

① 参见当地市农委的相关材料"武乡县三里湾种植专业合作社引领一村一品发展"。

点，有助于我们全面深刻地把握合作社与农村社区的关系。当然，强调二者的相互促进作用，既要防范合作社过度"依附式发展"，也要防止社区对合作社的过度依赖。另外，合作社在与农村社区持续互动中，还要注意合作社边界与联合社问题。相关理论认为，合作社规模越大，成员异质性就越强，认同感降低。同时，合作社的收益成本比率和合作社收益的分化程度也将不断扩大。合作社将失去凝聚力，演化为松散的组织。

参考文献

[1] 林滢，任大鹏．我国农民专业合作社社区化现象探析 [J]．农村经营管理，2009（10）．

[2] 黄祖辉，徐旭初．基于能力和关系的合作治理——对浙江省农民专业合作社治理结构的解释 [J]．浙江社会科学，2006（1）．

[3] 夏英，牛若峰．我国农村合作经济组织改革和发展的思路 [J]．中国农村经济，1999（12）．

[4] 张晓山，苑鹏．合作经济理论与中国农民合作社的实践 [M]．北京：首都经济贸易大学出版社，2009.

[5] 罗满妹．农村民间组织的社区整合功能——基于国家与社会的关系视阈 [J]．湖南农业大学学报（社会科学版），2008（2）．

[6] 刘婷．农民专业合作社与区域环境的相互作用研究 [J]．商业研究，2009（1）．

[7] 胡平波．农民专业合作社中农民合作行为激励分析——基于正式制度与声誉制度的协同治理关系 [J]．农业经济问题，2013（10）．

[8] 董进才．新型农村社区治理创新研究——业缘组织与地缘组织协同的视角 [J]．财经论丛，2014（11）．

[9] 孙亚范．合作社组织文化探析 [J]．农业经济，2003（1）．

[10] 朱启臻，王念．论农民专业合作社产生的基础和条件 [J]．华南农业大学学报（社会科学版）．2008（3）．

[11] 贺雪峰．市场经济下农民合作能力的探讨——兼答蒋国河先生 [J]．探索与争鸣，2004（9）．

[12] 聂洪辉，揭新华．契约与农民专业合作化难题的破解——对万年"贡米"集团的经济社会学分析 [J]．湖南社会科学，2011（6）．

[13] 李怀印．乡村中国纪事——集体化和改革的微观历程 [M]．北京：法律出版社，2010.

[14] 井世洁，赵泉民．新型乡村社区治理模式构建——基于苏南 Y 村"村社协作

型"的个案 [J]. 南京社会科学, 2015 (4).

[15] 王勇. 产业扩张、组织创新与农民专业合作社成长——基于山东省 5 个典型个案的研究 [J]. 中国农村观察, 2010 (2).

[16] 陈秋玲. 区域社会资本: 开发区发展的目标与路径依赖 [M]. 上海: 上海大学出版社, 2009.

[17] 何安华, 孔祥智. 农民专业合作社对成员服务供需对接的结构性失衡问题研究 [J]. 农村经济, 2011 (8).

[18] 陈科灶, 李健. 发展农民合作组织能有效缓解农村村级公共产品供给难题 [J]. 农村经济, 2006 (3).

[19] 谢治菊. 比较与反思: 村民社区参与对社区认同影响之实证研究 [J]. 南京农业大学学报 (社会科学版), 2012 (4).

[20] 何慧丽, 温铁军. 着眼点在农民, 着力点在村社——兰考新农村建设试验的具体经验, 社会主义新农村建设的理论与实践 [M]. 北京: 中国经济出版社, 2006.

[21] 韩国明, 张恒铭. 农民合作社在村庄选举中的影响效力研究——基于甘肃省 15 个村庄的调查 [J]. 中国农业大学学报 (社会科学版), 2015 (2).

第三节　组织嵌入性对农民合作社绩效的影响研究

——基于多案例的实证分析[①]

一、引言

从 2007 年《中华人民共和国农民专业合作社法》颁布以来, 我国农民专业合作社 (以下简称 "合作社") 的数量呈现出快速发展趋势。合作社已成为农业供给侧结构性改革的重要生力军 (孔祥智, 2016), 是脱贫攻坚的组织载体 (张琛、高强, 2017), 也是提升农民幸福程度的重要组织方式 (Becchetti et al., 2013; 刘同山, 2017)。充分发挥合作社的经济功能和社会功能的前提条件是合作社具备较高的绩效水平, 这是因为合作社绩效是反映合作社综合发展能力的重要衡量依据。已有研究中有关合作社绩效的分析得到了学者们的广泛关注。一部分学者关注盈余分配方式对合作社绩效的影响。孙亚范、余海鹏 (2012) 运用结构方程模型研究表明, 依据交易量 (额) 分配的合作社的绩效显著高于没有采用这一分配方式的合作社。Bijman 等 (2012) 的研究也证实了这一结论。周振、孔祥智 (2015) 以黑龙江省仁发农机专业合作社为研究素材, 研究表明盈余分配的完善是促进合作社绩效水平提升的重要方式。一部分学者从内部治理角度探究其对合作社绩效的

---

① 执笔人: 张琛、孔祥智。

影响。Cook（1995）的研究认为不清晰产权、过高代理成本不利于合作社的组织效率。徐旭初、吴彬（2010）基于浙江省 526 家合作社的调研数据，研究发现合作社股权结构、牵头人情况和理事会结构是影响合作绩效的重要因素。刘同山、孔祥智（2015）通过对 195 个样本的结构方程分析，研究表明合作社内部监督制衡是影响合作社绩效的重要因素。也有一部分学者关注了合作社外部环境对合作社绩效的影响。Dyer 和 Singh（1998）认为合作社外部社会网络是影响合作社发展的重要因素，是发挥合作社竞争优势的重要基础性资源。梁巧等（2014）基于 147 家合作社的调研数据，研究结论表明合作社外部社会关系网络对合作社绩效具有显著的正向影响。

从原则上说，人类的经济体系嵌入社会关系之中。作为新经济社会学的重要研究领域，组织嵌入性得到了许多学者的研究并逐步应用于经济学分析之中。现有研究中已有学者认为经济行为与经济制度和非经济制度密不可分，经济行为嵌入经济制度和非经济制度之中（Polanyi，1944）。作为组织嵌入性研究的领军者，Granovetter（1985）指出经济行动嵌入社会关系之中，并提出了组织和社会领域嵌入性的分析框架。合作社作为一个开放的经济组织，植根于农村、植根于经济活动之中，与外部环境发生紧密联系，网络化的嵌入格局逐步形成。因此，研究合作社组织嵌入性对其绩效具有重要的现实意义。

现有研究中有关合作社组织嵌入性研究得到了国内外学者的有益探讨。如李婵娟、左停（2013）以宁夏盐池农民种养殖合作社为案例，研究结论表明外部力量嵌入是合作社发展的重要因素。Stuart（2008）以印度农村金融合作社为例，研究发现嵌入性与制度变迁是一个互动的过程。Tregear 和 Cooper（2016）通过对苏格兰一家贝类生产合作社的案例进行分析，研究发现嵌入性有助于合作社内部的知识流动。然而，现有研究中对合作社组织嵌入性的研究忽视了其对合作社经营绩效的作用效果，鲜有研究对组织嵌入性对合作社绩效的作用机制分析。基于此，本节通过多案例分析的方法，探究组织嵌入性对合作社绩效的作用机制及作用效果，以期为提升合作社绩效提供一个新的研究视角。

二、理论分析

（一）合作社的组织嵌入性

组织嵌入性是指组织所处的社会网络对组织经济行为的影响（Hagedoorn，2006）。依据 Granovetter（1985）的研究，本节将合作社的组织嵌入性划分为结构嵌入性和关系嵌入性两个维度。已有学者将结构嵌入性定义为组织所嵌入的社会网络给组织带来的超额价值（Gulati，1998）。本节认为，合作社结构嵌入性主要是指合作社各种经济联系所形成的社会网络结构，且常常可以从合作社辐射范围、纵向协作程度和公共服务能力等方面来考察。这是因为，合作社植根于农村，与社员、产业链上下游以及村庄的相互联系形成了社会网络结构。具体来说，合作社辐射范围主要反映出合作社与农户的嵌入程度，合作社纵向协作程度主要反映出合作社在产业链中的嵌入程度，合作社公共服务参与程度主要反映出合作社与村庄的嵌入程度。已有学者将关系嵌入性定义为组织依托网络关系给组织带来的获取信息和资源的作用机制（Gulati，1998）。Nahapiet 和 Ghoshal（1998）认为，信任、规范、责任和认同是构成关系嵌入性的四个维度。关系嵌入性的理论基础是社会学中的社会资本理论。基于此，本节将合作社的关系嵌入性定义为合作社与其自身发生各种经济联系所形成的社会网络密集程度。本节在 Nahapiet 和 Ghoshal（1998）研究的基础上，从合作社信任程度、规范程度和认知程度三个方面来考察合作社的关系嵌入性。

（二）结构嵌入性对合作社绩效的影响

合作社结构嵌入性通过实现规模收益、价值增值和村社协同等方面影响合作社的经营绩效。

首先是规模收益。合作社结构嵌入性的一个重要衡量指标是合作社的辐射范围。合作社辐射范围越广，越有利于提供农业社会化服务。已有学者的研究表明农业社会化服务是当前合作社的一项重要收入来源（孔祥智，2009；Yang et al.，2013）。因此，合作社辐射范围能够反映出合作社实现规模收益和范围经济的程度，与合作社结构嵌入性所形成的社会网络结构特征紧密相连，是影响经营绩效的重要因素。

其次是价值增值。合作社的纵向协作程度是衡量合作社结构嵌入性的另一个指标。合作社的纵向协作指的是合作社与产业链上下游之间的协作程度，是反映合作社在产业链中的嵌入程度。已有研究表明，纵向协作一方面是节约产业链条上交易费用的重要形式（Williamson，1993），另一方面也直接关系到产业链的长短，影响产业链的总附加值（钟真等，2017）。实践层面上，钟真等（2017）对四个合作社的案例分析表明，合作社的纵向协作程度与合作社的总收益呈现出线性关系。因此，合作社在产业链中的嵌入性也是影响经营绩效的重要因素。

最后是村社协同。合作社植根于农村，与村庄有着千丝万缕的联系。合作社与村庄的嵌入程度也是合作社自身与外界形成的社会网络结构特征的一项重要衡量指标。已有学者的研究表明合作社对村庄治理产生积极影响（贾大猛、张正河，2006）。高强、孔祥智（2014）以武乡县三里湾种植专业合作社为例，研究结论表明村庄为合作社的发展提供资源支撑与发展动力，合作社为村庄提供公共服务，实现村庄治理。国际合作社联盟于1995年发布的《关于合作社界定的声明》提及了关注社区是合作社的一个原则，是合作社社会责任的重要体现。因此，合作社与社区二者之间有机结合、相互影响，是在动态中协同演进的关系，见图 13 - 2。

（三）关系嵌入性对合作社绩效的影响

一是内部信任。信任作为关系嵌入性的重要维度，是合作社社员与社员之间、合作社与外部建立社会网络形成合作关系的必要条件。赵泉民、李怡（2007）认为中国农民走向合作的行动逻辑是以亲缘和拟亲缘关系为基础的带有"圈子主义精神"的"熟人信任"。已有学者采用菲律宾的农户数据研究表明合作社能够使得社员产生更高层次的信任（Becchetti et al.，2013）。Hakelius 和 Hansson（2016）采用 1993～2013 年瑞典农户的数据，研究结论也证实了信任和承诺是提高农户对合作社满意程度的重要因素。钟真等（2016）将内部信任定义为人际信任和制度信任，并以三家合作社为例进行研究，研究表明内部信任有助于实现农产品质量安全控制。合作社的内部信任一方面能够反映出合作社社员与社员之间的关系程度，另一方面也能反映出合作社与社员之间的关系程度，能够充分反映出合作社对内的关系嵌入性程度。因合作社内部信任而产生的凝聚力与约束规范，有助于提升合作社经营绩效水平。

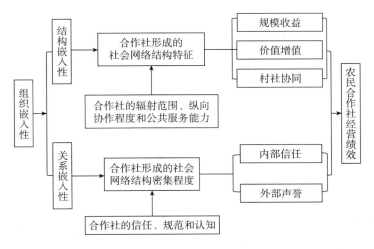

图 13 - 2　理论分析框架示意图

二是外部声誉。声誉是合作社无形的资产，是合作社对外关系嵌入性程度的重要表现形式。具有良好的外部声誉也意味着合作社具有较高的合法性。合法性是组织生态学分析的重要框架。依据组织生态学的理论，较高的合法性意味着提高利益相关者对组织的认可度、可信性和可靠性程度（Shepherd and Zacharkis，2003），也有助于组织获得有利资源（Zyglidopoulos，2003）。孟召将（2011）认为合作社的声誉具有降低交易成本的交易效应、吸引资源的磁吸效应和实现成长发展的成长效应。胡平波（2013）认为合作社的声誉制度是对正式制度的有效弥补，与正式制度共同成为实现合作社绩效的制度保障，通过避免农民出现机会主义行为实现对农民合作的激励。因此，合作社的外部声誉一方面能够反映出利益相关者对合作社的认可程度，另一方面也有助于合作社充分利用外部有利资源，有助于实现合作社经营绩效水平的提升。

三、研究设计

（一）资料来源

本章所选取的案例资料均来源于中国人民大学课题组对山东、黑龙江、辽宁、河北、陕西、新疆、内蒙古等省（区）的实地调研，调查共访问了 15 家奶农合作社。课题组在实地调研中采用半结构访谈的方式。具体来说：课题组成员逐一与每个合作社理事会成员、监事会成员和普通农户进行了详细访谈，因研究需要将访谈地点安排在半封闭会议室或封闭的工作间，这有利于被访谈者畅所欲言。最终，课题组形成了对每个合作社接近20000 字的访谈笔记。此外，课题组通过对每个合作社的实地考察增强了对合作社的感性认识，也借助当地农业部门、新闻报刊材料等辅助信息进一步详细了解所调研的案例。本章研究最终选择四家奶农合作社作为案例分析对象，其基本情况见表 13-3。

表 13-3　案例合作社的基本情况

合作社名称	注册时间（年）	社员数量（户）	养殖规模（头）	奶价（元/公斤）	所在地址
四合奶牛养殖专业合作社	2008	23	280	2.54	山东聊城市临清县
秀梅奶牛养殖专业合作社	2008	81	480	2.95	内蒙古呼和浩特市土默特左旗
兴盛乳业专业合作社	2007	138	940	2.70	陕西宝鸡市千阳县
海奥奶牛专业合作社	2008	75	650	3.00	新疆昌吉市三工镇

资料来源：根据笔者调查情况整理得到。

选择这四家奶农合作社的原因主要有以下几点：第一，多案例的研究方法可视为多个相关实验，每一个案例的选取都需要满足研究目的，较适合于研究"怎么样"和"为什么"的问题（Yin，2009）；案例研究方法需要构建"实验组"和"对照组"，多案例研究方法能够避免单案例研究的这一局限性；当多个案例同时指向同一结论的时候，案例的研究结论将更为有效（Eisenhardt，1991）。第二，本章所选取的案例合作社均是奶农合作社，排除了合作社经营类型的差异对经营绩效的干扰。第三，四家奶农合作社成立的时间基本上不存在明显的差异，这有利于排除合作社组织嵌入性对经营绩效的时间干扰因素。第四，所选取的四家合作社在结构嵌入性和关系嵌入性中存在着显著差异，可以构成"实验组"和"对照组"，符合本章对合作社组织嵌入性的划分。

（二）变量测定

依据理论分析，本章从指标适用性的角度对合作社辐射范围、纵向协作程度和公共服务能力进行指标设定，以反映合作社的结构嵌入性；同时也对合作社信任程度、规范程度和认知程度的衡量指标进行具体设定以考察合作社的关系嵌入性（见表 13-4）。

表 13-4　合作社组织嵌入性及经营绩效的指标设定

指标		具体含义或测量
结构嵌入性	辐射范围	合作社社员所属的地域情况以及农业社会化服务的范围
	纵向协作程度	合作社与上游企业和下游企业的紧密联系程度
	公共服务能力	合作社提供村庄公共服务的能力（具体指的是公共物品的提供）
关系嵌入性	信任程度	利益相关者对合作社的信任程度
	规范程度	合作社组织结构的规范程度
	认知程度	利益相关者对合作社的认知程度
经营绩效		合作社的成本利润率

表 13-4 阐述了合作社组织嵌入性和经营绩效的指标设定。由于本章所选取的奶农合作社存在着自身的特殊性，结合案例情景本章将对本案例中合作社的结构嵌入性和关系嵌入性进行详细说明。

结构嵌入性中的辐射范围具体指的是合作社社员所涉及的村庄数、合作社提供农业社会化服务的区域范围。这是因为，合作社社员所属的区域范围越广，合作社农业社会化服务提供的范围越广，说明合作社与农户的嵌入程度较高。纵向协作程度具体指的是合作社与产业链上游（奶农）的紧密程度以及与产业链下游（乳品企业）的紧密程度。合作社纵向协作程度越紧密，合作社的总收益水平越高（钟真等，2017），与产业链的嵌入程度也更为紧密。公共服务能力指的是合作社为村集体提供公共服务的能力，具体表现在合作社为村集体公共服务提供的资金数。合作社为村集体公共服务提供资金，依托村社协同演进，实现合作社的深度发展。

关系嵌入性中信任程度是指合作社利益相关者对合作社的信任程度，具体指的是合作社是否存在社员更换过奶站的情况、合作社相关信息的公开透明程度、合作社是否与下游企业签订合同。这是因为，合作社社员更换过奶站，说明合作社对社员的信任程度不高；合作社相关信息的公开透明程度能够增强合作社内部成员对合作社的信任；合作社是否被乳品企业拒收这一指标反映出合作社外部经济联系主体对合作社的信任。规范程度是指合作社组织结构的规范程度，具体表现为合作社是否具有明晰的奖惩条例、合作社是否对产品检测并按质计价、合作社是否按照交易量（额）进行盈余分配。合作社明晰的奖惩条例能够有效地避免社员的"搭便车"行为；合作社对产品检测并依据品质计价通过公平实现规范；按照交易量（额）进行盈余分配是《农民专业合作社法》的要求，更能反映合作社的规范程度。认知程度是指利益相关者对合作社的认可程度，具体表现在合作社是否被评为示范社、是否被新闻媒体报刊进行报道、内部成员对合作社的满意程度。合作社被评为示范社说明合作社得到了政府部门的认可；合作社被新闻媒体报刊报道说明合作社得到了宣传机构的认可；内部成员对合作社的满意程度则反映出合作社内部对合作社的认可程度。

（三）案例介绍

（1）四合合作社。四合奶牛养殖专业合作社（以下简称"四合合作社"）位于山东省聊城市临清县，成立于2008年10月，23户社员来自一个乡镇7个村庄。四合合作社与产业链上下游的联系程度较为松散，仅仅对产业链上游的农户提供生产资料和技术培训两项服务，与下游乳品企业伊利仅限于普通的买卖合同。四合合作社并没有为所在村庄提供公共服务，因产品品质问题曾经被伊利拒收。合作社的财务信息很少对社员公开，对产品质量检查也并没有依据生鲜乳品质计价。此外，四合合作社没有制定明晰的奖惩制度，采用按股分红的方式对盈余进行分配，没有获得示范社的荣誉，也没有得到新闻报刊的宣传报道。社员对合作社的满意程度较低，这一点从对社员的访谈中可以看出："合作社找我收奶，感觉就像雇主与雇员的关系，没啥人情味，娱乐活动啥也没有……"经计算，四合合作社的成本利润率为22.10%，属于较低的水平。

（2）秀梅合作社。秀梅奶牛养殖专业合作社（以下简称"秀梅合作社"）位于内蒙古呼和浩特市土默特左旗瓦窑村，成立于2008年1月，81户社员位于察素齐镇四个村庄。秀梅合作社为产业链上游的农户统一提供种子、农药、化肥等生产资料，统一销售生鲜乳、统一提供奶牛养殖技术，饲料配方、防疫接种、配种等技术（每年提供不少于五次）、提供金融贷款服务。秀梅合作社与伊利公司签订了销售合同，合作社自身谈判实力较弱，企业 30 天结算一次奶款，并没有出现企业拒收生鲜乳的情况，二者之间的合作关系一般，属于简单的买卖关系。秀梅合作社积极参与当地的乡村道路建设，共捐助 5 万元支持村庄的建设。社员对秀梅合作社的满意度较高，并没有出现在其他奶站挤奶的情况。秀梅合作社并没有对全部社员予以公开，同时合作社对社员生鲜乳生产没有制定明晰的奖惩制度，仍依据养殖方式定价。虽然秀梅合作社于 2010 年被农业部评为奶牛标准化养殖示范社，但新闻媒体对秀梅合作社报道次数较少。经计算，秀梅合作社的成本利润率为42.51%，属于中等水平。

（3）兴盛合作社。兴盛乳业专业合作社（以下简称"兴盛合作社"）位于陕西省宝鸡市千阳县北台村，成立于 2007 年 7 月，138 户社员位于千阳县两个乡镇三个村庄。兴盛合作社为奶农提供集中养殖的园区和技术培训服务、严把奶农生产环节，统一饲料和奶农防疫，并依托与和氏企业的合作，为奶农提供统一销售的服务。兴盛合作社与和氏企业合作关系较为融洽，没有出现拒收合作社生鲜乳的事件。和氏企业以每公斤 0.35 元向合作社支付奶款，同时也向合作社支付管理费。兴盛合作社盈余分配依据交易量（额）分配，同时为北台村村集体股份分红 4 万元，支持北台村公益事业的发展。兴盛合作社没有出现过社员退社的现象，也没有社员在其他奶站挤奶，社员对合作社的满意程度较高，这一点从对社员的访谈中可以看出："我们都在兴盛提供的园区内养殖，合作社提供的服务好着呢，既省钱又省心……"兴盛合作社并没有对全部社员予以全部公开财务、会议等方面的信息，并没有对社员生鲜乳生产制定明晰的奖惩制度，仍是依据养殖方式定价。兴盛合作社先后获得"陕西省农民专业合作社百强示范社"、"宝鸡市十佳农民专业合作社"等荣誉称号。新闻媒体报刊资料对兴盛合作社进行了广泛的报道：2008 年 4 月 29 日《陕西日报》以《一个合作社兴旺了一个产业》重点介绍了兴盛合作社对促进当地奶业发展的实践经验，期刊《中国农民合作社》也对兴盛合作社的基本情况进行了介绍。经计算，兴盛合作社的成本利润率为 79.37%，属于较高水平。

（4）海奥合作社。海奥奶牛专业合作社（以下简称"海奥合作社"）位于新疆昌吉回族自治州三工镇新户村，成立于 2008 年 4 月，75 户社员位于三工镇四个村庄。海奥合作社采用标准化奶牛养殖小区模式，同时为奶农的奶牛建立详细的档案（如奶牛产地、体重、有无疾病、奶牛产奶等）并录入电脑统一管理，为奶农提供统一防疫灭病、统一供应饲料、统一品种改良、统一销售服务和统一规划建设的"五统一"服务。奶农只需要负责喂养奶牛、清理粪便等基本养殖工作。海奥合作社与下游企业形成了相对密切的利益联结关系，与蒙牛集团签订了年供奶量 3000 吨的合同，此外还与天润、康利来、明旺等乳品企业签订了合同。兴盛合作社盈余分配依据交易量（额）分配，并组织合作社社员赴内地及新疆部分地区旅游，社员对合作社的满意度较高。海奥合作社的社员均在合作社养殖小区内挤奶，还未出现过社员退社的案例。海奥合作社对全部社员部分公开财务、会议等方面的信息，制定了社员生鲜乳生产的奖惩制度，按质定价，并未出现蒙牛企业拒收生鲜乳的事件。海奥合作社制定了"五禁止",即一是禁止在生鲜乳生产、收购、贮运、销售过程中添加任何物质;二是禁止收购经检验不合格的生鲜乳;三是禁止收购奶畜产犊七日内的初乳;四是禁止收购在规定用药期内和休药期内的奶畜产的生鲜乳;五是禁止收购其他不符合质量要求的生鲜乳。因成绩优异,海奥合作社被评为国家、自治区奶业重大专项高产奶牛良种繁育体系建立与示范点,获得国家级合作社示范社等荣誉称号。人民网对海奥理事长进行了采访报道,新疆天山网以《昌吉市海奥奶牛合作社"变废为宝"发展循环经济》为题对海奥合作社进行了报道。

比较四家奶农合作社在组织嵌入性和经营绩效的基本情况(见表13-5),可以发现,组织嵌入性的高低与合作社经营绩效的高低有着密切的关系。四合合作社的结构嵌入性程度和关系嵌入性程度在四家奶农合作社中最低,其成本利润率也最低;秀梅合作社的结构嵌入性和关系嵌入性均处于中等水平,其成本利润率也处于中等水平;兴盛合作社的结构嵌入性程度较高,关系嵌入性均处于较高水平,其成本利润率处于较高水平;海奥合作社的结构嵌入性和关系嵌入性在四家奶农合作社中最高,其成本利润率也处于最高水平。为探索组织嵌入性影响合作社经营绩效的机制,下文将进一步对案例展开深入分析。

表13-5 合作社组织嵌入性及经营绩效的基本情况

			四合合作社	秀梅合作社	兴盛合作社	海奥合作社
结构嵌入性	辐射范围	合作社社员涉及的乡镇数	1	1	2	1
		合作社服务的村庄数	7	4	3	4
	纵向协作程度	与上游(农户)的关系	松散	紧密	紧密	紧密
		与下游(企业)的关系	松散	松散	紧密	紧密
		协作程度	低	低	中	中
	公共服务能力	合作社是否为村集体提供资金	否	是	是	否
	结构嵌入性程度		低	中	高	高
关系嵌入性	信任程度	是否存在社员更换过奶站	是	否	否	否
		信息的公开透明程度	低	低	中	中
		是否被乳品企业拒收	是	是	否	否
	规范程度	是否具有明晰的奖惩条例	否	否	否	是
		是否对产品检测并按质计价	否	否	否	是
		是否按照交易量(额)分配	否	否	否	是
	认知程度	是否被评为示范社(基地)	否	是	是	是
		是否被新闻媒体报道	否	否	是	是
		内部成员对合作社的满意程度	低	较高	较高	较高
	关系嵌入性程度		弱	中	较高	高
经营绩效	成本利润率		22.10%	42.51%	79.37%	127.66%

资料来源:笔者根据调查资料整理得到。

四、案例分析

由前文对四家合作社的分析可以看出，组织嵌入性较高的合作社，其经营绩效也较高。基于此，本节对组织嵌入性影响合作社经营绩效的机制进行深入分析。

（一）结构嵌入性对合作社经营绩效的作用机制

合作社与农户之间的嵌入程度，通过合作社的辐射范围反映出合作社实现规模收益和范围经济的程度。规模收益具体表现为合作社生鲜乳销售价格高于市场价格的程度。海奥合作社社员 75 户，养殖规模为 650 头，辐射范围涵盖 1 个乡镇 4 个村，生鲜乳销售价格为每公斤 3.00 元，平均每公斤高出同区域内普通农户 0.4 ~ 0.5 元。兴盛合作社社员数量138 户，养殖规模 940 头，辐射范围为 2 个乡镇 3 个村，生鲜乳的平均销售价格为每公斤2.70 元，比市场价高出 0.2 ~ 0.4 元。秀梅合作社社员数量 81 户，养殖规模为 480 头，辐射范围涵盖 1 个乡镇 4 个村，生鲜乳销售价格为每公斤 2.95 元，比散户生产的生鲜乳高0.2 元。四合合作社社员数量 23 户，养殖规模 280 头，辐射范围涵盖 1 个乡镇 7 个村，生鲜乳销售价格为每公斤 2.54 元，与市场价基本持平。由此可以看出，海奥合作社的规模收益最高，兴盛合作社次之，秀梅合作社第三，四合合作社最低。

合作社与产业链之间的嵌入程度，通过合作社占据价值链的环节个数反映出合作社价值增值的程度。根据 Porter（1985）的价值链分析方法，占据价值链的环节个数越高价值增值越高，且不同环节的价值贡献程度呈现差异，具体表现为品牌营销环节的价值贡献度最高、生产环节的价值贡献度最低（钟真等，2017）。四合合作社只占据了价值链的生产环节，价值增值最低。秀梅合作社占据了价值链的生产环节和技术研发两个环节，具体表现为合作社养殖奶牛和培训学习奶牛养殖技术、饲料配方等技术，聘请兽医负责奶牛防疫和配种工作，因此价值增值程度属于中等水平。兴盛合作社除奶牛养殖外，投资建成了饲料加工厂，聘请专家担任奶牛技术顾问。因此，兴盛合作社占据了价值链中的生产、加工和技术研发三个环节，价值增值程度较高。海奥合作社占据了价值链中的生产、加工、物流、技术研发、战略规划五个环节，价值增值程度最高。加工环节表现为海奥合作社投资建成了沼气工程，变废为宝，实现奶牛粪便的加工。物流服务表现为合作社通过运输车对生鲜乳的运输。技术研发服务表现在海奥合作社定期安排畜牧局技术人员为奶牛养殖防疫提供技术服务。战略规划环节主要表现为合作社每年召开成员代表大会，讨论解决遇到的难题和发展计划，逐步建立乳品加工企业和拥有合作社品牌等。

合作社与村庄之间的嵌入程度，通过合作社为村庄互惠共赢反映出合作社村社协同的程度。合作社所处的地域催生了合作社，合作社为村庄公共服务提供服务反哺村庄。这是因为合作社所处的地域包含着合作社面临着的生产特征、农业结构以及自然条件等因素，进而决定着合作社的成长路径。四家奶农合作社均处于奶业有利发展的环境，一方面自然条件优越适合畜牧业发展，另一方面大型乳品企业在村庄内设有收购站点，从而催生了奶农合作社。海奥合作社虽没有向村庄公共服务提供资金，但是海奥合作社带动奶农每头奶牛净赚 3000 元以上，极大地改善了村庄内社员的福利。兴盛合作社对所在的北台村予以

4 万元股份分红，极大地支持了村庄的公益事业发展。秀梅合作社捐助 5 万元支持瓦窑村的道路基础设施建设。四合合作社带动奶农增收效应较弱，没有为村庄公共服务提供支持，村社协同最弱。

（二）关系嵌入性对合作社经营绩效的作用机制

合作社社员与社员之间、合作社与外部建立社会网络的一个结果是合作社内部信任。合作社因内部信任而产生的凝聚力与约束规范，有助于提升合作社经营绩效水平。利益相关者对海奥合作社内部信任程度最高。内部成员对海奥合作社的评价程度较高，没有社员更换过奶站。合作社有明晰的奖惩条例并按质计价、按照交易量（额）分配盈余，部分信息对社员公开。兴盛合作社没有社员更换过奶站，没有明晰的奖惩条例，也没有按质计价，按照交易量（额）分配盈余，部分信息对社员公开，内部成员对合作社的满意程度较高。因此，利益相关者对兴盛合作社内部信任程度较高。秀梅合作社内部成员对合作社的满意程度较高，没有社员更换过奶站，信息公开透明程度较低，存在着被乳品企业拒收的现象。此外，秀梅合作社既没有按照交易量（额）分配，也没有明晰的奖惩条例，没有依据质量对生鲜乳定价。因此，利益相关者对秀梅合作社内部信任程度处于中等水平。利益相关者对四合合作社内部信任程度最低，具体表现为部分奶农更换过奶站、合作社信息公开透明程度较低且被乳品企业拒收多次、没有按质计价且缺乏明晰的奖惩条例，采用按股分红的方式没有遵循按交易量（额）分配的要求。

外部声誉是合作社对外关系嵌入性程度的重要表现形式。海奥合作社和兴盛合作社的外部声誉最高，一是乳品企业没有拒收过合作社的生鲜乳；二是合作社均获得过国家级和省部级荣誉称号，被新闻媒体予以报道。秀梅合作社曾被下游乳品企业拒收，虽获得国家级示范社，但鲜有新闻媒体对其报道。因此，秀梅合作社的外部声誉较高。四合合作社的外部声誉最低，因为合作社被乳品企业拒收过，既没有获得任何荣誉，也没有新闻媒体对其进行报道。

五、结论与讨论

上述案例分析结果表明，合作社组织嵌入性对其经营绩效具有重要影响。其中，结构嵌入性与组织嵌入性总体上对合作社经营绩效都具有促进作用。具体而言，本章的结论可归纳为以下三点：第一，合作社组织嵌入性与经营绩效二者呈现出线性关系，即组织嵌入性程度越高，合作社经营绩效水平越高；第二，结构嵌入性通过实现规模收益、价值增值和村社协同三条作用机制提升合作社绩效水平；第三，关系嵌入性通过内部信任和外部声誉两条作用机制对合作社绩效产生积极的影响。

上述结论意味着，提升合作社组织嵌入性程度是促进合作社绩效水平提升的一条可行路径。具体来看，本章研究结论主要有以下四个方面的政策含义：一是完善合作社内部制度体系。合作社内部制度体系的完善能够增强社员对合作社的信任程度，也有助于提升合作社的规范程度。二是加强合作社与产业链的紧密程度。延伸产业链，拓宽价值链能够使得合作社充分分享价值增值的收益，实现合作社的纵向深度发展。三是推进合作社与村庄协同发展。合作社反哺与村庄，村庄为合作社提供便利服务，二者协同演进。四是提升合作社外部声誉。合作社外部声誉的获得与加强，既体现出合作社被利益相关者的接受程度，也有助于合作社充分利用外部资源实现合作社的发展。

参考文献

［1］孔祥智．农业供给侧结构性改革的基本内涵与政策建议［J］．改革，2016（2）．

［2］张琛，高强．论新型农业经营主体对贫困户的脱贫作用［J］．西北农林科技大学学报（社会科学版），2017（2）．

［3］Becchetti L．，Castriota S．，Conzo P．Cooperative Membership as a Trust and Trustworthiness Reinforcing Device：Results from a Field Experiment in the Philippines［J］．The Journal of Development Studies，2013，49（3）．

［4］刘同山．农民合作社的幸福效应：基于 ESR 模型的计量分析［J］．中国农村观察，2017（4）．

［5］孙亚范，余海鹏．农民专业合作社制度安排对成员行为及组织绩效影响研究［J］．南京农业大学学报（社会科学版），2012（4）．

［6］Bijman J．，Iliopoulos C．，Poppe K. J．，et al．Support for Farmers'Cooperatives［R］．Final Report of European Commission，Brussels，2012．

［7］周振，孔祥智．盈余分配方式对农民合作社经营绩效的影响——以黑龙江省克山县仁发农机合作社为例［J］．中国农村观察，2015（5）．

［8］Cook M L．The Future of US Agricultural Cooperatives：A Neo – institutional Approach［J］．American Journal of Agricultural Economics，1995，77（5）．

［9］徐旭初，吴彬．治理机制对农民专业合作社绩效的影响——基于浙江省 526 家农民专业合作社的实证分析［J］．中国农村经济，2010（5）．

［10］刘同山，孔祥智．治理结构如何影响农民合作社绩效？——对 195 个样本的 SEM 分析［J］．东岳论丛，2015（12）．

［11］Dyer J. H．，Singh H．The Relational View：Cooperative Strategy and Sources of Interorganizational Competitive Advantage［J］．Academy of Management Review，1998，23（4）．

［12］梁巧，吴闻，刘敏，卢海阳．社会资本对农民合作社社员参与行为及绩效的影响［J］．农业经济问题，2014（11）．

［13］Polanyi K．The Great Transformation：Economic and Political Origins of Our Time［M］．New York：Rinehart，1944．

［14］Granovetter M．Economic Action and Social Structure：The Problem of Embeddedness

[J]. American Journal of Sociology, 1985, 91 (3).

[15] 李婵娟, 左停. "嵌入性"视角下合作社制度生存空间的塑造——以宁夏盐池农民种养殖合作社为例 [J]. 农业经济问题, 2013 (6).

[16] Stuart G. Institutional Change and Embeddedness: Caste and Gender in Financial Cooperatives in Rural India [J]. International Public Management Journal, 2007, 10 (4).

[17] Tregear A., Cooper S. Embeddedness, Social Capital and Learning in Rural Areas: The Case of Producer Cooperatives [J]. Journal of Rural Studies, 2016 (44).

[18] Hagedoorn J. Understanding the Cross – level Embeddedness of Interfirm Partnership Formation [J]. Academy of Management Review, 2006, 31 (3).

[19] Gulati R. Alliances and Networks [J]. Strategic Management Journal, 1998, 19 (4).

[20] Uzzi B. Social Structure and Competition in Interfirm Networks: The Paradox of Embeddedness [J]. Administrative Science Quarterly, 1997, 42 (1).

[21] Nahapiet J., Ghoshal S. Social Capital, Intellectual Capital, and the Organizational Advantage [J]. Academy of Management Review, 1998, 23 (2).

[22] 孔祥智. 中国农业社会化服务: 基于供给和需求的研究 [M]. 北京: 中国人民大学出版社, 2009.

[23] Yang J., Huang Z., Zhang X., et al. The Rapid Rise of Cross – regional Agricultural Mechanization Services in China [J]. American Journal of Agricultural Economics, 2013, 95 (5).

[24] Williamson O. E. Transaction Cost Economics Meets Posnerian Law and Economics [J]. Journal of Institutional and Theoretical Economics, 1993, 149 (1).

[25] 钟真, 张琛, 张阳悦. 纵向协作程度对合作社收益及分配机制影响——基于4个案例的实证分析 [J]. 中国农村经济, 2017 (6).

[26] 贾大猛, 张正河. 合作社影响下的村庄治理 [J]. 公共管理学报, 2006 (3).

[27] 高强, 孔祥智. 农民专业合作社与村庄社区间依附逻辑与互动关系研究 [J]. 农业经济与管理, 2015 (5).

[28] 赵泉民, 李怡. 关系网络与中国乡村社会的合作经济——基于社会资本视角 [J]. 农业经济问题, 2007 (8).

[29] Becchetti L., Castriota S., Conzo P. Cooperative Membership as a Trust and Trustworthiness Reinforcing Device: Results from a Field Experiment in the Philippines [J]. The Journal of Development Studies, 2013, 49 (3).

[30] Hakelius K., Hansson H. Measuring Changes in Farmers' Attitudes to Agricultural Cooperatives: Evidence from Swedish Agriculture 1993 – 2013 [J]. Agribusiness, 2016, 32 (4).

[31] 钟真, 穆娜娜, 齐介礼. 内部信任对农民合作社农产品质量安全控制效果的影

响——基于三家奶农合作社的案例分析 ［J］. 中国农村经济，2016（1）.

［32］Shepherd D. A. , Zacharakis A. A New Venture's Cognitive Legitimacy：An Assessment by Customers ［J］. Journal of Small Business Management，2003，41（2）.

［33］Zyglidopoulos S. C. The Issue Life – cycle：Implications for Reputation for Social Performance and Organizational Legitimacy ［J］. Corporate Reputation Review，2003，6（1）.

［34］孟召将. 农民专业合作社声誉效应与制度创新 ［J］. 农村经济，2011（3）.

［35］胡平波. 农民专业合作社中农民合作行为激励分析——基于正式制度与声誉制度的协同治理关系 ［J］. 农业经济问题，2013（10）.

［36］Yin R. K. Case Study Research：Design and Methods ［M］. Thousand Oaks：CA，2009.

［37］Eisenhardt K. M. Better Stories and Better Constructs：The Case for Rigor and Comparative Logic ［J］. Academy of Management Review，1991，16（3）.

［38］Porter M. E. Competitive Advantage：Creating and Sustaining Superior Performance ［M］. New York：The Free Press，1985.

第十四章　领导者、组织特征对农民专业合作社发展绩效的影响[①]

农村"能人"指具备一定的社会活动能力、组织能力、管理能力与献身精神，并且拥有一定的资本积累或比较能够获得要素资源，可以依靠自身能力较好地将普通农户组织起来，成立合作社，领导农户共同致富的人（胡平波，2013）。从我国农民专业合作社的发展历程来看，也可以看出合作社的发展绩效在很大程度上依赖于领导者的个人能力，个人能力强则合作社发展较好，尤其是发展初期阶段。同时，我国合作社存在明显的成员异质性特征，核心成员与普通成员区分明显。一些合作社成员资本参与的人数很少（即股权集中于以理事长为代表的核心成员），并且普通成员日常管理参与度较低（如不参加社员大会等），对合作社的实力控制力不足，这就很可能使得合作社的收益集中在核心成员手中，而普通成员在合作社中获得的收益有限，如此长久下去，合作社"名存实亡"。而合理健全的组织结构则可以在保障普通成员利益的同时，给予核心成员相应的回报，从而对合作社的发展绩效产生重要的正向影响（邵科等，2014）。可以看出，领导者与组织特征对于农民专业合作社的发展绩效具有重要的影响。本章正是立足于此，从理事长特征与组织特征两个角度出发，积极探索影响我国农民专业合作社发展绩效的因素。

第一节　文献综述

一、关于农民专业合作社领导者对合作社发展绩效的影响研究

（一）关于合作社领导者能力的评价指标研究

农民专业合作社领导者，在一般情况下，是指合作社的理事长或管理者，其能力大小对合作社的运营与发展来说具有十分重要的作用。邓军蓉等（2013）基于农民专业合作社现有发展阶段实际情况，以湖北省156家农民专业合作社为调研对象，深入探讨了农民专业合作社人力资源的现状。结果表明，样本中的农民专业合作社理事长文化程度一般较高，且年龄多为40~50岁；理事长任期较短；超过半数的理事长身份为生产（或销售）

---

① 执笔人：牛立藤。本章为牛立藤硕士学位论文的主要部分。

大户。由此来看，合作社对理事长的素质要求是比较高的。关于合作社领导者（理事长或管理者）能力的评价指标主要有以下观点。

倪细云等（2012）从政府关系能力、社会关系能力、管理能力、战略能力、创新能力、资源整合能力、学习能力、操作能力和机遇把握能力9个维度对农民专业合作社理事长的能力进行分析，并指出在理事长能力的结构中，首先是政府关系能力贡献最优，其次是创新能力，再次是资源整合能力，最后则依次为社会关系能力、管理能力、战略能力、学习能力、操作能力和机遇把握能力。彭莹莹等（2014）从创业能力、管理能力、关系能力、合作能力与技术能力五个维度来构建农民专业合作社理事长能力评价指标体系。胡平波（2013）从管理能力、战略能力、关系能力与团队能力四个维度来构建农民专业合作社理事长能力评价指标体系。黄胜忠等（2014）通过对通用管理能力、特殊沟通能力、企业家精神和外部社会资本四类关于理事长胜任力的特征因素对其进行探讨。黄永利等（2013）则从合作社社长的经营管理能力、声誉威望、关系网、责任心和秉公廉洁程度来衡量合作社管理者的能力（见表14-1）。

表14-1　关于合作社领导者能力评价指标的文献总结

年份	笔者	合作社领导者（理事长或管理者）的能力评级指标
2012	倪细云等	政府关系能力、社会关系能力、管理能力、战略能力、创新能力、资源整合能力、学习能力、操作能力和机遇把握能力
2014	彭莹莹等	创业能力、管理能力、关系能力、合作能力与技术能力
2013	胡平波	管理能力、战略能力、关系能力与团队能力
2014	黄胜忠等	管理能力、特殊沟通能力、企业家精神和外部社会资本
2013	黄永利等	经营管理能力、声誉威望、关系网、责任心和秉公廉洁程度

（二）关于领导者在合作社中的作用研究

合作社领导者在合作社的创建以及运营过程中都占有不可或缺的地位和作用。首先是针对合作社的成立和存续等方面。苑鹏等（2001）通过对潍坊市坊子区妇女养兔专业合作社进行深入分析后得出结论，即合作社领导者是否具有企业家精神是农民专业合作社成功的关键；而且具有合作精神的企业家人才是农民合作组织产生的必要条件。Rpke 和 Jochen（1992）提出，合作社建立的可能性不会自发产生，而是要依靠合作社企业家。另外，国鲁来（2001）认为，合作社的建立首先需要具有一定社会活动能力和献身精神的发起人。孔祥智（2006）指出，农村"能人"是我国农民专业合作社发展依靠的主要力量。朱启臻等（2008）也提出，农民专业合作经济组织的建立，需要具有合作理念与组织能力的领导者，在这些"精英"的组织领导下，普通农民才可能联合起来。

另外，在合作社的实际经营和运作过程中，领导者（理事长或管理者）的作用也不容忽视。郭红东等（2009）通过实证研究发现，尽管以衡量理事长文化程度、年龄、身份等因素为主的人力资源资本对合作社成长的影响不明显，但理事长的荣誉名声及工作经历却对合作社能否获得正规信贷有着显著影响（郭红东等，2011）。黄季焜等（2010）的研究结果发现，作为关键成员人力资本的领导者市场从业经验对合作社服务功能的高低具有较大影响。邓军蓉（2011）的研究则指出，理事长素质高的合作社规范化程度一般高于素质低的合作社，说明理事长的素质对合作社的规范程度有正向影响。陈江华等（2014）在研究影响农民专业合作社在品牌创建过程中的影响因素，并得出结论，即农民专业合作社理事长的文化水平越高，具有的经管类专业背景越深，其组织领导合作社创建自有品牌的可能性越大。

（三）关于领导者对合作社发展绩效的影响研究

农民专业合作社的领导者一般多是"能人"、"精英"，其对合作社的发展绩效会有积极的影响。刘小童等（2013）通过对农民专业合作社"能人"治理与合作社经营绩效关系进行实证分析发现，能人治理与合作社经营绩效具有正相关关系；其中，能人的社会职务、持股份额、市场开拓能力及引进推广新技术和新品种的能力对合作社绩效影响较为显著。胡平波（2013）的研究结果也表明：企业家的经营管理水平对合作社的组织绩效、治理绩效与社会绩效的提升，具有非常明显的影响，但是对社员收入绩效提升的影响程度却明显偏低。彭莹莹等（2014）的研究同样表明，合作社企业家能力与合作社绩效之间具有明显的正相关关系，其中，合作社企业家的创业管理能力、关系能力和合作能力对于合作社绩效的影响比较明显。黄祖辉等（2011）也提出，合作社负责任的企业家才是影响合作社效率的关键因素，负责任的企业家才会对合作社的技术效率和纯技术效率产生显著的正向影响。黄胜忠等（2014）的研究指出，理事长的通用管理胜任力、企业家精神能明显提高农民专业合作社整体绩效，而其独特的沟通能力只与农民专业合作社的社会绩效产生正向影响。此外，他还发现外部社会资本只对农民专业合作社的经济绩效正相关。黄永利等（2013）的研究表明，管理者能力与农民专业合作社的绩效呈正相关关系，即管理者能力越强，合作社的综合绩效越高。李道和等（2014）的研究也表明了企业家才能显著地正向影响合作社的绩效。

二、关于农民专业合作社组织特征问题的研究

（一）关于组织特征的概念及作用的研究

关于组织特征的概念主要总结出了以下几方面的观点：Albert 和 Whetten（1985）认为，组织特征指的是某一组织对"我们是谁"集体建构的自我定义，是植根于组织中，而又独立于个体成员的现实存在。同时，组织成员建构的信念是具有关于组织的独特的、核心的和持久的特征。Rolf 等（2005）则提出，组织特征可以分为两个部分，即无形的部分和有形的部分，无形的部分指的是相对抽象的，跨越其所有的任何特定的产品、时间、环境、过程的组织的核心价值观、核心使命感和核心目的等信念，是根植于组织特征内层；而有形的部分指的是相对具体的，与其具体的时间、环境等相关条件有关的部分，如产品、结构、战略和地理范围等，这是表现于组织特征的外层。而 Riketta（2005）认为，从个体的层次而言，组织特征是某一组织中的任一成员对其组织所构成的独立的

认知。

组织特征的相关理论是基于社会认同理论而产生的。所谓的社会认同指的是"某一个体成员对自身所属某一组织的一种认知。随着个体成员对其作为该团体成员而展现的一系列价值观或者情绪"。组织特征主要关注的领域在于理解组织中的任一个体成员是如何认知自己的组织，并和其他更大的组织成员进行区别（韩雪松，2007）。徐玮伶等（2002）也根据研究得出结论，组织特征对某一组织最重要的内在作用在于个体成员对组织的认同，也就是说个体成员通过自我延续—自我强化—自我区辨的自我鉴定的过程，进而影响组织认同。Dutton等（1994）提出，当个体成员将自身所在组织的特征通过认知而进入自我概念中的时候，个体成员就会对组织具有更高的了解程度，组织特征的吸引力也就会越强，个体成员对组织的认同感就越强，与之对应的是，具备较高吸引力的组织特征又会促进个体成员的自我提升、自我区辨与自我延续。而这一理论假设通过诸多的实证研究也在一定程度上获得了确认（宝贡敏等，2006）。

（二）关于农民专业合作社组织特征的研究

1. 发达国家农民合作社的组织特征

发达国家农业合作社的主要特点是重视农民专业合作社与各级政府的关系，从而保证合作社内部事务的独立性不受政府干预，同时注意加强合作社之间的联合及实行现代管理制度（张梅等，2008）。荷兰的合作社不依托政府，目的在于把分散的农户与大市场联结起来，组织形式上称为合作社，经营体制上则以公司的名义出现，其实行专业化生产、一体化加工销售配送、社会化金融服务以及市场化外部运营（欧继中等，2009）；日本农业合作社的特色是综合农协，其具有较严密的组织体系，提供诸多的服务，具体包括保险、技术、信贷、销售、生产资料购买和产品推广等各方面的服务；德国的合作社则具有明显的整体性，呈现三级基层社、二级区域联社和一级全国联社或总社机构，合作社的管理运行体制基本与行政体制相对应；法国农业合作社组织结构的特点是具有健全的联合机构，其合作社是提供泛农业的全方位、立体化的社会化服务的最主要机构，既包括综合合作社也包括专业合作社；美国的农业合作社主要包括集中型、联合型和混合型（张梅等，2008）。同时，美国农业合作社也高度自治，社员广泛参与而且政府一般不干涉合作社的内部事务（庄龙玉等，2011）。

随着传统合作社与市场需求的脱节，新一代合作社逐渐兴起并取得了较大的发展。美国新一代合作社的组织特征主要有以下几点：新一代农民合作社在向金融信贷机构申请贷款之前，一般情况下，都会向入社成员募集投入项目所需资本的50%以上；入社成员的数量取决于合作社预设的经营能力，合作社与社员签订涉及产品质量与价格的中长期买卖协议；入社成员在投入一定数量的股本后，就可以获得每年按照自己与合作社所签合同约定的标准向合作社交付与其所占合作社股本相对应的农产品的权利和义务。在绩效方面，新一代合作社通过延长行业链，增加了农民收入；在农产品加工环节，在提高农产品价值的同时也促进了其所在社区整体经济的健康发展；同时，新一代合作社在稳定农村劳动力数量、优化农村人力资源结构方面也发挥着不可忽视的作用（赵玻等，2007）。

2. 国内关于合作社组织特征及其作用的研究

组织特征所包含的范围比较广泛，学者们的研究也涉及了合作社的各个方面。关于合作组织的基本特征，陈永富等（2013）的研究指出，专业合作社指的是由 5 户以上（包括 5 户）农户家庭进行合作生产，是一种互助性质的经济组织，可以将其归为企业。每个农户作为合作社的入社成员，是该专业合作社的生产者的同时，也是其经营者和管理者。合作社各成员之间通过法律关系联结，并根据《农民专业合作社法》及相关章程，具有相应的权利与义务。刘劲松（2008）也指出新型合作经济组织属于准企业，实行民主管理，按交易额分配为主、按股分红为辅，产权也较清晰，易于减少交易费用。"公司＋合作社＋农户"的组织结构也将成为中国农民专业合作社未来一段时间内的主要发展趋势（郭晓鸣，2010）。张兵等（2009）在研究合作社的基本特征对信贷的影响时，则选择固定资产规模、年营业收入、成立时间作为合作社的基本特征，并实证分析了这些合作社组织特征对其获取信贷具有显著影响。

另外，关于农民专业合作社组织特征的作用还有以下三个方面的研究：首先是合作社的成员异质性。异质性成员间的合作（少数核心成员与多数普通成员并存）是当前农民专业合作社的本质特征，而这种组织结构特征在聚集生产要素和降低代理成本方面体现了效率（黄胜忠等，2008）。其次是合作社的产品类型。吴彬等（2013）通过实证研究得出结论，农民专业合作社所生产的产品，其生产属性、交易属性、市场属性和自然属性等诸多特征与合作社所在地的经济发展水平、农民分化程度、村庄开放程度和政府扶持等诸多特征显著影响了合作社治理结构类型的选择。Z. Lerman 和 C. Parliamen 则研究了行业类型对合作社的财务绩效所造成的影响，并且发现奶业合作社在所研究四个行业类型中拥有最好的绩效。黄祖辉等（2010）通过对 2007 年浙江省各类（包括粮食类、食用菌类、花卉苗木类和农业生产服务类）共计 399 家合作社的调查研究，也发现不同类型的农民专业合作社，不仅在成员规模与资本规模上有显著的区别，而且在年总收入、总盈余和相应的利润水平上也表现出显著的统计学意义上的差异。此外，邵科等（2014）运用 2009 年和 2011 年在浙江省和四川省所做的田野调查数据进行的研究表明，合作社入社成员的股权与惠顾的集中，对于提高合作社的组织绩效具有正向影响，但是对合作社绩效的影响并不显著。同时，还发现，入社成员是否参与管理及其参与程度也会对合作社绩效产生一定的正向影响。

三、关于农民专业合作社发展绩效的问题研究

（一）关于农民专业合作社发展绩效的影响研究

目前涉及我国农民专业合作社发展绩效的研究成果较为丰富，其主要集中影响合作社绩效的因素研究方面。学者们根据自己的研究对此分别持有不同的观点，可以从三个方面总结农民专业合作社绩效的影响研究。

1. 基于合作社内部治理机制、组织架构以及利益分配机制的视角

从合作社组织本身的制度规范出发研究绩效的影响因素的文献比较多。如徐旭初等

（2010）通过研究得出结论，农民专业合作社的发展绩效与其治理机制有着密切的联系，另外合作社的牵头人情况、理事会结构和股权结构对组织绩效都会产生较大的影响。许晓春等（2014）基于安徽省286个农民专业合作社的研究也表明，合作社成立时的初始资产规模越大、合作社制度建设越完备，实行一人一票为主且重视社员大会的民主治理机制，通过外部扶持提供政策优惠和资金扶助，有利于合作社的发展；而合作社负责人兼任经理社长、主管部门对合作社进行经常性检查监督，则对合作社发展存在显著的不利影响。黄胜忠等（2008）运用有序概率模型的计量方法，对农民专业合作社的治理机制和绩效进行了实证分析，同样发现合作社的绩效与治理机制有着密切的联系。田艳丽等（2014）的研究指出，农民奶业专业合作社的绩效与其利益分配机制有着密切的联系，利益分配机制与农民奶业专业合作社的绩效呈现正相关；同时，其研究还发现利益分配原则对农民专业合作社的经济绩效、社会绩效与组织凝聚力有着显著影响。李道和等（2014）基于江西省300家农民专业合作社调研数据的研究表明，农民专业合作社的内部治理机制与企业家才能分别对合作社的绩效有显著的正向影响。

2. 基于社员行为与理事长（会）行为特征的视角

社员和理事长（会）的行为及特征对合作社的绩效也有较大的影响。张梅等（2010）的研究指出，组织因素、成员个人因素以及成员在合作社的参与程度对于我国农民专业合作社的运营效率有着显著影响。孙亚范等（2012）的研究也表明，成员在日常管理、利益分配和其他事务方面的行为，是影响我国农民专业合作社组织绩效的直接原因；同时，其还发现作为合作社领导者的"企业家"行为是影响我国农民专业合作社组织绩效的重要因素。徐旭初等（2010）基于大样本调查数据的实证分析结果显示，牵头人情况对合作社的发生、发展及绩效具有关键性作用，而理事会结构也在一定程度上对合作社绩效产生影响。董晓波（2010）则深入分析了农民专业合作社的管理团队及其创新能力对合作社经营绩效的影响。通过实证检验，结果证明，合作社核心成员及其创新行为会对合作社知名度、服务水平以及成员加入意愿产生显著影响，进而对农民专业合作社的经济绩效与社会绩效都分别产生显著的正向影响。Staatzs J. M.（1987）通过研究，也得出了农民专业合作社的结构特征和组织行为会对合作社的绩效产生一定程度的影响。Pulfer等（2008）则运用多元线性回归的方法，找到了农民专业合作社得以成功的影响因素，研究表明入社成员对合作社的信任程度、人力资源水平和成员结构都在一定程度上影响其绩效。Fulton（1995）则分析了社员承诺对合作社绩效的影响。

3. 基于宏观社会环境及政府部门相关支持政策的视角

合作社的发展与其外部环境及政府的支持程度密切相关。姜长云（2005）对我国诸多地区农民专业合作社发展态势进行了比较研究，其发现区域文化环境、商业传统以及地方各级政府的重视程度等多方面因素对农民专业合作社的绩效具有影响。相关的研究还有许多，例如，浙江省农业厅相关课题组（2008）也从运营活动、组织运行、组织发展、社员收益与社会影响等方面构建了农民专业合作社绩效评价指标体系。杨军（2014）的研究结果表明，"能人"主导型、政府引导型以及农民自发组织型三种类型的农民合作社，其绩效要明显高于企业主导型的农民专业合作社。徐旭初等（2013）在近期的研究也表明，农民专业合作社的基本情况、治理水平、经营活动以及其外部环境对于合作社的财务绩效有显著的正向影响，其中影响较大的是经营活动。赵佳荣（2007）总结分析了影响合作社发展绩效的制度性因素，而这些因素可以从宏观制度与微观组织两个层面来分析：具体包括诸如法规、制度、政策、专业培训教育制度以及产权结构和分配制度等。Ariyaratne（2000）通过实证分析的方法，指出影响农民合作社绩效的因素主要集中在外部环境和合作社内部的组织结构上。

此外，也有一些学者从另外的视角对影响合作社绩效的因素进行了研究。如张晓山（2004）在浙江省对农民专业合作社的发展状况进行了深入调查，认为入社成员的经营规模对其所在合作社的绩效具有显著影响，而生产大户则是农民专业合作社得以发展的基本条件。而黄祖辉等（2011）通过实证检验，发现纯技术效率水平较低是造成农民专业合作社平均效率水平较低的主要原因。Hailu G.（2005）等则通过对加拿大的水果和蔬菜相关数据作为研究样本进行实证研究，也得出了技术与农民合作社的绩效有密切的关系（见表14-2）。

表14-2　合作社发展绩效的影响因素文献总结

年份	笔者	绩效的影响因素
2010	徐旭初等	治理机制、股权结构、牵头人情况和理事会结构
2014	许晓春等	初始资产规模、合作社制度建设、民主治理机制、政策优惠和资金扶助
2008	黄胜忠等	治理机制
2014	田艳丽等	利益分配机制
2014	李道和等	企业家才能、合作社的内部治理机制
2010	张梅等	组织因素、成员个人因素以及成员在合作社的参与程度
2012	孙亚范等	日常管理、利益分配和其他事务方面的行为
2010	徐旭初等	牵头人情况、理事会结构
2010	董晓波	核心成员的创新行为
1987	Staatzs J. M.	结构特征、组织行为
2008	Pulferetal.	社员对社长的信任程度、人力资源状况和成员组成结构的重要性
1995	Fulton	社员承诺
2005	姜长云	区域文化环境、商业传统以及地方各级政府的重视程度
2008	浙江农业厅课题组	组织运行、运营活动、社员收益、组织发展与社会影响
2014	杨军	合作社的成立模式，即合作社由谁牵头
2013	徐旭初等	基本情况、经营活动、治理活动和外部环境
2007	赵佳荣	法规、政府扶持力度、政策制度、对农民的培训教育制度以及产权结构和分配制度
2000	Ariyaratne	外部环境、合作社内部的组织结构
2004	张晓山	农户经营规模
2011	黄祖辉等	纯技术效率水平
2005	Hailu G.	技术

（二）关于合作社发展绩效的评价指标研究

合作社绩效的评价指标很多，但目前多数学者是从行为和产出两方面来建立绩效的评价指标体系的。如徐旭初等（2009）基于"绩效是过程与结果相结合"的思路，从产出与行为两个方面来进行绩效评价框架的构建，其中，产出指标主要有社员收益、组织发展以及社会影响等，行为方面的指标主要有组织运行、质量控制等。杨军（2014）也从行为绩效和产出绩效两方面衡量农民合作社绩效，而且主要是对农民专业合作社的运行情况、入社成员满意度、社内服务能力及增收效果，以及对当地经济发展的作用等四个方面的指标来表现农民专业合作社绩效。彭莹莹等（2014）与徐旭初相同，也是从产出与行为两个方面来进行绩效评价指标体系的构建，将农民专业合作社绩效划分为经济绩效、社会绩效和管理绩效三个方面。黄永利等（2013）从经营活动、社员收益、组织管理、合作社规模以及社会影响 5 个方面对农民专业合作社绩效进行测度，而其中社员收益、合作社规模和社会影响属于产出性绩效指标，经营活动与组织管理属于行为性指标。

值得注意的是，基于"三重盈余"的绩效评价指标体系的应用也比较广泛。"三重盈余"理论是由约翰·埃尔金顿首先明确提出的，它将盈余这一概念分为经济盈余、社会盈余和环境盈余。如赵佳荣（2010）、侍进敏（2010）等就从经济效益、社会效益和生态环保效益三个方面评价合作社绩效。田艳丽等（2014）则是将合作社的综合绩效分为经济绩效、社会绩效、生态绩效与组织凝聚力四个方面。胡平波（2013）则是将衡量农民专业合作社的绩效从组织绩效、成员绩效、治理绩效以及社会绩效 4 个方面进行评估。李道和等（2014）则从合作社的组织绩效、运营活动、运行状况和社会影响来衡量合作社的绩效。其中，销售收入、盈利水平与市场份额体现的是农民专业合作社的组织绩效，合作社为入社成员销售农产品的比例则反映出了合作社的运营活动，而入社成员的满意度则可以用以反映组织的运行状况。另外，合作社新入社农户的增长率则可以较好地反映其社会影响。此外，张梅（2008）则把绩效划分为了内部绩效和外部绩效。徐旭初等（2013）对合作社财务绩效的衡量则主要选择了合作社的资产总额、所有者权益、总收入、盈余以及农户均收入 5 个方面。见表 14-3。

表 14-3　合作社绩效评价指标的文献总结

年份	笔者	绩效的评价指标
2009	徐旭初等	组织运行、质量控制、社员收益、组织发展和社会影响等
2014	杨军	运行情况、入社成员满意度、社内服务能力及增收效果，以及对当地经济发展的作用
2014	彭莹莹等	经济绩效、社会绩效和管理绩效
2013	黄永利等	经营活动、社员收益、组织管理、合作社规模以及社会影响
2010	赵佳荣	经济效益、社会效益和生态环保效益
2010	侍进敏	经济效益、社会效益和生态环保效益

续表

年份	笔者	绩效的评价指标
2014	田艳丽	生态绩效、经济绩效、社会绩效和组织凝聚力
2013	胡平波	社员绩效、组织绩效、治理绩效与社会绩效
2014	李道和	组织绩效、运营活动、运行状况和社会影响
2008	张梅	内部绩效和外部绩效
2013	徐旭初等	资产总额、所有者权益、总收入、盈余以及农户均收入（财务绩效）

（三）关于合作社发展绩效的分析方法研究

学者们研究合作社发展绩效时，使用较多的是结构方程模型。如徐旭初等（2010）主要使用 SPSS16.0 软件和 AMOS16.0 软件对合作社的绩效进行数据统计和结构方程模型分析。李道和等（2014）运用结构方程模型，对农民专业合作社绩效的影响因素进行了实证分析。董晓波（2010）以 292 份有效调查问卷数据为样本，同样通过结构方程模型对农民专业合作社管理团队创新能力与合作社经济绩效和社会绩效之间的相关关系进行了实证分析。徐旭初等（2013）以浙江省 319 家农民专业合作社为研究样本，运用因子分析与结构方程模型，深入分析了影响农民专业合作社财务绩效的种种因素。

除此之外，黄永利等（2013）针对陕西省延安市 15 个苹果专业合作社，建立了农民专业合作社绩效评价指标和管理者能力评价指标体系及权重，并在此基础上进行无量纲化处理，从而获得了合作社综合绩效和管理者能力评价数值，并进行了相关分析。田艳丽等（2014）运用典型相关分析法研究了牧民专业合作社的利益分配机制与合作社综合绩效之间的相互关系。杨军（2014）采用单因素方差分析法研究不同模式的农民专业合作社间的绩效差异。许晓春等（2014）在分析合作社发展的影响因素时，采用因子分析法计算综合得分以测度合作社发展水平，根据得分划分合作社发展水平等级。进而采用主成分分析法和 Bartlett 方法分析得出因子分析结果与各合作社发展水平的综合得分。最终利用 Ordered Logit 模型进行平行回归假设检验。

四、小结

通过以上文献综述可知，首先合作社的领导者，即一般情况下是理事长或管理者的企业家才能对合作社的经营管理以及发展绩效具有显著的正向影响；其次组织特征对合作社的发展和运营也具有重要的作用；最后则是关于合作社绩效的研究，主要集中于绩效的影响因素、评价指标以及研究方法等方面。合作社的绩效受到合作社的治理机制、利益分配机制、外部政策环境、社员与理事长行为等多方面的影响。同时关于绩效的评价指标，学者们的研究基本一致，一般从经济绩效、社会绩效等方面进行衡量，而且一般通过实证分析结构方程的方法进行研究。但是关于领导者以及组织特征对合作社绩效影响的研究并不是很多，因此本章拟从这两个角度出发，分析两者分别对经济绩效与社会绩效的影响。

第二节　理论分析框架

一、基本假定

（一）主体追求效用最大化假定

新制度经济学将理性人的目标函数从新古典经济学的"家庭追求效益最大化、企业追求利润最大化"统一于"个体追求效用最大化"，即承认不同个体的目标差异并将其统一到"效用"的概念框架下。就农民专业合作社的参与主体而言，由于其角色身份包括投资者、经营者和惠顾者三种，因而各个主体必然有着各自不同的目标函数。例如，投资者希望达到投资回报率最大化，经营者希望实现经营绩效最大化，而惠顾者则希望惠顾收益最大化；此外，对农民专业合作社发展起指导和扶持作用的外部政府，还希望通过组建和壮大合作社带动更多农民增收致富，实现合作社社会效益与政府政治收益的双重最大化。这些与合作社发展利益相关的不同主体，都在现有技术、制度和资源条件约束下，追求自身效用最大化。

（二）合作社成员有限理性假定

有限理性是指"那种把决策者在认识方面的局限性考虑在内的合理选择"（Herbert A. Simon，2002）。每一位合作社成员都是一个独立的决策单位，同时也是一个有限理性的经济主体。农民专业合作社的基础是成员家庭经营，不论其规模大小，在市场经济条件下都是追求经济利润的，都是"理性经济人"。成员农户在选择参与合作行为的过程中，会从自身利益出发进行或多或少的成本收益核算。但是，由于农村地缘、血缘的乡土特征，以及独特的文化背景与制度安排，又会在一定程度上影响合作社成员的行为决策，使其在考虑经济利益的同时，也会考虑社会利益，从而表现出有限理性。

二、分析框架

（一）理事长特征对合作社发展绩效的影响因素分析

在农民专业合作社成立和发展的过程中，理事长的角色十分重要，其在农资采购、生产指导、产品销售、信息获取等产前、产中、产后各个环节中发挥着重要作用（范鹏，2001）。有研究表明，理事长个人能力对于农民专业合作社的发展绩效有显著的影响（徐旭初等，2010）。而理事长的个人特征则与其个人能力密切相关，势必会对农民专业合作社的发展绩效产生影响。理事长的个人特征包括经历、性别、年龄、是否党员、文化程度、出资比例等因素，这些因素都会对合作社的发展绩效产生影响。例如，理事长个人较高的文化程度意味着其很可能拥有较高的认知能力与学习能力；理事长个人较丰富的经历则意味着其很可能拥有较广的人脉资源、较好的大局观等；还有年龄、性别、出资比例、是否党员等诸多个人特征，都会对其在领导合作社发展的过程中产生重要的影响，进而影响合作社的发展绩效。

（二）组织特征对合作社发展绩效的影响因素分析

组织特征是指组织成员对于自己所属组织的认同与认知，并在此基础上，受实际环境影响而产生的一系列外部特征。组织特征既包括内在部分，即组织的核心价值观、使命与目的；又包括外在部分，如产品、组织结构、地理范围等（Rolf 等，2005）。就我国而言，受《农民专业合作社法》和各级政府引导，农民专业合作社的成立较为规范，但是受实际环境的影响，各合作社的组织特征也各有不同。例如，注册资本、从事产业、发起人数量（很可能代表着其核心成员数量）、成员数量、成员职业、管理人员、治理结构等一系列因素。这些组织特征因素势必会对合作社的发展绩效产生重要影响。

综上所述，根据已有研究成果和我国合作社发展实际，理事长特征与组织特征的诸多因素都对农民专业合作社的发展绩效间存在影响，而各个影响因素对于发展绩效的影响又各有不同，其对于经济绩效、社会绩效存在着显著或不显著、正向或负向的影响关系（见图 14 – 1）。

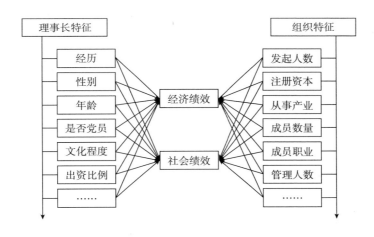

图 14 – 1　理事长、组织特征与农民专业合作社发展绩效的分析框架

第三节　实证检验

一、数据基本情况及描述性统计

本研究依托 2013 年国家自然科学基金面上项目"成员异质性、合作社理论创新与农民专业合作社发展政策体系构建（项目编号：71273267）"，于 2013 年 9 月至 2014 年 9

月，在 14 省（市）263 家农民专业合作社实地调查获得，其中山东 88 家、河南 45 家、北京 39 家、河北 38 家、安徽 13 家、黑龙江 11 家、浙江 6 家、山西 5 家、江苏 3 家、四川 2 家、陕西 2 家、重庆 1 家、云南 1 家、甘肃 1 家。调查样本涵盖了我国东、中、西部地区，调研过程中坚持随机抽样和典型抽样相结合的原则，且所调查的合作社涵盖了我国目前已存在的主要合作社类型和行业，因而具有较强的信度和效度。

本研究采取问卷调查与典型农户访谈相结合的方法，并采用一对一的访问方式，因此调查效果较好，获得有效问卷 255 份，问卷有效率达 96.9%。有效问卷的区域分布情况见表 14-4。

表 14-4　样本农民专业合作社区域分布情况

地区	省份	频数（家）	比例（%）
东部	北京	39	15.29
	河北	38	14.90
	江苏	3	1.18
	山东	88	34.51
	浙江	6	2.35
中部	安徽	13	5.10
	河南	45	17.65
	黑龙江	11	4.31
	山西	5	1.96
西部	甘肃	1	0.39
	重庆	1	0.39
	云南	1	0.39
	四川	2	0.78
	陕西	2	0.78

资料来源：根据调查问卷整理。

见表 14-4 所示，在 255 份有效问卷中，北京、河北、山东、河南等四省（市）的样本合作社数量占到了总样本容量的 82.35%，且比例分别为 15.29%、14.90%、34.51%、17.65%。作为我国东中部地区农民专业合作社发展较为发达的地区，北京、河北、山东和河南四省（市）具有较强的代表意义，在下文中将着重分析这四省（市）的合作社发展情况。

（一）理事长特征及描述性统计

1. 理事长性别

从理事长的性别分布来看，在 255 家样本合作社中，男性担任理事长的合作社共 229 家，占样本总数的 89.8%；女性担任理事长的合作社共 26 家，占样本总数的 10.2%。这说明，男性是合作社理事长群体中的绝对主体。而从合作社分布的具体省（市）来看，河南是男性担任理事长的合作社数量占比最高的省（市），达到95.56%，其次是河北和山东，男性担任理事长的合作社数量占比分别达到92.11%和90.91%；北京样本合作社中，理事长为男性的合作社数量占比最低，仅为79.49%。样本合作社理事长性别分布情况见表14-5。

表14-5　样本合作社理事长性别分布情况

区域	男		女	
	频数（人）	比例（%）	频数（人）	比例（%）
北京	31	79.49	8	20.51
河北	35	92.11	3	7.89
河南	43	95.56	2	4.44
山东	80	90.91	8	9.09
其他	40	88.89	5	11.11
全体	229	89.80	26	10.20

资料来源：根据调查问卷整理。

2. 理事长年龄

从理事长年龄分布看，在255家样本合作社中，理事长年龄最大的为74岁，最小的为24岁，平均45.65岁（标准差为9.55）。其中，理事长年龄在36岁以下的合作社有42家，占样本总数的16.47%；理事长年龄在36~45岁的合作社有91家，占样本总数的35.69%；理事长年龄在46~55岁的合作社有81家，占样本总数的31.76%；理事长年龄在55岁以上的合作社有41家，占样本总数的16.08%；从合作分布的具体区域看，河北样本合作社理事长平均年龄最大，为49.24岁（标准差为9.34）；其次是北京和山东，样本合作社的理事长平均年龄分别为47.18岁（标准差为9.16）和45.42岁（标准差为7.76）。河南样本合作社的理事长平均年龄最小，仅为38.82岁（标准差为10.03），且是几大区域中唯一一个样本合作社理事长年龄不超过55岁的省份。此外，其他省份样本合作社的理事长平均年龄为45.65岁（标准差为9.56），仅次于北京。样本合作社理事长年龄分布情况见表14-6所示。

表14-6　样本合作社理事长年龄分布情况

区域	36岁以下		36~45岁		46~55岁		55岁以上		最大值	最小值	平均值	标准差
	频数（人）	比例（%）	频数（人）	比例（%）	频数（人）	比例（%）	频数（人）	比例（%）				
北京	5	12.82	12	30.77	16	41.03	6	15.38	67	29	47.18	9.16
河北	4	10.53	9	23.68	12	31.58	13	34.21	62	27	49.24	9.34
河南	22	48.89	7	15.56	16	35.56			55	24	38.82	10.03

续表

区域	36 岁以下		36 ~ 45 岁		46 ~ 55 岁		55 岁以上		最大值	最小值	平均值	标准差
	频数（人）	比例（%）	频数（人）	比例（%）	频数（人）	比例（%）	频数（人）	比例（%）				
山东	7	7.95	47	53.41	21	23.86	13	14.77	62	25	45.42	7.76
其他	4	8.89	16	35.56	16	35.56	9	20.00	74	29	48.56	9.56
全体	42	16.47	91	35.69	81	31.76	41	16.08	74	24	45.65	9.55

资料来源：根据调查问卷整理。

3. 理事长文化程度

从理事长的文化程度看，在 255 家样本合作社中，理事长并未接受教育的合作社仅 4 家，占样本总数的 1.57%；理事长文化程度为小学的合作社有 13 家，占样本总数的 5.1%；而理事长文化程度达到初中的合作社有 56 家，占样本总数的 21.96%；理事长文化程度为高中的合作社有 98 家，占样本总数的 38.43%；而理事长文化程度为大学及以上的合作社有 84 家，占样本总数的 32.94%。而从合作社分布的具体区域来看，北京样本合作社中，理事长文化程度为大学及以上的合作社数量占比最高，高达 46.15%，且北京无理事长文化程度为小学及以下的样本合作社，体现出其区位的优势；另外，河南样本合作社理事长文化程度为大学及以上的合作社数量占比也很高，达到 40%。而河北样本合作社中，理事长文化程度为高中的合作社数量占比最高，达到 47.37%。此外，除了北京，河北、河南、山东也均无理事长未接受教育的样本合作社（见表 14 - 7）。

表 14 - 7　样本合作社理事长文化程度情况

区域	未接受教育		小学		初中		高中		大学及以上	
	频数（人）	比例（%）	频数（人）	比例（%）	频数（人）	比例（%）	频数（人）	比例（%）	频数（人）	比例（%）
北京					8	20.51	13	33.33	18	46.15
河北			6	15.79	4	10.53	18	47.37	10	26.32
河南			3	6.67	10	22.22	14	31.11	18	40.00
山东			1	1.14	25	28.41	35	39.77	27	30.68
其他	4	8.89	3	6.67	9	20.00	18	40.00	11	24.44
全体	4	1.57	13	5.10	56	21.96	98	38.43	84	32.94

资料来源：根据调查问卷整理。

4. 理事长是否党员

是否为中共党员可以在一定程度上反映出合作社理事长为社员的服务意识，是反映合作社理事长社会资本的一个重要方面。一般情况下，合作社理事长的党员身份意味着其拥有一定的资源优势，进而为其开展相关经济和社会活动创造了条件（吴彬，2014）。从总体情况看，255 家样本合作社中，合作社理事长为党员的有 152 家，占样本总数的59.61%。从合作社分布的具体区域来看，河南样本合作社中，理事长为党员的合作社所占比例最高，达到 71.11%；其次是山东和河北的样本合作社，理事长为党员的合作社所占比例分别为 62.5% 和 50%。同时，北京样本合作社中理事长为党员的比例最低，仅为43.59%（见表 14 – 8）。

表 14 – 8 样本合作社理事长是否党员情况

区域	党员		非党员	
	频数（人）	比例（%）	频数（人）	比例（%）
北京	17	43.59	22	56.41
河北	19	50.00	19	50.00
河南	32	71.11	13	28.89
山东	55	62.50	33	37.50
其他	29	64.44	16	35.56
全体	152	59.61	103	40.39

资料来源：根据调查问卷整理。

5. 理事长经历

从牵头人类型看，255 家样本合作社中，基本上全部合作社的牵头人都是理事长或理事会成员，其中由产销大户牵头成立的合作社有 94 家，占样本总数的 36.86%；由村干部牵头成立的合作社有 72 家，占样本总数的 28.24%；这表明，在我国，产销大户和村干部是我国农民专业合作社牵头人的主要力量。另外，由技术能手牵头成立的合作社有36 家，占样本总数的 14.12%；由龙头企业牵头成立的合作社有 28 家，占样本总数的10.98%；由农机推广机构或供销社系统等政府部门牵头成立的合作社有 20 家，占样本总数的 7.84%。从合作社分布的具体区域来看，北京样本合作社中，由产销大户和村干部牵头成立的合作社分别为 15 家和 8 家，占样本数量的 38.46% 和 20.51%；另外，由技术能手牵头成立的合作社也达到 8 家，占样本数量的 20.51%。河北样本合作社中，由产销大户和村干部牵头成立的合作社分别达到 12 家和 10 家，占样本数量的 31.58% 和26.32%。河南样本合作社中，由村干部牵头成立的数量最多，高达到 19 家，占样本数量的 42.22%；其次是由产销大户牵头成立的合作社，达 14 家，占样本数量的 31.11%。山东样本合作社中，由产销大户和村干部牵头成立的合作社分别有 34 家和 19 家，分别占样本数量的 38.64% 和 21.59%；此外，由政府部门牵头成立的合作社数量比例也是几大区域中最高的，达到 13.64%。其他省份的样本合作社中，由产销大户和村干部牵头成立的合作社分别有 19 家和 16 家，分别占样本数量的 42.22% 和 35.56%（见表 14 – 9）。

表 14 - 9　样本合作社牵头人类型情况

区域	村干部		政府部门		产销大户		技术能手		龙头企业		其他	
	频数（家）	比例（%）	频数（家）	比例（%）	频数（家）	比例（%）	频数（家）	比例（%）	频数（家）	比例（%）	频数（家）	比例（%）
北京	8	20.51	1	2.56	15	38.46	8	20.51	4	10.26	3	7.69
河北	10	26.32	3	7.89	12	31.58	7	18.42	6	15.79		
河南	19	42.22	2	4.44	14	31.11	6	13.33	4	8.89		
山东	19	21.59	12	13.64	34	38.64	10	11.36	11	12.5	2	2.27
其他	16	35.56	2	4.44	19	42.22	5	11.11	3	6.67		
全体	72	28.24	20	7.84	94	36.86	36	14.12	28	10.98	5	1.96

注：表中"政府部门"领办主体包括相关涉农部门、技术推广机构和供销社系统等。

资料来源：根据调查问卷整理。

（二）组织特征及描述性统计

1. 从事行业

从主要从事的行业分布看，255 家样本合作社中，以蔬菜瓜果种植类为主业的合作社数量最多，达到 93 家，占样本合作社总数的 36.47%；其次是粮油作物种植类与畜牧水产养殖类的合作社，分别达到 41 家和 40 家，占样本总数的 16.08% 和 15.69%。另外，农机服务类合作社近年来发展迅速，在为农户提供生产社会化服务、促进土地适度规模经营等方面发挥了重要作用，样本合作社中共包含 38 家农机合作社，占样本总数的 14.9%。此外，中草药、花卉等具有高附加值的特种作物种植类合作社和林业经营类合作社分别有 18 家和 17 家，占样本总数的 7.06% 和 6.67%。从合作社分布的具体区域看，北京样本合作社中，从事蔬菜瓜果种植类的合作社占据多数，达到 24 家，占样本总数的 61.54%，其次是畜牧水产养殖类合作社，主要是奶牛养殖合作社，占样本总数的 20.51%；河北样本合作社中，蔬菜瓜果类和粮油作物类是主要合作社类型，分别达到 14 家和 13 家，占样本总数的 36.84% 和 34.21%；河南样本合作社中，蔬菜瓜果类和畜牧水产类合作社占多数，达到 19 家和 15 家，分别达 42.22% 和 33.33%；山东样本合作社中，蔬菜瓜果类和农机服务类合作社分别为 31 家和 30 家，占样本总数的 35.23% 和 34.09%；其他调查区域的样本合作社中，林业合作社达 14 家，主要分布在安徽、山西等省份，占样本总数的 31.11%（见表 14 - 10）。

表 14 - 10　样本合作社从事行业分布情况

行业	北京		河北		河南		山东		其他		全体	
	频数（家）	比例（%）	频数（家）	比例（%）	频数（家）	比例（%）	频数（家）	比例（%）	频数（家）	比例（%）	频数（家）	比例（%）
粮油作物	5	12.82	13	34.21	5	11.11	10	11.36	8	17.78	41	16.08
蔬菜瓜果	24	61.54	14	36.84	19	42.22	31	35.23	5	11.11	93	36.47
特种作物	2	5.13	1	2.63	4	8.89	4	4.55	7	15.56	18	7.06

续表

行业	北京		河北		河南		山东		其他		全体	
	频数（家）	比例（%）	频数（家）	比例（%）	频数（家）	比例（%）	频数（家）	比例（%）	频数（家）	比例（%）	频数（家）	比例（%）
畜牧水产	8	20.51	6	15.79	15	33.33	10	11.37	1	2.22	40	15.69
林业			2	5.26			1	1.14	14	31.11	17	6.67
农机服务			1	2.63			30	34.09	7	15.56	38	14.9
其他			1	2.63	2	4.44	2	2.27	3	6.66	8	3.14

注：特种作物包括中草药、花卉、茶叶等。

资料来源：根据调查问卷整理。

2. 注册资本

从注册资本看，255 家样本合作社中，注册资本最高的合作社为 5150 万元，最低的合作社为 0.5 万元，注册资本平均值达 406.05 万元（标准差为 743.88）。其中，注册资本在 100 万元及以下的样本合作社有 114 家，占样本总数的 44.71%；在 100 万~500 万元的样本合作社有 98 家，占样本总数的 38.43%，在 500 万元以上的样本合作社有 43 家，仅占样本总数的 16.86%。从合作社分布的具体区域看，山东样本合作社的平均注册资本最高，为 584.19 万元（标准差为 940.59），且注册资本在 100 万~500 万元的合作社有 49 家，占样本数量的 55.68%，是几大区域中唯一超过 50% 的省份。而北京样本合作社的平均注册资本最低，仅为 80.14 万元（标准差 149.66），其中，注册资本在 100 万及以下的合作社有 33 家，占样本数量的 84.62%，是几大区域中比例最高的。另外，河南样本合作社中，注册资本在 100 万元及以下和 100 万~500 万元的合作社有 18 家，占样本数量的 40%。此外，河北和其他省份的样本合作社中，注册资本在 100 万元及以下的都是相对多数，分别占样本数量的 50% 和 51.11%。这说明，我国农民专业合作社的经营规模仍然偏小，经济实力相对较弱，还有很大的发展提升空间（见表 14-11）。

表 14-11　样本合作社注册资本情况

区域	0~100 万		100 万~500 万元		500 万元以上		最大值	最小值	平均值	标准差
	频数（家）	比例（%）	频数（家）	比例（%）	频数（家）	比例（%）	万元			
北京	33	84.62	5	12.82	1	2.56	703	0.5	80.14	149.66
河北	19	50.00	12	31.58	7	18.42	5150	8	416.45	877.21
河南	18	40.00	18	40.00	9	20.00	3000	1.6	441.36	668.57
山东	21	23.86	49	55.68	18	20.45	3600	10	584.19	940.59
其他	23	51.11	14	31.11	8	17.78	2000	20	296.03	400.35
全体	114	44.71	98	38.43	43	16.86	5150	0.5	406.05	743.88

注：表中"0~100 万元"表示合作社注册资本大于 0 万元，小于或等于 100 万元；以此类推。

资料来源：根据调查问卷整理。

3. 合作社规模

从合作社规模看，255 家样本合作社的成员规模分布在 100 户以下、100～300 户以及 300 户以上三个区间的数量比例相对平均，基本各占 33%；其中，现有成员数量最多的样本合作社达 5800 户，最少的仅 5 户，平均成员规模为 472.22 户（标准差为 886.6）。从合作社分布的具体区域来看，河北样本合作社的平均成员规模最大，达 666.45 户（标准差为 1343.63），其中，现有成员数量在 100 户以下的合作社仅有 3 家，仅占样本数量的 7.89%；现有成员数量在 100～300 户和 300 户以上的合作社分别有 20 家和 15 家，分别占样本数量的 52.63% 和 39.47%。其次是山东样本合作社，其平均成员规模达 571.38 户（标准差为 880.04），其中，现有成员规模在 300 户以上的合作社占样本数量的 37.5%，仅次于河北。北京、河南的样本合作社平均成员规模则相对较小，仅为 262.36 户（标准差为 557.88）和 284.38 户（标准差为 515.71），见表 14－12 所示。

表 14－12　样本合作社成员规模情况

区域	1～100 户		101～300 户		300 户以上		最大值	最小值	平均值	标准差
	频数（家）	比例（%）	频数（家）	比例（%）	频数（家）	比例（%）	户			
北京	13	33.33	21	53.85	5	12.82	3000	5	262.36	557.88
河北	3	7.89	20	52.63	15	39.47	5800	8	666.45	1343.63
河南	22	48.89	11	24.44	12	26.67	2800	5	284.38	515.71
山东	32	36.36	23	26.14	33	37.50	3600	5	571.38	880.04
其他	13	28.89	20	44.44	12	26.67	5000	5	484	908.81
全体	83	32.55	95	37.25	77	30.20	5800	5	472.22	886.6

资料来源：根据调查问卷整理。

4. 成员构成

从成员构成看，255 家样本合作社中，农户成员比例最高的样本合作社为 100%，最低的样本合作社仅 30%，平均达 97.05%（标准差为 8.77）。农户成员比例达到 80% 及以上的样本合作社有 249 家，占样本总数的 97.65%，；其中，农户成员比例为 100% 的样本合作社共有 160 家，占样本总数的 62.75%。这表明，我国农民专业合作社基本达到《农民专业合作社法》的硬性要求，即农民成员须占合作社成员总数 80% 以上。从合作社分布的具体区域来看，北京样本合作社的平均农户成员比例最低，仅为 93.24%（标准差为 12.34）；其中，农户成员比例达到 80% 及以上的样本合作社为 37 家，占样本数量的 94.87%。山东样本合作社的平均农户成员比例最高，达到 98.65%（标准差为 3.38），且是几大区域中唯一一个无一家样本合作社的农户成员比例低于 80% 的省份（见表 14－13）。

表 14-13　样本合作社农户成员比例情况

区域	80% 以下		80% ~100%		100%		最大值	最小值	平均值	标准差
	频数（家）	比例（%）	频数（家）	比例（%）	频数（家）	比例（%）			%	
北京	2	5.13	18	46.15	19	48.72	100	50.00	93.24	12.34
河北	1	2.63	13	34.21	24	63.16	100	70.00	97.39	6.65
河南	2	4.44	16	35.56	27	60.00	100	30.00	95.4	14.51
山东			33	37.50	55	62.50	100	80.00	98.65	3.38
其他	1	2.22	9	20.00	35	77.78	100	75.00	98.6	4.37
全体	6	2.35	89	34.90	160	62.75	100	30.00	97.05	8.77

注：表中"80% ~100%"表示合作社农户成员比例大于或等于80%，且小于100%。

资料来源：根据调查问卷整理。

除了农户成员比例之外，企事业单位、社会团体等机构成员数量也是反映合作社成员构成情况的一个重要方面。从非农户成员构成情况来看，255 家样本合作社中，拥有机构成员的样本合作社共有 95 家，占样本总数的 37.25%。其中，机构成员数量最多的样本合作社达 66 个，最少的样本合作社仅 1 个，平均值为 5.76 个（标准差为 11.12）；拥有 1 个和 2 个机构成员的样本合作社分别为 44 个和 14 个，分别占拥有机构成员样本合作社数量的 46.32% 和 14.74%。从合作社分布的具体区域来看，北京样本合作社中，拥有机构成员的样本合作社比例最高，达到 51.28%，其中，数量最多的达 66 个，最少的仅 1 个，平均值为 7.15 个（标准差为 14.89）。河北样本合作社中，拥有机构成员的合作社比例最低，仅为 36.84%，其中，数量最多的达 30 个，最少的仅 1 个，平均值为 4.64 个（标准差为 7.72）。此外，河南、山东样本合作社中，拥有机构成员的合作社比例分别为 40% 和 37.5%（见表 14-14）。

表 14-14　样本合作社机构成员数量情况

区域	1 个		2 个		3 个		3 个以上		最大值	最小值	平均值	标准差
	频数（个）	比例（%）	频数（个）	比例（%）	频数（个）	比例（%）	频数（个）	比例（%）			个	
北京	9	45.00	4	20.00	1	5.00	6	30.00	66	1	7.15	14.89
河北	6	42.86	3	21.43	1	7.14	4	28.57	30	1	4.64	7.72
河南	6	33.33	2	11.11	4	22.22	6	33.33	50	1	7.89	15.40
山东	19	57.58	3	9.09	3	9.09	8	24.24	20	1	3.88	5.67
其他	4	40.00	2	20.00			4	40.00	40	1	6.9	12.00
全体	44	46.32	14	14.74	9	9.47	28	29.47	66	1	5.76	11.12

注：①表中"合作社机构成员"包括企业、事业单位和社会团体等组织；②表中"比例"计算的基数为该区域中拥有机构成员的样本合作社数量。

资料来源：根据调查问卷整理。

二、变量设定及描述性统计

本章主要从成员增收效果、盈利情况的纵横比较来考察合作社的经济绩效，从组织对成员的凝聚力、普通成员的参与度和对非成员农户的吸引力三个方面来衡量合作社的社会绩效。由于成员增收效果更能体现当前合作社的经营（盈利）能力，而对非成员农户的吸引力能更好地反映合作社的社会影响力，因此，根据实践经验与已有研究，分别赋予这两个变量的权重为0.4，另外两个指标变量的权重都为0.3。故有经济绩效：$ep = 0.4 \times y_1 + 0.3 \times y_2 + 0.3 \times y_3$；社会绩效：$sp = 0.4 \times y_4 + 0.3 \times y_5 + 0.3 \times y_6$。经过计算，经济绩效和社会绩效的值，不再是5分类的次序变量，而是更像连续变量，本章将其当作连续变量来处理。见表14-15。

表 14-15　变量说明及其描述性统计 （n = 183）

	变量	变量代码	均值	标准差	变量说明
经济绩效	成员增收效果	y_1	4.137	1.042	1 = 很不明显；2 = 较不明显；3 = 没差别；4 = 较明显；5 = 很明显
	盈利跟前两年相比	y_2	3.858	1.095	1 = 差很多；2 = 差一些；3 = 没差别；4 = 好一些；5 = 好很多
	盈利跟其他社相比	y_3	3.940	0.962	1 = 差很多；2 = 差一些；3 = 没差别；4 = 好一些；5 = 好很多
社会绩效	对成员的凝聚力	y_4	4.361	0.826	1 = 非常低；2 = 比较低；3 = 一般；4 = 比较高；5 = 非常高
	普通成员的参与度	y_5	3.765	1.277	1 = 非常低；2 = 比较低；3 = 一般；4 = 比较高；5 = 非常高
	对非成员的吸引力	y_6	3.956	1.083	1 = 非常低；2 = 比较低；3 = 一般；4 = 比较高；5 = 非常高
组织特征变量	发起人数量	x_3	7.454	5.529	报告值
	注册资本	x_4	4.778	1.679	报告值取自然对数
	从事的具体行业	x_5	4.180	2.288	1 = 育种；2 = 粮食；3 = 蔬果种植；4 = 特种种植；5 = 畜牧养殖；6 = 水产养殖；7 = 林业；8 = 休闲农业；9 = 生产服务；10 = 其他
	成员数量	x_6	5.061	1.507	报告值取自然对数
	是否都是农民成员	x_7	1.355	0.480	1 = 是；2 = 否
	是否有管理人员	x_{13}	1.232	0.423	1 = 是；2 = 否
	是否提取积累	x_{14}	1.387	0.501	1 = 是；2 = 否
	成员产品是否外销	x_{15}	1.367	0.484	1 = 是；2 = 否
	理事是否领取报酬[a]	x_{11}	1.678	0.469	1 = 是；2 = 否
	理事会议频次	x_{10}	2.672	0.950	1 = [0, 2]；2 = [3, 5]；3 = [6, 11]；4 = [12, 23]；5 = [24, +∞]
	监事会议频次	x_{12}	2.339	0.917	1 = 2次以下；2 = 3~4次；3 = 5~6次；4 = 6次以上
	成员（代表）大会频次	x_9	2.290	0.942	1 = 1次以下；2 = 2次；3 = 3-5次；4 = 6次以上

续表

变量		变量代码	均值	标准差	变量说明
理事长特征变量	经历	a_1	3.164	1.737	1＝村干部；2＝公务员；3＝产销大户；4＝龙头企业主；5＝技术能手；6＝供销社职工；7＝其他
	性别	a_2	1.109	0.313	1＝男；2＝女
	年龄	a_3	46.000	9.469	报告值
	是否党员	a_4	1.432	0.529	1＝是；2＝否
	文化程度	a_5	3.995	0.952	1＝文盲；2＝小学；3＝初中；4＝高中；5＝大学及以上
	出资比例	a_9	2.822	1.342	1＝[0，10]；2＝(10，30]；3＝(30，50]；4＝(50，80]；5＝(80，100]
	是否领取工资	a_6	1.639	0.493	1＝是；2＝否
	回报满意度	a_7	4.109	1.133	1＝非常低；2＝比较低；3＝一般；4＝比较高；5＝非常高
	决策效率感知	a_{12}	4.052	0.981	1＝非常低；2＝比较低；3＝一般；4＝比较高；5＝非常高
	政府监督感知	a_8	3.956	1.300	1＝很不严格；2＝比较不严格；3＝一般；4＝比较严格；5＝非常严格
	成员监督感知	a_{11}	4.187	1.155	1＝很不严格；2＝比较不严格；3＝一般；4＝比较严格；5＝非常严格
地区变量		x_1	—	—	1＝北京；2＝河北；3＝河南；4＝山东；5＝黑龙江；6＝安徽；7＝江浙；8＝西部地区

注：[a] 这里的理事是指除理事长之外的其他理事，与理事长是否领取工资的相关性微不足道，二者的相关系数只有0.0172。

三、实证检验结构及其解释

（一）相关系数与多重共线性检验

由于本章选择的指标较多，为了保证回归结果的有效性，必须先考察变量之间是否存在较强的相关性。相关系数检验表明，变量两两之间的相关系数全部都在0.5以下，其中理事会议频次（x_{10}）与监事会议频次（x_{12}）相关系数最高（为0.4905），其他相关系数比较大的变量组分别为：注册资本（x_4）与地区变量（x_1），相关系数为0.3936；理事长的文化程度（a_5）与合作社成员是否都是农民（x_7），相关系数为0.3818；理事长对合作社的回报满意度（a_7）与其政府监督感知（a_8）和成员监督感知（a_{11}），相关系数分别为0.4011和0.3915；理事长的政府监督感知（a_8）与成员监督感知（a_{11}），相关系数为0.4086。整体来看，各变量两两之间的相关性不是太强，初步说明可能适合进行回归分析。

为了保证回归结果的准确性，还必须对变量的多重共线性进行检验。采用Stata12.0软件的Coldiag2命令，对x_1、x_3、x_4等共24个变量进行多重共线性检验，其条件数（Condition Number）多达84.89个，远大于理想的条件数（上限30），表明所选择的变量之间存在很强的多重共线性。虽然条件上没有达到100这一多重共线性检验的上限，但为了得到比较精确和有说服力的估计结果，必须对这种共线性进行控制。解决多重共线性的方法有主成分分析法、岭回归法、逐步回归法等，其中逐步回归法由于思路简单且效果较好而称为很多学者所选择。本章也采用这一方法。

（二）经济绩效与社会绩效的 OLS 回归及分析

使用 Stata12.0 软件，控制地区变量后，将上述变量对合作社的经济绩效（ep）和社会绩效（sp）分别采用逐步回归法进行 OLS 回归。设定从模型中移除变量的显著性水平为 0.3，即如果某一变量的 p 值大于等于 0.3，就从模型中删除。从全变量模型估计开始，得到结果见表 14 – 16 所示，其中表中左侧为经济绩效方程，右侧为社会绩效方程。

表 14 – 16　逐步回归结果

变量	经济绩效（ep）方程			社会绩效（sp）方程		
	系数	标准误	t 值	系数	标准误	t 值
常数项	2.6349 ***	0.6888	3.83	2.1699 ***	0.6215	3.49
x_3	– 0.0196 *	0.0109	– 1.81	– 0.0224	0.0117	– 1.92
x_4	– 0.0438	0.0400	– 1.10			
x_9	0.0748	0.0669	1.12			
x_{10}	0.1094	0.0809	1.35			
x_{12}	– 0.1898 **	0.0775	– 2.45			
x_{13}	– 0.2546	0.1629	– 1.56	0.4198 **	0.1707	2.46
x_{14}	– 0.1637	0.1279	– 1.28			
a_1				0.0592	0.0395	1.50
a_2				0.4064 *	0.2158	1.88
a_3	0.0119 *	0.0066	1.81	0.0142 *	0.0075	1.91
a_6	0.1920	0.1292	1.49			
a_8				0.0684	0.0505	1.35
a_9	0.0872 *	0.0465	1.88			
a_{11}	0.0746	0.0543	1.37			
a_{12}	0.1612 **	0.0644	2.50	0.2288 ***	0.0688	3.33
地区 = 3				0.2789	0.2099	1.33
地区 = 4	0.1855	0.1456	1.27			
N	136			136		
F 值	3.11（p = 0.0005）		4.58（p = 0.0001）			
R^2	0.2489			0.2240		
调整后的 R^2	0.1688			0.1751		
Root MSE	0.6969			0.7530		

注：*** 、** 、* 分别表示在 1% 、5% 和 10% 的水平上显著。

估计结果表明，在采用逐步回归法对一些变量移除之后，有发起人数量（x_3）、理事长的年龄（a_3）等共 16 个变量进入左侧的合作社经济绩效（ep）模型，而共有发起人数量（x_3）、理事长经历（a_1）等共 8 个变量进入右侧的社会绩效（sp）模型。两个方程中，模型整体的 F 检验都在 1% 的显著性水平上通过，而且，两个方程的 R^2 分别达到0.2489 和 0.2240（调整后的 R^2 分别为 0.1688 和 0.1751），且均差平方根 Root MSE 均较小，分别为 0.6969 和 0.7530。表明构建的计量模型是合适的，而且最后留在方程中的这些变量，确实能够有效地解释合作社的经济绩效和社会绩效。接下来，本章将分别对影响合作社经济绩效和社会绩效的因素进行分析。

1. 经济绩效的解释

对经济绩效而言，发起人数量（x_3）、监事会议频次（x_{12}）、理事长的年龄（a_3）、理事长出资比例（a_9）及其对合作社决策效率的感知（a_{12}）5 个变量，都在 10% 的水平上显著影响合作社的经济绩效。

从理事长特征角度来看，理事长的年龄（a_3）、理事长出资比例（a_9）和其对合作社决策效率的感知（a_{12}）3 个反映理事长特征的变量的回归系数显著为正：其中，理事长的年龄（a_3）与合作社的经济绩效呈正相关，表明理事长年龄越大，其合作社的经济绩效越强。这主要是由于年龄较大的理事长拥有相对更加丰富的资源积累，具备较高的实际管理水平与经验，并且年龄较大的他们有更强的责任心与担当，是传统农村地区最为稀缺的农民企业家。

理事长的出资比例（a_9）也对合作社的经济绩效呈正相关，表明理事长的出资比例越高，其合作社的经济绩效越强。这主要是基于"经济人"假定，理事长的个人利益与合作社的利益是一致的，为了追求自身利益的最大化，则必须领导合作社获取最大的利益。理事长的出资比例越高，其个人利益与合作社利益的一致性越强，对合作社的经济绩效也就越紧密。显然，上述两个变量的作用方向符合人们的一般认识。

理事长对合作社经营决策效率的感知（a_{12}）对合作社的经济绩效作用为正，且其系数为 0.1612，远远大于前面两个变量系数，表明其对经济绩效的影响力度远高于前两个变量，表明理事长对合作社的掌控程度对合作社的经济绩效具有显著正向影响。这可以从集体行动的逻辑来理解，即当理事长对于合作社这一大集团的决策具有很高的决定权和执行权（即权威），则合作社可以低成本地进行经营管理，从而获得更大的利益。综合分析表明，如果想获得更多的经济绩效，需要选择一个有能力、有经验并且具有较高权威与执行力的理事长，且可以适当地增加该理事长所占的组织股份从而从组织中获益。

从组织特征角度来看，发起人数量（x_3）、监事会议频次（x_{12}）两个反映组织特征的变量的回归系数显著。其中，发起人数量（x_3）与合作社的经济绩效呈现负相关，表明发起人数量越多，合作社的经济绩效越弱。同时，监事会议频次（x_{12}）也与合作社的经济绩效呈现负相关，表明监事会议频次越多，合作社的经济绩效越弱。两个变量与合作社经济绩效的关系可以从奥尔森的"集体行动困境"和"多龙不治水"在合作社中体现出来。之所以如此，主要在于大集团与小集团，小集团内部成员的利益争斗会导致成本剧增，从而降低合作社的经济绩效。即以发起人为主的核心成员与监事会所代表的普通成员的利益争斗，以及核心成员内部之间为了个人利益的博弈，都会大大降低合作社的经济绩效。其原因很可能是缺乏一个具有较高公信力的管理团队。但是从侧面也反映出我国农民专业合作社的发展具有很强的"能人依赖"现象。

2. 社会绩效的解释

对社会绩效而言，则只有是否有管理人员（x_{13}）、理事长性别（a_2）、理事长的年龄（a_3）及其对合作社决策效率的感知（a_{12}）共4个变量在10%的水平上显著影响合作社的社会绩效。

从理事长特征角度来看，理事长性别（a_2）、理事长的年龄（a_3）及其对合作社决策效率的感知（a_{12}）3个反映理事长特征的变量的回归系数显著为正。其中，理事长性别和年龄估计出来的系数为正，分别为0.4064和0.0142（由于年龄为报告值，没有进行量纲处理，故其系数较小），这似乎表明，女性理事长在团队交流和组织建设方面似乎有着比男性理事长更多的优势。产生这种结果的原因，需要从农村社会的现实来考虑。在当前的男权社会，一个妇女能够成为合作社理事长，本身可能具有很强的组织领导和沟通能力，当然也值得当地农户信任（尤其是她再具有年龄优势的时候），从而吸引更多的人加入组织。同时，女性理事长细心、善于做心理工作等的天然优势也是重要原因；而年龄对于合作社社会绩效的影响，和对合作社经济绩效的影响原因是相同的，使因为年龄较大的理事长拥有相对更加丰富的资源积累，具备较高的实际管理水平与经验，并且年龄较大的他们有更强的责任心与担当。

此外，理事长对合作社决策效率的感知（a_{12}），也显著影响合作社的社会绩效。这与其对合作社经济绩效的影响是同样的。于是，结合前面的研究结果发现，决策效率可以对经济绩效和社会绩效都产生显著的正向作用。这意味着，想要提高合作社的发展绩效，改善决策效率是一个有效途径。

而从组织特征角度来看，仅有管理人员的合作社（x_{13}），其社会绩效更优，表明规范化的经验管理，更容易获得成员的信赖和非成员农户的认可。这主要是由于有专门的管理人员会大大提高合作社的日常管理工作，可以更加高效合理地做出管理决策，为入社成员提供更好的服务，从而提高合作社的社会绩效。

此外，以北京地区的农民合作社为参照组，地区变量也对合作社的经济绩效和社会绩效产生影响。具体而言，与北京的农民合作社相比，山东的农民合作社的经济绩效更高，而河南的农民合作社的社会绩效更高。不过，上述结论在给定的水平上并不显著。

第四节　结论与建议

一、研究结论

随着合作社发展进入"数量与质量并重"的阶段，农民专业合作社对于农业现代化、农村转型与农民增收都有着更加有力的带动作用，我国政府与社会各界对于农民专业合作社会愈发重视，对于其发展绩效的相关研究也会更加深入与广泛。本章从理事长特征与组织特征两个角度出发，就合作社的经济绩效与社会绩效进行实证检验，发现理事长特征与组织特征对合作社的发展绩效具有重要的影响。具体来讲，从实证检验结果来看，理事长特征与组织特征的部分变量，包括发起人数量、监事会议频次、理事长的年龄、理事长出资比例及其对合作社决策效率的感知 5 个变量对于合作社的经济绩效有显著影响；包括是否有管理人员、理事长性别、理事长的年龄及其对合作社决策效率的感知 4 个变量对合作社的社会绩效有显著影响。同时，我们还可以发现，相比较于组织特征，理事长特征对于合作社的经济绩效与社会绩效的影响均更为突出，其中理事长特征对合作社经济绩效与社会绩效的影响因素分别有 3 个，而组织特征则分别有 2 个和 1 个。这从我国农民专业合作社的发展实践中也可以明显地感受到，即领导者对于合作社的发展绩效具有举足轻重的作用，"能人依赖"现象严重。在前文检验结果的解释部分已经做过详述，在此不再赘述。

此外，资本报酬有限原则的理解。资本报酬有限原则是经典合作社理论的重要原则之一，合作社按交易量（额）分配盈余的利益分配方式就是以此为基础的。在我国，根据《农民专业合作社法》规定，按交易量（额）分配盈余需占总体盈余的 60% 以上，也就意味着按资本（股权）分配的盈余上限为 40%。而在就上文实证检验结果进行整理解释的过程中发现，理事长的出资比例对于合作社的经济绩效具有显著的正向影响，即理事长出资比例越高，其对合作社的经济绩效提高越大，而这一因素实质上反映的正是按资本（股权）分配的盈余。这一结论与我国现行法律产生了冲突——40% 上限是否需要上调？笔者认为可以提高制度弹性，适当放松上限。而对于这一问题，孔祥智（2014）等专家学者已经做了大量的相关研究，在此不做深入讨论。

二、政策建议

（一）加强合作社理事长的培养与激励制度

当前，随着我国农民专业合作社的迅猛发展，人力资源，尤其是高级人力资源的稀缺问题愈发严重。当领导者成为合作社的稀缺资源时，合作社就很难成为惠顾者的企业。把入社成员收入的增加仅仅寄托在一两个具有企业家能力的领导者身上是无法持续的，当领导者的企业家能力无法跟上合作社发展步伐时，必然会导致合作社的衰败。因此，政府需要加强农村人力资源开发，解决农村企业家能力的稀缺性问题。具体可以采取以下几方面措施：一是提高领导者的个人能力。进一步完善乡村教育制度，提高农村人力资源利用水平；加强农村基础教育建设，提高农民整体知识水平；完善农村职业培训教育体系，推动农民职业技能培训工作。二是提高领导者的奉献精神。一方面，政府可以从思想文化的角度引导合作社领导者加强对自我价值实现的追求。另一方面，政府可以对突出的、对合作社发展有重要贡献的领导者给予相应的政治或经济激励。三是完善合作社的运行机制。合作社领导者与普通社员之间存在"双向委托代理关系"。两者之间的双向委托代理出现问题时，就要从合作社运行机制层次来解决一系列机会主义行为问题。因此，在合作社运行机制层面既要建立内在的约束机制，也要建立外在的监督机构。

（二）建立科学、完善并且充满弹性的组织制度

农民专业合作社这一组织形式是当今我国农业现代化的主要力量，在未来也还会是农业生产经营组织化的主要形式，欧美等已经实现农业现代化的国家就是明证。因此，要关注农业生产经营的组织化，鼓励扶持农民专业合作社的发展。政府一方面应该引导规范农民专业合作社的运行与治理机制的完善，无论是在建立时还是在运营过程中，既要有明确严格的规范限定，同时也要具备足够的制度弹性，以便适应合作社的具体情况；另一方面政府要大力鼓励合作社的组织创新，提高合作社这一组织的生命力，针对"搭便车"、收益强激励、监督弱激励等诸多问题不断优化完善自身，从而提高合作社的生命力与竞争力。

（三）优化合作社外部环境，加大合作社扶持力度

农民专业合作社的发展离不开各级政府与社会各界的支持，一个良好的外部环境对于合作社的健康发展有着重要作用。因此，政府需要改善合作社发展的外部环境。一方面要加大政策扶持力度。建立包括财政资金扶持、金融信贷扶持、税收优惠扶持、技术培训与产品销售等全方位的合作社扶持政策体系；另一方面要加快《农民专业合作社法》的修订完善工作。我国农民专业合作社事业发展迅速，实际情况与《农民专业合作社法》的设想并不吻合，如前文中所说的资本报酬40%限定的问题。因此，需要加快修法工作，在法律层面给予农民专业合作社良好的发展环境。

参考文献

［1］Ariyaratne C. B. B，Featherstone A. M.，Langemeier M. R.，et al. Measuring X – Efficiency and Sscale Efficiency for a Sample of Agricultural Cooperatives［J］. Agricultural Resource Economics Review，2000，29（2）.

［2］Dutton J. E. Dukerich J. M. Harquail C. V. Organizational Images and Member Identification［J］. Administrative Science Quarterly，1994（39）.

［3］Fulton M. The Future of Canadian Agricultural Cooperatives：A Property Rights Approach［J］. American Journal of Agricultural Economics，1995，77（5）.

［4］Hailu G. Goddard E. W.，Jeffrey S. R. Measuring Efficiency in Fruit and Vegetable Marketing Cooperatives with Heterogeneous Technologies in Canada，Selected Paper Prepared for Presentation at the American Agricultural Economics Association Annual Meeting［J］. Providence，Rhode Island，2005（6）.

［5］Pulfer I.，Mohring A.，Dobricki M.，Lips M. Success Factors for Farming Collectives，Paper Submitted to the 12th Congress of the European Association［J］. Agricultural Economists, 2008 （3）.

　　［6］Rolf Van Dick, Ulrich Wagner, Jost Stellmacher and Oliver Christ. Category Salience and Organizational Identification ［J］. Journal of Occupational and Organizational Psychology, 2005 （78）.

　　［7］Riketta M. Organizational Identification：A Meta - analysis ［J］. Journal of Vocational Behavior, 2005 （66）.

　　［8］Staatzs J. M. The Structural Characteristics of Farmer Cooperatives and Their Behavioral Consequence ［A］//Royerj. Cooperative Theory：New Approaches ［M］. Washington D. C. USDA, 1987.

　　［9］Z. Lerman, C. Parliament. Industry And Size Effects In Agricultural Cooperatives, Paper Provided by University of Minnesota, Department of Applied Economics in Its Series Staff Papers with Mumber14248 ［EB/OL］, http：//pur. l umn. edu/14248.

　　［10］胡平波. 合作社企业家能力与合作社绩效关系的实证分析——基于江西省的调查 ［J］. 华东经济管理，2013（9）.

　　［11］邵科，郭红东，黄祖辉. 农民专业合作社组织结构对合作社绩效的影响——基于组织绩效的感知测量方法 ［J］. 农林经济管理学报，2014，13（1）.

　　［12］苑鹏，曹海清. 妇女专业合作社发展初探——以山东省潍坊地区两家妇女专业合作社为例 ［J］. 中国农村观察，2001（4）.

　　［13］黄祖辉，扶玉枝，徐旭初. 农民专业合作社的效率及其影响因素分析 ［J］. 中国农村经济，2011（7）.

　　［14］徐旭初. 农民专业合作社绩效评价体系及其验证 ［J］. 农业技术经济，2009（4）.

　　［15］浙江省农业厅课题组. 农民专业合作社绩效评价体系初探 ［J］. 农村经营管理，2008（10）.

　　［16］黄胜忠，林坚，徐旭初. 农民专业合作社治理机制及其绩效实证分析 ［J］. 中国农村经济，2008（3）.

　　［17］彭莹莹，苑鹏. 合作社企业家能力与合作社绩效关系的实证研究 ［J］. 农村经济，2014（12）.

　　［18］赵佳荣. 农民专业合作社"三重绩效"评价模式研究 ［J］. 农业技术经济，2010（2）.

　　［19］侍进敏. 农民专业合作社绩效评价研究 ［D］. 杨凌：西北农林科技大学，2010.

　　［20］徐旭初，黄胜忠. 走向新合作——浙江省农民专业合作社发展研究 ［M］. 北京：科学出版社，2009.

　　［21］张梅. 我国农村专业合作经济组织的效率研究 ［D］. 沈阳：东北农业大学，2008.

［22］邓军蓉，樊帆．湖北省农民专业合作社人力资源现状分析［J］．湖北农业科学，2013（13）．

［23］朱启臻，王念．论农民专业合作社产生的基础和条件［J］．华南农业大学学报（社会科学版），2008（3）．

［24］邓军蓉，祁春节．农民专业合作社规范化影响因素分析——基于湖北省4个园艺类典型案例的研究［J］．农业经济，2011（1）．

［25］倪细云，王礼力，刘婧．农民专业合作社理事长能力测度与培育——基于运城市100家合作社的实证研究［J］．西北农林科技大学学报（社会科学版），2012（5）．

［26］黄胜忠，张海洋．农民专业合作社理事长胜任特征及其绩效的实证分析［J］．经济与管理，2014（5）．

［27］陈江华，李道和，刘佳佳，朱朝晖．农民专业合作社品牌创建行为实证分析——基于合作社理事长视角［J］．广东农业科学，2014（21）．

［28］张梅，郭翔宇．农民专业合作社运营效率：基于黑龙江调查数据的分析［J］．商业研究，2010（9）．

［29］徐旭初，吴彬．治理机制对农民专业合作社绩效的影响——基于浙江省526家农民专业合作社的实证分析［J］．中国农村经济，2010（5）．

［30］孙亚范，余海鹏．农民专业合作社制度安排对成员行为及组织绩效影响研究［J］．南京农业大学学报（社会科学版），2012（4）．

［31］许晓春，孟枫平．安徽省农民专业合作社发展影响因素分析［J］．华东经济管理，2014（2）．

［32］张晓山．促进以农产品生产专业户为主体的合作社的发展——以浙江省农民专业合作社的发展为例［J］．中国农村经济，2004（11）．

［33］姜长云．我国农民专业合作组织发展的态势［J］．经济研究参考，2005（14）．

［34］杨军．不同模式农民合作社绩效的差异分析——基于广东、安徽148家农民合作社的调查［J］．西北农林科技大学学报（社会科学版），2014（3）．

［35］田艳丽，修长柏．牧民专业合作社利益分配机制与绩效的典型相关分析——以内蒙古自治区为例［J］．农业现代化研究，2014（6）．

［36］赵佳荣．农民专业合作经济组织发展绩效的制度性影响因子及其改进［J］．农业现代化研究，2007（2）．

［37］董晓波．农民专业合作社高管团队集体创新与经营绩效关系的实证研究［J］．农业技术经济，2010（8）．

［38］李道和，陈江华．农民专业合作社绩效分析——基于江西省调研数据［J］．农业技术经济，2014（12）．

［39］庄龙玉，简小鹰，龚春明．参与和自治：美国农业合作社对中国的启示［J］．世界农业，2011（8）．

［40］黄胜忠，徐旭初．成员异质性与农民专业合作社的组织结构分析［J］．南京农业大学学报（社会科学版），2008（3）．

［41］张梅，郭翔宇．发达国家农业合作社的不同特点与借鉴［J］．农业经济，2008（5）．

［42］郭晓鸣，廖祖君．公司领办型合作社的形成机理与制度特征——以四川省邛崃市金利猪业合作社为例［J］．中国农村观察，2010（5）．

［43］吴彬，徐旭初．合作社的状态特性对治理结构类型的影响研究——基于中国3省80县266家农民专业合作社的调查［J］．农业技术经济，2013（1）．

［44］欧继中，张晓红．荷兰和日本农业合作组织模式比较与启示［J］．中州学刊，2009（5）．

［45］黄祖辉，邵科．基于产品特性视角的农民专业合作社组织结构与运营绩效分析［J］．学术交流，2010（7）．

［46］邵科，郭红东，黄祖辉．农民专业合作社组织结构对合作社绩效的影响——基于组织绩效的感知测量方法［J］．农林经济管理学报，2014（1）．

［47］韩雪松．基于组织特征视角的企业组织认同模型研究［J］．生产力研究，2007（23）．

［48］宝贡敏，徐碧祥．组织认同理论研究述评［J］．外国经济与管理，2006（1）．

［49］陈永富，孙美美，韩苏，王玲娜．论家庭农场与其它农业经营主体之间的关系［J］．农村经济，2013（10）．

［50］赵玻，陈阿兴．美国新一代合作社：组织特征、优势及绩效［J］．农业经济问题，2007（11）．

［51］刘劲松．农业合作经济组织主体模式及治理机制研究［J］．现代农业科技，2008（20）．

［52］张兵，左平桂，郁胜国．苏北地区农民专业合作组织信贷影响因素分析［J］．南京农业大学学报（社会科学版），2009（1）．

［53］黄永利，高建中．农民专业合作社管理者能力与绩效的相关性分析［J］．贵州农业科学，2013（4）．

［54］苑鹏．中国农村市场化进程中的农民合作组织研究［J］．中国社会科学，2001（6）．

［55］国鲁来．合作社制度及专业协会实践的制度经济学分析［J］．中国农村观察，2001（4）．

［56］孔祥智．合作经济组织与农村信贷发展［J］．中国农村信用合作，2006（6）．

［57］郭红东，楼栋，胡卓红，林迪．影响农民专业合作社成长的因素分析——基于浙江省部分农民专业合作社的调查［J］．中国农村经济，2009（8）．

［58］郭红东，陈敏，韩树春．农民专业合作社正规信贷可得性及其影响因素分析——基于浙江省农民专业合作社的调查［J］．中国农村经济，2011（7）．

［59］黄季焜，邓衡山，徐志刚．中国农民专业合作经济组织的服务功能及其影响因素［J］．管理世界，2010（5）．

［60］邓军蓉．农民专业合作社财会制度规范执行情况考察［J］．财会月刊，2011（11）．

［61］刘小童，李录堂，张然，赵晓罡．农民专业合作社能人治理与合作社经营绩效关系研究——以杨凌示范区为例［J］．贵州社会科学，2013（12）．

［62］徐旭初，吴彬，应丽．农民专业合作社财务绩效的影响因素分析——基于浙江省319家农民专业合作社的实地调查［J］．西北农林科技大学学报（社会科学版），2013（6）．

［63］奥尔森．集体行动的逻辑［M］．上海：上海三联出版社，2011.

［64］彭罗斯．企业成长理论［M］．上海：上海三联出版社，2010.

［65］黄恒学．公共经济学［M］．北京：北京大学出版社，2002.

［66］苑鹏．中国农村市场化进程中的农民合作组织研究［J］．中国社会科学，2001（6）．

［67］徐旭初，吴彬．治理机制对农民专业合作社绩效的影响——基于浙江省526家农民专业合作社的实证分析［J］．中国农村经济，2010（5）．

附录

农民专业合作社调查问卷

尊敬的理事长：

您好！这是一份成员异质性背景下探讨合作社发展现状、服务功能、内部治理、外部环境与组织绩效的调查问卷，依托国家自然科学基金项目，拟通过探究成员异质性对合作社发展的影响，创新传统合作社理论，并为相关部门出台政策提供参考。问卷所涉及问题没有正误之分，请根据实际情况回答。我们承诺，您所提供信息只用于学术研究，绝不外泄。

非常感谢您对我国合作社事业的支持！

中国人民大学中国合作社研究院

调查时间：＿＿＿＿年＿＿月＿＿日　　　＿＿＿＿省＿＿市＿＿县＿＿乡＿＿村

合作社全称：＿＿＿＿＿＿＿＿＿理事长姓名：＿＿＿＿联系方式：＿＿＿＿＿

调查员姓名：＿＿＿＿＿＿联系方式：＿＿＿＿＿＿

一、合作社基本情况

1. 合作社成立时间是_____年____月；发起人有____位；合作社成立时成员总数有____位。

2. 合作社注册时间是_____年____月；注册资本有____万元。

主营业务是_____。

3. 合作社由_____牵头：①村干部　②政府部门　③产销大户　④企业⑤科技示范户或技术能手　⑥供销社　⑦其他（请注明）

牵头人是不是理事长？①是②否

自合作社成立以来，理事长是否变动过？①是②否

4. 当初成立合作社的主要原因是（可多选，请排序）：

①自发合作，以降低产前、产中、产后各环节成本（以降低成本为主）

②市场力量拉动，成立合作社便于产品走向市场（以市场需求拉动为主）

③政府力量推动，成立合作社便于获得政府支持

④其他（请注明）

5. 合作社现有成员中，其中农民占_____%，有_____个企业、事业单位或社会团体成员。

6. 合作社现有固定资产_____万元，流动资产_____万元；目前合作社大约负债_____万元。

7. 目前合作社属于哪级示范合作社：①国家级②省级③市级④县级⑤无

二、理事长基本情况

8. 性别：①男②女；年龄（周岁）：_____；是否是中共党员：①是②否；已任职_____年。

9. 文化程度_____：①未接受正式教育②小学③初中④高中⑤大学及以上

10. 成立初期您在合作社出资_____万元，占成员总出资额_____%，是否最高？①是②否

11. 目前您在合作社出资_____万元，占成员总出资额_____%，是否最高？①是②否

12. 成立初期您与合作社交易额为_____万元，占成员总交易额_____%，是否最高？①是②否

13. 目前您与合作社交易额为_____万元，占成员总交易额_____%，是最高的吗？①是②否

14. 您有没有在合作社领工资或者误工补贴？①有（去年领到_____万元）②无

15. 您有如下经历吗？（多选）

①乡镇干部②村干部③个体户④企业员工⑤农技人员⑥产销大户⑦其他

以下陈述请根据您自己的体会，在相应的数字处打"√"，以表达您的赞同程度：1表示非常不同意，2表示有点不同意，3表示不同意，4表示有点同意，5表示非常同意。

16. 您的才能在合作社中得到了充分发挥	1 2 3 4 5
17. 您对合作社给您的回报很满意	1 2 3 4 5
18. 合作社成员对您的监督很严格	1 2 3 4 5
19. 您感受到了来自政府部门对合作社的监督	1 2 3 4 5

三、合作社成员异质性（成员差异情况）

以下各种陈述是您对自己所在合作社的一些看法或感受，请根据您自己的体会，在相应的数字处打"√"，以表达您的赞同程度：1表示非常不同意，2表示有点不同意，3表示不同意，4表示有点同意，5表示非常同意。同时，请回答题干中的具体问题。

选项	整体而言	理事会成员之间	理事会与普通成员之间
20. 成员的区域跨度很大 来自：①本村②跨村③跨乡④跨县⑤跨市及以上	1 2 3 4 5	1 2 3 4 5	1 2 3 4 5
21. 成员之间的年龄差别很大 年龄最大的岁，最小的岁	1 2 3 4 5	1 2 3 4 5	1 2 3 4 5
22. 成员之间的文化程度差别很大 最高的是；最低的是	1 2 3 4 5	1 2 3 4 5	1 2 3 4 5
23. 成员之间的经营规模差别很大 最大的是；最小的是（填几亩/只/头等）	1 2 3 4 5	1 2 3 4 5	1 2 3 4 5
24. 成员在合作社的出资额差别很大 出资额靠前的成员的出资额占总出资额的百分比	1 2 3 4 5	1 2 3 4 5	1 2 3 4 5
25. 成员生产的产品产量差别很大	1 2 3 4 5	1 2 3 4 5	1 2 3 4 5
26. 成员生产的产品质量差别很大	1 2 3 4 5	1 2 3 4 5	1 2 3 4 5
27. 成员使用的投入品数量差别很大	1 2 3 4 5	1 2 3 4 5	1 2 3 4 5
28. 成员使用的投入品质量差别很大	1 2 3 4 5	1 2 3 4 5	1 2 3 4 5
29. 成员的非农收入差别很大	1 2 3 4 5	1 2 3 4 5	1 2 3 4 5
30. 成员的社会活动能力差别很大	1 2 3 4 5	1 2 3 4 5	1 2 3 4 5
31. 成员的经营目标差别很大	1 2 3 4 5	1 2 3 4 5	1 2 3 4 5
32. 成员在合作社中的任务和角色差异很大	1 2 3 4 5	1 2 3 4 5	1 2 3 4 5

四、合作社服务功能

33. 合作社是否为成员提供农资购买服务？

①是（有_____%的成员通过合作社购买农资，合作社统一购买能比市场价低_____%）②否

34. 合作社是否为成员提供技术服务？

①是（有_____%的成员通过合作社得到技术服务，该服务是否收费：a 是　b 否）②否

35. 合作社是否为成员提供农产品销售服务？（如价格低，填负数）

①是（有_____%的成员通过合作社销售产品，合作社统一销售能比市场价高_____%）②否

36. 合作社是否为成员提供资金借贷服务？

①是（资金来自（多选）：a 理事长　b 合作社　c 成员互助资金　d 其他）②否

37. 合作社是否为成员提供信息服务？

①是（包括（多选）：a 市场信息　b 政策信息　c 行业技术信息　d 其他）②否

38. 合作社是否对成员的农产品有质量要求？

①是（如何控制：a 产品分级　b 生产时监督　c 培训后让成员自觉　d 其他）②否

39. 合作社是否有自己的办公场所：①是②否；是否有专门为社员服务的设施：①是②否

40. 合作社是否注册了商标：①是（注册时间：_____②否

合作社是否有自己的网站：①是（开通时间：_____②否

41. 合作社是否具备农产品初加工能力：①是②否

42. 合作社是否进行了产品认证：①是（类型：a 无公害　b 绿色　c 有机；时间_____）②否

43. 合作社是否对非合作社成员提供服务？①是②否

服务内容	是否服务非成员（1. 是；2. 否）	服务户数
农资购买		
技术服务		
产品销售		
资金借贷		
信息服务		
加工服务		

五、合作社内部治理

（一）三会制度

44. 是否组织召开成员（代表）大会？①是②否

45. 是否组织召开理事会议？①是②否

理事会成员是否领取一定的报酬（工资/津贴等）？①是②否

46. 是否组织召开监事会议？①是②否

监事会成员是否领取一定的报酬（工资/津贴等）？①是②否

47. 成员（代表）大会（　　）、理事会（　　）、监事会（　　）分别实行哪种表决方式？

①一人一票②一股一票，无上限③按股份比例，但每个人票数有上限④按交易量，但每个人票数有上限⑤按交易量，每个人票数无上限⑥不投票，由合作社领导决定

48. 每次会议是否有会议记录？①没有记录②有时有记录③每次有记录

（二）财务制度

49. 合作社是否有严格的财务管理规章制度？①有②否

50. 合作社是否有专职财务工作人员（如会计、出纳等）？①有②否

51. 会计资料是否完整？①很不完整②较不完整③一般④较完整⑤很完整

52. 是否向全体社员公开财务和运营情况？①是②否

公开情况：①全部公开②部分公开

是否有外部力量（如农业部门）进行监督？①是②否

53. 是否有成员资金账户？①是②否

是否有成员产品交易记录？①是②否

是否有成员农资交易记录？①是②否

（三）决策机制

54. 合作社的投资决策（如为合作社添置设备）主要由谁做出？

①理事长②理事会③成员（代表）大会

请描述合作社的一次投资决策：

55. 合作社的融资决策（如向银行贷款）主要由谁做出？

①理事长②理事会③成员（代表）大会

请描述合作社的一次融资决策：

56. 合作社的收益分配制度主要由谁制定？①理事长②理事会③成员（代表）大会

57. 合作社盈余或利润的主要分配方式（单选）：

①按交易额（量）返还

②按股分红

③平均分配给社员

④按交易额（量）返还与按股分红相结合，以按交易额（量）分配为主

⑤按交易额（量）返还与按股分红相结合，以按股分红为主

若涉及按交易额（量）返还，则按交易额（量）返还的比例为_____%

⑥其他

58. 合作社是否在盈余或利润中提取积累：

①是（其中公积金_____％，公益金_____％，风险金_____％）②否

59. 合作社在收购社员的产品时，是否支付高于市场行情的价格？①是②否

合作社向社员收购产品时是否根据质量等级，支付不同的价格？①是②否

60. 合作社农资采购决策由谁做出？①理事长②理事会③成员大会④无

合作社产品销售决策由谁做出？①理事长②理事会③成员大会④无

合作社新技术采纳由谁决定？①理事长②理事会③成员大会④无

61. 合作社是否有明确的长期发展战略？①是②否

62. 合作社的长期发展战略由谁制定？①理事长②理事会③成员（代表）大会

请描述合作社的一次发展战略制定：

63. 您认为目前的合作社决策机制效率如何？①很低效②较低效③一般④较高效⑤很高效

（四）人事安排

64. 吸收新社员由谁决定？①理事长②理事会③成员（代表）大会④自由加入

65. 新社员入社时是否有规模要求？①是②否

66. 新社员加入时是否需要比最初加入的社员缴纳更多的股金费用？①是②否

67. 合作社是否有职业经理人？①是（近3年工资、_____元/月）②否

68. 职业经理人由谁决定？①理事长②理事会③成员（代表）大会

69. 合作社是否有管理人员？①是（近3年工资、_____元/月，人数：_____）②否

70. 合作社是否有明确的更换理事会成员的程序？①是②否

71. 自合作社成立后是否更换过理事会成员？①是②否

六、合作社外部环境

请对以下各项政府提供的服务进行打分。根据您自己的体会，在相应的数字处打"√"：1表示非常不满意，2表示有点不满意，3表示不满意，4表示有点满意，5表示非常满意。

72. 为合作社成立进行宣传发动	1　2　3　4　5
73. 帮助合作社制定章程	1　2　3　4　5
74. 为合作社提供免费或优惠登记服务 若收费，标准是	1　2　3　4　5
75. 为合作社提供办公场所或设施	1　2　3　4　5
76. 为合作社提供市场信息或销售渠道	1　2　3　4　5
77. 为合作社提供技术培训与服务	1　2　3　4　5
78. 为合作社提供法律咨询或援助	1　2　3　4　5
79. 帮助合作社获取贷款或提供担保	1　2　3　4　5

合作与发展

续表

80. 为合作社提供现金补贴或奖励 合作社累计获得财政奖补资金（万元）	1　2　3　4　5
81. 为合作社提供实物补贴或奖励 累计实物补贴估价约（万元）	1　2　3　4　5
82. 整体而言，您感觉当地政府对合作社支持力度怎样	1　2　3　4　5

83. 当地（区县）政府是否出台了支持合作社发展的指导意见：①是②否③不清楚

84. 合作社成立以来是否遇到过资金短缺的情况：①是②否

如遇到过，是通过何种渠道解决的：

①没有解决②农村信用社③民间借贷④商业银行

⑤村镇银行⑥成员筹资⑦政府扶持⑧其他

85. 合作社成立以来，是否从金融机构获得过贷款：①是（共贷过_____次款）②否

如果获得过贷款，主要是何种贷款：①信用贷款②抵押贷款③担保贷款④其他

如果没有获得贷款，您认为主要原因是什么：

①无抵押品②无担保方③贷款额度小，银行不愿贷

④贷款周期短，银行不愿贷⑤银行对合作社不了解不认可⑥其他

86. 如果获得过担保贷款，是何种担保？

①政策性担保机构②涉农企业③商业性担保企业④成员互保⑤合作社互保⑥其他

87. 金融机构是否给予合作社一定授信额度：①是（机构名称：_____ 额度：_____）②否

如何获得？①政府帮助②成员个人关系③合作社集体公关④金融机构支持⑤其他

88. 金融机构是否给予合作社一定利率优惠：①是（机构名称：_____ 优惠：_____）②否

如何获得？①政府帮助②成员个人关系③合作社集体公关④金融机构支持⑤其他

89. 当地正规金融机构贷款利率一般是多少？_____%/年

民间借贷的利率一般是多少？_____%/年

90. 合作社成立以来最大的一笔贷款情况

（1）贷款金额_____万元；年利率：_____%；贷款期限：_____年。

（2）贷款来源？①农信社②四大银行③新型金融机构（资金互助社、村镇银行、贷款公司等）④邮储⑤其他

（3）以谁的名义贷的？①合作社②社长③其他成员④其他

（4）贷款种类？①信用贷款②抵押贷款③成员联保贷款④第三方担保贷款⑤其他

（5）贷款用途？

①购买生产资料②收购成员产品③建设仓储设施或加工厂④购置运输设备

⑤建造办公场所⑥建设生产基地⑦转贷给成员⑧合作社日常运作⑨其他

91. 合作社可供选择的种苗、农资等生产资料供应厂家多吗：①很少②较少③一般④较多⑤很多

92. 合作社接收新品种、新技术的渠道多吗：①很少②较少③一般④较多⑤很多
主要有哪些渠道（选出前三项并排优先顺序）：_____
①科研院所②政府技术推广部门③大户经验④厂家培训推介⑤其他

93. 合作社可供选择的产品销售渠道多吗：①很少②较少③一般④较多⑤很多
当地是否有其他企业或个人也收购成员产品：①是②否

94. 当地流转土地难吗：①很难②较难③一般④较容易⑤很容易
合作社是否流转土地？①是②否；流转面积_____亩；每亩租金_____元/年。

95. 当地劳动力外出打工比例是_____%，当地（一般指村）雇工价格是_____元/天（男大工）。

96. 当地农民对合作社的认识程度如何：①很不了解②不太了解③一般④比较了解⑤很了解

97. 您认为影响全国合作社发展的主要因素是（选出前三项并排优先顺序）：_____
①政府支持②合作社领导③合作社资金④合作社社会资源⑤成员素质⑥其他

98. 您认为制约本社发展的主要困难是（选出前三项并排优先顺序）：_____
①政府支持不够②合作社领导不力或管理不善③缺少资金④缺少社会资源
⑤成员合作意识不强，对合作社不够信任⑥市场销路打不开⑦其他

七、合作社经营绩效

99. 去年合作社经营收入_____万元，支出_____万元，其中工资支出_____万元，纳税_____万元，社会公益支出_____万元。

100. 债务的负担方式：①按股分摊②平均分摊③由理事长承担④其他

101. 成员通过合作社获得的收入平均约_____万元，其中最多的有_____万元，最少的_____万元。

102. 合作社带动成员增收的效果：①很不明显②不太明显③一般④比较明显⑤很明显

103. 成员对合作社的满意度：①很不满意②不太满意③一般④比较满意⑤很满意
成员与合作社的关系稳定吗？①很不稳定②不太稳定③一般④比较稳定⑤很稳定
合作社的凝聚力如何？①很弱②较弱③一般④较强⑤很强

104. 成员对合作社事务的参与度：①低②较低③一般④较高⑤高

105. 合作社对合作社外农户的吸引力：①很小②较小③一般④较大⑤很大

106. 合作社盈利能力与前两年相比：①差很多②较差③一般④较好⑤好很多
盈利能力与同类合作社相比：①差很多②较差③一般④较好⑤好很多

107. 对合作社的发展前景：①很不看好②不太看好③一般④比较看好⑤很看好

八、需要调查员自己判断填写的题目

108. 合作社目前处于哪个阶段：①初创期②发展期③成熟期④衰退期

合作社的品牌化阶段：①起步②发展③成熟

109. 请判断合作社的异质性类型：

①理事长一人控制②主要成员完全控制

③核心成员主要控制④同质性成员平权式控制

110. 合作社的成立过程中哪种要素的作用最为突出（单选）：

①资金②劳动力③土地④社会资本⑤企业家才能

111. 目前合作社主要以哪种要素作为盈余分配依据（单选）：

①资金②劳动力③土地④社会资本⑤企业家才能

112. 目前合作社发展主要依靠：①资金②劳动力③土地④社会资本⑤企业家才能

113. 整体判断，该合作社更像是一个

①正规合作社②经纪人③协会④企业（公司）⑤村委会⑥政府有关部门⑦其他

第十五章　价值链延伸与农民合作社发展

第一节　价值链整合与农民专业合作社竞争力提升

——基于 138 家农民专业合作社的调查[①]

农产品价值链的现代化升级对农业生产投资的最低门槛提出了更高的要求，小农户也正因此被逐渐地"挤出"市场（Reardon et al.，1999）。Austin（1981）和 Swinnen（2007）分别指出，小农户面临的融资难、初期生产投入高、难以获得更多的市场渠道信息是小农户纷纷退出市场的主要原因；另外，许多非土地资本（如人力资本、风险资本）的制约也导致了小农户难以分享到价值链升级所带来的好处。学者们认为，小农户参与现代价值链升级的最佳途径之一就是加入农业合作社（Swinnen，2007；Narrod et al.，2009；Bell，2009；Rvan，2009）。合作社为社员农业生产提供的产前、产中、产后等服务可以帮助其克服在农产品价值链升级中遇到的种种问题（World Bank，2006；Baker，2004；Sanderson，2003）。近几年来，中国农民专业合作社发展迅猛。

合作社在推动中国现代农业发展、完善农村经营体制、提高农民收入中发挥了重要作用。但是，中国农民专业合作社的发展也开始出现一定程度的分化：一些合作社民主管理好、经营规模大、服务能力强、产品质量优、社会反响好，无论是合作社本身的营利能力，还是其对农户的吸引力，都表现出了较高的竞争优势；而相当一部分合作社成员数量少、活动范围小、组织松散、生存困难、服务水平低、市场竞争力弱。那么，为什么有的农民专业合作社竞争力强，而有的合作社竞争力弱甚至很难存活？不同合作社的价值链环节存在哪些差异？合作社应该如何整合价值链以提高自身竞争力，真正成为引领农民参与国内外市场竞争的现代农业经营组织。本节将在对农民专业合作社价值链各环节进行理论探讨的基础上，应用中国部分农民专业合作社的调查数据，实证分析合作社价值链各环节对其竞争力的影响机制，尝试从价值链整合的视角提出培育农民专业合作社竞争力的思路和措施。

[①]　执笔人：楼栋、高强、孔祥智。

一、文献综述和分析框架

（一）关于价值链研究的文献综述

价值链（Value Chain）由 Porter 在其所著的《竞争优势》一书中首先提出，并逐步发展成为一种提升企业竞争力的战略管理模式（Porter，1985；冯海龙，2002）。该理论认为，企业的竞争优势来自企业的一系列创造价值并具有比较优势的经营活动，如工艺设计、原材料采购、生产技能、销售方式、售后服务等，而所有这些创造价值的经营活动的集合便构成了企业的价值链。也就是说，企业所创造的价值和竞争力实际上源于企业价值链上各个环节的价值活动。价值链与供应链有不尽相同的地方，价值链思想是面向效益，着眼点是企业的价值增值过程；而供应链思想是面向效率，主要是围绕物流、信息流、资金流来降低生产成本和提高生产率（迟晓英等，2000）。

Porter（1985）的价值链通常被认为是传统意义上的价值链，较偏重于以单个企业的观点来分析企业的价值活动以及企业从中可以获得的竞争优势。Porter 将企业的价值活动分为两类，即基本活动（Primary Activities）和辅助活动（Support Activities）。基本活动包括内部后勤、生产经营、外部后勤、市场销售、服务等，辅助活动包括企业基础设施、人力资源管理、技术开发、采购等，这些价值活动为企业带来利润，形成企业的竞争优势。之后，许多学者发展了 Porter 的价值链思想。Hines（1997）将价值链的定义拓宽，把顾客对产品的需求作为生产过程的终点，把利润作为满足这一目标的副产品。而 Ray Port（1995）则更多地强调了企业的信息创造和利用功能，认为"虚拟价值链"和"数字资产"在企业竞争力的培育中发挥了重要作用。Kaplinsky（2001）则把企业间的联系也纳入价值链中去，形成产业间价值链。Gereffi（2005）还将价值链分析拓展到全球，强调不同国家在全球贸易中的价值链合作，并研究了价值链的综合治理机制，将研究的重点放在了价值链各环节中的寻租行为、市场权力、产业标准（包括公共标准、行业标准以及私人标准）及合约的使用和价值链如何应对外界的冲击。

价值链为企业竞争力问题的研究提供了一个很好的研究视角，并且已经取得了一些非常好的成果。例如，余伟萍（2003）等将企业活动按其价值创造大小划分为核心活动、亚核心活动和基础活动三类，在此基础上进行恰当的战略选择：自制、合作或外包，以优化企业价值链，实现企业持续竞争优势；卢明华（2004）等则细致地分析了全球电子信息产业价值链，并提出中国电子信息产业发展应实施梯次战略；此外，价值链分析也掀起了会计模式的改进，形成了价值链会计理论框架构建的基本思路（阎达五，2004）。在农业经济研究领域，价值链分析也被广泛应用。洪银兴（2009）等通过对农产品价值链的分析，提出反哺"三农"就是改造农业生产的价值链驱动模式，提高加工企业和大型零售企业对农产品价值链的驱动力，使得农业生产率提高形成自我实施的机制；李燕琼等（2009）依据价值链理论，构建了农业产业化龙头企业的价值链模型，认为基地建设、产品质量提高、营销能力、社会资源开发等是农业产业化龙头企业价值链上的关键价值活动内容；朱述斌（2009）则通过对农产品价值链的分析，提出了"共生型"中国农产品价值链管理的理论与方法。

（二）关于合作社发展影响因素研究的文献综述

近十几年来，学者们对农民专业合作社发展影响因素也进行了卓有成效的研究。例如，黄祖辉等（2002）通过对浙江省农民专业合作组织发展现状的分析，把影响农民专业合作经济组织发展的因素归结为产品特性因素、生产集群因素、合作成员因素和制度环境因素。张晓山（2004）则认为农户经营规模对合作社的发展影响很大，专业生产大户是专业合作社发展的基础条件。Egerstrom（2004）运用波特的竞争优势理论全面分析了影响合作社成长的外部环境因素，他认为，合作社与企业一样，其成长除了受到同业竞争、原料供应者的市场力量、产品购买者的市场力量以及潜在替代者的影响外，还受到政治环境、文化环境等多方面因素的影响。孔祥智等（2006）通过对陕西、宁夏以及四川等省（区）农民专业合作组织的调查研究，认为影响农民合作经济组织发展的关键因素是法律和社会发展环境因素。Pulfer等（2008）通过多元回归分析了合作社成功的影响因素，指出了社员对社长的信任程度、人力资源状况和成员组成结构的重要性。郭红东（2009）等通过浙江部分农民专业合作社的调查，发现合作社的物质资本资源和组织资本资源显著影响合作社的成长水平。黄季焜等（2010）通过对吉林、陕西等7个省份样本合作社的调查，发现组织化潜在收益、组织创建方式、组织领导人市场从业经验和村庄市场条件对合作社服务功能的发挥有较为显著的影响。徐旭初等（2010）的研究则表明股权结构、牵头人情况、理事会机构会影响合作社绩效。

综观这些研究，呈现出如下三个特点：①随着合作社的不断发展，合作社研究出现了分化，学者从关注笼统的合作社宏观发展，过渡到具体的合作社微观成长，如合作社的绩效、服务功能、效率等；②随着合作社研究针对性的加强，研究方法也从简单的案例分析和描述性分析过渡到大样本的回归分析，并使用了结构方程模型、单侧截断 Bootstrap 方法等较为复杂的计量模型；③在自变量的选择上，涵盖面很广，分析的理论框架也十分多样，如交易费用理论、公司治理理论、企业成长理论、社会网络理论等。

回顾这些研究成果，应该说成绩很大。但是，这些研究成果也存在一些可以改进和完善的地方，主要体现在如下两方面：一是对农民专业合作社的竞争力关注不够，对合作社竞争优势的形成机理更是缺乏系统研究，大多是描述性分析或案例研究（刘媛媛，2010；杨玉映，2011）。长此以往，必然会使研究对于构建一个良好的合作社竞争力培育体系出现"失语"和"有心无力"。二是对合作社所提供的产前、产中、产后服务以及配套的信息、资金、产品质量控制等服务的认识还不够全面深入，从已有的文献来看，大多是从合作社的硬件、软件以及治理机制等方面来研究合作社发展的影响因素。本节将在已有研究的基础上，以价值链为研究视角，尝试对农民专业合作社竞争力的影响因素进行理论探讨与实证分析。

（三）合作社价值链的分析框架

影响农民专业合作社竞争力的因素是多方面的，本节基于前人的研究成果，在价值链视角下，结合中国农民专业合作社发展的特点，选择了基本活动（产前农资服务、产中农技服务、产后销售服务）和辅助活动（信息服务、资金服务、农产品质量控制）这两个方面的因素来考察合作社价值链，并把它们作为影响农民专业合作社竞争力的待验证因素（见图 15-1）。

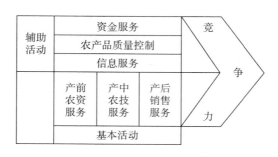

图 15-1　合作社价值链

（四）合作社价值链中的基本活动

合作社价值链中的基本活动主要是指合作社为社员提供的产前农资服务、产中农技服务和产后销售服务。通过合作社的制度设计和安排，社员可以专心于农业生产，而将与农业生产相关的产前、产中、产后环节分离出去，由合作社统一经营与服务，形成农户生产小规模、合作社经营规模化的格局（黄祖辉，2008），小农户也由此参与了现代价值链升级。可见，合作社为农户提供的产前、产中、产后服务是合作社价值链的重要环节，是合作社竞争力的重要来源，合作社价值链中这些环节的服务数量和质量将直接关系到合作社的竞争力。具体表现在：①在合作社价值链中的产前农资服务环节：本节用合作社提供农资的种类数量、社员从合作社购买农资的比例以及社员在购买农资时是否可以赊销等指标来反映合作社的产前农资服务情况；假设提供的农资种类多、合作从合作社购买农资的比例大、社员在购买农资时可以赊销的农民专业合作社，具有较强的竞争力。②在合作社价值链中的产中技术服务环节：本节用合作社每年举办农技培训的次数、培训社员的人数以及提供农技服务的种类数量等指标来反映合作社的产中农技服务情况；假设每年举办农技培训次数多、培训社员人数多、提供农技服务种类多的农民专业合作社，具有较强的竞争力。③在合作社价值链中的产后销售服务环节：本节用合作社是否提供销售服务、是否有最低收购价、是否具有合作社产品品牌等指标来反映合作社的产后销售服务情况；假设为社员提供农产品产后销售服务、有最低收购价、有合作社产品品牌的农民专业合作社，具有较强的竞争力。

（五）合作社价值链中的辅助活动

合作社价值链中的辅助活动主要包括为社员生产提供资金服务（如开展资金互助业务、直接为社员提供借款服务等）、对社员生产的农产品进行质量控制（如农产品分类等）以及为社员生产提供信息服务（如产品供求信息、产品市场价格信息、品种更新信息、政府政策等）。在日韩农协体系中，资金服务是合作社价值链中产生利润的最主要环节，并以此来抵消农协在提供农业产前、产中、产后服务时的赤字，这也是许多学者提出在发展综合农协的原因之一。合作社对农产品进行质量控制将满足顾客对农产品的质量需求，可以视为价值链中的重要环节。此外，企业的信息创造和利用功能在企业竞争力的培育中发挥了重要作用，所以我们将合作社的信息服务也纳入合作社价值链的辅助活动中来考虑。可见，合作社的资金服务环节、农产品质量控制环节以及信息服务环节也是合作社价值链的重要组成部分，是合作社竞争力的重要来源，合作社价值链中这些环节的服务数量和质量也将直接影响到合作社的竞争力。本节用合作社是否为社员提供资金服务（即合作社是否开展资金互助或直接为社员提供借款服务）、是否进行农产品质量控制（即是否对社员的农产品进行分类）以及为社员提供信息服务种类的多少来反映合作社价值链的辅助活动情况；假设为社员提供资金服务、进行农产品质量控制、为社员提供信息服务种类多的农民专业合作社，具有较强的竞争力。

二、实证模型、数据采集和方法

（一）实证模型的建立

基于前面的描述与分析，本节将农民专业合作社竞争力设定为以下合作社价值链环节服务数量和质量的函数：①产前农资服务环节；②产中农技服务环节；③产后销售服务环节；④资金服务环节；⑤农产品质量控制环节；⑥信息服务环节。并将其简化归纳为以下函数形式：合作社竞争力＝F（产前农资服务环节、产中农技服务环节、产后销售服务环节、资金服务环节、农产品质量控制环节、信息服务环节）＋随机扰动项。本节自变量的选取主要是在合作社价值链视角下进行的，同时参照了前人的研究成果，并注重中国农民专业合作社发展的乡土特性，以此来考察合作社价值链各环节对合作社竞争力的影响机制。

（二）数据来源与样本特征

本节所用的数据主要来自国家社科重大基金项目"发展农民专业合作组织，完善农村基本经营制度"的课题调研数据。课题组于2009年7~8月进行了大型调研，共调查了宁夏、山西、山东3个省（区）的12个县72个村；2010~2012年，课题组还分别调查了内蒙古、辽宁、甘肃、浙江、广西、福建、黑龙江、重庆、云南、安徽、四川、河北、新疆、陕西等地的农民专业合作社。调查问卷涉及被调查农民专业合作社的基本情况、服务功能、内部管理、经营绩效、外部关系等内容；特别是在服务功能方面，收集了合作社为农户提供的产前农资服务（农资种类、供应比例、是否赊销）、产中农技服务（培训次数、培训人数、技术种类数量）、产后销售服务（是否销售、有无最低收购价、有无品牌）、资金服务（有无资金互助或借款服务）、农产品质量控制（有无农产品分类）、信息服务（信息服务种类数量）等方面的详细信息。通过对调查数据和资料的整理，共获得合作社问卷154份，其中有效问卷138份，有效率达到了89.6%。

从被调查138家农民专业合作社的区位来看，位于东部（山东、辽宁、浙江、福建、河北）的一共有58家，占样本总数的42.1%；位于中部（山西、黑龙江、安徽）的一共有 30 家，占样本总数的 21.7% ；位于西部（宁夏、内蒙古、甘肃、广西、重庆、云南、四川、新疆、陕西）的一共有 50 家，占样本总数的 36.2% 。从被调查合作社的主营业务来看，最多的是畜牧类，有 56 家，占 40.6% ；其次是果蔬类，有 54 家，占 39.1% ；之后依次是粮食类 10 家，占 7.2% ；药材类 5 家，占 3.6% ；苗木类 4 家，占 2.9% ；林业 2 家，占 1.4% ；棉花 2 家，占 1.4% ；其他农产品 5 家，占 3.6% 。从被调查合作社的注册资金来看，平均注册资金为 198.42 万元，最少的为 3000 元，最多的达 6801 万元。其中，注册资金在 10 万元以下的有 44 家，占 31.9% ；10 万 ~ 50 万元的有 31 家，占 22.5% ；50 万 ~ 100 万元的有 25 家，占 18.1% ；100 万 ~ 500 万元的有 23 家，占 16.6% ；500 万元及以上的有 15 家，占 10.9% 。从被调查合作社的成员数量来看，平均为 359 人，最少的为 5 人，最多的为 7600 人。其中，合作社成员在 100 人以下的有 65 家，占 47.1% ；100 ~ 500 人的有 46 家，占 33.3% ；500 人以上的有 27 家，占 19.6% 。

（三）合作社竞争力和计量方法

选择一般企业的竞争力可以通过其营利能力一个变量来体现，但是合作社是一个特殊的企业，兼顾效率与公平，特别关注社员的利益，许多学者在进行合作社绩效指标构建中也注意到了这一点（徐旭初，2009）。也就是说，合作社的竞争力不单单体现在其营利能力上，同时也体现在合作社对社员利益的维护能力上。为此，本节将选择社员对合作社提供服务的满意度和合作社的营利能力这两个指标来衡量合作社竞争力。在本节中，我们并不把这两个指标进行加权合并，而是尝试着构建两个回归模型来进行分析，这样有助于更好地把握合作社内各个价值链环节对社员满意度与合作社营利能力的不同影响。

本节将农民专业合作社的竞争力（社员对合作社提供服务的满意度、合作社营利能力）设为因变量 y，为 0 ~ 1 型因变量。当选择社员对合作社提供服务的满意度来衡量合作社竞争力时，若社员对合作社提供服务的满意度为"很满意"或"比较满意"，则视为满意，即竞争力强，定义为"y = 1"；若社员对合作社提供服务的满意度为"一般"、"不满意"或"很不满意"，则视为不满意，即竞争力弱，定义为"y = 0"。数据显示，138 家农民专业合作社中社员对合作社提供服务满意的有 112 家，比例达 81.2% ；不满意的有 26 家，占到 18.8% 。当选择合作社营利能力衡量合作社竞争力时，若合作社的营利能力与同类合作社相比"好很多"或"好一些"，则视为营利能力强，即竞争力强，定义为"y = 1"；若合作社的营利能力与同类合作社相比"差不多"、"差一些"或"差很多"，则视为营利能力弱，即竞争力弱，定义为"y = 0"。数据显示，被调查农民专业合作社中营利能力强的有 83 家，比例达 60.1% ；营利能力弱的有 55 家，占到 39.9% 。

传统的回归模型由于因变量的取值范围为（ $-\infty$ ， $+\infty$ ），在此处不适用。本节采用二元 Logistic 回归分析模型，将因变量取值限制在（0，1）范围内，并通过最大似然估计法对其回归参数进行估计。设 x_1 ， x_2 ， $\cdots$ ， x_k ， x_k 是与 y 相关的自变量，一共有 n 组观测数据，即： x_{i1} ， x_{i2} ， $\cdots$ ， x_{ik} ； y_i ；i = 1，2，3，$\cdots$ ，n。

其中，y_i 是取值为 0 或 1 的因变量。y_i 与 x_{i1} ， x_{i2} ， $\cdots$ ， x_{ik} 的关系为：

$$E(y_i) = p_i = \beta_0 + \beta_1 x_{i1} + \beta_2 x_{i2} + \cdots + \beta_k x_{ik} \tag{15-1}$$

概率函数为：

$$p(y_i) = f(p_i)^{y_i}[1 - f(p_i)]^{(1-y_i)}$$

$$y = 0, 1; \quad i = 1, 2, \cdots, n \tag{15-2}$$

Logistic 回归函数为：

$$f(p_i) = \frac{e^{p_i}}{1 + e^{p_i}} = \frac{e^{(\beta_0 + \beta_1 x_{i1} + \beta_2 x_{i2} + \cdots + \beta_n x_{in})}}{1 + e^{(\beta_0 + \beta_1 x_{i1} + \beta_2 x_{i2} + \cdots + \beta_k x_{ik})}} \tag{15-3}$$

因此 $y_1, y_2, \cdots, y_n$ 的似然函数为：

$$L = \prod_{i=1}^{n} p(y_i) = \prod_{i=1}^{n} f(p_i)^{y_i}[1 - f(p_i)]^{(1-y_i)} \tag{15-4}$$

对似然函数取自然对数，得：

$$\ln L = \sum_{i=1}^{n} \{y_i \ln f(p_i) + (1 - y_i)\ln[1 - f(p_i)]\}$$

$$\ln L = \sum_{i=1}^{n} [y_i(\beta_0 + \beta_1 x_{i1} + \cdots + \beta_k x_{ik}) - \ln(1 + e^{(\beta_0 + \beta_1 x_{i1} + \cdots + \beta_k x_{ik})})] \tag{15-5}$$

最大似然估计是选取 $\beta_0, \beta_1, \beta_2, \cdots, \beta_k$ 的估计值 $\hat{\beta}_0, \hat{\beta}_1, \hat{\beta}_2, \cdots, \hat{\beta}_k$，使得式（15-5）值最大。模型中各因素选取的具体变量及统计数据见表 15-1。

表 15-1 实证模型变量说明

变量名称	变量定义	均值	标准差
培训次数	12 次及以上 = 5；9~11 次 = 4；6~8 次 = 3；3~5 次 = 2；0~2 次 = 1	2.48	1.51
培训人数	500 人以上 = 5；100~500 人 = 4；50~100 人 = 3；10~50 人 = 2；10 人以下 = 1	3.09	1.35
技术种类	5~6 种 = 3；3~4 种 = 2；0~2 种 = 1	1.29	0.58
农资种类	5~6 种 = 3；3~4 种 = 2；0~2 种 = 1	1.46	0.59
供应比例	100% = 3；50%~100% = 2；50% 及以下 = 1	2.29	0.75
是否赊销	是 = 1；否 = 0	0.61	0.45
销售服务	有 = 1；无 = 0	0.93	0.26
最低收购	有 = 1；无 = 0	0.40	0.49
产品品牌	有 = 1；无 = 0	0.49	0.50
质量控制	是 = 1；否 = 0	0.46	0.50
资金服务	有 = 1；无 = 0	0.33	0.47
信息服务	5~7 种 = 3；3~4 种 = 2；0~2 种 = 1	2.24	0.78
服务满意	满意 = 1；不满意 = 0	0.81	0.39
营利能力	强 = 1；弱 = 0	0.60	0.49

三、结果与讨论

以社员对合作社提供服务的满意度和合作社营利能力为因变量，本节用 SPSS16.0 统计软件对 138 家样本合作社的横截面数据分别进行了 Logistic 回归处理。在处理过程中，我们采用了 Backward Conditional 方法。第一，将所有变量全部引入回归方程，然后进行回归系数显著性检验，将显著性水平不好的变量逐个剔除，然后重新拟合回归方程，并进行检验，直到方程中变量回归系数基本显著为止。因此本节中的 step 指的是由刚开始显著性水平不好的变量慢慢被剔除，直到最后回归系数基本显著为止，即从 step1 到 step8（以社员满意度为因变量的最后一步是 step8）和从 step1 到 step9（以合作社营利能力为因变量的最后一步是 step9）。从各种模型的运行情况来看，模型整体检验基本可以，不同统计模型的估计结果和结论也基本相似，估计结果比较稳定（见表 15-2）。由于用 SPSS 进行 Logistic 回归分析，不能提供标准化的回归系数，给自变量相对作用的比较带来了不便，产前农资服务环节的 3 个指标对合作社营利能力的影响均不显著。也就是说，在统计学意义上，合作社并不能在产前农资服务环节中获得营利能力。现实当中，我们发现许多合作社提供农资服务是采取代购的方式，即在购买农资前让社员来进行登记，购买农资后直接给社员分配，这样的农资供应模式等于把通过合作社购买节省下的费用直接返还给了社员，合作社也就很难从中营利。

表 15-2　农民专业合作社竞争力影响因素的 Logistic 模型回归结果（以社员满意度为因变量）

解释变量	模型 1（step1）		模型 2（step4）		模型 3（step8）	
	非标准化回归系数	标准化回归系数	非标准化回归系数	标准化回归系数	非标准化回归系数	标准化回归系数
常数项	-5.32 (3.76)		-5.24 (4.46)		-6.23 (12.42)	
农技培训次数	0.03 (0.01)	0.01				
农技培训人数	1.27 (6.36**)	0.35	1.29 (8.00***)	0.32	1.26 (8.83***)	0.29
农技服务种类	0.06 (0.03)	0.04				
农资供应种类	-0.23 (0.08)	-0.11	-0.22 (0.07)	-0.10		
农资供应比例	1.38 (4.40**)	0.50	1.37 (4.42**)	0.49	1.13 (4.18**)	0.34
农资赊销	3.90 (11.61***)	2.47	3.90 (11.90***)	2.42	3.71 (12.74***)	2.13
产后销售	0.65 (0.20)	0.52	0.63 (0.20)	0.49		
最低收购价	2.83 (4.52**)	2.07	2.83 (4.66**)	2.04	3.37 (7.50***)	2.29

续表

解释变量	模型1（step1）非标准化回归系数	标准化回归系数	模型2（step4）非标准化回归系数	标准化回归系数	模型3（step8）非标准化回归系数	标准化回归系数
品牌经营	-0.13 (0.02)	-0.07				
质量控制	-0.28 (0.09)	-0.14	-0.33 (0.14)	-0.16		
资金服务	2.08 (2.86*)	1.41	2.10 (3.08*)	1.38	2.57 (4.47**)	1.73
信息服务	-0.73 (0.65)	-0.26	-0.75 (1.44)	-0.25		
预测准确率（%）	94.2		94.2		94.2	
对数似然值	42.67		42.70		44.80	
卡方检验值	90.89***		90.86***		88.76***	
Nagelkerke 的 R^2	0.78		0.78		0.77	

注：括号内数字为变量的 Wald 检验值；*、**、***表示统计检验分别达到10%、5%和1%显著性水平。

表 15-3 农民专业合作社竞争力影响因素的 Logistic 模型回归结果（以合作社营利能力为因变量）

解释变量	模型1（step1）非标准化回归系数	标准化回归系数	模型2（step5）非标准化回归系数	标准化回归系数	模型3（step9）非标准化回归系数	标准化回归系数
常数项	-2.17 (1.34)	-2.53 (3.84)	-9.02 (45.62)			
农技培训次数	0.03 (0.15)	0.01				
农技培训人数	0.21 (0.72)	0.03	0.24 (1.26)	0.03		
农技服务种类	0.25 (0.18)	0.08	0.29 (0.23)	0.09		
农资供应种类	-0.60 (1.23)	-0.18	-0.61 (1.33)	-0.17		
农资供应比例	0.09 (0.05)	0.02				
农资赊销	0.12 (0.04)	0.04				

续表

解释变量	模型 1（step1）		模型 2（step5）		模型 3（step9）	
	非标准化回归系数	标准化回归系数	非标准化回归系数	标准化回归系数	非标准化回归系数	标准化回归系数
产后销售	−0.52 (0.17)	−0.37				
最低收购价	1.14 (3.14)	0.41	1.18 (3.55*)	0.41	1.20 (4.31**)	0.38
品牌经营	2.95 (18.58***)	1.11	2.92 (18.91***)	1.08	2.85 (20.30***)	0.99
质量控制	2.64 (14.46***)	1.01	2.66 (15.20***)	1.00	2.38 (14.63***)	0.81
资金服务	2.24 (10.41***)	0.86	2.26 (11.47***)	0.84	2.19 (12.18***)	0.76
信息服务	−0.24 (0.40)	−0.05	−0.21 (0.36)	−0.04		
预测准确率（%）	86.2		85.5		83.3	
对数似然值	90.62		90.94		94.21	
卡方检验值	94.97***		94.65***		91.38***	
Nagelkerke 的 R^2	0.67		0.67		0.66	

注：括号内数字为变量的 Wald 检验值；*、**、***分别表示统计检验达到10%、5%和1%显著性水平。

第二，在合作社价值链的产中农技服务环节中，农技培训人数对社员满意度有显著影响，从表15-2中step1、step4、step8的模型结果看，农技培训人数分别在5%、1%、1%的统计检验水平上显著，而且符号为正。这表明，在其他条件不变的情况下，农技培训人数越多的合作社，其社员对合作社提供服务的满意度越高。在表15-3中我们可以发现，产中农技服务环节的3个指标对合作社营利能力的影响也不显著，即合作社很难从产中农技服务中营利，这也与现实比较相符。

第三，在合作社价值链的产后销售服务环节中，合作社有无最低是收购价对社员满意度与合作社的营利能力均有显著影响。从表15-2中step1、step4、step8的模型结果看，最低收购价变量分别在5%、5%、1%的统计检验水平上显著，而且符号为正；在表15-3的step1、step5、step9中，最低收购价变量也分别在10%、10%、5%的统计检验水平上显著，符号也为正。这表明，有最低收购价的合作社，其社员对合作社服务的满意度越高，合作社的营利能力也越强。同时，是否有合作社的产品品牌对合作社的营利能力有显著影响，而对社员满意度影响不显著。在表15-3的step1、step5、step9中该变量均在1%的统计检验水平上显著，这表明开展产品品牌经营的合作社，其营利能力越强。此外，我们发现合作社是否开展产后销售服务对社员满意度和合作社营利能力的影响均不显著，这可能和大部分被调查的合作社均开展了不同程度的销售服务有关（占样本总数的93%）。第四，就合作社价值链中的辅助活动而言，合作社是否开展资金服务对社员满意度与合作社的营利能力均有显著影响。从表15 - 2中step1、step4、step8的模型结果看，资金服务环节变量分别在10%、10%、5%的统计检验水平上显著，而且符号为正；在表15 - 3的step1、step5、step9中，资金服务环节变量均在1%的统计检验水平上显著，符号也为正。这表明，有资金服务的合作社，其社员对合作社服务的满意度越高，合作社的营利能力也越强。在农产品质量控制环节中，合作社是否进行农产品质量控制对合作社的营利能力影响显著，而对社员满意度的影响不显著，这也与农户社员更愿意把农产品好坏一起交给合作社的现实相符。在表15 - 3的step1、step5、step9中，农产品质量控制环节变量均在1%的统计检验水平上显著，符号为正。这表明，进行农产品质量控制的合作社，其营利能力越强。此外，我们发现合作社信息服务种类对社员满意度和合作社营利能力的影响均不显著，笼统信息服务的开展对社员满意度的提高和合作社营利能力增强的意义都不大。

四、结论与启示

本节以中国138家农民专业合作社为例，分析了农民专业合作社价值链对合作社竞争力的影响机制。研究结果表明：合作社价值链上的基本活动和辅助活动是合作社竞争力的源泉，合作社价值链上的不同环节（产前农资服务环节、产中技术服务环节、产后销售服务环节、资金服务环节、信息服务环节、农产品质量控制环节）对合作社竞争力有不同影响。其中，产后销售环节中有无最低收购价以及合作社有无开展资金服务对社员满意度和合作社营利能力均有显著影响；农技培训人数、农资供应比例及是否可以赊销对社员满意度有较为显著的影响；而合作社产品的品牌经营和合作社农产品质量控制会显著影响合作社的营利能力。

那么，我们应该如何进行合作社价值链整合以提升其竞争力，是不是盲目地延长或增粗合作社价值链就能达到目标。基于以上研究结果，笔者认为，在进行合作社价值链整合时，首先要对不同的竞争力（社员满意度和合作社营利能力）进行区分，看合作社是哪一方面的竞争力更为薄弱还是两方面都很薄弱，如此才能对合作社自身的价值链进行有针对性的整合与提升。具体地，在进行合作社价值链整合提升时，要鼓励有条件的合作社在产后销售环节中开展最低价收购，同时开展资金互助或向社员直接借款等资金服务，进行这些合作社价值链环节的整合有助于提高社员对合作社提供服务的满意度和合作社自身的营利能力；在社员满意度不高的合作社进行价值链整合时，可以有针对性地增加农技培训人数，提高农资供应比例，并为社员提供农资赊销服务；而若想提高合作社营利能力，则可以在合作社产品的品牌经营、农产品分类以及加强农产品质量控制等方面进行努力，整合提升这些价值链环节。

参考文献

［1］ Reardon Codron, Busch L. , Bingen Jetal. Global Change in Agrifood Grades and Standards：Agribusiness Strategic Responses in Developing Countries ［J］. International Food and Agribusiness Management Review, 1999, 2 (3/4) .

［2］ Austin J. E. Agro – industrial Project Analysis ［M］. Baltimore：Johns Hopkins University Press, 1981.

［3］ Swinnen J. F. M. , Vandeplas A. Quality, Efficiency Premier and Development ［M］. Leuven：Katholieke Universities Leuven, 2007.

［4］ Narrod C. , Roy D. , Okello J. , et al. Public – private Partnerships and Collective Action in High Value Fruit and Vegetable Supply Chains ［J］. Food Policy, 2009 (34) .

［5］ Bell, Tracey, Heidi. The Organization of Regional Clusters ［J］. Academy of Management Review, 2009, 34 (4) .

［6］ Ruan, Zhang. Finance and Cluster – based Industrial Development in China ［J］. Economic Development and Cultural Change, 2009 (58) .

［7］ Mcdermott, Corredoira, Kruse. Public – private Institutions as Catalysts of Upgrading in Emerging Markets Societies ［J］. Academy of Management Journal, 2009. 52 (6) .

［8］ World Bank. China – farmers Professional Associations Review and Policy Recommendations, East Asia and Pacific Region ［R］. The World Bank, Washington, DC, 2006.

［9］ Baker, Derek, Theilgaard. Group Action by Farmers, Abel Projects ApS, Draft Report for the World Bank ［R］. The World Bank, Washington DC, 2004.

［10］ Sanderson K. , Fulton M. Producer Adaptation to the New Agriculture：Application of the Cooperative Model to Changes in Markets Pecification, Regulation and Service Access ［R］. University of Saskatchewan, Centre for the Study of Cooperatives, 2003.

［11］ Porter M. E. Competitive Advantage：Creating and Sustaining Superior Performance ［M］. New York：Free Press, 1985.

［12］ 冯海龙. 价值链管理：一种提升企业竞争力的战略管理模式 ［J］. 经济体制改革, 2002 (4) .

［13］ 迟晓英, 宣国良. 正确理解供应链与价值链的关系 ［J］. 工业工程与管理, 2000 (4) .

［14］ Peter Hines, Nick Rich. The Seven Value Stream Mapping Tools ［J］. International Journal of Operations & Production Management, 1997, 17 (1) .

［15］ Rayport, Sviokla. Exploiting the Virtual Value Chain ［J］. Harvard Business Review,

1995（6）.

[16] Kaplinsky R. , Morris M. A Hand Book for Value Chain Research ［R］. International Development Research Center, Canada, 2001.

[17] Gary Gereffi, John Humphrey, Timothy Sturgeon. The Governance of Global Value Chains ［J］. Review of International Political Economy, 2005, 12（1）.

[18] 余伟萍，崔苗. 经济全球化下基于企业能力的价值链优化分析［J］. 中国工业经济，2003（5）.

[19] 卢明华，李国平. 全球电子信息产业价值链及对我国的启示［J］. 北京大学学报（哲学社会科学版）2004（4）.

[20] 阎达五. 价值链会计研究：回顾与展望［J］. 会计研究，2004（2）.

[21] 洪银兴，郑江淮. 反哺农业的产业组织与市场组织［J］. 管理世界，2009（5）.

[22] 李燕琼，张学睿. 基于价值链的农业产业化龙头企业竞争力培育研究［J］. 农业经济问题，2009（1）.

[23] 朱述斌. "共生型"中国农产品价值链管理的理论与方法研究［D］. 北京：北京林业大学，2009.

[24] 黄祖辉，徐旭初，冯冠胜. 农民专业合作组织发展的影响因素分析——对浙江省农民专业合作组织发展现状的探讨［J］. 中国农村经济，2002（3）.

[25] 张晓山. 促进以农产品生产专业户为主体的合作社的发展——以浙江省农民专业合作社的发展为例［J］. 中国农村经济，2004（11）.

[26] EgerstromL. Obstacles to Cooperation, Inchristopher ［M］. ME Shape Inc, 2004.

[27] 孔祥智，郭艳芹. 现阶段农民合作经济组织的基本状况、组织管理及政府作用——23省农民合作经济组织调查［J］. 农业经济问题，2006（1）.

[28] Pulfer I. , Mohring A. , Dobricki M. , et al. Success Factors for Farming Collective ［R］. The 12th Congress of the European Association of Agricultural Economists, 2008.

[29] 郭红东，楼栋，胡卓红等. 影响农民专业合作社成长的因素分析——基于浙江省部分农民专业合作社的调查［J］. 中国农村经济，2009（8）.

[30] 黄季焜，邓衡山，徐志刚. 中国农民专业合作经济组织的服务功能及其影响因素［J］. 管理世界，2010（5）.

[31] 徐旭初，吴彬. 治理机制对农民专业合作社绩效的影响——基于浙江省526家农民专业合作社的实证分析［J］. 中国农村经济，2010（5）.

[32] 刘媛媛. 从服务内容看合作社竞争力［J］. 中国农民合作社，2010（10）.

[33] 杨玉映. 荔枝合作社的价值链构成与战略选择［J］. 广东农业科学，2011（8）.

[34] 黄祖辉. 中国合作组织发展的若干理论与实践问题［J］. 中国农村经济，2008（11）.

[35] 徐旭初. 农民专业合作社绩效评价体系及其验证［J］. 农业技术经济，2009（4）.

第二节　纵向协作程度对合作社收益及其分配机制的影响

——基于四个案例的实证分析①

一、问题的提出

当前，合作社的数量和类型都在不断增加。截止到 2016 年底，经过工商部门登记注册的合作社数量已经达到了 179.4 万家。合作社类型也呈现出多样化的发展趋势（徐旭初，2005；张晓山，2009；孔祥智，2013）。在各种合作社类型中，公司领办型合作社的研究得到了广泛的关注。许多学者对公司领办型合作社持肯定的态度（苑鹏，2008；郭晓鸣、廖祖君，2010），但也有学者认为合作社的领办成员会面临利益与贡献不对等的现象，阻碍合作社的发展（任大鹏、郭海霞，2009）。根据交易费用理论（Williamson，1993），纵向协作能够节约产业链条中的交易费用，因此合作社的发展理应向纵向协作程度更为紧密的形式发展，但现实中并没有出现纵向协作紧密的合作组织占据主流的态势。对于这个矛盾，一个可能的解释是，纵向协作程度与参与主体的协调成本紧密相关，纵向协作的紧密程度越高，合作社的协调成本也随之走高，但参与合笔者的收益未必就越高。由此可见，处于某种中间状态的纵向协作程度应该是合作社纵向协作紧密度的最优解。

目前，不同种纵向协作紧密程度的合作社都呈现出快速发展的趋势，这说明农户在不同种纵向协作程度的合作社中均能获得收益。那么，农户在不同种纵向协作程度的合作社中所获得的收益是否存在着差异？为此，本节选择合作社纵向协作具有代表性的奶农合作社进行分析。之所以选择奶农合作社作为研究对象，主要原因有以下三点：第一，"三聚氰胺"事件之后，中国奶业的发展受到了政府的高度重视，也得到了学术界的广泛探讨（Huang et al.，2012；Zhong et al.，2014；Wang et al.，2015），研究奶业纵向协作有助于对奶业价值链有更为清晰的认识，进而促进奶业的发展壮大。第二，奶业发展大多以合作社、公司为依托（Allen and Lueck，2004；Cook and Plunkett，2006），奶农合作社是联结产业链上游奶农与产业链下游消费者的重要组织形式，是奶业各环节衔接的关键，同时奶业产业链自身也存在着链条较长的特征。第三，面对奶业多种生产组织形式并存的格局，奶农合作社普遍存在着奶农收益得不到保证、奶农处于被动剥削地位等问题（孔祥智等，2008）。因此，本节认为选取奶农合作社作为分析合作社纵向协作对社员收益的研究单元是合适的。

基于以上背景，本节以奶业为例，分析奶农合作社的纵向协作程度对社员收益的作用机制与作用效果，以期为合作社及其收益不公平等困境寻找出路，为奶业和合作社相关政

① 执笔人：钟真、张琛、张阳悦。

策的调整提供经验支持。

二、理论框架

(一) 文献回顾

有关纵向协作的定义,不同学者对纵向协作的理解虽有所差异,但均认为纵向协作的核心是产业链条各环节之间的相互联系。Mighell 和 Jones(1963)认为纵向协作指的是在生产和销售过程中联系产销各个阶段的所有联结方式;也有学者认为纵向协作是指能够协调产品在各个产销阶段的数量、质量和传递时间的方式(Martinez,2002)。也有学者根据控制力度的强弱将纵向协作分为市场交易、战略联盟、销售合同、生产合同、合资关系和纵向一体化(席利卿,2010)。有关农业领域纵向协作的研究主要集中于从交易成本理论、委托代理理论和战略管理理论三个方面研究实施纵向协作的原因(Hobbs and Youg,2000,姚文、祁春节,2011;Gillespie et al.,1997;孙艳华、刘湘辉,2009)、纵向协作形式选择的影响因素及意愿分析(Duval and Biere,1998;韩杨等,2011;徐家鹏、李崇光,2012)和纵向协作的协调机制分析(Kanda and Deshmukh,2009;万俊毅、欧晓明,2010)。

奶业纵向协作的相关研究中,孔祥智、钟真(2009)在梳理了中国奶业发展的基础上,将中国奶业的发展模式分为国营奶牛场模式、散养与规模养殖并存模式、"公司 + 农户"模式和"公司 + 农户"的改进阶段模式。钟真、孔祥智(2010)研究了中间商对生鲜乳供应链的影响,研究发现奶站虽然在很大程度上侵占了奶农利益,但奶站对整个供应链的绩效具有减小生鲜乳市场的福利损失和降低奶农与企业的交易成本的作用。也有研究表明,纵向协作模式下奶业产业链虽能提高奶农的收益,但不合理的利润分配方式损害了奶农的利益(张喜才、张利庠,2010;Qian et al.,2011,钱贵霞,2013)。

现有文献在关于奶农收益的研究中,主要存在以下三点不足:第一,鲜有文献从纵向协作紧密程度的视角对合作社社员的收益进行分析;第二,现有文献关于奶农收益的研究绝大多数都是从奶业产业链收益分配不合理的角度探讨奶农的劣势地位,仅仅是现状描述和相关性分析,缺乏对二者之间的作用机制分析;第三,现有文献对合作社社员收益的衡量多是以农业收入作为指标(张晋华等,2011;Verhofstadt and Maertens,2015),选取的指标没有充分反映出合作社社员从合作社中所获得全部收益。同时,由于合作社纵向协作的紧密程度是多维度,合作社社员的收益也包含多个方面。由于案例研究能更清晰地展现合作社纵向协作程度对合作社社员收益分配的作用过程以及具体的作用结果,能够较好地揭示不同的合作社纵向协作程度对其社员收益分配的作用机制。为此,本节利用案例研究方法,分析不同纵向协作程度对合作社社员收益的影响。

(二) 关键变量的定义

(1) 合作社社员收益。由于本节采用非定量研究方法,所以社员收益不能用绝对收入来衡量,因此本节摒弃了以往研究中对社员收益的单一性衡量,重点从合作社总收益和合作社利益分配机制两个维度七个方面来表示。表15 - 4 对提高合作社综合效益、维护社员的市场地位、规避风险、扩大社员的剩余索取权、提高社员素质、节约生产成本、减轻隐性负担等影响合作社社员收益的七个方面的机理进行了分析汇总。

表 15-4 合作社社员收益

社员收益	机理
提高综合效益	纵向协作程度的提高，意味着合作社的组织化、规模化程度提高，因此合作社的规模效益在不断扩大，此外，由于产业链条的延伸使得生产环节增加，所以各环节的附加值也都被囊括在合作社的收益中，社员的利润也相应提高
维护社员的市场地位	由于生鲜乳市场长期属于一个买方市场，奶农的经济基础薄弱，市场地位低下，不利于奶农收益的提高，而合作社组织化程度的提高则会增强奶农的市场地位
规避风险	自然风险和市场风险给奶农增收造成不稳定性，所以通过合作经营、产业化经营等方式降低风险，将有利于社员收益的增加
扩大社员的剩余索取权	社员的剩余索取权的大小直接关系到最终收益的多少
提高社员素质	社员素质不高严重影响了生产效率，通过培训等方式提高社员的素质是增加其现期收益和未来收益的关键因素
节约生产成本	近年来，饲养奶牛的生产资料价格不断上涨，所以通过大批量购买等方式可以降低社员购买农资的价格，有助于社员收益的提高
减轻隐性负担	农民隐性负担过重是制约收入增长的因素之一，例如，医疗费用、子女教育费用等，调研的案例中有合作社为社员子女提供教育经费，有的提供暂时的资金借贷服务，这都在一定程度上减轻了社员的隐性负担

（2）纵向协作紧密程度。本节按照纵向协作的紧密程度，拟将奶农合作社分为三种类型（见图 15-2）。

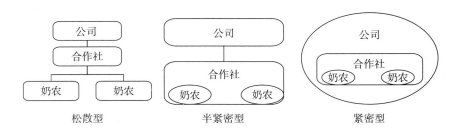

图 15-2 三种奶农合作社形态

第一种类型是松散型合作社。松散型合作社主要扮演销售中介的角色，其功能与奶站较为类似，社员都是一家一户的散养模式。除了集中挤奶之外，合作社所提供的其他社会化服务较少。第二种类型是半紧密型合作社。半紧密型合作社与产业链上游协作程度比较紧密，这种类型与松散型的最主要差别在于合作社有统一的养殖场，社员都在园区内集中养殖，合作社提供统一饲料、统一防疫等服务。第三种类型是紧密型合作社。紧密型合作社的纵向协作程度较高，与产业链上游到下游都联系得十分紧密。松散型和半紧密型合作社都和产业链下游的乳品制造加工企业关联不紧密，紧密型合作社是由乳品企业全额出资成立的，实行统一饲养、统一饲料、统一防疫等措施，严密控制生产流程。

（三）纵向协作对合作社社员收益的影响

本节认为合作社的纵向协作程度通过两条途径对社员收益产生影响，第一条途径是合作社纵向协作程度影响合作社总收益，而总收益影响提高社员的综合收益、维护市场地位和规避风险能力，所以通过纵向协作对总收益的影响就能间接推出纵向协作对社员收益的影响。第二条途径是合作社纵向协作程度影响合作社的利益分配机制，利益分配机制与社员收益的其他四个方面（扩大剩余索取权、提高社员素质、节约生产成本、减轻隐性负担）挂钩，所以通过纵向协作对利益分配机制的影响也能得到纵向协作对社员收益的影响。最后将两条途径的作用效果综合起来，得出纵向协作对社员收益的完整影响（见图15－3）。

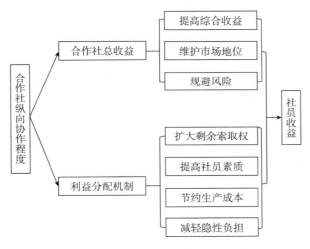

图 15－3 理论框架

（1）纵向协作对合作社总收益的影响。本节采用波特（1997）价值链的分析方法，对合作社纵向协作对合作社总收益的影响进行分析。价值链上的环节都是为了增加整个价值链的价值，但每个环节对整个价值链价值的贡献程度存在着差异。

在价值链理论中，各个环节的附加值呈现出 U 型。各环节中，生产和加工环节的附加值较低，位于价值链曲线的底端，战略规划、技术研发、物流和品牌营销的附加值较高，位于价值链曲线的两侧（桂寿平、张霞，2006）。将奶业各环节的附加值累计起来就得到奶业价值链的总附加值。图15－4是两个假想的发展水平不同的农业产业链，左图代表生产环节比较突出的传统产业链类型，右图代表更加先进的产业链形态，其加工环节相对前者开始收缩，而将发展空间更多地让位于其他高附加值环节，表现在图中就是其他环节的横轴长度有所增加。由于不同环节的价值链附加值存在差异，因此两种产业链的总附加值呈现出明显的不同，右图总附加值要高于左图。

合作社纵向协作的紧密程度直接关系到其所参与价值链的长短。合作社纵向协作的紧密程度越高，其参与的价值链向两端延伸的环节越多，各环节的发展水平也越高，从而提升了整个链条的总附加值。根据以上的分析，本节提出假说15-1：

H15-1：奶农合作社纵向协作的紧密程度越高，合作社的总体收益越高。

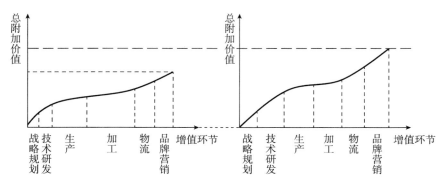

图15-4   不同类型农业产业链总附加值对比情况

（2）纵向协作对合作社利益分配的影响。专用性资产是交易双方进行紧密合作的关键要素。如果没有专用性资产的投入，双方完全可以进行市场化交易，但是由于专用性资产的投入成本较高，变现或移作他用的价值较低，所以资产的专用性越强，越容易被锁定于特定用途而很难移作他用。因此进行专用性资产投资的一方很容易被另一方"敲竹杠"，所以在交易中双方均不愿意进行投资。Hendrikse 和 Bijman（2002）根据不完全合约理论建立了一个三阶段非合作博弈模型，分析了纵向协作程度对利益分配机制的影响，可用于探讨合作社社员如何做出资产投资的决策。

该模型假设存在一个由企业和农户组成的合作社，企业与农户双方首先选择治理结构，这是博弈的第一阶段，采用何种治理结构取决于双方谈判力量的大小。博弈的第二个阶段是决定双方谁来进行专用性资产投资。第三个阶段是没有投资的一方选择是否愿意遵守合约。最后通过逆向归纳法求出博弈的解，即博弈双方的谈判力量和地位决定了企业和农户哪一方进行专用资产投资的决策。专用性资产投资的多少决定了谈判地位的高低，投资越少，则谈判地位越高，反之越低。根据该三阶段非合作博弈模型，可得到以下结论：合作社的收益分配主要受到合作社成员的谈判地位和谈判力量的影响，任何一方是否会进行专用性资产投资取决于投入资产的预期回报，而这又取决于专用性资产的收益在成员间的分配方式。简单来说，存在异质性成员的合作社中，成员间是采取合作还是不合作的行为，或者成员间的关系是合作主导还是竞争主导，都主要取决于对合作剩余的分配机制。

本节根据图15-2的分类，依次分析纵向协作紧密程度不同的合作社利益分配情况。松散型合作社是最接近于市场交易的，合作社仅扮演销售中介的角色，有的甚至是以合作社为幌子的奶站。这类合作社很少提供其他的服务，意味着合作社的专用性资产投资较少。合作社市场经济意识较强，掌握的信息也比较充分，在交易中处于优势地位，而奶农由于经营规模小且分散，捕捉市场信息的能力较差，在交易中处于劣势。加之奶农投入了专用性资产，使其谈判地位更加低下，容易出现"套牢"问题，所以合作社会占有更多的收益，钟真、孔祥智（2010）的研究也证实了这一点。因此，在松散型合作社中，利益分配格局向合作社倾斜，奶农处于被盘剥状态。

与松散型合作社相比，半紧密型合作社为社员提供了大量的集中服务，对于专用性资产的投资比较多。假设奶农不投资所获利润是 R1，奶农投资所获利润是 R2。如果 R1 > R2，表明奶农进行专用性资产投资低于不投资所获得的利润，因此奶农不会选择专用性资产投资，进而合作社的总剩余不会增加。奶农的谈判地位不会降低，可以利用自己的谈判地位，通过一些制度安排比如投反对票、退出等方式向合作社索取利益，防止合作社的利益侵占。如果 R2 < R1 + S，表明奶农在弥补专用性资产的投入成本后所获收益比不投资还少，那么他们可能会少投资或者不投资。合作社为了提高总体收益一般要采取多种方式激励农户，如提供技术培训服务、提供较低的生产资料价格等。如果 R2 > R1 + S，表明奶农投入专用性资产的收益大于不投入的收益，奶农就会选择投入。由于奶农也投入了专用性资产，那么原奶质量就显著提升，合作社获得的总体收益就会提高，但与此同时农户的谈判地位就会下降。因此在半紧密型合作社中，双方主要存在竞争关系，很少能真正实现"利益共享、风险共担"的双赢局面，双方可能会实施机会主义行为来增加自身收益（王军，2009），但总的来说，由于合作社投入了较多的专用性资产，所以相较于松散型合作社，半紧密型合作社的利益分配机制更为公平合理。

紧密型合作社属于控制较为严格的公司领办型合作社。对于这种类型来说，合作社的经营主要依赖于公司，博弈双方由奶农与合作社转为奶农与乳品企业。由于奶农处于一个买方垄断的市场中，乳品企业的垄断力量保证其强大的谈判力量和地位，在很大程度上削弱了《中华人民共和国农民专业合作社法》对社员利益的保护。所以垄断最终博弈的结果是企业凌驾于投票权之上，利用自身的垄断力量掌控合作社的利益分配机制，奶农的利益很难得到保障，利益分配向企业一方严重倾斜。

根据对三种纵向协作程度不同的奶农合作社的分析，能够比较出三种类型的利益分配公平度，半紧密型相对其他两类更为公平（见图 15-5）。本节由此提出假说 15-2：

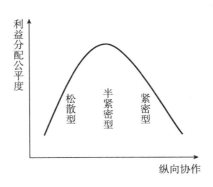

图 15-5 合作社纵向协作程度与产业链各主体间利益分配公平度的逻辑关系

H15 - 2：纵向协作程度影响合作社利益分配机制的公平性，二者呈倒 U 形曲线的关系。

三、资料来源与案例情况

（一）资料来源

本节所选取的案例资料均来源于 2013 年底对中国奶农合作社的实地调查，调查共访问了 15 家奶农合作社，在对案例合作社进行调查时，课题组采用了半结构化访谈法。本节研究最终选择四家奶农合作社作为案例分析对象，其基本情况见表 15 - 5。

表 15 - 5　案例奶农合作社的基本情况

合作社名称	领办人	纵向协作程度	注册时间	社员数量（户）	奶牛数量（头）	交售乳品企业	与产业链上游关系	与产业链下游关系
四合奶牛养殖专业合作社	养殖大户	松散型	2008 年 10 月	23	280	伊利	散养，统一培训	仅限于买卖合同关系
兴盛乳业专业合作社	村委会、养殖大户	半紧密型	2007 年 7 月	138	940	和氏	集中养殖，统一培训	合作关系融洽但没有更多的利益交叉
阳光奶农专业合作社	养殖大户	半紧密型	2009 年 12 月	21	1300	伊利	集中养殖，统一培训	相对密切的利益联结关系
银香伟业专业合作社	银香伟业集团	紧密型	2008 年 12 月	241	3600	银香伟业	集中养殖，统一培训	完全依附于乳品企业

资料来源：根据调查问卷整理。其中，银香伟业合作社 3600 头奶牛中理事长有 1500 头。

选择这四家奶农合作社的原因主要有以下几点：第一，四家合作社成立的时间基本上不存在明显的差异，这有利于排除合作社纵向协作程度对社员收益的时间干扰因素；第二，四家合作社与上游奶农的联系程度基本相似，与下游的关系存在差异，所选取的案例符合本节对合作社纵向协作紧密程度类型的划分依据；第三，除四合合作社之外，其他三家合作社的规模不存在显著差异。

（二）案例情况

（1）四合合作社。山东省聊城市临清县四合奶牛养殖专业合作社（以下简称"四合合作社"）与产业链上下游联系程度不紧密，该合作社没有采取集中养殖的方式，同时合作社为社员仅提供技术培训和生产资料购买两项服务。此外，四合合作社在产前、产中环节的一些重要步骤没有做到统筹规划，仅在产后环节为奶农节省了交易成本。从合作社与下游协作伙伴伊利的交易情况来看，二者的联系也仅限于一般的买卖合同关系，如果市场价格高于合同价格，双方仍会执行原有合同，两者并没有形成强有力的利益联结关系。因此属于松散型合作社。

（2）兴盛合作社。陕西省宝鸡市千阳县兴盛乳业专业合作社（以下简称"兴盛合作社") 与产业链上游联系较为紧密, 与下游的联系程度较弱。合作社为奶农提供集中养殖的园区, 还提供统一培训、统一饲料、统一防疫、统一销售等服务。和氏企业向合作社支付奶款和管理费, 基础奶价根据市场行情适时调整, 一般比市场价格高出 0.1 元/公斤, 二者的合作关系融洽但没有更多的利益交叉, 属于半紧密型合作社。

（3）阳光合作社。山东省东营市广饶县阳光奶农专业合作社（以下简称"阳光合作社"）与奶农的联系比较紧密。该合作社奶农在小区内集中养殖, 合作社提供统一培训、统一饲料、统一防疫、统一销售等服务。与产业链下游伊利公司的联系程度较兴盛合作社有所增强, 具体表现在以下三个方面: 第一, 伊利在该合作社派遣了一位驻站员, 根据养殖场中处于泌乳期的奶牛数目计算出该时期生鲜乳的大致产量, 主要负责收集有关产量的信息。第二, 伊利对合作社的挤奶工人进行岗位培训, 严格控制挤奶流程, 这有利于确保生鲜乳的质量安全, 节约了合作社的成本。第三, 伊利向合作社支付 130 元/吨的运输费用, 并采用冷链车运输生鲜乳, 有效降低了合作社生鲜乳运输成本和因冷藏设备不足带来的生鲜乳质量安全风险所造成的经济损失。由此可以看出, 阳光合作社和下游企业形成了相对密切的利益联结关系, 半紧密型程度要高于兴盛合作社。

（4）银香伟业合作社。山东省菏泽市曹县银香伟业专业合作社（以下简称"银香伟业合作社"）与奶农的联系程度较为紧密。合作社在提供统一的养殖场地的基础上, 提供统一培训、统一饲料、统一防疫、统一挤奶和统一销售的服务。由于银香伟业合作社属于公司领办型合作社, 所以它与产业链下游的关系十分紧密, 该合作社的发展壮大完全依赖于银香伟业集团, 合作社的管理控制权也全部掌握在银香伟业公司手中。这种紧密协作形式使交易内部化, 节约了大量的交易成本, 也使产品质量更加可控, 是紧密型合作社的典型代表。

四、案例分析

（一）纵向协作对合作社总体收益的影响

根据前文提到的 U 型价值链理论, 本节首先分析纵向协作对合作社总体收益的影响。作为松散型合作社的代表, 四合合作社只占据了价值链中的生产部分, 附加值最低。合作社总收益来源于伊利公司支付的"管理费"和从社员收入中截取的部分差价收益。社员收益方面, 由于合作社总收益最低, 因此社员综合效益最低。维护市场地位方面, 社员的市场地位没有得到很大改善, 社员从中得到的最大收益就是产品有了稳定销路。规避风险主要表现在合作社与伊利公司签订产销合同使得生鲜乳有了稳定销路, 双方都能严格遵守合同规定, 在合作期间双方均没有出现违约情况。

兴盛合作社占据了价值链中的技术研发、饲料加工、生鲜乳生产三个环节。其中, 研发环节主要表现在该合作社聘请宝鸡市农业学校的专家担任技术顾问, 该校专家根据育成牛、怀孕牛和产奶牛的不同阶段, 为合作社设计科学饲料配方。饲料加工环节主要是合作社建立了自己的饲料加工厂, 实现较高的利润。研发和饲料加工是整个产业链环节附加值较高的环节, 因此合作社的总收益高于四合合作社的收益。合作社的总收益来源包括企业支付的管理费、饲料加工厂的利润和社员交纳的会费，进而促进了社员收益的增加。兴盛合作社在维护社员市场地位方面起到了比较重要的作用，主要原因是该合作社规模较大，得到了当地政府的高度重视和大力扶持。规避风险方面，合作社组织化程度较高，研发能力较强；合作社对奶牛实行分群分阶段饲养，制定严格的奶牛消毒制度，定期进行检疫，较好地抵抗了奶牛的疫病风险。此外，合作社奶牛数量940头，属于规模化养殖，自身具备加工能力，在生鲜乳销售过程中具有较高的议价能力，有效地规避了生鲜乳市场风险。

阳光合作社占据了价值链中的生产、战略规划、研发和物流环节的一部分。其中战略规划环节主要表现在每年的成员代表大会都讨论一年的发展计划，逐步扩建牛舍、增加养殖场面积、开展沼气池项目和建立托牛所。研发环节主要表现在合作社对饲料配比进行了深入的研究。物流环节表现在合作社对生鲜乳的运输过程，合作社拥有27吨载重的运输车。战略规划、研发和物流环节均属于附加值较高的环节，所以该合作社从中获取的收益就要高于仅停留在生产环节的合作社。合作社的总收益来源主要有伊利公司支付的管理费、对高品质生鲜乳的奖励费、运输费和其他杂项，高于同为半紧密型的兴盛合作社。其中，奖励费是根据优质优价原则，如果合作社交付生鲜乳的蛋白质含量在3.3克/100克至3.45克/100克，就按照指标数给予相应奖励。运输费方面，除运送本合作社的生鲜乳之外运力，该合作社也为其他牧场运送生鲜乳并收取运费。杂项收入包括合作社经营的蔬菜大棚收入、卖牛粪的收入等。

银香伟业合作社占据了产业链的全部六个环节。战略规划方面，公司着眼于"从土地到餐桌全程有机循环、始终如一为人类做健康产业"的宏观产业定位，围绕这一目标公司制定了详尽的未来30年的发展步骤。加工环节方面，银香伟业以乳制品为主要产品，不断丰富产品种类，目前已实现了产品多元化，包括：牛奶、酸奶等多种奶饮品。销售环节，公司的宣传力度很大，通过多种途径塑造公司的声望和良好口碑。公司占据了附加值高的诸多产业环节，所以其总收益最高。

根据U型价值链理论，生产作为低附加值环节，而向两端延伸的环节属于高附加值环节，其附加值较高。因此，当投入资本相同时，合作社所占据价值链环节数量越多，收益增加值越大。因此，四个合作社的总收益水平可以做出比较（见图15-6）。

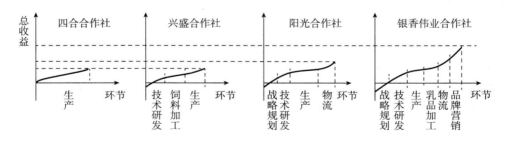

图15-6 合作社总收益情况对比

从图15-6可以清楚地看到，随着纵向协作程度的增加，产业链以生产环节为起点不断向两端延伸，附加值就随之增加，各环节的附加值累计起来就是合作社的总收益。四合合作社只占据生产环节，总收益最低；而银香伟业合作社占据所有的环节，总收益最高；兴盛合作社和阳光合作社占据较多环节，总收益居中。通过对四个案例的分析与比较，证明了本节的 15 - 1：奶农合作社纵向协作程度越高，合作社的总体收益越高。

（二）纵向协作对合作社收益分配的影响

合作社的利益分配主要表现在三个方面：按照惠顾额返还的收益、投入资本的报酬、公共积累（王义伟，2004）。其中前两部分是可分配盈余，盈余分配方式已被证实是提升合作社绩效的重要方式（Bijman et al.，2012；周振、孔祥智，2015）。《农民专业合作社法》中对合作社盈余分配方式做了明确说明：按成员与本社的交易量（额）比例返还，返还总额不得低于可分配盈余的 60%。本节的四个合作社中只有兴盛合作社采用这种分配方式，该合作社的利益分配机制与其他三个相比是更能体现合作社本质。其他三个合作社的利益分配机制都采用按股分红的方式，主要原因是合作社的股权结构不均衡。目前，中国合作社普遍存在股金集中度偏高的问题（李丽，2011），而股金过于集中、股权结构失衡又是由成员的强异质性所导致。本节的四个合作社也不同程度地体现出了这种成员异质性特点，即成员中养殖大户或企业与普通奶农共存。

四合合作社的纵向协作程度不紧密，普通奶农需要投入较多的专用性资产，导致奶农的谈判地位较低，因此在利益分配决策中失去了话语权，且四合合作社绝大多数股金被理事会成员牢牢占据，所以最终的分配机制是按股分红。阳光合作社与奶农的纵向协作程度较紧密，并且合作社投入了大部分专用性资产，理应出现与兴盛合作社相似的利益分配机制，但该合作社却采用按股分红的利益分配方式。本节认为，产生这种现象的原因是兴盛合作社资本集中于理事长一人手中且出资额远远超过其他社员，同时理事长在合作社成立之前担任奶牛养殖小区的管理者，所以利益分配机制也就一脉相承地延续了下来。银香伟业合作社与下游企业的纵向协作程度非常高，企业完全处于垄断地位，企业必然是剩余索取权的控制者，由于其普通社员没有入股（即没有股金），股金全部由企业和理事会成员投入，因此合作社盈余分配采取了按股分红的分配方式。兴盛合作社的内部股金较为平均，加上当地政府投入了大部分的专用性资产，合作社与成员间保持了较为平等的谈判地位，因此该合作社的利益分配机制最为公平。

根据以上案例的分析可以得出，纵向协作程度居中的合作社，其利益分配机制更加公平。值得注意的是，阳光合作社虽然采取的是按股分红的利益分配机制，但在节约成本方面要优于其他合作社，这也可看作是理事长对社员利益的一种补偿。纵向协作程度偏低和偏高的合作社的利益分配机制都没有充分考虑到奶农的利益，存在着不公平的现象。因此，对四个合作社的利益分配机制的分析证明了假说 15 - 2：纵向协作程度影响合作社利益分配机制的公平性，二者呈倒 U 型的曲线关系。

（三）纵向协作对合作社社员收益的影响

结合纵向协作对合作社总收益与合作社收益分配的影响，可以得出纵向协作程度对社员收益的最终影响。松散型合作社的总收益偏低，利益分配机制又不利于奶农，所以奶农的最终收益也不是很高。半紧密型合作社的总收益居中，但是利益分配机制比较有利于奶农，所以奶农的最终收益比较高。紧密型合作社的总收益最高，但利益分配机制不利于奶农，所以奶农最终收益可能与半紧密型持平。表 15 – 6 将四个合作社奶农收益从不同方面进行对比分析，用于判断何种紧密程度的纵向协作方式最有助于社员收益的增加。

表 15 – 6　不同紧密程度奶农合作社社员收益情况对比分析

合作社名称	四合合作社	兴盛合作社	阳光合作社	银香伟业合作社
合作社总收益	低	较高	较高	最高
提高综合效益	最低	较高	较高	最高
维护市场地位	有所提高	很大提高	很大提高	最高
规避风险	规避市场风险和疫病风险	规避市场风险	规避市场风险	规避市场风险
利益分配机制	不公平	公平	公平	不公平
扩大剩余索取权	劣势	优势	劣势	劣势
提高社员素质	免费技术培训	免费技术培训和较少的免费信息服务	免费技术培训和较多的免费信息服务	免费技术培训和较少的免费信息服务
节约生产成本	饲料优惠	节约固定成本饲料优惠防疫免费	节约固定成本，饲料优惠，防疫免费和奶牛诊疗免费	节约固定成本饲料优惠防疫免费
减轻隐性负担	借款服务	资金互助合作	借款和担保服务，协助银行对社员信用评级，购买保险服务	担保服务人才奖励机制
社员最终收益	较低 4250 元/头	较高 6531 元/头	较高 6502 元/头	较高 6152 元/头

资料来源：根据笔者调查情况整理得到。

　　从表 15 – 6 分析结果可以看出，根据计算，四合奶牛养殖专业合作社的总收益最低，利润率仅为 18.1%；利益分配中奶农处于劣势地位，其他方面的服务也相对匮乏，所以奶农的最终收益较低，仅为 4250 元/头。兴盛合作社的总收益比四合合作社要高，利润率为 24.3%，并且奶农拥有较大的剩余索取权，其他方面的服务也比较到位，所以奶农的最终收益较高（6531 元/头）。阳光合作社总收益与兴盛合作社几乎持平，利润率为 26.0%，利益分配中奶农处于劣势地位，因此奶农的收益低于兴盛合作社，但考虑到该合作社在提高奶农素质、节约生产成本及减轻奶农的隐性负担方面要优于兴盛合作社，综合来看，该合作社的奶农最终收益（6502 元/头）与兴盛合作社的相近。虽然银香伟业合作社的利润率为 35.0%，总收益最高，但是利益分配机制严重向企业倾斜，提供的服务又与其他合作社差别较小，所以奶农获得最终收益（6152 元/头）与半紧密型合作社较为相近。

虽然合作社的纵向协作程度不同，对奶农收益存在不同的影响路径，但最终的结果是半紧密型和紧密型合作社的奶农收益大体相近，松散型合作社的奶农收益较低。当然，从本节的研究结果看，松散型合作社的奶农收益低于其他类型的合作社，所以预计未来松散型合作社会逐渐向半紧密型或紧密型过渡。

五、研究结论与政策启示

（一）研究结论

上述案例分析结果表明，合作社纵向协作通过影响合作社的总收益和合作社的利益分配机制两条途径影响合作社社员的收益。合作社纵向协作程度与合作社总收益呈现线性关系，与合作社利益分配的公平性呈倒 U 型的曲线关系。半紧密型合作社与紧密型合作社的社员收益大体相近，且均高于松散型合作社社员收益。具体而言，本节的结论可归纳为以下四点：

第一，合作社的纵向协作程度通过两条路径对社员收益产生影响。首先是纵向协作程度影响合作社涉及的产业链环节，而产业链环节的延伸又影响合作社的总收益。在利益分配机制相同的情况下，总收益越高，奶农收益越高。第二条影响路径是纵向协作程度影响合作社与奶农双方的专用性资产投资，进而影响双方的谈判地位，最终影响利益分配机制的决策。

第二，纵向协作程度越高，合作社的总收益越高。根据 U 型价值链理论，不同的产业环节有不同的附加值，生产环节是附加值最低的，而战略规划、研发、品牌营销等都是附加值较高的环节。本节的四个案例表明，随着合作社纵向协作程度的提高，合作社占据的价值链环节也在增多。松散型合作社只能占据附加值最低的生产环节，而紧密型合作社可以占据全部六个环节。因此将各环节的附加值加起来就可以比较出合作社总收益的差距。由此得到纵向协作程度越高，合作社总收益也越高的结论。

第三，纵向协作程度影响合作社利益分配机制的公平性，二者呈倒 U 型的曲线关系，即纵向协作程度居中的合作社其利益分配机制更公平。由于投入专用性资产的一方在利益分配机制中处于劣势。对于松散型合作社来说，合作社不提供太多的集中服务，所以奶农需要投入相当多的专用性资产，其谈判地位下降，在分配中很难为自身争取利益。而紧密型合作社由于企业一方处于绝对垄断地位，它可以凌驾于合作社的投票权之上，这类合作社的"弱社员性"使奶农很难保证自己的剩余索取权。介于两种之间的半紧密型合作社，一方面合作社为奶农提供较多的集中服务，因此合作社一方投入了大部分的专用性资产，另一方面合作社的成员构成相对均衡，不存在较强大的垄断势力，所以导致该类合作社的利益分配机制趋于公平。但是合作社中还是存在竞争关系，当社员的异质性较大时，依然会发生压榨奶农的情况。

第四，综合以上两条影响路径，本节认为松散型＜半紧密型≈紧密型。松散型合作社的总收益最低，加之利益分配向合作社一方倾斜，导致奶农收益偏低。半紧密型合作社的总收益居中，但是分配给奶农的收益较多；紧密型合作社的总收益最高，但是分配给奶农的收益不多。因此两条路径的影响相互中和，使得这两类合作社的奶农收益大致持平。

（二）政策启示

合作社收益及其分配机制是当前我国农民合作社可持续发展的重点，而合作社与上下游市场主体之间的纵向协作程度正是影响其总体收益及其分配的关键因素。从政策角度来看，上述研究结论主要有如下启示：

第一，加强合作社的产业化程度，以提高合作社总体福利。在条件允许的情况下，合作社要尽量扩大对价值链环节的控制范围，尤其要注重与社员之间的协作，为社员提供较完善的产前产中产后服务，不能只停留在附加值最低的生产环节。只有合作社总体福利得到了提高，才有可能使社员充分享受到因价值链延伸所产生价值增值的福利。

第二，合理协调异质性成员间的权利，确保奶农的主体地位。目前，我国合作社普遍存在社员异质性较强、股金集中的现象，在这种产权结构下如何保证普通社员拥有话语权，为自身争取剩余价值是亟待解决的问题。我国可以借鉴国外好的经验范式，比如允许多种生产要素入股进而提高普通社员的占股比例，从而提高社员的盈余返还。

第三，加强政府相关部门的监管力度，使《农民专业合作社法》实现真正的效力。组织的良好运转离不开外部力量的约束，农民专业合作社尤其如此，因为在广大农村地区法治观念和执法力度普遍薄弱，所以才出现诸多违反法律相关规定的"不规范"合作社，所以必须要借用政府力量来维护社员利益，真正实现合作社与社员"利益共享、风险共担"。

参考文献

［1］桂寿平，张霞．农业产业链和U型价值链协同管理探讨［J］.改革与战略，2006（10）.

［2］韩杨，陈建先，李成贵．中国食品追溯体系纵向协作形式及影响因素分析——以蔬菜加工企业为例［J］.中国农村经济，2011（12）.

［3］郭晓鸣，廖祖君．公司领办型合作社的形成机理与制度特征——以四川省邛崃市金利猪业合作社为例［J］.中国农村观察，2010（5）.

［4］孔祥智．对发展多类型合作社的若干思考［J］.中国农民合作社，2013（7）.

［5］孔祥智，张利庠，朱信凯．产业整体变暖增长后劲乏力——呼和浩特市奶业调研报告［J］.农村工作通讯，2008（5）.

［6］孔祥智，钟真．中国奶业组织模式研究（一）［J］.中国乳业，2009（4）.

［7］李丽．农民专业合作社的利益分配问题研究——以浙江省龙泉市为例［D］.杭州：浙江农林大学，2011.

［8］迈克尔·波特．竞争优势［M］.北京：华夏出版社，1997.

［9］任大鹏，郭海霞．多主体干预下的合作社发展态势［J］.农村经营管理，2009（3）.

［10］孙艳华，刘湘辉．农业领域垂直协作研究综述［J］.湖南科技学院学报，2009（4）.

［11］万俊毅，欧晓明．产业链整合，专用性投资与合作剩余分配：来自温氏模式的例证［J］.中国农村经济，2010（5）。

［12］王军．公司领办的合作社中公司与农户的关系研究［J］.中国农村观察，2009（4）.

［13］王义伟．合作社内部制度安排：基于利益分配视角的研究［D］.杭州：浙江大学，2004.

［14］徐旭初．中国农民专业合作经济组织的制度分析［M］.北京：经济科学出版社，2005.

［15］席利卿．中国—澳大利亚农产品供应链纵向协作比较的实证研究［J］.国际贸易问题，2010（4）.

［16］徐家鹏，李崇光．蔬菜种植户产销环节紧密纵向协作参与意愿的影响因素分析［J］.中国农村观察，2012（4）.

［17］姚文，祁春节．交易成本对中国农户鲜茶叶交易中垂直协作模式选择意愿的影响——基于9省（区，市）29县1394户农户调查数据的分析［J］.中国农村观察，2011（2）.

［18］苑鹏．对公司领办的农民专业合作社的探讨——以北京圣泽林梨专业合作社为例［J］.管理世界，2008（7）.

［19］张晋华，冯开文，黄英伟．农民专业合作社对农户增收绩效的实证研究［J］.中国农村经济，2012（9）.

［20］张喜才，张利庠．原料奶价格形成机制的特征，模式与政策建议［J］.中国乳业，2010（4）.

［21］张晓山．农民专业合作社的发展趋势探析［J］.管理世界，2009（5）.

［22］钟真，孔祥智．中间商对生鲜乳供应链的影响研究［J］.中国软科学，2010（6）.

［23］周振，孔祥智．盈余分配方式对农民合作社经营绩效的影响——以黑龙江省克山县仁发农机合作社为例［J］.中国农村观察，2015（5）.

［24］Allen，D. W. and D. Lueck. The Nature of the Farm：Contracts，Risk，and Organization in Agriculture［M］. MIT Press，2004.

［25］Bijman，J.，C. Iliopoulos.，K. J. Poppe，C. Gijselinckx，K. Hagedorn，M. Hanisch，G. W. J. Hendrikse，R. Kühl，P. Ollila，P. Pyykkönen and G. van der Sangen. Support for Farmers' Cooperatives：Final Report［J］. Wageningen University Report，2012（2）.

［26］Cook，M. L. and B. Plunkett. Collective Entrepreneurship：An Emerging Phenomenon in Producer – owned Organizations [J]. Journal of Agricultural and applied Economics, 2006, 38 (2).

[27] Duval, Y. and A. Biere. Grain Producers' Attitudes to New Forms of Supply Chain Co-ordination [J]. The International Food and Agribusiness Management Review, 1998, 1 (2).

[28] Gillespie, J. M. K. Karantininis, and G. G. Storey. The Expansion and Evolution of Vertical Coordination in the Quebec Hog Industry [J]. Review of Agricultural Economics, 1997, 19 (2).

[29] Hendrikse, G. W. J. and J. Bijman. Ownership Structure in Agrifood Chains [J]. American Journal of Agriculture Economics, 2002, 84 (1).

[30] Hobbs, J. E. and L. M. Young. Closer Vertical Co – ordination in Agri – food Supply Chains: A Conceptual Framework and Some Preliminary Evidence [J]. Supply Chain Management: An International Journal, 2000, 5 (3).

[31] Huang, J., Y. Wu., Z. Yang, S. Rozelle, J. Fabiosa, and F. Dong. Marketing China's Milk: A Case Study of the Sales Activity of Dairy Farmers in Greater Beijing [J]. China Economic Review, 2012, 23 (3).

[32] Kanda, A. and S. G. Deshmukh. A Framework for Evaluation of Coordination by Contracts: A Case of Two – level Supply Chains [J]. Computers & Industrial Engineering, 2009, 56 (4).

[33] Martinez, S. W. Vertical Coordination of Marketing Systems: Lessons from the Poultry, Egg, and Pork Industries [J]. Frozen Food Digest, 2002, 17 (5).

[34] Mighell, R. L. and L. A. Jones. Vertical Coordination in Agriculture [J]. U. S. Department of Agriculture: Economic Report Service, Agricultural Economic Report, 1963.

[35] Qian, G., X. Guo., J. Guo and J. Wu. China's Dairy Crisis: Impacts, Causes and Policy Implications for a Sustainable Dairy Industry [J]. International Journal of Sustainable Development & World Ecology, 2011, 18 (5).

[36] Verhofstadt, E. and M. Maertens. Can Agricultural Cooperatives Reduce Poverty? Heterogeneous Impact of Cooperative Membership on Farmers' Welfare in Rwanda [J]. Applied Economic Perspectives and Policy, 2015, 37 (1).

[37] Wang, J., M. Chen, P. G. Klein. China's Dairy United: A New Model for Milk Production [J]. American Journal of Agricultural Economics, 2015, 97 (2).

[38] Williamson, O. E. Transaction Cost Economics Meets Posnerian Law and Economics [J]. Journal of Institutional and Theoretical Economics, 1993, 149 (1).

[39] Zhong, Z., S. Chen., X. Kong., and M. Tracy. Why Improving Agrifood Quality is Difficult in China: Evidence from Dairy Industry [J]. China Economic Review, 2014 (31).

第三节　农民专业合作社融资服务供给及其影响因素[①]

一、研究背景

农户作为农村金融需求者通常具有居住分散、收入低且单笔存贷款规模小、有明显季节性、生产项目的自然风险和市场风险较大、缺乏必要抵押品等特点（Hoff and Stiglitz，1993），正规金融机构向农户提供信贷要承担较高交易成本和面临较大风险，往往采取谨慎性风险控制策略和信贷供给行为。1984 年以来的三次重大农村金融改革，力图解决农村融资难题，但收效甚微，农村"缺血"现象反而日益突出（周立，2007）。农户受到正规信贷约束的现象仍非常普遍和严峻（韩俊，2008）。出于对民间金融扩张内在机理（王曙光、邓一婷，2007）和农村金融市场固有问题（周立，2007）的考虑，部分学者提出通过发展农村内生金融来化解农户金融困境（温铁军等，2007）。

近年来，随着农民专业合作社迅猛发展[②]，鼓励和支持合作社开展融资服务[③]、兴办资金互助社成为中国农村金融改革的一个重要方向，也是理论关注的热点问题。与合作金融组织一样，"熟人社会"基础上成长起来的合作社，其特有的自我选择（Self - selection）机制（Smith and Stutzer，1990），成员长期互动关系（Long - term Interaction）和"社会惩罚"机制（Banerjee et al.，1994），以及成员间"同伴监督"（Peer Monitoring）效应（Stiglitz，1990）使其在约束社员违约行为和降低资金需求方和供给方两端交易成本和风险（Huppi and Feder，1990；Krahnen and Schmidt，1995）方面具有独特优势。基于此，一些学者指出依靠农民的力量开展信贷合作，不仅符合合作社的自助理念，也符合市场经济发展的要求（国鲁来，2006）。夏英等（2010）也认为合作社内部开展资金互助作为民间融资的一种形式是发展合作金融及破解农村金融问题的一种有益探索。目前，一些地区的农民专业合作社已开始进行了融资服务实践（夏英等，2010；何广文，2009）等。随着合作社数量的迅速增加和服务功能的不断扩展，深入研究合作社融资服务供给状况及影响因素对促进合作社更好更快发展和进一步缓解农户信贷约束具有重大意义。

现阶段，学术界围绕农民专业合作经济组织的发展绩效、组织服务功能发挥状况及影响因素进行了许多研究，取得了丰富的研究成果（邓衡山等，2011；黄季焜等，2010；黄祖辉，2008；郭红东等，2009；徐旭初、吴彬，2010；张晓山等，2001）等。但现有研

[①]　执笔人：毛飞、王旭、孔祥智。

[②]　截至 2010 年底全国注册登记的农民专业合作社（以下简称合作社）已超过 35 万家（戎承法、楼栋，2011）。

[③]　本节的融资服务是指合作社为满足社员资金需求，为社员提供各种资金融通渠道的一项业务活动。具体包括提供贸易信贷（赊销农资、预付定金、基于订单农业或种养外包项目中互联机制的农业投入品信贷）；直接提供借款；贷款担保；开展内部资金互助；以合作社名义为保证，统一向金融机构借款等服务。

究除了戎承法、楼栋（2011）对专业合作基础上发展资金互助的效果及其影响因素进行了实证分析，邓衡山等（2010）观察到诸如有股金组织向社员赊销农资情况多于无股金组织这样的现象外，还缺乏对农民专业合作社融资服务供给状况及影响因素的全面深入理论探讨和定量研究。本节将在已有研究基础上，运用判断抽样的 9 省 25 县 115 家合作社调查数据，分析合作社融资服务供给现状，并运用计量经济模型深入分析合作社融资服务供给的主要影响因素。

二、理论分析与研究假说

同企业一样，合作社也是个法律虚构，目标各异的人（一些人还可能代表其他组织）在这个虚构体中的契约关系框架下经过复杂过程达到平衡（Jensen and Meckling，1976）。要理解合作社融资服务供给的影响因素，就必须在合作社内部锁定融资服务供给主体①，并从供给主体提供融资服务的成本与收益角度进行分析。同时，还应在成本收益分析基础上，考虑作为一个组织的合作社，其成立机制、决策民主化、领导人企业家才能和经营的主要产品类型等其他因素对合作社融资服务供给的影响。

（一）互联性交易、信贷机会成本与合作社融资服务供给——从融资供给收益角度分析

作为非金融组织的农民专业合作社，其融资服务与其他服务类型存在紧密互联性。多数情况下，信贷只是融资服务供给主体与社员间所进行的一系列相关交易的一部分。只有通过含有信贷的互联性交易，融资服务供给主体才可以在合作社内部保持一个相对稳定的客源或者货源。例如，农资销售者—农户与放贷人—借贷人关系相互交织，农资销售者通过提供贸易信贷（赊销农资）来换取社员对其产品的购买。又如农产品收购者与社员在产品市场和信贷市场上同时进行交易，前者通过向后者提供信贷②来换取后者在收获后以一个事先约定价格和标准将产出销售给前者的承诺。

同时，通过这种含有信贷的互联性交易，融资服务供给主体还可消除信贷市场不完善对社员生产带来的不利影响，并通过一种合适"税收"从社员那儿获取部分剩余。为说明这一点，在借鉴巴德汉、尤迪（2002）关于商人与农户间信贷—商品互联合同模型基础上，本节以合作社内部农产品收购者与社员在产品市场和信贷市场上的互联交易为例展开分析。

为简化分析，我们只研究信贷作为生产性活动运营资本来源的情况。假设某一社员农户生产函数为 $F(K)$。$F(K)$ 是一个凹形函数，其中产出只取决于资本 K，社员必须借贷这些资本。农产品收购者信贷单位机会成本为 r。收购者向社员提供借款费率为 i，$(1+i)=\alpha(1+r)$。收购者农产品销售价格为 p，收购者提供给社员的价格为 q，$q=\beta p$。社员收入为：

$$Y = \beta pF(K) - \alpha(1+r)K \tag{15-6}$$

---

① 值得注意的是，本节所指的合作社融资服务供给主体仅限在合作社内部。他既可能是社员所获借贷资本的直接供给者，也可能是社员所获借贷资本的转供者。

② 信贷形式可能表现为贸易信贷（赊销农资、预付定金）、直接提供借款或担保贷款等。

社员收入最大化问题的一阶条件为：

$$\beta pF'(K) = \alpha(1 + r) \tag{15 - 7}$$

社员参与约束为：

$$\overline{Y} = \max_K [p^* F(K) - (1 + r^*)K] \tag{15 - 8}$$

其中，p^* 为社员单独面对市场的销售价格，一般来说，$p > p^*$。r^* 为社员从其他渠道获得贷款时所面临的利率，由于信贷市场不完善，一般来说，$r^* > r$。

与该社员交易，收购者收入为：

$$\pi(\alpha, \beta) = (1 - \beta)pF(K) - (1 - \alpha)(1 + r)K \tag{15 - 9}$$

约束条件为（2）。将社员收入压至其$\overline{Y}$水平对合作而言是有利可图的。现在，收购者最优合同（α^*, β^*）是：

$$\alpha^* = \beta^* = \frac{\overline{Y}}{\max_K}[pF(K) - (1 + r)K] < 1 \tag{15 - 10}$$

式（15 - 9）可变形为$[pF(K) - (1 + r)K] - \overline{Y}$，当$Y$被压低到$\underline{Y}$，收购者为了最大化其收入，必须最大化$[pF(K) - (1 + r)K]$。其最大化一阶条件为$pF'(K) = (1 + r)$，结合式（15 - 7）可得$\alpha^* = \beta^*$。则此时式（15 - 6）可变化为$Y = \alpha^*[pF(K) - (1 + r)K]$。由于$[pF(K) - (1 + r)K]$已最大化，且$Y$已被压低到$\underline{Y}$，所以$\alpha^* = \frac{\overline{Y}}{\max_K}[pF(K) - (1 + r)K]$。结合式（15 - 8）及其条件可知$\alpha^* < 1$。

由此可以看出，收购者提供给社员的利率折扣（$i < r$），由产出市场上低价收购所抵消（$q < p$）。同时，收购者可以获取在社员保留收入以上的尽可能多的剩余。值得一提的是，由于可内部化一部分外部效应（Braverman and Stiglitz, 1982），含有信贷的互联性交易甚至能够给放款人增加剩余[1]。

互联性交易除能为融资服务供给主体带来剩余外，还可帮助其节省合同实施成本。因为社员在任一个交易中违约都将对其他交易产生溢出威胁效应。这种溢出威胁效应的存在对融资服务供给主体来说非常重要。因为，从合作社整体层面来看，社员间存在相当程度异质性，融资服务供给主体一般仅对潜在借款群体的平均特点有较好了解。信息的不对称[2]和信息、运营成本的高昂使得融资服务供给主体往往只能针对特定社员群体制定统一借款费率和产出收购价。而统一定价将可能造成部分社员所获收入Y低于其保留收入$\underline{Y}$，从而增强社员主动违约[3]可能性。而溢出威胁效应的存在则会在一定程度上强化交易的稳定性。尤其是融资服务供给主体与社员间交易表现为更为复杂的双边多种关系互联交易或多边互联交易时，一个交易中违约对其他交易产生的溢出威胁效应将被进一步增强。例

---

[1]　例如，农产品收购者通过更改放款条件和数量，可诱使社员更加努力工作、更加遵循操作规程，或承担风险更大的生产项目等。

[2]　主要存在两类信息不对称。一是合作社无法全面观测任一社员农户的活动；二是社员农户间存在相当程度的异质性，合作社也许对社员农户平均特点有较好了解，但却无法对某一特定社员农户特点有完全信息。

[3]　农户主动违约是指农户作为借款人有偿还能力，却故意或采取策略性违约。

如，农资销售者—农户、技术与信息提供者—农户、农产品收购者—农户、经营者—股东与放贷人—借贷人关系相互交织。借款人一旦违约，将可能丧失农资购买折扣、免费的技术与信息服务、产品销售价格加成、二次返利和红利等多项潜在收益。这对社员来说，往往是不可接受的。多边互联交易也有类似效果，在多边交易中，与社员交易的各个主体可联合威胁社员和榨取更多剩余（Basu，1986）。此外，还应注意到互联的各交易间彼此也可起到风险分摊作用。例如，农资统购、技术与信息服务供给利于社员保障产品质量，从而利于合作社订单销售的顺利实现等。

由此，提出本节假说15-3：合作社服务功能的增强和内部一体化程度的提高利于其融资服务供给。

（二）成员覆盖范围、信贷基础设施与合作社融资服务供给——从融资供给成本角度分析

从上述公式分析中还可以看出，信贷机会成本 r 也是制约合作社融资服务供给的重要因素。从合作社层面来看，随着合作社组织规模的不断扩大和内部一体化程度的不断增强[1]，其市场可得性和信贷可获性将逐步增强，这将有利于信贷机会成本 r 的下降。此外，合作社实有资产的增加，尤其是可抵押资产的增加也将有助于降低信贷机会成本 r。另外，农村正规金融机构对组织信贷扶持力度也直接关系到信贷机会成本 r 的高低。

基于上述分析，提出本节假说15-4：组织规模越大，或资产实力越强，或金融机构对组织信贷扶持力度越强，越利于合作社融资服务功能的发挥。

和金融机构一样，合作社开展融资服务也必须承担信息采集成本和运营成本。设合作社开展融资服务的运营成本和信息采集成本（以下简称融资服务成本）为 C，合作社融资服务供给主体总收入为 $\prod(\alpha, \beta)$（$\prod(\alpha, \beta) = \sum \pi(\alpha, \beta)$），此时，可知合作社融资服务供给又一约束条件为 $\prod(\alpha, \beta) > C$。

正如前文所述，互联性交易和社员间的长期互动关系可帮助合作社融资服务供给主体降低融资服务成本 C。为了分析的方便，我们暂不考虑互联性交易和成员间互动关系的动态变化。根据周脉伏和徐进前（2004）的"金融机构近距离"假说15-4[2]，合作社融资服务供给主体距离社员越近，对社员进行信息采集和生产经营活动的监管越方便。换言之，融资服务供给主体与社员间距离越近，监管成本越低。因此，融资服务成本 C 可看作是关于社员与融资服务供给主体间平均距离 $\overline{L}$[3]的函数，设这一函数为 $C(\overline{L})$（注意 $C(\overline{L})$

为凸形函数）。合作社融资服务供给约束条件 $\Pi(\alpha,\beta)>C$ 可变形为 $\Pi(\alpha,\beta)>C(\bar{L})$。

在成员规模和覆盖范围既定条件下[①]，合作社融资服务运营成本的高低主要取决于当地信贷基础设施（Credit Infrastructure）建设情况。信贷基础设施可分为硬件设施和软件设施。硬件设施是指合作社覆盖区域内交通、通信等物资设施。软件设施是指社区融合、社区规范和社会信用体系等非物资设施。可以想象，当地信贷基础设施的改善将有助于缩减融资服务供给交通、通信成本，加速和提升社员间信息传播速度与质量，强化融资服务供给主体对社员的监督。表现在函数上，则意味着函数形式 $C(\cdot)$ 的变化和融资服务运营成本曲线的更加平缓。

合作社覆盖范围内交通、通信等基础设施的建设固然需合作社各主体的参与，但更需政府的投资与扶持。而合作社内部的融合、规范的形成和信用体系的建立则需要社员的共同参与。社员组织事务参与度越高，越利于合作社内部的融合、规范的形成和信用体系的建立。

由此，提出本节假说 15-5：成员覆盖范围的扩大，或当地交通、通信等基础设施建设的薄弱，或社员组织事务参与度低等会抑制合作社融资服务供给。

（三）决策民主化、企业家才能与合作社融资服务供给——基于成本收益模型的分析

1. 成立机制和决策民主化对合作社融资供给的影响

合作社依发起力量的不同，大致可分为两类：一类是以外部力量为主发起成立，另一类是以农民为主发起成立。一些学者相信采取自上而下的方式组织易导致组织不能很好发挥其功能（Fulton，2005），而内生型合作经济组织才有可能真正履行合作社原则（孔祥智、史冰清，2009）。这种观点可能基于这样的判断：外部力量的介入可能忽略组织发展所必备的基本条件，同时，也是最根本的，外部力量可能缺乏发展组织的内在动力（黄季焜等，2010）。但值得注意的是，合作社不管是以何种力量发起，其是否具有发展组织内在动力的关键应在于合作社内部能否形成有效的利益分配格局。况且，以外部力量（如以农资企业或者农产品采购和加工企业）为主发起成立的合作社信贷机会成本 r 可能更低，提供含有信贷互联性交易的可能性可能更大。并且外部力量的介入还有助于弥补合作组织企业家供给短缺的不足（苑鹏，2001）。因此，合作社是否以外部力量发起成立对其融资服务供给可能并无显著影响。

决策民主化对合作社服务供给也有重要影响。World Bank（2006）曾指出：农民组织成功的关键是如何赋权于民。赋权于民可能能够更好将社员的服务诉求传达给组织，也能在一定程度上提高社员组织事务参与度。但是，决策的民主化，尤其是涉及内部利益分配等事务的核心决策民主化也可能提高社员对融资服务供给主体讨价还价的力量，进而在一定程度上剥夺融资服务供给主体获取"剩余"的机会。这反而不利于合作社融资功能的发挥。黄珺、朱国玮（2007）曾指出"民主管理"以及"严格限制分红"等传统合作社原则将会影响到大户的合作收益。目前，合作社形成决策权分割格局和资本控制具有现实

[①]　注意在成员覆盖范围既定条件下，成员规模的扩大在一定程度上利于合作社融资服务运营成本的分摊。

性和必然性（张雪莲、冯开文，2008；崔宝玉、陈强，2011），在现阶段就偏向于从争取和维护农民权益的角度来研究甚至于引导农民合作组织，并不利于农民合作组织健康发展（黄祖辉，2008）。

基于此，提出本文假说15-6：合作社是否以外部力量为主发起成立对其融资服务供给并无显著影响；而决策的民主化程度越高越不利于合作社融资服务供给。

2. 企业家才能和经营产品类型对合作社融资服务供给的影响

企业家才能对合作社发展的重要作用一直以来都受到学者们的重视。苑鹏（2001）曾指出具有合作精神的企业家人才是合作组织产生的必要条件。黄祖辉等（2002）也曾强调农民专业合作组织关键成员（通常是发起者、领导者和大股东）的素质、水平，甚至个性对合作组织的创建和发展有重要直接影响。在合作社融资服务供给过程中，具有优秀企业家才能的合作社领导人可能更善于通过规章制度、业务开展方式与流程的设计和科学管理方法的运用来实现融资服务供给的成本下降和风险化解。

合作社经营的主要产品可划分为粮棉和一般经济作物类、蔬菜水果类和畜禽水产养殖类。黄季焜等（2010）研究发现代表高组织化潜在收益的蔬菜水果类和畜禽养殖类组织其服务功能要明显强于代表低组织化潜在收益的粮食和一般经济作物类组织。加之粮棉和一般经济作物农资投入要远低于蔬菜水果和畜禽水产养殖，且品质提升难度较大（邓衡山等，2011）等原因，本文认为粮棉和一般经济作物类合作社融资服务供给要明显少于其他两类合作社。

基于以上分析，提出本文假说15-7：领导人企业家才能对合作社融资服务供给有显著影响，粮棉和一般经济作物类合作社融资服务供给要明显少于蔬果类和畜禽水产养殖类合作社。

三、合作社融资供给情况及相关因素描述

为深入分析近年来我国农民专业合作社融资服务功能供给情况，笔者根据所在单位已积累的近300家合作社的较翔实资料，在考虑区域分布、所经营产品类型、所处发展阶段、规模特征等因素基础上，选取了130家组织结构和规章制度较为健全、运作模式比较成形的合作社作为研究对象。这些合作社分布于9省25县，其中山东42家、山西28家、宁夏26家、辽宁8家、广西8家、内蒙古6家、甘肃4家、福建4家、重庆4家。笔者于2009年6~8月对这些合作社进行了典型调查和半结构式访谈，并于2010年7月、11月进行了补充调研。调研共收集到128家合作社资料。其中，有11家行将消亡，另有2家所获资料存在信息矛盾问题。因此，后文分析仅剔除上述13家合作社后余下的115家合作社资料。

（一）合作社融资服务供给主要类型及方式

合作社开展的融资服务类型包括：赊销农资、预付定金、直接提供借款、贷款担保和开展内部资金互助等。如忽略融资服务的具体类型，则共有79家合作社开展融资服务，占被调查合作社的68.70%。其中，半数以上合作社（41家）仅提供一种融资服务，也

有相当数量合作社（26家）提供两种融资服务，而提供三种及以上融资服务的合作社数量相对较少（13家）。从合作社融资服务供给的具体类型来看，最主要的是赊销农资服务，其次是贷款担保和直接提供借款服务。分别有53家、32家和27家合作社为社员提供农资赊销、贷款担保和直接提供借款服务，分别占被调查合作社的46.1%、27.8%和23.5%。此外，合作社内部资金互助正在兴起。有17家合作社建立了内部资金互助机制，占被调查合作社的14.8%。

从融资服务广度上来看，合作社融资服务仅限社员，且绝大多数融资服务能覆盖全体社员。分别有100%、100%、86.8%、77.8%和50%的预付定金、内部资金互助、赊销农资、直接提供借款和贷款担保服务，服务对象覆盖全体社员。而从融资服务深度上来看，合作社以各种方式为社员提供的融资额度差异大且平均额度小。例如，合作社提供的赊销农资服务均有最大额度限制，一般为500~4000元；又如合作社年提供的直接借款总额最高200万元，最低4.5万元，平均仅为40.9万元，且其中44.4%的合作社年借款总额在25万元以下；再如合作社年提供的贷款担保总额最高90万元，最低1万元，平均仅为12.4万元。合作社融资服务供给的主要类型和方式见表15-7。

表15-7　农民专业合作社融资服务供给的主要类型和方式分析

融资服务类型	家数（家）	占比（%）	服务对象	提供方式
赊销农资	53	46.1	两类：全体社员（86.8%），部分信誉良好或有特殊困难社员（13.2%）	有最大额度限制，从500~4000元不等，有个别合作社根据耕地面积限制赊销额度，如每亩300元；偿还方式分为三种：合作社收购产品时从收购款中扣除、合作社销售农产品时从销售款中扣除、农户现金偿还等
预付定金	8	7.0	全体社员	5家预付定额定金，3家预付比例定金（分别为合同货款总额的10%、30%、70%）
直接提供借款	27	23.5	三类：全体社员（77.8%）、仅限入股成员（3.7%）、仅限与组织有交易的社员（18.5%）	借款用途不局限于社员农业生产方面，部分合作社发放社员生活借款；借款类型：以信用借款为主（66.7%），其次是小组联保借款和第三方担保借款（18.5%和11.1%）另有极小部分抵押借款（3.7%）；借款费率：参照同期信用社短期贷款利率来设定，一般在5.5%~6.5%，个别合作社免息。合作社年提供借款总额最高200万元，最低4.5万元，平均40.9万元，方差4578.5，其中44.4%的合作社年借款总额在25万元以下

融资服务类型	家数（家）	占比（%）	服务对象	提供方式
贷款担保	32	27.8	三类：全体社员（50%）、仅限入股成员（12.5%）、仅限与组织有交易社员（37.5%）	绝大多数合作社有担保额度限制（71.9%），个别合作社要求被担保社员提供反担保（9.4%）。合作社年担保总额最高90万元，最低1万元，平均为12.4万元
建立内部资金互助机制	17	14.8	全体社员	绝大多数合作社不需社员缴纳互助金（76.5%），另有23.5%的合作社（4家）要求社员缴纳互助金，最低额度分别为50000、1000、500和100元。一些合作社互助金除满足社员借款需求外，还被用于满足合作社临时资金周转需要和固定资产投资。截止到调研之日，这17家合作社所拥有互助金总额平均为38.7万元，向社员贷放互助金总额平均为19.3万元

（二）融资服务供给相关因素描述分析

1. 合作社创建方式和经营的产品类型

从发起力量来看，现有合作社主要是由农民发起成立的。共有74家合作社由农民[①]发起成立，占被调查合作社的64.3%。以外部力量为主发起成立的合作社又可区分为两种类型：一种是由县乡（镇）政府或农技推广部门发起成立的合作社，共14家，占被调查合作社的12.2%；另一种是由农业企业或供销社发起成立的合作社，共27家，占被调查合作社的23.5%。

从经营的主要产品类型看，蔬菜水果类合作社数量最多，共57家，占被调查合作社的49.6%；其次为畜禽水产养殖类合作社，共41家，占被调查合作社的35.6%；而粮棉和一般经济作物类合作社仅有17家，占被调查合作社的14.8%。

2. 合作社成员规模与覆盖范围

合作社成员规模仍以百人以下为主。共有56家合作社成员规模在百人以下，约占被调查合作社的一半。但也有一部分合作社成员规模已达相当水平。约有16.5%的合作社成员规模达600人及以上，其中最大的一家合作社成员规模达7600人。随着合作社成员规模的扩大，相当一部分合作社的成员覆盖范围已不仅仅局限于一个村，跨村、跨乡、跨县趋势明显。个别合作社成员覆盖范围甚至跨省。合作社成员规模及成员覆盖范围见表15-8。

---

① 这里的农民主要是指农村能人，即农村技术能手、乡村干部和专业大户（如生产大户、营销大户）等。

表 15 - 8　合作社成员规模和成员覆盖范围分析

成员规模	25~50 人	50~100 人	100~200 人	200~400 人	400~600 人	600 人及以上	总计
频数	11	18	20	14	6	19	115
有效百分比（%）	9.6	15.7	17.4	12.2	5.2	16.5	100
累计百分比（%）	33	48.7	66.1	78.3	83.5	100	
成员覆盖范围	本乡本村	本乡跨村	本县跨乡	本市跨县	本省跨市	跨省	总计
频数	26	34	32	19	2	2	115
有效百分比（%）	22.6	29.6	27.8	16.6	1.7	1.7	100
累计百分比（%）	22.6	52.2	80	96.6	98.3	100	

3. 合作社资产与股权状况

各合作社间实有资产差异巨大，最小值 0 元，最大值 6801 万元，平均约为 538.9 万元，标准差 958.0。其中，固定资产最小值 0 元，最大值 3700 万元，平均约为 358.1 万元，方差 678.1；流动资产最小 0 元，最大值 3801 万元，平均约为 180.7 万元，方差 430.6。实有资产 100 万元以上的合作社共 72 家，占被调查合作社的 62.6%。

共有 43 家合作社要求社员入社须缴纳股金[①]，占被调查合作社的 37.39%。社员入社须缴纳的股金平均水平较高。多数合作社规定每人入社最少须缴纳股金数为 1~3 股，每股平均约为 3900 元，社员股金缴纳通常有最高额度限制。在要求社员入社须缴纳股金的合作社中，有 41.7% 的合作社除接受现金入股方式外，还接受包括实物、劳务、技术和土地等折价入股的方式；有 27.9% 的合作社存在法人股东；有 81.4% 的合作社允许社员股权内部转让。

4. 合作社服务供给情况

除融资服务外，合作社提供的其他服务大致可分为三类：技术指导和培训服务、农资供应服务、农产品销售服务。其中，技术指导和培训服务是合作社最为普遍供给的服务类型，共有 93.9% 的合作社对社员进行技术指导和培训。在技术指导和培训过程中，合作社非常重视与政府农技推广部门（49.6%）、科研院所（28.7%）和企业（11.3%）展开密切合作，培训方式也多采取集中授课和现场指导相结合。

共有 84.3% 的合作社为社员提供农资供应服务。这些合作社统购的农资数量占社员所投入农资数量的比例平均约为 78.4%。如果将未提供农资供应服务的合作社统购的农资数量占社员所投入农资数量的比例设定为 0，并纳入平均值计算，则所有合作社统购的农资数量占社员所投入农资数量的比例平均约为 66.2%。

共有 88.7% 的合作社为社员提供农产品销售服务，提供方式可大致分为买断（55.9%）和中介、代销（44.1%）两类。在提供农产品销售服务的合作社中，共有

---

① 这里的社员是指普通农户社员。实际上，多数合作社（约占被调查合作社的 78.3%）是由成员出资入股建立的，只是这些出资人多为以发起人为核心的少数成员。在合作社运营中，这些出资人通常能享受到更优惠的服务、更大的决策权和更多利润分红机会。

31.4%的合作社为社员提供最低收购价，45.1%的合作社使用统一品牌，59.8%的合作社采用订单销售方式。

5. 合作社决策机制

尽管农民专业合作社法规定社员大会是合作社最高权力机构，但在实践中，合作社内部民主化决策往往与理想情况存在较大差异，合作社重大事务决策方式见表15-9。在合作社理事长产生方式方面，在被调研的115家合作社中，由社员（代表）大会选举理事长的合作社仅占一半以上（53%），还有接近一半比例的合作社未通过社员（代表）大会选举理事长。其中，由理事会推举确定和入股会员大会选举确定所占比例较高，分别占被调查合作社的17.4%和16.5%，这说明社会资本和物质资本在合作社领导人选举中起着重要作用。此外，还有约6.1%的合作社理事长由政府、企业或村支部直接指定，说明创建方式有时对合作社领导人的确定具有决定性作用。

表15-9　合作社重大事务决策方式分析

理事长产生方式	政府指定	企业指定	村支部指定	社员（代表）大会选举	入股会员大会选举	理事会确定	其他	合计
频数	1	4	2	61	19	20	8	115
百分比（%）	0.9	3.5	1.7	53	16.5	17.4	7	100
投资、利益分配决定方式	理事长		理事会	入股会员大会	社员（代表）大会		其他	合计
投资活动决定方式								
频数	10		69	10	24		2	115
百分比（%）	8.7		60	8.7	20.9		1.7	100
内部利益分配决定方式								
频数	5		74	9	24		3	115
百分比（%）	4.3		64.3	7.8	20.9		2.7	100
投票方式	一人一票		一股一票	按股份比例，但每人票数设上限	不投票，领导决定		其他	合计
频数	88		11	4	9		3	115
百分比（%）	76.5		9.6	3.5	7.8		2.6	100

绝大多数合作社投资活动、内部利益分配由理事会来决定（60%和64.3%），其次才是社员（代表）大会（均为20.9%），并且直接交由理事长决定的也占有相当比例（8.7%和4.3%）。这在一定程度上表明现有合作社控制权正在向少数人手中集中，社员（代表）大会的最高决策权弱化明显。此外，随着合作社资产资本化和股份化的日益发展，部分合作社投资活动、内部利益分配方式则交由入股会员大会决定（8.7%和7.8%）[①]。

———————————

① 由"入股会员大会决定"的比例可能更高，因为部分合作社理事会是由全部入股会员组成的，而这部分合作社在调研中可能被调研人员归为"投资活动、内部利益分配方式由理事会成员决定"。

合作社内部投票方式可反映合作社内部控制权的分配倾向。在这个方面，参与决策的社员采取一人一票的占 76.5%，按股份比例投票的占 13%，且有 7.8% 的合作社不赋予社员投票权，领导人在决策中具有绝对权力。

6. 合作社领导人人力资本情况

合作社领导人以壮年为主，平均年龄约为 47 岁；文化水平较高，具有高中及以上学历[①]者约占 62.6%。合作社领导人普遍具有丰富组织管理经验。这些人中，曾担任过县乡行政干部、农技推广部门负责人、村干部或者企业负责人的约占 61.7%。在其余未担任过上述职务的合作社领导人中，也有 90.91% 的人曾是农村种养大户或农村经纪人。这在一定程度上反映出目前农民专业合作社的发展为农村精英提供了广阔舞台。

四、计量模型分析

（一）模型设计

在因变量选择方面，本文选择合作社是否提供融资服务作为因变量，而忽略融资服务的具体类型，并设定如下 Logistic 模型来分析合作社融资服务供给的影响因素：

$$y_j = \beta_{0,j} + \beta_{i,j}\sum_i X_{i,j} + \gamma_{1,j}number \times area + \gamma_{2,j}service\_function_j + \gamma_{3,j}capital\_fusion_j +$$
$$\gamma_{4,j}unity\_purchase_j + \gamma_{5,j}order_j + \gamma_{6,j}traffic_j + \gamma_{7,j}involvement_j + \gamma_{8,j}credit\_access_j +$$
$$\gamma_{9,j}decision\_democracy_j + \gamma_{10,j}leader\_age_j + \gamma_{11,j}leader\_edu_j + \gamma_{12,j}leader\_exp_j + \mu_j$$

其中，j 表示观测个数；i 表示变量序号；y 表示是否供给融资服务；X 表示样本合作社基本特征变量，包括发起人类型、经营产品类型、成员规模、成员覆盖范围、实有资产（其中，将发起人类型、经营产品类型均设置为 0 和 1 的虚拟变量；将成员规模、成员覆盖范围、实有资产分别设置为社员人数、覆盖村庄数、实有资产数的 ln 值[②]）。模型变量选择、变量定义、变量统计性描述及变量影响预测见表 15 - 10。由于成员规模和成员覆盖范围之间存在交互效应，因此，该模型还包括一个成员规模和覆盖范围乘积项 number × area。service_function_j 表示第 j 个合作社组织服务功能强弱状况。我们根据合作社提供服务的数量和强弱编制了一个服务功能指数来间接测度各个合作社为社员提供服务的强弱差异。具体编制方法如下：对技术指导和培训、农资供应、产品销售三项服务分别按供给弱强情况进行 0、1、2 赋值（0、1、2 分别代表无、弱、强）[③]，然后加权平均（除对产品销售服务赋权重 40% 外，其他两项服务均赋权重 30%）。capital_fusion_j 表示第 j 个合作社社员资本融合状况，unity_purchase_j 表示第 j 个合作社社员农资统购状况，order_j 表示第 j 个组织是否采用订单销售。这三个变量反映了合作社内部一体化程度。我们分别使用社员入社是否须缴纳股金、合作社统购的农资数量占社员所投入农资数量的比例以及合作

---

① 其中有 17 人文化程度为大专或本科，占被调查合作社的 14.8%。领导人最低文化程度为小学（仅 1 人）。

② 社员人数、覆盖村庄数、实有资产数之所以取 ln 值是因为这些数值在各社间差异巨大。

③ 技术指导和培训服务方面，提供 1~2 种技术指导和培训为 1，提供两种以上为 2；农资供应服务方面，统一供应 1~2 种农资为 1，统一供应两种以上农资为 2；产品销售服务方面，组织采用中介和代销方式为 1，组织采用买断或订单销售方式为 2。

社是否与外部企业签订订单指标来度量社员资本融合状况、社员农资统购状况和组织是否采用订单销售。由于变量 service_ function$_j$ 分别与变量 unity_ purchase$_j$、order$_j$ 相关性较强。因此，我们将模型拆分为两个。一个模型中放置变量 service_ function$_j$，另一个模型中放置另外两个变量 unity_ purchase$_j$ 和 order$_j$。

其中，traffic$_j$ 表示第 j 个合作社成员覆盖范围内交通状况。由于各合作社成员覆盖范围内通信状况均良好，具有同质性，因此，模型不再纳入衡量通信状况的变量。involvement$_j$ 表示第 j 个合作社社员组织事务参与度；credit_ access$_j$ 表示第 j 个合作社组织借贷需求满足程度，其在一定程度上间接反映金融机构对合作社信贷扶持力度。对上述两个变量，我们采用社长主观自测指标来衡量。主观自测指标是三分量表，数据分析时分别将其赋值为 1～3。decision_ democracy$_j$ 表示第 j 个合作社决策民主化程度。我们用合作社内部利益分配是否由股东会员大会或会员（代表）大会决定指标来衡量这一变量。

现实中企业家才能是很难衡量的，在研究中，学者们常常用人力资本来反映企业家才能。leader_ age$_j$、leader_ edu$_j$、learder_ exp$_j$ 分别表示第 j 个合作社领导人年龄、文化程度和组织管理经验。这三个变量反映了合作社领导人人力资本状况。

模型的参数估计可能存在内生性问题。模型中，成员规模、实有资产、社员农资统购状况、领导人组织管理经验对合作社融资服务供给有影响，但是反过来，合作社供给融资服务也可能会带来成员规模的扩大，合作社实有资产的提高，社员农资统购比例的增加和领导人组织管理经验的增强。这种潜在的因果反馈关系将可能导致内生性问题。为避免由内生性问题带来的模型参数估计偏误，对可能存在的内生性问题的解释变量我们采取前定变量来衡量。具体而言，就是采用组织所经营的主要产品上一生产周期末的成员规模和实有资产的 ln 值、社员农资统购状况，以及领导人加入组织前的组织管理经验作为模型解释变量。

表 15 - 10　变量描述与影响预测

变量名称	变量定义	均值	标准差	影响预测
是否提供融资服务	组织提供赊销农资、内部资金互助、贷款或贷款担保等任何一种融资服务的为 1，否则为 0	0.6870	0.4658	—
发起人类型	组织主要由政府和企业等外部力量发起为 1，主要由农户发起为 0	0.3565	0.4811	—
是否粮棉类组织	经营的主要产品类型为粮棉类为 1，其他为 0	0.1478	0.3565	–
成员规模	社员总人数的 ln 值	2.0142	0.7234	+
成员覆盖范围	社员分布的村庄总数的 ln 值	0.7958	0.5605	–
实有资产	实有资产数的 ln 值	2.1362	0.9689	+
组织服务功能	对技术指导和培训、农资供应、产品销售三项服务分别按供给弱强情况进行 0、1、2 赋值，然后加权平均	1.3296	0.4816	+

续表

变量名称	变量定义	均值	标准差	影响预测
社员资本融合状况	社员加入合作社须缴纳股金为1，不需缴纳为0	0.3739	0.4860	+
社员农资统购状况	组织统购农资数占社员投入农资数比例（社长赋值）	0.6616	0.3743	+
组织是否采取订单销售	合作社与外部企业签订订单为1，否则为0	0.5304	0.5013	+
交通状况	组织成员覆盖范围内交通状况良好为1，较差为0	0.8435	0.3649	+
社员组织事务参与度	社员对本组织各项事务的参与程度高为3，一般为2，低为1（社长赋值）	2.2087	0.9128	+
组织借贷需求满足程度	合作社向农村正规金融机构借贷需求满足程度高为3，一般为2，低为1（社长赋值）	1.4783	0.6400	+
决策民主化程度	组织内部利益分配标准和方式由股东会员大会或会员（代表）大会决定为1，由社长或理事会决定为0	0.2870	0.4543	–
领导人年龄	合作社社长实际年龄	47.3652	7.8610	–
领导人文化程度	社长文化程度高中及以上为1，高中以下为0	0.6261	0.4860	+
领导人组织管理经验	社长担任过政府官员、企事业单位管理者或村干部的为1，无上述经历的为0	0.6174	0.4882	+

注：成员规模、实有资产、社员农资统购状况采用组织所经营的主要产品上一生产周期期末情况来计算。

（二）模型估计结果与分析

表15–11列出了两个Logistic模型估计结果。从估计结果来看，模型总体拟合优度较高，且绝大多数变量通过了显著性检验，参数符号也与前文定性分析相一致。因此，模型能较好地用于分析合作社融资服务供给的影响因素及影响。

表15–11　农民专业合作社融资服务供给影响因素模型估计结果

解释变量	模型一		模型二	
	估计系数	Z统计值	估计系数	Z统计值
常数项	– 4.703654	– 1.860995 *	1.897234	0.730945
发起人类型	—	—	—	—
是否粮棉类组织	—	—	—	—
成员规模	—	—	—	—
成员覆盖范围	– 2.389408	– 2.057747 **	– 3.616712	– 2.532564 ***
规模与覆盖范围交互项	1.136016	2.033904 **	2.420191	2.673496 ***
实有资产	0.553970	1.715152 *	0.563599	2.060157 **
组织服务功能	2.292517	3.121366 ***		
社员资本融合状况	2.696481	3.705520 ***	2.088125	2.831340 ***

续表

解释变量	模型一		模型二	
	估计系数	Z 统计值	估计系数	Z 统计值
社员农资统购状况			1.930189	2.496381 **
合作社是否订单销售			1.942719	2.818870 ***
交通状况	—	—	—	—
社员组织事务参与度	1.188812	3.438494 ***	0.834426	2.493928 **
组织借贷需求满足程度	1.653488	2.628430 ***	1.548351	2.660446 ***
决策民主化程度	− 1.504988	− 2.297275 **	− 1.080638	− 1.652286 *
领导人年龄	− 0.072560	− 1.720019 *	− 0.114850	− 2.745167 ***
领导人文化程度	—	—	—	—
领导人组织管理经验	—	—	—	—
LR 统计值	62. 95640		65. 22363	
麦克法登 R^2	0.440414		0.456274	
似然率（LR 统计值）	0.000000		0.000000	

注："成员覆盖范围"行所列数值为该解释变量的偏效应和 T 统计值，*、* *、* * *分别表示统计检验达到 10％、5％和 1％的显著性水平。

表征合作社服务功能强弱的变量组织服务功能与表征合作社内部一体化程度的三个变量社员资本融合状况、社员农资统购状况、组织是否采用订单销售均通过了显著性检验且影响方向与影响预测相一致，说明组织服务功能的增强和内部一体化程度的提高对合作社融资服务供给具有正向促进作用。假说 15 - 3 得到验证。分别表征组织资产实力与金融机构对组织信贷扶持力度的两个变量实有资产、组织借贷需求满足程度在两个模型中均通过了显著性检验且影响方向与影响预测相一致，表明实有资产增多、组织借贷需求满足程度提高对合作社融资服务供给也具有正向促进作用。成员规模变量未通过显著性检验，可能的原因是成员规模与表征合作社服务功能强弱的变量和内部一体化程度的变量存在共线性。假说 15 - 4 未完全得到验证。成员覆盖范围、社员组织事务参与度这两个变量通过了显著性检验且影响方向与影响预测相一致，表明成员规模越大，成员覆盖范围扩展对合作社融资服务供给的负向影响越强，并且社员组织事务参与度低也不利于合作社融资服务供给。交通状况未通过显著性检验。原因可能是合作社社员覆盖范围内交通状况较差会显著影响合作社融资服务广度和深度，而对合作社融资服务供给并无显著影响。假说 15 - 3 未完全得到验证。

就发起人类型而言，主要由政府和企业等外部力量发起成立的合作社与主要由农户发起成立的合作社在融资服务供给方面并无显著差异。而决策民主化程度过高则不利于合作社融资服务供给。假说 15 - 5 得到验证。假说 15 - 6 未完全得到验证。表征合作社企业家才能的领导人人力资本变量除领导人年龄通过显著性检验且影响方向与影响预测相一致外，其他变量（领导人文化程度、领导人组织管理经验）均未通过显著性检验。造成这种结果的原因可能是组织提供不同类别服务对组织管理者能力要求是不同的，融资服务对组织管理者筹集资金和财务管理能力的要求要高于技术和信息、统一提供农资等服务（邓衡山等，2010）。而领导人文化程度和领导人组织管理经验这两个变量也许并不能很好地反映领导人筹集资金和财务管理能力。此外，马九杰等（2008）、郭红东等（2011）曾指出领导人的金融资本和社会资本状况直接关系到合作社信贷获取机会成本的高低。而本研究在问卷设计初期也并未充分考虑到这一点。因此，有关领导人筹集资金和财务管理能力、金融资本和社会资本状况对合作社融资服务供给的影响还需做进一步研究。表征经营产品类型的变量指标是否粮棉类组织未通过显著性检验。表明在融资服务供给方面，粮棉和一般经济作物类合作社并不显著异于蔬果类和畜禽水产养殖类合作社。可能存在两个方面的原因：一是本节选取的均为运作模式比较成形的合作社，其中的粮棉类合作社多经营高品质或独具地方特色（如沁州黄）的粮棉产品，组织化潜在收益也很高；二是正如理论分析的那样，粮棉作物品质的提升难度较大，其中技术、投入门槛往往较高是一个重要原因，而这恰恰需要强大的资金支持。

五、结论与政策含义

本节运用9省25县115家农民专业合作社的数据，对合作社融资服务供给现状及影响因素进行了研究。研究发现：大部分合作社为社员供给融资服务，合作社供给的融资服务主要是赊销农资服务，其次是贷款担保和直接提供借款服务。并且，合作社内部资金互助正在兴起。从服务广度上来看，合作社融资服务仅限社员，且绝大多数融资服务能覆盖全体社员。但从服务深度上来看，合作社以各种方式为社员提供的融资额度差异很大且平均额度小。计量经济研究表明：合作社服务功能的增强，内部一体化程度的提高，资产实力的增长，金融机构对组织信贷扶持力度的增加，社员组织事务参与度的提升对其融资服务供给具有正向促进作用；而随着合作社成员规模的不断扩大，成员覆盖范围扩展对其融资服务供给的负向影响愈加明显；并且，组织决策民主化程度过高不利于合作社融资服务供给；此外，合作社是否以外部力量为主发起成立和经营的主要产品类型对其融资服务供给并无显著影响。

本节研究结论在以下方面具有深刻政策含义：一是要鼓励合作社与外部市场主体通过订单销售等方式展开密切合作，推进合作社服务功能的增强和内部一体化程度的不断提高，支持合作社做大做强；二是鼓励和支持金融机构增加对合作社的信贷投放；三是在帮助合作社规范治理机制的同时，应避免过度偏向于从争取和维护农民权益角度来引导合作社发展；四是探索和加强对覆盖范围较大合作社融资服务供给的支持；五是如果我们的目标是防止对农民利益过多吸收，就需要在信贷市场和产出市场同时实施干预。

参考文献

［1］Michael C. Jensen and William H. Meckling. Theory of the firm：Managerial Behavior，Agency Costs and Ownership Structure ［J］. Journal of Financial Economics，1976，3（4）.

［2］巴德汉，尤迪. 发展微观经济学 ［M］.陶然译. 北京：北京大学出版社，2002.

［3］周脉伏，徐进前. 信息成本、不完全契约与农村金融机构设置——从农户融资视角的分析 ［J］.中国农村观察，2004（5）.

［4］马九杰等. 社会资本与农户经济 ［M］.北京：中国农业科学技术出版社，2008.

［5］孔祥智，史冰清. 当前农民专业合作组织的运行机制、基本作用及影响因素分析 ［J］.农村经济，2009（1）.

［6］黄季焜等. 中国农民专业合作经济组织的服务功能及其影响因素 ［J］.管理世界. 2010（5）.

［7］苑鹏. 中国农村市场化进程中的农民合作组织研究 ［J］.中国社会科学，2001（6）.

［8］Fulton，M. Producer Associations：International Experience ［A］//Sonntag，B. H.，Huang，J.，Rozelle，S. and Skerritt，J. H.（Eds），China's Agricultural and Rural Development in the Early 21st Century，Australian Government ［C］. Australian Centre for International Agricultural Research，2005.

［9］黄祖辉等. 农民专业合作组织发展的影响因素分析——对浙江省农民专业合作组织发展现状的探讨 ［J］.中国农村经济，2002（3）.

［10］郭红东等. 农民专业合作社正规信贷可得性及其影响因素分析——基于浙江省农民专业合作社的调查 ［J］.中国农村经济，2011（7）.

［11］Huppi，M. and Feder，G. The Role of Groups and Credit Cooperatives in Rural Lending ［J］. World Bank Economic Review，1990，4（9）.

［12］Abhijit V. Banerjee，etc. The Neighbor's Keeper：The Design of a Credit Cooperative with Theory and a Test ［J］. The Quarterly Journal of Economics，1994（5）.

［13］Bruce D. Smith and Michael J. Stutzer. Adverse Selection and Mutuality：The Case of the Farm Credit System ［J］. Journal of Financial Intermediation，1990（7）.

［14］Joseph E. Stiglitz. Peer Monitoring and Credit Markets ［J］. World Bank Economic Review，1990，4（3）.

［15］国鲁来. 农民合作组织发展的促进政策分析 ［J］,中国农村经济，2006（6）.

［16］张雪莲，冯开文. 农民专业合作社决策权分割的博弈分析 ［J］.中国农村经济，2008（8）.

［17］夏英等. 以农民专业合作社为基础的资金互助制度分析 ［J］.农业经济问题，

2010（4）.

　　［18］黄珺，朱国玮. 异质性成员关系下的合作均衡——基于我国农民合作经济组织成员关系的研究［J］.农业技术经济，2007（5）.

　　［19］郭红东等. 影响农民专业合作社成长的因素分析——基于浙江省部分农民专业合作社的调查［J］.中国农村经济，2009（8）.

　　［20］徐旭初，吴彬. 治理机制对农民专业合作社绩效的影响——基于浙江省526家农民专业合作社的实证分析［J］.中国农村经济，2010（5）.

　　［21］黄祖辉. 中国农民合作组织发展的若干理论与实践问题［J］.中国农村经济，2008（11）.

　　［22］邓衡山等. 中国农民专业合作经济组织发展现状及制约因素分析——基于全国7省760个村的大样本调查［J］.现代经济探讨，2010（8）.

　　［23］戎承法，楼栋. 专业合作基础上发展资金互助的效果及其影响因素分析——基于九省68家开展资金互助业务的农民专业合作社的调查［J］.农业经济问题，2011（10）.

　　［24］崔宝玉，陈强. 资本控制必然导致农民专业合作社功能弱化吗？［J］.农业经济问题，2011（2）.

　　［25］邓衡山等. 组织化潜在利润对农民专业合作组织形成发展的影响［J］.经济学（季刊），2011（7）.

　　［26］Hoff, Karla and Joseph Stiglitz, Introduction: Imperfect Information and Rural Credit Markets – Puzzles and Policy Perspectives［J］. World Bank Economic Review, 1990, 4（3）.

　　［27］温铁军，姜柏林. 重构"服务三农"的农村金融体系［J］.中国农村信用合作，2007（10）：27 – 28.

　　［28］周立. 农村金融市场四大问题及其演化逻辑［J］.财贸经济，2007（2）.

　　［29］王曙光，邓一婷. 民间金融扩张的内在机理、演进路径与未来趋势研究［J］.金融研究，2007（6）.

　　［30］Jan P. Krahnen, Reinhard H. Schmidt. On the Theory of Credit Cooperatives: Equity and Onlending in a Multi – tier System——A Concept Paper［R］. Working Paper, 1995.

　　［31］韩俊. 加快构建普惠农村金融体系研究［J］.中国农村信用合作，2008（12）.

　　［32］World Bank. China – Farmers Professional Associations Review and Policy Recommendations, East Asia and Pacific Region［R］. The World Bank, Washington, DC, 2006.

　　［33］何广文. 农民专业合作社金融服务模式探析［J］.中国农村信用合作，2009（3）.

　　［34］张晓山等. 两种组织资源的碰撞与对接——四川射洪棉花协会的案例研究［J］.中国农村经济，2001（4）.

　　［35］Avishay Bravermana, Joseph E. Stiglitz. Landlords, Tenants and Technological Innovations［J］. Journal of Development Economics, 1986, 23（2）.

第十六章　制度变迁与林业股份合作社发展

——以浙江省安吉县尚林毛竹股份合作社为例[①]

第一节　引言

　　农民专业合作社作为"既能保持农业家庭经营的效率，又能克服农业家庭经营局限性"的产业组织（黄祖辉，2008），近几年来在全国发展迅猛。据国家工商总局提供的最新数据，截至2011年底，全国经工商注册登记的农民专业合作社达52.17万家，实有入社农户4100万户，约占全国农户总数的16.4%，农业合作社广泛分布在种植、畜牧、农机、渔业、林业等各个行业。就林业而言，林权制度改革将集体林地分配到林农个人，这体现了外力强制形成的"统"向激发林农生产积极性的"分"的转变；林业合作社大量涌现并将林农联合起来，则是林农为适应市场竞争、满足生产需要而自发走向"统"的过程（孔祥智等，2009）。实践表明，林业合作社在化解林农经营风险和市场风险，促进林业规模经营方面起到了非常重要的作用（谭智心等，2010）。

　　在林改推进较早的福建、浙江等地区，目前出现的林业合作社类型至少可以分为两种：一种是专业合作社，也是较为普遍的，其运作模式和一般的农民专业合作社类似，即农户专心于农业（林业）生产，而将其他经营活动，如投入品的采购，新技术的选择，信息的获取，产品的分级、包装、加工、运输、营销以及品牌化分离出去，由合作社统一经营与服务（黄祖辉，2008）。另一种是股份合作社，即林改后，农户将手中的林地、林木产权经资产评估折成现值后入股，成立林业股份合作社（孔祥智等，2009），由合作社来负责一切林业生产与相关的经营活动，合作社收益后再进行按股分红。

　　随着许多林区第二、第三产业的迅速发展，从事林业第一产业的劳动力越来越少，一些农户既要在外面打工、做生意，又要照看家里的林地，既不方便，也不经济，所以，越来越多的农户开始选择把自己的林地和林木产权作价入股成立林业股份合作社。但据国家林业局的信息，截至2011年3月，我国林业合作社入社农户仅占获得林权证总户数的9%，经营林地面积只占集体林地总面积的2.7%。林业合作社为什么发展缓慢，股份合

---

　　① 执笔人：楼栋、毛飞、孔祥智。

作社会成为林业合作社的主要形式吗？本章试图在制度变迁视角下，从浙江省安吉县尚林毛竹股份合作社的个案分析入手，围绕以下问题展开研究：林业股份合作社是如何出现的，又是如何运作的？林业股份合作社显示了哪些优越性，还存在哪些问题？林业股份合作社未来的发展空间如何？它带给我们的启示有哪些？

第二节　制度变迁视角下林业股份合作社的产生及其运作

一、制度变迁理论及其应用

制度变迁理论认为，一定的社会知识存量和资源禀赋决定了社会经济的技术生产边界，制度变迁的目的是选择一种社会组织形式，形成结构性生产边界，以使技术边界内成本最小而产出最大（诺斯，1994、1999）。在制度变迁的动因上，不同学者有着不同的理解：拉坦（1994）认为，制度变迁本身是一种资源实用性的活动，可能是由于与经济增长相联系的更为有效的制度绩效的需求所引致的；戴维斯与诺斯（1994）在分析了影响制度变迁的因素后指出，在现有的制度结构下，由于规模经济、外部性、风险和交易费用等制度环境发生变化，导致经济主体或行动团体之间利益格局或收入发生变化，在这种情况下如果行动团体预期的净收益超过预期的成本，一项制度安排就会被创新，即发生制度变迁。

近几年来，以科斯、诺斯为代表的新制度经济学在中国备受重视，中国丰富的制度变迁事实也为制度经济学研究提供了充实的理论素材（黄少安，2000）。在农业组织制度变迁方面，也有许多学者运用新制度经济学的分析方法和制度变迁理论分析了中国农业经济组织形式的选择（池泽新等，2003），比较了龙头企业带动型、中介组织联动型和合作社一体化三种农业产业化模式（郭晓鸣等，2007），对农业合作组织的制度经济学分析也取得了许多有益的成果（国鲁来，2001；袁迎珍，2004）。

本章将运用制度变迁理论，以浙江省安吉县尚林毛竹股份合作社为案例，详细阐述林业股份合作社的产生过程与运作机制。根据制度变迁理论，一般来说，制度变迁过程中变迁总成本和变迁总收益都是递增的，并且可以知道，变迁既然得以进行，那么收益肯定是大于成本的；也就是说，林业股份合作社的成立是农户在比较了成立合作社的成本和收益后做出的理性决策。由于制度的成本收益分析只能在理论上可行，实际中很难进行计量分析，因此有关制度经济学的研究多数不是形式化和准确定量化的（黄少安，2000）。在本章中，我们也将笼统地使用制度成本与收益的概念。

二、林业股份合作社产生及其运作的理论模型

根据上述制度变迁理论，我们可以设定农户选择成立林业股份合作社行为决策的数学

表达式为：$D(R) = P\{(E-C) > R\}$；其中，E 为农户成立林业股份合作社的预期收益，C 为农户成立和运作林业股份合作社的成本（损失），R 为农户目前单家独户经营时的平均收益，$D(R)$ 为农户成立林业股份合作社的决策函数。该模型表明，农户成立林业股份合作社的预期收益、林业股份合作社成立及其运作的相关成本以及农户目前单家独户经营所享有的平均收益将影响农户成立林业股份合作社的行为决策。只有当农户成立林业股份合作社的预期收益扣除合作社成立与运作成本后的净收益大于其在单家独户经营时的平均收益，农户才会做出成立林业股份合作社的决定，否则他们就不愿意成立合作社。

该模型中农户成立和运作林业股份合作社的相关成本（损失）和农户单家独户经营时的平均收益是相对较易确定的变量，而成立林业股份合作社的预期收益难以确定，取决于农户考虑机会成本后的成立林业股份合作社预期收益及其所处的外部环境。

其数学表达式为：$E = f\{F(Xi), G\}$

约束条件为：

$F(Xi) \geqslant 0$

$G \geqslant 0$

其中，$F(Xi) \geqslant 0$，意味着农户考虑机会成本后的成立林业股份合作社预期收益至少大于零，农户的机会成本指的是除了成立林业股份合作社外的其他选择所产生的收益，如农户将林地转包给其他人所获得的定期收益。G 为政府对林业股份合作社的认同和支持程度。$G \geqslant 0$，意味着农户成立林业股份合作社必须得到政府的认同（至少不反对）。总之，该模型表明，农户成立林业股份合作社的预期收益取决于考虑机会成本后的成立林业股份合作社预期收益和政府对林业股份合作社的态度，以及两方面的共同作用。

从上面理论模型的讨论可知，农户成立和运作林业股份合作社的行为决策和意愿受农户所处的外部环境和农户自身因素的共同影响。农户只有在对成立和运作林业股份合作社的成本和收益进行比较后，才会最终做出是否成立林业股份合作社的意愿表露和行为选择。

第三节　安吉县尚林毛竹股份合作社的成立及其运作

安吉是全国百个林改典型县之一，于 2006 年完成了 192 万亩山林承包经营的林改任务，20 万农户获得山林权证，这对当地林业经济发展和农民增收起到了重要作用。2009年，安吉林业产值突破 112 亿元，对县域经济的贡献率达到 30%；竹产业平均为农民增收 6500 元，占到农民纯收入的 60% 左右。安吉县尚林毛竹股份合作社位于浙江省湖州市安吉县钣山乡尚书圩村，成立于 2008 年 12 月，现任理事长由该村党支部书记李某兼任。李某出生于 20 世纪 60 年代，初中文化，从 2002 年就开始担任村支书，之前他自己办过竹筷厂，有较为丰富的毛竹产业经营管理经验。尚书圩村距安吉县城 18 千米，全村总面积 5.98 平方千米，下辖 3 个村民小组，312 户农户，共 1140 人。全村山林面积共 7030 亩，其中竹林面积 6200 亩，2008 年农民人均纯收入达 13079 元，村集体可支配收入达 33 万元。

一、农户单家独户经营时的平均收益下降

近年来，当地的竹林效益及林农的相关收入并不十分乐观，林农普遍反映林业投资增加（产前、产中、产后环节成本上升），人工工资提高，劳动力紧缺（这是由于当地林业相关的第二、第三产业发展迅速，从安吉占全国 1.5% 的立竹量产出了全国 18% 的竹产值中便可见一斑，安吉是真正把一根竹子做成了一个产业），林产品不能及时下山。据当地村民介绍，清明前后砍毛竹，靠肩膀背，每人每天 200 元，都请不到人。单一的林业一产收入不能真正使农户增收，单家独户的经营方式既耗费劳动力也达不到良好的管理。

二、股份合作社可以满足农户的持续增收需求

当地的一些村子在遇到单家独户经营平均收益下降的情况时，开始尝试着通过山林流转，来进行大户承包经营。到 2008 年底，安吉通过不同形式进行流转的山林面积达到 15.79 万亩，占山林总面积的 7.6%；其中统管山面积 12.89 万亩，责任山面积 1.97 万亩，自留山面积 8875 亩，涉及流转农户 4403 户，集体 147 个。在已流转的林地中 90% 以上的林地是通过承包、租赁的形式流转的，由承包大户一次性或按一定的基数每年付给林农或集体租金（安吉县林业局，2009）。大户通过林权抵押贷款加大了对林地的投入，通过规模经营、集约经营让流转的林地产生了很好的经济效益，如安吉县报福镇林农杨某 2005 年承包了 1000 亩毛竹林，通过修建林道和低产林改造，到 2010 年底毛竹产量增加到了 130 万斤，是 2005 年产量的 2 倍左右；同时，每度毛竹生产成本节省 22 万元，杨某用 4 年时间（两度毛竹）就收回了投入山林的 100 万元成本。杨某靠投入山林富了，他承包的山林也因流转增效了。

但是，一个新的问题也出现了：通过承包这种流转方式，许多林农虽然在保证一定收入的情况下能从林地中解放出来，从事第二、第三产业，实现农村劳动力的转移，促进了农民增收，但大量林农在"失地"的情况下对自己的林地也长期"失权"了，他们从林地上得到的一次性收入或每年的收入只是一个较低的基数；广大失地林农将在一个较长的时间内享受不到政府对林地的优惠政策。而对于村集体来说，山林承包后只能使 1~2 个村集体一时有钱，却失去了经营山林持续壮大集体经济的可能。这样的林地流转方式无法达到林地效益持续增加、林农收入持续增长、村集体经济持续壮大的目的。因地制宜，建立各种模式的"民办、民管、民受益"的林业合作社是对该流转方式总结提炼后所进行的积极探索；而"林农通过林地作价入股成立林业股份合作社，统一管理、统一经营、统一销售，利益共享、风险共担"的模式就是当地林农在各级政府和相关部门的指导下探索出的一条适合现代林业发展的路子。

三、林改契机催生了林业股份合作社的产生

尚书圩村以林改为契机，开始积极探索现代林业经营方式，引导林农规模经营，加快现代林业发展。村委会于 2008 年 8 月中旬，召开了三次以组建林业股份合作社为主题的动员大会，进行 5 次不同层面的座谈会和户主会，集思广益，充分听取农户的意愿。当时村里农户对股份合作的理解不到位，不相信合作，认为合作是回到大锅饭时代。于是，村委想办法先开导几位核心成员，让他们去开导其他农户；上级主管部门（林业局）也积极帮助，到村里宣传发动。2008 年 12 月，根据该村劳动力转移现状，在吸纳了 42 户农户、675 亩竹林后，成立了安吉县尚林毛竹股份合作社。当初制定的原则是：入社自愿、退社自由，统一管理、统一经营、统一销售，利益共享、风险共担，将村里的剩余劳动力投入到其他产业就业，扩大农户的增收渠道。合作社办公地点位于尚书圩村委办公楼内，房屋两间，面积 110 平方米。

在林业股份合作社成立前，有一个林地作价评估入股的过程。对自愿入社农户的竹林进行基数评估的方法是：由社员推荐评估小组成员，4 人 1 组（同一评估小组里的成员一般来自不同的村民小组，以方便监督）对毛竹林进行实量（1200 根竹子，70 元/工的评估工资），折股；一度毛竹 10000 斤为 1 股，共有股份 114.12 股，折合资金 419439.1 元。在股权分布上，现任理事长（李某）持股数 4.7 股，占 4.12%；理事会成员持股总数 17.2 股，占 15.08%；监事会成员持股总数 6.45 股，占 5.651%；普通会员最多持股数 5.25 股，占 4.6%；普通会员最少持股数 0.9 股，占 0.791%；最大的前 5 个股东股权分别为 5.25 股、4.7 股、4.3 股、4.27 股和 4.08 股。股份合作中没有出现一股独大的现象，重大事项都是通过大家开会决定，基本上实现了农户的民主管理。目前，林业合作社财务管理这一块委托给了村委财务，公开透明，社员都比较放心。

2008 年底，在合作社会议室召开了安吉县尚林毛竹股份制合作社成立大会，全体合作社成员出席，大会由村书记李某召集并主持。安吉县分管领导和相关部门的负责同志也列席参加，体现了对林业股份合作社的重视，这也使合作社社员备受鼓舞。大会由社员一人一票行使表决权，一致通过了合作社章程。在组织结构上，按照合作社法的框架设置，选举产生理事会和监事会一共 7 人，李某任理事长（任期三年），理事长为合作社的法定代表人。陈某等 4 人任理事，徐某等 2 人任监事，任期三年。

在合作社运行模式上，社员把自己的林地交给合作社统一管理（合作社用 1200 元/月的工资请了专门人员负责，这些人是当地的老林农，虽然学历低，但经验丰富，管理效果好）、统一经营（修建了林道，方便林产品下山，以前山坡从上到下的砍竹成本依次为 16 元、9 元、5 元、4 元，有林道后统一 5.5 元，节省了成本）、统一销售（节省了中间商费用）。如此，则合作社可以"为林农增收，为已经转移出去的劳动力省心，而且还把没有转移的农户逼出去上班以增加额外收入"，这是理事长的原话。合作社的治理机制十分简单明了，到砍竹的时候，理事长召集大家开社员大会，大家根据市场行情定竹子卖价和砍竹工的工资，各抒己见，一人一票，民主决策。在合作社收益分配方面，2009 年，合作社承接各级政府的相关项目资金 50 万元，经营性收入还不是很多（还没有砍竹），之后通过合作社决议，准备按照合作社提留 60%，给农户发放的 40% 以按股分红的方式进行分配。合作社准备用提留、相关项目经费以及以后林权抵押贷款来进行低产竹林改造、竹产品品牌经营等业务的开展。林业股份合作社的成立与运行充分体现了"民办、民管、民受益"的原则。

四、当地政府扶持、农村社会资本利用降低了林业股份合作社的成立与运作成本

安吉县政府和相关部门在贯彻落实《关于深化集体林权制度改革的若干意见》和浙江省委省政府《关于进一步深化林权改革的若干意见》的基础上，根据相关政策法规，基于安吉林业产业发展特征，制定了相应的林业合作社支持办法，如完善农村土地（林地）流转的意见、县十佳合作社评选、林权抵押贷款贴息、林道修建项目扶持、竹林精品园项目实施等，促进了安吉林业合作社的发展。具体到安吉尚林毛竹股份合作社，无论是合作社成立前的指导宣传（如合作社法的宣传、股份合作的指导），成立时的审批注册（安吉县在林业合作社注册大厅通过电子显示屏、宣传栏等多种形式介绍林业合作社的登记知识和流程，设立登记专窗，实行优先登记，尤其对林权出资条件、林木评估、业务范围、出资金额等内容给予登记指导，提供"一条龙"快捷注册服务，快速办证领取执照），还是成立后的项目资金扶持（如林道修建与其他相关扶持资金 50 万元），都得到了当地各级政府领导与相关部门的大力支持。可以说，当地政府的高度重视与大力扶持使得林业股份合作社的组织成本大大降低，为合作社的快速发展与稳定运行保驾护航。

在安吉尚林毛竹股份合作社的诞生与运作过程中，我们还发现了农村社会资本利用对降低林业股份合作社组织成本的作用。在发起成立过程中，发起者利用乡村社会"差序格局"（费孝通，1948）的特点，先让每个村民小组里德高望重、威信较高的人理解股份合作的意义所在，然后再让他们把想法带给身边的人，这样就便于达成共识。在理事长的选择上，本来资本可以体现出持有人的经营能力，这在信息不充分的陌生社会是十分有价值的，可以避免东郭先生来滥竽充数搞经营（张维迎，1995），但是在林业股份合作社里大家的资本都差不多，那怎样才能选出有经营能力且有动力去搞好合作社的带头人呢？农村社会资本又起到了关键作用：农村是一个熟人社会，每个孩子都是在人家眼中看着长大的，一个人经营能力的强弱村里人都心知肚明，连其品德与习性都了如指掌，广大农户很容易推选出一位出色的经营者，这里不需要资本来传递信息；此外，这位经营者也承受了压力，他不敢乱来，有能力，他会出来带大家致富，没能力就让贤，农村里口碑与面子很重要，是一种约束，也是一种激励，这从许多合作社理事长的使命感中就可以感觉到，安吉尚林毛竹股份合作社的理事长李某也不例外。此外，在财务管理方面，合作社委托给了村委管理，这充分利用了社区资源。总之，无论是差序格局、熟人社会，还是财务委托，在本质上起作用的还是农村社会的信任关系，它在很大程度上降低了林业股份合作社的组织成本，增强了合作社的稳定性。

五、小结

回到我们之前根据制度变迁理论设定的农户选择成立林业股份合作社行为决策的数学表达式：$D(R) = P\{(E-C) > R\}$。在安吉县尚林毛竹股份合作社的成立及其运作过程中，农户单家独户经营时的平均收益下降，即 R 在变小；当地政府扶持、农村社会资本利用降低了林业股份合作社的成立与运作成本，即 C 在变小。而农户成立林业股份合作社的预期收益 E 取决于考虑机会成本后的成立林业股份合作社预期收益和政府对林业股份合作社的态度，以及两方面的共同作用；农户在比较了林地转租和入股合作社的比较收益后，认为股份合作社可以满足农户的持续增收需求，能给农户带来的收益更大，"民办、民管、民收益"的合作社原则也让农户看到了成立林业股份合作社的预期收益，既满足 $F(Xi) \geq 0$，同时，林改契机和当地政府对成立林业股份合作社的支持使 $G \geq 0$ 的条件也得以满足，于是农户成立林业股份合作社的预期收益 E 在变大。根据上述分析，安吉县尚林毛竹股份合作社的成立及其运作符合 $(E-C) > R$，制度变迁理论很好地解释了农户成立林业股份合作社的行为决策。

第四节　林业股份合作社初显的优越性与潜在的问题

一、林业股份合作社的优越性

安吉尚林毛竹股份合作社成立时间虽不长，但是，其优越性已经初显。

首先，提升了林农与下游竹制品加工企业的市场谈判能力，打破了原来林农只能无奈地面对竹制品加工企业的独家买方垄断、完全被动地接受其单方给定的竹笋等级和毛竹价格的市场格局，实现了林农抱团与竹制品加工企业直接谈判、讨价还价，在竹笋和毛竹的收购价格形成中占有一席之地。由此还引来了多家竹制品加工企业上门联系，寻求建立长期合作关系。理事长李某形象地反映，成立林业股份合作社后最大的变化是从原来的"送毛竹"（之前农户需要自己单家独户地送毛竹到竹制品加工厂）变成了目前的"卖毛竹"。当然，这和理事长李某多年的毛竹产业生意经也是分不开的。

其次，实现了规模经济与分工经济。这在前文讨论林业股份合作社运行模式中已有体现。从低产林改造到林地维护；从产前农资购买到产后竹笋、毛竹销售；从林道修建到砍竹工聘请，这些环节都实现了规模经济，相关成本大大降低。在分工经济方面，林业股份合作社的成立使农户既方便又赚钱，免去了在家林业生产经营和在外打工、做生意之间转换的时间浪费和辛苦，生产效率显著提高。正如一位社员所说，"以前既搞林业又出去打工，辛苦不说，有时常常两头都顾不上，效益不好"。

最后，股份合作便于抵押贷款和实现持续增收。安吉县对林权抵押贷款有 6 贴 3 的利率优惠，这使得合作社可以用全体社员的林权去申请低息的抵押贷款，解决一般合作社中容易遇到的资金短缺和贷款难问题。同时，由于股份合作社的股权还是归农户所有，农户在"失"地的同时并没有失权，随着林业产业的发展和政府相关惠农政策的实施，可以实现"林地效益持续增加、林农收入持续增长、村集体经济持续壮大"。

由于效益明显，2010 年加入合作社的农户数达 200 户，占全村农户的 60% 左右，林地 3000 亩，占全村林地的一半左右。一些已经在外面赚到钱的社员这样说道："200 户农户，3000 亩林地，原来要 200 多人干活，现在只需两三人，其他人打工、开农家乐赚钱；现在入股，就无所谓多赚少赚，只是让合作社帮我们看着子孙林了。"

二、林业股份合作社的困境与问题

安吉尚林毛竹股份合作社在取得明显的股份合作效益的同时，运行中也遇到一些困境，暴露了不少问题，主要可以总结为以下五个方面：

一是新加入社员的毛竹估价问题。由于尚林毛竹股份合作社的效益明显，要求申请加入的农户越来越多。而合作社一般愿意接收毛竹长得不好的，因为长得好的作价可能就高了，之后统一管理时可能就达不到原来单家独户精心培养时那么好的产量，现在尚林毛竹股份制合作社准备采用作价时打折的方法来吸纳这部分农户。

二是合作社管理人员的工资问题。由于规模扩大，兼职管理就有点跟不上了。合作社的管理人员不给工资，只进行义务劳动，不合常情，也没有物质激励（精神激励一直存在，因为合作社办得好的话村里人都会对你竖大拇指），不适于合作社的长期稳定发展与运行。当前理事会正在研究是否需要收取会费，以保证合作社的正常运行，当然，最终的方案要提请社员大会表决通过。

三是股份合作社是否还是合作社的问题。这个问题曾一度阻碍了尚林毛竹股份合作社的成立注册，后来经过浙江省相关部门的调研论证后，最终把这样的林业股份合作社界定为合作社，与农民专业合作社一样在工商管理部门以合作社的名义注册，享受农民专业合作社的一切优惠政策。但是，在一些地方，林业还无法成立合作社，只能靠注册茶叶合作社、油菜合作社等来打擦边球。其实，在我国，土地（林地）是基于人口承包到户的，是基于农户劳动者个体的，这样的股份合作体现的是一种农户的合作，是劳动者组织联合起来降低生产经营成本。所以，从一定程度上看，农户的土地（林地）股份合作社也可以作为合作社的一类，是人的集合，而非资本的集合；是劳动雇用资本，而非资本雇用劳动。安吉县尚林毛竹股份制合作社的股权结构和管理模式上可以清晰地体现出这一点。

四是股份合作和专业合作的选择问题。林改后，分散的林农选择在一定程度上进行合作是一种必然，这在家庭联产承包责任制实施后农民合作经济组织的发展过程中便可以清晰地看出来。那么，就林业而言，是选择股份合作还是专业合作呢？理事长李某说，当初选择股份合作还是因为劳动力转移的原因，现在村里搞林业一产的农户已经很少了。专业合作是指在家庭承包经营的基础上搞合作，以减少产前、产中、产后成本，提高对外谈判力。但是，没有劳动力愿意从事林业家庭生产经营时，可能用股份合作的方式比较好。当然，在一些劳动力还大量留在农村的林区，可能选择专业合作会比较有效，毕竟专业合作可以发挥家庭经营精耕细作的优势（正如前面提到的"林地统一管理时可能就达不到原来单家独户精心培养时那么好的产量"），这种优势在劳动密集型农业产业（如温室大棚的反季节蔬菜种植、林下经济作物培育等）中体现得更为明显。

五是债权与股权的选择问题。如果当初尚书圩村的林农也选择承包给大户经营，那么他们在"失地"的情况下对自己的林地也长期"失权"，从林地上得到的一次收入或每年的收入只是一个较低的基数，这相当于"债权"。这一份债权收入虽然少，但是固定，没有风险。成立林业股份合作社，农户就变成了股东，可能收益会比较高，但是也面临亏欠的可能。所以在债权与股权之间，也需要农户自己去权衡，去进行他们自己"英明"的计算。

第五节　前景展望与启示

在未来规划方面，安吉县尚林毛竹股份合作社有如下的打算：一是先把现有的3000亩毛竹林经营好，管理好，用事实说话，让老百姓看到并得到林业股份合作社实实在在的好处；二是利用项目经费来进行低产林改造与相关基础设施的建设，如林道、地磅等；三是兴办竹业下游加工企业并尝试拓展林业休闲观光产业，探寻村集体经济的增收途径。总之，这样的林业股份合作社用林地和毛竹作价入股，产权十分清晰，林农可以按股份分红，很省心；但前提是当地的第二产业、第三产业可以持续发展，可以吸纳这些转移出来的劳动力。

从安吉尚林毛竹股份合作社的案例中，我们可以得到以下四个基本推论：

第一，走向合作是林权改革后分散林农的必然选择，但是，合作形式是专业合作还是股份合作，并无固定范式。从案例中我们发现，当地林业产业的发展情况、劳动里转移情况、农户的风险偏好等都会影响到合作形式的选择。多样化合作形式的出现，是农户在进行资源（资本、土地、劳动力）配置效率的比较后，选择不同的剩余权利赖以实现的最优组织形式的结果。所以，发展林业合作社需要因地制宜，不能一刀切，要多听取农户的意愿。

第二，政府对于林业股份合作社的扶持不可或缺，但其介入应当有度。成立林业股份合作社是林农的一次集体行动，其目的是通过联合行动追求林农的共同利益。但是由于"搭便车"行为的存在，集体行动往往难以产生（奥尔森，2003）；况且在发起成立林业股份合作社时，往往大家的股份都差不多，难以进行"选择性激励"，而在其他农民专业合作社中，大部分都是由大户发起的（张晓山，2009），所以能较好地解决发起人不足的问题。这样一来，林业股份合作社就需要各级政府与相关部门的介入，作为发起者去引导集体行动的发生。然而，如果政府介入过多，那在林业股份合作社的发展过程中就会被注入政府意愿与行政色彩,这将不利于合作社市场主体作用的发挥和农户真实意愿的体现。事实上,相当一部分学者认为,只要政府插手,农民专业合作社就会"变味",最后自行消亡。因此,发展林业股份合作社时政府千万不要过多干预。

第三,要充分利用农村社会资本来降低林业股份合作社的组织运行成本,增强合作社的稳定性。在安吉尚林毛竹股份合作社的诞生及其运作环节中,我们都可以看到农村社会资本在其中所起的降低合作社组织成本(交易费用)的作用。其实,除了本章提到的合理选择带头人和激励作用外,农村社会资本还可以保证社员对社长的信任(郭红东等,2008)、增强合作社的服务功能(黄季焜等,2010)、提高社长对合作社的发展信心(楼栋等,2010)等,这也启示我们可以把社会资本和交易费用结合起来作为一个视角,来研究合作社的运行模式与治理机制问题。

第四,林业股份合作社的发展道路并不一定要"自下而上",关键在于林农是否存在对合作的强烈需求,在于林业股份合作社的运行能否真正坚持"民办、民管、民受益"。在安吉尚林毛竹股份合作社的诞生与运作过程中,我们看到了其所坚持的"民办、民管、民受益"原则,同时也看到了当地政府、相关部门和村委一起指导并帮助林业股份合作社成立的整个过程,林农的需求也随着合作社的产生与运行而得到了满足。也就是说,林业股份合作社这个新制度既可以沿着"自下而上"的路径发展,也可以沿着"自上而下"的路径落实(刘玉照等,2009),而这个"上"与"下"的结合点,就是那些"具有合作精神的熊皮特式企业家"(苑鹏,2001),就像本案例中的尚书圩村支部书记李某。

参考文献

[1] 安吉县林业局. 记安吉县尚林竹林股份制合作社 [J]. 林业工作研究,2009(3).

[2] 奥尔森. 集体行动的逻辑 [M]. 上海:上海人民出版社,上海三联出版社,2003.

[3] 池泽新,郭锦墉,陈昭玖,傅小鹏,蔡阳. 制度经济学的逻辑与中国农业经济组织形式的选择 [J]. 中国农村经济,2003(11).

[4] 戴维斯,诺斯. 制度变迁的理论:概念与原因 [A]//财产权利与制度变迁[M].上海:上海三联书店,上海人民出版社,1994.

[5] 郭红东,杨海舟,张若健. 影响农民专业合作社社员对社长信任的因素分析——基于浙江省部分社员的调查 [J]. 中国农村经济,2008(8).

[6] 国鲁来. 合作社制度及专业协会实践的制度经济学分析 [J]. 中国农村观察,2001(4).

[7] 郭晓鸣,廖祖君,付娆. 龙头企业带动型、中介组织联动型和合作社一体化三

种农业产业化模式的比较——基于制度经济学视角的分析 [J]. 中国农村经济，2007（4）.

[8] 黄季焜，邓衡山，徐志刚. 中国农民专业合作经济组织的服务功能及其影响因素 [J]. 管理世界，2010（5）.

[9] 黄少安. 关于制度变迁的三个假说及其验证 [J]. 中国社会科学，2000（4）.

[10] 黄祖辉. 中国农民合作组织发展的若干理论与实践问题 [J]. 中国农村经济，2008（11）.

[11] 孔祥智，何安华，史冰清，池成春. 关于集体林权制度改革和林业合作经济组织建设——基于三明市、南平市、丽水市的调研 [J]. 林业经济，2009（5）.

[12] 拉坦. 诱致性制度变迁理论 [A]//财产权利与制度变迁 [M]. 上海：上海三联书店，上海人民出版社，1994.

[13] 刘玉照，田青. 新制度是如何落实的？——作为制度变迁新机制的"通变"[J]. 社会学研究，2009（4）.

[14] 楼栋，郭红东，于雷，陈鹏. 影响农民专业合作社社长对其合作社发展信心的因素分析——基于浙江省部分农民专业合作社社长的调查 [J]. 内蒙古农业大学学报（社会科学版），2010（3）.

[15] 诺斯. 制度、制度变迁与经济绩效 [M]. 上海：上海三联书店，1994.

[16] 诺斯. 西方世界的兴起 [M]. 北京：华夏出版社，1999.

[17] 谭智心，孔祥智. 集体林权制度改革后林业合作社发展的思考——福建省永安市林业合作社调查报告 [J]. 北京林业大学学报（社会科学版），2010（3）.

[18] 苑鹏. 中国农村市场化进程中的农民合作组织研究 [J]. 中国社会科学，2001（6）.

[19] 袁迎珍. 农业合作组织：历史变迁和制度演进——推进我国农业经营组织化的新制度经济学分析 [J]. 经济问题，2004（2）.

[20] 张晓山. 农民专业合作社的发展趋势探析 [J]. 管理世界，2009（5）.

[21] 张维迎. 企业的企业家——契约理论 [M]. 上海：三联书店上海分店，1995.

第十七章　农民合作社制度安排与现代农业发展

第一节　统分结合与农业规模化经营
——基于河南省荥阳市新田地种植专业合作社的案例分析[①]

一、问题的提出

农业规模化一直以来都是中国农业政策高度关注的目标。大量的文献研究与实践经验证明，适度规模经营是发展现代农业的必由之路，既有利于优化土地资源配置和提高劳动生产率，又有利于保障粮食安全和主要农产品供给，还有利于促进农业增效、农民增收（Chen et al.，2009；曹东勃，2013；Yang et al.，2014；李文明等，2015）。近年来，我国政府连续出了数个高规格的促进或与规模化经营相关联的政策文件。2016年"中央一号文件"提出"要建立新型农业服务主体，发挥多种形式农业适度规模经营引领作用，充分发挥多种形式适度规模经营在农业机械和科技成果应用、绿色发展、市场开拓等方面的引领功能"；2017年"中央一号文件"再次提出，"要积极发展适度规模经营，通过经营权流转、股份合作、代耕代种、土地托管等多种方式，加快发展土地流转型、服务带动型等多种形式规模经营"。

"以史为鉴，可以知兴替"。从历史看，我国农业规模化经营大致经历了三个阶段。第一阶段是20世纪50年代至80年代初举国体制下大规模经营的合作化运动期，因生产效率低下等原因最终不得不终止探索。第二阶段是20世纪80~90年代的向家庭分散经营的转型期，虽然家庭分散经营在一定历史时期发挥了重要作用，但是经营规模过小带来的资源要素配置效率不高、生产对价格信号反应不灵敏的弊端逐步凸显。尽管早在开始全面推行家庭承包经营制度时，中共中央在1984年的一号文件里就明确指出"鼓励土地逐步向种田能手集中"，但直到1996年，流转土地面积占家庭承包经营总面积的比重还不到

---

① 执笔人：周振、张琛、安旭、孔祥智。

1%。第三阶段是新世纪以来，尤其是2007年全国人大出台《物权法》和2008年中共十七届三中全会提出"赋予农民更加充分而有保障的土地承包经营权，现有土地承包关系要保持稳定并长久不变"，极大地推进了土地流转和规模化经营，2009年起，土地流转面积占家庭承包经营总面积的比重达到两位数并不断攀升，2016年全国土地流转面积达到了35%，流转面积达到4亿亩以上，经过土地流转后形成的经营规模为30亩以上的农户为1052.1万户，相比90年代有了较大改观。总体而言，通过土地流转探索出了一条在家庭承包经营基础上迈向适度规模经营的新道路。大量的文献对此种方式评价极高，认为这是在保持农业基本经营制度不变的前提下，中国农业走向规模化经营的有效途径（Kalirajan and Huang，1996；陈锡文、韩俊，2002；张红宇等，2015；赵鲲、刘磊，2016）。

但是，当前以土地流转通往规模化经营的生产模式正面临国内生产成本上升与全球农产品价格下跌的双重挑战。据《全国农产品成本收益统计资料》统计，2011年至2015年，稻谷、小麦、玉米三种主要粮食每亩平均总成本由791.16元上升到1090.04元，按可比较价格计算增长了26.5%，尤其是土地成本增长了41.7%，增长速度位于各项投入之首，成为了成本快速上涨的主引擎；同期，全球稻米、小麦、玉米三大谷物价格分别下降34.27%、40.11%和44.50%[①]。生产成本与经营收益的"一升一降"，导致农业经营利润快速下降，全国不少地区已出现了规模经营"开倒车"的现象（王建等，2016；高强，2017）。如秦风明、李宏斌（2015）在山西的调研发现，长治、晋城等地出现了多起"毁约弃耕"事件，土地流入方因经营压力上升，单方面解除合同，强行退回耕地。笔者在黑龙江省克山县调查也发现了类似现象，因玉米价格低迷以及地租成本居高不下，大量的农机合作社减少了种植规模，单方面与农户撕毁土地流转合约。总体看，在粮价下跌与地价居高的双重冲击下，我国流转土地式的规模化经营方式陷入了困境，建立在地租成本之上的规模化经营越来越受到学者质疑（党国英，2016；联办财经研究院课题组，2017）。

然而，在全国农业规模经营"开倒车"趋势抬头背景下，河南省荥阳市新田地种植专业合作社（以下简称"新田地合作社"）开展的规模化经营却表现出了与众不同的地方。首先是经营规模持续扩大，经营规模已从2011年的200亩增加到2016年的5万多亩；其次是在2016年东北"玉米贱卖"与华北"小麦难卖"时期，合作社产品不但供不应求而且价格普遍高出市场价格0.1~0.2元/斤。那么，为何在大量新型农业经营主体经营规模缩减背景下，新田地合作社经营规模反而逆势而上呢？为何在全球农产品低价周期内，合作社产品反而供不应求，并且价格普遍高于市场价格，新田地合作社在规模化经营中展现出的独特效果非常值得我们深思。与当前国内多数新型农业经营主体规模经营方式相比，新田地合作社究竟采取了哪些特殊的制度安排，或者在规模化经营中把握了哪些关键因素？以期本节的研究能够为我国当前规模化经营困境开辟出一条破解之路。

---

① 数据来源于国际货币基金组织，http：//www.imf.org/external/index.htm。

二、资料收集与案例介绍

（一）资料收集

河南省荥阳市新田地种植专业合作社成立于 2011 年 3 月，由 6 名核心成员发起成立。为获得充足、鲜活的研究资料，我们对合作社开展了三次细致的调查研究。第一次是 2016 年 6 月，在国家行政学院与合作社理事长进行了长达 4 个小时面对面的深度访谈。通过这次访谈，我们了解了合作社的发展历程，梳理出了合作社的成员组织结构、股权分布结构、主要经营业务和近年经营业绩，并对合作社的发展经历和运行机制有了初步的框架性了解。第二次是 2016 年 9 月，我们组织了 6 人的调查团，赴河南省荥阳市对新田地合作社进行了实地考察。在考察中，我们与合作社理事长和其他 4 名理事会成员进行了长达 5 个小时的半结构化访谈，重点访问了合作社系列制度选择的背景与原因，了解合作社各项机制的运行细节；重点关注了合作社经营绩效的来源，以及经营绩效与合作社制度的关联度；同时，还比较调查了合作社与普通农户各自经营的成本收益。更为关键的是，我们还考察了合作社机械服务、粮食烘干等具体服务环节。通过这次调研，我们不仅对合作社的组织结构、制度安排以及经营绩效有了全面的、系统性的认识，而且也获得了合作社规模化经营的感性认识。第三次是 2017 年 5 月，我们组织了 5 人的调查团，再次赴河南省荥阳市对新田地合作社进行实地考察。此次考察主要是为获得合作社农业社会化服务的细节资料。在考察中，我们与合作社理事长、监事长、3 名农业生产要素车间主任、1 名播种肥农机手和 10 余名合作社社员进行了长达 6 个小时的半结构化访谈，又到合作社成员比较集中的村后侯村进行了实地考察。此次调研，我们全面了解了合作社社会化服务机制，以及合作社在带动农民增收方面的作用。通过这三次调研访谈，我们共形成了近 25000 字的访谈记录。

除访谈资料外，我们还收集了河南省和郑州市两级农业部门对新田地合作社做出的总结材料及相关媒体材料。这些材料较为详尽地介绍了新田地合作社经营方式的变迁过程，也总结了新田地合作社农业社会化服务情况，这为本研究提供了较好的素材支撑。

（二）案例介绍

1. 合作社主营业务

与多数新型农业经营主体规模化经营方式不同的是，新田地合作社并没有成片流转农户土地统一经营，而是仅向农户提供农业生产性社会化服务，具体而言包括粮食生产服务与粮食流通销售两项业务。见图 17 – 1 所示。

在粮食生产服务上，合作社提供涵盖农资供应、耕、种、植保、收全程农业社会化服务。具体流程与环节如下：①签订服务合同。为确保服务的稳定性与规模，年初合作社与农户签订服务合同，确定服务种植面积、种植品种以及服务价格。一般而言，合作社服务对象都是与合作社签订服务合同的农户。②农资供应。服务合同规定，合作社服务对象必须使用合作社统一提供的种子（强筋小麦和胶质玉米）、化肥和农药等农资产品。为保证产品品质，合作社向众多小麦科研专家、教授请教如何选取优质麦品种，目前合作社已和

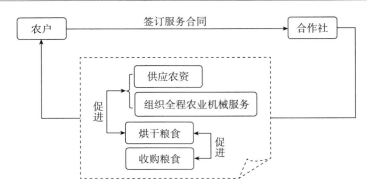

图 17 - 1　新田地合作社主营业务

河南省农科院、新乡市农科院形成了稳定的合作关系，稳定了优质种源。值得一提的是，为了进一步保障种子质量，合作社还流转了 800 亩土地用作试验，一方面试验种子实际效果，另一方面也能在农户群体内产生示范效应。在农资选择上，合作社与一线品牌企业如红太阳集团、洋丰、史丹利等建立了合作关系，这些企业为合作社提供农资施用技术指导服务，保障了农资品质。为提高优质种子推广力度，合作社每年轮流在不同的村庄免费提供种子，年免费提供种子量大约能覆盖 1000 亩地。③耕、种、植保、收全程农业机械服务。合作社为农户组织全程农业机械服务，如联系农机服务组织或个人为农户开展生产服务，同时居中协调服务价格，但不参与农业机械服务的分红与提成。

在粮食流通销售上，合作社经营粮食烘干与粮食收购销售两项关联业务。①粮食烘干。由于黄淮海地区小麦、玉米收割时水分较高，若不及时祛除水分，容易产生大量黄曲霉素，不仅会降低粮食品质、削弱销售价格，而且也不利于健康食用。当前荥阳地区农户普遍缺少粮食晾晒场，粮食烘干成为了收获后影响销售的最重要问题。为此，合作社投资建设了粮食烘干塔，一方面能促进粮食销售，丰富合作社业务；另一方面，还能促进农业生产性服务业的拓展，即通过粮食烘干服务让更多农户知晓合作社主营业务，并吸引农户参与购买合作社农业生产性服务。为更好地促进农业生产性服务与粮食烘干购销业务的相互促进，合作社构建了不同业务相互配套的产业布局，即哪里收获粮食，就在哪里配套粮食烘干塔，并建造粮食流通销售仓库。截至 2017 年 5 月，合作社共投资建成烘干塔 10座，日烘干能力 700 吨。目前，合作社烘干业务正在从粮食烘干向油菜籽等其他产品延伸。②粮食收购与销售。在次序上，粮食收购业务列于烘干之后，即合作社收购农户烘干后的粮食。烘干、销售业务的纵向一体化，既为农户提供了售粮的便利，又延伸了合作社服务链。合作社收购农户粮食时，按照国家标准控制水分，以当天价格进行结算。当天价格根据合作社 10 个收粮点的平均价格核算，一般而言合作社收购小麦的价格高出平均价格 7 分/斤，玉米价格为平均价格。

2. 合作社运行机制

首先，在组织成员结构上，合作社组建了分层制组织结构。合作社组织成员结构分为核心成员、普通成员、社员三部分。其中，核心成员为 6 名发起人，发起人在合作社共出资 40 万元；合作社成立之初普通成员 203 名，普通成员按 1000 元/股入股合作社，最高不超过 5 股，2011 年普通成员合计入股 60 万元。社员是与合作社签订服务合同的农户，社员在合作社不入股，2017 年 5 月合作社社员人数达到 1.9 万人（见表 17-1）。

表 17-1　2011～2017 年新田地种植专业合作社组织成员结构　　　单位：人

年份	核心成员数量（合作社发起人）	普通成员数量（资金入股者）	社员数量（合作社服务的农户）
2011	6	14	—
2012	6	197	—
2013	6	197	—
2014	6	197	6000
2015	6	197	12000
2016	6	197	12000
2017	6	180	19000

注：由于合作社建立了核心成员与普通成员共同参与的决策机制（见下文），合作社控制权较为分散。为提高决策效率以及提升决策权集中度，合作社通过"要求普通成员追加投资，否则退社"的方式主动减少普通成员数量。调研中，合作社未来的趋势是普通成员数量进一步减少，社员数量继续增加。由于本节的重点不是讨论合作社决策权问题，为此此处不做过多讨论，但可作为后续一个研究点。

其次，在业务决策上，合作社建立了核心成员、普通成员共同参与的决策机制。合作社的重大决策，如追加入股资金、向银行融资贷款、建造粮食烘干塔等高价值固定资产投资事项，由合作社核心成员、普通成员组成的成员代表大会决议，成员代表大会 2/3 人员同意后决策生效。其中，成员代表大会人员从核心成员与普通成员中推选产生，合作社服务对象即社员不参与成员代表大会。每 10 位成员（专指核心成员与普通成员）中产生一个成员大会代表。重大决策如融资贷款决策要求更为严格，合作社规定凡超过 100 万元的投资必须召开成员代表大会讨论，并且还要求所有入股成员均同意并签字后决策才能生效。这种决策机制建立了核心成员与普通成员相互约束的机制，据调查自合作社成立以来成员代表大会已两次否决过理事会提议。值得关注的是，合作社在重大决策上并没有采用"按股决策"的机制，而是构建出了体现"一人一票"的民主决策机制。不过，一般日常决策则由合作社核心成员或理事会成员共同商议决定。

再次，在为农服务上，合作社成立了生产要素车间。随着合作社社员数量与服务土地面积的同步快速增加，为保证合作社服务质量与效率，合作社采取"化整为零"的思路，于 2014 年创立了以村社为单位的农业生产要素车间。生产要素车间是合作社为农民服务的具体执行者。生产要素车间由一名主任和几名成员组成，车间主任一般是本村社农民。生产要素车间负责统一调配辖区内的农药、肥料、种子等农资供应，监督管理农药、化肥的使用，严防禁止使用药物和有毒有害物质在生产环节内的使用，并开展产品质量追溯、产品标识等农产品质量监管服务。

最后，在盈余分配上，合作社建立了覆盖核心成员—普通成员的多形式分配方式。根据合作社业务特征，合作社建立了两套盈余分配方式。第一种是围绕农资销售差价、粮食烘干服务、粮食收购销售三种利润之和的分配方式，盈余仅在核心成员与普通成员（即在合作社出资入股的成员）之间进行分配。其中，向合作社出售粮食的交易量占可分配盈余的40%，投资额占可分配盈余的20%，盈余剩余40%作为合作社公积金。第二种是围绕粮食贸易的分配方式，粮食贸易是合作社外向型业务，粮食收购对象既不是合作社入股成员，也不是合作社服务社员，而是合作社对外的组织或个人。粮食贸易盈余的分配方式首先是核心成员、普通成员各分配盈余的50%；其次是各群体内按个体出资额分配盈余。不过，为了积累合作社发展资金，合作社规定至合作社成立6年内，盈余仅量化到核心成员与普通成员的个人账户，尚不立即分配。

3. 合作社经营绩效

近七年时间里，新田地合作社经营绩效逐步凸显，在经营规模、带动农民增收、示范辐射上取得了突出成效。

首先，合作社经营规模持续扩张，通过服务规模化探索出了农业经营规模化的新道路。从服务面积看，新田地合作社经营规模增长迅速，已从2011年的200亩增加到2016年的51000亩，近年来经营规模均稳步维持在5万亩以上（见图17-2）。当前，伴随农业生产成本逐年攀升以及粮食价格持续走低，国内大多数新型农业经营主体经营规模缩减，新田地合作社规模化经营状况与大多数新型农业经营主体现状形成了鲜明的反差。这种反差既反映出了新田地合作社规模化经营的强劲生命力，又表明了新田地合作社规模化经营模式在抵御外界不利因素冲击下具有很强的稳定性。从经营利润看，新田地合作社的营业利润从2011年开始持续上升。截至2016年底，新田地合作社已实现盈利350万元，较2011年利润额的-60万元有了明显上升，年均增长46.9%。

图17-2 2011~2016年新田地合作社服务规模及营业利润额

其次，全程农业社会化服务"节本提价"明显，带动农民增收效果突出。小麦是新田地合作社生产服务的最主要农作物品种。从成本上看，新田地合作社小麦规模化经营比传统小农户分散经营具有成本节约的强劲优势。见表 17－2 所示，合作社成本优势主要体现在两个方面。一是投入品数量减少，合作社规模化经营亩均种子、化肥投入量分别比传统农户减少 5 公斤、40 公斤。二是投入品价格较低，合作社化肥、机械投入单价均比传统农户减少 0.2 元/公斤、20 元/亩。总体而言，合作社规模经营亩均经营成本比传统农户经营减少 111 元，相比传统农户节约成本近 30%。从产量上看，虽然新田地合作社亩均小麦投入品数量明显少于传统农户，但是小麦单产丝毫不低于传统农户。绝对数值上，合作社规模化经营单产比普通农户的高出 200 斤/亩，相比传统农户增产 20%（见表 17－3），这表明合作社规模化经营比传统农户具有明显的生产技术优势。产品售价上，合作社渠道销售的小麦价格相比传统农户高出 0.2 元/斤，价格高出近 20%。值得说明的是，在 2016 年华北"小麦卖难"的时刻，新田地合作社经营的小麦产品供不应求，益海嘉里、五得利、中粮等大型粮企争相入市收购。通过测算，在成本节约、单产提升与售价提高多方面因素作用下，合作社生产每亩小麦净利润比传统农户高出 557 元。

表 17－2　2016 年荥阳市传统农户与新田地合作社服务农户亩均小麦成本对比

生产资料	荥阳市传统农户			新田地合作社服务农户			节约成本（元）
	名称	使用量	金额（元）	名称	使用量	金额（元）	
种子	普通麦	15 公斤	60	强筋麦	10 公斤	40	20
化肥	底肥	50 公斤	150	控施肥（一次施肥）	50 公斤	140	50
	追肥	40 公斤	40				
农药	除草剂	1 袋	10	除草剂	1 袋	0	10
	防倒伏	1 瓶	5	防倒伏	1 瓶	4	1
	飞防	1 次	25	飞防	1 次	15	10
	叶面肥	1 袋	2	叶面肥	1 袋	2	0
机械	播种	1 次	30	播种	1 次	20	10
	收割	1 次	50	收割	1 次	40	10
成本合计			372			261	111

注：合作社为社员免费提供除草剂，小麦销售单价按 2016 年雨前麦平均价格计算。

表 17－3　2016 年荥阳市传统农户与新田地合作社服务农户亩均小麦收益对比

类别	产量（斤）	单价（元/斤）	销售额（元）
荥阳市传统农户	1000	1.03	1030
新田地合作社服务农户	1200	1.23	1476

最后，新田地合作社发挥出了较好的辐射带动作用，以服务为主的规模化经营模式逐步在周边地区复制、扩散。因为优异的经营绩效，新田地合作社先后获得"荥阳市十佳合作社"、"郑州市农民合作社示范社"、"郑州市农民合作社十佳社"、"河南省省级农民

合作社示范社"、"国家级农民合作社示范社"以及"全国优秀合作社"等荣誉称号，2016 年初合作社理事长受邀前往中南海，参加国务院总理在北京主持召开的科教文卫体界人士和基层群众代表座谈会。随着新田地合作社名声及其经营事迹在荥阳地区的逐步扩散，截至 2017 年 5 月合作社"服务规模化带动经营规模化"的运营模式逐渐辐射到周边的太康县、西平县和封丘县等 9 个县市区，这些地区先后出现了以"新田地"冠名的农民合作社，并仿效新田地合作社的经营方式，向农户提供全程农业生产性服务。

三、统分结合视角下合作社规模化经营阐释

根据 North（1990）的分析框架，制度安排决定经济绩效。为此，本节将以新制度经济学为分析框架，从合作社的制度设计中剖析经营绩效的制度来源，解析新田地合作社规模化经营强劲生命力的制度原因。

（一）理论上看，农业规模化经营既要"统"，又要"分"

结合新田地合作社的主营业务以及关键制度设计特征，本节认为新田地合作社取得突出经营绩效的关键是处理好了农业规模化经营中"统"与"分"的关系。"统"与"分"的本质意义并不直接体现经营性质，它所体现的是生产力要素的组合形式或管理方式（邓乾秋，1992），是个互为参照、相对的概念，当生产力要素从分散到集中时体现的是"统"的形式，相反表现的是"分"的形式。从理论上看，规模化经营既不是"统"的越多越好，也不是"分"的越多越好。

一般而言，大量研究强调"统"在农业生产中的作用与必要性，总体看"统"具有如下三个方面的作用。首先，通过"统"能扩大经营规模，获得规模效益。根据边际收益递减理论与边际成本递增理论，生产一般都存在最优规模问题。以图 17 - 3 土地要素投入为例，从利润角度看，当土地要素投入量小于 X_1 时，因收益较小、初始投资较大，不仅不能获得规模效应，反而经营亏损；当土地要素投入量增加到 $X_1 \sim X_3$ 时，要素投入跨越盈亏平衡点，边际收益大于边际成本，生产处于规模报酬递增状态。这表明为获得规模收益或利润，生产规模需达到一定程度，即覆盖初始投资。另外，由于中国农民户均耕地面积较小，为收获规模效应，通过土地流转强化"统一经营"就成为了题中之义，这也是当前大量新型农业经营主体重视生产统一的重要原因之一。其次，大额投资以及解决基础设施投资外部性问题的需要。农业生产有时需要较大资金投资，而农户之间的合作、联合形成统一的投资主体往往是解决这类问题的有效办法，这也凸显出了"统"的必要性。另外，农田水利、交通道路等农业基础设施投资具有很强的外部性，是典型的公共产品，在投资时也需要统一生产提供，将公共产品转化为区域内俱乐部产品。最后，增强市场谈判权。单个农民因经营规模不足，很难与外部市场主体获得同等谈判权。不过，通过合作的方式统一销售产品能有效地增强农民市场谈判力，这也是中国大量农民合作社成立的一项重要原因（唐宗焜，2012）。

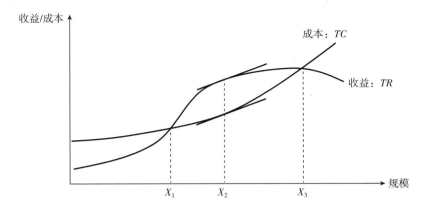

图 17－3　农业经营规模与成本收益关系

　　正是因为统一生产具有上述诸多优势，大量农业生产者都热衷于扩大经营规模，沿着"统"的方向越走越远。虽然"统"有着诸多益处，但是这并不意味着"统"的越多越好；相反，"统"的过多反而不利，在"统"的基础上建立"分"的机制亦有其合理性，同时"分"的机制的建立还能促进"统"。首先，农业生产存在服务半径问题。在现有技术条件下，农业生产还无法实现全智能化，必须配备相应的劳动力。根据劳动力与土地要素投入组合关系看，在一定技术条件下，受劳动时间和强度约束，劳动服务或经营面积存在边界（见图 17－3 中的 X_3），即一个劳动力经营的面积始终有限。在许多统一规模化经营实例中，我们时常能看到在统一经营（即农业生产性服务统一）框架下，规模经营被划分为数个单元承包给多个劳动力的经营方式，即构建了"统中有分"的经营模式。从经济学原理看，这符合两个"边际理论"。在劳动力投入以及其他条件不变的情况下，土地要素投入存在边际收益递减与边际成本递增的规律，因而单个劳动力不仅存在生产边界问题，也还存在最优生产规模（见图 17－3 中的 X_2），从利润最大化目标考虑，统一经营框架下的分散经营有着合理性。其次，农业生产精细化、多样性照料特征需要在"统"的基础上建立"分"的机制。农业生产是自然再生产过程和经济再生产过程的统一，具有时间上的季节性和空间上的分散性以及生产条件的复杂性，既需要生产经营者的精细照料，又要求生产经营者随季节而作和分散作业、随机应变，这一点就并不适应于完全的统一生产。"统"更多考虑的是共性因素，"统"得越多，个性因素兼顾得越少，因此有必要在"统"的基础上建立"分"的机制，即建立对个性化因素的应对机制。再者，"分"亦是风险分散、成本分担。从风险角度看，统得越多，生产经营风险集中得越高；同理，生产成本也高度向同一主体集中。这表明并不是"统"得越多越好；相反，分散经营也是风险与成本的分摊（见图 17－4）。

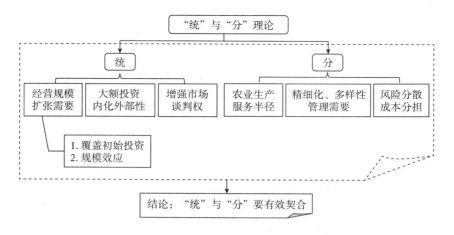

图 17-4 农业经营"统"与"分"的理论逻辑

通过"统"与"分"的理论比较分析,不难发现"统"与"分"并不是完全对立的;相反,"统"与"分"各具优势,是对立统一的。因此,"统"与"分"的有效契合,才是中国农业规模化经营可持续发展的关键点。

(二)实践上看,新田地合作社探索出了新的"统分结合"模式

按照上述"统"与"分"的理论分析,新田地合作社规模化经营无论是组织制度设计,还是农业生产服务上,处处都体现着"统"与"分"的逻辑。总体来看,新田地合作社有效结合了"统"与"分"的优势,这也是合作社经营绩效的主要来源。

1."统"是合作社规模经营收益扩张的主要来源

新田地合作社的"统"主要体现在粮食生产、流通销售从一家一户分散承担向合作社集中服务转变,具体表现在三个环节。这三个环节构成了合作社规模经营收益扩张的基础,与国内大多数新型农业经营主体的生产方式相一致。

首先是品种选育,普通农户分散选种向合作社统一选种转变,增强了农业技术投资。产品品质好是新田地合作社小麦售价普遍高于市场价的一个重要原因。这是由合作社注重品种投入决定的。相反,普通农户很难有能力选取到优质品种。一方面普通农户缺乏与科研院所的联系渠道,较难获得技术支持;另一方面品种试验需要较大的投入,普通农户也很难承担。普通农户的局限性从反面彰显出了"统"的必要性。合作社不仅是生产服务的集中,也是信息、资源、社会关系的集中,这有助于合作社较容易获得外部技术支持。同时,合作社规模较大、资金实力强,也能承担品种选育的投入成本。另外,合作社对未来市场需求的把握能力也强于普通农户,正如合作社理事长所说:"未来新田地合作社不打算再在强筋小麦上做文章了,因为再过几年强筋小麦必然会出现过剩的情况,合作社未来的发展方向是做绿色、有机农产品。"这一点也是普通农户不可比拟的。总体而言,相比普通农户分散选种,合作社统一选育植品种至少能起到两方面的作用。一是做到科学选种,保证了产品品质质量;二是能瞄准市场需求。这两点均为合作社畅通产品销售奠定了基础。

其次是生产服务统一组织与调度，赢得规模收益。这主要包括农药化肥供应与耕、种、植保、收全程农业生产性服务的组织实施。这一点在合作社主营业务中占据重要位置。相比传统农户的生产模式，合作社"统"的方式至少能发挥两项关键性作用。第一，既节约了粮食生产成本，又提高了产出。表17-2数据显示，在新田地合作社统一生产服务下，每亩小麦生产成本比传统农户生产节约111元，同时每亩产量高出20%。这表明"统"的生产方式能额外获得组织化收益，当然形式上看是组织生产方式变迁带来的制度收益，本质上是"统"作用下规模效应的发挥以及资金、科技要素投资报酬的显现。第二，"统"的生产组织方式既增加了农户收入，又为合作社创造了效益，成为维系合作社与农户合作关系的组织基础。这两点与国内大多数新型农业经营主体的生产组织形式相似，通过统一、规模化经营获得规模化收益，依靠这种收益维系组织与个体的生产关系。

最后是流通销售的统一执行，既扩大了投资，又增强了农户市场谈判权。小生产与大市场的矛盾一直困扰着我国农业的发展，也是制约农户农产品销售、流通的关键问题。这种矛盾的存在，从反面凸显了流通销售中"统"的紧迫性与重要性。总体来看，合作社顺应这种需要，抓住了两个关键环节。第一，提供粮食烘干服务。上文论述了粮食烘干在流通销售环节中的重要性，然而小农户既无资金实力投资建设烘干塔，又因规模较小投资建设不经济，因而很难解决这种问题。相反，合作社通过"统"即成员资金入股的方式筹措资金，解决了小农户投资资金不足问题；另外，以统一生产、规模经营解决了小农户量小、烘干能力不足产生的不经济问题。第二，统一销售粮食。合作社统一销售粮食能扩大销售规模，是解决小农户市场谈判权不足的有力办法。表17-2的数据显示，合作社售粮比普通农户售粮价格高出20%，当然除了粮食优良品质的贡献外，统一销售粮食提高市场谈判地位发挥着重要作用。这两项均反映出了"统"的必要性与重要性。

2. "分"是合作社规模经营成本节约的重要原因

新田地合作社通过"统"的方式，既抓住了农业生产的关键环节，又攻克了小农户产品销售难题，这为合作社经营收益扩张奠定了基础。然而，国内大多数新型农业经营主体也在农业生产与流通销售环节运用了相似的"统"的方式，即扩大了规模经营收益，那么为何这些经营主体未能获得与新田地合作社同样的利润呢？本节认为，"统"主要解决的是规模经营收益来源的问题①，而"分"是降低当下中国规模经营成本的关键点。新田地合作社除了通过"统"扩张收益外，更为关键的是在"统"的框架内建立了"分"的机制，较大地降低了生产成本，从而使得合作社更加具有竞争力，这一点与多数新型农业经营主体都不同。这种"统"中有"分"的机制的作用主要表现在如下三个方面：

首先，服务集中但土地经营权分散式的"统"中有"分"的生产模式节省了大量的地租成本，为合作社分散了经营成本与风险。流入土地是大多数新型农业经营主体实现规模化经营的前提条件，为此这些经营主体不得不支付土地流转费用。随着土地流转的加

---

① 虽然"统"亦能节约成本，但在当下依靠土地流转形成的规模经营，"分"的机制在成本节约上效果更为明显，这一点本节将展开论述。

快，近年土地流转价格上升较快。纵使在当前粮食价格低迷期内，土地价格也居高不下。根据笔者调查，2017年5月新田地合作社所在区域土地流转价格高达1200元/亩。倘若新田地合作社也流转土地，加上表17-2所列各项成本，土地成本占总成本的80%以上，每亩小麦利润15元，利润率仅有1%，生产近乎处于盈亏平衡点。若粮食价格持续下跌，合作社陷入较大亏损风险。据新田地合作社所在区域另一个负责人介绍，"现在粮价太低，土地太贵，如果未来粮食价格再往下跌，那我们就不种了，土地租金也就不给了"。然而，新田地合作社通过"分"的方式巧妙地规避了"粮价低迷、地价过高"的双重冲击，即不流转土地，仅为农户提供农业生产性服务。从产权看，土地经营权仍然分散在农户手中，这与土地经营权向新型农业经营主体集中的生产方式大不相同。合作社理事长对这种经营方式有着清晰的认识，此处将引用理事长本人话语论述这种生产方式的优势。合作社理事长介绍道，"我们不大规模流转土地的主要原因有三个：一是土地流转要付地租，租金又较高，合作社不得不准备大量的周转资金，这就增加了合作社的运营难度。二是大规模土地流转后管理成本和监督成本都上升了，这会压缩我们的盈利空间。本地流转的土地很少有盈利的。三是土地流转时合作社要承担所有的经营风险；但只提供服务则不一样，种什么是农民说了算，成本与风险都是合作社和农民共担的，要小很多"；他反复强调，"我们以后都不会涉足土地流转，如果我们流转土地，就早死了"。理事长的话语既指出了土地经营权"统"的高成本、高风险劣势，也从反面折射出了土地经营权"分"的低成本、低风险优势。从规模经营看，合作社的经营形态是"统"中有"分"，即生产服务高度统一与土地经营权分散，这也是合作社"规模收益扩张、生产成本低廉"的制度基础，更是合作社相比其他经营主体竞争优势的关键来源。

其次，服务集中统一与生产要素车间共存式的"统"中有"分"的服务方式解决了农业生产服务半径问题，也兼顾到了精细化、多样化管理需要，减少了合作社的协调成本。表面上，合作社在生产服务供给上集中统一，但是确切说是"统"中有"分"。伴随服务规模的扩张，2014年合作社成立了以村社为单位的农业生产要素车间。这种"统"中有"分"的服务方式至少发挥了两个作用。第一，解决了农业生产服务半径过大的问题。当合作社服务面积从2013年的5000亩增长到2014年的19000亩时，合作统一协调生产服务日益困难，即服务半径上限的约束愈发明显。为此，合作社依照工业车间生产思路，建立了多个以村社为单位的服务团队。据理事长介绍，这种方式降低了协调成本，也发挥出了生产要素车间的独立性与积极性。第二，符合农业生产精细化、多样化管理需要。相比合作社而言，以村为单位建立的生产要素车间更具有机动性、灵活性与便捷性，能够及时回应农户各种生产服务的需要，如农资供应、气象信息、销售信息等方面的服务。这体现出了"分"的优势，而这也恰恰是"统"的短板。这两点均降低了合作社作为单一服务供给主体在为农服务中的协调成本。

最后，农业机械服务虽由合作社统一组织调度，但是耕、种、植保、收等环节的机械服务分散外包，为合作社省去了种类繁多的农业机械投资成本。新田地合作社很少亲自为农户提供农业机械服务，全部的耕种收作业服务以及80%~90%的飞防作业服务都已外包给了其他农机服务组织或个人。合作社的职责是统一联系农机服务组织或个人，然后组织农机服务人员直接到村庄为农户服务，服务费用由社员与农机服务人员直接结算。这里"统"的是合作社在机械服务中的组织与调度，"分"的是具体环节服务的分散外包。这种"统"中有"分"的做法最大优势是为合作社节省了大量的农业机械投资费用。相反，国内多数新型农业经营主体规模化经营中必然会大量投资农业机械，这些农业机械不仅数量多、价格高，而且因涉及农业生产各个环节种类也较多，这虽提高了农业生产的便利化程度，但是一方面较大地加重了经营成本，另一方面机械使用率低、闲置等问题也较为突出。新田地合作社分散购买服务的方式较好地解决了这类问题，这为合作社降低经营成本起到了较大贡献。见图 17－5。

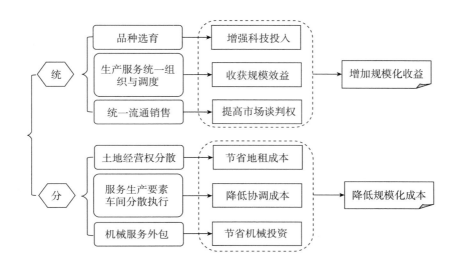

图 17－5　新田地合作社统分结合形式的制度优势

3. 新田地合作社"统中有分，统分结合"新模式具有特殊优势

从中国农业发展历程看，我们经历过多种"统"与"分"的形式。总体来看，分别是人民公社经营模式、家庭联产承包双层经营模式、新型农业经营主体流转土地规模化经营模式以及以新田地合作社为代表的规模化服务式的规模经营模式。

相比较而言，这几种模式既有"统"得过多的失败教训，也有"分"得过细的不利之处，而新田地合作社恰好平衡好了"统"与"分"的关系，展现出了独特的优势（见表 17－4），探索出了新的统分结合模式。第一，与人民公社经营模式相比，新田地合作社经营模式既解决了"统"得过"死"的弊端，也承担了过去人民公社农业生产服务供给者的角色，维系了规模经营。第二，与家庭联产承包双层经营模式相比，新田地合作社经营模式保留了土地承包经营权、种植决策权农户拥有的"分"的形式，这为合作社降低经营成本起到了关键性作用；同时，还解决了家庭联产承包双层经营模式下，农村集体经济组织"统"的功能弱化的问题，满足了农民对农业生产性服务的需要，构筑了规模化经营基础。与人民公社经营模式和家庭联产承包双层经营模式不同的是，以新田地合作社为代表的统分结合新形式"统"的主体发生了重大变化，从带有行政色彩的农村集体经济组织向市场化的新型农业经营主体转变，本章认为这是构成统分结合新模式的重要基础。第三，与新型农业经营主体流转土地规模化经营模式相比，这两种统分结合形式的"统"的主体都是新型农业经营主体，两者或通过流转土地规模经营或通过规模化服务，都收获到了经营的规模化收益；但新田地合作社通过"分"的机制极大地降低了规模化经营成本，这已在上文充分论述过，彰显出了与流转土地规模化经营模式独有的特征。

表 17 - 4 四种"统分结合"类型及其比较

类型	"统"的主要表现	"分"的主要表现	评论
人民公社经营模式	1. 人民公社为"统"的主体 2. "统"过于极端化："一大二公"基础上的政社合一集中管理体制，绝对平均化分配制度，垄断化统购统销，集中化的生产、生活管理体制	"分"得严重不足	"统"得过多，"分"得不足；"统"与"分"严重脱离，农民生产积极性被压抑
家庭承包经营为基础的双层经营模式	1. 农村集体经济组织是"统"的主体 2. 集体经济层次"统"的功能十分薄弱，无法满足农民全程农业生产中多样化的服务需求	土地承包经营权、生产决策权均由农户支配，但"分"得过于彻底	"统"不足，"分"有余；"统"与"分"基本处于断裂状况，虽然农民积极性被调动起来，但农业生产服务供给不足、农民市场谈判权弱
新型农业经营主体流转土地规模化经营模式	1. 新型农业经营主体是"统"的主体 2. 土地经营权向经营主体集中 3. 生产决策权由经营主体统一支配 4. 耕、种、植保、收、销等全程农业生产由经营主体统一执行	分得较少，主要表现为土地承包权仍由分散农户所有	在经营上只有"统"，没有"分"；"统"的确获得了规模化收益，但缺乏"分"导致规模化成本较高
新田地合作社规模化服务式的规模经营模式	1. 新型农业经营主体是"统"的主体 2. 统一育种与选种 3. 生产服务统一组织与调度 4. 产品统一烘干与销售	1. 土地经营权仍然由分散农户所有，农户享有生产决策权 2. 生产要素车间以村社为单位分片服务 3. 耕、种、植保、收等环节的机械服务分散外包	"统"与"分"有机契合；"统"既获得了规模化经营收益，"分"又降低了规模化经营成本

综合比较表明，以新田地合作社为代表的经营模式最大的特征是"统中有分，统分结合"，这种经营模式不仅吸收了其他三种模式的优势，而且也克服了其他三种模式的劣

势。本节认为，这一方面表明新田地合作社经营模式发挥了"统"与"分"的优势，更为重要的是再次证明了"统"与"分"的有机契合在农业规模化经营乃至农业发展中的重要性。这也就是新田地合作社在当前中国农业规模化经营"开倒车"趋势萌动之际，仍能保持规模化经营强劲生命力的根本原因。

四、结论与启示

本节剖析了新田地合作社为何能在"地价上升、粮价低迷"时期仍能保持经营规模不缩减、经营绩效不下滑的深层次原因。总体而言，这是因为新田地合作社较好地处理了农业经营中"统"与"分"的关系，探索出了统分结合的新形式。在经营机制设计中，新田地合作社以农业生产性服务供给为主营业务，通过选种、耕、种、植保、收、流通以及销售等生产过程的统一化组织管理，收获了规模收益；同时，新田地合作社在"统"的框架内设计出了数个"分"的机制，如合作社虽然统一生产服务，但土地经营权、种植决策仍由农户分散支配，建立分散的生产要素车间以及农业机械服务外包机制，这些"分"的机制设计分别为合作社节约土地成本、服务协调成本与农业机械投资成本，极大地为合作社降低了规模化经营成本。与国内多数新型农业经营主体相比，新田地合作社获得规模化经营较好绩效的关键是通过"分"的机制降低了规模化成本，解决了这些经营主体在高成本（主要指租地成本）情境下"统"得较多、"分"得不足的弊端。中共十七届三中全会指出："统一经营要向发展农户联合与合作，形成多元化、多层次、多形式经营服务体系的方向转变，……培育农民新型合作组织，发展各种农业社会化服务组织，……着力提高组织化程度。"新田地的实践符合十七届三中全会所指出的统一经营的发展方向。

本节的研究对推进我国农业规模化经营有如下几点启示：第一，农业规模化经营亦要注重统分结合。长期以来，农业生产经营围绕"统"与"分"持续做钟摆式运动，不是"统"得过多，就是"分"得太细。新田地合作社的实践及其与其他新型农业经营主体规模化经营的比较，再次强调了"统"与"分"的有机契合在农业规模化经营中的重要性。具体而言，既要发挥"统"的作用，发挥生产的规模效应；又要通过"分"的机制降低成本，如新田地合作社"统一服务、分散经营权"的做法就兼顾到了"统"与"分"各自优势，这些典型的做法值得总结与鼓励。第二，统分结合中"统"的主体不一定非农村集体经济组织莫属。长期以来，在"统"的职能上，农村集体经济组织被寄予厚望。然而，以新田地合作社为代表的新型农业经营主体正在逐渐承担农业生产中"统"的职责。这表明破解当下农业经营"分有余、统不足"的困境，可以将培育新型农业经营主体为政策抓手。第三，新田地合作社的实践预示着服务规模化是实现农业规模化的一种可选的方向。合作社统分结合的经营机制具有较强的"降成本、抗风险"能力，尤其是在当前高地租、低粮价的双重冲击下，这种经营方式依旧有强劲的生命力。这表明推动这种经营方式的发展理应成为农业政策的一项重要内容。

参考文献

［1］Chen Z., Huffman W. E., Rozelle S. Farm Technology and Technical Efficiency：Evidence from Four Regions in China ［J］. China Economic Review，2009，20（2）.

［2］李文明，罗丹，陈洁等. 农业适度规模经营：规模效益，产出水平与生产成本——基于1552个水稻种植户的调查数据［J］. 中国农村经济，2015（3）.

［3］Yang H., Klerkx L., Leeuwis C. Functions and Limitations of Farmer Cooperatives as Innovation Intermediaries：Findings from China ［J］. Agricultural Systems，2014（127）.

［4］曹东勃. 适度规模：趋向一种稳态成长的农业模式［J］. 中国农村观察，2013（2）.

［5］Kalirajan K. P., Huang Y. An Alternative Method of Measuring Economic Efficiency：The Case of Grain Production in China ［J］. China Economic Review，1996，7（2）.

［6］陈锡文，韩俊. 关于农业规模经营问题［J］. 农村工作通讯，2002（7）.

［7］张红宇，张海阳，李伟毅，李冠佑. 中国特色农业现代化：目标定位与改革创新［J］. 中国农村经济，2015（1）.

［8］赵鲲，刘磊. 关于完善农村土地承包经营制度发展农业适度规模经营的认识与思考［J］. 中国农村经济，2016（4）.

［9］王建，陈刚，马意翀. 农业新型经营主体何以"毁约退地"［J］. 农村经营管理，2016（11）.

［10］高强. 理性看待种粮大户"毁约弃耕"现象［J］. 农村经营管理，2017（4）.

［11］秦风明，李宏斌. 警惕土地流转后"毁约弃耕"［N］. 中国国土资源报，2015 - 05 - 27.

［12］党国英. 中国农业发展的战略失误及其矫正［J］. 中国农村经济，2016（7）.

［13］联办财经研究院课题组. 耕地流转成本对粮食价格和规模经营的影响［R］. 和讯网，2017 - 06 - 02.

［14］North D. C. Institutions，Institutional Change and Economic Performance ［M］. Cambridge：Cambridge University Press，1990.

［15］邓乾秋. 不应当把"统分结合"与"双层经营"等同起来［J］. 中国农村经济，1992（5）.

［16］唐宗焜. 合作社真谛［M］. 北京：知识产权出版社，2012.

第二节 农民合作社与农业现代化

——基于黑龙江仁发合作社个案研究①

中共十七届三中全会指出，我国已"进入改造传统农业、走中国特色农业现代化道路的关键时刻"。走中国特色的农业现代化之路，离不开组织有效、功能完善的农业经营主体。近几年来，中央开始着力培育专业大户、家庭农场、农民合作社等新型农业经营主体。尤其是农民合作社，在中央多项政策和有关法律法规的推动下，实现了跨越式发展。随着农民合作社数量井喷式增长，社会各界对合作社发展的质疑也不断增多。农民"能否合作、如何合作、效果如何"等问题，引发了广泛争议。一些学者认为，当前的农民合作社更像是少数乡村精英的合伙企业，普通成员的参与积极性不高、合作意向淡化，其对于农民增收和农业现代化的作用有限（任大鹏等，2012；温铁军，2013）。但是，农民合作化能够解决农户分散经营的弊端，有助于提升农业经营规模，是我国现代农业发展的必由之路。在此背景下，厘清影响我国农民合作社发展的关键因素，探究其在农业现代化中的具体作用，有重要理论和实践意义。基于此，本节以黑龙江克山县仁发现代农机合作社（以下简称仁发合作社）为例，讨论农民合作社能否以及如何在农业现代化中发挥作用，以图为引导农民合作社规范发展、推进农业经营体制机制创新提供决策参考与经验借鉴。

一、仁发合作社的发展历程

近年来，为了借助现代农机装备实现农业规模经营，黑龙江省制定了扶持大型农机合作社发展的具体措施。在有关扶持政策的推动下，2009年10月，克山县仁发村的党支部书记李凤玉联合本村的6个农民，出资成立了仁发合作社。其中，李凤玉出资550万元，担任合作社的理事长，其他农户每户出资50万元，各自负责不同的业务。注册之后，仁发合作社成功获得了1234万元的政府农机具购置配套补贴，购置了30多台（套）大型农机具（李东福，2013）。经过几年的快速发展，至2013年底它已拥有成员2436户、现代化大型农机具132台（套），统一经营和代耕作业的土地分别超过3300公顷和27300公顷，年实现盈利5328万元（刘同山，2014）。依据不同的运作模式，其发展历程可分为以下三个阶段：

（一）"提供代耕服务＋租地经营"阶段：2010年

2010年3月正式运营的仁发合作社一方面采取了与大部分农机合作社相同的经营策略——为周边农户提供代耕服务，另一方面还利用自有农机的优势，流转土地进行规模经

---

① 执笔人：吴天龙、刘同山、孔祥智。

营，形成了"代耕服务＋租地自营"的双轮发展模式。但是，当地农户习惯使用自有小农机耕种土地，造成代耕市场较小、服务费用不高（只有 375 元/公顷），而且代耕的地块零星分布，无法实现连片耕作，大型农机具的优势难以发挥。经营的第一年，仁发合作社的代耕服务收入不足 100 万元。同时，流转土地需要资金，购置农机后的合作社已无力支付大笔资金。因此，仁发合作社仅流转了 73.3 公顷土地（种植大豆），价格流转为 3600 元/公顷。由于代耕和自营的土地面积达不到最小的最优规模（MES），且大豆价格持续下滑，仁发合作社经营第一年亏损 172 万元（见表 17-5）。

表 17-5　仁发合作社成长历程

年份	成员数量（人）	自营土地（公顷）	代耕土地（公顷）	单位土地收益（元/公顷）	总收入（万元）	总盈余（万元）
2010	7	73.3	2666.7	3600	100.0	-172.0
2011	314	1000.0	11470.0	10650	2763.7	1342.2
2012	1222	2008.6	14062.9	10950	5594.0	2758.6
2013	2436	3343.9	27333.3	13830	10367.9	5328.8

（二）"分享国家补贴＋支付高额地租"：2011～2012 年

经专家指导，2011 年 4 月仁发合作社决定改变经营模式，吸引农户把土地交由合作社经营。为了让更多的农户带地入社，合作社主要采取了以下三个措施：首先，保证把 1234 万元国家配套资金平均量化到成员，所有入社农户都可以获得相同的国家配套资金份额。其次，承诺"凡是把土地交由合作社统一经营的农户，每年可获得 5250 元/公顷的保底收益"，这比土地流转的市场价格高出 1650 元/公顷。最后，允许所有农户分得的国家补贴份额和土地保底收益参与年终分红。这些措施有效提升了合作社的吸引力，成员数量增加到 314 户，统一经营的土地面积超过 1000 公顷。当年，合作社实现总收入 2763.7 万元，净盈利 1342.2 万元。良好的经营效益吸引了更多农户加入，2012 年合作社成员数量和经营土地面积进一步增加。

（三）"土地入股＋按股分配"阶段：2013 年以来

为了进一步规范合作社的运营，2013 年 1 月仁发合作社取消入社土地 5250 元/公顷的保底收益，引导成员以土地入股。合作社盈余在土地股、资金股之间按照《农民专业合作社法》规定的 60:40 原则进行分配。在新的分配方式下，农户把土地交由合作社统一经营的预期收益明显提高，大量的农户踊跃加入，合作社成员数量增加至 2436 户，统一经营土地面积达到 3343.9 公顷。2013 年合作社实现总盈余达 5328.8 万元，成员农户的土地收益为 13830 元/公顷，规模效益凸显。

二、仁发合作社在农业现代化实践中的作用及其成效

仁发合作社在政府有关部门的扶持引导下，依托现代化大型农机具，不断扩大种植规模、调整种植结构、提高种植效益，形成了由 8 个管理人员、21 个机车驾驶人员、5 个机

务经理、12 个片区负责人和 200 多个临时工作人员组成的专业化农业经营团队，打造了颇具特色的新型农业经营体系，在区域农业现代化建设中发挥着重要作用。具体来讲，仁发合作社在区域农业现代化中的作用主要有以下三个方面：

（一）种植实现了规模经营

较大的土地经营规模为仁发合作社发展订单农业，实现"以销定产"奠定了基础。在自营土地面积达到 1000 公顷之后，合作社的规模经营优势开始体现。2011 年春仁发合作社以 1.70 元/公斤的价格，与麦肯食品（哈尔滨）公司签署了合作协议，成为该公司的优质马铃薯生产基地。次年，仁发合作社按合作协议为该公司种植的马铃薯进一步增加，达到 330 公顷。由于销路稳定，而且销售价格比农户分散种植和销售高出 0.4 元/公斤，仅与麦肯食品公司的合作就为合作社带来 700 多万元的收益。2013 年根据以销定产的思路，仁发合作社的马铃薯种植面积已达 600 公顷，实现了区域农业的增产增效。

农业生产的规模经营为农技农艺推广提供了科技服务对接平台。土地实现规模经营之后，农技农艺服务推广人员不必再面对众多分散的小农户，推行新种植技术和耕作模式等农业科技更加便捷，也容易看到效果。从 2011 年开始克山县农业科技人员就有针对性地为仁发合作社提供农作物耕种技术指导，并通过农业科技人员报酬与规模经营主体农作物产量提高程度相联系的方式，激励其提供优质服务。正是在有关人员的帮助下，仁发合作社通过 110 厘米"大垄双行栽培技术"和 90 厘米"大垄单行密植技术"，使玉米和马铃薯的单产分别增加 1140 公斤/公顷和 11250 公斤/公顷，种植收益大幅改善。

（二）提高区域农业机械化水平，改善了农田水利设施状况

现代化大型农机具能够提高土地产出率、资源利用率和劳动生产率，是粮食主产区提升农业现代化水平的重要手段。采用大型农机具深耕，耕地耕作层接近 40 厘米，保温、保墒、透气性好，能够改善土地抗旱防涝能力、提高粮食产量。仁发合作社在播种、中耕、灌溉、收获多环节利用农机具作业，田间综合机械化率超过 90%，真正实现了"用现代物质条件装备农业"。利用多台大型播种机联合作业，合作社在种植马铃薯时，可以同步完成开垄、施肥、播种、合垄、埋压等工序，极大地提高了农业现代化水平。水利化是农业现代化的基础工程，是粮食高产稳产的重要保障。目前黑龙江地区的可灌溉农田比例不足 30%，阻碍了粮食进一步增产。近几年来，仁发合作社在统一经营的耕地上，先后规划设计了 48 个灌溉网格，最小的网格 23.3 公顷，最大的网格 40 公顷，并在其中 24 个网格安装了大型指针式喷灌 21 台、卷帘式喷灌 15 台，新打机电井 35 眼，为保障粮食稳产增产做出了贡献。

（三）推动区域新型农业社会化服务体系完善

首先，仁发合作社为周边大量土地提供代耕作业，从农户分散的小型农机具耕作，到播种、中耕、收获的全环节服务，直接促进了区域农业社会化服务体系的完善。其次，仁发合作社开展了内部资金互助服务，把土地交由合作社统一经营的农户急需资金时，可以从合作社获得帮助。再次，仁发合作社搭建了劳务输出服务小组，用以协助因机械化生产而解放的劳动力在北京、天津、秦皇岛等地找到新的工作。最后，仁发合作社为金融机构

服务"三农"提供了支点。随着经营效益和知名度的提升，一些金融机构主动找到仁发合作社商谈贷款事宜，合作社成为农民与金融机构之间的桥梁。

三、仁发合作社成功的经验分析

仁发合作社仅用 3 年时间就发展成为经营效益突出、带动作用明显的典型合作社，除发挥大型农机具的优势、采用现代种植技术外，更重要的是它不断通过组织方式创新和分配制度创新，大力提高合作社经营管理的规范化程度，将资金、管理和交易量三者的作用发挥到最大，从而保障了规模效益、技术效益和合作效益，实现了组织收益的持续增加。

（一）资金及其合理利用是合作社成长的先决条件

资金一直是农村地区经济发展最稀缺的要素之一。农村抵押物缺乏、农业的盈利能力不高、农户的致富渠道有限等都进一步恶化了这种情况。合作社要想成长壮大，必须着重解决资金约束问题（Cabo et al.，2007），还需要跨越一定的规模门槛，达到一定的营业额（何安华等，2012）。实际上，合作社成立和有效运营，本身就要求领导者团队具备一定规模的启动资金。2008 年黑龙江省出台了发展现代农业、支持规模化农机合作社的具体措施，规定凡注册资金达到 400 万元以上的大型农机合作社，将有机会获得政府 1.5 倍的配套资金补贴。李凤玉带领 6 个村民，筹措资金 850 万元。正是这笔资金，让李凤玉团队成功突破了政府设置的资金规模壁垒，成功获得 1234 万元的国家配套资金补贴，仁发合作社得以注册成立。但成立之初的仁发合作社实际上是一个只有 7 个股东的投资者股份合作社。虽然拥有价值 2084 万元的成套大型农机具，但仁发合作社并不知道如何有效利用这些农机具，让其价值得到最大体现，这造成了 2010 年合作社 172 万元的亏损。

如何盘活手中的资产和账面上的国家配套补贴资金，成为合作社创新发展的关键。大型农机具的规模效益明显，只有大规模的连片耕作才能降低生产成本、获得经营效益。合作社必须充分利用好账面上的国家配套资金，吸引周边农户把土地交由合作社统一经营，进而提高大型农机具的利用率。在黑龙江省农委主任王忠林的指导下，李凤玉等投资者认识到国家配套补贴资金不是补贴给股东的，而是补贴给需要农机服务的农户的（刘伟林等，2012）。因此，2011 年仁发合作社才迈出了影响其后续发展的关键一步，把巨额国家财政补贴平均量化给所有成员，以此来吸引农户加入合作社。同时，合作社还根据《农民专业合作社法》第三十七条的规定，让所有成员获得的配套补贴都参与合作社盈余分配。上述措施，大大提高了农户加入合作社的预期收益，于是当年就有 307 户农民将 1000 公顷土地交由合作社统一经营，成为合作社的土地入股股东。

（二）规范化管理是合作社壮大的重要保障

由于在立法时采取了"先发展、后规范"的低门槛策略，当前我国农民合作社普遍存在规范程度不够、经营规模偏小等问题。一方面，从全国范围看，真正规范的合作社不多，大部分合作社由乡村精英领办（张晓山，2010），内部人控制问题严重，有的合作社甚至成为个别人获取国家优惠政策支持和资金补贴的工具（崔宝玉等，2012）。另一方面，合作社发展主要依靠领导人及其家族，普通成员的参与激励不足，合作社成员之间的协作程度很低（崔宝玉等，2011），绝大部分合作社运行不够规范，自身发展能力较弱（孔祥智等，2012）。规范化是农民合作社发展壮大的基础和保障。为了提高规范化程度和组织竞争力，自 2010 年以来仁发合作社从成员账户、组织制度、生产运营等多方面强化了内部管理。

首先，编制成员账户和年终盈余分配明细表，明确入社土地面积或资金，将国家配套补贴资金量化到每户成员，并把总盈余按要素贡献分配。资金入股、土地入股、国家配套补贴资金量化情况一目了然，各种投入的分配清晰。2011~2012 年理事长、监事长等合作社管理者不领取工资，所有成员都按照资金或土地入股的份额获得相应收益。为了体现理事、监事等合作社管理者的人力资本价值，提高他们的工作积极性，从 2013 年开始仁发合作社每年提取总盈余的 3% 作为理事长、监事长等管理人员的工资，其中 20% 为理事长工资，80% 为其他管理人员工资。

其次，制定成员代表名单，明确代表姓名及其代表的具体成员，落实成员代表大会制度。依据《农民专业合作社法》，仁发合作社制定了《克山县仁发现代农业农机专业合作社章程》，明确规定每 32~34 名成员自愿推选 1 名成员代表；成员可直接推荐 1 名其信任的亲属、朋友为成员代表。目前，选举出的 71 名成员代表在合作社重大经营决策方面体现出了突出作用。

再次，成立党支部，形成了"党支部＋理事会＋监事会＋成员代表大会"的"一部三会"组织架构。2011 年以来成员数量迅速增加，由于成员地域分布比较分散，很多成员与合作社的联系较少，对组织的认可度也不强。合作社党支部借助党员的人脉关系，强化其所在村屯的普通成员与合作社的社会联系，同时依托党员的积极性，协助片区负责人搞好村屯内的粮食生产。

最后，将农机具和场区（耕作地块）外包，与机车驾驶员、场区生产工人等签订效率工资合同。在大型农机具使用过程中，合作社与驾驶员签署《农机具作业单车核算承包使用协议》，为驾驶员提供每年 2 万元的基本工资，并对每台车设定作业指标，超出部分按 18~21 元/公顷标准予以奖励，未完成部分扣发 15 元/公顷。在场区生产管理过程中，每 600 公顷左右土地合作社聘请一个种田能手，并签订与产出相联系的工资协议。如片区玉米单产达到 9750 公斤/公顷，年工资 2 万元整。高于这一指标的部分，可得 5% 的提成；反之，若单产达不到指标，则扣取部分工资。

（三）按交易量分配是合作社发展的有效手段

根据成员与合作社的交易量进行盈余分配是传统农民合作社的典型特征。按照《农民专业合作社法》的规定，规范的农民专业合作社的盈余分配必须以交易量为依据，且按交易量（额）返还的比例不低于可分配盈余的 60%。对于专业合作社而言，成员与合作社之间一般都存在可测度的交易量。但仁发合作社作为农机合作社、土地股份合作社的综合体，并不存在典型意义上的交易量。为了满足规范性的要求，仁发合作社根据它的实际情况，创造一个"土地交易量"，并不断对其完善。土地交易量成为强化成员关系、促进合作社成长的重要方式。

2011～2012 年仁发合作社的土地交易量实际上是成员入社土地的租金折价金额。5250 元/公顷的土地保底收益，具有土地流转价格和入股资金两个作用。以 2011 年为例，合作社的总盈余为 1342.2 万元，在支付成员 525 万元的土地保底收益后，剩余 817.2 万元可分配盈余。这些可分配盈余，按章程提取 50% 的公积金，另外的 50% 在国家配套补贴资金（1234 万元）、成员入股资金（850 万元）、土地保底收益资金（525 万元）之间按比例分配，因此以土地入股的成员可获得分红 822 元/公顷。这部分收益体现了入社土地保底收益的入股资金作用。

保底收益的存在，使成员之间的利益联结不够紧密，"收益共享、风险共担"机制没能建立，风险在投资者一方过度积累。随着仁发合作社的经营效益越来越好，成员对合作社的信任感不断加强。为了再进一步规范合作社的运营，2013 年 1 月仁发合作社取消土地入社的"保底收益"，直接将入社土地数量作为成员的交易量。可分配盈余按照 60:40 的原则，在土地交易量和股东入股资金之间分配。同时，合作社规定，仅从投资者出资和国家配套补贴资金应得分红提取 50% 作为公积金，入社土地作为交易量获得的分红部分，不再提取公积金。仁发合作社当前的收益分配方式见图 17-6 所示。

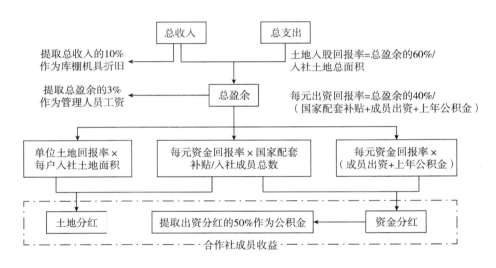

图 17-6 仁发合作社的分配机制

（四）科技和人才是合作社发展的重要支撑

仁发合作社的快速发展，既源自其组织制度和分配制度创新带来的规模效益、合作收益，也取决于依托现代农业科技和专业人才带来的经营成本降低。资金、管理、分配等显然不能解释仁发合作社成功的全部，技术、人才等要素也对合作社发展起到了重要支撑作用。

科技的作用主要体现在采用现代化大型农机具和科学的种植模式两个方面。首先，现代化大型农机具的使用，改善了土壤条件，提高了机械化水平，节约了劳动力投入。仁发合作社使用现代化大型农机具覆盖了农业生产的耕、种、收各环节，不仅通过深耕解决了土壤板结和耕作层浅的问题，还大大提高了田间综合机械化水平。借助于现代科技，仁发合作社极大地节约农业劳动力，实现了 200 多人经营 3343.9 公顷土地。其次，科学的种植技术的采用，直接提高了农作物产量，增加了合作社经营效益。以 2013 年种植的 667 公顷马铃薯和 2667 公顷玉米来计算，采用大垄双行栽培技术和大垄单行密植技术后，仅产量增加一项，就能让合作社增收 1700 多万元。可见，没有现代科技的支撑，合作社就无法降低经营成本，难以提高单位产量，增加经营效益也就成了无源之水。

仁发合作社能够从黑龙江省几百个千万元级别的农机合作社中脱颖而出，人才的作用颇为重要。作为一种农民合作经济组织，仁发合作社的人才构成主要有两个维度：精英（集团）和专业技能人员。李凤玉及其团队作为合作社的精英集团，能够吸引 2400 多户成员以土地入股合作社，并协调管理 200 多个工作人员成功经营大面积土地，表明他们有卓越的经营管理能力。合作社的专业技能人员主要包括机车驾驶人员、片区生产负责人等。他们在驾驶、维修大型农机具或农田生产管理方面经验丰富，是农村地区不可多得的专门人才。仁发合作社通过基本工资、超额奖励等方式，让 21 个机车驾驶人员、12 个片区负责人等专门人才为其所用，无疑有效地推动了组织发展。

四、研究结论与思考

（一）研究结论

黑龙江克山县仁发合作社通过专业合作和股份合作，借助专业化的分工和现代化的大型农机具，推动了区域现代农业的发展，实现了粮食增产、农业增效、农民增收，明确回答了"谁来种地"、"如何种地"的问题，为我国的农业现代化发展做出了自己的贡献和有益探索。虽然合作社在发展中存在精英依赖严重、收入来源单一、持续增收能力不强和品牌化建设滞后等问题，但是合理、有效地整合资本、土地、人才和科技等资源要素，可以提高土地经营规模和效益、提升农业机械化水平、改善农田水利设施状况和完善区域新型农业社会化服务体系。总之，农民合作社能够提高我国的农业生产效率和经营效益，完善我国的新型农业经营体系，有效地推动我国的农业现代化建设。

（二）进一步思考

农民合作社既是新型农业经营体系的组成部分，也是农业现代化建设的微观基础。其发展情况直接决定着我国农业现代化建设速度和质量。为加快构建新型经营体系、推进农业现代化进程，政府有关部门要进一步加大对合作社的扶持培育力度，多方面加强农民合作社的规范化建设（赵铁桥，2011）和经营能力建设。

一要完善合作社的分配机制。合作社分配要坚持《农民专业合作社法》确定的基本原则，保证投资者、惠顾者、管理者都能得到相应的收益。

二要完善合作社的内部治理机制。健全理事会、监事会、成员（代表）大会等机构，真正发挥其在合作社日常经营中的作用；引导合作社实行民主管理，保障普通成员参与合作社经营决策的权利，逐步减少组织对精英成员的依赖；规范成员账户、财务报表，把合作社的所有资产和收益都量化到每个成员（刘洁等，2011）。

三要强化合作社成员之间的利益联结。要坚持收益风险匹配原则，建立"收益共享、风险共担"的紧密利益联结机制，以提高成员的合作意识，避免经营风险过度集中。

四要大力支持有条件的农民合作社打造区域乃至全国知名农产品品牌，促进成员收益持续增加和合作社永续发展。

参考文献

［1］任大鹏，李琳琳，张颖．有关农民专业合作社的凝聚力和离散力分析［J］．中国农村观察，2012（5）．

［2］温铁军．农民专业合作社发展的困境与出路［J］．湖南农业大学学报（社会科学版），2013，14（4）．

［3］李东福．仁发合作社的蜕变［N］．农民日报，2013－11－12．

［4］刘同山．以制度创新带动合作社快速发展——黑龙江省克山县仁发合作社的成功经验［J］．中国合作经济，2014（4）．

［5］Cabo P．，Rebelo J. The Portuguese Agricultural Credit Cooperatives Governance Model［R］. Strengthening and Building Communities：The Social Economy in a Changing World，2007.

［6］何安华，孔祥智．市场壁垒、制度性激励与合作社成长——红顺农民专业合作社案例研究［J］．中国软科学，2012（3）．

［7］刘伟林，高杨．一位省农委主任的农机合作社发展经——以克山县仁发合作社为例［N］．农民日报，2012－09－25．

［8］张晓山．大户和龙头企业领办的合作社是当前中国合作社发展的现实选择［J］．中国合作经济，2010（3）．

［9］崔宝玉，刘峰，杨模荣．内部人控制下的农民专业合作社治理［J］．经济学家，2012（6）．

［10］崔宝玉，陈强．资本控制必然导致农民专业合作社功能弱化吗？［J］．农业经济问题，2011（2）．

［11］孔祥智，史冰清，钟真等．中国农民专业合作社运行机制与社会效应研究——百社千户调查［M］．北京：中国农业出版社，2012.

［12］黄季焜，邓衡山，徐志刚．中国农民专业合作经济组织的服务功能及其影响因素［J］．管理世界，2010（5）．

［13］赵铁桥．"十二五"时期农民专业合作社怎么办——合作社规范化建设和能力提升问题［J］．中国农民合作社，2011（9）．

［14］刘洁，祁春节．我国农业合作社制度创新的动力机制及完善对策［J］．农业现代化研究，2011，32（2）．

第十八章 农民合作社制度安排与经营模式创新

第一节 农民合作社经营模式创新分析

——以黑龙江省仁发农机合作社为例①

一、引言

2017 年中央"一号文件"明确指出,"推进农业清洁生产,增强农业可持续发展能力"。如何推进清洁生产,需要在农业经营模式上做文章。截止到 2016 年底,我国各类新型农民合作社达 280 万个,多种形式的适度规模经营面积占比超过 30%。"在农村劳动力工资和租金不断上涨的前提下,农民合作社必然要采用先进的农业机械和生物技术来替代劳动力和土地,以保证高于普通农户的利润水平"(孔祥智,2014)。"如果仍采取传统的农业经营模式,必然会因农产品'价格天花板'和农业生产'成本地板'的双重挤压而无法生存"(闵继胜、孔祥智,2016)。创新农业经营模式,其实种田也可以实现大效益(刘同山,2014)。然而,现实中,少部分农民合作社采用和普通农户一样的农业技术和生产方式(孔祥智,2014),开始出现了经营亏损,在江苏、山东等地甚至出现了一些农民合作社、家庭农场因无法承受巨额亏损而弃耕跑路。按理说这些经营主体的负责人应该也是理性的,在采取传统模式导致经营亏损时应该有意愿创新经营模式,但是,为什么没有尝试创新经营模式以扭亏为盈?此外,翁贞林、阮华(2015)指出,"均田承包"所带来的小规模农户,采取小规模、分散化的农业经营模式,面临的挑战越来越严峻。这是否意味着小规模农户也存在创新农业经营模式的意愿呢?

学术界的研究主要集中讨论土地规模经营与农业经营模式的关系等问题。张晓山(2006)指出,发展现代农业增强中国农产品的国际竞争力,需要创新农业基本经营制度,具体的路径是,走内涵式规模经营的道路,延长农业产业链,培育多元组织形式和契约联结方式。曾福生(2011)认为未来应该发展以专业农户为基础、适度规模的精准农

---

① 执笔人:闵继胜。

业为主导的农业经营模式，同时允许多种经营模式并存。翁贞林、阮华（2015）指出，与家庭经营制度及市场经济体制相适应的新型农民合作社，呈现专业大户、家庭农场、农民合作社和农业龙头企业等多元模式。可以看出，以往研究针对农业经营模式创新问题的讨论较少。因此，本节通过理论分析和案例研究，试图回答以下问题：小规模农户是否愿意和能够创新农业经营模式？为什么农民合作社需要创新经营模式？为什么仍有一些合作社不愿或不能创新农业经营模式？本节的贡献在于：一是揭示了模式创新与经营主体收益提升之间的内在逻辑，回应了谁更愿意创新经营模式和农民合作社为什么要创新经营模式的问题；二是通过对几种主要的新型经营模式的深入分析，总结归纳经营模式创新的前置条件，试图提供相应的政策含义。

二、农业经营模式创新：传统小规模农户不可为

（一）传统小规模农户不具备创新农业经营模式的动力

农民合作社是一种特殊类型的企业，核心目标是最大化农业经营收入。因此，它们会将优质劳动力、土地、资金等生产要素合理配置于农业，尽可能地增加农业盈利空间（见图18-1）。

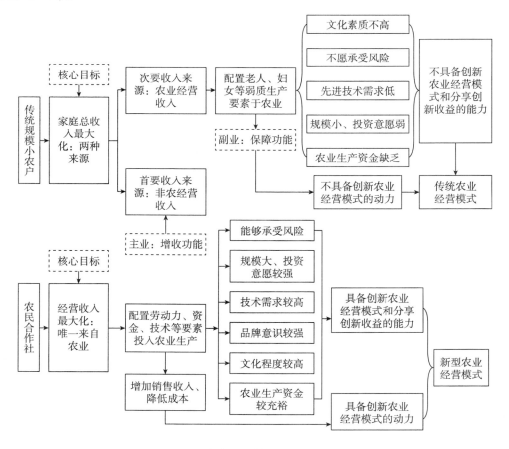

图18-1　两类农业经营模式差异的形成机制

在增加农产品销售收入方面。采用先进的农业机械和生物技术，追求较高的土地生产率、劳动生产率和资金生产率（孔祥智，2014），可以增加农作物的单产和改善品质；调整种植结构，打造绿色、安全、品牌农产品，增加农产品的销售价格。在降低生产成本方面，要素减量、效率提升和要素替代同步，通过规模化、机械化、集约化经营，提升化肥、农药等要素使用效率，降低要素投入强度；通过采用生物技术和种养结合模式，科学合理利用农业废弃物，改变要素投入结构，实现要素之间的相互替代。

　　传统小规模农户的核心目标是家庭总收入最大化。为了降低家庭经营风险，它们往往同时依赖农业收入和非农业收入，采取部分家庭成员外出打工的"半工半耕"方式来维持生活需要（黄宗智、彭玉生，2007）。在非农收入不断增加并超过农业收入的情况下，前者成为家庭主要收入来源，农业演变成副业，非农业演变成主业。从二者在家庭中的作用来看，非农经营具有重要的增收功能，而农业经营则充当保障功能。保障功能的农业经营，追求的就是稳定而非收益，自然厌恶经营风险；充当着外出经营失败的"安全港"，维持现状胜于开拓进取；肩负着家庭口粮重任，弥补农村社会保障的不足。而新型农业经营模式下，农民合作社需贯彻新的经营理念，采取新的农业技术，直面新的经营风险，这与传统小规模农户对农业经营的定位相悖，因此不愿意创新农业经营模式，也是它们的理性选择。

　　（二）传统小规模农户不具备创新经营模式的条件

　　无论是文化素质、品牌意识、风险承受能力，还是经营规模、资金丰裕度、先进技术的采用意愿，农民合作社的经营者都要显著优于传统小规模农户，因此前者更有能力、有潜力创新农业经营模式。而作为理性经济人的传统小规模农户，为了追求非农经营的收益最大化，自然会将青壮年劳动力等优质生产要素配置于非农产业，老人、妇女等弱质要素则配置于农业生产，因而农业从业者的文化素质低、投资意愿弱、风险规避意识强，生产资金缺乏，经营规模小，耕地细碎化严重（见图 18-1）。结果是，传统小规模农户无法引入现代机械设备、先进技术、经营管理方式等现代生产要素（张乐柱等，2012），只能止步于传统农业经营模式。

　　（三）传统小规模农户不具备分享创新收益的能力

　　就销售收入改善而言，小规模农户难以平等参与包括产前、产中、产后环节在内的农业价值链的分配（翁贞林等，2015），即使采取了新型农业经营模式，也会因为经营规模小、市场信息不通畅等原因，在市场竞争中往往会出现利益被侵占或受损的现象，难以获得模式创新带来的销售收入增加。农民合作社则不同，可以依托规模、信息搜寻能力、市场交涉力等优势，掌握市场主动权，而且消费者的信心树立、品牌打造、食品安全的风险防范等，也存在规模偏向性。因为经营规模越大，农业生产者的投机成本越高，监管难度就越小，越有利于克服农产品质量安全的信任危机和监管困境。可见，农民合作社有能力获得销售收入方面的创新红利。

　　就生产成本而言，先进农业机械、耕作技术、质量监控体系等的建设和应用，需要配套一定面积的耕地。因为土地经营规模越大，机械的利用效率越高，单位面积分摊的固定成本越低，这与农民合作社的特征相吻合，因此农民合作社有能力获得成本方面的创新红利。相反，传统小规模农户受自身的规模所限，不能分享这部分红利。

总之，虽然农业经营模式的创新，会带来农产品品质改进或产量提升，或者单位面积要素投入减量，形成比较可观的创新净收益，但难以惠及传统小规模农户，所以它们继续采用传统经营模式理所当然。

三、农业经营模式创新的内涵及对农民合作社增收的影响机制

（一）农业经营模式创新的内涵

农业经营模式体现了生产关系与生产力的有机联系，前者表现为农业经营形式，反映农业分工协作的生产组织形式；后者表现为农业经营方式，反映农业技术变革引致的生产要素的最优组合（曾福生，2011）。目前，中国的农业经营形式已经朝着以合作社和专业大户为主导的商品化、机械化的大规模农业经营转变，这与表征生产力的农业经营方式密不可分。因此，农业经营模式创新，其实就是合作社主导大规模农业经营形式，引入新的农业技术和生产要素，引致农业经营方式由粗放向集约、精细转变。

按照生产技术的选择和要素配置的优化度，可以将新型农业经营模式大致分为大规模机械化农业、生态循环农业、无公害绿色有机农业和精准农业四种模式，它们的技术先进程度和要素配置的优化度，呈现递增的基本趋势。从技术选择的角度来看，主导技术由机械深耕技术一直升级到信息技术、物联网技术与生物技术为一体的技术体系，技术水平和复杂度不断增加；从要素配置的角度来看，由注重土地资源的集约利用一直升级到土地、劳动和资本三类要素的集约利用；从环境友好的角度来看，由要素的减量一直升级到社会、经济、环境效益的有机统一。

（二）农业经营模式创新与农民合作社的农业收入增长

大规模机械化农业经营模式。该模式是新的耕作方式和先进农业技术的结合，通过土地流转实现规模经营，便于大型机械化耕作、农作物深耕技术等推广应用。该模式首先规避了土地细碎化引致的要素利用效率低下问题，有助于节约农业生产成本；其次实现了农业技术的更新和升级，最大限度地降低了农业生产风险，同时提升了土地的产出率，农作物的单产有所增加；最后，市场议价能力增强，表现为农产品的销售单价较高，市场稳定性较好，同时生产要素的购买价格较低。

生态循环农业经营模式。该模式指在农业生产过程中注重种养业资源的综合利用，实现"人—农作物—家畜"之间的物质循环。该模式的好处在于，一方面通过有效利用秸秆、畜禽粪便等农业废弃物，要素投入结构得以优化。有机肥料、生物质原料、农家肥替代了化肥和农药，降低了耕地的要素投入强度，生产成本得以下降。另一方面最大程度地降低了农业面源污染和土壤的重金属污染，既改良了土壤又有效保护了产地环境，从长期来看，有助于农产品品质提升和优质品牌打造。显然，农民合作社的农产品销售收入得以增加。

无公害绿色有机农业经营模式。该模式的核心是，贯彻绿色农业理念，采取环境友好

型耕作方式和清洁生产技术，朝着生态环境友好的方向调整要素投入结构。该模式最大的优势就是"绿色"、"无公害"、"有机"招牌，降低了农产品质量安全的风险，可以减缓消费者对农产品质量安全的忧虑，实现农产品销售市场的扩张。环境友好型的生产方式，有助于农产品的品牌价值提升，因为随着消费者收入水平的不断增加，无公害、绿色、有机的农产品自然受到追捧，农民合作社容易打造优质的农产品品牌。该模式要求农业生产过程中投入低毒、低残留和有机的农药、肥料等要素，这对于土质、水质的改善具有一定的促进作用，可以显著改善农产品的品质。可以看出，农民合作社采用该模式可以增加销售收入。

精准农业经营模式①。该模式注重提升要素利用效率和集约、精准利用农业资源。生产过程中主要采用信息技术、物联网技术等先进的技术手段，通过全程机械化、保护性耕作等生产方式，实现农作物生长的全程可控和可追溯。可以看出，该模式一方面实现了要素投入减量，有助于生产成本节约；另一方面实现了单产增加、品质改进和产地环境改善，有益于提升消费者对农产品的认可度和信任感，可以增加销售收入（见图18-2）。

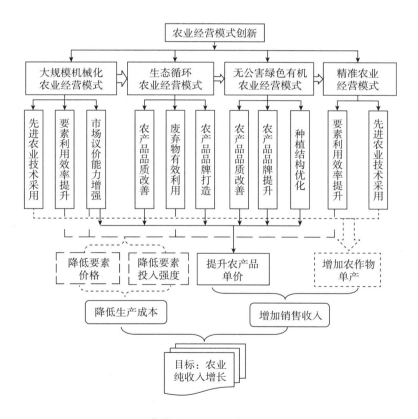

图 18-2　经营模式创新促进农业收入增长的机制

---

① 模式的详细论述参见曾福生（2011）。

四、农业经营模式创新与仁发合作社的经营绩效演进

（一）案例介绍

成立于 2009 年 10 月的仁发现代农业农机合作社（以下简称"仁发合作社"）位于黑龙江省克山县，合作社从起初的 7 个成员、1100 亩土地、总投资额 2084 万元发展到 2015年的 1014 户社员、5.6 万亩土地、固定资产 3789 万元；从 2010 年的亏损 187 万元发展到2015 年的总盈余 4196.2 万元（见表 18-1），先后荣获"黑龙江省现代农机专业合作社示范社"、"全国农民专业合作社示范社"等称号。那么，是什么因素促使仁发合作社扭亏为盈并不断发展壮大呢？答案是，农业经营模式创新起着关键作用。2010 年起，仁发合作社不断创新农业经营模式，从传统经营模式向大规模机械化经营模式、生态循环农业模式再向有机农业经营模式转变。此外，合作社成功突破了模式创新的各种瓶颈，获得了创新红利。仁发农机合作社带动农民增收效应明显，2015 年入社社员平均分红 708 元/亩，高于未入社农户 400 元/亩。因此，本文选择仁发农机合作社作为研究案例，研究价值较高。

表 18-1　不同农业经营模式下的合作社经营绩效比较　　　　单位：万元

经营模式	开始年份	经济规模（亩）	土地经营收入	农机作业收入	其他收入	租金支出	经营性和管理费等支出	机械折旧等其他支出	经营净收入	入社土地亩均收益
传统农业模式	2010	1100	0	100	0	26.4	87	-173.6	-187	-0.17
大规模机械化农业	2011	15000	2045.2	718.5	0	0	796.4	625.1	1342.2	0.071
	2012	30128	4797.9	775.1	20.9	0	2161.2	674.2	2758.5	0.073
	2013	50159	9471	1025	2	0	4018.8	1153.2	5328	0.092
生态循环农业	2014	54000	9130	1269.5	348.5	0	4115.6	1742.2	4890.2	0.085
无公害绿色有机农业	2015	56000	7406.5	1274.5	374.1	0	3080.1	1778.8	4196.2	0.0708

本案例采取半结构化的访谈法进行调查。调查地点为仁发合作社的办公室或会议室；调查对象为仁发合作社的理事长、理事会成员、普通社员，以一对一访谈为主，辅以问卷调查；调查时间：理事长近 3 个小时、人均访谈时间半小时左右；调查内容为仁发合作社的建立、成长等信息，以及农业生产要素投入结构、经营模式、经营收益等情况。

（二）传统农业经营模式与合作社亏损

2010 年，仁发村党支部书记领办的仁发合作社从农户手中流转土地 1100 亩、租金为240 元/亩自己经营，同时依靠政府提供的 1234 万元农机具购置配套补贴，购买几十台套

大型农机具，发挥自有农机优势进行农业社会化服务。合作社开始主要为周边农户的 6 万亩土地提供代耕服务，赚取农机服务收入 100 万元。由于自己经营的土地面积小，地块分散，连片经营难度大，导致合作社自有的大型农机不能使用，有些地块被迫另外花钱雇用小型农机耕种，经营性支出和管理费用共计 87 万元。2010 年底，合作社结算发现，在支付土地租金和考虑机械折旧费用 173.6 万元之后，经营净收入为 –187 万元，即一年下来亏损 187 万元，亩均收益为 –1700 元。

（三）大规模机械化经营模式与合作社扭亏为盈

2011 年春节期间，仁发合作社理事长李凤玉和其他 6 个初始股东一起挨家挨户动员农户"带地入社"。为了提升农户带地入社的积极性，合作社给入社农户如下承诺："①带地入社农户即是社员，享有保底价 350 元/亩；②入社土地可折资入股，参与当年盈余分配；③将 1234 万元的国家农机购置补贴作价量化股份，平均分给每个带地入社的社员，在补贴资金获益后再平均分配盈余。"在这一利好承诺的激励下，2011 年仁发合作社新增社员 307 户、土地规模扩张到 1.5 万亩。土地集中连片经营，大型机械化技术的推广和应用，合作社的规模经济效益显现。2011 年，仁发合作社扭亏为盈，净盈利实现 1342.2 万元，入社土地平均分红 710 元/亩。在这一利好消息的引导下，当地农民加入合作社的热情高涨，2012 年合作社吸引农户 1222 户、入社土地面积为 30128 亩，净利润 2758.5 万元，入社社员平均分红 730 元/亩。2013 年合作社经营净利润 5328 万元，实现每亩平均分红 920 元。

（四）生态循环农业经营模式与合作社利润增加

2014 年，仁发合作社入社社员达到 2638 户，规模经营土地 54000 亩。为了规避大规模、单一化经营的风险，2014 年开始，合作社开始从事种养结合的生态循环农业，投资新建了年存栏 1000 头、出栏 2000 头的黄肉牛养殖场。当年，仁发合作社实现农业经营纯收入 4890.2 万元，社员平均分红 854 元/亩，高出非社员 400 元/亩。

（五）无公害绿色有机农业经营模式与合作社持续盈利

2015 年，合作社继续创新农业经营模式，开始实施有机农业经营，种植 1000 亩北疆 2 号有机大豆。当年，仁发合作社的有机大豆非常畅销，市场售价为 13 元/斤，单价为普通大豆的十几倍。2015 年，合作社经营土地面积 56000 亩，入社社员 1014 户，当年实现净盈利 4196.2 万元，带动社员农户每亩多增收 400 元，平均分红为 708 元/亩（见表 18 –1）。

五、经营模式创新与农民合作社的收入增长：仁发经验的经济学解读

大规模机械化农业经营模式。耕地的大规模连片经营，机械化率提升、先进农业技术采用等，显著促进了仁发合作社的农业经营收入增长。一方面，就生产成本节约而言。第一，仁发合作社将入社的 1.5 万亩土地进行整合，按照作物品种网格化耕作，全部实现连片种植，方便了大农机作业。因大型农机作业不漏跑，节省空运转费用，每吨产出可节省油费 500~600 元。就马铃薯这一农作物而言，在播种、中耕、收获、施肥等耕作环节，

均使用 132 台套大功率联合播种机等大型机械，通过 3 台 100 多马力播种机的同时作业，实现了田间综合机械化率 90% 以上，大约节约成本 100 元/亩。第二，化肥、农药等生产要素购买的市场议价能力提升。合作社的化肥、种子、农药等生产资料由厂家直接配送或从厂家直接购买，减少了中间商环节的成本加成，因而化肥节省成本 300~500 元/吨，种子每斤节省成本 30%，农药节省成本 40~50 元/亩。另一方面，就销售收入增加而言。第一，先进技术的采用、农作物品种改良，增加了农作物单产。得益于克山县推行了农技人员包保制，仁发合作社推广应用了马铃薯、玉米和大豆等优良品种，而且，玉米、马铃薯的播种上，还推广采用了 110 公分"大垄双行栽培"、90 公分"大垄单行密植"、防疫灭病、测土配方施肥等先进农业技术，结果是，玉米、大豆和马铃薯的单产分别比普通农户高出 120 公斤/亩、10 公斤/亩和 1500 公斤/亩。第二，产品销售的市场议价能力提升，农产品的单价增加。合作社销售的玉米比普通农户销售单价高出 0.06 元/公斤。2011 年，仁发合作社与麦肯食品（哈尔滨）有限公司成功签约四年的销售合同，当年 2000 亩马铃薯按照协议价格 1.7 元/公斤销售，为合作社创收 360 万元；2012 年合作社的马铃薯面积达到了 5000 亩，每斤的销售价格比普通农户高出 0.2 元，每亩纯收入比非合作社成员多 1200 元，为合作社增收 700 多万元；2013 年合作社马铃薯面积达到了 1 万亩，为合作社创收 2276 万元。

生态循环农业经营模式。就节约成本而言。一方面，养牛场的粪便经过无害化处理可以还田，降低了化肥、农药的施用强度；另一方面，合作社还购置了 2 台纽荷兰青贮饲料机，专门将低质玉米、青贮秸秆做成黄肉牛饲料，既节约了养殖场的饲料成本，又解决了秸秆的处理问题。可以看出，要素投入强度的降低，种养业废弃物的合理利用，都有利于降低农业生产成本。

就增加农业收益而言。仁发合作社还以肉牛养殖为依托，投资 3000 万元建立年产有机肥 1500 吨的有机肥厂，可施用土地 13000 亩，实现了土壤品质的改良，农产品的品质也得以提升。仅 2014 年 3 月出栏的 200 头就可产生效益 22 万元，2 台纽荷兰青贮饲料机外出作业还可以赚取 30 万元作业费。生态循环农业还带来了农产品的品牌效应。2014 年起，仁发合作社开始依托"生态"、"循环"的招牌，先后打造了"龙哥"、"龙妹"和"仁发绿色庄园"等品牌，依托品牌优势大力发展电子商务，扩大农产品的销售渠道。2014 年，因废弃物合理利用、土壤品质改善、有机肥生产等因素，经营模式的创新就为仁发合作社带来直接经济效益 348.5 万元。

无公害绿色有机农业经营模式。考虑到有机农产品价格高、销路好、市场前景广阔，2015 年仁发合作社开始涉足有机农产品的种植。一是合作社在有机大豆种植过程中，以有机肥替代化肥，采取生物技术灭虫和人工除草。显然，这对于提升农产品品质和农产品品牌作用明显，促进了农产品销售价格的上涨。二是合作社还试图打造 8800 亩高标准有机食品基地，通过引入农业环境、病虫害、农田作业、农技服务和农机智能管理五大人工智能监控系统，以加强有机农产品生长的全过程管理，建立农产品质量安全的追溯体系，这显著增强了消费者对于农产品的信任程度，提升合作社在农产品销售市场上的议价能力。先进的人工智能技术的采用，又可以提升生产要素的利用效率，对于降低农业生产成本具有一定的促进作用。三是合作社还引进了先进的农业 GAP 栽培模式，采取科学化的"深松、大垄、良种、减施、防病、喷灌"方针指导农业生产，有助于农作物产量提升和农产品品质改善，促进农产品销售收入增加。当年，仁发合作社仅有机大豆种植这一项，就为合作社增加销售收入 374.4 万元（见表 18−2）。

表 18−2　不同新型经营模式下仁发合作社增收的路径对比

收入构成	要素购置价格下降	要素投入量减少	产品单价提升	单产增加	要素购置价格下降	要素投入量减少	产品单价提升	单产增加	要素购置价格下降	要素投入量减少	产品单价提升	单产增加
先进农业技术采用		√				√					√	√
要素利用效率提升		√				√						√
市场议价能力改善	√		√				√				√	√
产品品质改善			√				√				√	√
产品品牌打造			√				√			√	√	
结构优化							√			√	√	
废弃物合理利用						√						
	大规模机械化农业				生态循环农业				无公害绿色有机农业			

六、进一步讨论：前置条件突破与农业经营模式创新

仁发合作社的成功经验和道路，其他农民合作社也应该清楚。但现实是，为什么有些家庭农场等农民合作社即使面临亏损仍不愿意改变经营模式呢？一个可能的解释就是，新型农业经营模式存在某些前置条件，使得有些农民合作社难以跨越。就仁发合作社实施的三种新型农业经营模式而言，虽然单位面积的经营收益较高，但是经营难度也随之增加，都存在一定的前置条件，并非每一个农民合作社都可以满足（见表 18−3）。

表 18−3　不同农业经营模式创新的前置条件对比

经营模式	品种	产品价格	单位产量	成本要求		技术要求	面积要求	资金要求	承受风险能力	经营收益	经营难度
				固定成本	可变成本						
传统农业模式	粮食作物	较低	低	较低	低	较低	较低	较低	较低	低	较低
大规模机械化农业	粮食作物	一般	较高	高	较低	一般	高	较高	较高	一般	较高
生态循环农业	粮食作物、畜禽、蔬菜、水果	一般	低	较高	较高	较高	较高	较高	较高	一般	较高

续表

经营模式	品种	产品价格	单位产量	前置条件						经营收益	经营难度
				成本要求		技术要求	面积要求	资金要求	承受风险能力		
				固定成本	可变成本						
绿色无公害有机农业	粮食、蔬菜、水果	较高	低	较高	较高	一般	低	较高	较高	较高	较高

注：这里仅列出仁发合作社采取的新型农业经营模式。当然不排除现实中可能还会存在其他农业经营模式。五个层级的递进关系是：较低＜低＜一般＜较高＜高。

大规模机械化农业经营模式。该模式盈利能力一般，经营难度较高，往往需要面对农产品的销售难题，市场风险较大；各类气象灾害导致的农作物减产可能性大，生产风险也较大。采用大规模机械化经营模式一个重要的前置条件就是需要流入大面积耕地。目前有两种方式可以实现。第一种方式是流入土地自己直接经营，支付土地租金和部分雇工工资，所有生产经营风险由农民合作社自担。流入的耕地越多，经营规模越大，经营主体承担的风险越高。农民合作社盈利与否和流出土地的农户无关，这往往延伸出二者的利益对立，表现为：在看到承包农民合作社盈利时，农户在下一个合同期就要求提高租金，甚至有些地方还会出现当地农户偷盗合作社玉米的现象，这自然会也抬升农民合作社的生产成本。问题的根源在于，二者之间缺乏"收益共享、风险共担"的利益连接机制，这正是仁发合作社建社初期亏损的重要原因。

第二种方式是引导农户以土地、资本、劳动力等资源入股农民合作社，成为合作社的社员，参与生产经营管理和盈余分配并承担部分经营风险。该方式的目的是：首先锁定大型农业机械的服务对象，发挥合作社农机服务的规模效应，增加和稳定农业服务收益；其次大规模经营带来技术采用便利，实现入社土地单产增加，生产成本下降；最后，降低农民合作社的自担风险，因为当面临农业经营效益下降时，经营主体可以降低土地盈余分红，平抑生产经营风险；当面临资金周转困难时，经营主体可以通过提高公积金提取比率、延期支付土地盈余分红等方式渡过难关，避免因资金链断裂而导致自身死亡。但是，第二种方式隐含两个重要的前提：一是当地存在大量地形平坦、适合大规模连片种植和大型机械化作业的耕地；二是农民合作社有实力确保农户无风险的获得略高于分散经营的土地收益。当然，只要自然条件许可，第一个前提容易满足；但是，由于农户与合作社之间存在信任危机，因此入社前期让农户承担部分风险比较困难。仁发合作社的经验是，做出了两个承诺：一是向"带地入社"农户支付350元/亩的保底收益，这比当地240元/亩的流转租金高出110元/亩，同时还将租金收入量化成股份以参与合作社年终盈余分红；二是把1234万元国家配套资金按户平均量化给所有加入合作社的农户，并享受合作社年终盈余分红。第一个承诺能否兑现，取决于合作社的经营情况，如果经营效益不好，自然没有盈余分配，甚至保底租金都难以支付，显然该承诺存在一定的不确定性。第二个承诺最为关键，因为这些在合作社账户的国家补贴资金，没有任何的获得风险，即使合作社完全没能力支付承诺的保底收益，仅国家配套补贴资金 1234 万元这一项，314 户成员每户也可以分得 3.9 万元，这显然是一笔可观的收入。因此，大额国家配套补贴资金起着重要的撬动作用，稳定了入社农户的收益预期，大大增强了合作社对社员承诺的可信度，解决了农民与合作社之间合作前期的"信任危机"。

生态循环农业经营模式。该模式的困难在于：一方面修建畜禽养殖场、无害化处理池，安装生物驱蚊设备等，需要很大投入，会增加经营主体的固定成本；另一方面农作物生长过程和畜禽饲养过程，都需要大量的劳动力投入，会增加经营主体的可变成本；再一方面目前我国只有"三品一标"认证，尚无生态农产品认证，因此生态农产品的市场价值难以体现。最为关键的是，农民合作社需要同时掌握种植业和养殖业两类生产技术，承担两类生产经营风险，对于其风险承受能力要求较高。另外，养殖业还存在环境污染问题，因此小规模的种养结合模式很难获批，所以，发展生态循环农业经营模式的唯一路径就是走大规模的种养结合道路。其实，这就是现实中一些农民合作社即使在采取传统模式经营亏损时也不敢或不愿涉足生态循环农业模式的真实原因。可见，拥有雄厚的经济实力应该是生态循环农业经营模式的最重要前置条件。

无公害绿色有机农业经营模式。该模式没有耕地规模要求，生产技术难度小，但生产过程中需要采用人工除草和生物灭虫技术，用工量大，可变投入较高。有机农业模式还需要建立全程可追溯的生产体系，固定成本投入较高。虽然发展无公害绿色有机农业经营模式，单位产品价格高，盈利空间较大，但是，需要经营主体的风险承受能力强。该模式面临的风险表现为：产品对产地环境、技术标准等要求较高，获批难度大，实施的行政成本高，经营风险大；市场上有机食品的认证混乱，市场风险高。其实，只要市场体系完善、法律法规健全，有机等产品的认证和品牌保护应该不是问题。然而，产地环境质量最难控制，因为涉及的主体多，而且环境保护还具有明显的正外部性，市场失灵往往导致资源供应不足，而产地环境质量的指标恰恰是无公害、绿色和有机产品认证的前提和基础。因此，是否具备符合标准的产地环境质量，就成为了无公害绿色有机农业模式的最重要前置条件。

七、研究结论及政策启示

农民合作社为了实现农业纯收入最大化的目标，会将优质的生产要素配置于农业生产，形成经营规模、风险承受力、资金实力、文化程度等方面的优势，具备创新农业经营模式的动力和收益分享能力；相反，传统小规模农户则不愿也不能进行经营模式创新。而且，农民合作社需要创新经营模式，因为这可以增加农产品的销售收入、降低生产成本，提升整体的经营净收入水平。仁发合作社的成功经验表明，在经营模式创新方面，需要突破大面积的耕地、雄厚的经济实力、良好的产地环境质量等重要的前置条件。

因此，完善土地流转的政策支持体系，改善产地环境，健全法律法规等，帮助农民合作社突破模式创新瓶颈，应成为未来重要的政策取向。在实践中，一是应发挥"雪中送炭"的作用，改变当前"撒胡椒面式"的政府补贴方式，对农民合作社进行重点支持，

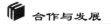

通过财政补贴资金撬动合作社与农户之间建立利益连接机制，克服二者合作前期的信任危机。二是落实产地环境质量监管的主体责任，加强农村的环境治理和土壤改善，努力为合作社营造良好的产地环境。三是鼓励正规金融机构创新抵押、担保贷款授信模式，引导非正规金融机构的健康发展，建立多渠道、多层次、低成本的资金支持体系，以突破经营模式创新的资金瓶颈。

参考文献

［1］孔祥智．新型农民合作社的地位和顶层设计［J］.改革，2014（5）.

［2］闵继胜，孔祥智．新型农民合作社经营模式创新的制约因素及制度突破［J］.经济纵横，2016（5）.

［3］刘同山．创新经营模式种田也有大效益［J］.中国农民合作社，2014（1）.

［4］翁贞林，阮华．新型农民合作社：多元模式、内在逻辑与区域案例分析［J］.华中农业大学学报（社会科学版），2015（5）.

［5］张晓山．创新农业基本经营制度发展现代农业［J］.农业经济问题，2006（8）.

［6］曾福生．中国现代农业经营模式及其创新的探讨［J］.农业经济问题，2011（10）.

［7］黄宗智，彭玉生．三大历史性变迁的交汇与中国小规模农业的前景［J］.中国社会科学，2007（4）.

［8］张乐柱，金剑峰，胡浩民．"公司＋家庭农场"的现代农业生产经营模式：基于温氏集团案例研究［J］.学术研究，2012（10）.

第二节　合作社经营模式创新与清洁生产

——基于黑龙江省仁发农机合作社的案例分析①

一、引言

改革开放以来，我国农业生产的集约化程度显著提升，随之而来的是化肥、农药等农用化学品的投入强度不断增加，带来土壤板结、水质恶化等生态环境问题，不仅威胁人类

---

① 执笔人：闵继胜、孔祥智。

的健康，而且破坏人类的生存环境，因此，农业清洁生产应该成为 21 世纪现代农业发展的必然趋势（莫测辉等，2000），也是农业可持续发展的必然选择（章玲，2001）。2017年，中央一号文件明确指出"推进农业清洁生产，增强农业可持续发展能力"，具体而言，农业清洁生产就是产前阶段的要素投入科学化、减量化，产中阶段的生产技术、耕作方式的无害化和合理化，产后阶段废弃物处置的资源化、清洁化。这就要求农民合作社改变传统的高投入、低产出、粗放型的经营模式，走创新农业经营模式之路。

农民合作社已经成为农业生产的重要力量之一，无论是耕地规模、资金丰裕度、先进技术应用成本，还是经营者的文化素质、风险承受能力、投资意愿等，它们要显著优于传统小规模农户，因此有潜力从事农业清洁生产。而且，在农村雇工工资和土地租金不断上涨的前提下，合作社要采用先进的农业机械和生物技术来替代劳动力和土地，通过申请绿色农产品甚至有机农产品标志，以获取高于普通小农户的经营利润（孔祥智，2014），因此实施农业清洁生产的动力较强。然而，据报道，受粮食价格下跌、地租上涨等因素影响，在江苏、山东等地陆续出现了种粮大户因为无法承受巨额亏损弃耕退田现象。一个重要原因是，这些种粮大户采取与普通农户同样的经营模式。如果农民合作社仍采取传统的农业经营模式，即过分依赖化肥、农药等生产要素投入，清洁生产程度低，而且必然会遭遇农产品"价格天花板"和农业生产"成本地板"的双重挤压而无法生存（闵继胜、孔祥智，2016），因此，创新农业经营模式应该是实施农业清洁生产的路径和农民合作社的理性选择，那么，为什么有些合作社不愿意创新经营模式？是否存在一些模式创新方面的制约因素？

目前，就农业经营模式而言，曾福生（2011）认为未来应该发展以专业农户为基础适度规模的精准农业为主导的农业经营模式，同时允许多种经营模式并存。可是，文章并没有分析哪一种或哪几种经营模式更有利于促进农业清洁生产，对于可持续农业发展的指向性不明确。闵继胜、孔祥智（2016）从驱动因素、战略选择、主要障碍等方面，论述了新型合作社创新农业经营模式的可行性、内在动力和可行方向。但是，文章未涉及农民合作社的经营模式创新与农业清洁生产之间的关系，未能从食物安全和现代农业发展的高度看待农业经营模式创新。有学者认为农业清洁生产实质就是，在农业生产的全过程中，采取环境友好的"绿色"农用品，改善农业生产技术，以减少农业污染的产生以及农业生产对人类和环境的危害（章玲，2001）。为了实现畜牧业的清洁生产，需要将源头预防、过程控制、末端治理三大类行为贯穿到整个生产过程中，对每个环节进行严格控制（周力、薛莥绮，2014）。可以看出，研究集中在农业清洁生产的内涵方面，对于合作社的农业清洁生产意愿和实现路径关注不足，无法回答合作社为什么需要和如何从事农业清洁生产的问题。本节的贡献在于：一是揭示了农民合作社的经营模式创新与农业清洁生产之间的内在逻辑，试图回答农民合作社的经营模式创新如何促进农业的清洁生产；二是通过对比分析，归纳出几种主要的新型经营模式的约束条件，从模式创新的角度廓清农民合作社实施清洁生产的制约因素。

二、农民合作社促进农业清洁生产：动力、优势与不足

（一）农民合作社具备从事农业清洁生产的意愿

理论上而言，农民合作社实现核心目标，无外乎三种路径。一是农业生产成本不变的同时增加农产品销售收入，即在不改变农作物结构、种植技术、耕作方式的同时，试图仅靠横向联合扩大销售规模，提升市场占有率，增强市场谈判能力，增加销售收入。类似于今天的一些松散型合作组织，虽然各类合作社之间以简单叠加的形式实现了联合，但生产经营决策相对独立，没有生产技术、种植结构、种植方式的变革，因而生产成本基本不变；没有农产品的品质改良，依靠扩大销售规模难以掌控市场价格，农产品的销售收入难以提升。显然，该路径无法实现农民合作社的核心目标。二是农产品销售收入不变的同时节约农业生产成本，即试图借助于机械化、规模化生产，降低单位面积的生产成本。由于并未涉及农作物的品种改良、种植结构调整等，对于增加农产品销售收入的作用也有限。这类似于今天的一些种粮大户、家庭农场等农民合作社，仅仅依靠土地流转扩大了经营规模，用农业机械替代劳动力以降低农业生产成本。由于在农作物品种、种植结构、农产品品质等方面，农民合作社与普通农户之间基本一致，因此很难获得来自品牌增值、品质改善等方面的市场竞争优势。在遇到土地租金上涨或者农产品价格下跌时，这类合作社的利润空间也会消失殆尽，因此该路径也非合理选择。三是在增加销售收入的同时降低生产成本，也就是改良农业技术，优化要素投入，降低农业生产成本；同时，改进农作物的品种、种植结构、耕作模式等，打造迎合市场需求的高品质、名品牌、安全健康的农产品，增加销售收入。无论是国内市场还是国际市场，绿色、无公害、有机农产品的价格普遍高于普通农产品。在欧美发达国家，有机蔬菜的价格是普通蔬菜的 3~5 倍，在我国前者则是后者的 10 倍左右[1]。显然，第三条路径更有利于持续地增加农业经营净收入，更容易被合作社所采用。这就要求农民合作社从传统经营模式向绿色无公害有机农业、生态循环农业等新型经营模式转变，真正做到清洁生产，才可以获得比较可观的创新净收益，因此它们从事清洁生产的动力较足（见图 18-3）。

（二）农民合作社具备从事农业清洁生产的能力

一是农民合作社的经营者文化程度较高，风险承受能力较强，对于环保、绿色、安全的生产理念接受和认可度较高，因而他（她）们贯彻、执行农业清洁生产的主动性和积极性较强，具备一定的从事农业清洁生产的认知优势。

二是无论是全程可追溯体系建设，还是精准施肥、测土配方施肥等技术的推广，抑或大型专用农业机械的应用，都需要一定规模的耕地相配套。耕地规模越大，单位面积分摊的固定成本越低，而农民合作社的经营规模较大的特点，使其具备清洁生产技术应用的成本优势。

---

① 伟泰发. 普通蔬菜与有机蔬菜为何价格差别如此之大？［EB/OL］. http：//www. hzwate. com/NewsShow. asp? Id = 175，2014 - 09 - 13.

三是食品安全的风险防范，消费者对安全食品的消费信心树立，也存在明显的规模偏向性，因为如果从事有机农产品、绿色农产品的生产者经营规模越大，投机成本越高、监管难度越小，越容易规避农产品的质量安全问题，而农民合作社以农业经营收益为重要收入来源，同时经营规模较大，促使其违约风险极高、投机成本极大，因而具备从事农业清洁生产的消费者信任优势。

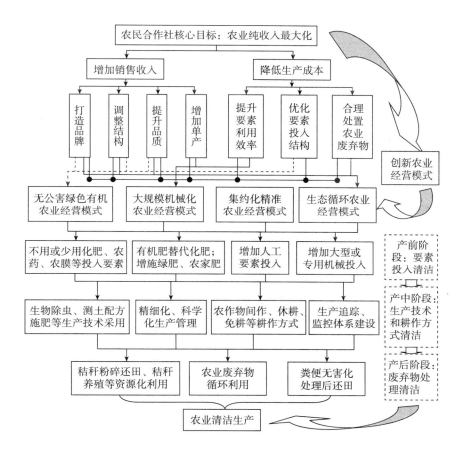

图 18 - 3　农业经营模式创新对农业清洁生产的影响机制

　　四是农民合作社可以凭借自身的经营规模大、信息搜寻能力强的特点，掌握市场主动权，增强市场谈判能力，规避传统小农户难以平等参与农业收益的分配问题，公平、公正地参与清洁生产的产前、产中、产后环节的农业价值链的收益分配，因而具备从事农业清洁生产的收益分享优势。

　　（三）农民合作社从事农业清洁生产的制约因素

　　目前，实践中能够提升农业清洁生产程度的经营模式主要有三种，即大规模机械化农业经营、生态循环农业经营、无公害绿色有机农业，它们均存在一定的约束条件，制约着农民合作社的农业清洁生产。具体而言：

　　大规模机械化农业经营模式，主要通过发挥大型农业机械的作用，实施先进的耕作、施肥等生产技术，提升机械、化肥、农药等要素的利用效率，以降低单位面积的要素投入强度，促进农业的清洁生产水平。该农业经营模式的一个重要的约束条件就是，拥有充分发挥大型机械优势的大面积耕地。第一条路径就是，支付租金流入农户的土地自己直接经营，与农户之间仅存在土地流转、临时雇用关系，农民合作社承担全部经营风险。这就意味着，流入土地的面积越大，农民合作社承担的经营风险越大；而且，由于农户无法获得租金、工资之外的收入，与农民合作社之间的利益往往对立。表现为：在看到承包耕地的农民合作社盈利时，农户就要求增加下一个合同期的租金，甚至有些地方还会出现当地农户偷盗合作社玉米的现象，这也往往导致一些农民合作社因生产成本过高而经营亏损。问题的根源在于，二者之间缺乏"收益共享、风险共担"的利益连接机制。第二条路径就是，引导农户以租金入股家庭农场、合作社等农民合作社，参与生产经营管理和盈余分红，二者之间建立"收益共享、风险共担"的利益连接机制。这样做的好处是，一方面大规模的土地流入，锁定了大型农业机械的服务对象，充分发挥了规模经济效应，增加单产、降低单位成本；另一方面，利益连接机制降低了农民合作社的自担风险，因为遇到粮食价格下跌、农作物减产等因素导致经营效益下降时，合作社可以通过降低土地盈余分红的方式，平抑生产经营风险；遇到生产资金周转困难时，合作社可以通过提高公积金提取比率或者延期支付土地盈余分红的方式，缓解资金不足问题，避免出现因资金链断裂而导致农民合作社死亡。但是，第二条路径需要具备两个重要的前提条件：一是当地存在大量地形平坦、适合大规模连片种植和大型农业机械化作业的耕地；二是在农户带地入社的前期，农民合作社有经济实力确保农户无风险地获得略高于分散经营的土地收益。第一个条件容易满足，因为只要自然条件合适，通过当地村级组织协调，合作社比较容易获得大面积连片的耕地。第二个条件其实更为重要，也更难满足，因为在农户带地入社前期，往往存在信任危机，"囚徒困境"的存在使得帕累托改进无法实现。因此，如何通过建立稳定的利益连接机制，提升土地经营规模，成功实施大规模机械化农业经营模式，是农民合作社从事农业清洁生产的关键。生态循环农业经营模式，主要依靠生态系统自身的循环，通过种植业和养殖业的有机结合，将农作物饲料化、畜禽粪便肥料化，保护了土壤、水源和空气，可以显著提升农业清洁生产水平。由于养殖业存在环境污染问题，有关部门对于畜禽养殖业的审批严格，建设小规模的畜禽养殖场往往不被批准，因而唯一的路径就是发展大规模畜禽养殖和大面积农作物的种养结合的生态循环农业。这对于资金的要求很高，因为前期的养殖设施建设、耕地流转的租金、大型农业机械购置等都需要大量的资金，可见，拥有雄厚的经济实力成为发展生态循环农业模式，走清洁生产道路的最重要约束条件。

　　无公害绿色有机农业经营模式，对于耕地面积要求不高，生产技术不是很复杂，但生产过程中少用或者不用化肥、农药和杀虫剂，采用人工除草和生物灭虫，属于清洁生产程度最高的一种农业经营模式。该模式下农产品的销售价格较高，盈利空间较大，但是需要合作社具有较高的风险承受能力，因为一方面无公害绿色有机产品的认证比较麻烦，对于产地的环境标准要求较高，生产风险也较高；另一方面市面上有机食品的认证混乱，无形之中增加了市场风险。当然，对于认证混乱问题，可以通过加强市场监管、完善诚信体系予以解决；对于认证程序复杂、标准繁多、认证费用高的问题，可以通过简化认证程序，降低认证费用予以解决。可是，产地环境质量绝非单个农民合作社所能决定和控制，更为重要的是，产地环境质量标准是无公害、绿色和有机产品认证的前提和基础，因此，符合标准的产地环境质量，才是发展无公害绿色有机农业经营模式，实施清洁生产的最重要制约因素。

三、仁发合作社的经营模式创新与农业清洁生产演进

（一）案例选择

本节之所以选择黑龙江省克山县仁发农机合作社（以下简称"仁发合作社"）为研究案例，理由如下：一是农机合作社起初需要大量的资金投入，具有典型的固定成本投入高的特点，当然这也为大型机械化经营创造了条件；二是为了分摊大型农机的固定成本，锁定农机的服务对象，自然需要流入大量的土地，大型农机与大面积耕地的结合形成了大规模机械化农业经营的雏形；三是仁发合作社起初处于亏损状态，但是通过创新经营模式，扭亏为盈，实现了农业经营利润最大化的核心目标，也因此从 2011 年起，仁发合作社先后获得了"黑龙江省现代农机专业合作社示范社"、"全国农民专业合作社示范社"等荣誉称号；四是仁发合作社不仅从传统经营模式向大规模机械化经营模式转变，而且朝着生态农业、有机农业经营模式迈进，在不断创新经营模式的同时，农业生产的清洁化程度也得以提升。因此，本节选择仁发农机合作社进行研究，案例的代表性强，不仅可以验证农民合作社、经营模式创新与农业清洁生产之间的理论逻辑，也为其他农民合作社的经营模式创新提供借鉴作用。

本案例的调查主要采取半结构化的访谈法。首先，课题组负责人通过与理事长、理事会成员和合作社普通成员进行长达 1 个多小时的座谈，了解合作社的经营理念、经营收益、收益分配等基本情况，记录合作社的建立、成长等信息；其次，调查员在合作社的办公室或会议室，对合作社的理事长、理事会成员和普通成员进行一对一的深度访谈，详细了解和核实合作社的社员分红、种植结构、雇工工资、要素投入等生产经营情况，形成了近 3 万字的访谈记录。笔者对访谈记录进行了归纳和提炼，用于描述仁发合作社的经营模式、清洁生产和盈亏等情况的演进。

（二）仁发合作社的基本情况

2010 年，仁发合作社从农户手中流转土地 1100 亩自己经营，同时主要为周边农户的 6 万亩土地提供代耕服务。虽然合作社获得了 1234 万元的农机具购置国家配套补贴，拥有现代化大型农机具几十台套、总投资额达 2084 万元，但是由于自己经营的土地规模有限，也没有连片经营，大型农业机械难以发挥作用；同时，密植技术等先进的农业科技也无法采用，农业生产的集约化程度低，经营效率低下，因此，合作社只能采取传统的农业经营模式，不仅不利于农业清洁生产，而且经营收益低下。在扣除代耕的人工费、机械折

旧等费用之后，2010 年仁发合作社亏损 172 万元。2011 年开始，仁发合作社通过创新农业经营模式，已经成功地从当初的（2010 年）亏损发展到今天的盈利（2015 年总盈余 4196 万元），经营模式从传统经营模式发展为大规模机械化经营模式、有机农业经营模式、生态循环农业经营模式（见表 18 - 4），农业清洁生产程度也随之不断提升。

表 18 - 4　仁发合作社的经营模式变迁与农业清洁生产情况

阶段	时间	农业经营模式	盈利情况	清洁生产程度
第一	2010 年	传统农业	亏损	低
第二	2011～2013 年	大规模机械化农业	盈利	一般
第三	2014 年以后	有机农业、生态循环农业	盈利	较高

资料来源：笔者根据实地调查资料整理。

（三）大规模机械化经营模式下合作社的农业清洁生产

为了克服土地规模过小制约经营模式创新的问题，2011 年起，仁发合作社通过给农户承诺，即带地入社农户即是社员，享有农田保底价每亩 350 元，比当时市场价高出 110 元；入社的土地可折资当作投资，可参加年终盈余分红；把合作社 1234 万元的农机购置补贴平均量化给所有愿意带地入社的农户，之后如果补贴资金产生效益也在社员间平均分配，吸引了农户大量入社，土地规模扩张到 1.5 万亩。因此，2011 年合作社开始实施大规模机械化经营模式，在播种、中耕到收获等各环节，使用 132 台套大功率联合播种机、联合收割机等大型机械，实现连片种植、大农机作业，田间综合机械化率达到 90% 以上。

大规模机械化经营在一定程度上促进农业清洁生产。一方面，大型农业机械的使用，提升了投入要素的使用效率，降低了农业生产成本。以马铃薯种植为例，在开垄、施肥、下种、合垄、镇压五个环节，合作社使用三台 100 多马力马铃薯播种机同时作业，大大提升了工作效率，降低了亩均成本。据仁发合作社理事长李凤玉估算，与未入社农户相比，可实现成本节约 100 元/亩左右。另一方面，规模化经营也为先进农业技术的采用创造了有利条件，增加了农作物单产。在玉米、马铃薯等作物的播种上，仁发合作社改变了传统种植技术，分别采用 110 公分"大垄双行栽培技术"、90 公分"大垄单行密植技术"，结果是，玉米、马铃薯、大豆分别增产 240 斤/亩、3000 斤/亩、20 斤/亩（见表 18 - 5）。因此，综合来看，大规模机械化经营模式下合作社的单位产出的化肥、农药等要素投入强度有所下降。

表 18-5 大规模机械化经营模式下仁发合作社的农业清洁生产

品种	机耕费	化肥	农药	人工费	亩产	比未入社农户平均增产
玉米	134	106	45	29	1409	240
马铃薯	285	106	253	388	5768	3000
大豆	140	90	35	40	320	20

资料来源：笔者根据实地调查资料整理。要素投入量和产出量为 2011~2013 年的平均数，单位分别为：元/亩、斤/亩。

（四）生态循环经营模式下合作社的农业清洁生产

为了迎合消费者对于农业规范化生产和安全可靠农产品的需求，以增加农业经营收益，仁发合作社寻求农业经营模式的进一步创新；同时，2011~2013 年连续三年的盈利，也为合作社的经营模式创新提供雄厚的资金支持，因此 2014 年开始，仁发合作社实施了生态循环农业模式。一方面，合作社实施标准化生产，所有土地采取全程机械化技术，玉米的秸秆全覆盖免耕播种、秸秆 100% 还田、机械植保，大豆的保护性耕作等环境友好型农业技术被大面积推广使用（见表 18-6），无形之中减轻了农业生产对于耕地的破坏，实现了生产中间过程和末端废弃物处置的清洁；与此同时，与未入社农户相比较，合作社的农作物单产继续提升，玉米、马铃薯、大豆的单产分别增加 331 斤/亩、3732 斤/亩、50 斤/亩（见表 18-7），因而虽然受价格因素影响，玉米、马铃薯等农作物的单位面积化肥、农药投入额有所增加，但单位产出的要素投入强度仍较低。另一方面，合作社还尝试种养结合的生态循环农业模式，建设了每年可存栏 1000 头、出栏 2000 头规模的黄肉牛养殖场，将秸秆过腹之后形成的牛粪经过无害化处理后还田，以减少化肥农药的投入，增加农业清洁生产水平。

表 18-6 仁发合作社的环境友好型技术采用 单位：万亩

品种	单项技术的使用面积							
	深松整地	精量播种	秸秆全覆盖免耕播种	大垄双行	机械收获	保护性耕作	机械植保	秸秆处理（100% 还田）
玉米	3.2	3.2	3.2	3.2	3.2		3.2	3.0
大豆	1.0	1.0			1.0	1.0	1.0	

资料来源：笔者根据实地调查资料整理。

（五）有机经营模式下合作社的农业清洁生产

由于有机农产品的价格是普通农产品的几倍甚至十几倍，仁发合作社又尝试进一步创新经营模式。在克山县农业部门的帮助下，加上 2011 年以来树立的良好声誉，2014 年仁发合作社成功注册了"仁发绿色庄园"等品牌。2015 年，仁发合作社重点打造有机农产品生产基地，在维持玉米、马铃薯等普通农产品种植的同时，增加 1000 亩北疆 2 号有机大豆的种植。合作社采用标准化生产技术，使用国家认证的合格有机肥，亩播种量 5 公斤，施肥量为酵素有机肥 50 公斤/亩，不用化肥、农药，采用生物除虫、人工除草、专用机械收割、定点装库存储，做到播种、施肥、除草等生产环节的全程录像跟踪和可追溯。显然，该模式下无论是要素投入还是生产过程中农业技术的使用，都实现了绿色和清洁，可见农业清洁生产程度最高。与此同时，标准化生产和环境友好型农业技术的继续使用，仁发合作社的玉米等农作物单产仍显著高于未入社农户，加上亩均化肥、农药等要素投入额未显著增加（见表 18-8），导致农作物的单位产出的要素投入强度不高，农业清洁生产程度仍较高。

表 18-7 生态循环农业经营模式下仁发合作社的农业清洁生产

品种	机耕费	化肥	农药	人工费	亩产/存栏头数	比未入社农户平均增产
玉米	152	180	55	21.5	1500	331
马铃薯	280	180	280	440	6500	3732
大豆	100	45	35	100	350	50
黄肉牛					1000 头	

注：要素投入量的单位：元/亩，农作物产出单位：斤/亩。
资料来源：笔者根据实地调查资料整理。

表 18-8 有机农业经营模式下仁发合作社的农业清洁生产

品种	机耕费	化肥	农药	人工费	亩产	比未入社农户平均增产
玉米	140	216	55	30	1380	211
马铃薯	285	120	240	400	5500	2732
大豆	100	47.4	35	60	350	50
有机大豆	120	50 公斤有机肥	0	280	288	

注：要素投入量的单位：元/亩，农作物产出单位：斤/亩。
资料来源：笔者根据实地调查资料整理。

四、研究结论及政策启示

本节通过理论分析发现，为了实现农业纯收入最大化的核心目标，农民合作社愿意创新农业经营模式，从事清洁生产的动力较足；而且具备农业清洁生产的认知、成本、信任和收益分享等优势，从事清洁生产的能力较强。但是，在创新经营模式促进农业清洁生产方面，农民合作社需要克服大面积的耕地、雄厚的经济实力、良好的产地环境质量等约束条件。仁发合作社的经营模式创新与农业清洁生产演进轨迹，证实了这一基本判断。本节的研究结论表明，政府应从完善补贴政策、创新金融支持、改善产地环境等方面，帮助农民合作社突破经营模式创新的现实瓶颈，提升清洁生产水平。

目前，从农机购置补贴政策来看，针对购机对象实施的敞开式补贴具有典型的普惠性特征。这虽然可以提升补贴资金的公平性，但购机农户受土地规模所限，农机的利用效率不高；而且，普惠性的补贴政策也难以发挥补贴资金的撬动作用。因此，可以依据带动农户数量或入社土地面积，向农民合作社倾斜补贴资金，鼓励其设立政府补贴资金账户，将补贴资金平均量化给农户。这样有助于增加农户对农民合作社的信任度，维系二者之间长期稳定的合作关系，从而可以发挥规模经济的优势，提升农业机械的利用效率和农业环境友好型技术推广，增加农民合作社的清洁生产水平。

近期，农业部宣布启动"农业绿色发展五大行动"，指出"中央拟安排专门资金，采取以奖代补方式，聚焦畜牧大县和规模养殖场，整县推进畜禽粪污资源化利用，统筹现有各种项目，重点支持畜禽粪污处理和利用设施建设"。这对从事生态循环农业经营模式的农民合作社而言既是机会又是挑战。机会是创新经营模式之后，农民合作社可以获得更多的财政资金支持；挑战是环境规制更为严格，生产成本进一步提升，而且"以奖代补"方式要求农民合作社前期投入大量资金来建设符合环保要求的养殖污染处理设施。这就需要银行等金融部门创新抵押、担保贷款授信模式，与涉农评估担保公司合作，由后者对大棚、猪舍等农业设施、农业机械、仓库、产房、农产品的销售订单进行价值评估，金融部门根据评估报告对农民合作社发放大额贷款，克服清洁生产中的资金严重不足问题。

近年来，农业部实施的《农产品产地安全管理办法》和《土壤污染防治行动计划》，落实了农产品产地安全的监管主体（县级以上人民政府农业行政主管部门）、产地污染修复责任，试图改善农产品产地环境。但是，仍无法满足无公害绿色有机农产品生产的需要。因为此类农产品的认证，对于产地的灌溉用水、土壤、大气质量以及产地污染的隔离区域、土地规模和集中度等都有严格要求。而且，农村耕地分散、农产品生产主体众多，产地污染的监管和修复难度均很大，农业主管部门对于改善产地环境作用有限。因此，可以尝试通过项目补贴的方式，调动农民合作社在产地环境保护、污染修复方面的积极性；同时，在土地集中连片流转、产地环境认证等方面，发挥基层政府的协调和服务功能，降低农民合作社从事无公害绿色有机农产品生产的难度和风险，成功实现农业的清洁生产。

参考文献

[1] 莫测辉，吴启堂，李桂荣．关于我国 21 世纪农业清洁生产的思考 [J]．中国人口资源与环境，2000（1）．

[2] 章玲．关于农业清洁生产的思考 [J]．中国农村经济，2001（2）．

[3] 孔祥智．新型农业合作社的地位和顶层设计 [J]．改革，2014（5）．

［4］闵继胜，孔祥智．新型农业合作社经营模式创新的制约因素及制度突破［J］.经济纵横，2016（5）．

［5］曾福生．中国现代农业经营模式及其创新的探讨［J］.农业经济问题，2011（10）．

［6］周力，薛莘绮．基于纵向协作关系的农户清洁生产行为研究［J］.南京农业大学学报（社会科学版），2014（3）．

第十九章　内部信任对合作社质量安全控制效果的影响

——基于三家奶农合作社的案例分析[①]

第一节　问题的提出

当前，农产品质量安全问题已经成为我国农业发展中一个"久治不愈"的"顽疾"。大量研究对这一问题进行了多方位讨论，但多数集中在农产品供应链的中后端，相关治理措施也多是基于消费者或监管者立场提出的。这些措施常常体现了"堵"的思路，而非"疏"的原则（钟真等，2013）。事实上，解决农产品质量安全问题的驱动并不单纯地来自于外部的监管压力，农业本身内在的发展机制也十分重要。随着农业市场化的深入和各类新型经营主体的发展，农民合作经营在保障农产品质量安全方面的作用逐步显现。

一些学者在实践中已经发现，由农民合作社提供的农产品的质量安全水平的确高于分散小农提供的农产品质量安全水平（卫龙宝、卢光明，2004；任国元、葛永元，2008；钟真等，2013）。那么，合作社能够控制农产品质量安全的根本原因是什么呢？有的人认为是合作社可以更容易地在农业生产中推行 ISO、GMP、GAP、HACCP、QS 等标准化的质量安全生产管理模式（王志刚等，2006；周洁红等，2010；王庆、柯珍堂，2010）；有的人认为是合作社更容易对接大型超市或龙头企业，进而利用其"质量专家"的作用反向约束农产品质量安全（胡定寰等，2009；Moustier，2010）；也有的人认为是制度因素、技术因素、组织因素、文化因素共同作用的结果（Martino et al.，2012）。但不管是何种解释，可以肯定的是农民的合作行为改变了分散经营条件下影响农产品质量安全的重要因素，并形成了其特殊的保障机制（夏英，2009）。作为根植于农村社区的农民合作组织，社会信任是合作社产生、存续和发展的必要条件（徐志刚等，2011）。我们也认为，合作社之所以能够发挥农产品质量安全保障的功能，除了农业技术因素之外，必然与农民为维系彼此间关系而普遍存在的社会信任密切相关。换言之，在农民合作社的内部，影响农产品质量安全控制效果的非技术性因素是否关键在于信任？基于此，本文将在已有研究的基

[①]　执笔人：钟真、方家、穆娜娜、齐介礼。

础上，从信任的角度来研究合作社控制农产品质量安全的效果和机制。

第二节　研究框架

一、文献回顾

当前，有关组织研究的最热门议题之一就是如何提高组织的绩效和生产力。而组织效率的提高有赖于组织与成员之间、领导与下属之间的信任，这是不同组织成员具有的一种共同信念（蔡翔、程发新，2006）。已有研究表明，信任已经成为维持组织效能与维系组织生存的重要影响因素，而组织内信任是组织竞争优势的一个重要来源（韦慧民、龙立荣，2008；姚景照，2010）。合作是现代组织生存发展的系统性优化机制，并具有多元性、有序性、互动性等明显特征。这些特征均决定了合作必然是依赖于各合笔者之间的信任、宽容和理解（李枞业、李雷军，2006）。

合作社作为组织的一种特殊形式，其内部信任对社员、理事长、合作社本身之间的合作的效果产生明显的影响。一方面，信任促成了合作社的成立和基本架构的形成。特别是，以"亲缘"和"拟亲缘"关系为基础的"特殊信任"是中国农民走向合作的行动逻辑（赵泉民、李怡，2007）。如果将农民形成合作社的过程可视为一种重复博弈，那么信任作为一种非正式的制度有利于这个博弈过程达到均衡（黄珺等，2005）。另一方面，信任有助于合作社的日常运行与长期稳定发展。信任既是合作的必要条件，也是克服合作中出现机会主义行为的必要条件（Bonus，1998）。在合作社中，只有成员积极参与管理才能确保组织持久的生命力，而影响成员参与组织成员大会、参与投票、与组织沟通、退出或不履行义务的关键因素是成员对合作组织的态度，特别是对管理者的信赖程度、对组织运行效率的评价及成员受教育程度。而这些正是形成信任的基本来源，它们关系到农民合作社内部知识、技术、信息等资源的共享和扩散（刘宇翔，2011）。从这个意义上讲，信任也是一种生产资源（侯守礼等，2004）。因此，信任能够促使农民形成某种合作机制，促进社员之间的合作和资源共享，防范机会主义行为的出现，从而确保合作社稳定持续发展。

二、内部信任影响合作社质量安全控制效果的逻辑

（一）合作社的内部信任

根据李涛和李红（2004）、李涛等（2008）、郭红东等（2011）、徐旭初和黄胜忠（2009）等已有文献的经验，本章将合作社的内部信任分为人际信任和制度信任两个方面。人际信任主要指社员与合作社主要领导人（理事长）之间的信任，包括能力、声誉、个性特征等方面。制度信任则指社员对合作社制度规范的共同认可与遵守，包括规范、公

平、绩效等方面。衡量人际信任和制度信任的每一个方面都可以细化为若干指标（见表19-1）。但这些指标多数为主观评价指标，在多数实际研究和应用中并不统一，研究者常常会根据具体情况来设定。

表19-1　合作社内部信任的衡量指标

人际信任											制度信任			
能力			声誉				个性特征				规范		公平	绩效
文化程度	工作经历	关系网络	秉公办事	关心社员	言行一致	善于倾听	地域跨度	交流频率	信任倾向	合作经历	组织结构	生产设施	按质计价	监督惩罚	利润荣誉

（二）拟验证的推断

1. 人际信任与合作社质量安全控制效果

合作社内部的人际信任是通过社员与理事长在技术信息、生产资料和资金等方面的资源共享影响了合作社质量安全的控制效果（见图19-1）。

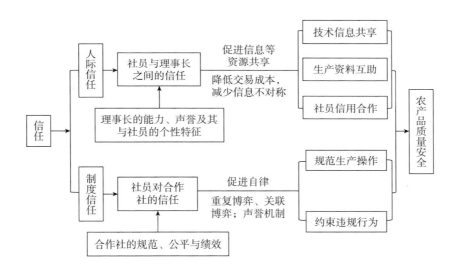

图19-1　研究框架示意

首先是技术信息共享。生产过程缺少严格统一的规则，是造成农产品质量安全问题的主要原因之一（苏昕、王可山，2013）。而合作社理事长一般都会为社员安排一些有关生产、管理、储运等方面的技术培训。较高程度的人际信任能够增强社员与理事长之间合作的积极性，促使社员更容易地接受合作社提供或推荐的技术。技术信息共享有利于避免因缺少严格统一的生产规程而造成的农产品质量安全问题。

其次是生产资料互助。农业生产资料也是影响农产品质量安全的重要因素（胡新良，2011）。理事长出于对社员遵守合作社管理规范的信任，会免费或低价为社员提供能过保障质量安全的设施设备等生产资料，从而促进农产品质量安全水平的提高。同样地，社员源于对理事长的能力和声誉等的信任而选择使用其提供的生产资料。例如，合作社通过统一采购生产资料降低成本，以便有能力引进更好的良种、技术、设施设备等生产资料，从而保障农产品质量安全。

最后是社员信用合作。通过信誉进而建立起各方的信任之后，能够极大地降低契约建立的谈判、执行及维护成本（赵岩青、何广文，2008）。在合作社内部，较高程度的人际信任可以解决社员与理事长之间信息不对称的问题，降低交易费用，使得合作社或理事长愿意为社员提供担保或借款。从而为资金暂时短缺的社员提供了良好的融资渠道，使其可以及时地购进农业生产所需要的生产资料，避免因生产资料供给不及时而造成农产品质量安全不合格的问题。

由此我们推断：人际信任通过促进社员与理事长之间的资源共享对合作社质量安全的控制效果有积极的影响。

2. 制度信任与合作社质量安全控制效果

合作经济组织具有基于重复博弈和关联博弈的"声誉机制"，交易双方为了获得长期利益而在博弈初期做出合作的战略选择，能够有效抑制其成员生产低质量产品的机会主义行为，更好地发挥合作社的监督和约束作用（蒋永穆、高杰，2013）。制度信任即是在基于重复博弈和关联博弈的"声誉机制"理论框架下通过监督社员自律——规范和约束自己的行为对合作社质量安全的控制效果产生影响（见图19-1）。

首先是规范，即合作社要求社员作为的方面。社员对合作社的制度信任程度越高，合作社统一执行的生产规程越容易得到社员的遵守，从而有助于控制农产品质量安全。例如，由于合作社保障农产品质量安全的制度设计较为完善，使社员能够相信农产品在生产、储运、销售等过程中质量不会出现问题，即便出现问题也能够将责任追溯到个人，避免无关社员利益受牵连。那么，社员对合作社的制度信任必然较高，而社员也能更加自律地遵循合作社的规范，从而保障农产品质量安全。

其次是约束，即合作社要求社员不作为的方面。合作社内部监督惩罚机制越完善，以及一旦出现质量安全问题时执行惩罚越严格，那么社员对合作社的制度信任程度就会越高。由于社员与合作社之间的交易是一种重复博弈和关联博弈的过程，"声誉机制"的存在使得社员在农产品生产过程中严格抵制有可能造成农产品质量安全水平不合格的行为。合作社对农产品质量安全的控制也因社员违规行为的减少而会取得积极的效果。

由此我们推断：制度信任通过规范和约束社员的行为对合作社质量安全的控制效果有积极的影响。

3. 人际信任与制度信任影响质量安全控制效果的比较

无论人际信任，还是制度信任，对合作社质量安全的控制效果都发挥了重要的作用。然而已有研究更加强调人际信任对合作社生存发展的作用。如孙艳华和禹城荣（2014）的研究认为，在目前农民专业合作社内部信任结构中，起主导作用的仍然是以"差序格局"为主导的人际信任。杨灿君（2010）的研究也强调了人际信任在合作社中的作用，并指出经济理性会对合作社内人际信任产生削弱的效果。在合作社的发展过程中，人际信任能够促进社员与理事长在技术信息、生产资料等方面的合作，从而影响农产品质量安全的控制效果；而合作社的制度信任是建立在人际信任的基础之上的，相较于人际信任而言建立起来的速度要慢，且更多的是发挥监督和约束的作用。所以，制度信任在合作社控制质量安全的效果方面，其重要性或许不及人际信任。

由此我们推断：在合作社内部，人际信任对其质量安全控制效果的影响大于制度信任。

第三节　资料来源与案例介绍

一、资料来源

三聚氰胺事件后，奶业质量安全引起了全社会的高度关注。2008 年以来，政府采取了大量的措施来推进乳品质量安全水平的提升。其中，支持和发展奶农合作社是一条重要的措施。事实和研究也表明，奶农专业合作社总体上的确能够保障甚至提高生鲜乳质量安全水平，但即便是规范的奶农合作社也存在着质量安全水平高低差异（孔祥智等，2010；钟真，2015）。那么，是否正是合作社内部信任发挥了作用？如果是，合作社之间的质量差异又是如何发生的呢？为此，本研究选择了三家奶农合作社对前述理论推断进行案例验证。

本章所选取的案例资料均来源于 2013 年底课题组对内蒙古自治区呼和浩特市和乌兰察布市的实地调研。调查共访问了 15 家奶站，最终选择如下三家奶农合作社作为分析对象（见表 19－2）。选择理由主要有以下几点：①三家合作社的饲养（生产）模式基本都是散养。其中，玉红养殖农民专业合作社尽管是养殖小区，但实质上奶牛也是由一家一户划区单独饲养，可以说是一种"集中式散养"。②交易模式都是由合作社奶站收购社员的生鲜乳，然后送到相应的企业。无论是蒙牛，还是伊利，生鲜乳的收购标准基本一样。从而排除了生产模式和交易模式对生鲜乳质量安全的影响（钟真，2011）。③三家合作社的成立时间基本一致，都于 2009 年注册，有利于对生鲜乳的质量安全水平进行衡量和对比。④三家合作社所在村庄的人际关系有明显区别。文斌奶农合作社与玉红养殖农民专业合作社所在村庄的人际关系较和谐；而彪俊奶牛合作社所在的社区相对人情冷淡。⑤三家合作社在奶站操作标准及规范程度上有较大不同，尤其是针对问题奶农的惩罚措施和力度差异明显。以上 5 条理由中，前三条是味蕾控制和排除影响生鲜乳质量安全的其他干扰因素，最后两条则是为了区分各个合作社不同程度的人际信任和制度信任。

表 19 - 2　案例奶农合作社的基本情况

注册名称	负责人	饲养模式	注册时间	交售乳品企业	奶价（元/公斤）	养殖规模（头）	所在地址
玉红养殖农民专业合作社	丁玉红	养殖小区	2009 年	伊利	3.15	615	呼市土左旗沙尔沁镇老龙不浪村
彪俊奶牛合作社	李彪军	散养	2009 年	蒙牛	2.95	300	乌兰察布凉城县岱海镇后补地村
文斌奶农合作社	张文斌	散养	2009 年	蒙牛	2.95	70	呼市和林格尔县盛乐镇大林坝村

资料来源：根据笔者调研情况整理所得。

二、指标解释

关于生鲜乳质量安全水平，衡量指标有很多，但为方便案例比较，本章采用 2009 年至 2013 年合作社生鲜乳被企业拒收次数这一指标来表示其生鲜乳质量安全的总体水平。主要理由是，因"三聚氰胺"事件的影响，2009 年以来我国各地都出台了有关条例规定乳品企业不得随意拒收生鲜乳。此外，2013 年我国各大乳品企业还普遍面临奶源紧张的局面①。所以，生鲜乳无质量安全问题而遭到恶意拒收的可能性基本可以排除。

关于奶农合作社内部信任，根据前述定义和奶业相关特点，本章主要用理事长的能力、合作社的声誉和两者的个性特征来衡量人际信任，主要用合作社的生产规程、惩罚与激励措施、合作社净收入来衡量制度信任。具体指标解释见表 19 - 3。

表 19 - 3　关于信任与质量安全的指标解释

指标		具体指标的相关解释
人际信任	能力	1. 理事长的学历水平（小学、初中、高中或大学） 2. 理事长是否参加过奶业相关的技术培训 3. 理事长是否有亲戚朋友在银行、乳品企业或政府等部门工作
	声誉	合作社社员是否更换过奶站（即不在本合作社的奶站挤奶）
	个性特征	1. 理事长与社员所属的地域（同村、同乡或其他） 2. 合作社所在村庄或社区的风气（和谐、人情冷淡）

---

①　据中国行业研究网 2013 年 9 月 24 日的报道：当年全国奶源缺口至少在 400 万吨以上，奶源缺口大概在 10% 左右。http://www.chinairn.com/news/20130925/17144357.html。

续表

指标		具体指标的相关解释
制度信任	规范	1. 合作社的工作人员是否持有健康证以及是否接受过技术培训 2. 合作社有无抗生素的检测设备 3. 合作社奶站挤奶时，是否进行药浴和留样以及是否进行检测 4. 合作社驻站员的进站频率
	公平	1. 合作社是否有惩罚措施（惩罚问题奶农有利于社员得到公平对待） 2. 合作社是否按质计价（可以激励社员提高生鲜乳的质量安全水平）
	绩效	合作社的年净收入（可以表明合作社的实力和经营水平）
质量安全		合作社生鲜乳被拒收的总次数（2009 年至 2013 年）

三、奶农合作社案例的基本情况

（一）玉红合作社

玉红养殖农民专业合作社（以下简称"玉红合作社"）的理事长参加过奶业相关技术培训，且是村委会主任，人际网络比较广泛，从而反映出其个人能力较强（见表 19-4）。同时，玉红合作社也没有发生过社员更换奶站的现象，说明理事长的个人声誉和社员对合作社的整体评价度也较好。此外，玉红合作社的理事长与社员属于同一个村庄，加之本村风气比较和谐，所以玉红合作社的人际信任程度总体上较高。玉红合作社所在老龙不浪村的村风之所以比较和谐，主要是因为本村农户之间交流频繁。这一点从调查员对村委会主任的访谈中可以看出："我们经常几个人聚在这里（合作社）喝酒、聊聊天。在村子里，经常相互串门，到谁家了，大家也就一块吃饭喝酒，从不计较……"

关于制度信任，玉红合作社的工作人员都办理了健康证并接受过技术培训，且有乳品企业的驻站员（或品保员）定期对合作社的经营管理进行指导。合作社的生鲜乳检测设备也很齐全，挤奶和留样检测程序规范。为此，合作社还针对问题奶农设置了惩罚措施。如某一批次生鲜乳出现不合格而拒收的情况，合作社会逐一监测各户留样，追溯到问题奶户，责任明确。此外，合作社社员的奶业收入普遍较高，表明合作社绩效较好。这些指标表明，玉红合作社的制度信任程度整体较高。2009 年至 2013 年，玉红合作社的生鲜乳仅被企业拒收过 2 次（这两次均严格执行了惩罚措施）。在课题组调查的所有奶站中，其质量安全控制效果属于最好的"第一梯队"[①]。

（二）彪俊合作社

与玉红合作社相比，彪俊奶牛合作社（以下简称"彪俊合作社"）的理事长虽然也参加过技术培训。但作为普通的养牛户，人际网络不广泛，所以其个人能力水平相对来说比

---

① 本章对各奶农合作社在 2009~2013 年近 5 年间被乳品企业拒收的次数进行分类，其中被拒收 0~3 次（含 3 次）的合作社占 33%，4~10 次（含 10 次）的占 40%，10 次以上约占 27%。

较一般。声誉水平与玉红合作社差不多，亦无社员更换奶站的情况。然而就合作社理事长与社员所在的村庄而言，农户相互之间缺乏交流，人情相对冷淡。故彪俊合作社的人际信任程度较玉红合作社明显更低。这从调研组在进入本村调研之前，当地领导干部对调查员的提醒中可见一斑："在这个地方，村子里的农民不是特别友善，大家相互之间交流较少。对待外人也比较排斥，所以在访谈时要格外注意。特别是你如果调查了多个农户，尽量少说起别家的情况如何……"

表 19-4　奶农合作社的信任及其生鲜乳质量安全的基本情况

指标			玉红合作社	彪俊合作社	文斌合作社
人际信任	理事长的能力	学历水平	小学	小学	小学
		是否参加过技术培训	是	是	是
		亲朋是否在政府等部门工作	是（村委会主任、政府部门）	无	是（蒙牛乳品企业）
	理事长的声誉	是否有社员更换过奶站	否	否	否
	理事长和社员个性特征	所属地域（本村、本乡或其他）	本村与本村	本村与本村	本村与本村
		社区或村庄风气	和谐	人情冷淡	和谐
制度信任	合作社的规范	工作人员是否办理健康证	是	是	是
		是否接受过奶业相关技术培训	是	是	是
		抗生素检测设备	有	有	有
		是否留样	是	是	是
		是否药浴	是	是	是
		生鲜乳的检测情况	牛奶进罐前后都会检测	牛奶进罐前后都会检测	牛奶进罐后大样检测
		驻站员进站频率	一周一次	三天一次	两周一次
	公平	是否有惩罚措施	有（罚款赔偿）	有（禁止进站）	无
		是否按质计价	是	是	是
	绩效	年净收入（万元）	60~70	5~6	10
质量安全		2009年注册以来生鲜乳拒收次数（次）	2	4	16

资料来源：笔者根据调研情况整理所得。

　　彪俊合作社的制度信任程度与玉红合作社基本一致。合作社工作人员都办理有健康证，而且参加过相关技术培训。合作社的挤奶程序与生鲜乳检测设备也比较规范，驻站员进站指导监督频繁。此外，合作社一旦发现问题奶，涉事奶农将被惩罚停止进站一周。就收入来说，彪俊合作社由于平均养殖规模和养殖方式不如玉红合作社有优势（玉红合作社是养殖小区，而彪俊合作社是散养），所以净收入要低许多。其制度信任程度因此也要稍低于玉红合作社，但总体上仍属较高水平。2009 年至 2013 年，彪俊合作社的生鲜乳被企业拒收过 4 次，质量安全控制效果在调查的所有合作社中属于"第二梯队"。

（三）文斌合作社

文斌奶农合作社（以下简称"文斌合作社"）理事长的基本情况与玉红合作社相似，小学学历，参加过技术培训，人际网络也较广泛，而且合作社社员也没有更换过奶站。此外，合作社理事长与社员也属于同一个村庄，村庄风气和谐，村民之间交流较多。课题组多名调研员可以在一家农户中同时访问多位奶农，因为这里的村民经常聚在一起聊天，有时候也会一起吃饭喝酒。例如，当农户被问及在村子里有几位比较好的朋友以及借钱是否容易时，他们一般都会回答："和全村人的关系都很好，借钱比较容易……"可见，文斌合作社的人际信任程度也是比较高的。

而文斌合作社的制度信任程度与玉红合作社却相差较大。与玉红合作社相比，虽然文斌合作社的工作人员也都办理了健康证，参加过技术培训，而且生鲜乳的检测设备以及挤奶流程也比较规范；但是文斌合作社仅在牛奶进罐后对大样进行检测，而进罐前对各户生鲜乳不进行留样和任何检测。企业驻站员来站频率也较低。更为关键的是，文斌合作社没有针对问题奶农设置专门的惩罚措施，几乎每一次都是所有社员均摊损失。理事长出于"道义"，若干次明确提出自行承担损失以补偿社员。但极少社员"买账"，认为理事长不会"真"的承担了这个损失，而是会从日后经营奶站过程中变相扣回来。相应地，该合作社的收入水平也不及玉红合作社。因此，从各个指标看，文斌合作社的制度信任程度整体上是较低的。2009 年至 2013 年，文斌合作社共被企业拒收过 16 次，说明其质量安全控制效果是相对最差的。

（四）三家合作社情况汇总

通过三家合作社基本情况的描述可以发现，内部信任程度的高低与合作社生鲜乳质量安全控制效果有着密切的关系。玉红合作社的人际信任和制度信任程度都较高，其生鲜乳被拒收的次数是最少的；彪俊合作社的人际信任程度较低，但制度信任程度较高，其生鲜乳质量安全控制效果也较好；文斌合作社的人际信任程度较高，而制度信任程度较低，但其生鲜乳被拒收次数最多，即合作社质量安全控制效果最差。那么，这一现象如何解释？需要进一步对案例做深入分析。

第四节　案例分析

一、高水平信任下合作社质量安全控制的效果：对照案例

由前文可知，玉红合作社的人际信任和制度信任程度都较高，高水平的信任保障了合作社质量安全控制的效果（见图 19 - 2）。

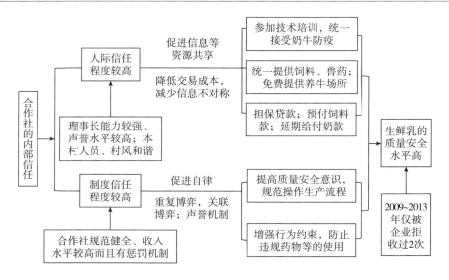

图 19 - 2　玉红合作社信任对质量安全控制效果的作用机制

首先，人际信任促进了社员与合作社之间的合作。这些合作主要从三个方面对合作社质量安全控制效果产生影响。

一是技术信息共享。奶牛养殖过程中，先进适用的技术对提高生鲜乳的质量和产量十分重要。在玉红合作社，社员出于对理事长的信任，积极参加合作社同伊利公司一起为奶农组织的有关奶牛养殖、疾病防疫、饲料喂养以及卫生质量安全控制等方面的技术培训并运用到奶牛的日常管理中。合作社奶牛的日常防疫工作都由伊利公司的品保员负责，调研发现，社员对合作社的这一安排也都很满意。统一的防疫和技术共享可以避免奶牛的疾病传染，提高奶牛的养殖水平，保障生鲜乳的质量安全。

二是生产资料互助。玉红合作社为社员提供的生产资料主要有饲料、兽药以及配种所需的各种材料等。此外，还为每位社员免费提供养牛场地和仓库。合作社之所以愿意为社员提供各种服务，是因为他相信社员在接受服务后会在合作社的奶站挤奶，增加合作社的收入。同样地，社员对理事长的信任也促使其使用合作社提供的饲料等生产资料。在玉红合作社，饲料都由合作社统一提供。统一的饲料和兽药供应可以防止劣质饲料或兽药进入合作社的养殖小区而影响奶牛的正常生长，从源头上控制了生鲜乳的质量安全。

三是信用合作。养牛业是一个高投入、高风险的行业，资金需求量较大，特别是在前期投入中。贷款是解决资金紧张的主要方法，但对于缺乏抵押品的奶农来说，难以从正规金融机构获得贷款。然而玉红合作社以养殖小区做抵押，理事长以个人名义提供担保帮助社员从民生银行、内蒙古银行等取得了贷款。截至调研时，理事长共为社员争取了50万元的贷款用于购买奶牛。此外，社员的奶牛疫苗费也统一从合作社的基金中提取；饲料款一般由合作社预付，然后在月初发放奶款时再予以扣除。较高的信任水平使得社员与理事长之间的信息更加对称，理事长也因此愿意为社员提供担保，而社员对于延期支付奶款也从不担心和抱怨。信用合作一方面保证了社员能够及时购进奶牛和饲料，另一方面则保证了对奶牛养殖的统一管理，从而有利于合作社对生鲜乳的质量安全进行监督和控制。

其次，制度信任规范和约束了社员的行为。

一方面，玉红合作社规定了一系列有关生鲜乳卫生和质量安全管理制度以及挤奶的标准化操作流程来规范社员的行为。例如，在玉红合作社调研时，我们参观了其挤奶流程，全程由理事长和奶站品保员监督，挤奶厅事前要经过认真地清理和打扫。社员在挤奶时，也会对奶牛的乳房进行清洗等操作。合作社严格控制奶牛管理、挤奶标准和生鲜乳检测的做法增强了社员的质量安全意识并督促其按规定进行奶牛的饲喂、防疫和挤奶操作。从而有效地防止奶牛发生乳房感染及其他疾病，保障生鲜乳的质量安全，这是社员对合作社的制度共同信任和遵守的结果。

另一方面，合作社的惩罚措施能够有效地防止社员的投机取巧行为。在玉红合作社，每次挤奶完毕，由合作社填写牛奶日常交易表，对牛奶的质量指标及数量、挤奶时间、运输的时间点和运输车的牌号等都做详细的记录，以保证以后出现问题，责任可追溯。如果生鲜乳的质量安全出现了问题，首先由合作社对留样进行检测。一旦找到问题奶户，则由问题奶农赔偿其余奶农的奶款，并承担奶站全部费用。例如，2010 年合作社交送的某一批次的生鲜乳因抗生素残留问题被企业拒收并倒掉，在查出问题奶农后，合作社不仅要求其赔偿其余奶户奶款，还对其进行了罚款。这在当时奶业行情低迷的情况下来说，惩罚力度十分"严苛"。由于社员与合作社之间是一种"重复"和"关联"博弈的关系，声誉机制为较高程度的制度信任能够促使社员规范和约束自己的行为提供了保障，进而提高了合作社控制质量安全的效果。

二、人际信任对生鲜乳质量安全控制效果的作用机制

彪俊合作社的人际信任程度远低于玉红合作社，这导致社员与合作社之间的合作行为也相对较少。社员都是依靠自己购进饲料并负责防疫等奶牛的日常管理工作。这不仅提高了奶牛饲养成本上升，最重要的是，社员们所购进的饲料质量参差不齐，配方不一，影响合作社奶牛的整体养殖水平，不利于生鲜乳质量安全水平的提高。此外，社员们分散防疫也会对生鲜乳质量安全产生极大的消极影响。由于社员与理事长之间的信任关系较弱，所以资金方面的合作也比较少。理事长只是偶尔为社员贷款买牛提供担保，而抵押物则来自社员自己的财产，所以社员基本不会贷款来购进优良奶牛和优质饲料。这也不利于合作社奶牛养殖水平的提高和生鲜乳质量安全的控制。

不同于人际信任，彪俊合作社的制度信任水平是比较高的。首先，与玉红合作社相似，彪俊合作社也规定了卫生和质量管理制度及标准化操作流程，严格控制挤奶卫生和生鲜乳质量安全指标的检测。这一点在对本合作社进行调研参观时能够明显地感觉到。如合作社在挤奶前会对挤奶厅进行消毒和清理。同时所有的工作人员都要参与到挤奶的工作中，确保社员严格按流程操作以保障生鲜乳的质量安全。如此，社员自身的质量安全意识得以提高，并自觉遵守合作社的规范以控制牛奶的质量安全。其次，彪俊合作社针对问题奶农也有严格的惩罚措施。其规定，生鲜乳一旦出现不合格的情况，问题奶农将被停止进

站一周。停止进站对后补地村的奶农来说是比较严重的惩罚。因为村子附近只有这一个合作社奶站，奶农在被禁止进站期间无法找到可以挤奶的其他奶站。按照调查资料估算，这一损失将占到泌乳期奶牛利润的1/3；从全群奶牛利润来看，这一损失将超过1/2。如此严格的惩罚制度可以让社员不敢违反规定，也让他们相信别的社员也不敢违反有关质量规定。于是，制度信任起到了约束社员行为的作用，从而保障了生鲜乳的质量安全。

从生鲜乳拒收次数看，人际信任水平较低、制度信任水平较高的彪俊合作社的拒收次数要高于人际信任和制度信任水平"双高"的玉红合作社。这表明，人际信任可以通过促进社员与理事长之间的资源共享，对合作社生鲜乳质量安全的控制效果产生积极的影响（见图19-3）。从而验证了本章关于人际信任与合作社质量安全控制效果的第一个推断。

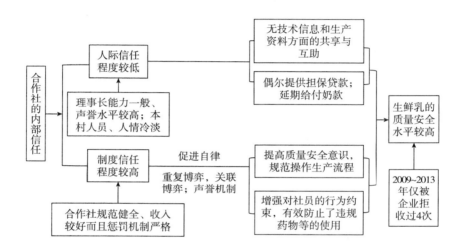

图19-3　彪俊合作社信任对质量安全控制效果的作用机制

三、制度信任对生鲜乳质量安全控制效果的作用机制

与彪俊合作社相反，文斌合作社的制度信任水平较低，而人际信任水平同玉红合作社相差无几。所以同样地，人际信任促进了文斌合作社社员与合作社在技术信息、生产资料以及资金等方面的合作。

在技术信息共享方面：文斌合作社一般由理事长不定期地参加蒙牛乳业公司组织的技术培训，然后再将培训的内容传达给社员，一年培训2~3次。合作社社员都会积极地将理事长提供的技术指导运用于奶牛养殖中。特别是统一的奶牛饲喂和防疫，在较大程度上提高了奶牛的养殖水平，保障了生鲜乳的质量安全。在生产资料互助方面：文斌合作社为社员统一供应饲料和兽药。饲料收取每袋10元钱的服务费，兽药则以市场价卖给奶农。根据调研的情况，社员基本都使用合作社提供的饲料，而不再单独购买其他品牌的饲料。统一饲料和兽药可以避免因社员在养殖投入品上的差异过大而影响生鲜乳的质量安全水平。在信用合作方面：理事长张文斌由于在蒙牛公司有较广的人脉，所以通过其本人做担保为社员从蒙牛乳业公司争取了共计15万的无息贷款。社员的贷款资金主要用于购买良种奶牛，这对于提高生鲜乳的质量安全水平是很有利的。此外，合作社还会为奶农垫支饲料款以保证资金短缺的社员也可以及时地买到饲料。因为充足的饲料供应对于保证奶牛的产奶数量和质量来说是十分必要的。文斌合作社的奶款一般也会延期支付，但由于合作社在饲料款和购牛款上对社员的帮助，社员对延期支付奶款并无异议。因此信用合作为保障生鲜乳的质量安全也发挥了一定的作用。

　　然而，文斌合作社较低程度的制度信任对社员的行为没有形成良好的规范和约束。这造成社员未能严格按照规定的饲料配方和操作流程喂养奶牛与挤奶。因此合作社生鲜乳因不合格而被拒收的现象时有发生，2009～2013年平均每年发生3.2次（见图19-4）。尽管文斌合作社也在奶站的醒目位置张贴卫生和质量管理制度以及标准化操作流程，但是从调研的情况来看，社员与合作社都没有严格按流程进行各种操作。特别是，文斌合作社在发现问题奶农后，并不会对其进行惩罚，结果是损失由全部社员均摊。这严重打击了平时注意质量安全的社员。另外，文斌合作社还常常出现"企业检测大样不合格，奶站检测留样都合格"的情况，并且一旦出现这一问题合作社会无条件按前一批次的生鲜乳价格对社员进行补偿。这让大部分社员认为，问题原因是合作社在储存和运输生鲜乳的过程中出现了纰漏。而事实（或许）的确如此。根据合作社奶站工作人员的估计，60%以上的不合格是因为奶站操作或储运过程中出现的质量安全问题。但这种惩罚和补偿的制度无疑会增强奶农的侥幸心理，导致社员在奶牛养殖和挤奶过程中不注重卫生防疫，甚至违规使用兽药，希望蒙混过关。最终对文斌合作社控制生鲜乳质量安全的效果产生了消极的影响。

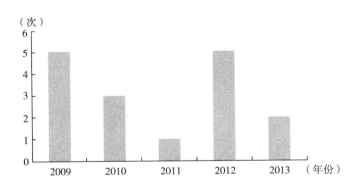

图19-4　2009～2013年文斌合作社的生鲜乳被拒收次数

　　就生鲜乳拒收次数而言，人际信任水平较高，制度信任水平较低的文斌合作社的拒收次数要高于人际信任和制度信任水平"双高"的玉红合作社。这表明，制度信任通过规范和约束社员的行为对合作社生鲜乳质量安全的控制效果有积极的影响（见图19-5）。从而验证了本章关于制度信任与合作社质量安全控制效果的第二个推断。

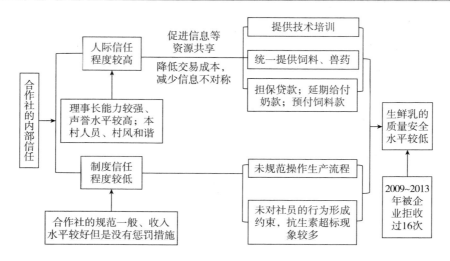

图 19 - 5　文斌合作社信任对质量安全控制效果的作用机制

四、人际信任与制度信任的效果比较

由前文的比较分析可知，彪俊合作社的人际信任程度较低、制度信任程度较高；而文斌合作社的人际信任程度较高、制度信任程度较低；而彪俊合作社的生鲜乳拒收次数远低于文斌合作社，即彪俊合作社的生鲜乳质量安全水平相对较高。这表明制度信任对合作社质量安全控制效果较人际信任而言更大。从而否定了本文关于人际信任对合作社质量安全控制效果的影响大于制度信任的第三个推断。实际上，这也不难理解。正如郑也夫（2001）所指出的，所谓"杀熟"现象在我国社会生活中普遍而又根深蒂固。换言之，在利益交换或市场交易过程中，越是熟人之间，越有可能受到欺骗。具体到奶农合作社，社员也常常利用理事长对自己的信任而不严格规范自己的养牛和挤奶行为，欺瞒理事长、随意使用抗生素等从而造成了生鲜乳较低的质量安全水平。因此，人际信任的存在可能会在制度层面上不利于合作社对农产品质量安全的控制。

第五节　研究结论与政策含义

一、研究结论

上述案例证据表明，合作社内部信任对其农产品质量安全控制的效果具有重要的影响。其中，人际信任与制度信任总体上对合作社质量安全控制效果均具有正向的促进作用，但作用程度不尽一致。具体而言，本章结论可归纳为以下三点：

第一，人际信任通过促进社员与理事长之间的资源共享对合作社质量安全的控制效果产生积极的影响。较高的人际信任程度通过促进社员与理事长之间的技术信息共享、生产资料互助和信用合作，对合作社质量安全的控制效果产生积极的影响。在这一过程中，理事长的个人能力，特别是其人脉关系网络及其是否参加技术培训对农产品质量安全控制的效果影响较大。理事长的人际圈子越小，没有参加过或参加技术培训的频率越低，那么社员对其能力的认可度就会越低，不利于社员接受其提供的各项服务，进而对农产品质量安全的控制产生消极影响。此外，由于社会风气会影响到农户之间的交流、互动与合作，进而对合作社质量安全的控制效果产生明显作用。

第二，制度信任通过规范和约束社员的行为对合作社质量安全的控制效果产生积极的影响。合作社的制度规范越健全，对挤奶的监督和管理越严格，就越能够增加社员对合作社制度的认可和信任，促使其通过规范自己的行为而提高农产品的质量安全水平。此外，惩罚措施的实施对社员奶农的养牛和挤奶行为也有较大的约束作用。上述案例研究也表明，实施惩罚措施的合作社（玉红、彪俊合作社），其生鲜乳拒收次数要远低于没有实施惩罚措施的合作社（文斌合作社）。所以，较高的制度信任程度通过促进社员自律对奶农合作社质量安全控制效果发挥了积极的作用。

第三，人际信任对合作社质量安全控制效果的影响不一定大于制度信任。通过前文的案例对比分析，制度信任对合作社质量安全控制效果的影响可能更大，人际信任在某种程度上可能会不利于合作社控制农产品质量安全。如在文斌合作社，人际信任程度较高，而合作社的制度规范不健全，缺少惩罚措施并且对生鲜乳的检测也不到位；出于人情世故的原因，合作社对社员的违规行为也不会追究责任，而"杀熟"现象的存在更加纵容了社员超标使用抗生素等行为。相反，当合作社人际信任程度较低时，较高的制度信任可能会促使合作社加强对农产品生产过程的监管和对违规社员的惩罚，从而保障农产品的质量安全。

二、政策含义

上述结论意味着，要从根本上保障和提高农产品质量安全，不能光靠事前的硬件设施投入、事后的监督检查等"堵"的思路，更需要坚持以人为本，从人的角度、从社会学的角度去思考"疏"的办法。而推进农民组织化并加强组织内部信任是一个重要的途径。具体来看，本章结论主要有以下三个方面的政策含义：

一是大力发展基于农村社区的农民合作组织，通过强化其内部信任来促进农产品质量安全。特别是加强对合作社理事长个人能力的培训与指导，采取措施提高合作社领导人的号召力和影响力。例如，可以是通过开办各种培训班和专家指导的形式来提高理事长的专业知识素养和经营管理能力；也可以通过补贴、优惠等措施为鼓励乡村能人成立合作社。当然，不能盲目支持大户领办合作社，而应在资金扶持过程中加强政策引导，重点利用普通社员对合作社核心成员较高的人际信任降低质量安全控制的交易成本。

二是积极推进和谐村庄构建，以良好的社会氛围带动合作组织内部的人际信任，提高合作社农产品质量安全水平。特别是要加大乡村文化建设，增加农户之间的交流互动与合作，有利于促进合作社整体人际信任水平和凝聚力的提高，从而为控制农产品的质量安全提供保障。例如，加大乡村文娱等基础设施建设，为文化活动的开展提供场所和设备；组织农户开展多样化的文娱活动，旨在增加农民之间的交流；积极宣传有关合作社的政策知识，增强农民的合作意识；等等。

三是在增加物质扶持的基础上，加快现有农民合作社的制度建设，完善其在质量安全管理上的监督、追溯和惩罚等机制。人际信任对于合作社控制农产品质量安全而言是一把"双刃剑"，"熟人社会"中高水平人际信任带来好处的同时亦存在着"杀熟"的可能，为此必须要有充分的制度建设来"兜底"，方能有效保障农产品质量安全。

参考文献

[1] 蔡翔，程发新. 组织内部纵向信任影响因素研究的若干命题 [J]. 预测，2006（5）.

[2] 郭红东，陈敏，韩树春. 农民专业合作社正规信贷可得性及其影响因素分析——基于浙江省农民专业合作社的调查 [J]. 中国农村经济，2011（7）.

[3] 侯守礼，王威，顾海英. 不完备契约及其演进：政府、信任和制度——以奶业契约为例 [J]. 中国农村观察，2004（6）.

[4] 胡定寰，杨伟民，张瑜. "农超对接"与农民专业合作社发展 [J]. 农村经营管理，2009（8）.

[5] 黄珺，顾海英，朱国玮. 中国农户合作行为的博弈分析和现实阐释 [J]. 中国软科学，2005（12）.

[6] 蒋永穆，高杰. 不同农业经营组织结构中的农户行为与农产品质量安全 [J]. 云南财经大学学报，2013（1）.

[7] 孔祥智，钟真，谭智心. 发展规范的奶农合作社是当务之急 [J]. 农村工作通讯，2010（6）.

[8] 李树业，李雷军. 组织合作运行的内化机制 [J]. 科学管理研究，2006（3）.

[9] 李涛，李红. 双方关系、关系网络、法院与政府：中国非国有企业间信任的研究 [J]. 经济研究，2004（11）.

[10] 李涛，黄纯纯，何兴强，周开国. 什么影响了居民的社会信任水平？——来自广东省的经验证据 [J]. 经济研究，2008（1）.

[11] 刘宇翔. 农民合作组织成员参与管理的意愿与行为分析——以陕西省为例 [J]. 农业技术经济，2011（5）.

[12] 马睿，吴爱洁，何凤萍. 农产品质量安全问题产生原因与治理措施 [J]. 中南

民族大学学报（人文社会科学版），2013（2）.

［13］任国元，葛永元．农村合作经济组织在农产品质量安全中的作用机制分析——以浙江省嘉兴市为例［J］.农业经济问题，2008（9）.

［14］苏昕，王可山．农民合作组织：破解农产品质量安全困境的现实路径［J］.宏观经济研究，2013（2）.

［15］孙艳华，禹城荣．农民专业合作社内部信任结构特征及其优化［J］.湖南农业大学学报（社会科学版），2014（4）.

［16］王庆，柯珍堂．农民合作经济组织的发展与农产品质量安全［J］.湖北社会科学，2010（8）.

［17］王志刚，毛燕娜，陈传波．HACCP认证标签对商品价格有影响吗？——来自北京市海淀区六大超市奶制品的调查研究［J］.中国软科学，2006（4）.

［18］韦慧民，龙立荣．基于行为动力特征的组织内信任主动启动与发展问题探析［J］.外国经济与管理，2008（8）.

［19］卫龙宝，卢光明．农业专业合作组织实施农产品质量控制的运作机制探析——以浙江省部分农业专业合作组织为例［J］.中国农村经济，2004（7）.

［20］夏英．农民专业合作社与农产品质量安全保障分析［J］.农村经营管理，2009（2）.

［21］徐旭初，黄胜忠．走向新合作——浙江省农民专业合作社发展研究［M］.北京：科学出版社，2009.

［22］徐志刚，张森，邓衡山．社会信任：组织产生、存续和发展的必要条件？——来自中国农民专业合作经济组织发展的经验［J］.中国软科学，2011（1）.

［23］杨灿君．合作社中的信任建构及其对合作社发展的影响——基于浙江省Y市农民专业合作社的实证研究［J］.南京农业大学学报（社会科学版），2010（10）.

［24］姚景照．信任研究及其对组织管理的意义［J］.管理现代化，2010（6）.

［25］胡新良．低碳农业生产：农产品质量安全管理的治本之策［J］.江汉论坛，2011（8）.

［26］赵泉民，李怡．关系网络与中国乡村社会的合作经济——基于社会资本视角［J］.农业经济问题，2007（8）.

［27］赵岩青，何广文．声誉机制、信任机制与小额信贷［J］.金融论坛，2008（1）.

［28］郑也夫．走向杀熟之路——对一种反传统历史过程的社会学分析［J］.学术界，2001（1）.

［29］钟真，程瑶瑶．奶农合作社的农业社会化服务功能研究［J］.农业经济与管理，2013（4）.

［30］钟真．生产组织方式、市场交易类型与生鲜乳质量安全——基于全面质量安全观的实证分析［J］.农业技术经济，2011（1）.

［31］钟真. 转型中的奶农合作社研究——基于十余个案例的观察 ［M］. 北京：中国农业出版社，2015.

［32］周洁红，姜励卿. 农产品质量安全追溯体系中的农户行为分析——以浙江省蔬菜种植户为例 ［J］. 浙江大学学报（人文社会科学版），2007（2）.

［33］Bonus H. 作为一个企业的合作联合会：一份交易费用经济学的研究 ［A］//菲吕博顿. 新制度经济学 ［M］. 孙红纬译. 上海财经大学出版社，1998.

［34］Martino G., Pampanini R., Morbidelli F. Integration Policy in the Agri‐food Chains: Theory and Empirical Evidences ［J］. Agricultural Economics，2012，58（9）.

［35］Moustier P., Tam P. T. G., Anh D. T., et al. The Role of Farmer Organizations in Supplying Supermarkets with Quality Food in Vietnam ［J］. Food Policy，2010，35（1）.

第二十章　农民合作社法人财产权：规范解释与修法思路[①]

农民专业合作社可以依法取得独立法人资格已无疑义，但是其法人财产权的性质、来源、归属的理解不无争议，结果在实践中引发了一系列难题。典型的如：部分金融机构认为农民专业合作社没有独立的法人财产权而拒绝给予贷款或者变相提高贷款条件，结果导致合作社普遍存在融资难的问题。着力解决合作社融资难问题应该是未来政府支持合作社发展的着力点（孙祥智等，2014）。本章拟以民商法中法人制度和农民专业合作社有关的理论为基础，以相关现行规范的解释为中心，剖析现有制度缺憾并提出制度完善的路径，以期对相关理论争点的明晰和实践问题的解决有所裨益，并为《农民专业合作社法》的修改提供建议。

第一节　农民专业合作社法人财产权规则植根于合作社法人品格

农民专业合作社法人财产权规范之解释根本上源于农民专业合作社法人的品格。农民专业合作社法人的品格直接决定着合作社法人财产权的规范构造与规范设计。

一、农民专业合作社法人的目的属性：复合性质的法人

从比较法视角观察，目前已有瑞士、意大利、俄罗斯以及荷兰等民商合一制国家将合作社安插于民法典的立法例（冯兴俊，2006）。法人是自然人以外的，由法律创设的一种以权利和义务主体的组织体。从我国立法上观察，农民合作社可以成为法人似乎已无疑义（《农民专业合作社法》第4条）。但是对于合作社法人的性质究竟为何，并非不存在争议。合作社是营利法人还是非营利法人？抑或是其他？关于其性质主要存在如下几种观点：其一，营利法人说。"以营利即以组成人员（社员）的利益为目的的法人，称为营利法人，主要为公司、银行等。所谓营利系将社团所获取的经济利益分配于社员，纵然仅将部分盈余给予社员，其余大部分为公益而支出，仍然是营利法人。合作社分配盈余也属于

---

① 执笔人：管洪彦、孔祥智。

营利法人（有争论）"（施启扬，2010）。其二，中间法人说。有观点认为，"合作社是一种介于企业法人与社会团体法人之间的中间状态。作为自助性经济组织并对社员实行非盈利原则的各种合作社，正是中间状态的法人"（梁慧星，2003）。上述观点实际上受到日本民法的影响，将合作社法人作为中间法人的一种。但是，值得关注的是，由于公益性法人和非公益性法人之界定的模糊等原因，日本在 2006 年通过了一般法人法、公益法人认定法及相关法律完善法已经废除了中间法人法（周江洪，2008）。这是我国立法进程中应该密切关注的新近立法趋势。其三，复合性质说。认为合作社法人的性质不可界定为单纯的营利性法人或非营利性法人，合作社法人的性质可以兼具复合属性。如有观点认为，"合作社的法律目的应定位于公私合作法人而采取双重目的论"（郑景元，2009）。

笔者认为，第三种观点复合性质说较全面地揭示了合作社法人的目的属性。"合作社之目的是对内实现社员个人利益最大化，对外实现利润最大化"（郑景元，2009）。因此，从目的属性上界定，合作社法人应为具有复合性质的法人。目前，我国法学界一般认为，以是否具有营利性为标准，将法人分为营利性法人与非营利性法人符合现代民法理论和立法的一般趋势，我国最新立法草案也反映了这一趋势。《中华人民共和国民法总则（草案）》（以下称《草案》）采纳将法人分为营利性法人和非营利性法人的基本分类。《草案》首先在法人的"一般规定"中规定："法律对合作社法人有规定的，依照其规定。"其中蕴含着两层含义：首先，《草案》肯定了合作社法人是法人的一种类型，在没有特殊规定情形下适用法人的一般规定。但是，《草案》并没有将其界定为营利性法人或者非营利性法人，而是将其置于法人的一般规定。这说明立法者已经认识到合作社法人与营利性法人以及非营利性法人的不同，故没有将其划入到任何一种既定类型。其次，《草案》明确了合作社法人法律规则适用的特殊性，即法律对合作社法人有特殊规定的适用其特殊规定。这实际上意味着虽然《草案》已经把合作社法人纳入私法法人的范畴，但是在适用法律上仍然适用《农民专业合作社法》规定的特殊规则。故，从目的属性上界定，合作社法人应为具有复合性质的法人，不可直接归类于营利性法人或者非营利性法人。目的方面的复合属性正是合作社法人的特性所在。

二、农民专业合作社法人的基本属性：人合色彩强烈的互助性经济组织

农民专业合作社法人不同于营利性法人，其本质属性是互助性经济组织。"农民专业合作社是一种介于团体与企业之间、相对松散的组织形式，社员之间是以互助合作的关系联系起来的，同时又保留相对的独立性"（王伟等，2015）。《农民专业合作社法》肯定了这一本质，将其界定为互助性经济组织（第 2 条），这一本质决定了其根本目的是为合作社社员服务，组织社员以更加具有竞争力的形态参与市场竞争，提高交易效率，节约交易成本。《农民专业合作社法》的立法目的和制度设计均反映了其是互助性经济组织的品格，合作社法人财产权制度作为合作社制度体系中的核心部分，当然也概莫能外，当然也要反映这一基本属性。例如，农民专业合作社的基本原则（第 3 条）；合作社对其财产仅享有占有、使用、处分的权利，而且事实上这几项权利也不完整（第 4 条）；合作社的成

员以农民为主体（第 15 条）；合作社成员享有广泛的财产权利和民主管理权利（第 16 条）；合作社为每个成员都设置独立的成员账户（第 36 条）；合作社破产时合作社与农民成员已发生交易但尚未结清的款项享有优先清偿权（第 48 条）等。总之，现行的《农民专业合作社法》充分反映了其是成员"自愿联合、民主管理的互助性经济组织"的本质属性，无论是其基本原则和具体规则设计处处以合作社成员利益的实现为根本出发点，均体现了服务于成员利益的本质。正如有学者所言，"合作社的最根本的性质是互助组织，获得利润不是其根本设立目的"（宋刚将，2007）。

农民专业合作社法人强调人合，是具有强烈的人合色彩的法人。"合作社是人合的组织，强调成员所有（共同出资）、成员管理（决策中以一人一票为主）、为成员服务，在盈余分配中更多地强调按交易量分配，这样的运作模式会使成员更多地受益"（孔祥智，2016）。还有学者指出，"合作社属于社团法人，是社员和股东身份重合的人合性组织，一般按照社员的身份进行投票决策。我国的农民专业合作社采取了人合和资合相结合的方式"（邓峰，2009）。上述观点均强调了农民专业合作社的人合性。《农民专业合作社法》的法律规范中也体现了其人合性。如合作社实行入社自愿、退社自由（导致合作社财产不稳定）（第 4 条）；成员地位平等，实行民主管理（地位平等，不按出资额表决反映了人合本质）（第 4 条）；重视合作社章程的作用（重视章程意味着重视成员之间的共同意志，反映了人合）（《农民专业合作社法》中"章程"共出现41次）；通过本社章程，章程应当由全体设立人一致通过（第 11 条）；对合作社的农民成员设置百分之八十最低比例（第 15 条）。农民专业合作社强烈的人合性内含着多重含义：首先，突出人合性必然意味着资合性的淡化，这就导致合作社财产权属性和效力的弱化。其次，突出人合性意味着强调成员之间的互信与合作，意味着合作社财产资本性的弱化，进而导致合作社在规模上难以实现快速扩张；再次，强烈的人合性导致合作社财产以及合作社成员的财产性利益难以实现对外流转，合作社财产的流转速度降低。当然，合作社财产的上述特点会导致合作社财产权的完整性、流通性受限，甚至影响到合作社责任承担，导致合作社财产难以成为责任的信用基础，增加其他交易主体与合作社交易时的忧虑心理等，进而导致合作社融资难。

三、互助经济组织本质决定了合作社法人财产权制度的设计

因此，从目的属性上讲，农民专业合作社具有复合属性，从基本属性上界定，农民专业合作社是合作社成员为了实现互助之目的而设立的具有强烈人合性质的互助性经济组织。农民专业合作社的上述属性更强烈地影响了合作社法人财产权的性质与规范设计，必然会对合作社法人财产权的规范设计产生直接影响。下文即将探讨的合作社法人财产权是残缺的、羸弱的法人财产权实际上源于合作社是互助性经济组织的本质属性。而且，笔者认为，从更深层的根源上探究，我国《农民专业合作社法》的立法者似乎对农民专业合作社的功能给予了过多期待，并没有完全按照一个独立市场经济主体的模式进行建构，从该法第 1 条的立法目的中对合作社法功能的表述可见一斑，这也直接对合作社财产权的规

范设计产生了重要影响。但是，不容忽视的是，农民专业合作社作为一种较为低级的法人组织形态难以承受如此过高的期待，立法目的与制度承载能力之间的剧烈落差直接影响了农民专业合作社法人财产权的完整性，注定了农民专业合作社法人财产权必将是一种残缺且羸弱的法人财产权。而这样的合作社法人财产权直接导致合作社法人的信用基础不足，独立承担责任能力较弱。加之，合作社法人虚幻的法人独立责任与真实的合作社成员责任形成了鲜明的对比，更为严重的是立法中单一的合作社成员责任制度导致农民专业合作社法人的交易相对方对其交易安全的过度担忧，这必将导致农民专业合作社在融资市场中更难以取得优势地位。因此，农民专业合作社法人的基本品格决定了它（包括合作社法人财产权在内）的一系列制度设计。

第二节　农民合作社法人财产权具有明显的残缺性

一、农民专业合作社法人财产权性质的理论争辩

根据法人制度的基本原理，法人财产权是指法人作为具有独立人格的民事主体对其财产所享有的财产权利。市场经济环境下，最典型的法人财产权是公司法人财产权。《公司法》第3条对此有清晰的规定。法人享有独立法人财产权是法人取得独立人格的前提，也是法人取得独立法人人格的象征，更是承担法人独立责任的基础。对合作社法人财产权的性质颇有争议，代表性观点主要有如下几种：其一，合作社法人所有权说。该观点认为合作社社员一旦出资转移到合作社中，合作社作为独立法人取得合作社法人所有权。"合作社的财产所有权方式的确是一个新的制度设计。即使合作社所有的财产数额已经全部记入了成员个人账户，但是这些财产依然属于合作社法人所有"（宋刚等，2007）。"合作社全部财产的所有人不是社员个人，也不是社员集体，而是合作社本身"（陈岷等，2013）。其二，合作社法人支配权说。该观点认为合作社社员的出资即便转移到合作社法人后，本质上仍属于合作社社员所有，合作社法人享有支配财产的权利。"合作社对成员出资、公积金、国家财政补助形成的和社会捐赠形成的财产，享有占有、使用和处分的权利，实质上是明确了合作社对上述财产的独立支配的权利，而不苛求拥有财产的所有权"（任大鹏，2006）。其三，弱化的法人所有权说。该观点认为合作社法人所有权是一种区别于法人财产的所有权，是一种比法人所有权弱化的法人所有权。"就合作社的财产所有权说，它远没有公司法人财产权那样全面、充分、稳定。就社员以使用权出资的那部分财产，合作社对它的权利也远不如公司那样充分。公司对这一财产使用权期限的权利可以达到近似于所有权的高度，而合作社对这一财产的使用权随时随地都面临着被终止的危险"（屈茂辉等，2007）。其四，复合产权说。复合产权，是同一类主体按一定原则将各自所有的资源和共同所有的资源集中到一起所形成的特殊产权制度，复合产权制度基本揭示了合作社

产权制度的规定性。它有四个特点：一是"资合性"和"劳合性"的统一。即产权主体同时也是劳动者。二是产权主体的个体性，产权主体是社员个人。三是产权主体的普遍性，每个社员都拥有一部分财产所有权。四是产权客体的基本平等性，每个社员都拥有差距不大的产权（谭启平，2005）。

笔者认为，上述几种观点均结合合作社的基本属性和相关法律规范，从不同视角解释了合作社法人财产权的特征，均有其合理性。合作社法人所有权说实际上认为合作社法人财产权的性质虽然在表现形式上具有其个性，但是本质上仍未摆脱传统法人财产权的本质。该观点的根本出发点在于通过赋予合作社独立的法人所有权确保其取得独立的市场主体地位。合作社法人支配权说，显然是从农民专业合作社的互助经济组织性质和鼓励合作社发展的观点出发，尽可能保障社员对出资财产的所有权，这凸显了合作社法的产业促进法本质，但是，该观点似乎弱视了合作社法也是民商事主体法的本质。因此，该观点对合作社法人独立的市场主体地位的塑造略显不利，支配权性质的法人财产权将会导致合作社在偿债能力存在欠缺，影响交易安全。但是，该种观点最为清晰地反映了合作社法人的本质品格。复合财产权说以一种新颖的视角揭示了合作社法人财产权的属性，但是似乎与法人财产权理论差别过大，难以在立法中得到切实实现。弱化的法人所有权说将合作社法人财产权的性质与公司法人财产权的性质进行了比较，较为清晰地指出了合作社法人财产权与公司法人财产权的典型差异，总体上讲是一种比较务实的观点。但是，上述几种观点似乎没有区分合作社社员出资形式不同对合作社财产权的影响。笔者认为，合作社法人财产权的性质应该根据社员出资形式的不同进行定性。对于社员以现金方式的出资，根据物权法中有关货币所有权占有即所有的基本规则，合作社当然享有所有权。对于社员以土地承包经营权出资的情形，受到社会主义基本经济制度和物权法理的影响，例如，合作社成员如果以土地承包经营权出资的话，合作社当然无法取得合作社法人所有权。对与财政资金相关的合作社财产应该给予区别对待。对于财政资金以货币形式直接补助到合作社所形成的合作社财产，基于货币所有权占有即所有的物权法规则以及合作社法人财产独立的原理，合作社法人当然可以取得所有权。但是，对于由财政补助形成的资产则不可统一而论，《中共中央关于全面深化改革若干重大问题的决定》（以下简称《决定》）中指出："允许财政补助形成的资产转交合作社持有和管护，允许合作社开展信用合作。"《决定》中"允许财政补助形成的资产"是指接受财政补助已经形成的资产，如财政补助到农村集体经济组织所形成的集体水利设施等。对于这部分因"财政补助形成的资产"的归属性质，《决定》使用的表述是"转交给合作社持有和保护"。根据物权法学原理，"持有和管护"在法律属性上远不同于合作社法人所有权。对于"转交给合作社持有和保护"的这部分财产的归属性质，实践中也有不同认识。如《福建省财政支农项目形成资产转交农民合作社持有和管护暂行办法》中规定："财政支农项目形成的资产转交农民合作社持有和管护后，归农民合作社全体成员共同所有。"但是却又规定："成员退出或资格终止时不得带走。"既然是共同所有又何以不能带走呢（实际上指分割）？故这种表述似乎在法理上有自相矛盾之处。因此，对于合作社法人财产权性质的界定不一定非要将其植入现有的概念体系，也并不一定要得出非此即彼的界定，农民专业合作社法人财产权性质的多元化也许正是其能够成为合作社法人财产权的根本原因所在。因此，立法中关键是要结合农民专业合作社的基本性质和制度目的设计出符合合作社发展规律和维护交易安全的合作社法人财产权制度。当然，这不影响我们参照现有最为典型的公司法人财产权制度对合作社法人财产权的基本特征进行比较分析，通过比较分析得出其缺憾所在并通过配套制度设计加以弥补。

二、农民专业合作社法人财产权残缺性的体现

农民专业合作社的复合性质和互助经济组织性质决定了其与公司法人财产权在制度宗旨和制度设计方面的诸多不同。相较于公司法人财产权，农民专业合作社法人财产权是弱化的法人财产权，甚至可以说是残缺的法人财产权，其残缺性主要体现在以下方面：

（一）财产独立性方面

从立法表述看，农民专业合作社的财产和合作社社员的财产就没有实现真正意义上的独立，主要体现在：其一，从对合作社法人财产权的立法表述分析。《农民专业合作社法》中仅规定了合作社对合作社财产享有"占有、使用和处分的权利"（第4条）。《公司法》则明确"公司有独立的法人财产，享有法人财产权"（第3条）。经过对两种表述比较发现：立法者对农民专业合作社法人财产权的独立性似乎有所担忧和保留，立法中没有明确提及合作社法人"有独立的法人财产"，立法中对合作社法人财产权仅仅是部分赋予。而对于公司法人财产权的立法表述则显得比较清晰，清晰地宣告其"有独立的法人财产且享有法人财产权"。其二，从具体的账户设置来看。《农民专业合作社法》要求农民专业合作社应当为每个成员设立成员账户等（第36条）。笔者认为，《农民专业合作社法》强调对合作社社员设置单独的成员账户恰恰反映了合作社法人财产与合作社社员财产并没有实现真正意义上的财产分离。因此，合作社法人虽然具有法人资格，但是其法人财产的独立性却比较弱，合作社社员对财产仍然具有较大的支配力，甚至是最终的控制力。但是，对于公司法人来说，股东的出资一旦转移到法人名下，公司法人则享有独立的法人财产权。

（二）财产来源虚幻性方面

从财产来源方面观察，农民专业合作社的财产来源具有多元性，主要由成员出资、公积金、国家财政直接补助、他人捐赠以及合法取得的其他资产等组成（参见《农民专业合作社法》第4条第2款）。从表面上分析，农民专业合作社的财产来源比较丰富，但是事实上是除了成员出资以外，其余的财产来源都取决于很多未知不确定因素，加之合作社成员的出资保障制度的先天不足，这就必然导致合作社财产的来源具有强烈的虚幻性。正如有学者指出的："在现行法律框架下，合作社所支配的财产均具有虚无倾向，对农民专业合作社而言，只是获得了支配上述范围财产的可能性，而不是一种现实的可以行使的财产权利。"（任大鹏等，2009）合作社财产来源的虚幻性必然导致合作社法人财产权具有强烈的虚幻色彩。比较而言，公司法人的出资来源基本上来源于股东的出资，且出资形式

主要为货币，以及实物、知识产权、土地使用权等可以依法转让且具有较强的流转性、可变现性的非货币财产作为财产来源形式。加之，公司法中具有强制性的出资期限、出资评估、出资责任等制度设计保障了公司法人财产权的真实性。

（三）出资形式、出资额、出资时间的自治性方面

农民专业合作社在对成员出资形式、出资额、出资时间均给予了极大宽容。首先，法律没有规定出资形式；其次，法律没有规定最低出资额；再次，法律没有明确的出资时间的规定。而且，《农民专业合作社法》将对出资形式、出资额、出资时间这些直接影响到合作社法人财产权能否真正得以形成的重要问题全部交给合作社章程加以规定，充分体现了自治性。如立法规定：有符合章程规定的成员出资（第10条）；出资形式则全部交给合作社章程进行规定（第12条）；规定了合作社社员按照章程规定向本社出资的义务（第18条）等。与此形成鲜明对比的是，《公司法》第23条规定"有符合公司章程规定的全体股东认缴的出资额"是有限公司成立的必要条件，并且规定"股东的出资方式、出资额和出资时间"是有限责任公司章程的必要记载事项。第27条对有限责任公司的出资形式做了更为清晰的规定，第28条则对有限责任公司股东的按期足额缴纳公司章程中规定的各自所认缴的出资额的义务和责任做了明确规定。《公司法》第4章对股份有限公司股东的出资形式、出资额、出资时间等更是做了更加明晰的规定。可见，在出资形式、出资额、出资时间方面，《农民专业合作社法》更多地体现了自治性原则，这也体现了农民专业合作社是"自愿联合"的互助性经济组织的性质，但是过度的自治性规范设计必然导致农民专业合作社法人财产权在形成过程中就存在先天不足，导致难以形成稳固的合作社法人财产权，那么自然会导致合作社法人财产权的独立性受到限制。而公司法人财产权的独立性从出资阶段就有比较强有力的制度作为保障，即便是在采纳认缴资本制的公司资本制度体系下，公司章程中的必要记载事项的强制性、出资形式和出资时间的强制性，以及出资责任的严苛性都保障了公司法人财产权具有较强的独立性。

（四）合作社法人财产权的稳定性方面

农民专业合作社实行"入社自愿、退社自由"的基本原则，这严重影响到合作社法人财产权的稳定性和持续性。合作社的财产权与公司财产权在很大程度上具有相似性，但是就合作社的财产所有权而言，由于合作社强调入社退社自由，并且禁止转让股份。所以一旦社员退社，合作社就要退换股金。如果社员是以财产使用权出资的，合作社要将实物返还。这就使得合作社拥有和占有的财产与公司相比具有很大的不稳定性（屈茂辉，2007）。而且《农民专业合作社法》要求，在成员资格终止时，"农民专业合作社应当按照章程规定的方式和期限，退还记载在该成员账户内的出资额和公积金份额；对成员资格终止前的可分配盈余，依照本法第三十七条第二款的规定向其返还"（第21条）。这一系列规定"说明了成员对其出资和享有的公积金份额拥有终极所有权"（任大鹏等，2007）。这当然也说明合作社财产权会受到成员财产权的极大限制和约束，影响到其稳定性。而公司法人奉行"资本确定、资本维持、资本不变"的三原则，非有特别情形，股东原则上不能退出股权或者股份，但是可以相互转让其全部或者部分股权（股份），这就决定了公

司法人财产权具有较强的稳定性。

第三节　农民专业合作社责任制度：合作社法人财产权残缺的再次展现

一、农民专业合作社对债务人的责任：虚幻的责任

既然农民专业合作社是具有独立法律人格的法人，自然应该以其合作社法人财产对合作社的债务承担独立的清偿责任，而且合作社法人独立承担其债务责任也是合作社法人人格独立性的重要体现之一。农民专业合作社承担债务责任的信用基础是其合作社法人财产。现行《农民专业合作社法》规定，农民专业合作社以其由成员出资等形成的合作社财产对合作社债务承担责任（第4条第2款）。故合作社法人的财产是合作社对债务人承担责任的信用基础。合作社的信用能力关键要看合作社财产的真实性、稳固性等。但是，正如上文所述，农民专业合作社法人财产权是一种比公司法人财产权弱化很多的法人财产权，合作社法人财产权是残缺的法人财产权，这决定了其财产的独立性、稳固性、可变现性，呈现比公司法人财产权较弱的特性，这极大地侵蚀了农民专业合作社的信用基础，甚至农民专业合作社根本上难以获得独立的法人财产，进而会对合作社债务人的利益以及交易的安全造成妨害。"财产的虚无性和变动性导致的最直接后果，就是会损害到合作社交易相对人即债权人的信赖利益。"（任大鹏等，2009）农民专业合作社法人财产权的残缺性、虚幻性决定了合作社法人对债务人的独立责任是一种虚幻的责任，这就会造成与农民专业合作社发生交易的相对人在交易前必然会保持充分的谨慎，金融机构在贷款过程中更会加强审查，防止金融风险的发生，这当然会导致农民专业合作社融资难现象的发生。

二、农民专业合作社社员对合作社的责任：真实的有限责任

在农民专业合作社的责任制度中，与虚幻的法人独立责任形成鲜明对比的合作社社员对合作社的有限责任。即农民专业合作社成员仅"以其账户内记载的出资额和公积金份额为限对农民专业合作社承担责任"。这就意味着：一方面，农民专业合作社社员仅以其账户内的出资额和公积金份额为限对合作社承担责任；另一方面，即便是合作社财产不足以清偿其债务，合作社也无法要求合作社社员以"账户内的出资额和公积金份额"以外的其他财产承担责任。这种责任制度设计，能够保证农民专业合作社社员把风险控制在有限范围内，确保了其财产的安全性，有利于鼓励成员积极参与合作社，从这个角度观察，有助于合作社的发展。但是这种有限责任制度对于与农民专业合作社发生交易的第三人来说则将是极其不利的，会将交易相对人置于极为危险的地位，影响到合作社的未来交易效率，从这个角度观察，反而不利于农民专业合作社的持续发展。而且，当农民专业合作社

破产时，农民专业合作社社员还享有惠顾债权的优先受偿权，即当"破产财产在清偿破产费用和共益债务后，应当优先清偿破产前与农民成员已发生交易但尚未结清的款项"（《农民专业合作社法》第48条）。这一制度更加加剧了交易中第三人的恶劣地位，对树立农民专业合作社独立的市场经济主体地位比较不利。

三、农民专业合作社责任制度是合作社融资难的直接根源

因此，虽然现行立法确认了农民专业合作社可依法取得法人资格，但是，通过上述论述不难发现，我国法律上的农民专业合作社独立法人资格仅仅是一种虚幻的制度设计，并没有配置以相应制度保障合作社法人的独立人格。特别是在农民专业合作社法人财产权制度和合作社以及合作社成员的责任制度设计方面存在严重缺陷，这极大地侵蚀了合作社法人的独立人格。笔者认为，我国《农民专业合作社法》的立法理念过度地强化了通过立法"鼓励合作社发展和保护合作社社员权益"的立法目标，但是并没有按照市场经济环境下对独立市场交易主体的要求对农民专业合作社进行科学的制度设计。正如有学者指出的："《农民专业合作社法》基于促进合作社发展的目标，在财产制度和责任制度上设置了较低的准入门槛，以及对基于弱势地位的农民及其举办的合作社给予更多倾斜，符合在农业与其他产业、农业劳动者与其他产业从业者之间构建和谐发展的法律制度框架的立法思想。但是，这种倾斜不应以损害其他市场主体利益和危及交易安全为代价。"（任大鹏等，2009）事实上，现行的立法制度设计已经给交易相对人造成了严重的忧虑情绪，影响了交易安全，产生了一系列恶劣连锁反应。可见，残缺的农民专业合作社法人财产权制度加之危险的合作社法人责任制度，导致市场经济中的其他交易主体几乎不敢与这类"危险的主体"发生交易，更别提实施给合作社融资这种高风险的交易活动了。农民专业合作社的蹩脚的责任制度设计更是对市场交易中的第三人利益几乎起不到任何保障作用。因此，农民专业合作社虚幻的法人财产权制度和危险的责任制度都是导致农民专业合作社融资难的重要因素。

第四节 农民专业合作社法人财产权制度的修法路径

一、修法的基本理念

可见，作为农民专业合作社核心制度的财产权与责任制度存在着设计缺陷，结果导致合作社法人在发展过程中产生了一系列问题。对农民专业合作社而言，由于合作社法人财产权的残缺性引发金融机构产生忧虑感而引发融资难问题；对市场交易安全来讲，由于农民专业合作社的信用基础不扎实、责任制度不科学，导致市场中的其他主体的利益受到影响。结果，最终导致无论是对于农民专业合作社自身的发展还是整个市场交易安全的维护

都产生了不利影响。因此，亟待对农民专业合作社法人财产权制度进行改革。我们认为，在未来的制度改革中，尤其是《农民专业合作社法》修改中要秉持"坚持合作社法人个性品格和维护交易安全并举"的发展理念。

首先，要秉持"坚持合作社法人个性品格"的理念。农民专业合作社法人承担着不同于其他法人类型的任务，其法人财产权制度等都要坚持合作社法人的个性特点展开。否则，如果机械地、套用营利性法人，如公司法人的制度设计将会导致农民专业合作社法人失去其个性特点，那么其所肩负的任务自然难以完成。因此，只有秉持"坚持合作社法人个性品格"的理念，即目的上的复合性质和基本属性上的互助经济组织性质才能真正实现促进农民专业合作社的持续、健康发展。其次，要秉持"维护交易安全"的发展理念。此所谓维护交易安全是指在农民专业合作社的法人财产权制度以及责任制度设计中要考虑到其他相关交易主体的利益。农民专业合作社法人财产权制度是合作社发展的根基所在，更是合作社法人能够独立存在的根基所在，法律中"无财产即无人格"之说法。可以说，农民专业合作社的法人财产权制度是维护交易安全的基础和驱除交易相对人忧虑的法宝。农民专业合作社法人的责任制度也是合作社财产权制度的另一反映，直接影响到交易安全，没有完整的合作社法人财产权就无法保证合作社法人具有独立的责任能力。只有秉持维护交易安全的发展理念，金融机构才敢于给农民专业合作社融资，才能保证合作社中有丰富资金的输入，合作社法人才能获得持久发展。秉持"坚持合作社法人个性品格和维护交易安全并举"的发展理念旨在保证把农民专业合作社发展成为能够适应市场经济发展需要的独立的、健康的民商事法律主体，并最终实现农民专业合作社促进农业和农村经济社会发展的目标。

二、修法的具体思路

（一）应该对农民专业合作社法人财产权、合作社成员对出资的财产权、合作社成员的成员权之间的关系做出清晰、科学的界定

农民专业合作社法人财产权、合作社成员对出资的财产权、合作社成员的成员权是农民专业合作社中三种紧密关联的权利，三者构成了农民专业合作社财产权制度的核心。"合作社财产制度旨在区分成员与合作社财产权利边界，保护农民成员的财产权利与经济利益"（任大鹏等，2014）。三者之间关系的清晰、科学界定以及良性互动应是衡量合作社财产权制度成功与否的关键所在。根据法人人格独立以及财产权理论的基本要求，三者的关系应然是这样的：其一，合作社成员在出资前对其出资的各项财产享有财产权，基于合作社成员的出资形式具有多元性，因此成员对其出资财产享有的权利形态也是多元的，可能是所有权，也可能是使用权，也可能是其他财产权。但是，无论是何种性质的权利，在出资之前，这些财产权的主体是合作社成员。其二，合作社成员在出资后对出资财产原则上不再直接享有包括其出资的财产权，基于法人人格、财产独立的理论，出资后合作社成员享有的各项财产权利均转移给合作社法人享有，当然这不一定是完整的所有权。因此，待合作社成员出资后，合作社法人享有包括成员出资等各项合作社法人财产的独立财

产权。其三，合作社成员基于其对合作社财产权的让渡而取得合作社成员的成员权。正式基于该成员权，合作社成员能够享有参与盈余分配、参与合作社民主管理等成员权。《农民专业合作社法》规定合作社成员享有的成员权类型有：选举权与被选举权、表决权、利用合作社设施和享用合作社服务的权利、盈余分配权、知情权等（第16条）。总体而言，合作社成员的成员权分为自益权和共益权两大类型，前者体现为财产性权利，后者体现为非财产性权利。总之，农民专业合作社法人财产权制度的构建中必须对三种类型权利之间的关系做出清晰界定。即便是要反映农民专业合作社法人的特点，也不能背离法人制度的一般理论，否则将有可能影响到合作社法人人格的完整，影响到合作社作为一个独立市场经济主体的地位，影响到合作社法人的信用基础，影响到其他市场主体的利益。

（二）应该着重强调确保农民专业合作社法人财产权充盈性、完整性方面的制度设计

首先，应该确认农民专业合作社成员对出资形式、出资期限等方面的违约责任。基于农民专业合作社是一种自愿联合、民主管理的互助性经济组织，奉行"入社自愿、退社自由"的原则，《农民专业合作社法》可能也是考虑到这一点，对合作社出资形式、出资期限等均没有做出法律的明确规定，而是在立法中特别强调合作社法人自治章程的作用。但是这影响了合作社财产权的完整性和交易安全，妨碍了合作社的信用基础，进而加剧了合作社的融资难。为了弥补这一缺憾，笔者认为可以借鉴公司法中的出资违约责任制度（《公司法》第28条、第83条），确立成员的出资违约责任，即当成员不能按照约定形式、约定期限履行出资义务的，除了应该按照约定履行外，还应该对其他已经按照约定出资的成员承担违约责任。该制度设计既能体现合作社法人的个性特点，又能保障合作社法人财产权的充盈性与完整性。

其次，应该进一步拓宽合作社成员的出资形式，把土地经营权明确作为合作社的出资形式。鉴于对土地承包权出资形式的可变现性和所带来的社会保障问题的担忧，对土地承包经营权入股合作社的性质一直存在"物权流转说"和"债权流转说"的争议。《农民专业合作社法》对土地承包经营权入股合作社尚付之阙如。但是，农业部《农村土地承包经营权流转管理办法》采纳"债权流转说"（高海，2011）。目前中央大力推行的农村土地"三权分置"改革对该问题的解决带来了便利。"三权分置"是在坚持农村土地集体所有的前提下，促使承包权和经营权分离，形成农民集体的土地所有权、农户的承包权、各类经营主体的经营权三权分置的农地产权结构。"三权分置"的核心是使土地承包经营权中的承包权和经营权分离，承包权作为具有较强身份性的成员权类型稳定地掌握在农户手中，这可以保障家庭承包经营的地位不变，保障农地社会保障功能的实现。分离出来的经营权作为具有单纯财产性质的权利，则可以较为灵活地配置到合作社、家庭农场等规模经营主体手中。《中共中央关于全面深化改革若干重大问题的决定》明确指出"鼓励承包经营权在公开市场上向专业大户、家庭农场、农民合作社、农业企业流转，发展多种形式规模经营"。《深化农村改革综合性实施方案》中指出要"完善农民以承包土地经营权入股发展农业产业化经营的政策"。事实上，在具体实践方面，四川崇州已经开始探索以土地经营权入股合作社的模式（韩长斌，2016）。因此，我国推行的"三权分置"政策对放活

土地经营权具有重要意义，这就为农地经营权入股合作社提供了更加明晰的政策支持。相信，相关配套法律法规会尽快制定出来。因此，《农民专业合作社法》在修改时应该进一步拓宽合作社成员的出资形式，把土地经营权明确作为合作社的出资形式。

最后，应该建立合作社成员出资不足的责任机制。现行立法将出资形式、出资期限、非货币形式出资的评估全部交给合作社成员按照章程或者自己确定，导致实践中合作社存在出资不足的问题。我国台湾地区的合作社相关法规规定了应得股息及盈余拨充欠缴之社股金额制度，其规定："社员已缴之社股金额，合作社得将其应得股息及盈余拨充之。"另外我国台湾地区为保持合作社财产权的稳定性，还规定了"已缴未缴社股金额与债务债权抵销之禁止制度"，其规定为："社员已认未缴之社股金额，不得以对于合作社或其他社员所有之债权主张抵销，亦不得以已缴之社股金额，抵销其对于合作社或其他社员之债务。"我国的未来修法可以借鉴上述制度以保障合作社财产的真实性和完整性。还有学者建议对农民专业合作社成立时的最低资本额做出明确的规定，再通过本社的章程在最低资本额之上根据需要确定合适资本额。（王涛，2013）笔者认为，未来修法不宜设定合作社的最低资本额。原因在于：一方面，在鼓励投资的社会背景下，即便是营利性法人制度也有逐渐降低资本额甚至是取消最低资本额制度之趋势；另一方面，合作社本身具有益贫性特质，根本目的在于成员之间的互助，不宜采取最低资本额而设置门槛。"目前，发展得好的农民专业合作社，一种是大户主导，设立门槛，排斥小农，另一种是龙头企业领办，资本占据主导地位"（张晓山，2013）。如果在这样的背景下再设置合作社的最低资本额，就会导致以服务农民利益为根本宗旨的农民专业合作社反而时常吞噬农民利益，造成"大农吃小农"的现象。因此，农民专业合作社不宜设定最低资本额，如果合作社成员希望设置一定最低资本额，也可以通过章程规定加以实现。

（三）应该对农民专业合作社的财产责任制度作出更加科学规定

我国现行立法中存在一个误区，即认为法人制度和有限责任制度存在必然联系，即具有独立的法人人格就代表着能够独立承担责任，这从《民法通则》对法人的概念界定上即可得出。事实上，"法人人格并不必然代表着法人责任的必然独立，而法人责任的独立乃渊源于股东有限责任的形成"（虞政平，2001）。《农民专业合作社法》立法中显然受到《民法通则》的影响，而且从促进农民专业合作社发展和鼓励合作社成员积极入社的角度考虑，仅仅规定了合作社成员的有限责任。目前，单一的合作社责任制度对合作社信用能力的提升和交易安全的维护都带来了负面影响。因此，建议借鉴我国台湾地区合作社相关法规，进一步丰富合作社成员的责任形态。我国台湾地区规定的合作社之责任分三种：一是有限责任，即社员以其所认股额为限负其责任。二是保证责任，即社员以其所认股额及保证金额为限负其责任。三是无限责任，即合作社财产不足清偿债务时由社员连带负其责任。笔者认为，结合我国目前农民专业合作社的发展现状和农民的规避风险能力弱以及农民趋利避害的投资心理，目前我国农民专业合作社成员的责任可以采纳有限责任制和保证责任制两种模式，无限责任制可以暂缓采纳。保证责任制，我国也有学者称为承诺责任制。"合作社的保证责任是以社员提供一定数额的保证金为前提的，它实际上是合作社有限责任制的一种特殊形式。保证责任能够增强合作社承担责任的能力，有利于合作社信用的提高"（马俊驹，1991）。可见，保证责任制的引入将会进一步提升农民专业合作社的信用基础，提升其融资能力。当然，引入保证责任应该完善相关配套制度。如我国台湾地区合作社相关法规规定："保证责任合作社出社社员，对于出社前合作社债权人之责任，自出社决定之日起，经过二年，始得解除。前项合作社，于社员出社后六个月内解散时，该社员视为未出社。"该规定延长了承担保证责任的成员的期限，实际上增强了合作社的信用基础，对交易安全具有积极意义。

总之，农民专业合作社法人财产权规则植根于合作社法人的基本品格，从目的属性上讲，其具有复合性质的法人；从基本属性上界定，其是人合性质的互助经济组织。农民合作社法人财产权是残缺的法人财产权。农民专业合作社法人财产权性质的界定不一定非要将其植入现有的概念体系，合作社法人财产权性质的多元化也许正是其能够成为合作社法人财产权的根本原因所在。相较于公司法人财产权，农民专业合作社法人财产权是弱化的法人财产权，甚至可以说是残缺的法人财产权，主要体现在财产独立性；财产来源的虚幻性；出资形式、出资额、出资时间自治性；财产稳定性等方面。农民专业合作社责任制度是合作社法人财产权残缺的再次展现，虚幻的法人独立责任和合作社社员真实的有限责任形成鲜明对比。农民专业合作社责任制度是合作社融资难的直接根源。残缺的合作社法人财产权制度加之危险的合作社法人责任制度极大地侵蚀了合作社法人的信用基础，严重威胁了交易安全，二者都是导致农民专业合作社融资难的重要因素。未来的制修法中要秉持"坚持合作社法人个性品格和维护交易安全并举"的发展理念。应该对农民专业合作社法人财产权、合作社成员对出资的财产权、合作社成员权之间的关系作出清晰、科学的界定；应该着重强调确保合作社法人财产权充盈性、完整性方面的制度设计；确认农民专业合作社成员对出资形式、出资期限等方面的违约责任；进一步拓宽合作社成员的出资形式；建立合作社成员出资不足的责任；应该对农民专业合作社的财产责任制度作出更加科学的规定。总之，经过修法理念更新和配套制度设计，力争把农民专业合作社法人财产权变成真正意义上的法人独立财产权，强化合作社法人的独立责任和合作社成员的责任，使农民专业合作社成为能够独立承担法律责任的真正的市场经济主体。

参考文献

［1］孔祥智，毛飞等．中国农村改革之路［M］.北京：中国人民大学出版社，2014.

［2］冯兴俊．合作社基础法律问题探析［J］.中国商法年刊，2006.

［3］施启扬．民法总则［M］.北京：中国法制出版社，2010.

［4］梁慧星．合作社的法人地位．民商法论丛［M］.香港：金桥文化出版（香港）有限公司，2003.

［5］周江洪．日本非营利法人制度改革及其对我国的启示［J］.浙江学刊，2008（6）.

［6］郑景元．合作社法律目的二元论——以双重目的论为依归［J］.法学杂志，2009（6）.

［7］王伟等．中国农民专业合作社研究［M］.济南：山东人民出版社，2015.

［8］宋刚，马俊驹．农业专业合作社若干问题研究——兼评我国农民专业合作社法［J］.浙江社会科学，2007（5）.

［9］孔祥智．合作社的益贫性［J］.中国农民合作社，2016（7）.

［10］邓峰．普通公司法［M］.北京：中国人民大学出版社，2009.

［11］陈岷等．合作社法律制度研究［M］.北京：法律出版社，2013.

［12］任大鹏．农民专业合作社法主要制度解读［J］.农村经营管理，2006（12）.

［13］屈茂辉等．合作社法律制度研究［M］.北京：中国工商出版社，2007.

［14］谭启平．论合作社的法律地位［J］.现代法学，2005（4）.

［15］任大鹏，张颖．农民专业合作社责任制度的完善——合作社成员承诺责任的引入［J］.河北法学，2009（7）.

［16］任大鹏，陈彦翀．农民专业合作社的基本法理与核心制度［J］.教学与研究，2007（1）.

［17］任大鹏．合作社法修订的几个问题［J］.农村经营管理，2014（4）.

［18］高海．土地承包经营权入股的法律性质探析［J］.法学论坛，2011（3）.

［19］韩长赋．土地"三权分置"是中国农村改革的又一次重大创新［N］.光明日报，2016（1）.

［20］王涛．农民专业合作社产权制度的法律思考［J］.聊城大学学报，2013（3）.

［21］张晓山．农民专业合作社规范化发展及其路径［J］.湖南农业大学学报，2013（4）.

［22］虞政平．法人独立责任质疑［J］.中国法学，2001（1）.

［23］马俊驹．论合作社法［J］.法学评论，1991（3）.

第二十一章　资金互助社的治理机制
及其绩效

第一节　制度经济学视角下农村资金互助社的正规化研究[①]

一、问题的提出

由于我国农村金融市场固有的信息不对称、抵押物缺乏、特质性成本与风险、非生产性借贷四大基本问题，导致当今农民从正规金融机构获得贷款仍然十分困难（韩俊、罗丹、程郁，2007）。许多学者提出通过发展农村内生金融来解决当前农村金融的问题（温铁军、姜柏林，2007）。其中，依托社区存在的资金互助社以其信息优势、担保优势、交易成本优势（王玮、何广文，2008），通过资金互助的形式在一定程度上弥补了正规金融部门的不足（何广文，2007），在实践中充分体现出了互助组织的优势（Biggart，2000）。资金互助社是我国政府促进农村金融制度创新的产物，是农村金融抑制下的诱致性制度变迁的产物（夏英、宋彦峰、濮梦琪，2010），也是在中国现有正规金融制度安排之外产生了真正的、正式的合作金融制度安排（何广文，2007）。中国民间的资金互助自古就有，且形式多样，在当前中国南方的浙江、福建、台湾等地区依然广泛存在（何广文，2007），在当地经济中发挥着重要的作用（Besley and Levenson，1996；Tsai，2000；Tsai，2002；刘民权、徐忠、俞建拖，2003；俞建拖，刘民权，徐忠，2005）。资金互助在农户融资上备受学者青睐（周立，2005；洪正，2011），更有学者认为资金互助社是对农村生产关系的一次再调整（姜柏林，2009）。然而，资金互助社在发展中一直面临着法律空白的问题，无法跻身正规金融机构行列，尚未纳入政府监管，即受到监管排异（周立，2008）。许多学者呼吁资金互助社应当被纳入正规金融机构的监管之中（孙莉，2005；姜柏林，2007；谢勇模，2010）。

2007年中国银行业监督管理委员会（以下简称"银监会"）发布《农村资金互助社管理暂行规定》将资金互助社正式纳入新型农村金融机构之中。目前，我国的农村资金

[①]　执笔人：周振、孔祥智。

互助社大致上可以分为两类：一类是获得了银监会金融牌照的，即正规化的金融机构；另一类是尚未取得金融牌照的非正规金融机构。从数量上来看，以后者居多。2009年，银监会计划用3年时间完成161家农村资金互助社的组建，然而在审批方面却采取日趋谨慎的态度，目前已暂缓审批。截至2013年6月，全国仅有49家农村资金互助社获得了金融牌照。绝大部分的资金互助社尚未正规化，其数量多达上万家。

作为一种新型农村金融服务机构，资金互助社是否应该正规化的问题一直存在争议。有学者认为农村资金互助社等微型金融应该正规化，这是因为正规金融市场更有效率（Straub，2005）；此外，资金互助社的正规化还有利于政府监管（孙莉，2005；谢勇模，2010），是放活农村金融、搞活农村经济、发展现代农业和推进社会主义新农村建设的重大举措（姜柏林，2007）。也有一些实践者认为，如果去拿金融许可证，就得受监管部门监督，现行的《农村资金互助社管理暂行规定》把农村资金互助社管得太死，反而不利于其发展（康蓉英，2008；乔乐，2007；肖本华，2008）。在这样的讨论中，本节撇开资金互助社是否应该申请金融牌照的规范性争论，而是集中讨论正规化对资金互助社经营绩效影响的实证问题，并对这种影响进行理论阐释。

二、理论分析：制度经济学视角

我国银监会明文规定了授予资金互助社金融牌照的各项要求。对于资金互助社而言，正规化是其发展过程重大的一次制度变迁。因此，本节将从制度经济学的视角出发，研究正规化对资金互助社经营绩效的影响。

（一）制度收益与制度成本

制度学派致力于制度绩效的研究，即制度的收益或功能（Coase，1937；康芒斯，1962；凡勃伦，1981；North，1990）。舒尔茨（1968）指出制度具有五种收益，即提供便利、降低交易费用、提供信息、共担风险和提供公共品（服务）。也有学者指出制度收益能帮助人们形成合理的预期和外部性内在化，而外部性内在化功能也是一种具有激励作用的功能（德姆塞茨，1967；North，1990）。国内学者林毅夫（1989）论述了制度收益的两种表现形式：一是安全功能，人需要用制度促进他与其他人合作，从而获得对风险和灾难的保障；二是经济功能，制度存在的一个理由是来自规模经济和外部效果的收益。综上所述，制度在社会中具有更为基础性的作用是决定长期经济绩效的根本因素（North，1990）。

制度在形成收益的同时，也带来了社会资源的消耗，即产生了成本。制度成本是指以制度设计为起点、以制度变迁为终点的整个制度周期中所产生的一切耗费，是实现不同主体之间利益博弈而产生的成本（张广利、陈丰，2009）。也有学者从机会成本的视角对制度成本进行阐述，例如，汪丁丁（1995）认为制度的成本只不过是某个实现了的博弈均衡对每一个参与博弈的主体的主观价值而言的机会成本，而这个机会成本是由他所放弃了的那些经由他个人影响可能实现的博弈均衡的最高主观价值所决定的。North（1990）曾指出制度最初设立时的初始成本是巨大的，而且正式规则的形成和实施变迁通常需要动用大量的资源。从资源消耗以及制度运行周期的角度来看，制度成本应包括制度形成成本、制度执行成本、制度监督成本、制度变迁成本（张广利、陈丰，2009）。

（二）正规化与资金互助社制度变迁的制度收益、制度成本

正规化是资金互助社的一次强制性制度变迁（林毅夫，1989），是政府依据准入制度使其发生制度变革。这种制度变迁有利于资金互助社更好地进入市场经营，同时互助社也必然受制于监管部门的约束，即制度变迁随之形成了新的制度收益与制度成本（温铁军、刘海英、姜柏林，2010；傅德汉、朱波、操基平，2011）。

正规化给资金互助社创造了如下制度收益：①能赢得公众信任，壮大规模。虽然我国政策鼓励农民专业合作社在内部开展资金互助，但是尚无相关法律支持农民开展合作金融，资金互助依然面临着无法可依的尴尬境界。正规化后，资金互助业务就能受到法律的保护，并且还能赢得公众的信赖，在经营上能形成品牌效应。②业务范围拓宽。正规化前，资金互助社仅能在社员内部开展借贷业务。正规化后，根据银监会 2007 年颁发的《农村资金互助社示范章程》，资金互助社可以开展存贷款、买卖债券、同业存放、代理、向银行融入资金和其他银监会批准的六大业务。③能享受国家扶持政策。正规化后的资金互助社享有资格获得中国人民银行支农再贷款流动性融资。2009 年财政部下发《中央财政新型农村金融机构定向费用补贴资金管理暂行办法》，指出财政部将对符合规定条件的新型农村金融机构（含农村资金互助社），按上年贷款平均余额给予一定比例的财政补贴。④正规化能增强社员对组织的信任感与稳定感。没有金融牌照的资金互助社，面临着随时被取缔的风险。正规化后，给社员吃上一颗定心丸，增加了他们对组织的信任感，有利于互助社的稳定发展。

正规化也会给资金互助社增添制度成本。这种制度成本来源于正规化改造与执行监管要求，即制度变迁成本与制度执行成本。首先，正规化改造成本。资金互助社成为国家正规金融机构后，需要在经营场所上达到国家安全要求与经营规范，如营业场所需安装防盗设施与监控设备等。此外，在业务操作上需引进现代办公系统，并配备专职的工作人员。这些无疑都增加了资金互助社的运行成本。其次，运行机制受监管部门约束。正规化的资金互助社需按照监管部门要求设计运行制度，如存贷款利率。这使得资金互助社丧失了一定的潜在收益，即机会成本。最后，缴纳税务。正规化前的资金互助社不受监管或在专业合作社内开展金融合作，根据国家政策不用缴纳税务。正规化后，资金互助社需以金融机构的身份缴纳税务。见表 21－1 所示。

（三）资金互助社正规化效果评价

正规化既增加了资金互助社的制度收益，又产生了制度成本。正规化是否有利于资金互助社的发展，关键要比较新增制度收益与制度成本的大小。布罗姆利（1996）从供需方收入的角度对制度变迁的效率评价给出了一个公式。他指出关于制度变迁问题的一个可采取的分析是看一看变迁的潜在收益是否能补偿那些源于这种变迁的人的所失。如果这种补偿是可能的，即使它没有实际发生，并且如果在给所受到损失者进行了假想上的补偿之后存在潜在收益还有剩余，那么，变迁就满足潜在帕累托改进的前提条件。因此，当新增

制度收益大于制度成本时，资金互助社的正规化才是有效果的。

表 21-1 资金互助社正规化的制度收益与制度成本

类别	制度收益	制度成本
内容	1. 纳入国家监管体系，能赢得公众信任，规模壮大 2. 业务范围拓宽，能开展银监会批准的六大金融业务 3. 能享受国家扶持政策 4. 增强了社员、员工对组织的信任感与稳定感	1. 正规化改造成本 2. 运行机制受监管部门约束，增加了机会成本 3. 缴纳税收

假设资金互助社因正规化新增制度收益为 R。C_0 为资金互助社改造经营条件以达到国家标准所花费的成本；C_1 为运行机制受监管部门约束所产生的成本，包括潜在收益的损失，即机会成本；C_2 为缴纳税款。那么，资金互助社正规化有效果的临界条件为：

$$\sum_{t=1}^{T} \frac{R}{(1+i)^t} = C_0 + \sum_{t=1}^{T} \frac{C_1 + C_2}{(1+i)^t}$$

上式反映了变迁的会计现值，其中，i 为利率。

三、案例分析一：正规化的制度收益与制度成本

百信农村资金互助社（以下简称"百信"）是我国首家获得金融许可证的农民互助组织，位于吉林省梨树县榆树台镇闫家村，被誉为中国农村资金互助的发源地。利信农村资金互助社（以下简称"利信"）也位于吉林省梨树县，是模仿百信的产物。自从正规化后，百信显现出强大的发展潜力。本节将以这两家资金互助社为例，分析正规化对农村资金互助社经营绩效的影响。

（一）两家资金互助社正规化前概述

百信的前身是百信农民专业合作社，成立于 2004 年 7 月，是一个以养殖为基础，农机化服务为纽带、资金互助为依托，增加社员生产经营效益为目的的综合性合作社。鉴于正规金融机构无法满足农户资金需求，百信在全国较早地创立了"资金互助"模式。利信虽是模仿百信的产物，但也旨在解决农民的融资需求。正规化前，两家资金互助社都是在合作社范围内开展资金互助，运行机制见表 21-2 所示。

正规化前，百信和利信都取得了不错的经营业绩。从成立到 2007 年 3 月 9 日，百信互助社逐渐成长壮大，入股户增加到 84 户，社员股金增长到 122100 元，累计放贷 67 笔，累计贷款额达到 20.02 万元。2004~2006 年百信还分别实现了 365.36 元、1249.1 元和 4289.4 元的营业利润。2007~2009 年，利信得到了较快的发展，年末社员股金余额从 2007 年的 128.04 万元增长到 2009 年的 418.71 万元，营业利润也实现了三连增。两家资金互助社的还款率都为 100%。

表 21－2　正规化前百信与利信的运行机制

类别	百信农村资金互助社	利信农村资金互助社
成立时间	2004 年 7 月	2007 年 3 月 17 日
区域	吉林省梨树县榆树台镇闫家村	吉林省梨树县小城子镇
发起人与出资	闫家村姜志国等 8 户农民发起，每户出资 1000 元	小城子镇 7 人发起成立，最初每人出资 5 万元；后发起人扩至 10 人，每人出资 10 万元
信贷设计	1. 村社及其周围居民以股金的形式入社成为社员，只有社员才能享有贷款服务 2. 贷款资金来源于发起人出资与一般社员入社股金，不吸收社员储蓄 3. 贷款额度最高不能超过入股金额的 6 倍，且最高额度为 5000 元，贷款最长期限 1 年 4. 借贷需其他社员做担保，且担保人的股金必须占到借款金额的 40% 以上，若担保人股金不足应增加担保人，直到达到要求为止，借款人不还款时，担保人赔偿 40%，剩余部分由全体社员分摊赔偿 5. 贷款利率根据市场有一定变化幅度，一般比附近信用社利率稍低一点 6. 利息收入除去办公成本外，按股金"积数"分红，积数以"股金×入股天数"计算	1. 本镇居民以股金的形式入社成为社员，只有社员才能享有贷款服务 2. 贷款资金来源于发起人出资与一般社员入社股金，不吸收社员储蓄 3. 贷款额度最高不能超过入股金额的 10 倍，且最高额度为 10000 元，贷款最长期限 1 年 4. 社员贷款需 1 名社员作为担保人，借款人不还款时，担保人负全责 5. 贷款利息为每月 1 分 2 厘 3 6. 利息收入除去办公成本外，社员可按股金享受分红，2007～2009 年分红比率分别为 8%、6%～7% 与 6%～7%
决策机制	1. 实行社员代表大会票权制，股金多的会员投票权多，股金少的投票权少，重大事项由投票权表决决定 2. 管理人员不领取报酬	1. 每年底召开社员代表大会，通过理事会选举、社员推荐产生 31 名代表参会，理事会向社员大会总结全年工作，汇报下年度工作安排，并对年度盈利进行分红 2. 理事会由 1 名理事长和 4 名理事组成，负责组织日常管理与决策，每月召开一次会议 3. 监事会由 1 名监事长和 3 名监事组成，监事会监督理事会工作，每月召开 1～2 次会议 4. 理事会、监事会和日常管理人员每月每人补贴 500 元

（二）正规化的制度收益

正规化后的百信在运行机制上实现了如下转变：一是信贷设计调整。社员贷款额由不超过股金 6 倍改为 10 倍，单笔最大贷款额度提升至 10000 元。二是担保制度调整，将股金担保改为信用担保，并对社员信用进行评级。三是贷款利率调整，1 年期内借款利率略低于当地信用社，1 年期以上借贷利率略高于当地信用社。四是决策机制变化，成立三会治理机制，决策改为一人一票制。利信正规化后调整了贷款额度，将单笔最大贷款规模提升至 40000 元①。正规化给两家资金互助社带来了如下制度收益：

（1）壮大了互助社规模。正规化体现了国家意志对资金互助社的认可，给互助社打造了良好的品牌，增进了当地居民对互助社的信心，有利于利信资金互助社的营销与宣传，进一步促进组织发展壮大。见图 21-1 所示，2007 年 2 月 25 日，百信社员人数 32 人，社员股金余额②10.18 万元；3 月 9 日时，即百信获得金融牌照当日，社员人数和股金迅速增长到 84 人和 12.21 万元。截至 2012 年 3 月底，百信社员股金和人数增加到 16.53 万元与 138 人，较 2007 年 2 月分别增长了 0.62 倍与 3.31 倍。利信资金互助社也是如此，见图 21-2 所示，2010 年 9 月 30 日，利信社员人数 192 人。正规化 3 个月后，该社社员人数立即增长到 904 人，是第三季度末的 4.7 倍。此后，利信规模逐步扩大，截至 2012 年底，互助社社员人数已突破 2000 人。与此同时，社员股金也在同步增加。社员股金余额从 2010 年末的 586.66 万元增长到 2012 年末的 906.68 万元。

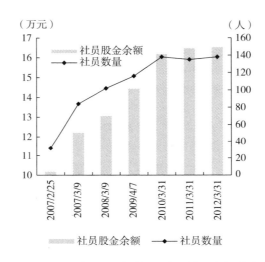

图 21-1　正规化后百信社员股金和社员数量的变化

（2）拓宽了互助社业务范围。首先能吸收社员存款，拓宽了互助社贷款资金来源。正规化前，互助社贷款资金仅来自社员股金，渠道较为单一。正规化后，作为金融机构，资金互助社可依法吸收社员存款。见图 21-3 所示，2007 年 3 月 9 日百信吸收了第一笔存款 1000 元，至此百信结束了仅依赖股金放贷的发展历程。截至 2011 年，存款已成为百信贷款资金的主要来源，如 2011 年和 2012 年存款占流动资金的比例都超过了 50%。在利信正规化不到一年的时间内，社员储蓄也成为贷款资金的主要来源（见图 21-4）。2011 年 6 月底，社员存款占流动资金的比例已逾 50%。2009 年末利信社员股金 518.71 万元，互

---

①　利信资金互助社是百信正规化后成立的，它的运行机制是从正规化后的百信中模仿而来的。因此，利信正规化时，在运行机制上并无较大的变动，从而也就节约了部分制度变迁成本。

②　社员股金余额既包括发起人出资，也包括一般社员的入社股金。

助社可贷资金仅为 518.71 万元①；2011 年末社员股金 506.22 万元。在社员股金相差不太大的情况下，由于存款的作用，互助社可贷资金达 1292.36 万元，是 2009 年水平的 2.5倍。因此，正规化允许资金互助社吸收社员存款，从制度上扩充了互助社的资金来源，助推了资金互助社的发展。

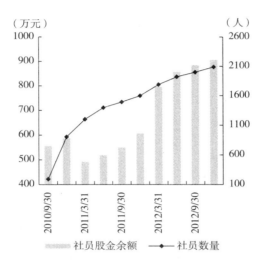

图 21 - 2　正规化后利信社员股金和社员数量的变化

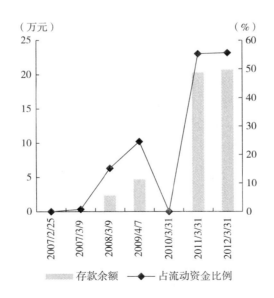

图 21 - 3　正规化后百信资金互助社存款的变化

注：流动资金指社员股金与存款之和。

---

① 这里忽略从互助社盈余中提取用作放贷的公积金。

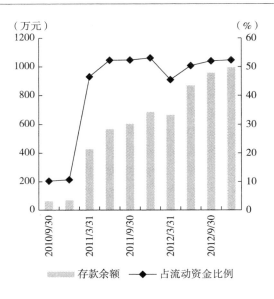

图 21－4　正规化后利信资金互助社存款的变化

　　其次能与金融机构合作，开展往来或代理业务。百信和利信正规化后，都获得了与金融机构合作所带来的收益。资金互助社未正规化前，很难获得银行的批发资金。正规化后，作为金融机构的一员，资金互助社享有向其他金融机构拆借资金的资格。2009 年底，百信从四平市新华城市信用社拆借资金 20 万元，月息 4.875‰。在拆借之前，百信可放贷资金仅 12.34 万元，按照单笔 1 万元计，百信最多也只能放贷 12 笔，即仅 12 户农民能享受到贷款服务。然而，经向银行拆借资金后，百信的贷款能力迅速增强，较之前增长了近 2.5 倍，更多的农户从中受益。正规化后的利信资金互助社也获得了与其他金融机构合作的资格。2011 年 6、7 月，东北地区刮大风，当地玉米大多被刮倒，粮食产量大幅减产。幸好当地大多农民都购买了安华农业保险。安华农业保险赔付金由农业银行代发，但是，小城子镇并无农业银行的网点。于是，县域农业银行主动找到利信，通过转账电话，将钱转到资金互助社的账户上，由合作社代为发放保险金。据统计，利信共帮助农业银行向 9786 户农户（小城子镇共 1.3 万户）发放保险金，发放金额达 106.95 万元。通过此事，当地老百姓都知道了利信资金互助社，懂得了资金互助社。这件事极大地促进了利信农村资金互助社的发展。见图 21－2 所示，2011 年下半年互助社社员人数逐步增加。

　　（3）享受到了国家政策扶持。按照财政部发布的《中央财政新型农村金融机构定向费用补贴资金管理暂行办法》，中央财政每年向上年贷款平均余额同比增长，且达到银监会监管指标要求的资金互助社，按其上年贷款平均余额的 2% 给予补贴。2009～2011 年百信达到了补贴标准，三年累计获得财政补贴 2.3 万元；利信由于贷款规模较大，2011 年和 2012 年的贷款分别获得了 20 万元和 17 万元的财政补贴。

　　（4）增强了社员信心。早在 2004 年，百信就开展了资金互助。然而，当时国家对农民开展资金互助还没有出台相应的政策。百信是冒着极大的风险在从事资金互助活动。

2005 年中央一号文件指出：有条件的地方，可以探索建立更加贴近农民和农村需要，由自然人或企业发起的小额信贷组织；2006 年中央一号文件再次强调引导农户发展资金互助组织。百信这才感受到了来自国家政策的支持。然而，由于没有获取金融许可证，依然面临着被取缔的风险。虽然利信是在百信取得金融许可证之后成立的，但是由于没有金融许可证，利信在业务开展中依然诚惶诚恐，就连互助社牌子也不敢公示在外。在调研中，两家资金互助社都向笔者反映：自从获得金融牌照后，互助社的员工工作更有信心了，认为得到了国家的认可。社员也对互助社放心了，再也不用担心互助社会被国家取缔。可以说，正规化即给利信员工与社员吃上了一颗定心丸，也起到了很好的激励作用。

（三）正规化的制度成本

（1）正规化改造成本。正规化前，百信和利信都是"炕头银行"，所谓的与业务有关的设施就是家里的炕头与桌子，更没有什么安全防护设施。正规化后，依照金融机构的要求，需要建立独立的办公场所，而且办公场所内的设施还需要达到一定要求。如安置与信用社一样的柜台，加装防弹玻璃，配备防盗门、防盗窗、报警器、点钞机、保险柜、电脑、宽带网线、打印机和电话等一系列设备。百信在正规化改造方面付出了高昂的成本，从租房到购置安全设施、消防设施以及现代办公设施，共花去了 7 万多元。值得注意的是，百信的注册资金也就 10.18 万元，正规化改造共花去了百信近 70% 的资金。利信在正规化改造上也花去了不少钱，总金额达 16 万元。好在利信规模大，注册资金 100 万元，正规化改造成本仅占 16%。另外，正规化改造还显化了人力成本。过去百信和利信无全职员工，几乎不用支付工资，仅有少量的务工补助。但是正规化后，按照银监局的要求，每天都需要工作人员值勤。于是用工成本也出现了大幅度的增加。2007 年，百信全年工资支出 1.92 万元；2010 年利信 4 名员工每人每月的 500 元补贴也上升到了每人每月 3000 元的工资。

（2）执行监管要求丧失的机会成本。一是限制社员股金的增加。2012 年，当地银监局向资金互助社提出了如下监管要求：至 2013 年，资金互助社需向银监局上报本年社员股金额增长上限，并由银监局审批。社员股金额增长上限一经审批确定，本年内社员股金增加额不能超过计划指标。笔者推断，银监局限制资金互助社股金的增加，有防止高息揽储的政策意味。因为社员股金年底可分红，如 2011 年利信股金分红率为 6.3%，远高于银行利率。然而，银监局的这种监管措施不符合资金互助社的实情，会约束资金互助社股金的增长，降低互助社潜在的资金规模。二是限制二次返利[1]。资金互助社也是一种合作社，按照合作社运行规则，合作社盈余主要按照成员与合作社的交易量（额）比例返还，即二次返利。2010 年底利信在支付社员存款利息的基础上[2]，提取一部分盈余按照社员存款量进行过一次二次返还，效果不错，深受社员欢迎。相比银行储蓄，社员能多获得一部分收益。然而，当地银监局却认为此举属于高吸揽储，禁止利信开展储蓄二次返利。从

---

① 百信还未实施过对存款的二次返利。
② 资金互助社正规化后，存款利息执行国家标准。

2011 年起，利信终止了对社员存款的二次返利，直接影响了潜在存款规模的增加。

（3）缴纳税收。正规化后的资金互助社每年得缴纳个人所得税、企业所得税、印花税、防洪基金和城镇土地使用税等。正规化的税收义务增加了互助社的负担。见表 21 - 3 所示，从正规化开始百信和利信都得缴纳税务。由于百信至正规化后尚未实施股金分红以及近几年来营业利润为负，因而免缴个人所得税与企业所得税。现以利信为例，分析资金互助社缴纳的税务情况：首先是个人所得税，个人所得税按分红的 20% 缴纳。利信资金互助社的分红分为股东（发起人）分红与社员分红。股东分红按照盈余部分确定分配金额；社员分红按照股金金额、天数以及一定比例确定分红，2010 年、2011 年与 2012 年股金分红比例分别为 6.3%、6.3% 和 2.52%。股金分红比例由互助社根据本年利润与股金规模自行制定。理论上讲，个人所得税应由社员个人缴纳。由于利信是规模纳税主体，分别向各社员纳税成本过高，实际中这部分税务均由利信承担。见表 21 - 3 所示，2010 ~ 2012 年，利信分别缴纳了 19665.15 元、62650.25 元和 40939.93 元个人所得税。企业所得税按照营业利润的 25% 征缴。2010 ~ 2012 年，利信资金互助社每年均有逾 10 万元的营业利润（见表 21 - 5）。然而，缴纳的营业税也不少。三年来分别缴纳 25764.82 元、29906.97 元和 29761.73 元。

表 21 - 3　百信与利信正规化后缴纳的税务　　　　　　　　　　单位：元

年份	百信	利信			
		个人所得税	企业所得税	其他税种	合计
2007	791.23	0	0	0	0
2008	3107.31	0	0	0	0
2009	3034.32	0	0	0	0
2010	1541.05	19665.15	25764.82	—	—
2011	3088.15	62650.25	29906.97	790.98	93348.19
2012	2931.62	40939.93	29761.73	13344.54	84046.20

注：2012 年利信补交了以前未缴全的税务。

四、案例分析二：正规化效果与理论阐释

（一）两家资金互助社正规化效果分析

1. 百信正规化效果分析

正规化对百信而言是一次效益递减的制度变迁。见表 21 - 4 所示，2004 ~ 2006 年，百信在财务上都可实现盈余。正规化第一年即 2007 年，由于经营成本高涨，直接导致本年利润大幅度缩水。2008 年，百信营业利润虽开始好转。但是，2007 年与 2008 年的盈利都是建立在管理人员无偿付出的基础之上。至 2009 年，百信首次出现了大幅度的亏损，

截至 2012 年底, 连续四年亏损。此外, 由于经营绩效不善, 百信迟迟未实施股金分红, 从而导致许多潜在社员流失。

表 21 – 4　百信农村资金互助社经营绩效　　　　　　单位: 元

年份	经营成本	利息支出	利息收入	分红	利润
2004	—	—	—	0	365.36
2005	—	—	—	0	1249.1
2006	—	—	—	0	4289.4
2007	12262.97	8216.6	21803.35	0	532.55
2008	19869.76	12598.48	38293.85	0	2718.3
2009	37480.60	25775.17	48539.79	0	– 17750.3
2010	82954.08	31682.21	60693.40	0	– 55483.94
2011	61050.94	20762.13	56758.38	0	– 28142.84
2012	64099.57	22809.06	58921.81	0	– 30918.44

百信效益递减的根本原因在于制度变迁产生的制度成本过大, 制度收益无法弥补成本。从财务数据来看, 正规化推高了互助社的经营成本。2009 年互助社的利息收入 (利息收入为互助社的收入来源) 48539.79 元, 然而当年的经营成本就达到了 37480.60 元。2010 年经营成本迅速增长到 82954.08 元, 可是当年利息收入仅 60693.40, 利息收入不足以弥补经营成本, 更不用说弥补利息支出。2011 年与 2012 年更是如此。相比忽高的经营成本而言, 财政补贴仅是杯水车薪。

2. 利信正规后效果分析

不过, 利信农村资金互助社的正规化却是有效果的。见图 21 – 1、表 21 – 2、表 21 – 5 所示, 互助社社员人数、股金规模、存款数量都随正规化大幅度上升。2011 年和 2012 年共发生千余笔社员贷款, 贷款规模也从 2010 年的 620.57 万元上升到 2012 年的 2030.02 万元, 三年来无一笔不良贷款, 贷款回收率为 100%。互助社总资产也在快速增加, 几乎每年增长一倍, 如从 2010 年的 668.54 万元分别增长到 2011 年的 1377.60 万元和 2012 年的 2013.64 万元。此外, 互助社每年都有超过 10 万元的营业利润。

表 21 – 5　2010 ~ 2012 年利信农村资金互助社经营绩效　　单位: 万元、笔

年份	年末存款余额	年内贷款笔数	年内贷款发生额	年末总资产	营业利润
2010	70.36	632	620.57	668.54	10.31
2011	686.14	1048	1398.53	1377.60	11.96
2012	995.26	1173	2030.02	2013.64	11.90

利信的积极效果在于制度变迁产生的制度收益远大于制度成本。例如, 2012 年和

2013 年利信分别获得财政补贴 20 万元与 17 万元，财政补贴正好能弥补 2011 年与 2012 年互助社缴纳的税款 9.33 万元与 8.40 万元，以及正规化改造花去 16 万元成本，而且还有盈余。从长远来看，财政补贴不仅能弥补互助社的改造成本与税收负担，而且还能形成一笔可观的收益。另外，2010 ~ 2012 年互助社年内贷款发生额均高于年末存款余额，在存贷利差作用下，互助社形成了较高的营业收入。至于损失的机会成本，由于不记录在会计账目上，不会影响到互助社的财务盈亏情况。

（二）两家资金互助社正规化效果差别的理论阐述

正规化后的百信资金互助社效益下降，然而后起的利信却在正规化中带来了效益的快速提升。两者的差别在于，正规化后产生的制度收益与制度成本对不同规模①的资金互助社造成的影响是不同的。首先是制度收益方面，制度收益与资金互助社所在地的区域规模密切相关。百信所辖区域仅在一个行政村内，而利信所辖整个乡镇，相比之下利信的潜在社员规模比百信要大得多，潜在资金来源与日常业务也比百信要广、要多。在同为正规金融机构的背景下，即在资产质量相似的情况下，规模大的互助社表现为更大的收益（温铁军、刘海英、姜柏林，2010）。其次是制度成本方面，百信的市场区域比利信要小，但是面对的成本却不小，二者高度不对称。正如上文所述，百信在正规化改造中花去了 7 万多元，占其注册资本的 70%，仅剩下 3 万多元可用于资金互助；利信虽然在正规化改造中花去了 16 万元，但是其注册资本庞大，此项成本仅占 16%。相比之下，百信因改造造成的损失要比利信大得多。可以说，正规化改造致使资金不足的百信雪上加霜。另外，按照正规金融机构的办公要求，互助社的办公成本也上升了不少。2012 年百信和利信的经营成本分别达到 6.4 万元和 168.35 万元。然而，同年百信的利息收入却只有 5.9 万元，即经营成本比利息收入还要多；利信的经营成本虽比百信高得多，但是其资金规模、借贷规模以及利息收入都比百信要高，经营成本占营业收入的 82.6%。在纳税方面，2012 年百信的税款占其利息收入的 5.0%，同年利信的税款占其营业收入的 3.9%，即百信的税务负担比利信的要重，其原因也是利信的规模比百信大，平均而言税务负担就少了许多。综上所述，互助社的规模越大，形成的高制度收益可以覆盖正规化后新增的成本；而小规模的互助社，由于其收益规模也较小，导致收益不能弥补新增成本，从而呈现正规化的低效率。

用图形解释如下：见图 21 - 5 所示，C、R 分别代表资金互助社正规化的制度成本与制度收益。资金互助社在进行正规化改造时，无论互助社的规模如何，装修、购置设备等都得花去高昂的成本，然而这种成本却与互助社的规模不成比例，即属于固定成本。因此，曲线 C 与纵轴相交。假设曲线 C 是上突的，即互助社规模的增加会弱化制度成本的增加。图 21 - 5 中，曲线 C 与曲线 R 相交于 E 点，即正规化新增制度收益与制度成本的均衡点。百信由于规模较小，处于均衡点的左侧，即正规化形成的制度收益不足以弥补制度成本，出现了制度变迁后效益降低的现象；利信规模较大，处于均衡点的右侧，正规化

①　规模指资金互助社的资金大小、区域大小等。

产生的制度收益远大于制度成本，表现为高效益的制度变迁。

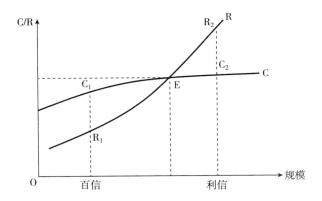

图 21 - 5 农村资金互助社规模与正规化的收益、成本

五、主要结论与政策含义

（一）主要结论

本节通过对百信资金互助社与利信资金互助社正规化的比较分析，并对两者不同的正规化的效果进行了理论剖析，得出如下结论：

一是正规化给资金互助社带来诸多制度性收益，促进了互助社的发展。从百信和利信的实践来看，这种收益主要来源于正规化使得互助社的合法化显现，为互助社赢得了市场的信任，获得了品牌效应。实际上，资金互助社的合法化比正规化更加迫切（肖本华，2008），在《合作金融法》尚未出台的背景下，正规化充当着合法化的角色。其次是能够享受到非正规资金互助社无法获得的政策支持，如吸收社员存款与财政补贴。单就允许互助社吸收社员存款而言，就从制度上扩充了互助社的资金来源，给互助社的发展起到了较好的助推作用。

二是正规化也给资金互助社产生了高昂的制度成本，妨碍了互助社的发展。正规化增加了互助社的改造成本，严格遵守监管条例也使互助社丧失了许多潜在收益。尤其是规模较小的资金互助社，正规化产生的制度收益难以覆盖制度成本，容易导致互助社出现低效益的制度变迁。百信效益下降的正规化现象就是典型的例证。利信虽然正规化效果不错，但是因正规化使得经营成本也占到了收入的82.6%。

三是现有监管要求不符合资金互助社的本性。资金互助社本是草根金融组织，服务对象大多是正规金融机构排斥的群体。然而，当前国家对资金互助社的监管方式却较少考虑到其草根特性，而是用商业银行的标准要求互助社。这是造成互助社正规化后高制度成本显现的根源。

（二）政策含义

第一，在资金互助社的准入问题上，不应该采取暂缓审批的态度，而是进一步扩大资金互助社正规化范围。从百信资金互助社与利信资金互助社正规化的制度收益来看，正规化的确有利于资金互助社服务"三农"，这一点在利信资金互助社里表现得尤为突出。例如，正规化后的利信增强了贷款服务能力，及时地解决了农民生活生产资金需要。从这些制度收益中我们不难看出资金互助社在服务农户，弥补传统金融机构不足上确实起到了不小的作用。不过值得注意的是，百信资金互助社正规化后的低效益是源于正规化过高的制度成本，这是因为资金互助社是草根金融，而不是商业金融。监管部门若以商业银行的标准来要求互助社，必然会给互助社带来高昂的制度成本。在实际监管中，应该使资金互助社恢复草根性，降低经营成本，减免税收，进一步增强财政补贴力度。第二，资金互助社是农民合作社的一种形式，在监管上应以合作社为落脚点。允许互助社开展符合合作社性质的业务，如盈余的二次返还等，充分体现出社员利益为中心的合作社目标。

参考文献

［1］布罗姆利．经济利益与经济制度［M］.上海：上海三联书店，1996.

［2］凡勃伦．有闲阶级论［M］.北京：商务印书馆，1981.

［3］韩俊，罗丹，程郁．农村金融现状调查［J］.农村金融研究，2007（9）.

［4］何广文．农村资金互助合作机制及其绩效阐释［J］.金融理论与实践，2007（4）.

［5］洪正．新型农村金融机构改革可行吗？——基于监督效率视角的分析［J］.经济研究，2011（2）.

［6］姜柏林．社区信用合作组织纳入金融机构［J］.银行家，2007（1）.

［7］姜柏林．为什么要发展农村资金互助社？［J］.银行家，2009（12）.

［8］康芒斯．制度经济学（上卷）［J］.商务印书馆，1962.

［9］康蓉英．关于中国农村资金互助社运作的研究［J］.理论导刊，2008（12）.

［10］林毅夫．关于制度变迁的经济学理论：诱致性变迁与强制性变迁［A］//科斯，阿尔钦，诺斯．财产与权利制度变迁［M］.上海：上海三联书店，1994.

［11］乔乐．我国农村民间金融正规化的两难困境与出路［J］.安徽农业科学，2007（20）.

［12］孙莉．发展民营金融机构与中小企业融资——日本经验与借鉴［J］.乡镇企业研究，2003（4）.

［13］汪丁丁．从"交易费用"到博弈均衡［J］.经济研究，1995（9）.

［14］温铁军，姜柏林．把合作金融还给农民［J］.农村金融研究，2007（1）.

［15］夏英，宋彦峰，濮梦琪．以农民专业合作社为基础的资金互助制度分析［J］.农业经济问题，2010（4）.

［16］肖本华. 论我国农村非正规金融的合法化与正规化问题——基于诺思的制度起源理论［J］. 经济体制改革，2008（4）.

［17］谢勇模. 农村资金互助社为什么要申请金融许可证［J］. 中国金融，2010（10）.

［18］俞建拖，刘民权，徐忠. 互助会与农村居民消费研究：一个实证分析［J］. 中国金融，2005（1）.

［19］张广利，陈丰. 制度成本的研究缘起、内涵及其影响因素［J］. 浙江大学学报（人文社会科学版），2009（9）.

［20］周立. 农村金融市场四大问题及其演化逻辑［J］. 财贸经济，2007（2）.

［21］周立. 农村金融新政与金融排异［J］. 银行家，2008（5）.

［22］Besley，T.，Levenson，A. R. The Role of Informal Finance in Household Capital Accumulation：Evidence From Taiwan［J］. Economics Journal，1996（106）.

［23］Biggart，N. W. Banking on Each Other：The Situational Logic of Rotating Savings and Credit Association［J］. Discussing Paper，2000（2）.

［24］Coase，Ronald H. The Nature of the Firm［J］. Economica，1937（4）.

［25］North，Douglass C. Institutional，Institutional Change and Economic Performance［M］. Cambridge：Cambridge University Press，1990.

［26］Straub S. Informal Sector：The Credit Market Channel［J］. Journal of Development Economics，2005，78（2）.

［27］Tsai，K. Back – Alley Banking：Private Entrepreneursin China［M］. New York：Cornell University Press ，2002.

［28］Tsai，K. Banquet Banking：Gender and Rotating Savings and Credit Associations in South China［J］. China Quarterly，2000（161）.

第二节　农民资金互助社运行机制及其绩效

——江苏省盐城市步凤镇农民资金互助社案例分析[①]

一、引言

联保小组和信用互助社（Credit Cooperatives）是改善小规模农户信贷可得性的潜在渠道（Huppi and Feder，1989）。鼓励和支持农村各种新型合作金融组织发展是中国农村金融改革的一个重要方向。农民资金互助社作为中国农村合作金融组织的一种形式，是农民

---

① 执笔人：毛飞、孔祥智、平时利。

自发发起的，以一定区域内农户为主体并为社员提供资金融通服务，在性质上属于农民合作经济组织，在业务运营上带有金融性特征的互助性农民合作经济组织。2007 年以来，农民资金互助社在一些地区发展迅猛。江苏省盐城市尤为典型。截至 2010 年 4 月，江苏省盐城市农民资金互助社已发展到 125 家，遍布 2/3 的乡镇，共吸收 11.43 万农户入社，吸纳互助资金规模已达 11.66 亿元，投放资金余额 9.49 亿元，累计投放资金 31 亿元。合作金融组织的产生与发展需要具备一定的外部条件；社员之间长期保持互动关系，合作金融组织自我选择机制和社会惩罚机制使合作金融组织比银行更具优势（Banerjee 等，1994；Smith and Stutzer，1990）；此外，合作金融组织因其独特组织形式和治理结构，具有特有机制控制风险和成本（Smith and Stutzer，1990；Stiglitz，1990；Banerjee et al，1994）等。为深入剖析农村资金互助社运行机制及其绩效阐释，本节以江苏省盐城市亭湖区步凤镇农民资金互助社为例，对互助社内部机构设置及其功能定位，资金筹措、资金借贷、风险控制等方面制度安排及其绩效进行了深入分析，以期把握农民资金互助社产生和发展内在规律，为政府制定有关促进农民资金互助社发展的政策提供参考。

二、案例互助社基本情况及调研方法

步凤镇农民资金互助社，由步凤镇农民经纪人、专业大户 15 人牵头，自筹资金 80 万元于 2007 年 7 月经亭湖区委农办审核批准，在民政部门按照民办非企业法人进行注册登记而成立。截至 2010 年 7 月，互助社拥有注册资金 200 万元，固定资产原值 10.7 万元。互助社股金设置未区分投资股、资格股、流动股和国家社会公共股。互助社服务范围为步凤镇 21 个村。互助社主要从事互助资金吸纳与投放，坚持社员内互助，即资金互助仅限在互助社社员之间，不在社员之外开展资金互助业务；坚持区域限制，资金互助在本镇范围内开展，决不跨区进行；坚持为农投资，所有资金严格投放在农业、农村和农民生产、生活方面，不向工业企业、建筑房地产企业投放资金。互助社自成立以来发展迅速（互助社成立以来各年份社员数、吸纳和投放互助金额度见表 21 - 6 所示）。截至 2010 年 4 月互助社社员总数为 3100 余人，累计吸纳互助金 4000 多万元，累计投放互助金 3700 万元，互助金主要投向农民经纪人、种养大户、返乡农民创业的，用于发展生产和农产品收购的

表 21 - 6 资金互助社社员和互助金变化分析

年份	社员总数	累计吸纳互助金 （万元）	累计投放互助金 （万元）
截至 2007 年 9 月	200	698	625
截至 2008 年 7 月	1400	1000	900
截至 2009 年 7 月	2500	2800	2100
截至 2010 年 4 月	3100	4000	3700

资料来源：步凤镇农民资金互助社。

（具体投向见表21-7）。两年来，互助社对一大批农民经纪人和500多个种植、养殖大户进行了扶持，向全镇2000多个农户提供了资金帮助，累计帮助农户增加多种经营产值达2亿多元。因此，笔者选取步凤镇农民资金互助社作为样本互助社。

调查采取半结构式访谈法。笔者对互助社领导人及各部门负责人、政府相关管理部门负责人、20位重点农户进行了半结构式访谈。重点了解案例互助社资金筹措方式、资金借贷方式、风险控制方式、内部机构设置及其功能定位、业务开展的绩效及缓解当地农户信贷约束的方式及效果。

表21-7 资金互助社社员和互助金投向分析表

互助金投向	累计投放额度（万元）	占总累计投放额度的百分比（%）
农民经纪人、种养大户、返乡农民创业的、用于发展生产和农产品收购的	2900	78.4
农民办商店、开门市等自主创业	455	12.3
农民砌房、看病等生活困难	345	9.3
总计	3700	100

资料来源：步凤镇农民资金互助社。

三、案例互助社运行机制及绩效分析

（一）内部机构设置及其功能定位

步凤镇资金互助社按照农民专业合作社模式构建管理体制。社员代表大会为互助社最高权力机构，主要职责是：选取理事会、监事会成员，听取理事会、监事会述职报告，表决通过互助社下一阶段业务开展方式、风险控制方式、股权变动等重大事宜。社员代表按照社员数量及入股比例从农民社员中由全体社员选举产生，互助社每年召开一次或一次以上社员代表大会。理事会是本社的执行机构。理事会设理事长1名，为本社法定代表人。互助社每月召开一次或一次以上理事会。监事会是本社监督机构，监事会设监事长1名，互助社每季召开一次或一次以上监事会。互助社除理事会和监事会外，还设有经理、财务部门和认证部门。经理是理事会下设机构，而财务部门和认证部门为经理下设机构。经理全面负责互助社的经营管理工作，包括主持互助社的日常经营管理、组织实施理事会的决议；拟定互助社的内部管理制度和年度经营计划；提出拟聘用（解聘）财务、互助金投放等工作人员意见，以及吸纳、投放互助金的规模，吸纳大额基础股金、投放大额资金的计划，在征得理事会、监事会同意后实施。

（二）资金筹措制度安排及绩效

互助社资金均来自于社员农户。社员在入社时须缴纳一定数额的互助资金（最低500元）。此外，社员可将暂时闲置自有资金提供给互助社用于开展互助活动。社员向互助社

提供的互助资金数额不受限制，期限一般为一年以上，如本人要求可随时退还；互助社根据自身财务状况，对期限满一年的或者提前退付的互助资金，按不低于银行同期存款利率的标准向社员结付资金使用费。社员存入互助金利率同人民银行一年期利率，为2.25%。投放互助金利率低于农村信用社一年期利率一个百分点，为8.3%。为扩大互助社资金规模，提高互助资金存入的稳定性。互助社采取以下奖励和分红措施吸引当地农户和农村小企业入社，并鼓励社员增加对互助社的长期资金投入。

1. 入社奖励制度

对主动入社的社员给予现金奖励，其标准是该社员存入互助社互助金总额的1%，但互助金存入期限必须是一年或一年以上，否则不予奖励。奖励资金的来源：在互助社理事会成员的每月考核工资中提取。

2. 分红制度

案例互助社会按照一年经营状况，向社员进行初次分红和二次分红。互助社分红制度如下：①凡加入互助社的社员都享有初次分红和二次分红的权利；②凡存入互助社的定期互助金，互助社除按同期、同档利率对其进行结算外，还对期限达到6个月的社员定期互助金，提取该社员存入金额1%的资金作为初次分红的红利（社员须凭本人身份证、互助金凭证来领取）；③社员存入的互助金不论数额大小，期限在一年以上的，可享受二次分红；④互助社每年年终在理事会、监事会、社员代表审核当年盈利状况，提取公积金、一般准备金后，从盈利中提取盈利总额25%的资金对社员进行二次分红；⑤社员存入的定期互助金，如果提前支取，则如数归还0.5%的初次分红，且不能享受二次分红。

入社奖励额度和分红额度是根据社员存入的互助金额度来确定的，这就有利于社员增加对互助社的资金投入。同时，入社奖励和分红制度对互助金存入期限的限制则在一定程度上缓解了社员资金自由赎回对互助社经营稳定性的威胁。

（三）资金借贷制度安排及绩效

互助社一般指向社员提供5万元以下小额贷款，极个别情况下，经过理事会、监事会会审，可向社员投放最高10万元的贷款。贷款期限一般不超过一年。互助社一般向社员发放担保贷款。互助社在发放贷款时要求借款人配偶必须到场签订承诺书，实行借款人、担保人偿还责任连带追究制和认证人清收责任终身制；互助社对借用互助资金的社员，按不超过银行一年期贷款利率的标准收取资金使用费。互助社具体资金借贷制度安排如下：

1. 申请借贷时间

互助社规定，社员因生产、生活需要资金时，即可向互助社申请借用互助资金。正规农村金融机构贷款品种及其期限往往很难适应农业生产特点和生产周期，例如，农信社贷款投放集中在生产前的3～4月（针对种植生产），其他的时间农户很难得到贷款。而农村资金互助社天然地与农村相结合，其成立初衷就是从农民的实际出发，组织农民自己融资，将很多的条条框框化为简单的符合农村特点的方式，这样它就很契合农民的需求，与农村生产周期匹配。步凤镇养殖户、种植户、农民经纪人很多，通常他们的贷款时间并不固定，这样在农信社贷款高峰过后想要获得贷款很困难。而根据互助社规定，只要符合互助社借贷条件，社员户可随时从互助社获取信贷资金。如 2007 年，步凤镇仁智村养鸡专业户李万香扩大养殖规模，急需 5 万元资金，由于错过农信社贷款高峰无处可借，后来，他向互助社提出信贷申请，互助社按照有关手续立即办理，第二天就向其贷放 5 万元互助金。

2. 贷款条件的认定

互助社规定，5000 元以下的贷款，由 1 名互助社社员担保，贷款社员在递交贷款申请的第二天便可获得；超过 5000 元的贷款，由公务员、教师或农民经纪人和社员担保或者小组联保也可以放贷。与正规金融机构相比，宽松的贷款条件使得农户更易于从资金互助社获取资金。如在邮政储蓄银行，农户要想贷款，必须有一个具有固定工资收入的人提供抵押担保，才可以贷款，而具有固定工资收入的人在农村地区很少。农业银行目前为了响应国家支持"三农"的号召，推出了惠农卡和农户小额信贷，惠农卡贷款的条件是贷款人须在发卡行所在地有固定住所、具有稳定收入，小额贷款条件为贷款人须有固定住所，从事农、林、牧、渔等农业生产经营或工业、商业、建筑业、运输业、服务业等非农业生产经营活动。这些条件也将很多农户排斥在外。即使现在农信社也推出了联保贷款，通过信用的方式来作为抵押担保替代机制，但是由于其他的金融具有相排斥作用，农户很难从信用社获得贷款，即使获得贷款，也要等待相当长的审批时间。不同金融机构贷款条件分析见表 21 - 8 所示。

表 21 - 8　不同金融机构贷款条件分析

金融机构	贷款条件
农信社	信用评定后根据信用额度贷款，生产性贷款，除信用和联保贷款外的需要抵押担保
邮储银行	需要具有固定工资收入的人提供抵押担保
农业银行	有固定住所，从事农、林、牧、渔等农业生产经营或工业、商业、建筑业、运输业、服务业等非农业生产经营活动
资金互助社	成为社员后，由公务员、教师或农民经纪人和社员担保或者小组联保

3. 借贷互助金程序和手续

互助社规定，借款人必须是本区域内本社成员，借款时必须携带入社凭证（互助金存单），证明其社员身份，否则不予投放。借贷互助金时按下列程序办理：①提出借款申请。借款人必须到互助社提出借款申请，由互助社专人登记。②互助社派认证员调查论证。认证员对申请人家庭住址、经济状况、资金用途及其他有关事项进行论证。③认证员签署意见。认证员根据认证结果签署是否可以放贷的意见。④填写互助资金借据和订立借款合同、办理担保或抵押手续。无论借款数额大小，借款人、担保人双方夫妇必须携带身份证、结婚证、房产证或房屋建筑许可证，个人收入证明等相关证件到互助社办理借款手续和担保或抵押手续。⑤互助社法定代表人签字批准。签署意见经互助社认证员按程序论证签写同意意见，借款人填写互助资金借据和订立借款合同、办理担保或抵押手续后，由互助社法定代表人签字批准，方可对其投放。

简单的贷款程序和手续提高了农户信贷获取。中国农村社会组织化程度落后于整个社会的发展进程，农户高度分散而且相对封闭，信息化水平也较低。农户自然希望办理贷款时手续能够简便、灵活，但正规金融机构在发放贷款时，相关手续却非常繁琐，某些条款甚至超出了大多数农户的认识和理解能力。调查中笔者发现，农户在遭遇外来风险的情况下，大部分资金借贷通常是在农村内部解决，不懂正规贷款的申请程序是农户选择农村内部解决的原因之一。在步凤镇被访谈的20户农户中，有70%的农户表示不能很好地理解正规金融机构的贷款程序，90%的农户表示知道资金互助社、了解资金互助社的贷款情况，认为互助社社员在生产、生活中需要资金帮助时，只需通过简便程序，便可以借取互助资金。

4. 抵押和担保

互助社规定：①借款数额在5000元以下的，必须由1名互助社社员担保，经认证员按程序论证后，借款人夫妇带身份证到互助社办理相关借款手续。同时，担保人夫妇必须持本人身份证到场签订担保合同。②借款数额在5000~20000元的，必须由1名公务员、教师或农民经纪人和1名社员担保，有关借款手续同上。③借款数额在20000元以上的，必须由2名公务员、教师或农民经纪人和1名社员担保，有关借款手续同上。④对急需资金帮助的农民实行"农户联保"的投放方式，办法如下：一是农户必须先到互助社提出借款申请，并提供联户担保的户主姓名，由互助社工作人员登门论证后就地办理借款手续。二是"农户联保"必须在同村（居）同组进行，借款户和担保户必须是本组村民，否则不予办理。三是借款数额在10000元以内的，必须由两户具有担保能力的农户联合担保；借款数额在2万~5万元的，必须由3户具有担保能力的农户联合担保。四是一般情况下"农户联保"不得超过5万元，如因养殖、收购、经营等项目需要大额借款时由借款户提出申请，经互助社理事会研究后，根据具体情况做出投放决定。五是无论借款数额大小，一律由互助社工作人员登门服务，按互助社资金投放的有关程序办理相关手续。

依靠借款人和担保人之间紧密的亲缘、地缘关系，互助社有效降低了与社员户之间的信贷信息不对称问题。担保人或担保小组通过对借款人执行合同的强制和监督，有利于减少互助社工作量，外化互助社信贷成本，增强借款人自身能力，提高互助社贷款履约率。

（四）风险控制制度安排及其绩效

1. 建立备付金制度

为应对特殊情况下资金兑付需求，农民资金互助社必须预留足额的备付金。案例互助社每年会根据运营情况按入社资金总额的8%~10%计提备付金。与商业银行一般计提2%的备付金比例相比，案例互助社相对较高备付金提取比例，虽与农业贷款的高风险性相适应，但较高备付金提取比例使互助社现金占款过高，不利于业务规模扩大。

2. 严格资金投放

案例互助社规定：①资金投放要坚持借款申请、调查论证、集体研究、签订合同等手续程序。②要强化认证人的责任，认证人要对借款单位（人）和担保单位（人）资格情况进行综合调查，分析投放资金的风险程度和担保单位（人）的担保能力，为投放决策提供可靠资料。③对大额资金投放。一是要建立大额投放台账；二是明确责任人，认证人对借款单位（人）和担保单位（人）进行事前调查论证，对能投放的单位（人）、签署论证意见后，交理事会讨论；三是杜绝投放"人情"资金。互助社在贷款中强调遵循既有程序，对大额资金借贷强调集体表决，避免了"熟人社会"可能带来的"人情"资金投放。

3. 强化业务监督

互助社规定：①印鉴与支票管理。印鉴由主办会计保管，每日晚或节假日由印鉴保管人封存后交存保险柜。作废的票据或支票应连同存根一起订入单据，交准办会计查验。②账目核对。当天业务当日晚进行盘点，发现问题及时处理，总账和明细账每 10 日核对一次。③现金盘存。互助社社长、主办会计每个季度对出纳员进行一次突击性盘点。互助社在金融监管部门业务指导下建立的这一套专业财务监管制度有效降低了操作风险发生的概率。

4. 明确岗位责任

（1）资金吸纳人员的岗位考核。一是资金吸纳人员除按内部管理细则执行外，必须确保账目、现金及各项票据无差错；二是如当月柜面现金无差错，柜面工作人员每人奖现金 100 元；三是如柜面现金出现差错，除取消当月奖金外，出纳员承担 60% 的赔偿责任，复核员承担 40% 的赔偿责任。

（2）资金投放人员的岗位职责。一是资金投放人员必须按互助社资金投放的规定严格操作，做到论证准确、手续完善、安全投放；二是如当月应收款如数收回，资金投放人员每人奖励 100 元。收回的借款如有逾期但未逾月的，奖金如数发放；三是如有逾期借款当月收不回，除扣发有关责任人当月奖金外，并滞发当月工资 100 元，待逾期借款收回后，可补发当月工资，但不予补发奖金。

此外，案例互助社不断加大对办公场所、办公设施和资金安全防范。一方面不断加大防火防盗、防抢防袭、实时监控等硬件方面的投入；另一方面通过日常例会和开办讲座的方式不断提高员工安全防范意识。

四、资金互助社在运行中存在的问题

通过对江苏省盐城市亭湖区步凤镇农民资金互助社的案例分析，我们发现，目前在农村广泛存在资金互助社，尽管发展势头迅猛，但存在着很多自身难以解决的问题。

（一）法律地位不明确

2007 年初，银监会出台《农村资金互助社管理暂行规定》，其中第十五条规定：经批准设立的农村资金互助社，由银行业监督管理机构颁发金融许可证，并按工商行政管理部门规定办理注册登记，领取营业执照。然而国家银监会关于开展农村合作金融试点的范围尚未扩大到江苏，步凤镇农民资金互助社其业务主管单位为县（市、区）农办；注册登记部门为县（市、区）民政局，并按民办非企业单位（法人）类别进行注册登记。其法律地位并不明确。它不同于经银监会审批的农村资金互助社，农民资金互助社没有金融业务经营许可证。首先，没有金融许可证，无法享受到国家的扶持政策。比如获得央行支农再贷款流动性融资支持，财政部对新型农村金融机构的按贷款余额的2%补贴，向银行机构融入资金等。其次，资金互助社的金融活动不受法律保护，《农村资金互助社管理暂行规定》中规定了农村资金互助社可以办理社员存款、贷款和买卖政府债券等业务，没有金融许可证，很多业务都无法开展。最后，没有金融许可证动摇会员对互助组织的信任感与稳定感，随时可能面临资金抽回的风险，动摇资金互助社存在的基础。

（二）金融创新不足制约互助社业务发展

1. 金融产品单一

小额信贷的成功既需要项目的可持续性，又需要项目有一定的覆盖率。案例互助社金融产品比较单一，其应该根据农户信贷需求渠道和特点开发更多的金融产品，如教育贷款、电话电脑租赁贷款等。多样的金融产品不仅能够提高互助社信贷覆盖率，扩展业务范围；而且有利于互助社减少金融风险。

2. 利率水平和还款条件缺乏灵活性

为了更好地迎合客户需求，提高互助社吸引力，互助社可根据客户借贷资金用途和自身成本设置多个合理利率。比如对于以创收为目的的贷款可实行较高利率，而对于学生贷款以及困难社员生活贷款可实行较低利率，并可对不同用途贷款设置不同的还款条件。

（三）风险控制机制不完善加大了互助社经营风险

1. 流动性风险控制措施太少

相对于正规金融机构，资金互助社的流动性风险控制措施太少，只专注于控制贷款规模和结构，无法像正规金融机构那样通过同业拆借、再融资和中央银行借款来缓解流动性约束。流动性风险控制措施少，使资金互助社不能充分利用资金。

2. 贷款回收工作缺乏保障

①步凤镇农民资金互助社缺乏信贷激励制度（如根据社员还款情况逐渐扩大该社员信贷规模等），并且缺乏逾期还款处罚制度和措施；②现在步凤镇资金互助社仅在资金融通领域进行合作，没有将资金互助与社员农资采购、农产品销售、技术培训等活动有机结合起来，所以无法做到像成熟的农民合作组织那样来控制放贷风险。有些成熟的农民合作组织是将金融服务贯穿于社员日常经营活动的整个过程之中的，最简单的控制放贷风险方法是由农民合作组织集中销售社员生产的农副产品，并组织销售活动的回款工作，用集中销售和集中结算控制农民合作组织融通资金风险。

3. 操作风险隐患明显

①案例中互助社社员未充分运用自己的权利对互助社实施民主管理和监督，对互助社领导层经营行为缺乏有效监督；②案例中互助社的理事长、经理等管理人员，以及监事和

工作人员都是来自社员内部，绝大部分人金融基础知识水平不高，缺乏足够的专业知识，对相关业务不太熟悉，易在业务开展中出现失误。

（四）金融文化构建滞后不利于互助社永续发展

虽然目前社员对于资金互助社在其生产过程中所起到的积极作用都给予了肯定，但大多数社员更多的是把互助社作为一个平台，用贷到的款进行生产和经营，但在达到一定的经济规模后，他们很有可能会把资金另投到规模更为庞大的，实力更为雄厚的农业银行或者农村信用社，而不再选择和农村资金互助社进行业务往来，毕竟农村信用社和农业银行对于他们来说是以国家信用为保障的，这样互助社就失去了原有社员，造成资源损失。步凤镇农民资金互助社成立至今，累计300余名社员退出，其中大多数加入互助社只为临时借款，将借款偿还以后，即退出互助社。所以资金互助社现在还没有在农村形成一种互助、合作理念的金融文化，还需进一步提高社区的人心凝聚力。

五、结论与建议

分析结果表明，农民资金互助社社员代表大会在选举中体现了平等原则，但社员在互助社日常治理中缺乏对领导层的有效监管；互助社采取入社奖励和分红制度吸引当地农户和农村小企业入社，并鼓励社员增加对互助社的长期资金投入；互助社借贷的时间灵活性、借贷手续和程序便捷性、借贷条件宽松性、抵押担保社区性有力缓解了社员信贷约束；互助社通过建立备付金制度，严格资金投放，强化业务监督，明确岗位责任等方式控制信贷风险。此外，互助社在运作中还存在法律地位不明确、金融创新不足、风险控制措施不完善、金融文化构建滞后等问题。本节对策建议如下：①明确农民资金互助社法律地位并给予税收优惠和资金支持。②引导互助社开展金融创新。一是制定和实施更加灵活小额贷款利率政策，二是有条件允许农民资金互助社吸收存款，三是引导农民资金互助社创新产品和为民服务等。③加强对农民资金互助社业务指导和监管。④帮助农民资金互助社构建金融文化。

参考文献

［1］Huppi，M. And Feder，G. The Role of Groups and Credit Cooperatives in Rural Lending ［J］. World Bank Economic Review，1990（4）.

［2］Abhijit V. Banerjee，Timothy Besley and Timothy W. Guinnane. The Neighbor's Keeper：The Design of a Credit Cooperative with Theory and a Test ［J］. The Quarterly Journal of Economics，1994（5）.

［3］Bruce D. Smith and Michael J. Stutzer. Adverse selection and mutuality：The Case of the Farm Credit System ［J］. Journal of Financial Intermediation，1990（7）.

［4］Joseph E. Stiglitz. Peer Monitoring and Credit Markets ［J］. World Bank Economic Review，1990，4（3）.

［5］王蕊娟，王静. 农民专业合作组织模式下联保贷款机制研究 ［J］. 农村经济，2010（3）.

［6］朱信凯，刘刚. 二元金融体制与农户消费信贷选择 ［J］. 经济研究，2009（2）.

［7］李爱喜. 农户金融合作行为及其影响因素研究 ［J］. 农业经济问题，2009（8）.

第二十二章　历史视角的农民合作社发展[①]

第一节　中华人民共和国成立 70 年合作经济的发展

合作社是私有制度下的产物，但在马克思经典作家那里，合作社被当作改造资本主义社会的工具。因此，中华人民共和国成立以后，中国推行的是马克思主义合作社制度，从互助组、初级社、高级社，到人民公社，合作社成为农业社会主义改造的工具。改革开放以后，农民自发选择了西方合作经济制度，两种经济制度相交织，成为改革开放 40 多年来中国合作经济发展的重要特点。本章按时间顺序梳理中国合作经济发展的进程及绩效，并讨论其在两种制度交织情况下的走向。

一、1949～1978 年：马克思主义合作经济制度的形成及其绩效

中华人民共和国成立后，各地有序完成（老解放区）或开展了（新解放区）土地制度改革。到 1952 年底，90% 以上的农业人口都完成了土地改革，占农村人口 92.1% 的贫农、中农占有全部耕地的 91.4%，在中国延续了 2000 多年的封建土地所有制被彻底废除。土地改革中，广大农民除了获得土地外，还分到大批生产资料和生活资料，计有耕畜 296 万头、农具 3944 万件、房屋 3795 万间、粮食 100 多亿斤。[②] 这是中国历史上从未有过的经济大补偿，极大地激发了广大农民的生产积极性，1952 年，全国农林牧渔业总产值达 461.0 亿元，是 1949 年的 1.53 倍；粮食总产量达到 16392 万吨，是 1949 年的 1.45 倍；大牲畜存栏量 7646 万头，是 1949 年的 1.27 倍。[③] 粮、棉、烤烟、甘蔗、黄麻等主要农产品产量都超过了中华人民共和国成立前的最高水平。然而，上述增长在很大程度上带有战后复苏的性质，当时的中国农业就其基本形态而言，是分散的、个体的、落后的，基本处于自给半自给经济状态，广大农民由于缺乏资金、耕畜、农具或劳动力而很快就出现了生产和生活的困难现象，

---

① 执笔人：孔祥智。

② 中共中央党史研究室. 中国共产党历史第二卷（1949 - 1978）［M］. 北京：中共党史出版社，2011：100.

③ 国家统计局农村社会经济调查总队. 新中国五十年农业统计资料［M］. 北京：中国统计出版社，2000：31 - 32，37，55.

部分开始返贫甚至失去土地。① 为了解决这一问题，在党内讨论甚至在争论的基础上，一场轰轰烈烈的农业合作化运动在 20 世纪 50 年代开始并迅速实现了既定目标。

在中国共产党人描绘的未来社会蓝图中，合作社一直是改造旧世界、创造新世界的重要工具。在《法德农民问题》一文中，恩格斯指出："由于资本主义经济的竞争和海外廉价的粮食生产，无论大农和中农都同样不可避免地要走向灭亡，……这里我们只能建议把各个农户联合为合作社，以便在这种合作社内愈来愈多地消除对雇佣劳动的剥削，并把这些合作社逐渐变成全国大生产合作社的拥有同等权利和义务的组成部分。"对于剥夺的大量土地所有者的土地，"我们将把这些归还给社会的大地产，在社会监督下，转交给现在就耕种着这些土地并将组织成合作社的农业工人使用。"② 恩格斯所描绘的社会改造路径一直被各国共产党人视为圭臬。苏联农业社会主义改造践行了恩格斯的思想，中国共产党当然也不会例外。早在中华人民共和国成立前的各个解放区，甚至早期的农民运动，就成立了各种类型的农民合作社，如中央苏区（瑞金）的犁牛合作社、陕甘宁边区的劳动互助社、耕牛合作社、供销合作社等，都对当时发展农业生产、提高农民生活品质起到了重要作用。在党的领导人中，毛泽东、张闻天、刘少奇等较早地认识到了在农业领域发展合作社的重要性。1943 年，毛泽东发表了《论合作社》一文，认为合作社能够促进农业生产制度的革新，"合作社的性质就是为群众服务。"③ 张闻天认为合作社"可以提高生产力，以增加生产品，增加小生产者的财富，养成小生产者的劳动习惯，给将来农民的集体化准备若干有利条件"④。1948 年，刘少奇系统地论述了合作社在新民主主义革命中的地位，即消灭投机商业、保障新民主主义经济胜利前进；是与私人资本主义和平竞争的重要工具；以及组织小生产，以提高小生产的生产力，并改造小生产成为大生产。⑤

上述领导人的思想必然体现在中华人民共和国成立以后的有关制度涉及和政策中。1949 年 9 月 29 日中国人民政治协商会议第一届全体会议通过的《中国人民政治协商会议共同纲领》第二十九条明确规定："合作社经济为半社会主义性质的经济，为整个人民经济的一个重要组成部分，人民政府应扶持其发展，并给以优待。"⑥ 1951 年 12 月 15 日，中共中央发布《关于农业生产互助合作的决议（草案）》，认为在广大农民土地改革的基础上具有互助合作的积极性。"这种劳动互助是建立在个体经济基础上（农民私有财产的基础上）的集体劳动，其发展前途就是农业集体化或社会主义化。"⑦ 实际上，可以认为，

---

① 中共中央党史研究室. 中国共产党历史（第二卷）（1949 – 1978）［M］. 北京：中共党史出版社，2011：128.

② 恩格斯. 法德农民问题［A］//马克思恩格斯选集（第四卷）［M］. 北京：人民出版社，1972 年版：314 – 315.

③ 毛泽东. 论合作社［A］//《当代中国农业合作化》编辑室. 建国以来农业合作化史料汇编［M］. 北京：中共党史出版社，1992：5 – 6.

④ 张闻天. 关于东北经济构成及经济建设基本方针的提纲［A］//张闻天选集［M］. 北京：人民出版社，1985：400.

⑤ 刘少奇. 论新民主主义的经济与合作社［A］//中共中央文献研究室、中华全国供销合作总社编. 刘少奇论合作社经济［M］. 北京：□国财政经济出版社，1987：6 – 7.

⑥ 《当代中国农业合作化》编辑室. 建国以来农业合作化史料汇编［M］. 北京：中共党史出版社，1992：19.

⑦ 《当代中国农业合作化》编辑室. 建国以来农业合作化史料汇编［M］. 北京：中共党史出版社，1992：51.

在进行土地改革的同时，合作社组建工作就已经开始了。根据中央人民政府农业部农政司发布的数据，1951年上半年，生产互助运动在全国有了新的发展，山东有70余万个互助组，皖北、皖南4个专区统计有5万余个互助组，西北区有16.7万个互助组，河南41县有11.4万个互助组（占全部劳动力的40%~50%），湖北5个专区有5.2万个互助组。西南新区亦开始组织。这些生产互助组织的高级形式是农业生产合作社，已知华北有97个，西北和华东各有20余个，东北区约有170余个，其特点是土地和劳动力入股，合伙经营。① 到1952年底，已经组织起来的农户占全国农户总数的40%左右，互助组发展到802.6万个，其中常年互助组175.6万个，参加农户1144.8万户；初级农业生产合作社3644个，参加农户5.9万户，平均每社16.2户。此外，全国组织具有示范作用的高级农业生产合作社10个。②

因此，面对前文提及的土地之后各地出现的农民分化问题，中共中央水到渠成地于1953年2月正式发布了《关于农业生产互助合作的决议》，提出了三种形式合作社，但要求条件成熟地区，要有领导、有重点地发展土地入股的农业生产合作社，并认为"是农业生产互助运动在现在的高级形式"③。应该说，一开始各地还能够按照中央的要求根据各地的不同条件发展各种类型的互助合作组织，但在东北、华北、华东等地区也出现了急躁冒进现象，一度影响春耕生产。从史料中发现，在互助合作组织的发展中，冒进和浮夸现象一直存在。如根据甘肃省农林厅1952年5月的总结材料，在该省的所有合作互助组织中，形式主义的有名无实的互助组织占35%~45%；发挥了一定作用，但比较松散、急需建立制度的占30%~35%。该省会川县3000多个互助组中，真正做到等价交换，并有民主制度和生产计划的只有83个。有的县"一声号令"，3、5天就组织了100多个互助组，一个干部两个小时之内就组织了16个互助组。④ 新疆也出现了强迫命令、现实主义问题，严重存在着"编大组"、"挨户摊派"、"开名单"现象。有的组从未进行过变工，有的组员连自己是哪一组的以及组长是谁都不清楚。⑤ 1953年3月8日，中共中央发出《对各大区域缩减农业增产和互助合作发展的五年计划数字的指示》；16日发出《关于春耕生产给各级党委的指示》；17日发出《关于布置农村工作应照顾小农经济特点的指示》；19日发出《关于解放区乡工作中"五多"问题的指示》，对不顾条件和群众意愿强行发展互助合作组织的做法进行了纠正。4月下旬，中央农村工作部受中央委托召开第一次全国农村发展会议，提出互助合作运动要采取稳步前进的方针，切实防止急躁冒进，压缩了原定的五年发展计划。经过整顿，1953年，全国共有互助组745万个，比1952年的803万个减少了58万个，但参加互助组的农户为4600万户，比1952年的4500万户增加

① 《当代中国农业合作化》编辑室. 建国以来农业合作化史料汇编［M］. 北京：中共党史出版社，1992：46.
② 中共中央党史研究室. 中国共产党历史（第二卷）（1949－1978）［M］. 北京：中共党史出版社，2011：134.
③ 《当代中国农业合作化》编辑室. 建国以来农业合作化史料汇编［M］. 北京：中共党史出版社，1992：116.
④ 甘肃省人民政府农林厅. 甘肃省农业合作互助组织的现状与今后发展的意见［A］//中国科学院经济研究所编. 国民经济恢复时期农业生产资料汇编（1949－1952年）》（下册）［M］. 北京：科学出版社，1957：665－667.
⑤ 唐呐. 新疆各地互助组中存在的一些缺点和改进的意见［A］//中国科学院经济研究所编. 国民经济恢复时期农业生产资料汇编（1949－1952年）（下册）［M］. 北京：科学出版社，1957：712.

了 100 万户，每组平均户数从 1952 年的 5.7 户上升到 6.1 户。在互助组中，常年组由 1952 年的 176 万个增加到 182 万个，参加农户的比重由 25% 上升到 29%。全国共建立农业生产合作社 15000 个，入社农户 27 万余户，占全国农户总数的 0.2%。社数较 1952 年增加了 3.1 倍，户数增加了 3.7 倍，社均户数由 1952 年的 16.2 户增加到 18.2 户。全国已有高级社 15 个。①

值得注意的是，1953 年 11 月 15 日，中共中央发布《关于在全国实行计划收购油料的决定》；1953 年 11 月 19 日，政务院通过并发布《关于实行粮食的计划收购和计划供应的命令》；1953 年 11 月 23 日，政务院发布《粮食市场管理暂行办法》，开始实行主要农产品的统购派购制度。1954 年 9 月，政务院发布《关于实行棉花计划收购的命令》；1955 年 8 月国务院发布《关于发布〈农村粮食统购统销暂行办法〉的命令》；1957 年 8 月，国务院发布《关于由国家计划收购（统购）和统一收购的农产品和其他物资不准进入自由市场的规定》，至此，主要农产品的统购统销制度正式确立。实行计划收购，就必须实行计划生产，而在当时的农民组织化水平下难度相当大。因此，1953 年 12 月 16 日，中共中央就发出《关于发展农业生产合作社的决定》，指出了中国农业社会主义改造的道路，即"农民这种生产上逐步联合起来的具体道路，就是经过简单的共同劳动的临时互助组和在共同劳动的基础上实行某些分工分业而有某些少量公有财产的常年互助组，到实行土地入股、统一经营而有较多公共财产的农业生产合作社，到实行完全的社会主义的集体农民公有制的更高级的农业生产合作社（也就是集体农庄）"②。即临时互助组、常年互助组、初级农业生产合作社、高级农业生产合作社。尽管文件强调要坚持农民自愿的原则，采取说服、示范和国家援助的方法促使农民联合起来，但执行过程中不顾条件、简单粗暴的做法大行其道。到 1954 年 3 月底，全国就发展农业生产合作社 95000 个，比 1953 年底的 15000 个多 80000 个。③1954 年 4 月，中央农村工作部召开工作会议，决定到 1955 年春季农业社发展到 30 万 ~ 35 万个。10 月，召开全国第四次互助合作会议，要求 1955 年春季农业社发展到 60 万个，1957 年要组织一半以上农户加入农业社，使初级社成为全国农业区的主要生产组织形式。到 1954 年底，全国已发展农业社 497000 个，与 1953 年底的数字比较，1954 年春季为 6.4 倍，夏季为 7.6 倍，秋季为 15.2 倍，年底达 33 倍。1955 年 3 月底发展到 63 万个。这样快的发展速度，很多地方严重侵犯了农民的利益，引起了农民的不满，造成非正常的杀猪宰牛现象，耕牛数量一度大幅度下降。对此，中共中央、国务院于 1955 年 1 月至 3 月相继发出《关于整顿和巩固农业生产合作社的通知》《关于大力保护耕畜的紧急指示》《关于迅速布置粮食统购工作，安定农民生产情绪的紧急指示》等文件，并要求各地停止发展农业生产合作社，全力进行整顿和巩固。经过整顿，截至 1955 年 6 月底，全国共有农业生产合作社 65 万个，实际上参加秋收分配的 63.4 万

①③ 国家统计局农业统计司. 农业合作化和 1955 年农业生产合作社收益分配的统计资料 [M]. 北京：中国统计出版社，1957：3 - 4.

② 《当代中国农业合作化》编辑室. 建国以来农业合作化史料汇编 [M]. 北京：中共党史出版社，1992：171.

个，入社农户 1692 万户，占全国农户总数的 14.2%，其中高级社为 529 个。总的来看，这次整顿的效果是好的。

1955 年 10 月 4～11 日，中共七届六中全会（扩大）在北京召开，根据毛泽东同志 1955 年 7 月 31 日在省委、市委和区党委书记会议上的报告《关于农业合作化问题》，讨论通过了《关于农业合作化问题的决议》，认为农村中在进行合作化的时候改革的高潮即将到来，合作社比单干和互助组具有巨大的优越性。提出当前合作社的主要形式是半社会主义性质的初级社。决议规划了各类地区实现初级社化的具体时间，即华北、东北地区 1957 年春季，个别地区需要更多的时间，大部分地区 1958 年春季之前。这个会议推动了农业合作化高潮的到来。据统计，1955 年 10 月底，全国已有农业生产合作社 128 万个，入社农户 3813 万户；11 月底为 158 万个，入社农户 4940 万户；12 月底达到 190 万个（为农业合作化运动中社数最高点），入社农户 7545 万户，每社平均 39.6 户，入社农户占全国农户总数的 63.3%①。

1956 年 1 月，毛泽东主持选编并亲自撰写序言的《中国农村的社会主义高潮》出版发行，农业合作化的主流转向了高级合作化。这一年，农业生产合作社总数逐月减少，但高级合作社数量逐月增加。截至 1956 年 12 月，全国初级社减少到 76 万个，但高级社增加到 54 万个，入社（高级社和初级社）农户 11783 万户，占总农户数的 96.3%，其中，加入高级社的农户占总农户比重的 87.8%。由于多数高级社为若干初级社合并而成，因此社均户数有了显著扩大。1956 年 12 月为 155.9 户，其中高级社为 199 户。上述数字说明，从 1955 年下半年农业合作化高潮开始到 1956 年 12 月，仅在一年半的时间里，参加合作社的农户数从 1692 万户发展到 11783 万户，占总农户的比重从 14.2% 发展到 96.3%，基本实现了农业合作化。② 这标志着农业社会主义改造基本完成。

1958 年 3 月 20 日，中共中央成都会议通过了《关于把小型的农业合作社适当地合并为大社的意见》，提出为了适应农业生产和文化革命的需要，在有条件的地方，把小型的农业合作社有计划地、适当地合并为大型的合作社是必要的。1958 年 7 月 1 日，在北京大学庆祝中国共产党成立三十七周年大会上的讲话，转达了毛泽东关于人民公社的思想，一些地方（如河南省）就在合并的大社的基础上建立了人民公社。该省在 1958 年 7～8 月把 10272 个小型农业合作社组成了 354 个人民公社，每社由原来的 183 户增加到 5345 户，基本一乡一社。该省最大的社为修武县人民公社，其特点是一县一社，达到 29193 户③。1958 年 8 月 29 日，中共中央发布《关于在农村建立人民公社问题的决议》，提出了小社并大社的做法和步骤，其规模基本为一乡一社，2000 户左右。1958 年 9 月 1 日出版的《红旗》发表了题为《迎接人民公社化的高潮》的社论；9 月 10 日，《人民日报》发

① 国家统计局农业统计司.农业合作化和 1955 年农业生产合作社收益分配的统计资料［M］.北京：中国统计出版社，1957：7.

② 国家统计局农业统计司.农业合作化和 1955 年农业生产合作社收益分配的统计资料［M］.北京：中国统计出版社，1957：7－8.

③ 《当代中国农业合作化》编辑室.建国以来农业合作化史料汇编［M］.北京：中共党史出版社，1992：483.

表了题为《先把人民公社的架子搭起来》的社论，截至 1958 年 9 月 29 日，全国共建起人民公社 23384 个，加入农户 1.12 亿户，占农户总数的 90.4%，平均每社 4797 户，并有 94 个县以县为单位建立了人民公社或者县联社，基本实现了人民公社化①。截至 1958 年底，全国共建成人民公社 2.6 万个，参加农户 1.2 亿户，占全国农户总数的 99% 以上②。此后虽然经过多次调整，但基本框架和性质没有变化。

按照 1955 年 11 月 9 日全国人大常委会第二十四次会议通过的《农业生产合作社示范章程草案》第一条规定："农业生产合作社是劳动农民的集体经济组织，是农民在共产党和人民政府帮助下，按照自愿和互利原则组织起来的。"第三条规定："农业生产合作化的发展，分为初级和高级两个阶段。初级阶段的合作社属于半社会主义的性质。……高级阶段的合作社属于完全的社会主义性质。"1956 年 6 月 30 日第一届全国人民代表大会第三次会议通过的《高级农业生产合作社示范章程》第一条规定："农业生产合作社（本章程所说的农业生产合作社都是指的高级农业生产合作社）是劳动农民在共产党和人民政府的领导和帮助下，在自愿和互利的基础上组织起来的社会主义的集体经济组织。"③ 1954 年《宪法》第七条规定："合作社经济是劳动群众集体所有制的社会主义经济，或者是劳动群众部分集体所有制的半社会主义经济。"④ 1961 年 3 月中共中央发布的《农村人民公社工作条例（草案）》第一条规定："农村人民公社是适应生产关系发展的需要，在高级农业生产合作社的基础上联合组成的。它在一个很长的历史时期内，是社会主义集体经济组织。"1982 年《宪法》第八条规定："农村人民公社、农业生产合作社和其他生产、供销、信用、消费等各种形式的合作经济，是社会主义劳动群众集体所有制经济。"可以认为，作为农业社会主义改造的结果，高级农业生产合作社已经从半社会主义性质过渡到社会主义性质，是劳动群众集体所有制经济的一种形态；人民公社是小社并大社以后形成的，是高级农业生产合作社的"更高级"形态，但其所有制性质并没有发生变化。

本部分回顾了新中国成立直到改革前农村合作经济的发展历程。尽管学术界对于人民公社是否属于合作经济或者合作经营存在争议，⑤ 但法律明确规定了人民公社的合作经济性质。这是由于对合作经济认知的差异造成的，我们在后文将予以讨论。中国在短短的一年半的时间内完成了农业社会主义改造，实现了从分散的小农经济到统一经营的集体经济的转变，对于中国工业化、城市化的推进具有重大意义。当时中国领导人对于社会主义制度的认知，主要来自苏联。由联共（布）中央特设委员会编纂的《联共（布）党史简明教程》所描绘的苏联在短期内实现农业集体化（集体农庄）以及为国家提供远超过集体

---

① 《当代中国农业合作化》编辑室. 建国以来农业合作化史料汇编［M］. 北京：中共党史出版社，1992：503.
② 《当代中国农业合作化》编辑室. 建国以来农业合作化史料汇编［M］. 北京：中共党史出版社，1992：515.
③ 《当代中国农业合作化》编辑室. 建国以来农业合作化史料汇编［M］. 北京：中共党史出版社，1992：324，351.
④ 《宪法》和其他现行正式文件都可以通过各种途径查阅，本处不予注明出处。
⑤ 如赵光元等认为，互助组、初级社、高级社为中国合作经营阶段，人民公社则属于统一经营阶段。参见赵光元等. 中国农村基本经营制度的历史逻辑——从家庭经营制、合作制、人民公社制到统分结合双层经营制的变迁轨迹与转换关联［J］. 学术界，2011（4）.

化前的农产品①，一定对中国共产党领导人产生了深刻影响。中共中央宣传部制发的《党在过渡时期总路线的学习和宣传提纲》中明确指出："这种建立在劳动农民的生产资料私有制上面的小农经济，限制着农业生产力的发展，不能满足人民和工业化事业对粮食和原料作物日益增长的需要，……因此，必须按照社会主义的原则来逐步改造我国的农业，使我国农业由规模狭小的落后的个体农业进到规模巨大的先进的集体农业……。"② 薄一波在谈到这个问题时说："我们不能忽视……粮食问题给予我们的压力。从建国开始，全国人民的吃饭问题一直是摆在外面党和政府面前的头等重要问题。……大家深感粮食问题严重，而把解决中国粮食问题的出路寄托在走苏联集体化道路上。"③ 尤其是实现主要农产品的统购派购制度以后，必须掌握生产环节才能控制收购环节。如中共中央国务院1955年3月3日发布《关于迅速布置粮食购销工作安定农民生产情绪的紧急指示》，决定在全国实行粮食"三定"，即定产、定购、定销，要求各地在春耕开始前，以一乡为单位，将全乡的计划产量和国家收购数量大体确定下来，并落实到户，使每一户农民清楚地知道自己全年生产多少、国家收购多少、留用多少。这个工作量太大了。而在实行组织化以后，国家计划就可以落实到合作社，"国家在农村统购统销的户头，就由原来的一亿几千万农户简化成了几十万个合作社"，工作量大大减轻④。因此，尽管事实证明农业集体化损失造成了效率损失，但依然在较短的时间内迅速实现了"三定"目标。

二、1978年至今：西方合作经济制度的引入及其发展

由于人民公社制度与人性特点及生产力发展水平严重背离，不可避免地造成了生产效率的损失。不仅实行这一制度的主要目标——增加农产品供给无法实现，还导致广大农民的普遍贫困，其边际效应一度降到零甚至为负⑤。因此，从1978年底起，一些地区的农民自发地把土地承包到户，自下而上地对这一制度进行改革。改革的过程一直持续到1983年底，基本构建了以家庭经营为基础的新的农业经营体系。有意思的是，广大农民在推行家庭经营制度的过程中，一家一户"办不了、办不好、办了不合算"的事情很快就出现了，于是，几乎在"分"的同时，"合"的过程自发地开始了。如安徽省的一些地方，在20世纪70年代末期就出现了部分包干到户的农机手自动联合在一起，成立松散的联合体——尽管松散，但具有重大意义。当然，这个"合"不再具有20世纪50年代那样的特点，而是农民自发地引进西方合作经济制度，当时称之为"新型合作经济组织"。就改革开放以来的时间看，这一过程可以分为两个阶段：2007年7月1日《中华人民共和国农民专业合作社法》实施前和实施后。

---

① 联共（布）中央特设委员会编．联共（布）党史简明教程［M］．北京：人民出版社，1975：331 – 344.

② 《当代中国农业合作化》编辑室．建国以来农业合作化史料汇编［M］．北京：中共党史出版社，1992：166.

③ 薄一波．若干重大决策与事件的回顾（上卷）［M］．北京：中共中央党史出版社，1983：363.

④ 薄一波．若干重大决策与事件的回顾（上卷）［M］．北京：中共中央党史出版社，1983：277.

⑤ 孔祥智，程漱兰．中国农村经济体制变迁及其绩效的经济分析［J］．教学与研究，1997（10）.

（一）1978～2007年：西方合作经济制度的自发引入和探索

欧美等西方国家的合作经济组织是以某一种（或大类）产品生产农户为成员的专业性互助组织，行政干预少，完全是市场诱致的结果，这是西方合作经济制度的显著特点。因此，中国农村自改革开放以来引进西方合作经济制度的标志之一就是各类专业性合作经济组织的发展。按照这一认识，从改革初期到20世纪80年代末期，是农民专业合作组织初步发展阶段。农村土地承包到户以后，农民对土地的投入有了一定的自主权，劳动力和资金开始出现剩余①，多种经营也随之发展起来了，如一些农民开始养兔、养鸡、养貂，或者种植经济作物。先致富的农民带动更多的农民发展粮食以外的产业，以致形成各种各样的专业户、专业村。此时首先亟须解决生产过程中遇到的技术问题，于是，在地方政府的推动和农村技术能手带动下，各种农村专业技术协会（研究会）发展起来了。据统计，截至1998年，全国共有各类农村专业技术协会12万个，会员农户620余万个，占全国农户总数的3.5%。按照服务内容划分，具有技术交流、技术培训、技术指导和技术信息传播业务的占53%，具有良种推广、生产资料联合采购以及其他产前、产中、产后服务的占38%；甚至还有9%的协会兴办了科研或经济实体，有的还对初级农产品实行储藏运销和加工增值，已经接近于当前的农民专业合作社。1995年11月，由基层农村专业技术协会、联合会、农村科技致富带头人、专业研究人员组成的中国农村专业技术协会（以下简称"农技协"）成立，2000年加入中国科协。截至2017年底，全国农技协总数为9.0万个，个人会员达到1455.9万人，覆盖全国31个省（自治区、直辖市）。据我们的调查，约有1/3以上的基层农技协在2007年以后注册了农民专业合作社，变成了真正的经济组织。据统计，1998年，拥有加工业务的农民合作经济组织已占2.4%。"农民专业合作社"名称也是在这一阶段开始出现的。当时农业部门的统计数据显示，截至20世纪末期，全国共有比较规范的农民专业合作社15万家。②

20世纪90年代，农产品市场化进程大大加快。到了90年代后期，大部分农产品供应较为充足，实现了"总量平衡、丰年有余"，买方市场开始出现，广大农民急需解决农产品销售问题；同时，随着农业产业化经营在各地的迅速推行，小农户和大企业之间的矛盾也不断增加。于是，农民合作经济组织迅速进入了农民与市场和企业之间的中间环节，一方面将农民组织起来增加交易水平和谈判能力、保护农民利益；另一方面产生约束机制，降低农户与企业之间的交易成本。在上述大背景下，相当一部分农村专业技术协会开始形成组织形式规范紧密的经济实体，涉足流通、加工领域，自主经营，进行开创品牌等商业化操作。此后，从事农产品加工业的合作组织逐渐增加。这一时期，学术界和相关政策称之为"新型农业合作经济组织"。21世纪以来，中国成为WTO成员方，中国小农户需要面对来自国内和国际两个市场的挑战，新的生产经营型合作社发展很快，同时新一代

---

① 据杜润生估计，即使在人民公社体制下，仍有1/3的劳动力处于潜在剩余状态。参见杜润生. 杜润生自述：中国农村体制变革重大决策纪实［M］. 北京：人民出版社，2005：133.

② 孔祥智. 中国农民合作经济组织的发展与创新：1978－2018［J］. 南京农业大学学报（哲学社会科学版），2018（6）.

投资型合作社也开始出现。各地政府纷纷出台政策、地方法规，推进农民专业合作社的发展。2004 年 11 月 11 日，浙江省第十届人大常委会第十四次会议通过了《浙江省农民专业合作社条例》，这是第一部有关合作社的省级地方法规，对国家立法起到重要参考作用。2003 年起，全国人大常委会开始了农民专业合作社的立法工作。

应该说，这一时期农民专业合作组织的发展，一方面是广大农民自发选择的结果，另一方面，中央和地方政府又在积极地推动。1984 年中共中央一号文件就明确指出："农民还可不受地区限制，自愿参加或组成不同形式、不同规模的各种专业合作经济组织。"这是中共中央文件第一次提及专业合作问题，是对农民探索的肯定。1987 年 1 月 22 日，中共中央政治局发布《把农村改革引向深入》，提出："要支持农民组织起来进入流通。目前农村已出现了一批农民联合购销组织，其中，有乡、村合作组织兴办的农工商公司或多种经营服务公司，有同行业的专业合作社或协会，也有个体商贩、专业运销户自愿组成的联合商社等。"进一步肯定了农民专业合作组织。在农村专业技术协会有了较大发展的前提下，1993 年中共中央 11 号文件指出："农村各类民办的专业技术协会（研究会），是农业社会化服务体系的一支新生力量。"1998 年 10 月 14 日，中共十五届三中全会通过了《中共中央关于农业和农村工作若干重大问题的决定》，对农民的股份合作予以肯定："农民采用多种多样的股份合作制形式兴办经济实体，是改革中的新事物，要积极扶持，正确引导，逐步完善。"2004 ~ 2007 年各个年度的中共中央一号文件都明确表示支持农民专业合作社的发展。

（二）2007 年至今：西方合作经济制度的自觉引入及其发展

2006 年 10 月 31 日，第十届全国人大常委会第二十四次会议通过了《农民专业合作社法》，并于 2007 年 7 月 1 日起正式实施。从内容看，这部法律所倡导和规范的农民专业合作社是罗虚代尔式的。这标志着中央政府顺应农民的需求，自觉地引入了西方合作经济制度。

在法律的推动下，农民专业合作社数量增加很快，见表 22 - 1。一些年份月均增量超过 2 万家甚至 3 万家，全国 50% 左右的农户成为合作社成员。其背后的原因，当然主要是市场需求的拉动，但政策和法律推动依然是最重要的因素之一。首先，围绕《农民专业合作社法》，有关部门出台了一系列法规和相关文件，如国务院发布的《农民专业合作社登记管理条例》（2007 年），农业部发布的《农民专业合作社示范章程》（2007 年），财政部下发的《农民专业合作社财务会计制度（试行）》（2007 年），财政部、国家税务总局下发的《关于农民专业合作社有关税收政策的通知》（2008 年）等。2018 年 7 月 1 日新修改的《农民专业合作社法》实施，增加了"农民专业合作社联合社"一章，为合作社的再合作提供了法律保障。其次，2007 年以来的所有中共中央一号文件都有关于促进当年农民专业合作社发展的内容。尤其是 2013 年中央一号文件，第一次使用了"农民合作社"这个概念，提出："鼓励农民兴办专业合作和股份合作等多元化、多类型合作社"，扩大了农民合作的范围。最后，相关农业政策大都把农民专业合作社作为执行主体，强化和巩固了合作社作为农业领域生产主体、市场主体的合法地位。

表 22 – 1　全国农民专业合作社数量及其增量

年份	数量（万家）	增量（万家）
2007	2.64	—
2008	11.09	8.45
2009	13.91	2.82
2010	38.16	24.25
2011	52.17	14.01
2012	68.90	16.73
2013	98.24	29.34
2014	128.88	30.64
2015	153.11	24.23
2016	156.27	3.16
2017	175.36	19.09
2018	217.30	41.94
2019 年 7 月	220.70	3.40

资料来源：2017 年之前各年份数据来自农业农村部农村合作经济指导司等．中国农民专业合作社发展报告（2017）[M]．北京：中国农业出版社，2019：3；2018 年、2018 年数据来自农业农村部网站，http：//www.moa.gov.cn/．

　　经过 40 多年的发展，中国农民创造了世界上最丰富多彩的合作社形式。一是典型的专业合作社，主要是统一品种、统一采购生产资料、统一生产标准、统一销售，主要按照交易量分配盈余。目前在 120 多万家农民专业合作社中，大部分都是这种类型，即经典类型。二是农机合作社。主要农机手为了更方便、快捷地为农民服务而联合在一起组成的合作社，尤其是小麦、玉米、水稻收割的跨区作业，农机合作社内部的农机手之间可以互相提供帮助，有利于提高作业效率。这类合作社很早就存在，2007 年以后也按照《农民专业合作社法》的要求进行登记。在目前的农民专业合作社总量中大约占 1/10。目前，这类合作社中的相当一部分都流转了土地，也有的地方称之为土地流转合作社。三是土地股份合作社，早期主要是村集体为了促进土地流转而依托村"两委"建立的，有时候也自己经营，现已扩大到农民自发地以土地经营权折价为投资额入股到合作社。少数合作社成员以土地经营权入股到合作社后按照交易量进行处理，如黑龙江省克山仁发现代农业农机合作社。四是服务型合作社，为成员提供产前、产中、产后全程社会化服务，如河南省荥阳市新田地种植专业合作社。五是资金互助合作社（以下简称资金互助社），有的按照《农民专业合作社法》要求进行登记，也有的在农业部门或者其他部门登记。按照 2014年中央一号文件的要求，应该围绕专业合作的业务开展资金互助，但其中的一部分并不含有专业合作内容，仅仅是资金互助，需要进行规范。六是农民专业合作社联合社，及合作社的再合作。按照新修改的《农民专业合作社法》的要求，三个农民专业合作社可以自愿联合组成联合社。由于大部分合作社成员较少，不足以影响市场，因此，合作社之间的联合成为一种趋势。目前，全国约有联合社 2 万多家。七是综合性较强的"三位一体"

型农民专业合作社，既有专业合作，又有资金互助，也有土地入股，盈余返还方式也多元化，体现了农业产业组织方式的复杂性和多样性。

三、2007 年至今：马克思主义合作经济制度的改革与发展

20 世纪 70 年代末 80 年代初开始的农村改革，实质是"两权分离"，即农村土地的集体所有制不变，但集体成员获得了承包经营权。2014 年中共中央一号文件提出"三权分置"思想，只是基于土地流转的现实，在承包经营权的基础上分离出经营权。2016 年 10 月，中共中央办公厅、国务院办公厅印发了《关于完善农村土地所有权承包权经营权分置办法的意见》，强调要守住政策底线，在改革中坚持和完善农村基本经营制度，不能把农村土地集体所有制改垮了，要始终坚持农村土地集体所有权的根本地位。这种坚持底线的改革使得马克思主义合作经济制度一直在改革中延续并发展着。

事实上，中共中央 1983 年一号文件就指出："分户承包的家庭经营只不过是合作经济中一个经营层次，是一种新型的家庭经济。它和过去小私有的个体经济有着本质的区别，不应混同。"明确了家庭承包经营和合作经济之间的关系。1984 年中央一号文件更是明确提出要在农村构建新的合作经济组织："为了完善统一经营和分散经营相结合的体制，一般应设置以土地公有为基础的地区性合作经济组织。这种组织，可以叫农业合作社、经济联合社或群众选定的其他名称；可以以村（大队或联队）为范围设置，也可以以生产队为单位设置；可以同村民委员会分立，也可以一套班子两块牌子。"一些地区在乡镇一级成立经济联合社（也有叫农工商联合社或总公司的）、村一级成立经济合作社就是要按照这个文件的要求，坚守合作经济"阵地"。这些合作社、联合社或者公司在 20 世纪 80 年代后期、90 年代前期主要是发展乡镇企业，90 年代后期乡镇企业破产或改制后，这些机构基本都撤销了。

经过几十年的改革后，中国农村究竟还有多少属于合作经济组织的集体资产？据农业部门统计，经过长期的发展积累，目前全国农村集体经济组织拥有土地等资源性资产66.9 亿亩，各类账面资产 2.86 万亿元，大体上全国的村平均近 500 万元，东部地区村均近千万元[①]。这些资产是中国特色的马克思主义合作经济制度存在的基础。2016 年 12 月26 日，中共中央、国务院颁布《关于稳步推进农村集体产权制度改革的意见》，提出："以明晰农村集体产权归属、维护农村集体经济组织成员权利为目的，以推进集体经营性资产改革为重点任务，以发展股份合作等多种形式的合作与联合为导向，坚持农村土地集体所有，坚持家庭承包经营基础性地位，探索集体经济新的实现形式和运行机制……"文件提出了明确而具体的改革任务：从 2017 年开始，按照时间服从质量的要求逐步推进，力争用 3 年左右时间基本完成农村集体资产清产核资工作；用 5 年左右时间基本完成农村

① 盘活集体资产，增添发展活力，让广大农民共享改革发展成果——韩长赋在国新办发布会上就《关于稳步推进农村集体产权制度改革的意见》答记者问［EB/OL］. http://www.moa.gov.cn/zwllm/tpxw/201701/t20170103_5423298.htm.

集体经营性资产股份合作制改革。这次改革以村为基础（少数大城市郊区以乡为基础），大部分成立经济合作社，少数资产非常雄厚的成立股份公司或者有限责任公司。如山东省青岛市黄岛区在农村集体资产改革过程中明晰了不同类型村庄的改制方向。将全区1156个农村划分为三种类型：城中村（集聚性农村社区）100个，对所有资产进行全额化量化，注册成立有限责任公司或者股份合作社；城郊村（含乡镇驻地）400个，经营性资产较多的可以成立公司或者股份合作社，较少的可以成立经济合作社；纯农村656个，在完成资产资源确权和成员界定后，成立农村经济合作社，同时鼓励农民以土地承包经营权发展土地股份合作。总体上看，这次改革摸清了农村集体经济（合作经济）的家底、明晰了产权、丰富了组织体系、完善了经营体制（公司制或合作社制），一些试点地区还实现了集体资产的增值。

农村集体资产改革具有重要意义。早在1984年的中央一号文件就提出了对承包农户进行"社会服务"的问题，指出："地区性合作经济组织应当把工作重点转移到组织为农户服务的工作上来。"1987年1月22日，中共中央政治局发布《把农村改革引向深入》，指出："乡、村合作组织实行分散经营和统一经营相结合的双层经营制，……当前，合作组织主要是做好两件工作，一是为农户提供生产服务，二是加强承包合同的管理。"

1991年11月29日，中共十三届八中全会通过了《中共中央关于进一步加强农业和农村工作的决定》，提出在充分结合的双层经营体制下，"乡村集体经济组织是农业社会化服务体系的基础，要努力把农民急需的产前、产中、产后的服务项目办起来，并随着集体经济实力的增强逐步扩展服务内容"。"一家一户办不了、办不好、办起来不合算的事，乡村集体经济组织要根据群众要求努力去办。"1998年10月14日中共十五届三中全会通过的《中共中央关于农业和农村工作若干重大问题的决定》继续强调："农村集体经济组织要……特别要增强服务功能，解决一家一户难以解决的困难。"

然而，大部分集体经济"空心村"的现实使其社会化服务功能很难发挥。据统计，2015年全国58.4万个行政村中，完全没有经营收益的村为32.3万个，占55.3%；有经营收益但在5万元以下的村为12.7万个，占21.7%，二者之和为77%。[①] 2013年11月，中共十八届三中全会提出"推进家庭经营、集体经营、合作经营、企业经营等共同发展的农业经营方式创新"问题，那么，如此薄弱的村级经济如何进行集体经营？其载体是什么？这次改革通过构建股份合作社、经济合作社等组织机构，基本上解决了这个难题。山东省东平县的经验表明，即使在经济欠发达地区，构建了经营组织体系后，只要经营机制灵活，依然能够吸引社会资本，确保集体资产保值增值，确保广大农民从中获益。

四、讨论和结论

前文回顾了两类合作经济组织的形成、改革和发展情况。一个考验讨论的问题是：既然都是合作经济组织，都是以合作社为载体，他们的发展方向是两条平行线永不相交，还

---

① 孔祥智，高强. 改革开放以来我国农村集体经济的变迁与当前急需解决的问题［J］. 理论探索，2017（1）.

是两条曲线最后总要相交于某一个点？之所以提出这个问题，不是文字游戏，而是基于当前中国农村合作经济发展的现实。

本节认为，在市场经济条件下，马克思主义合作经济制度和西方合作经济制度是两条可能相交的曲线。理由如下：第一，它们的起点是一样的，都是小规模农户对于合作的需求，这样的需求当然具有天然的市场性。它们之所以走了不同的道路，是因为在马克思主义合作经济制度形成过程中引进了政府的力量，而且，中国在 40 年之前走的是一条计划经济道路，作为计划经济体制的重要组成部分，合作经济制度的走向必然是计划性越来越强、市场性越来越弱。但 40 年以来的改革方向是市场化的，马克思主义合作经济制度市场化演化的方向必然回到市场化轨道上来，并与西方合作经济制度相交。第二，同样作为小农经济国家和地区，日本、韩国的农协，中国台湾省的农会，在最初形成的时候都是借助政府的力量，但其结果都是市场化的。可见，市场的力量是强大的。第三，尽管当前中国农村集体产权制度改革一般都遵循封闭性原则，即只有本集体经济组织成员才有资格成为农村股份合作社（具体名称可能是股份经济合作社，也可能是经济合作社，甚至是股份公司或有限责任公司等）的成员[①]，但同时又鼓励流转，有的地方甚至赋予了到金融机构抵押担保的功能，其结果必然导致合作社成员的开放性。而且，从发展趋势看，根据中共十九大设计的路线图，中国到 2035 年基本实现现代化，在此之前，农村人口大量向城镇转移仍然不可避免。数亿人口带着合作社的股份转移到城镇甚至国外，其结果只能导致农村社区股份合作社的开放性。第四，从农村集体产权改革试点情况看，一些地区的社区股份合作社已经开始和其他市场主体进行合作经营，山东省东平县接山镇夏谢五村利用 45 亩闲置的土地，引进外地客商投资建设生态养鸡场。将上级扶贫 160 万元资金入股经营。按照集体土地 10%、扶贫资金 35%、客商投资 55% 的比例组建"泰安市创富农业开发有限公司"，饲养"雪山"牌草鸡。类似的做法还有贵州省六盘水市的"三变"（资源变股权、资金变股金、农民变股民），其结果必然是合作社股份的开放性。叶兴庆认为，中共十八届三中全会就设计了以开放性为目标的农村集体产权改革路线图，而要真正实现这一目标必须过"三道坎"：农村集体所有制是否必然要求集体产权结构处于封闭状态、乡村治理体制是否必然要求以农村集体经济组织作为支撑、人口流动是否必然是从农村向城镇的单向流动[②]。这三条当然都是可能突破的。

因此，未来中国合作经济制度的发展方向就是两种合作经济制度的融合，两种制度的优势结合在一起，会给中国合作经济的发展带来不可估量的动力。这样，世界上会出现三种合作经济制度并存的现象：西方合作经济制度（大多数国家）、日韩台的农协制度、中国的合作经济制度。

---

① 孔祥智. 农村社区股份合作社的股权设置及权能研究 [J]. 理论探索，2017（3）.
② 叶兴庆. 扩大农村集体产权结构开放性必须迈过三道坎 [J]. 中国农村观察，2019（3）.

第二节　中国农民合作经济组织的发展与创新：
1978～2018 年

改革开放 40 多年来，农业、农村发展和农民生活都发生了巨大变化，其背后的原因当然很多，其中，农民合作经济组织的产生、发展及其在形式上的不断创新，是推动农村经济社会发展的重要动力之一，也在中国从传统农业向现代农业转变的重要载体。本节拟在回顾农民合作经济组织 40 年变迁历程的基础上，讨论实践中创新的各类形式及其与标准合作社之间的关系。最后，指出中国农民合作社演变的方向，提出对策建议。

一、发展历程回顾

合作经济组织的产生和发展，是农民适应商品经济、市场经济的产物，其基础性因素是农民与其最基本生产资料——土地联系紧密的程度。本节按照农民与土地联结的紧密程度以及相关法律出台的情况，把改革开放以来农民合作经济组织的发展分为三大阶段。

第一阶段：1978～1993 年。实行家庭联产承包责任制，"交够国家的，留足集体的，剩下都是自己的"，农民名义上有了生产经营自主权，但大部分地区对承包土地频繁调整，而且在粮食等主要农产品统购、派购制度下，国家通过村级组织牢牢控制农民对土地的使用，确保粮食等主要农产品的供给。即使在 1985 年取消统购派购制度以后，又很快以"国家定购"制度再次加强了对粮食生产的控制，农民生产经营的自主权很小，合作经济组织的发育也处于初期阶段。

其实，广大农民对于合作的需求是在"分"——土地承包时就出现了。1984 年中央一号文件就提出了发展合作经济组织问题："为了完善统一经营和分散经营相结合的体制，一般应设置以土地公有为基础的地区性合作经济组织。这种组织，可以叫农业合作社、经济联合社或群众选定的其他名称；可以以村（大队或联队）为范围设置，也可以以生产队为单位设置；可以同村民委员会分立，也可以一套班子两块牌子。""农民还可不受地区限制，自愿参加或组成不同形式、不同规模的各种专业合作经济组织。"① 这一政策对于后来各具特色的农民合作经济组织的发展起到了极大的推动作用。文件所说的"地区性合作经济组织"，就是后来发展起来的农村社区股份合作社，而"专业合作经济组织"则主要发展成为农民专业合作社。

早在 20 世纪 70 年代末期，安徽省一些地方的农机手就主动联合起来，成立了松散的农机联合体。20 世纪 80 年代，一些地区的农民开始发展较大规模养鸡、养猪、养兔等产业，促进了畜牧业的发展。为了满足农民之间互相学习技术的需要，农村专业技术协会

---

① 由于中共中央文件可以通过各种途径查到，本节不予注明具体出处。

（研究会）等合作组织开始发育，据统计，截至 1998 年，中国共有各类农村专业技术学
会 12 万个，会员农户 620 余万个，占全国农户总数的 3.5%。从服务内容看，从事技术
交流、技术培训、技术指导和技术信息传播的协会占 53%，从事良种推广、生产资料联
合采购以及其他产前、产中、产后服务的占 38%；甚至还有 9% 的协会兴办了科研或经济
实体，有的还对初级农产品实行储藏运销和加工增值，已经接近于当前的农民专业合作社
（孔祥智等，2014）。1993 年中共中央 11 号文件指出：“农村各类民办的专业技术协会
（研究会），是农业社会化服务体系的一支新生力量。”

第二阶段：1993~2007 年。1992 年 10 月召开的中共十二大明确提出建立社会主义市
场经济体制。1993 年 11 月 5 日，中共中央、国务院发布《关于当前农业和农村经济发展
的若干政策措施》，提出：“为了稳定土地承包关系，鼓励农民增加投入，提高土地的生
产率，在原定的耕地承包期到期之后，再延长三十年不变。”“提倡在承包期内实行‘增
人不增地、减人不减地’”，极大地调动了农民在承包地上进行投入的积极性。加上农业
部门在 1988 年开始实施“菜篮子工程”，到了 20 世纪 90 年代，肉、蛋、奶、果、菜等各
种农产品的供给都逐渐充足，并开始出现区域性、季节性过剩。1998 年 10 月召开的中共
十五届三中全会对当前农业经济形势做出了“总量平衡，丰年有余”的判断。在这种形
势下，农民为了应对市场，开始更加主动、自觉地联合起来，各种形式的合作组织快速发
展，当时称为“新型农村合作经济组织”。部分合作经济组织开始延长产业链，从事农产
品加工业。据统计，1998 年，拥有加工业务的农民合作经济组织已占 2.4%。“农民专业
合作社”名称也在这一阶段开始出现，浙江等发达地区开始推动合作社的发展，有些在
民政部门注册，有的在工商部门注册。当时农业部门的统计数据显示，截至 20 世纪末期，
全国共有比较规范的农民专业合作社 15 万家。

进入 21 世纪以后，农民专业合作社在农业生产中所起的作用越来越明显，2000 年到
2002 年，约有 200 多名全国人大代表提交议案，要求制定专门法律促进并规范农民专业
合作社的发展。2006 年 10 月 31 日第十届全国人民代表大会常务委员会第二十四次会议
通过了《农民专业合作社法》，并于 2007 年 7 月 1 日起施行。

第三阶段：2007 年至今。把 2007 年作为这一阶段的起点，首先，因为《农民专业合
作社法》于这一年实施，开始了中国合作社发展的新纪元。从此，农民合作社有了合法
身份，能够作为市场主体与其他类型经济实体进行交易，开展相关经济活动。其次，第十
届全国人民代表大会第五次会议于 2007 年 3 月 16 日通过了《物权法》，并于 2007 年 10
月 1 日起施行，对于保护农民的合法财产权益，促进合作社发展起到了基础性作用。最
后，2008 年 10 月，中共十七届三中全会召开，提出：“赋予农民更加充分而有保障的土
地承包经营权，现有土地承包关系要保持稳定并长久不变。”承包土地这一基本财产权利
得到了更加充分的保护，土地流转比例开始大幅度提高，各种类型的农民专业合作社开始
迅速发展。根据国家工商总局的数据，2007 年底，全国在工商系统登记的农民专业合作
社 2.64 万家，截至 2018 年 6 月底，达到了 210.2 万家，提高了近 80 倍。根据农业部门
的数据，目前，48.3% 的农户都加入了各类合作社，合作社自身盈利能力和带动农户能力

都有了很大提高。经过 10 多年的发展，合作社已经发展成为带动农户进入市场的基本主体、发展农村集体经济的新型实体和创新农村社会管理的有效载体。

应该看到，与经典的罗虚代尔先锋社相比，中国农民专业合作社的发展一开始就呈现多样性的特点。罗虚代尔式合作社以成员同质性为主要特征，为成员之间的互助打下了良好的基础，而中国农民在改革开放的进程中不断分化，既有专业大户，又有微型家庭农场，更多的是兼业小农户，这些主体结合在一起，使得中国农民专业合作社异质性的特点十分明显。从领办主体看，既有大户领办，又有村委会领办，还有基层政府机构（如乡镇畜牧站、科技站等）领办，这种多样性特征既是中国农业发展多样化模式的体现，也是中国农民专业合作社的显著特点。

回顾 40 年来的历程，可以看出，合作经济组织是中国农民继家庭联产承包制之后的又一伟大创造。尽管"分"是 20 世纪 70 年代末 80 年代初绝大多数中国农民的迫切愿望，但一旦实现了"分"，"统"的需求马上就产生，各种各样"统"的形式很快出现，如帮工、代工、换工，各种联合体（包括前述农机手的联合体），创造了各种不同类型、适合当地实际情况的合作形式。这些形式在以后的发展中有的逐渐消失，有的则延续下来成为新型农业经营主体的重要组成部分。有意思的是，中国农民在进行合作和创造合作组织形式时，并没有一个现成的样板可以参照，但其基本内核却接近于国际公认的标准合作社，这不能不说是一个奇迹。反过来也说明，拿着一个国际标准来硬套中国农民合作社，并把不符合标准部分说成"不规范"甚至说成是"假合作社"，这本身就是不公平、不客观的。

二、中国农民合作社在发展中的创新

世界上公认的第一个标准合作社是成立于 1844 年的罗虚代尔先锋社。这个由 28 个纺织工人组成的合作社，成立之初就制定了一套切实可行、公平合理的办社原则，即入社自愿；一人一票；现金交易；按市价售货；如实介绍商品，不缺斤少两；按业务交易量分配盈余；重视对社员的教育；政治和宗教严守中立。后人简称为"罗虚代尔原则"。1895 年，国际合作社联盟成立，确定罗虚代尔原则为国际合作社运动原则。尽管后来国际合作社联盟根据变化形势进行多次修改，但罗虚代尔原则所蕴含的基本精神并没有根本改变，即民主控制、资本报酬有限，按惠顾额分配盈余（孔祥智等，2012）。中国的合作社原则体现在《农民专业合作社法》中，是罗虚代尔原则的具体化和国别化。但是，中国是在农业产业化龙头企业对全国农业有了全面布局的基础上才开始发展合作社的；对包括土地在内的农民财产权益的保护也是逐步强化的；更为重要的是，改革开放 40 年来，中国农民的分化水平和兼业化水平都大大高于发达国家。这些因素都决定了中国农民合作社的发展路径不可能和发达国家亦步亦趋，而是必然有自己独特的形式和特点。一些学者把这一现象称为"异化"（应瑞瑶，2002），而本文认为，现实中，无论哪种类型合作社，都在一定程度上促进了劳动生产率或土地生产率的提高，促进了现代农业发展，都是中国农民对世界合作社运动的贡献。因此，本节认为，这些丰富多彩的创新实践形式正是中国合作社的生命力所在。

（一）农机合作社

典型的农机合作社是农机手为了更好地为客户服务而组建的合作社。一般而言，一个农机手不可能购买一个系列中的各种农机，而实践中的需求则呈多样性，这就促使农机手联合起来，共同面对不断变化的市场。尤其是 20 世纪 90 年代后期以来山东、河南一带跨区作业的农机越来越多，地方政府农机部门为了便于管理，也要求农机手成立合作社。从调研的结果看，农机合作社入股的形式主要是带车入社，也有的以资金入股。合作社内的农机手有的是自有农机，有的则是使用合作社的农机。带机入社的成员，其收入按照自己作业的数量来计算；而没有带机入社的农机手，在耕作的时候则以工资的方式结算。一些农机合作社在 2008 年以后的土地流转大潮中开始转入土地，进行集约经营，这就不是单纯提供服务了。经营土地获得的盈余主要按照成员在转入土地时投入的资金以及生产过程中投入的劳动进行分配。实践中多种投入和多种分配形式交织在一起，可能相当复杂。

在浙江一些土地流转比例较高的地区，农机大户、种粮大户、家庭农场等联合起来组建农机合作社，这样的组合，农机手有了稳定的作业来源，不再需要到处找活干；种粮大户和家庭农场则不需要自己购买农机，降低了固定费用。这种类型的合作社，合作的环节主要是农机作业，实际上就是支付农机作业费用，或者以作业费用为基础。较为深入的合作则是合作社购买农机，带机入社的农机手，共同组建农机服务队，除了为本合作社成员服务外，还可以对外服务。从我们调研的情况看，浙江等地农机合作社主要提供三种模式的服务：一是提供"菜单式"服务。合作社统一制定机耕、机插、植保、机收等作业服务标准，以"菜单"的形式提供农户自主选择服务项目，签订作业服务合同，合作社统一调度机手、机具，及时提供作业服务，作业完成并经农户验收后，按作业量结算服务费。二是托管土地提供"托管式"服务。一些常年在外打工或经商办企业的农户，将承包田全年或某一季托管给农机合作社，合作社根据托管协议开展代耕、代种、代管、代收、代烘等作业服务，收获的粮食作物归农户所有，合作社获得以粮食或现金结算的托管费。三是流转土地提供"全程化"服务。农机合作社利用技术、装备、资金等优势，通过土地流转发展规模经营，推行全程机械化作业，在完成承包田仍有余力的情况下，适时组织机具为周边农户提供作业服务。

总的来看，各地农机合作社的组建模式非常复杂，其收入一般来自两部分：一是农业服务收入；二是流转土地经营后的农产品销售收入。支出包括三个部分：一是流转土地支付的地租；二是支付给农机手的工资（由于农机归合作社社员集体所有，因而有的合作社支付农机手固定工资或从农机手的服务收益中提成作为合作社收益；有的合作社管理人员不领取工资）；三是其他经营支出，如农机维护、燃油费，农业经营支出等。总收入与总支出之差为合作社盈余。合作社的盈余分为两个部分：一是提取公积金；二是剩余的部分按照社员入股股金进行分配。

与标准的农民专业合作社相比较，农机合作社更强调入社的股份（包括农机折价形成的股份），这是由于农机的价值较大，同时合作社股份构成较为复杂（农机、土地、资金等）所造成的，但在管理方式上依然强调民主，强调民办、民管、民受益，是中国农

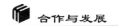

民对世界合作社运动的重要贡献。

（二）土地股份合作社

顾名思义，土地股份合作社就是成员以承包土地折价入股为主组建的合作社。这里之所以说"为主"，是因为一个经营实体仅有土地是无法开展经营活动的，必须有合作社自购或租赁的劳动工具、生产资料等与之相匹配，而无论自购还是租赁都需要一定的资金，需要由全体或部分成员以资金入股合作社。因此，在现实中，所有土地股份合作社都是资金和土地的混合股份，并且后者往往以当地土地流转价格折价入股。而以资金入股合作社的往往是少数核心成员。从决策方式看，一般采取成员大会或者成员代表大会的方式决定重大事项。从分配方式看，由于不存在交易量，所以一般采取按股分红的方式。当然，现实中的土地股份合作社比较复杂，一是农民自愿以土地入股组建合作社；二是由村委会主导，把农户的土地承包经营权股权化，组建的土地股份合作社有的经过统一整理后整体流转，有的是统一经营（或者二次分包）高效农业项目；三是在农村集体产权制度改革过程中将村集体土地与集体经营性资产一起折股量化，明确每个社员的股份，这类合作社有的也冠以"土地股份"的名称，但实质是农村社区股份合作社，我们将在下文讨论，本部分重点是前两类土地股份合作社。

与《农民专业合作社法》所界定的标准合作社相比，土地股份合作社具有以下特点：第一，按照《农民专业合作社法》第三条的规定，农民专业合作社以其成员为主要服务对象，开展农业生产资料的购买、使用，农产品的生产、销售、加工、运输、贮藏等方面的服务性业务，目的是为全体成员提供自助性质的服务，即通常所说的"生产在家，服务在社"。而在土地股份合作社中，成员以承包土地折价入股后就不再独立从事生产经营活动，即使参与合作社的经营行为也是以雇员的身份[①]。这样，合作社就不是对成员的经营提供具体服务，而是对成员承包的土地提供托管式服务，二者是有本质区别的。第二，《农民专业合作社法》第四条规定"入社自愿、退社自由"，但现实中第二类土地股份合作社一般是发达地区的经济强村，由村委会牵头组建，所有村民以承包地入股，尽管也强调入社自愿、退社自由，实际上村民选择的余地较小。因此，这种类型的土地股份合作社与标准合作社差距较大。第三，从分配方式上看，一是按承包地折合的价格分配，相当于资金入股。二是保底分红，即承包地按当地土地流转价格折价，年底先按照这个价格给成员保底分红，然后再进行其他方面的分红。入股合作社盈余较多，则成员在保底分红的基础上还可以多分一部分。三是把承包地入股以流转价格（或经过商定后的其他价格）作为交易量分配盈余，实际上是中国农民对合作社理论的重大贡献。

把承包土地按一定价格折算后入股合作社并作为交易量参与分配，始之于黑龙江省克山县仁发农机合作社（以下简称"仁发合作社"）。该合作社虽然在名称上冠以"农机"，但实际上是土地股份合作社。合作社成立于2009年，当时7个成员出资850万元购买农

---

① 当然，合作社的核心成员如理事长等一般都要参与合作社的经营活动，这时他们的身份也等同于雇员，如理事长相当于企业的CEO。

机，得到国家财政补贴（农机购置补贴）1234 万元，合作社总资产 2084 万元。2010 年以代耕代种等形式经营一年并亏损后，2011 年开始吸收 307 户农民带土地入股，加上原来 7 个创始人，合作社经营的土地达到 1.5 万亩，当年盈余 1342.2 万元；2012 年加入合作社的农户达到 1222 户，合作社经营的土地面积增加到 3 万亩，总盈余增加到 2758 万元。按照与土地入股成员的协议，2011 年、2012 年两年的分配方式是：入股土地以每亩350 元的价格保底分红，剩余部分以原 7 个创始成员的股金加上国家财政补贴平均量化到每个成员部分作为投资参与分配；2013 年起合作社成员主动要求取消保底分红，所有成员共同承担经营风险。经研究，合作社把土地入股部分按交易量参与盈余分配，投资股金（包括后来的追加投资）加上国家财政补贴平均量化到每个成员部分作为投资参与盈余分配。至此，仁发合作社演化为标准的合作社。后来，仁发合作社经验在全省范围内得到了推广，黑龙江省的许多冠以"农机"名称的合作社实际上都是借鉴仁发的经验发展起来的。

（三）农村社区股份合作社

农村社区股份合作社是指将农村集体净资产量化到成员后形成的合作经济组织（孔祥智，2017）。早在 20 世纪 80 年代后期，作为当时中央书记处研究室农村改革试验区的山东省淄博市周村区就试点了农村社区股份制改革，把村集体资产量化到每一位成员，并成立了中国最早的农村社区股份合作社。据农业部门统计，目前全国农村集体经济组织拥有土地等资源性资产 66.9 亿亩，各类账面资产 2.86 万亿元，平均每个村近 500 万元，东部地区村均上千万元。这些资产是中共十九大提出的农业农村现代化的重要物质基础，也是当前农业社会化服务体系建设的重要物质基础。但在集体所有制框架下，名义上人人有份，但实际上归少数人支配，无法调动广大农民管理、经营这部分集体资产的积极性。因此，2016 年 12 月，中共中央、国务院发布了《关于稳步推进农村集体产权制度改革的意见》，要求从 2017 年开始，用 3 年左右的时间基本完成农村集体资产清产核资工作，在此基础上，把农村集体资产的所有权确权到不同层级的农村集体经济组织，并依法由农村集体经济组织代表集体行使所有权。在上述工作的基础上，要求用 5 年左右的时间有序推进经营性资产股份合作制改革，构建农村社区股份合作社。从 2015 年起，农业部门就在全国 29 个县（区、市、旗）进行试点农村集体产权制度改革及农村社区股份制改造工作。

从实践中看，农村社区股份合作社的主要有以下几个特点：第一，成员同质性。社区股份合作社的成员和集体经济组织的成员是重合的，强调人人有份，成员按份所有。这样，每个成员的股份构成比较接近，即使在运行转让的合作社，为了防止一股独大，大部分合作社都设计了单个成员持股的上限。在这样的制度框架下，农村社区股份合作社成为典型的同质性合作社，成员之间的地位差距很小。第二，社区封闭性。股份合作社的成员即农村集体经济组织成员，二者完全重合，即使出现股权转让的情况，也局限在本集体经济组织内部，不存在组织外部成员。现实中，这种封闭性特征已经影响到了合作社的运行效率，一些资金实力较雄厚的合作社已经开始聘请组织外部的职业经理人承担合作社经营管理工作，但少数"外部人"如何与"内部人"精诚合作，依然是需要长时间磨合的问题。第三，决策民主性。在持股均衡的前提下，农村社区股份合作社在决策时能够真正实现"一人一票"，这是当前一般的农民专业合作社所不具备的。第四，分配均衡性。与专业合作社不同，社区股份合作社由于没有交易量，所以完全按照股份进行分配，由于每个成员的持股份额比较接近，所以盈余分配也比较均衡。

农村社区股份合作社的上述特征是由集体所有制性质所决定的，尽管不能完全等同于专业合作社，但基本运行规则依然接近于专业合作社，或者说是按照《农民专业合作社法》的基本精神所设计的。实践中一些地方政府也要求新成立的农村社区股份合作社到工商部门按照《农民专业合作社法》的要求进行登记，当然具有削足适履之嫌，但应该看到，社区股份合作社除了成员的封闭性，完全按股份分配盈余等特点外，在其他方面还是和标准的专业合作社比较接近的。

（四）企业领办合作社

企业领办合作社是中国农业领域的一个特殊现象。20世纪90年代初期，山东省潍坊市在全市范围推行"贸工农一体化"的做法，后被总结为农业产业化，90年代中后期由中央政府在全国范围内推广。农业产业化政策的核心是"公司＋农户"，即引进或发展农业产业化龙头企业，用以带动基地农户发展商品进行农产品生产。这一政策对农业生产的区域化布局、专业化生产起到了积极作用，但由于利益不一致而引发的企业和农户之间的矛盾和违约现象很难解决，于是，一些企业在21世纪以后就开始领办合作社。这样的合作社，早期可能仅仅是企业的一个部门，甚至隶属于原料部门，但长期以来，就会在协调二者的利益关系上起到不可或缺的作用。苑鹏（2008）认为，企业与农户之间通过共同建立合作社，将原本属于外部交易关系内部化，有利于双方建立起风险共担、利益共享的机制，并加大了双方的违约成本，减少了违约现象的发生，并有利于帮助农户建立起稳定的农产品市场营销渠道。在实践中，一些企业领办的合作社甚至发展成为真正意义上的合作社。无论如何，企业领办合作社具有一定的合作性质，是在龙头企业大规模进入农业领域的前提下，中国企业家和农民共同推进的制度创新，也是中国对世界合作社运动的重要贡献。更为重要的是，一些企业在发展过程中为了更好地与农户建立稳定的产销关系，有的吸收农民入股，有的投资兴建种植、养殖终端后以租赁等形式提供给农民使用，有的在产品销售后给农民二次分红，等等。在一定程度、一定层次上向着合作社化的方向演进。这种现象体现了企业的专用资产投资到一定程度后，必然要求稳定的原料来源，而与农户之间结成紧密的利益关系有利于企业长远发展。现实中广东的温氏集团、山东的新希望六合集团都具有这一特点。应该说，这样的发展趋势是中国企业家和农民的伟大创造，符合世界农业发展的大方向，符合中国农业现代化的大方向。

三、供销合作社的改革和发展

供销合作社是新中国成立初期探索的"三大合作"（供销合作、生产合作、信用合作）中最早成立的合作经济组织。早在1950年7月就成立了中华全国合作社联合总社，1954年7月改名为中华全国供销合作总社（手工业生产合作分出）。成立至今，与原商业部三合三分，1995 年第三次从原商业部分出至今。改革开放 40 多年来，供销合作社经历了几次重大改革，都是围绕着如何恢复"三性"而进行的。分别是：第一，1981 年 12 月 18 日，全国供销合作总社向中共中央、国务院报送了《关于供销合作社改为集体所有制试点的报告》，提出要有步骤地、自下而上地把供销合作社改为集体所有制①，办成农民的商业。第二，1982 年中央一号文件提出："要恢复和加强供销社组织上的群众性、管理上的民主性和经营上的灵活性，使它在组织农村经济生活中发挥更大的作用。""基层供销社恢复合作商业性质，在自愿原则下扩大吸收生产队和农民入股，经营利润按股金和按交售农副产品数量分红，实行民主管理，把供销社的经营活动同农民的经济利益联系起来；县级供销社改为基层社的联合社；县联社和基层社都实行独立核算，自负盈亏，向国家缴纳所得税的制度；改革后供销社原有国家职工的一切待遇不变。"第三，1995 年 2 月 27 日，中共中央、国务院做出了《关于深化供销合作社改革的决定》，提出："以基层社为重点，采取切实有力的政策措施，使供销合作社真正体现农民合作经济组织的性质，真正实现为农业、农村和农民提供综合服务的宗旨，真正成为加强党和政府与农民密切联系的桥梁和纽带。"第四，2015 年 3 月 23 日，中共中央、国务院做出《关于深化供销合作社综合改革的决定》（中发〔2015〕11 号），提出了到 2020 年供销合作社改革的目标，指明了改革的基本原则，包括"坚持为农服务根本宗旨，……做到为农、务农、姓农"，"坚持合作经济基本属性"，为新时期供销合作社的改革明确了方向。

　　早在 2014 年 4 月，国务院办公厅批复同意供销合作总社启动河北、浙江、山东、广东四省供销合作社综合改革试点。2015 年，四个试点省根据中发〔2015〕11 号文件精神及时调整或重新制定了新的改革方案。四个试点省安装"改造自我、服务农民"的总体要求，按照中央 11 号文件精神，坚持把供销合作社改造成为与农民联结紧密、为农服务功能更完备、市场化运行更高效的合作经济组织体系，成为服务农民生产生活的生力军和综合平台，成为党和政府密切联系农民群众的桥梁和纽带，切实在农业现代化建设中更好地发挥作用。截至 2016 年底，四个试点省的试点任务已经结束，试点成果已在总结后在全国范围内推广。各省的试点任务不同，但最终都落到两大方面，一是如何把基层社办成真正的合作经济组织，二是如何把供销合作社办成为农民生产生活服务的生力军和综合平台。下面本节以山东省试点的做法及成效进行讨论。

　　山东省供销合作社综合改革分为四个层面。第一，村级层面，实施"党建带社建村社共建"，具体做法是：基层社依靠农村基层党组织，紧密结合农村基层服务型党组织建设、精准扶贫、经营服务等活动，与村"两委"共建农民合作社、农村综合服务社、农业生产发展项目和干部队伍，促进村集体和农民"双增收"，实现了基层社向农业生产经营和农村生活服务"双覆盖"，使供销社从最基层实现了"姓农"的要求。有了村社共

---

　　① 实际上是恢复供销合作社的集体所有制性质。早在 1949 年 3 月召开的中共七届二中全会，就指出合作社是以私有制为基础的，是在无产阶级领导下的，在国家政权管理下的劳动人民群众的集体经济组织，是半社会主义性质的。

建，特别是村社共建农民专业合作社，后续发展起来的农民合作社联合社才成了有本之木，故村社共建是供销社改造自我的源头和基石。第二，在乡镇层面打造实体性合作经济组织。即在村社共建的基础上，依托基层社，以农民合作社为核心成员社，联合本区域龙头企业、合作社、家庭农场、专业大户等新型农业经营主体，组建实体性乡镇农民合作社联合社并在工商部门登记为合作社法人；联合社与县级农业服务公司（县级联合社）协同建设为农服务中心，打造"3公里土地托管服务圈"，基层社、镇级农民合作社联合社、为农服务中心"三位一体"，共同构建了乡镇层面为农服务综合平台。第三，在县级层面，构建县级农民专业合作社联合社，在编制部门注册登记为事业法人，并与县级供销社"一套机构、两块牌子"。通过组建县级农民合作社联合社，一方面在县域范围内形成上下贯通的联合社组织体系和经营服务体系，推动县以下供销社与农民合作社融合发展。总的来看，山东省供销合作社综合改革的路径是：村级层面上组建合作社（不一定在村域范围内），乡镇和县域层面上构建联合社（两级联合社的性质及功能不一样），县乡两级联合（包括省、市级供销合作社联合社的资金支持）在乡镇打造为农服务中心，大多依托乡镇级联合社，为域内农民实施土地托管服务。截止到2017年底，山东省以综合托管系数计算的托管面积3200多万亩，综合托管率近20%。通过土地托管，实现了资本、技术和管理等现代要素对传统农业的改造。土地托管，其实就是社会化服务，有效地破解了"谁来种地"的难题，在服务环节上推动了农业规模经营，降低了农业生产成本，实现了农业增效和农民增收，是实现小农户与现代农业发展有机衔接的重要方式。尤为重要的是，山东省的托管服务已经从大田作物发展到经济作物，从平原发展到丘陵、山区，从种植业发展到养殖业，很多规律性的东西值得总结。

目前，全国共有2.3亿农户，其中2.1亿农业经营户，平均每户承包不到8亩耕地，每个地块不到1亩，是典型的小规模经营农业。从土地流转看，截至2017年底土地流转总面积4.79亿亩，占家庭承包经营总面积的35.1%。通过流转形成30亩以上的大户1052.1万家，其中50亩以上的356.6万家。可见，中国小农户经营的总体状况没有得到根本改变。因此，在小农户基础上实现农业现代化，不是要不要的问题，而是怎么办的问题，即按照中共十九大的要求，实现小农户与现代农业发展的有机衔接。可见，山东省供销合作社综合改革所创造的土地托管经验具有广泛的适用性和极大的推广价值。应该特别引起注意的是，土地托管的基础是合作社的全面发展。截至2018年上半年，山东省共有农民专业合作社19.6万家，占全国的9.3%。因而，农民专业合作社是现代农业发展的基础，是农业中的现代企业制度。供销合作社改革以组建农民专业合作社和为农服务为突破口，找到了中国发展现代农业的薄弱环节，在路径选择上符合中国现代农业的发展方向。尽管全国农民专业合作社已经达到了210.2万家，但单个合作社的规模较小，只有60人左右，不足以影响市场，对成员的吸引力也不大，已经到了再合作的关键节点。为此，新修改的《农民专业合作社法》专设一章规定农民专业合作社联合社的组建及运作规则。但如何推进合作社之间的联合与合作，依然是一个有待于突破的重要实践问题。山东省供销社在综合改革过程中依托基层社发展乡镇级联合社，依托县联社发展县级联合社，节约了合作社再合作的交易成本，极有推广价值，是对中国合作社事业的重要贡献。

四、总结和展望

本节回顾了改革开放以来中国农民合作经济组织的发展历程，讨论了 40 年来中国农民在合作经济领域的创新及对世界合作社运动的贡献，总结了供销合作社改革的过程及进展。本节认为，由于所有制关系的特殊性，不同地区农业发展的不平衡性，各地区文化和农民的创造性的差异性，加上政府机构（或准政府机构，如供销社）的作用，造成了中国农民合作社实践的丰富多彩。不仅制度上源于罗虚代尔的专业合作社发展呈现多样性，更是分化出诸如农机合作社、土地股份合作社、农村社区股份合作社、企业领办合作社等多种创新类型，包括供销社在改革中发展的专业合作社、乡镇和县级联合社，都体现了中国农民对世界合作社运动的贡献。

2017 年 10 月，中共十九大提出了乡村振兴战略并写进党章，作为中国共产党长期的奋斗目标。在实施乡村振兴战略的总体要求"产业兴旺、生态宜居、乡风文明、治理有效、生活富裕"中，产业兴旺是关键，而农业及其相关产业的发展，合作社是基本组织形式。而且，21 世纪以来的农业农村发展历程证明，合作社对于其他四项要求也有包括估量的促进作用。因此，在未来实现农业农村现代化进程中，各种类型合作社必然是重要载体。为此，提出以下建议：

第一，尽快研究制定《农民专业合作社法》，确立合作社必须坚持的基本原则，包容上述各种合作社类型。目前，农机合作社、土地股份合作社都在工商管理部门注册，农村社区股份合作社有的在工商部门注册（如江苏省南京市），有的在农业行政管理部门注册，前者注册为合作社法人，后者则不具备经营职能。这种情况说明，目前的《农民专业合作社法》无法容纳实践中出现的合作社类型，不能满足广大农民发展合作经济的需要，必须制定一部统一的《农民专业合作社法》，对上述各类合作社的运作规则进行具体规定。

第二，准确把握中国合作社的发展方向。目前，全国在工商部门注册的农民专业合作社已达 210.2 万家，平均每个村 3 家以上，接近一半的农户都加入了各类合作社。但每个合作社的平均成员数太少，只有 60 个左右，对市场的影响较小。近年来，已经出现了"从户间合作向社际联合迈进"的趋势（孔祥智等，2012），反映了农民对于更高层次合作的客观要求。如前所述，山东省供销社在改革中依托县乡两级供销社发展农民专业合作社联合社，是一种有效的联合社发展模式。其他地区在实践中应该总结出更多模式，借助政府机构（包括准政府机构）的力量，推进合作社之间的联合，尤其是同类合作社之间的联合，对于增进成员福利，提高农业竞争力具有重要作用，应该作为地方政府农业行政管理部门工作的重点之一。

第三，不断向更多农民普及合作社文化。更多农民合作意识的增强，对于合作社发展以及合作社之间的再合作起到极其重要的推动作用。合作社本身就具有向成员及社区内非成员普及合作社知识，强化合作意识的任务，在罗虚代尔八项原则中，"重视对社员的教育"是其原则之一。早在1849年，合作社成立了教育委员会，1853年社章规定合作社每年要从盈余中提取2.5%作为教育基金，对社员进行文化、合作思想和道德的教育。政府农业行政主管部门可以建议大型合作社和联合社从公积金中拿出一部分用于对成员及社区内非成员的教育，增强合作意识，促进合作社进一步发展。

参考文献

［1］孔祥智等. 农业经济学［M］.北京：中国人民大学出版社，2014.

［2］孔祥智等. 国外农业合作社研究——产生条件、运行规则及经验借鉴［M］.北京：中国农业出版社，2012.

［3］应瑞瑶. 合作社的异化与异化的合作社——兼论中国农业合作社的定位［J］.江海学刊，2002（6）.

［4］孔祥智. 农村社区股份合作社的股权设置及权能研究［J］. 理论探索，2017（3）.

［5］苑鹏. 对公司领办的农民专业合作社的探讨——以北京圣泽林梨专业合作社为例［J］.管理世界，2008（7）.

［6］孔祥智等. 中国农民专业合作社运行机制与社会效应研究——百社千户调查［M］.北京：中国农业出版社，2012.

第三节　中华人民共和国成立70年来的合作经济研究

回顾中华人民共和国成立70年来合作经济的研究历史，必须了解合作社这个概念传播到中国以后其内涵的演变。早在列宁的《论合作制》一书中，就强调了在社会主义制度下合作社的集体所有制性质（列宁，1953）。对中国社会主义建设影响深远的《联共（布）党史简明教程》也强调："列宁认为一般合作社，特别是农业合作社，是千百万农民易于接受和了解的由小的个体经济过渡到大的生产协作组织即集体农庄的道路。""我国农业发展的道路，应该是通过合作社吸引农民参加社会主义建设，逐渐把集体制原则应用于农业，起初是农产品的销售方面，然后是农产品的生产方面。"（联共（布）中央特设委员会，1975）事实上，中国农业所有制变迁正是沿着合作化（互助组、初级合作社）、集体化（高级合作社、人民公社）的道路，与苏联非常接近。随着2007年7月《中华人民共和国农民专业合作社法》的实施，中国正式引进了的合作经济制度。两种合作经济制度的交织和碰撞，形成了当今中国合作经济制度的独特现象。因此，梳理中国合作经济研究的历史，必须以两种制度的传播、发展为主线。在以下的内容中，本节先按照改革开放前后两个阶段梳理合作经济研究的历史，最后是简短的评价及展望。

一、集体经济构建过程中的合作经济研究：1949~1978 年

（一）概述

与苏联一样，合作社计划也是中国改造小农经济的主要手段。1953 年，中共中央印发的《关于发展农业生产合作社的决议》指出："农业生产互助合作、农村供销合作和农村信用合作是农村合作化的三种形式。"（《中国百年信用合作史料》编委会，2017）因此，新中国成立伊始，在土地改革结束的地区，这三种合作都在一定程度上开展，只是形式有所不同。由于后两类合作对农民财产权、村庄治理传统等影响较小，因此，理论界主要讨论农业生产合作及其相关问题。

从时间上看，如果在知网上以"合作经济"为主题词查询，1978 年之前竟然只有 1 篇文章，发表在 1962 年第 7 期《经济研究》上，讨论手工业的组织形式问题。说明那时人们很少使用"合作经济"这一概念。如果以"合作社"为主题词查询，则 1949 年仅有 1 篇，1950 年仅有 4 篇，大都为介绍性质的短文或者新闻。1951 年起，理论界讨论合作社的文章开始多了起来，但 1951 年、1952 年主要讨论信用合作问题，背景是土地改革以后，独立开展农业生产的农民需要信用支持。这一时期，发表涉及"合作社"主题词文章最多的是 1954 年（122 篇）、1955 年（197 篇）、1956 年（227 篇）、1957 年（125 篇）、1958 年（165 篇），这几年恰好是农村合作化运动从互助组、初级合作社、高级合作社到人民公社发展时期。此后的理论探讨逐渐变少。1966 年到 1976 年"文化大革命"10 年间，大量学术性刊物被停刊，高校停办或者停招，学术研究进入停滞期，此间每年发表的有关"合作社"的文章极少（1967~1970 年 0 篇，1971 年 1 篇），几乎没有学术价值。

（二）主题及观点

如果去掉那些表态、批判和单纯介绍性质的文章，这一时期有关合作社学术文章的主题主要包括五大方面。

（1）信用合作和资金支农问题。1952 年 9 月出版的《中国金融》发表了中国人民银行农村金融管理局撰写的《关于农村信用合作问题》的文章，介绍了当时农村信用合作的发展情况：全国信用合作社由 1951 年 5 月的 97 个发展到了 1764 个，信用互助组由 69 个发展到 5139 个，供销社的信用部由 610 个发展到 1122 个。该文认为：信用合作社是半社会主义性质的组织，是群众自己的经济互助组织（中国人民银行总行农村金融管理局，1952）。到 1954 年，农村信用社取得了较大的发展，年内全国发展约 5 万个信用社（《中国百年信用合作史料》编委会，2017），对其性质的界定就成为理论上必须回答的问题。对此，沈群认为，"我国目前的信用合作社，是社会主义性质的、农村劳动人民的集体经济组织……"（沈群，1954）。

芦苇（1952）认为，信用社的利息应该低于银行利率，存放利息两低后，在辅助生

产上可以起到很大的作用。到 1953 年，农村初级合作社初步发展，支农就成为金融机构的一项重要任务。罗轩烈（1953）认为："国家银行对农业生产合作社发放贷款，主要在于帮助解决生产上的困难，巩固其组织，……从而教育农民群众认识农业生产合作社的优越性，以促进农业生产互助合作运动的开展。"因此，对农业生产合作社的放款，要坚持"积极引导，稳步前进"的原则。到 1958 年初，人民公社制度基本确立，其生产活动的资金来源就成了大问题。对此，杨培新（1958）认为，首先要勤俭办社，依靠农民自己的人力、物力、财力发展农业生产；其次是国家对农业资金的调节和援助，包括农业投资和农业贷款两个方面。沈毓钦（1958）结合当时的国家政策，提出在全面实行合作化以后，农村信用社应当继续存在，继续保持社员使用资金的灵活性和机动性，并讨论了合作化背景下信用社的组织形式问题，即继续叫信用社；改为合作社下面的信用部；大社成立信用部，若干小社可成立信用社或联合信用部；生产合作社、供销合作社、信用合作社"三社合一"。叔业（1963）认为，集体所有制的信用合作社是社会主义金融体系的重要组成部分，是为人民公社、生产大队、生产小队的农业生产服务的。

（2）对农业合作化的理论阐释。1955 年 7 月，毛泽东（1999）在中共中央召集的省委书记会议上作了题为《关于农业合作化问题》的报告，认为农村中合作化的高潮已经到来，由此也推动了学术界研究农业合作化问题的高潮。1955 年第 5 期的《经济研究》发表社论，号召学术界开展关于农业合作化问题的经济理论研究工作，如合作社中的经济关系、社员缴纳的股份资金和投资的实质、产品分配中土地报酬和劳动报酬的比例等。进一步推动了这一研究高潮的到来。曹国兴（1955）认为，农业生产互助合作组织由低级到高级的发展，是农业社会主义改造运动的基本规律。互助组易于农民所了解和接受，为过渡到半社会主义性质的农业生产合作社准备了条件；后者是过渡形式中的高级形式，是稳步引导农民过渡到完全社会主义性质农业合作社的恰当形式。周诚（1955）研究了合作社的劳动组织形式和劳动报酬方式，认为生产队是合作社劳动组织的基本形式，计件制是合作社劳动报酬的主要方式。王秉秀（1955）等研究了农业合作化运动中主要生产资料由私有转变为共有的形式，一是作价收买，其价款由合作社分期偿还；二是作价入股，按劳动力或土地和劳动力的比例平均分摊作为股份金，多余部分分期归还（是否付利息民主商定）。宋涛（1956）论证了合作化过程中初级社过渡到高级社的必然性，认为起决定作用的是生产关系一定要适合生产力性质的规律。陈秋梅（1956）等学者利用马克思的地租理论研究农业合作社的地租形态和土地报酬问题，从而深化了对农业合作社问题的理论探讨。赵祥云（1957）从理论上探讨了高级农业生产合作社所有权来源的形式，即入社农民土地和其他生产资料的公有化、股份基金、初级社转移给高级社的公共财产、建社后的生产收入、国家的援助和奖励等。王志坚（1958）在调研的基础上研究了农业生产合作社积累和消费之间的关系，认为扩大合作社公共积累的条件已经具备。

（3）农业合作社的管理问题。由于农业合作社的形态已经成熟，一些学者开始研究其具体的管理问题。如周诚（1956）研究了农业生产合作社的责任制问题，认为适当的劳动组织形式即生产队是建立责任制的基础。康九龄（1956）从三个方面研究了农业生产合作社的经营管理问题，即计划管理、劳动组织、劳动报酬。陈振年（1956）研究了北京郊区农业生产合作社的生产规划问题，提出要确定合作社的生产方向和作物种植结构，并纳入国家计划轨道。王庆成（1956）研究了高级农业生产合作社会计核算的组织问题，其组织计划包括凭证计划、账户计划、账簿组织计划、财产清查计划、报表计划等。宋海文（1957）深入讨论了农业合作社中自留地存在的意义、可能性和面积，认为即使向更高级的合作社过渡，也不能忽视自留地和家庭副业。

（4）人民公社产生的必然性问题。随着 1958 年人民公社化运动的开展，一些学者开始研究人民公社问题。但从 1958～1978 年的 20 年，在知网上查询的学术性文章不足 10篇，而且大都是论证人民公社的必然性，或者介绍具体公社的。如邹今朴（1958）通过实地调查表明，高级合作社的生产力和生产关系存在四方面的矛盾，即劳动力和资金不足与大规模生产建设之间的矛盾、农业社的范围狭小与全面规划之间的矛盾、单产农业经营与生产综合发展之间的矛盾、生产进一步集体化的要求与生产资料私有制残余之间的矛盾，这些都是人民公社产生的客观基础。宋涛（1959）认为，人民公社的建立是生产关系适合生产力规律的结果，认为农业生产的大跃进，水利建设的大发展，劳动协作的进一步扩大，都要求建立人民公社，而新式农具和现代化农业机械的采用，促进了人民公社的建立。亦农（1959）认为，互助合作运动为公社化打下了坚实的基础，"大跃进"直接促进了人民公社的诞生。许涤新（1961）认为，以生产大队为基础的三级所有制，是人民公社的根本制度。人民公社代替高级农业生产合作社，是它的"一大二公"对高级社局限性的否定，并为下一步过渡到公社所有制创造条件。

（5）其他合作社问题。生产合作、信用合作、供销合作是当时的三大合作，奇怪的是，从 1949～1978 年以"合作社"为主题词查询到的文章并不多。宋德敏（1954）认为，从中华人民共和国成立到社会主义改造基本完成的过渡时期，供销社的基本任务有：通过供销服务促进农业生产发展，为农业生产服务；通过供销服务开展城乡物资交流，加强城乡、工农之间的经济结合；引导广大的个体农民走向社会主义道路，即农业集体化。伯云（1956）认为，供销合作社已经从新中国成立初期的半社会主义性质转变为社会主义性质，即劳动群众集体所有制，它必须以国营商业为领导，具有广泛的群众性等特点。此外，在此期间，学术界对于手工业合作社、服务合作社等也给予了关注。如王定一（1958）以上海手工业合作社转变为国营工厂或合作工厂为例，讨论了手工业合作社向全民所有制过渡问题。汪海波等（1958）通过在北京、天津等地的调查，研究了城市居民服务合作社的分配问题，提出了按劳取酬为主和少分配、多积累的分配原则。

（三）代表性学术著作

这一时期出版的有关合作社的书籍并不多，以"合作社"为主题词在中国人民大学图书馆网站上只查到 467 本，且大多是典型合作社介绍、政策汇编、如何办好合作社，以及合作社具体管理问题等方面的书籍，理论探讨得很少。以"合作经济"为主题词只查询到 2 本著作，一本为《新民主主义的农业合作社》，另一本为《发展中的供销合作社》，笔者都是李仁柳，由中华书局分别于 1950 年和 1951 年出版，均属于介绍性质。在此，本章介绍中国人民大学合作社理论与历史教研室编写的《合作社理论与历史教程》一书。该书由中国人民大学于 1952 年出版，由中国人民大学合作经济系合作社理论与历史教研室的华西列夫和果戈里编写，由中国人民大学研究部编译室翻译成中文作为培养中国学生的教材。该书不仅由中国人民大学相关专业使用，中央培训相关领域的领导干部、其他高校相关专业也都作为教材使用，产生了极大的社会效果。

该书共分为 14 讲，内容主要有：合作社的起源及其在资本主义制度下的性质，伟大的十月社会主义革命后苏联合作社的变化。列宁、斯大林的合作社计划、苏维埃合作社的发展（三讲）、现阶段的苏维埃合作社形式、合作社的高级形式——集体农庄（两讲）、苏联的国家与合作社、苏维埃合作社的民主原则、欧洲各人民民主国家的合作社。该书所讲述的苏联东欧社会主义国家合作社发展历程对中国的合作化运动有着深远的影响（中国人民大学合作社理论与历史教研室，1952）。

二、两种合作制交织过程中的合作经济研究：1979～2019 年

（一）概述

改革开放以后，把集体土地承包到户的广大农民很快就感受到了合作的必要性。20 世纪 70 年代末期，中国第一个农民科学种田技术协会、第一个由农机手组成的农机联合体在安徽省成立，开始了农民新型合作的进程，当时称为农村专业技术协会。随着参与市场竞争的需要，这些协会中的实体性合作内容越来越多，一些农民也开始创建实体性合作经济组织，被称为"新型农村合作经济组织"，直到 2006 年 10 月 31 日第十届全国人民代表大会常务委员会第二十四次会议通过了《中华人民共和国农民专业合作社法》，农民专业合作社这一名称才正式确定下来。截至 2019 年 5 月底，全国登记注册的农民专业合作社数量超过 220 万家，是现代农业发展和乡村振兴的重要主体，当然也是学术研究的重点问题之一。此外，传统的集体经济依然被称之为"合作经济"，党的十八大以后，各级政府对发展农村集体经济高度重视，学术界对这一传统合作经济问题的研究也越来越多。从机构设置看，2006 年《农民专业合作社法》通过后，中国人民大学成立中国合作社研究院，青岛农业大学成立合作社学院，中国社会科学院、中国农业科学院、浙江大学、中国农业大学、安徽财经大学等纷纷成立专门研究机构，合作经济研究的队伍越来越壮大。

通过知网查询，以"合作经济"为主题词，1978 年以来共有 13368 篇文章；以"合作社"为主题词，1978 年以来共有 101157 篇文章；1994 年发表的文章超过 1000 篇，1997 年超过 2000 篇，2006 年超过 3000 篇，2008 年超过 4000 篇，2010 年超过 5000 篇，2013 年超过 6000 篇，2015 年回落到 6000 篇以下。可见，21 世纪以来，尤其是 21 世纪第二个十年以来，学术界对合作经济问题的研究进入了高潮。当然上述文章中有的是随笔，有的是对具体案例的介绍，但总的来看，改革开放以来，学术界对于合作经济问题研究的文献数量多、质量高、探讨深入，极大地推动了合作经济学科的发展。

（二）主题及观点

概括起来，改革开放以来学术界对于合作经济问题的研究可以划分为五大方面。

（1）对农村新型合作经济组织的认识。实行家庭承包经营制度之后出现的农村新型合作经济组织和已经运转了数十年的传统合作经济组织（集体经济组织）相比较，无论在构成、性质，还是在运行规律等各个方面都有很大差距。那么，这些组织究竟是不是合作经济组织？它们和传统合作经济组织有哪些区别？20世纪八九十年代，乃至21世纪初期，学术界都在讨论上述问题，主要做了两方面工作，一是介绍国外合作社发展的经验，目的在于说明，所谓新型合作经济组织实际上在欧美发达国家已经发展了100多年，作用十分明显；二是对现实中合作经济组织的性质等进行讨论。

在这次长达20年对国外农民合作社的译介中，中国社会科学院世界经济与政治研究所发挥了重要作用。1985年，该所在贵州省贵阳市召开了国外农业合作社问题讨论会，指出：长期以来，人们仅把合作社看为生产资料公有制的一种手段，没有认识到农产品产销在纵向（垂直）联合方面也存在着大量的合作社形式，这种形式推动了农业一体化发展，是农业中的一种新现象，很有生命力。世界各国的经验表明，一体化合作社既存在于流通领域，也存在于生产领域。该所的徐更生、刘振邦等发表了大量文章介绍国外农业领域的合作社，起到了良好的效果。徐更生（1986）认为，从国外情况看，合作社是由生产者根据自身需要自愿组织和经营的企业，其目的不是为了赚钱，而是为了更好地利用合作社的服务。我国只承认土地和劳动入股的合作社，具有很大的片面性。我国未来的农业合作社应该提倡发展供销合作社以及各种服务合作社，改组和完善信贷合作社，试办生产合作社。刘振邦（1985）把国外合作社分为四种类型：农业互助保险与信贷合作社、采购、贮存、加工、包装、运输和销售等流通领域合作社；农业生产性合作社；服务性合作社（共同使用农业设备、种子、人工授精、兽医、审计和建筑等）。不能简单地认为农业合作社只有生产合作社（如互助组、初级社、高级社、人民公社或集体农庄）。

20世纪80年代初期，学术界开始关注农村新型合作经济组织并展开讨论。刘玉勇、高振华（1985）认为，新型合作经济包括联营、合作、股份等经济组织，具有鲜明的社会主义性质，与现阶段生产力发展水平相适应，是开放的社会化的商品经济形式。温泉（1986）认为，长期以来人们忽视了合作经济的功利性、多样性和可变性特征，在农村合作经济的形式和内容上追求单一化和固定化，走进了穷困落后的死胡同。当前农村新型合作经济具有地域型（以地域为依托）、企业型（以企业为依托）和系列型（以某一生产为依托，在产、供、销各个环节形成系列）三种类型。发展农村新型合作经济，要顺应客观规律，分类指导，尊重经营者的经济权利。秦庆武（1999）以山东省为例，认为农村新型合作经济组织可以分为专业协会型、专业合作社型和股份合作型。郑新立（2002）认为，我国新型合作经济组织是指改革开放以来，农民及社会其他方面以资金、劳动等联合组成的从事经营或服务的合作经济组织，包括各类合作社、农民协会或股份合作组织，与集体经济组织有很大的不同，并建议明确这类组织的法人地位。孔祥智（2003）认为，有一种错误观念，即合作经济是集体经济从而是社会主义性质，股份制是资本主义性质，这种观念对于农民专业合作经济组织的发展是极其有害的。

（2）对农民专业合作社立法问题的研究。随着农民专业合作社的迅速发展，确立法律地位等相关立法问题受到了学者们的广泛关注。2006 年《农民专业合作社法》通过后，学术界对合作社立法问题的研究达到高潮。在知网上以"合作社法"为主题词查询，2006 年当年就有 90 篇文献涉及合作社法律问题，而 2005 年仅为 29 篇，2007 年达到 301 篇，2008~2014 年均为 100 篇以上。2015 年（92 篇）、2016 年（85 篇）稍低，但 2017 年、2018 年又超过 100 篇，可能与 2017 年 12 月 27 日第十二届全国人大第三十一次会议修订《农民专业合作社法》有关。

早在 1990 年，张晓山、苑鹏（1990）就撰文介绍了美国、英国、加拿大、德国等发达国家和苏联东欧社会主义国家合作社立法情况，并对中国合作社的立法提出了建议。欧阳仁根（1998）认为，中国的《农民专业合作社法》应该包括调整对象、责任形式、社员主体资格、民主管理制度、盈余分配及会计合算制度、主要经济关系的调整等内容。米新丽（2005）认为，农业合作社是一种非营利法人，主要体现在：合作社的目的不是为社员营利，而在于为社员提供服务；在为社员提供服务的过程中，不以营利为目的，而是遵循"成本原则"。对于 2006 年通过的《农民专业合作社法》，任大鹏（2007）认为，该法所设计的核心制度是财产制度、成员的经济利益保护制度、农民专业合作社的治理结构等。2017 年 12 月，全国人大常委会通过修订后的《农民专业合作社法》，在讨论修订思路时，任大鹏（2017）认为，在"两分法"体系下，农民专业合作社具有营利性法人的特征；法律对农民专业合作社财产结构安排的核心是明确界定成员与合作社之间财产权利的边界；治理结构的完善应当以保护成员的最终控制权为目标，完善赋权机制，并保护成员退社自由的权利。任大鹏的研究对于学术界和实业界理解这部法律产生了深远影响。高海（2018）认为，新修订的《农民专业合作社法》在强化合作社惠顾返还为主的盈余分配原则、新增联合社规则并坚持合作社原则、放大农民专业合作社特别法人之特殊性的表现等方面改进较为突出，但因其未区分成员出资与非成员出资的不同类型并进行差别制度设计、允许法律性质不确定的土地经营权与林权出资且"固定保底收入 + 浮动分红"配套规则的缺失，对遵循合作社原则产生了一定的负面影响，因而尚需进一步完善。

（3）对农民专业合作社运行规则、运作机制等理论和实践问题的深入研究。进入 21 世纪以后，用现代经济学方法研究农民专业合作社问题的文献开始出现并迅速增加。从具体研究方法上可以划分为两大类，一是运用新制度经济学理论和方法对农民专业合作社进行制度分析；二是运用计量经济学方法，以计量模型为基本方法，在较大样本数据的基础上，对农民专业合作社进行实证研究。

苑鹏（2016）较早地运用新制度经济学的方法研究中国农民专业合作社发展问题。在 2002 年的一篇文献中，苑鹏构建了国家与合作社互动关系的研究框架，通过对自办、官办、官民结合三种基本类型合作社的案例分析，认为合作社作为一个独立的自负盈亏的经营实体，与当地政府之间存在着明显的权利分立，从而提出未来农民合作组织发展的核心问题是政府在经济发展中的定位问题。该文被引用高达 623 次。这样规范而深入的研究方法对于此后合作经济问题的研究产生了深远影响。黄祖辉等（2002）基于对浙江省农民合作经济组织的调研，提出了影响合作组织发展的因素，即产品特征因素、生产集群因素、合作成员因素和制度环境因素。该文被引用次数高达 1014 次，是合作经济领域引用率最高的文献之一。

计量经济学方法在合作经济领域的应用主要在农户对合作社的选择等方面。应瑞瑶（2009）较早地运用计量经济学方法研究农民对垂直协作方式的选择。在他的研究设计中，合作社是可供农户选择的五种垂直协作方式之一。通过对 542 个生猪养殖户数据的计量分析，认为养殖户规模越大、资产专用程度越高，越倾向于选择包括合作社在内的紧密型垂直协作方式。应瑞瑶发表的农户对于垂直协作方式选择的系列论文拓宽了学术界对于合作经济问题研究的视野。孙亚范（2010）基于江苏省的数据，运用回归分析法研究了合作社社员的退出意愿，结果表明，社员退出意愿取决于获得的、能够感知的各项合作收益与实惠，以及在合作社管理中民主参与程度。黄胜忠（2008）等利用从台州、温州和邯郸三地获得的 168 家农民专业合作社的调查数据，基于有序概率模型方法，对农民专业合作社的治理机制及其绩效进行了实证分析，认为改善治理结构是促进农民专业合作社规范发展的重要内容之一。

（4）对供销合作社改革问题的研究。在这一阶段，供销合作社改革也是学术界研究的重点问题之一。尤其是 20 世纪 80 年代初期以来，供销社进行了多次改革，其性质及改革方向一直是学术界关注的重点问题之一。从历史上看，1950 年，全国合作社工笔者第一届代表会议召开，决定成立中华全国合作社联合总社；1954 年中华全国合作社第一次代表大会召开，决定将中华全国合作社联合总社改名为中华全国供销合作社总社；1958 年，供销合作社合并到商业部门，并由集体所有制转为全民所有制。后虽经 1970 年、1981 年两次与商业部门合并（1995 年独立至今），但这一所有制性质并没有因体制的变化而改变。因此，伴随着农村改革，供销合作社也面临着改革问题。为此，1981 年 12 月 18 日，全国供销总社向党中央、国务院报送了《关于供销合作社改为集体所有制试点的报告》，提出试点方案，包括基层供销合作社同生产队和农民实现联合经营，把供销社办成农村的商业联合企业组织；基层供销合作社和县联社实行独立核算、自负盈亏，向国家缴纳所得税。1982 年中共中央一号文件提出供销合作社要恢复"三性"（组织群众性、管理民主性、经营灵活性），恢复基层供销合作社的合作商业性质（中国供销合作经济学会，2009）。此后，供销合作社经历了体制和机制上的一系列改革，引起了学术界的热烈讨论。

1982 年，白仲尧（1982）发表了《供销合作社的战略地位和体制改革》一文，认为全民所有制和集体所有制两种经济成分在基层合作社同时并存，要承认供销社所有制的这种特殊性，并从此出发改革管理体制。随着前述 1981 年供销总社试点方案的发布，以及 1982 年中共中央一号文件的出台，此后若干年，大批学者开始讨论供销合作社的性质和改革问题。杨培伦（1983）认为，研究供销合作社的性质，要以无产阶级掌握政权的前提进行考察，以生产关系诸因素进行考察，从流通与生产的关系上进行考察，把问题提到一定的历史范围内进行考察。吴镕、吴德富（1983）认为，供销合作社的合作商业性质就是劳动群众集体所有制性质。随着改革的深入，学术界讨论问题的角度、深度都不断变化。石秀和（1996）认为，深化供销合作社改革，就是要建立起与农民利益紧密相连的共同体。汤益诚（2017）认为，为农服务自始至终都是国家和时代赋予供销合作社不变的历史使命，新的历史条件下国家对供销合作社改革的顶层设计要以服务为导向的政策体系、以市场为导向的发展体系、以创新为导向的治理体系、以支持为导向的保障体系。

（5）对传统合作经济问题的研究。在我国的传统语境里，集体经济是合作经济的高级发展阶段。由于集体所有制是农村的基本经济制度，因此，对这类合作经济问题的研究实际上一直在持续。如李泽中（1982）认为，合作社是社会主义集体所有制性质的。陆学艺、张晓明（1984）认为，马克思、恩格斯、列宁等经典作家对于合作社问题的认识是逐渐深化的。马克思、恩格斯认为，合作社不是一种独立的经济现象，而是一种过渡形式，是从小农经济向社会主义经济过渡的中间环节。列宁认为，合作社是在社会主义国营经济领导下发展商品生产的唯一可能的形式。以包干到户为主要形式的家庭联产承包责任制符合生产力发展的要求，符合马克思主义合作理论的基本原则，丰富发展了马克思主义的农业合作理论。杨坚白（1989）认为，合作经济就是社会主义集体经济，而不是半社会主义性质的。

党的十八大提出"壮大集体经济实力"；2016年12月26日，中共中央、国务院发布《关于稳步推进农村集体产权制度改革的意见》。此后，农村集体经济和产权制度改革再次成为理论界研究的热点问题之一。黄延信（2015）认为，集体经济就是若干分散的个体通过联合与合作实现共同发展的经济组织形态，是劳动者个人以资产入股形成的合作制或股份合作制形式。发展农村集体经济，关键是要推进农村集体产权制度改革，赋予农民更多的财产权利。杨一介（2015）认为，重建农村集体经济组织的难点在于建立具有科学法理基础的成员权制度，进而提出建立成员权制度的关键是实现成员资格的开放性，根据市场交易规则和现代经济组织的基本法律规则，实现农村集体经济组织形态的多元化。叶兴庆（2019）认为，在坚持农村土地集体所有制、维护农民基本权益的基础上，重构农村集体产权的权利结构、打破村社封闭性、增强对外开放性、消除土地等乡村资源流向非本集体经济组织成员的体制障碍，是提高土地等乡村资源配置效率、促进城乡融合发展的关键。

（三）代表性学术著作

和学术论文一样，有关合作社的著作在这一时期大量涌现，呈现老中青相结合的欣欣向荣的局面。以"合作社"为主题词在中国人民大学图书馆网站上查询到848本著作，以"合作经济"为主题词查询到711本，大都是深入研究的著作，也有的介绍国外的经验。限于篇幅，本节仅介绍其中最具代表性的3本。

（1）王贵宸（2006）著的《中国农村合作经济》一书。该书从大历史角度讨论了中国合作经济的发展。全书共分为五篇。第一篇是导论篇，笔者认为，土地改革为合作经济发展创造条件；合作社是一种世界现象，包括马克思主义在内的各种合作思想都在影响着中国农村的合作事业。第二篇探讨了新中国成立之前的合作经济发展，认为国民政府实行的农村合作社，受西方合作思想流派的影响；中国共产党领导的革命根据地的合作社是以马克思主义合作经济理论为指导。第三篇讨论了合作化、集体化时期的合作经济发展。新中国成立后，中国在家庭经营的基础上实现了供销合作、信用合作和农业生产互助化，紧接着是疾风骤雨式的农业集体化，开始走上曲折之路。第四篇研究了人民公社时期的合作经济，认为人民公社是农民小生产者对未来社会的一种美好幻想，三大合作都出现了所有制形态的升级。第五篇描绘了改革开放以后中国合作经济的发展前景，认为新时期农民合作经济组织适合市场经济发展的需要，具有强大的生命力。该书的出版，对于辨析两种合作经济思想、梳理新中国成立以来的合作经济发展路径具有奠基性意义。

（2）唐宗琨（2012）著的《合作社真谛》一书。本书是为中国合作制重建、合作社知识再启蒙而写的。笔者放眼世界、审视中国，通过国内外合作社历史经验的比较分析和从实际出发的逻辑论证，全面阐明了合作社基本问题。特别是针对国内合作社问题上长期存在的思想混乱，正本清源，揭示合作社的本质，着重分析了"合作社是谁的"和"合作社为谁"这样两个识别合作社本质的核心问题。本书的出版对于澄清政策界、学术界、实业界对于合作社、合作经济的混乱认识、正本清源具有重要作用。

（3）张晓山、苑鹏（2009）著的《合作经济理论与中国农民合作社的实践》一书。于2007年7月1日《农民专业合作社法》实施后，究竟什么是农民专业合作社，其理论基础是什么，以及现实中应该怎样发展，都是需要给予回答的重大问题。该书就是在这样的背景下出版的。全书分为上下两篇，上篇讨论了合作社的理论来源、基本原则，以及在西方国家及发展中国家的演变，下篇提出了中国农民专业合作社发展的必然性，讨论了在实践中出现的各类合作社。该书的出版对于理论界对合作社的正确认识以及实践中合作社的发展都具有重要指导价值。

三、评价与展望

本节按照改革前和改革后两个阶段梳理了马克思主义合作经济制度和西方合作经济制度传播和研究的历史。可以看出，改革开放之前，由于制度的单一性，学术界研究的范围也仅限于马克思主义合作经济制度及其在中国的演化，即互助组、初级合作社、高级合作社、人民公社。目前我国农村的集体所有制即来源于这一进程，形成于高级合作社阶段，成熟于人民公社阶段。所谓改革，就是改革人民公社时期的集体所有制组织形式。随着改革的深化，西方合作经济制度自发生成于改革后的马克思主义合作经济制度环境之中，直到2007年《农民专业合作社法》实施，这一制度才被自觉引入。这一过程说明了西方合作经济制度在农业领域的适应性。"与其他合作社模式以至其他企业制度相比，农民合作社，特别是农民营销合作社，是一种具有竞争优势，也符合农业现代化发展潮流的企业模式。"（杜吟棠，2002）这就造成了实践中两种模式并存，而两种模型的交叉、融合，又形成了许多新的合作社类型。现实中，如农机服务类农民合作社、扶贫类农民合作社、"三位一体"类农民合作社、"三变"改革类农民合作社、集体资产类农村社区股份合作社、土地入股类土地股份合作社等，都具有中国特色的合作社类型，这些丰富多彩的合作社类型的出现，正是中国农民对于国际合作社运动的伟大贡献，也是中国合作经济学术研究欣欣向荣的基础。当然学术界对这一现象的评价不一，有的学者认为现实中绝大部分合作社不具备"所有者与惠顾者同一的本质"（邓衡山等，2014）；有的学者称之为合作社的异化现象（应瑞瑶，2002）；有的学者则认为这种多样性特征正是中国农业发展多样性模式的体现，也是中国农民专业合作社的显著特点（孔祥智，2018）。观点的不一致正是现实复杂性和良好学术风气的体现。

如果从 2007 年《农民专业合作社法》实施算起，中国正式引进西方合作经济制度已经超过了 10 年。根据有关部门公布的数据，截至 2019 年 5 月，全国在市场监管部门登记的农民专业合作社已经超过 220 万家。数量大、种类多是中国农民合作社发展的显著特点，也给研究者提供了不可多得的对象。在未来一定时期内（如 10～15 年），中国合作经济研究可能会呈现三个趋势：一是结合现实需要，丰富和发展马克思主义合作经济理论体系，并反过来指导合作经济的实践。二是认真总结中国合作经济发展的经验，丰富和发展西方经典合作经济理论，并在国际交流中把中国经验推广到其他条件相近的国家。三是认真总结各类农民合作社的发展规律，为制定具有针对性的合作经济政策服务。

参考文献

［1］列宁．论合作制［M］.北京：人民出版社，1953.

［2］联共（布）中央特设委员会．联共（布）党史简明教程（1938 年版）［M］.北京：人民出版社，1975.

［3］《中国百年信用合作史料》编委会．中国百年信用合作史料（第三卷）［M］.北京：中国财经出版传媒集团，中国财政经济出版社，2017.

［4］中国人民银行总行农村金融管理局．关于农村信用合作问题［J］.中国金融，1952（17）.

［5］沈群．关于信用合作社的性质问题［J］.中国金融，1954（10）.

［6］芦苇．农村信用合作工作的几个问题［J］.中国金融，1952（4）.

［7］罗轩烈．对于办理农业生产合作社放款的几点意见［J］.中国金融，1953（13）.

［8］杨培新．我国筹集农业发展资金的道路［J］.经济研究，1958（1）.

［9］沈毓钦．关于信贷及信用合作若干问题的讨论［J］.金融研究，1958（2）.

［10］叔业．我国的农村信用社［J］.中国金融，1963（7）.

［11］毛泽东．关于农业合作化问题．毛泽东文集（第六卷）［M］.北京：人民出版社，1999.

［12］开展关于农业合作化问题的经济理论研究工作［J］.经济研究，1955（5）.

［13］曹国兴．半社会主义性质的农业生产合作社如何过渡到社会主义性质的农业生

产合作社 [J]. 教学与研究, 1955 (1).

[14] 周诚. 农业生产合作社的劳动组织与劳动报酬 [J]. 教学与研究, 1955 (12).

[15] 王秉秀, 王绍泰, 范烂. 农业生产合作社的生产资料公有化形式 [J]. 北京农业大学学报, 1955 (1).

[16] 宋涛. 初级农业生产合作社过渡到高级农业生产合作社的必然性 [J]. 教学与研究, 1956 (6).

[17] 陈秋梅, 卫兴华, 宁玉山, 赵之农. 关于初级农业生产合作社的地租形态和土地报酬问题 [J]. 教学与研究, 1956 (10).

[18] 赵祥云. 高级农业生产合作社所有权的来源 [J]. 武汉大学人文科学学报, 1957 (2).

[19] 王志坚. 谈谈农业合作社积累和消费的关系 [J]. 理论战线, 1958 (6).

[20] 周诚. 论农业生产合作社的生产责任制及其贯彻的途径 [J]. 教学与研究, 1956 (12).

[21] 康九龄. 关于农业生产合作社经营管理问题 [J]. 东北人民大学人文社会科学学报, 1956 (2).

[22] 陈振年. 北京市郊区农业生产合作社生产规划中几个问题的商榷 [J]. 北京农业大学学报, 1956 (2).

[23] 王庆成. 高级农业生产合作社会计核算的组织 [J]. 教学与研究, 1956 (5).

[24] 宋海文. 农业生产合作社中自留地问题的探讨 [J]. 经济研究, 1957 (4).

[25] 邹今朴. 人民公社是形式发展的必然趋势 [J]. 财经研究, 1958 (7).

[26] 宋涛. 人民公社的建立是生产关系一定要适合生产力性质规律作用的结果——驳右倾机会主义分子对人民公社的污蔑 [J]. 教学与研究, 1959 (10).

[27] 亦农. 人民公社是我国历史发展的必然产物 [J]. 经济研究, 1959 (11).

[28] 许涤新. 现阶段农村人民公社的根本制度 [J]. 经济研究, 1961 (5).

[29] 宋德敏. 过渡时期供销合作社的基本任务及其意义 [J]. 教学与研究, 1954 (1).

[30] 伯云. 我国供销合作社的社会主义性质 [J]. 经济研究, 1956 (5).

[31] 汪定一. 手工业合作社向全民所有制的过渡——上海手工业合作社转厂工作 [J]. 财经研究, 1958 (6).

[32] 王海波, 盛皿. 试论城市街道生产服务合作社的分配问题 [J]. 学术月刊, 1958 (12).

[33] 中国人民大学合作社理论与历史教研室. 合作社理论与历史教程 [M]. 北京: 中国人民大学, 1952.

[34] 中国社会科学院世界经济与政治研究所外国农村合作经济课题组. 国外农业合作社问题讨论会简介 [J]. 中国农村经济, 1986 (10).

[35] 徐更生. 试论我国农业合作经济体制的改革——从同国外合作经济的比较谈起

[J].经济研究，1986（11）.

[36] 刘振邦.国外农业合作经济的发展 [J].中国农村经济，1985（8）.

[37] 刘玉勇，高振华.新型合作经济的形式、性质和地位 [J].经济研究，1985（5）.

[38] 温泉.论我国农村的新型合作经济 [J].中国农村经济，1986（1）.

[39] 秦庆武.农村新型合作经济组织探析 [J].理论学刊，1999（1）.

[40] 郑新立.我国农村新型合作经济组织发展现状、问题及对策 [J].中国供销合作经济，2002（7）.

[41] 孔祥智.农民专业合作经济组织：认识、问题及对策 [J].山西财经大学学报，2003（10）.

[42] 张晓山，苑鹏.国家立法与合作组织的发展 [J].农村经济与社会，1990（5）.

[43] 欧阳仁根.我国合作经济立法的几个问题 [J].财贸经济，1998（3）.

[44] 米新丽.论农业合作社的法律性质 [J].法学论坛，2005（1）.

[45] 任大鹏.农民专业合作社的基本法理与核心制度 [J].教学与研究，2007（1）.

[46] 任大鹏.《农民专业合作社法》的基本理论问题反思——兼议《农民专业合作社法》的修改 [J].东岳论丛，2017（1）.

[47] 高海.《农民专业合作社法》的改进与完善建议 [J].农业经济问题，2018（5）.

[48] 苑鹏.中国农村市场化进程中的农民合作组织研究 [J].中国社会科学，2016（6）

[49] 黄祖辉，徐旭初，徐冠胜.农民专业合作组织发展的影响因素分析——对浙江省农民专业合作组织发展现状的探讨 [J].中国农村经济，2002（3）.

[50] 应瑞瑶，王瑜.交易成本对养猪户垂直协作方式选择的影响——基于江苏省542户农户的调查数据 [J].中国农村观察，2009（2）.

[51] 孙亚范.农民专业合作社社员退出意愿的影响因素分析——基于江苏省的调查数据 [J].南京农业大学学报（社会科学版），2010（4）.

[52] 黄胜忠，林坚，徐旭初.农民专业合作社治理机制及其绩效实证分析 [J].中国农村经济，2008（3）.

[53] 中国供销合作经济学会.中国供销合作社大事典（1949-2009）[M].北京：中国供销合作经济学会，2009.

[54] 白仲尧.供销合作社的战略地位和体制改革 [J].山西财经学院学报，1982（1）.

[55] 杨培伦.研究供销合作社性质的方法论 [J].财贸经济，1983（10）.

[56] 吴镕，吴德富.农村供销合作社所有制性质的辨析 [J].财贸经济，1983

（6）．

［57］石秀和．论供销合作社与农民利益共同体的再造工程［J］．农业经济问题，1996（4）．

［58］汤益诚．国家视角下的供销合作社改革［J］．中国合作经济评论，2017（2）．

［59］李泽中．集体所有制经济的特征及其发展趋势［J］．经济研究，1982（7）．

［60］陆学艺，张晓明．马克思主义的合作理论和联产承包责任制［J］．哲学研究，1984（4）．

［61］杨坚白．论合作经济在社会主义经济中的地位及其前景［J］．财经问题研究，1989（4）．

［62］黄延信．发展农村集体经济的几个问题［J］．农业经济问题，2015（7）．

［63］杨一介．我们需要什么样的农村集体经济组织［J］．中国农村观察，2015（5）．

［64］叶兴庆．扩大农村集体产权结构开放性必须迈过三道坎［J］．中国农村观察，2019（3）．

［65］王贵宸．中国农村合作经济［M］．太原：山西经济出版社，2006．

［66］唐宗琨．合作社真谛［M］．北京：知识产权出版社，2012．

［67］张晓山，苑鹏．合作经济理论与中国农民合作社的实践［M］．北京：首都经济贸易大学出版社，2009．

［68］杜吟棠．合作社：农业中的现代企业制度［M］．南昌：江西人民出版社，2002．

［69］邓衡山，王文烂．合作社的本质规定性与现实检视——中国到底有没有真正的农民合作社？［J］．中国农村经济，2014（7）．

［70］应瑞瑶．合作社的异化与异化的合作社——兼论中国农业合作社的定位［J］．江海学刊，2002（6）．

［71］孔祥智．中国农民合作经济组织的发展与创新：1978－2018［J］．南京农业大学学报（人文社会科学版），2018（6）．

后　记

　　这本书实际上是 2013 年以来我们这个团队研究农民合作社问题的一系列重要文章，按照成员异质性合作社治理这个主题汇集在一起，并按照一定的逻辑顺序排列而成。

　　我在展广伟老师门下读硕士时，学习的是农业技术经济，主要关注的是资源配置的技术经济问题。留校任教后，尤其是在严瑞珍老师门下攻读博士学位时，逐渐认识到小农户组织起来才会使资源配置更有效率，认识到恰亚诺夫改造小农的逻辑体系在中国是适用的，于是开始关注 20 世纪 90 年代逐渐发育、成长起来的农民专业合作经济组织问题。2003 年，全国人大农委启动了《农民专业合作社法》的立法工作，我有幸受邀作为专家成员参加了起草小组的工作，在三年多的时间里，几乎每天思考的都是合作社问题。2015 年，我又受邀参加《农民专业合作社法》的修订工作，关注的范围也随着修法工作的要求而扩大到联合社、信用合作等。2011 年，我当选为中国合作经济学会、中国农村合作经济管理学会两个国家级学会的副会长（副理事长），并在 2016 年换届时获选连任。学会职务对于我的研究工作而言既是压力，更是推力和动力。许多百思不得其解的问题，正是在和学会同仁们的交流中得到解决的。

　　近些年主持了不少有关合作社方面的课题。国家级课题有 2008 年的国家社会科学基金重大招标项目"发展农民专业合作组织和完善农村基本经营制度研究"（08&ZD021）和 2013 年的国家自然科学基金面上项目"成员异质性、合作社理论创新与农民专业合作社发展政策体系构建"（71273267）。2018 年承担的研究阐释党的十九大精神国家社科基金专项课题"实现小农户和现代农业发展有机衔接研究"（18VSJ062）当然也包括合作社的内容。近年来，农业农村部合作经济指导司（原经管司、经管总站）几乎每年都要委托一个有关合作社研究的课题，推动着我的研究工作不断前行。

　　2012 年，我出版《中国农民专业合作社运行机制与社会效应研究——百社千户调查》，对国家社会科学基金重大项目的研究成果进行了总结。本书是继上书后对 2013 年以来我的团队有关合作社成果的梳理和汇总，其主题就是成员异质性合作社的治理及其效果，不符合这个主题的没有收录。本书的两个序言分别是我应邀为全国人大农委写的修法建议和在美国考察奶农合作社后的随笔，能够代表我在这个时期对于中国农民合作社问题的思考。

　　本书是团队合作的产物，每一章（节）的笔者都以脚注的形式予以标注。这些文章大都发表在《中国农村经济》、《中国农村观察》、《农业经济问题》、《中国软科学》、《东岳论丛》、《农林经济管理学报》、《农村经济》、《华中农业大学学报（人文社会科学版）》

等刊物上，在此，代表团队向上述刊物表示衷心的感谢。

在做国家社科基金重大课题时，我们在调研中致力于多做合作社问卷，试图通过积累较大样本的问卷进行计量研究。后来我们发现这样的研究手法缺陷很大，不同时期、不同地区的合作社问卷放在一起，究竟有没有可比性？计量结果究竟有没有意义？2013 年起，我有幸接触到黑龙江省克山县仁发现代农业农机合作社和河南省荥阳市新田地种植专业合作社，于是就对它们进行跟踪研究，其中涉及仁发合作社发展的论文就有 10 篇以上，涉及新田地合作社的论文也有多篇。我们从跟踪性研究中尝到了甜头，因此，这一时期的研究以案例分析为主，在给学生上研究方法课程时，我还举了跟踪研究这两个合作社的例子。从此开始，我们团队的研究主要以合作社案例分析为主要手法。我深信，这两个合作社是一个难得的金矿，能够发现它们是我们这个团队的幸运。本书就有多章提到这两个合作社，尤其是多个章节以仁发合作社为单个案例。由于不同时期的调研，角度不同、观点有所差异，甚至调查的合作社成员不同，得到的信息、数据也会有差异，这都是正常的，这次汇集到本书也没有修改，保持原貌，是对当时调研的尊重。当然我们还关注了别的合作社，如北京密云的奥金达蜂业合作社等，由于研究成果不符合本书的主题而没有收录。在此，我要特别向仁发合作社理事长李凤玉同志、新田地合作社理事长李杰同志表示衷心的感谢，向我们调研过的所有合作社理事长表示衷心的感谢。他们的努力，正在改变着中国农业的面貌，我们只不过是记录者，在挖掘他们行为的经济学意义。

2020 年 2 月 2 日